Antisemitismus im 21. Jahrhundert

Europäisch-jüdische Studien
Beiträge

Herausgegeben vom Moses Mendelssohn Zentrum
für europäisch-jüdische Studien, Potsdam

Redaktion: Werner Treß

Band 36

Antisemitismus im 21. Jahrhundert

Virulenz einer alten Feindschaft in Zeiten von Islamismus und Terror

Herausgegeben von
Marc Grimm, Bodo Kahmann

DE GRUYTER
OLDENBOURG

Die Herausgeber danken der Fritz Thyssen Stiftung und der Stadtgruppe Augsburg der Deutsch-Israelischen Gesellschaft für die großzügige finanzielle Unterstützung.

ISBN 978-3-11-071003-8
e-ISBN (PDF) 978-3-11-053709-3
e-ISBN (EPUB) 978-3-11-053496-2

Library of Congress Control Number: 2018951282

Bibliografische Information der Deutschen Nationalbibliothek
Die Deutsche Nationalbibliothek verzeichnet diese Publikation in der Deutschen Nationalbibliografie; detaillierte bibliografische Daten sind im Internet über http://dnb.dnb.de abrufbar.

Die Aufsätze von Dina Porat, Alvin H. Rosenfeld, sowie von R. Amy Elman und Marc Grimm wurden von Lars Fischer vom englischen Original ins Deutsche übertragen.

© 2020 Walter de Gruyter GmbH, Berlin/Boston
Dieser Band ist text- und seitenidentisch mit der 2018 erschienenen gebundenen Ausgabe.
Druck und Bindung: CPI books GmbH, Leck

www.degruyter.com

Inhalt

Marc Grimm/Bodo Kahmann
Perspektiven und Kontroversen der Antisemitismusforschung im 21. Jahrhundert
    Zur Einleitung —— 1

Theoretische und konzeptionelle Überlegungen zum gegenwärtigen Antisemitismus

Dina Porat
Definitionen des Antisemitismus
    Kontroversen über den Gegenstandsbereich eines streitbaren Begriffs —— 27

Alvin H. Rosenfeld
Was ist ‚Israelkritik'? —— 51

Karin Stögner
Natur als Ideologie
    Zum Verhältnis von Antisemitismus und Sexismus —— 65

Ullrich Bauer
Shoah und Porajmos – eine relationale Perspektive —— 87

Islamischer Antisemitismus

Günther Jikeli
Muslimischer Antisemitismus in Europa
    Aktuelle Ergebnisse der empirischen Forschung —— 113

Matthias Küntzel
Islamischer Antisemitismus als Forschungsbereich
    Über Versäumnisse der Antisemitismusforschung in Deutschland —— 135

Daniel Rickenbacher
Der „jüdisch-westliche Krieg gegen den Islam" – Genealogie und Aktualität einer Verschwörungstheorie —— 157

Navras Jaat Aafreedi
Antisemitism and Anti-Zionism among South Asian Muslims —— 179

Stephan Grigat
Antisemitismus im Iran seit 1979
Holocaustleugnung und Israelhass in der ‚Islamischen Republik' —— 199

Antisemitismus in der öffentlichen Kommunikation

Michael Höttemann
Die Abwehr der Antisemitismuskritik
Zur Logik, Form und Intention der Solidarisierung mit Günter Grass —— 227

Matthias Jakob Becker
Antiisraelische Schuldprojektionen als Schlüssel zum positiven Selbstbild
Israel perspektiviert als Wiederkehr europäischer Verbrechen in linksliberalen Leserkommentaren —— 245

Florian Markl
„Giftiges Natterngezücht"
Antisemitische Argumentationsmuster in der deutschsprachigen Medienberichterstattung über Israel —— 267

Franziska Krah
Zur ‚Ästhetik' des Antisemitismus
Mediale Judenbilder im 21. Jahrhundert —— 293

Dana Ionescu
Über das Motiv des „rechtsbrechenden Juden" in der deutschen Kontroverse um kulturell-religiöse Vorhautbeschneidungen 2012 —— 323

Antisemitismus in politischen Bewegungen

R. Amy Elman/Marc Grimm
Zum aktuellen Stand der Maßnahmen der Europäischen Union gegen Antisemitismus —— 349

Laura Luise Hammel
„…und sie ziehen seit über hundert Jahren die Fäden auf diesem Planeten"
Antisemitische Verschwörungstheorien in gegenwärtigen Protestbewegungen: Das Beispiel der Mahnwachen für den Frieden —— 367

Zbyněk Tarant
Vladimir Putin's 'War on Fascism' and the Russian Links to Far-Right and Antisemitic Parties in Europe —— 389

Simon Gansinger
Antizionistische Identität
Der Kampf gegen Israel an US-amerikanischen Campus —— 411

Die Autorinnen und Autoren —— 441

Personenregister —— 445

Marc Grimm/Bodo Kahmann
Perspektiven und Kontroversen der Antisemitismusforschung im 21. Jahrhundert

Zur Einleitung

In den vorangegangenen Jahren vollzog sich in Europa eine deutlich beobachtbare Eskalation des Antisemitismus. Die Antisemitismusforschung steht vor der Aufgabe, auf diese Entwicklung zu reagieren und die vielfältigen staatlichen und zivilgesellschaftlichen Abwehrmaßnahmen durch wissenschaftliche Expertise zu unterstützen. Der moderne Antisemitismus ist ein vielschichtiges und äußerst wandlungsfähiges Phänomen, das sich starren Definitionsversuchen entzieht. Dieser Umstand bildet sich in der thematischen Bandbreite des vorliegenden Bandes ab. Die Beiträge der Autoren und Autorinnen sind vier Forschungsfeldern zugeordnet: Islamischer Antisemitismus, Antisemitismus in der öffentlichen Kommunikation, Antisemitismus in politischen Bewegungen sowie theoretische und konzeptionelle Überlegungen zum gegenwärtigen Antisemitismus.

Islamischer Antisemitismus

Das augenscheinlichste Anzeichen einer zunehmenden Radikalisierung des Antisemitismus in Europa bilden islamistische Terroranschläge, die sich dezidiert gegen Juden und Jüdinnen richten. Den Auftakt zu dieser neuen antisemitischen Barbarei markierte die Ermordung des Rabbiners Jonathan Sandler, seiner beiden Söhne und einer weiteren Schülerin in einer jüdischen Schule in Toulouse am 19. März 2012. Der nächste antisemitische Mehrfachmord ereignete sich am 9. Januar 2015, zwei Tage nach dem tödlichen Angriff auf die Redaktion von Charlie Hebdo. Ein sich zum Islamischen Staat (IS) bekennender Islamist ermordete in einem jüdischen Supermarkt in Paris Philippe Braham, Yohan Cohen, Yoav Hattab und François-Michel Saada und nahm weitere Kunden als Geiseln, die wenig später von der französischen Polizei befreit werden konnten. In der Nacht vom 14. auf den 15. Februar 2015 erfolgte ein Anschlag auf die Kopenhagener Synagoge, bei der das Gemeindemitglied Dan Uzan erschossen und zwei Polizisten verletzt wurden. Nur wenige Stunden zuvor ereignete sich in der dänischen Hauptstadt ein Anschlag auf eine Diskussionsveranstaltung zum Verhältnis von Kunst, Blasphemie und Meinungsfreiheit, bei dem der Dokumentarfilmer Finn Nørgaard getötet und drei Polizisten verletzt wurden. Am 24. Mai 2015 stürmte ein Dschihadist in das Jüdische Museum in Brüssel und erschoss das israelische Ehepaar Emanuel und Miriam Riva und die Museumsmitarbeiter Dominique Sabrier und Alexandre Strens.

Am Abend des 13. November 2015 ermordeten Anhänger des IS 130 Menschen in Paris. Das Hauptanschlagsziel war das bekannte Konzerthaus Bataclan, das nicht zufällig ausgewählt wurde. Das Haus, das jahrzehntelang von jüdischen Eigentümern geführt wurde und auch pro-israelischen Veranstaltungen einen Raum bot, war bereits seit längerem im Visier islamistischer und antizionistischer Gruppierungen gestanden. Nach dem Massenmord bezeichnete der IS in seinem deutschsprachigen Bekennerschreiben Paris als „die Hauptstadt der Prostitution und des Lasters".[1] In diesen Zeilen manifestiert sich ein Hass auf Urbanität, auf weibliche Sexualität sowie einer als westlich apostrophierten ‚Dekadenz', der maßgeblich mit einer antisemitischen Affektmobilisierung einhergeht. Diese Ressentiments sind kein Alleinstellungsmerkmal des Islamismus, sondern verfügen über historische Vorläufer, die allen ideologischen Differenzen zum Trotz, darin übereinstimmen, Juden mit den verhassten Erscheinungen der Moderne zu identifizieren. Die Wahrnehmung der Großstädte als ein ‚jüdisches' System der Verführung und sexuellen Ausschweifung war bereits ein dominantes Motiv des völkischen Nationalismus.[2] Theodor Fritsch (1852–1933), der die völkische und antisemitische Bewegung im Kaiserreich und in der Weimarer Republik prägte, sprach voller Ekel und Faszination von „großstädtischen Lasterhöhlen" und „Lasterparadiesen", in denen Menschen ihre „zerrütteten Nerven" und ihren „wirren Geist" austoben würden.[3]

Der antisemitische Terror, der sich in den letzten Jahren über Europa ausgebreitet hat, verdeutlicht, dass gegenwärtig vornehmlich radikalisierte Muslime die Hauptträgergruppe eines militanten Antisemitismus bilden.[4] In Frankreich und Großbritannien ist der Anteil von Muslimen unter antisemitischen Gewalttätern stark überproportional.[5] In Deutschland stellt sich die Lage anders dar. Die überwiegende Mehrheit der polizeilich erfassten Gewalt- und Propagandadelikte

---

1 https://pbs.twimg.com/media/CTzEVewW4AAxN6v.jpg:large (15.05.2017).
2 Siehe hierfür: Kahmann, Bodo: Feindbild Jude, Feindbild Großstadt. Antisemitismus und Großstadtfeindschaft im völkischen Denken. Göttingen 2016.
3 Fritsch, Theodor: An der Zeitenwende. In: Hammer. Blätter für deutschen Sinn 19 (1920). S. 463.
4 Enstad, Johannes Due: Antisemitic Violence in Europe, 2005–2015. Exposure and Perpetrators in France, UK, Germany, Sweden, Norway and Russia 2017. https://www.academia.edu/33627121/Antisemitic_Violence_in_Europe_2005-2015_Exposure_and_Perpetrators_in_France_UK_Germany_Sweden_Norway_Denmark_and_Russia (22.11.2017).
5 Ausführlich dazu der Beitrag von Günther Jikeli in diesem Band.

wird von rechtsextremen Tätern begangen.⁶ Angesichts der Entwicklung der vergangenen Jahre und Studien, die die Perspektive jüdischer Opfer von Übergriffen miteinbeziehen⁷, müssen diese Statistiken jedoch kritisch hinterfragt werden. Die große Zahl antisemitischer, rechtsmotivierter Delikte dürfte auch das Resultat eines spezifischen Meldesystems der deutschen Sicherheitsbehörden sein, antisemitische Straftaten als politisch rechtes Phänomen (Politisch motivierte Kriminalität – rechts, kurz: PMK – rechts) einzustufen, sobald keine weiteren Hinweise vorliegen oder tatverdächtige Personen ermittelt werden können. Problematisch daran ist, dass nicht hinreichend in Rechnung gestellt wird, dass im Besonderen Islamisten eine hohe Affinität zur NS-Ideologie aufweisen. Der vom Bundestag eingesetzte Unabhängige Expertenkreis Antisemitismus (UEA) weist in dieser Hinsicht in seinem Bericht zu Recht darauf hin, dass NS-Symbole ein allgemeines Mittel antisemitischer Diffamierung darstellen, dessen sich auch Täter ohne rechtsextreme Gesinnung bedienen. Hierdurch entstehe „möglicherweise ein nach rechts verzerrtes Bild über die Tatmotivation und den Täterkreis."⁸

Bei allen länderspezifischen Unterschieden ist jedoch unstrittig, dass antisemitische Mord- und Gewalttaten in Europa in der jüngeren Vergangenheit überwiegend islamistisch motiviert waren. Der Judenhass dieser Tätergruppen korrespondiert mit einem kaum in Frage gestellten und weithin akzeptierten Antisemitismus unter Muslimen. Repräsentative Umfragen belegen, dass sowohl die Zustimmungswerte zum Antisemitismus unter Muslimen im Westen als auch in islamisch geprägten Gesellschaften überdurchschnittlich hoch sind.⁹ So liegen die Zustimmungsraten zu antisemitischen Aussagen in mehreren arabischen Staaten bei über 80 %.¹⁰ Das Ausmaß der Problematik lässt sich jedoch nicht nur

---

6 Zur Anzahl und Kategorisierung antisemitischer Straftaten in Deutschland 2016: Petra Pau, Antisemitische Straftaten 2016. www.petrapau.de/18_bundestag/dok/down/2016_zf_antisemitische_straftaten.pdf (15.05.2017).
7 Eine Umfrage der Agentur der Europäischen Union für Grundrechte befragt Juden in acht Ländern, wie sie jene Personen einordnen würden, die sich in ihrem Beisein in den letzten zwölf Monaten antisemitisch geäußert haben. In Großbritannien und Schweden stellen Personen, die politisch links eingeordnet werden die größte Tätergruppe, in Litauen, Ungarn und Italien jene, die politisch rechts eingeordnet werden, und in Belgien, Frankreich und Deutschland jene, die als Muslime identifiziert werden. Technical report: FRA survey – Discrimination and hate crime against Jews in EU Member States: experiences and perceptions of antisemitism. FRA – European Union Agency for Fundamental Rights. http://fra.europa.eu/en/publication/2013/discrimination-and-hate-crime-against-jews-eu-member-states-experiences-and (15.05.2017), S. 27.
8 Bundesministerium des Innern (Hrsg.): Unabhängiger Expertenkreis Antisemitismus: Antisemitismus in Deutschland – aktuelle Entwicklungen. Berlin 2017, S. 32; vgl. auch Enstad, Antisemitic Violence, S. 19.
9 Siehe hierzu auch den Beitrag von Günther Jikeli in diesem Band.
10 Anti-Defamation League: Global 100. http://global100.adl.org/ (15.05.2017).

auf der Einstellungsebene ausweisen, sondern zeigt sich im speziellen darin, dass Antisemitismus in vielen islamischen Ländern staatlich gefördert wird oder fester Bestandteil staatlicher Politik ist. Wie ernst die Lage ist, zeigt sich an der Situation in dem Nato-Mitgliedstaat Türkei: Die von Präsident Recep Tayyip Erdoğan vorangetriebene Islamisierung der laizistischen Republik wird von einem obsessiven Antizionismus und Antisemitismus begleitet.[11]

Die Beiträge in diesem Band, die sich dem Forschungsfeld des islamischen Antisemitismus widmen, stimmen darin überein, dass die Erforschung des Antisemitismus unter Muslimen nicht auf den Islamismus beschränkt bleiben darf. *Günther Jikeli* gibt in seinem Beitrag einen Überblick über den Forschungsstand zum islamischen bzw. muslimischen Antisemitismus und legt dar, dass es einen spezifischen Antisemitismus unter Muslimen gibt. Der Antisemitismus sei unter vielen Muslimen zu einer unhinterfragten Norm geworden, der, entgegen der Annahme einiger Forscher, nicht mit Diskriminierungserfahrungen oder dem Nahostkonflikt erklärt werden kann. Stattdessen habe der muslimische Antisemitismus seinen Ursprung in einer weder aufgearbeiteten noch eingestandenen Tradition der Judenfeindschaft in islamischen Gesellschaften und sakralen Texten und werde zudem beeinflusst von islamistischen und nationalistischen Bewegungen.

Matthias Küntzel widmet sich in seinem Beitrag der Forschung zum islamischen Antisemitismus in Deutschland und stellt die Forschungspraxis des Berliner Zentrums für Antisemitismusforschung (ZfA) in den Mittelpunkt. Er konstatiert, dass sich entgegen der Intention des Gründungsdirektors des Zentrums, Herbert A. Strauss, die Erforschung des Antisemitismus in der islamischen Welt und unter Muslimen in Deutschland in der Ausrichtung des ZfA kaum abbilde. Kern des Problems sei es, dass das Zentrum für Antisemitismusforschung sich unter der Leitung von Wolfgang Benz von sachfremden und politisch zu kritisierenden Postulaten leiten ließ, die zu einer Verharmlosung des Ausmaßes und der Qualität des Antisemitismus unter Muslimen führten.

Daniel Rieckenbacher zeigt in seinem Beitrag, dass die Wahnidee, dass ‚der Westen' und ‚die Juden' einen Krieg gegen die islamische Welt führten, weit über den Islamismus hinausreicht und bei vielen Muslimen auf Zustimmung stößt. Rieckenbacher untersucht die historische Genese der Vorstellung eines ‚westlich-jüdischen Krieges' gegen den Islam und legt dar, dass diese das Bild des Westens und der Juden seit vielen Jahrzehnten in der islamischen Welt prägt und sich

---

11 Jikeli, Günther: A Framework for Assessing Antisemitism: Three Case Studies (Dieudonné, Erdoğan, and Hamas). In: Deciphering the New Antisemitism. Hrsg. von Alvin H. Rosenfeld. Bloomington 2015. S. 61–65.

unabhängig vom Handeln Israels und des Westens tradieren konnte. Das dem Islamismus inhärente verschwörungsideologische und antisemitische Denken, so seine Schlussfolgerung, dient bis heute zur Rechtfertigung von Gewalt und Verfolgung, die all jene trifft, die als Verschwörer ausgemacht werden: Juden, Bürger des Westens, muslimische Reformer und Liberale sowie Ex-Muslime.

Navras Jaat Aafreedi beschäftigt sich in seinem Beitrag mit einem Teil der islamischen Welt, der in der Debatte über den islamischen Antisemitismus bisher kaum Beachtung gefunden hat: mit der muslimischen Bevölkerung und islamischen Gelehrten in Südasien. Aufgrund dieser Leerstelle wird laut Aafreedi übersehen, dass zentrale Ideen und Theorien des globalen Islamismus ihre Wurzeln in Indien und Pakistan haben. Der Beitrag fokussiert dementsprechend die Bedeutung der Region für die Entstehung und Ausbreitung des modernen Islamismus und zeigt den Einfluss auf, den islamische Fundamentalisten aus Südasien auf den Antisemitismus der Muslimbruderschaft in Ägypten, der Islamischen Republik Iran und auf die Diaspora-Gemeinschaft im Westen ausüben.

Stephan Grigat untersucht den Antisemitismus des iranischen Regimes und betont im Hinblick auf die Gefahr, die von ihm ausgeht, dass es sich bei der Analyse des Charakters der iranischen Theokratie nicht um eine akademische Fingerübung handelt. Die Gefährlichkeit des Regimes besteht in einem von seinen Repräsentanten geteiltem Israelhass, der auf die Vernichtung des jüdischen Staates abzielt und der auf einer antisemitischen Weltanschauung basiert, die nahezu alle Elemente des modernen Antisemitismus in sich vereint. Der im Mai 2017 im Amt bestätigte Präsident Hassan Rohani, der im Westen nicht selten als ‚gemäßigt' und ‚moderat' beschrieben wird, setzt Grigat zufolge die antisemitische Ausrichtung des Regimes fort.

Antisemitismus in der öffentlichen Kommunikation

Die in der deutschen Öffentlichkeit regelmäßig geführten Kontroversen über Antisemitismus durchlaufen seit einigen Jahren einen Wandel. Während diese seit Kriegsende das Verhältnis der Deutschen zum Nationalsozialismus, Fragen zur deutschen Schuld und zum Selbstverständnis der deutschen Nation zum Gegenstand hatten[12], steht seit der Jahrtausendwende zunehmend Israel im Fokus

---

12 Bergmann, Werner: Antisemitismus in öffentlichen Konflikten. Kollektives Lernen in der politischen Kultur der Bundesrepublik 1949–1989. Frankfurt am Main/New York 1997.

der Auseinandersetzungen.[13] Mittlerweile hat sich zwar die Erkenntnis durchgesetzt, dass auch der jüdische Staat zur Zielscheibe antisemitischer Schmähungen werden kann; so verurteilten deutsche Medien die antiisraelischen Demonstrationen vom Sommer 2014 und verwiesen nicht selten darauf, dass sich hinter der zur Schau gestellten Israelfeindschaft Antisemitismus verberge. Diese Erkenntnis scheint für nicht wenige Journalisten und politische Kommentatoren jedoch ihre Gültigkeit einzubüßen, sobald die gegen Israel gerichteten Invektiven nicht von Rechtsextremen, linken Antiimperialisten oder radikalen Muslimen stammen, sondern von Personen, die ihnen in Habitus und Duktus gleichen und die ihre Israelfeindschaft über Anspielungen und implizite NS-Analogien kommunizieren. So werden Personen oftmals aufgrund der bloßen Zugehörigkeit zu einer bestimmten Berufsgruppe (,kritischer Journalist') grundsätzlich vor Kritik in Schutz genommen und Antisemitismus-Vorwürfe empört und ungeprüft zurückgewiesen.

Pars pro toto für einen ‚Antisemitismus ohne Antisemiten'[14] steht die Causa Jakob Augstein.[15] Augstein war 2012 vom Simon Wiesenthal Center (SWC) auf seine jährlich erscheinende Liste der *Top Ten Anti-Semitic/Anti-Israel Slurs* gesetzt worden.[16] Als Beleg führte das SWC eine Reihe von Augsteins Kommentaren zu Israel an, die seiner regelmäßigen Kolumne „Im Zweifel links" auf *Spiegel Online* entnommen sind. Aus der Perspektive der Forschung ist eindeutig, dass viele der Eigenschaften, mit denen Augstein Israel versieht, aus dem ideologischen Fundus des europäischen Antisemitismus stammen.[17] So bemüht Augstein wiederholt Vorstellungen einer jüdischen Allmacht und Weltbeherrschung, in dem er schlussfolgert, dass die israelische Regierung „die ganze Welt am Gängelband eines anschwellenden Kriegsgesangs" führe[18]. In die gleiche ideologische Kerbe

---

[13] Ausführlicher hierzu Florian Markl in diesem Band.

[14] Ganz im Gegensatz zu seiner Gründungszeit um 1870 wird der Begriff Antisemitismus heute nicht mehr zur Selbstbeschreibung verwandt. Wie Bernd Marin bereits 1979 schrieb, hat der Antisemitismus „weder Selbstbewußtsein und Selbstverständnis, noch eine soziale Basis im Sinne propagandistischer Träger, wohl aber im Sinne zahlloser Adressaten". Marin sprach daher treffend von „Antisemitismus ohne Antisemiten". Marin, Bernd: Antisemitismus ohne Antisemiten. Autoritäre Vorurteile und Feindbilder. Wien 2000, S. 375.

[15] Hierzu ausführlich: Grimm, Marc: Germany's Changing Discourse on Jews and Israel. In: Anti-Zionism, Antisemitism, and the Dynamics of Delegitimization. Hrsg. von Alvin Rosenfeld. Bloomington. Erscheint 2019.

[16] Simon Wiesenthal Center: 2012 Top Ten Anti-Semitic/Anti-Israel Slurs. 12.2012. http://www.wiesenthal.com/atf/cf/%7B54d385e6-f1b9-4e9f-8e94-890c3e6dd277%7D/TT_2012_3.PDF (24.05.2017).

[17] Für eine ausführliche Analyse siehe: Betzler, Lukas u. Manuel Glittenberg: Antisemitismus im deutschen Mediendiskurs. Eine Analyse des Falls Jakob Augstein. Baden-Baden 2015.

[18] Augstein, Jakob: Es musste gesagt werden. 06.04.2012. http://www.spiegel.de/politik/deutschland/jakob-augstein-ueber-guenter-grass-israel-gedicht-a-826163.html (24.05.2017).

schlägt seine Unterstellung, dass ein Anruf der israelischen Regierung genüge, um von der deutschen Bundesregierung zu bekommen, was sie möchte („wenn Jerusalem anruft, beugt sich Berlin dessen Willen"[19]). Die Bezüge zu antisemitischen Stereotypen sind in Augsteins Texten evident, bleiben zugleich jedoch stets implizit. Deutlich zeigt sich dieser Sachverhalt an seiner Behauptung, der Gaza-Streifen sei „ein Ort aus der Endzeit des Menschlichen [...]", „ein Gefängnis" und „ein Lager".[20] Augstein deutet die Gleichsetzung israelischer Politik mit den Methoden der Nationalsozialisten zwar nur an; doch der thematische Kontext und Augsteins drastische Wortwahl evozieren beim deutschen Publikum entsprechende Bilder und Assoziationen.

Fraglos ist, dass eine gesellschaftliche Auseinandersetzung über die Legitimität solcher Israelbilder angezeigt ist und eine Chance geboten hätte, einen kollektiven Lernprozess anzustoßen.[21] Mehrheitlich verteidigten die deutschen Medien Augstein jedoch, widmeten sich dabei nicht dessen Aussagen, sondern der Frage, „ob der linksliberale Journalist ein Antisemit sein könne".[22] Dabei bedienten sich Augsteins Verteidiger mitunter argumentativer Bilder, die wiederum selbst dem Arsenal des Antisemitismus entstammen: das SWC wurde zum verlängerten Arm Israels erklärt, das einen kritischen deutschen Journalisten mundtot machen wolle. In diesem Zusammenhang wurde auch der Vorwurf vorgebracht, der in den vergangenen Jahren besonders wirkmächtig wurde: mit der leichtfertigen Verwendung des Antisemitismus-Vorwurfs werde der Kritik des Antisemitismus die Spitze genommen.[23] Nicht nur sei also der Vorwurf gegen Augstein ungerechtfertigt, sondern seine Kritiker würden gar die wirksame Bekämpfung des Antisemitismus verunmöglichen.

Anstatt also die Kontroverse als Anlass für eine Reflexion der Berichterstattung über Israel zu nehmen, reagierte die deutsche Presse fast einhellig mit Abwehr. Eine der wenigen Ausnahmen war Josef Joffe, der den Kern der öffentlichen

---

19 Augstein, Jakob: Die deutsche Atom-Lüge. 04.06.2012. http://www.spiegel.de/politik/aus land/u-boote-fuer-israel-wie-deutschland-die-sicherheit-in-nahost-gefaehrdet-a-836816.html (24.05.2017).
20 Augstein, Jakob: Gesetz der Rache. 19.11.2012. http://www.spiegel.de/politik/ausland/jakob-augstein-ueber-israels-gaza-offensive-gesetz-der-rache-a-868015.html (24.05.2017).
21 Küntzel, Matthias: Die Jakob Augstein-Debatte: eine verpasste Chance. In: Gebildeter Antisemitismus. Eine Herausforderung für Politik und Zivilgesellschaft. Hrsg. von Monika Schwarz-Friesel. Baden-Baden 2015. S. 53–74.
22 Betzler/Glittenberg, Antisemitismus im deutschen Mediendiskurs, S. 14.
23 Es sei ein Beispiel für diese Argumentationslinie genannt: „Gefährlich ist diese Inflationierung, weil der Vorwurf des Antisemitismus damit langfristig zum stumpfen Schwert wird. Wenn jeder, der die Besatzungspolitik für fatal hält, ein Antisemit ist – dann welcome to the club". Reinicke, Stefan: Wir Antisemiten. In: *taz – die tageszeitung*. 04.01.2013.

Debatte um Augstein auf den Punkt brachte: „Es ist heute schlimmer, jemanden einen Antisemiten zu nennen, als einer zu sein".[24] Der Grund für diesen von Joffe so treffend beschriebenen Missstand lässt sich benennen: in den deutschen Medien dominiert ein Begriff von Antisemitismus, der diesen auf den radikalen Antisemitismus völkischer und nationalsozialistischer Provenienz reduziert[25] und der die Delegitimierung Israels daher fast zwangsläufig zur ‚Israelkritik' verharmlosen muss.

Bereits wenige Monate zuvor, im April 2012, trat Günter Grass mit seinem in der *Süddeutschen Zeitung* erschienenen Gedicht *Was gesagt werden muss* eine Kontroverse los, die den Verlauf der Augstein-Debatte vorwegnahm. Die berechtigte Kritik, dass das Gedicht keine sachlich begründete Auseinandersetzung mit der israelischen Regierung ist, sondern einen israelbezogenen Antisemitismus bedient, indem nicht der Iran, sondern Israel als Gefahr für einen ohnehin nicht vorhandenen Weltfrieden dargestellt wird, führte zu empörten Zurechtweisungen der Kritiker. Logik, Form und Intention(en) der Abwehr der Antisemitismuskritik untersucht *Michael Höttemann* am Beispiel der Rezeption des Gedichts von Grass. Anhand von Einzelinterviews und Gruppendiskussionen mit Studierenden identifiziert er Verhaltens- und Motivationsmuster, die als Ausdruck von sozialem und nationalem Protektionismus, politischer Desorientierung, gefestigten anti-israelischen Einstellungen, Sympathien für den Nationalsozialismus sowie Konfliktvermeidungsstrategien gedeutet werden können und die in der Konsequenz Solidarisierungsprozesse mit Grass bewirken. Bestimmte Formen der Abwehr der Kritik an Grass sowie der Solidarisierung mit ihm können laut Höttemann als Verschiebungsleistungen gewertet und als funktionale Äquivalente für antisemitische Argumentationen verstanden werden.

Der implizite Antisemitismus eines bildungsbürgerlichen und liberalen Milieus, dem Augstein und Grass ein Gesicht geben, verfügt über spezifische Kommunikationsinhalte und -formen. *Matthias Jakob Becker* untersucht in seinem Beitrag korpus- und kognitionslinguistisch die Kommunikationsmuster von Online-Leserkommentatoren auf den Internetseiten der Wochenzeitungen *Die Zeit* und *The Guardian* und deutet die bewussten Motive sowie die unbewussten sozialpsychologischen Motivationen der Kommentatoren. Wie Becker aufzeigt, fin-

---

24 Joffe, Josef: Antisemitismus-Knüppel. Israel-Kritik oder Dämonisierung? Dazu Adorno lesen. In: *Die Zeit*. 10.01.2013.
25 Ein besonders eindrückliches Beispiel hierfür liefert Christian Bommarius: „Augstein hat weder in seinen Artikeln im Freitag noch als Kolumnist von Spiegel online Juden beleidigt oder den Staat Israel. Er hat für keine Vernichtung plädiert und für keine Vertreibung, aus seinen Texten spricht kein Hass und kein Ressentiment." Bommarius, Christian: Broder diffamiert Augstein. In: *Berliner Zeitung*. 02.01.2013.

den sich in diesen häufig Analogisierungen der israelischen Politik mit dem Nationalsozialismus und dem Britischen Empire. Becker arbeitet heraus, dass die bemühten Analogien als Entlastungsdiskurse im Rahmen einer Täter-Opfer-Umkehr funktionieren, deren Spezifik in Deutschland darin besteht, dass die Referenz auf den Nationalsozialismus aufgrund einer milieuspezifischen Tabuisierung indirekt erfolgt.

Florian Markl analysiert die Berichterstattung über Israel in den deutschsprachigen Medien. Er diskutiert verschiedene Definitionen für eine Unterscheidung antisemitischer und nicht-antisemitischer Berichterstattung über Israel. Die hieraus gewonnenen Kriterien dienen ihm als Grundlage, um Antisemitismus in Argumentationsmustern, Karikaturen und Fotos zu identifizieren. Das Grundmuster der Berichterstattung, resümiert Markl, sei, dass Ausblendungen, Verzerrungen und Falschmeldungen überwiegend Israel zum Nachteil gereichen, das als Aggressor dargestellt wird. Die arabische Seite hingegen würde in der Regel als Opfer des israelischen Staates porträtiert. Diese Darstellungen führen dazu, dass selbst stark verzerrte anti-israelische Fehlmeldungen von Nachrichtenkonsumenten nicht mehr als solche erkannt werden.

Franziska Krah widmet sich in ihrem Beitrag dem Antisemitismus in der Karikatur. Sie analysiert in der historischen Rückschau antisemitische Bildtraditionen, die sich aus dem kollektiven christlich-europäischen Bildgedächtnis speisen. Vor diesem Hintergrund nimmt sie aktuelle Karikaturen in den Blick. Entgegen der Vorstellung, dass Karikaturen in der Tradition der Herrschaftskritik stehen, verweist Krah auf die lange Tradition von Bildern, die Juden in der Darstellung entmenschlichen. Hinsichtlich der Analyse des Antisemitismus in der modernen Karikatur betont sie, dass die dargestellten Objekte und Figuren für sich genommen nicht notwendigerweise antisemitisch sind. Es komme darauf an, diese historisch und gesellschaftlich zu kontextualisieren und hinsichtlich der sich in ihnen manifestierenden anti-jüdischen Bildtraditionen zu analysieren.

Dana Ionescu untersucht die Debatte über kulturell-religiöse Vorhautbeschneidungen, die im Jahr 2012 durch den Urteilsspruch des Kölner Landgerichts losgetreten wurde, das die medizinisch nicht notwendige religiöse Vorhautbeschneidung als Körperverletzung wertete. Obwohl die verhandelte Vorhautbeschneidung an einem muslimischen Jungen durchgeführt wurde, fokussierte die Debatte stärker das Judentum. Dies mag kaum verwundern, denn verhandelt wurden die Grenzen der Religionsausübung von Juden und Jüdinnen 70 Jahre nach dem Holocaust. Da der Bundesrepublik durch das Urteil international und speziell in der jüdischen Welt, ein Imageverlust drohte, machte Bundeskanzlerin Angela Merkel nur wenige Wochen nach dem Urteil unmissverständlich klar: „Ich will nicht, dass Deutschland das einzige Land auf der Welt ist, in dem Juden nicht ihre Riten ausüben können. Wir machen uns ja sonst zur Komiker-Nation".[26] Weniger als sechs Monate nach dem Beginn der Debatte verabschiedete der Bundestag ein Gesetz, das die medizinisch nicht indizierte Beschneidung von Jungen grundsätzlich legalisiert.[27]

Vor diesem Hintergrund analysiert Ionescu Meinungsbeiträge in der *Zeit*, in der *Süddeutschen Zeitung*, der *Frankfurter Allgemeinen Zeitung* und der *tageszeitung*. Ionescu zeigt auf, dass die Legalität der Vorhautbeschneidung zwar auch als Abwägung zwischen gleichrangigen und gleichwertigen Grundrechten diskutiert wurde, jedoch eine Vielzahl von Kommentatoren die Praxis der Vorhautbeschneidung als Ausweis der Inhumanität und Rückständigkeit des Judentums wertete und sich darüber selbst als Verteidiger von Menschenrechten zu inszenieren wusste. Ionescu resümiert, dass die nicht-jüdische Mehrheit in der Debatte sich so ihrer humanistischen Post-Shoah-Identität vergewissern konnte.

Antisemitismus in politischen Bewegungen

Der moderne Antisemitismus stand in seiner Geschichte zu keinem Zeitpunkt für eine kohärente politische Programmatik. Bereits im deutschen Kaiserreich ließ sich die antisemitische Bewegung keiner der politischen und religiösen Strömungen eindeutig zuordnen. Der Antisemitismus der Wilhelminischen Gesellschaft war antiliberal und antisozialistisch, ohne jedoch konservativ zu sein, er zeigte antikapitalistische Tendenzen, ohne revolutionär zu sein und er war antimaterialistisch, ohne religiös gebunden zu sein.[28] Wie Stefan Breuer hervorhebt, ist der Antisemitismus weniger eine Sache der Rationalität, als ein zur Rationalisierung drängender Affekt, und kann sich daher mit den „unterschiedlichsten wertrationalen Einstellungen, Präferenzen, Glaubensüberzeugungen und materiellen Interessen" verbinden.[29] Aufgrund seiner politischen Unbestimmtheit ist der Antisemitismus in gegensätzliche weltanschauliche Kontexte integrierbar.

Ob, und in welcher Intensität und Radikalität der Antisemitismus in politische Ideen und Bewegungen eindringen kann, variiert nach ideologischem und

---

[26] Umstrittene Rechtslage. Kanzlerin warnt vor Beschneidungsverbot. 16.07.2012. http://www.spiegel.de/politik/deutschland/bundeskanzlerin-merkel-warnt-vor-beschneidungsverbot-a-844671.html. (12.05.2017).
[27] http://dip21.bundestag.de/dip21/btd/17/112/1711295.pdf (12.05.2017).
[28] Rürup, Reinhard: Emanzipation und Antisemitismus. Studien zur „Judenfrage" der bürgerlichen Gesellschaft. Frankfurt am Main 1987, S. 118.
[29] Breuer, Stefan: Die Völkischen in Deutschland. Kaiserreich und Weimarer Republik. Darmstadt 2008, S. 26f.

nationalem Kontext. Idealtypisch betrachtet weisen rechtsnationalistische[30] und ethnozentristische Ideologien eine deutlich höhere Affinität zum Antisemitismus auf als liberale, republikanische und egalitäre Denktraditionen. Der Liberalismus in Deutschland neigte dem Antisemitismus hingegen deutlich stärker zu als sein Pendant in Großbritannien.[31] In diversen Strömungen und Spielarten der radikalen Linken konnte sich entgegen eines universalistischen Selbstverständnisses Antisemitismus festsetzen und tradieren. Vor der NS-Zeit bot im Besonderen eine personalisierte, mithin fetischisierte Kapitalismuskritik[32] ein Einfallstor für Judenfeindschaft in der Linken. Seit dem Sechstagekrieg 1967 stellt zudem die einseitige Positionierung im Nahostkonflikt eine offene Flanke für den Antisemitismus dar.

In den letzten Jahren stellte der Antisemitismus erneut sein Mobilisierungspotential für den antidemokratischen Protest auf der Straße unter Beweis, und spielte eine zentrale Rolle bei der Entstehung und binnen-strukturellen Festigung von zum Teil neuen politischen Protestformationen. Im Jahr 2014 kam es zu drei autoritären (Massen-)Mobilisierungen, für die der Antisemitismus unterschiedliche Bedeutungen hatte.

Die anti-israelischen Demonstrationen, die sich im Sommer 2014 vor dem Hintergrund der militärischen Auseinandersetzung Israels mit der radikal-islamischen Hamas in weiten Teilen Westeuropas formierten, waren durch ein hohes antisemitisches Gewalt- und Aggressionspotential gekennzeichnet. In Deutschland wurden diese Demonstrationen mehrheitlich von arabisch- und türkischstämmigen Demonstranten getragen. Im Zuge dieser Kundgebungen kam es zu einer Vielzahl antisemitischer Gewalt- und Verbaldelikte. Für internationales Aufsehen und Kritik sorgte der Umgang der deutschen Justiz mit einem im Juli 2014 verübten Brandanschlag auf die Synagoge in Wuppertal. Die drei palästi-

---

30 Zum Begriff des Rechtsnationalismus und seiner Abgrenzung von anderen Formen des Nationalismus: Breuer, Stefan: Nationalismus und Faschismus: Frankreich, Italien und Deutschland im Vergleich. Darmstadt 2005, S. 26–35.
31 Zum genuin (national-)liberalen Antisemitismus im deutschen Kaiserreich siehe Stoetzler, Marcel u. Christine Aichinger: German Modernity, barbarous Slavs and profit-seeking Jews: the cultural racism of nationalist liberals. In: Nations and Nationalism 19 (2013). S. 739–760. Der Antisemitismus war in Großbritannien weit weniger stark ausgeprägt als in Europa. Bis zur Zwischenkriegszeit bildete sich in Großbritannien keine organisierte antisemitische Bewegung heraus, was auch damit zusammenhing, dass Antisemitismus als ein deutsches Problem wahrgenommen wurde und daher diskreditiert war. Susanne Terwey: Moderner Antisemitismus in Großbritannien. 1899–1919. Über die Funktion von Vorurteilen sowie Einwanderung und nationale Identität. Würzburg 2006, S. 237–247.
32 Postone, Moishe: Die Logik des Antisemitismus. In: Merkur. Deutsche Zeitschrift für europäisches Denken (36) 1982. S. 13–25.

nensischen Täter wurden wegen schwerer Brandstiftung zu Bewährungsstrafen verurteilt; ein antisemitisches Motiv erkannte das Amtsgericht Wuppertal jedoch nicht und übernahm stattdessen bereitwillig die Lesart der Täter, mit der Tat ‚Kritik an Israel' geübt haben zu wollen.[33]

Vor dem Hintergrund dieser Entwicklungen unterziehen *R. Amy Elman* und *Marc Grimm* in ihrem Beitrag die gegen Antisemitismus gerichteten Maßnahmen von politischen und justiziellen Institutionen sowie von Strafverfolgungsbehörden auf Ebene der EU und auf Ebene der Mitgliedstaaten einer genaueren Untersuchung. Die Autoren arbeiten Widersprüche hinsichtlich der Bestimmung und Bekämpfung des Antisemitismus heraus, die sich sowohl zwischen den Mitgliedstaaten (etwa bezüglich der Rechtsprechung), als auch bei Institutionen auf europäischer Ebene, etwa bei der Agentur der Europäischen Union für Grundrechte (FRA) und Europol, finden lassen. So pendelte etwa die FRA zwischen der Rationalisierung des islamischen Antisemitismus als verständliche Reaktion auf die israelische Politik und der Verurteilung eben dieser Rationalisierung. Elman und Grimm fordern bezugnehmend auf die widersprüchliche Rechtsprechung in den Mitgliedstaaten eine transnationale Regelung.

Bereits im Frühjahr 2014 kam es in mehreren Städten in Deutschland, Österreich und der Schweiz zur Entstehung und Ausbreitung der sogenannten *Mahnwachen für den Frieden*. *Laura Luise Hammel* untersucht in ihrem Beitrag das antisemitische Erzählrepertoire der Mahnwachen und geht der für die Bewegung zentralen Verschwörungstheorie nach, gemäß der die amerikanische Notenbank, die Federal Reserve Bank (FED), die Kriege des 20. und 21. Jahrhunderts zu verantworten habe. Hammel weist anhand verschiedener Quellen nach, dass diese Verschwörungstheorie mit antisemitischen und antiamerikanischen Motiven verwoben ist und in erster Linie einer Täter-Opfer-Umkehr dient, in deren Mittelpunkt der Gedanke steht, dass Juden und das amerikanische Finanzkapital für den Aufstieg des Nationalsozialismus und den Ausbruch des Zweiten Weltkrieges verantwortlich sind.

Neben einem verschwörungsideologischen Denken kennzeichnet die Mahnwachenbewegung eine positive Bezugnahme auf die russische Regierung und russische Medien. Eine dezidiert pro-russische Grundhaltung bestimmt auch die Demonstrationen des eingetragenen Vereins der sogenannten *„Patrioten gegen die Islamisierung des Abendlandes"*, der unter dem Akronym PEGIDA seit Oktober 2014 regelmäßig stattfindende Kundgebungen in Dresden abhält. Bei dieser

---

[33] Schrep, Bruno: Sechs Brandsätze in der Nacht. 18.01.2016. http://www.spiegel.de/panorama/justiz/brandanschlag-auf-synagoge-in-wuppertal-taeter-erneut-vor-gericht-a-1072396.html (09.06.2017).

dritten antidemokratischen und autoritären Protestformation, die sich 2014 in Deutschland bildete, handelt es sich um ein rechtsnationalistisches und migrationsfeindliches Demonstrationsbündnis, das zeitweise über (deutlich kleinere) Ableger im ganzen Bundesgebiet verfügte.

Das Auftreten der Hauptverantwortlichen von PEGIDA folgt einem in der extremen Rechte in Europa weitverbreiteten Ansatz eines modernisierten Rechtspopulismus, der direkte Bezüge zum Faschismus und Nationalsozialismus sowie zum Antisemitismus vermeidet.[34] Die Nähe von PEGIDA zur anti-westlichen und antiamerikanischen Grundausrichtung des alten und gegenwärtigen Rechtsextremismus verdeutlicht jedoch das Bekenntnis des antisemitischen Publizisten und PEGIDA-Redners Jürgen Elsässer[35], wonach die Organisatoren zu Beginn über den Namen „Patriotische Europäer gegen die Amerikanisierung des Abendlandes" nachgedacht hätten, diesen Namen aber verwarfen, weil man dem Thema Islam eine größere Mobilisierungskraft attestierte.[36] Der sich populistisch gebende Rechtsextremismus hat die Judenfeindschaft keineswegs hinter sich gelassen.[37] Entgegen den Bekundungen, den Antisemitismus abzulehnen oder nicht zu teilen, tritt dieser oftmals in Form eines verschobenen Antisemitismus auf, der darüber gekennzeichnet ist, dass andere, nicht im gleichen Maße tabuisierte Ideologien, an die Stelle des Antisemitismus treten und dessen ideologische Funktion und semantische Struktur übernehmen. Antisemitische Topoi werden gegenwärtig im Besonderen über den kommunikativen Umweg eines Antiamerikanismus[38] und Antifeminismus[39] tradiert.

---

34 Auf PEGIDA-Kundgebungen in Westdeutschland, die weniger im Fokus der Öffentlichkeit stehen und von Akteuren der extremen und neonazistischen Rechten veranstaltet werden, kommt es durchaus zu (radikal-)antisemitischen Bekundungen. Auf einer Veranstaltung von PEGIDA in Duisburg am 11. Juli 2016 bezog sich beispielsweise ein Redner offen auf *Die Protokolle der Weisen von Zion* und das Motiv einer jüdischen Weltherrschaft. https://www.youtube.com/watch?v=iX-g_BOOPyg (03.02.2018).
35 Zum Antisemitismus des von Elsässer herausgegebenen Compact-Magazins siehe Culina, Kevin u. Jonas Fedders: Im Feindbild vereint. Zur Relevanz des Antisemitismus in der Querfront-Zeitschrift Compact. Münster 2016.
36 Weiß, Volker: Die autoritäre Revolte. Die Neue Rechte und der Untergang des Abendlandes. Stuttgart 2017, S. 219 f.
37 Kahmann, Bodo: ‚The most ardent pro-Israel party': pro-Israel attitudes and anti-antisemitism among populist radical right parties in Europe. In: Patterns of Prejudice (51) 2017. S. 396–411. Für den Antisemitismus in der 'Alternative für Deutschland' (AfD) siehe Grimm, Marc u. Bodo Kahmann: AfD und Judenbild. Eine Partei im Spannungsfeld von Antisemitismus, Schuldabwehr und instrumenteller Israelsolidarität. In: AfD & FPÖ. Antisemitismus, völkischer Nationalismus und Geschlechterbilder. Hrsg. von Stephan Grigat. Baden-Baden 2017. S. 41–60.
38 Beyer, Heiko: Soziologie des Antiamerikanismus. Zur Theorie und Wirkmächtigkeit spätmodernen Unbehagens. Frankfurt am Main/New York 2014, S. 111–115.

Die Zustimmung zur antiliberalen und anti-westlichen Politik Wladimir Putins, die ein durchgehendes Motiv der PEGIDA-Proteste ist, spiegelt den Prozess einer Annäherung zwischen der russischen Regierung und der extremen Rechte in Europa wieder. *Zbyněk Tarant* untersucht in seinem Beitrag die zunehmend enger werdende Kooperation zwischen dem Kreml und rechtsextremen Parteien in Europa. Er geht den ideologischen, finanziellen und personellen Verbindungen dieser Allianz nach, deren gemeinsames Ziel die Schwächung der liberalen Demokratien des Westens ist. Wenngleich die von Moskau forcierte und von einem heterogenen Spektrum rechtsextremer Parteien gesuchte Zusammenarbeit nicht primär auf einem geteilten Antisemitismus basiert, bedient der Kreml regelmäßig einen latenten Antisemitismus. Ein prägnantes Beispiel hierfür sieht Tarant in der Behauptung des russischen Präsidenten, die Aufdeckung der *Panama Papers* sei ein amerikanisches Komplott und die an der Enthüllung maßgeblich beteiligte *Süddeutsche Zeitung* gehöre dem amerikanischen Finanzkonzern Goldman Sachs.

Eine Zunahme des Antisemitismus kann jedoch nicht nur für Europa konstatiert werden. Seit der Wahl Donald Trumps zum amerikanischen Präsidenten im November 2016 wird in den USA verstärkt diskutiert, ob die nationalistische und autoritäre Agenda des neuen Präsidenten antisemitische und rechtsextreme Kräfte stärkt. Dass über dieses Thema überhaupt so intensiv diskutiert wird, hängt mit dem ungeklärten Verhältnis des amerikanischen Präsidenten zum Antisemitismus zusammen. Zwar gibt sich Trump betont israelfreundlich und pflegt ein inniges Verhältnis zu seiner zum Judentum konvertierten Tochter Ivanka. Zugleich bediente seine Wahlkampagne jedoch wiederholt antisemitische Ressentiments.

So wurden im letzten Wahlwerbespot der Trump-Kampagne neben Hillary Clinton drei jüdische Persönlichkeiten des öffentlichen Lebens (George Soros, Janet Yellen und Lloyd Blankfein) als Angehörige einer globalen und volksfeindlichen Finanz-Elite porträtiert.[40] Für eine Kontroverse sorgte zuvor ein Beitrag Trumps bei dem Kurznachrichtendienst twitter. Dieser beinhaltete eine Bildmontage, die das Konterfei Clintons vor dem Hintergrund von Dollar-Scheinen zeigt und an dessen Seite ein rot ausstaffierter Davidstern montiert ist, in dem der Schriftzug zu lesen ist: „Most Corrupt Candidate Ever[41]!". Amerikanische

---

39 Stögner, Karin: Angst vor dem „neuen Menschen". Zur Verschränkung von Antisemitismus, Antifeminismus und Nationalismus in der FPÖ. In: AfD & FPÖ. Antisemitismus, völkischer Nationalismus und Geschlechterbilder. Hrsg. von Stephan Grigat. Baden-Baden 2017. S. 137–161. Siehe dazu auch den Beitrag von Stögner in diesem Band.
40 https://www.youtube.com/watch?v=vST61W4bGm8 (28.12.2017).
41 https://www.google.com/search?q=most+corrupt+candidate+ever+trump&client=firefox-b&source=lnms&tbm=isch&sa=X&ved=0ahUKEwiF8r3Pg_LbAhWQ26QKHascBkUQ_AU-ICygC&biw=1600&bih=763#imgrc=8ndrc2MhuRtCPM:

Medien fanden heraus, dass diese unzweifelhaft antisemitische Bildmontage wenige Tage zuvor in einem Internetforum amerikanischer Neonazis kursierte. Die darauffolgende Kritik wehrte Trump ab und nutzte diese stattdessen, um den Medien zu unterstellen, voreingenommen über ihn zu berichten.

Für große Empörung während des Wahlkampfes sorgte zudem Trumps Weigerung die Unterstützung des Antisemiten und *white supremacist* David Duke zurückzuweisen. Trump behauptete wahrheitswidrig, nicht zu wissen wer Duke sei und wofür er stehe. Auch als amtierender Präsident vermeidet Trump eine eindeutige Distanzierung gegenüber der extremen Rechten. Auf gewaltsame Ausschreitungen während eines rechtsextremen Aufmarsches in Charlottesville im August 2017, in deren Folge die Gegendemonstrantin Heather Heyer getötet wurde, reagierte Trump mit der Einschätzung, dass sich auf beiden Seiten „sehr gute Menschen" („fine people") befunden hätten. Die Affinität eines siegreichen Präsidentschaftskandidaten und seines Stabs zu antisemitischen Motiven und Topoi ist ein beunruhigendes Novum in der jüngeren Geschichte der USA.

Die akademische Diskussion über Antisemitismus in den USA fokussierte in den letzten Jahren hingegen nicht primär auf den Antisemitismus der extremen Rechten, sondern auf die Israelfeindschaft des linken Milieus an amerikanischen Universitäten. *Simon Gansinger* argumentiert in seinem Beitrag, dass die antisemitische Israelfeindschaft zu einem zentralen Bestandteil linker Identität an amerikanischen Hochschulen geworden ist. Sie gehöre zu einem spezifisch linken Ticket, das Ausdruck einer gesteigerten Nachfrage nach rigiden Identitäten ist. Nach Gansinger ist in dieser, von Max Horkheimer und Theodor W. Adorno als Ticketmentalität beschriebenen Haltung die Ursache dafür zu suchen, dass die Zurückdrängung des antisemitischen Reflexes in der Campus-Linken scheiterte und die Israelfeindschaft hegemonial werden konnte.

Theoretische und konzeptionelle Überlegungen zum gegenwärtigen Antisemitismus

Neben Untersuchungen spezifischer Entwicklungen und Phänomene des Antisemitismus in der Gegenwart, möchten wir theoretischen und konzeptionell-begrifflichen Reflexionen der sich im Wandel befindenden Empirie des Antisemitismus Raum geben. Diese sind im Band den mehr empirisch-orientierten Beiträgen vorangestellt. In diesem Kapitel werden zwei Themenbereiche verhandelt: die Auseinandersetzung mit begrifflichen Grundlagen der Antisemitismusforschung und die Frage, inwieweit Vergleiche zwischen dem Antisemitismus und anderen Ressentiments (Sexismus und ein gegen Roma gewendeter Rassismus) ein heuristisches Potential für die Forschung bergen.

Dina Porat verfolgt die Entwicklung der Definitionen von Antisemitismus seit seiner Entstehung im deutschen Kaiserreich. Die genetische Betrachtung erlaubt es ihr nachzuzeichnen, dass die Auseinandersetzungen um die Definition seit den 2000er Jahren nicht mehr nur im Feld der Wissenschaft ausgetragen werden. So sind jüdische Menschenrechtsorganisationen wie beispielsweise das Simon Wiesenthal Center, bemüht, die Eindämmung des israelbezogenen Antisemitismus mit der institutionellen Verankerung von Antisemitismusdefinitionen zu begegnen, die die Dämonisierung Israels als eine weitere Erscheinungsform von Antisemitismus begreifen.

Alvin Rosenfeld nimmt diese Debatte in seinem Beitrag auf und widmet sich der Frage, wie die im akademischen und intellektuellen antizionistischen Diskurs in den USA vorgebrachte Rede von der sogenannten ‚Israelkritik' („Criticism of Israel") gedeutet werden kann. Anhand der Erfahrung, dass ein eigener Debattenbeitrag über die Israelfeindschaft jüdischer Intellektueller Verleumdungen nach sich zog, beschreibt Rosenfeld ‚Israelkritik' als ein politisch-rhetorisches Genre, das einer eigenen und vorhersehbaren Logik folgt. In ihrem Kern beruhe sie auf einer hysterisch überhöhten ideologischen Voreingenommenheit und dient dem narzisstischen Genuss, sich eine Opfer- und Märtyrerrolle anzumaßen.

Karin Stögner nimmt unter Bezugnahme auf zentrale Schriften der Kritischen Theorie den Zusammenhang von Antisemitismus und Sexismus in den Blick und geht der Verschränkung beider Ideologien auf der strukturellen, funktionalen und motivationalen Ebene nach. Sie legt nicht nur dar, dass der Sexismus dem Antisemitismus inhärent ist, sondern dass dieser an die Stelle des Antisemitismus treten kann, wie es gegenwärtig in den Diskursen innerhalb der extremen Rechten über Feminismus und ‚Genderismus' der Fall ist.

Ullrich Bauer vergleicht in seinem Aufsatz die Erkenntnisse der Forschungsdiskussion zu Shoah und Porajmos. Lange Jahre galt der Vergleich zwischen dem nationalsozialistischen Genozid an den Juden und an Sinti und Roma als problematisch, weil darin die Gefahr der Relativierung der besonderen Qualität des antisemitisch motivierten Völkermordes vermutet wurde. Bauer zeigt hingegen, dass eine relationale Perspektive lohnenswert ist, weil sie Systematiken und Besonderheiten der Verfolgungspraxis ebenso erhellen kann, wie Gemeinsamkeiten und Unterschiede in den ideologischen Ausprägungen von Antisemitismus und eines auf Roma bezogenen Rassismus.

Antisemitismusforschung und die ‚jüdische Perspektive' – Kontroversen um das Selbstverständnis eines Forschungsfeldes

Vor dem Hintergrund des zunehmenden Antisemitismus in Europa werden in den letzten Jahren wieder verstärkt Fragen nach dem Selbstverständnis der Antisemitismusforschung diskutiert. Kern der Debatte ist das Verhältnis zwischen der akademischen Forschung und der Arbeit zivilgesellschaftlicher und jüdischer Organisationen sowie der Frage nach den Gemeinsamkeiten und Differenzen in der Perspektive auf den gemeinsamen Gegenstand. Im Januar 2015 sorgten zwei Ereignisse dafür, dass dieses Verhältnis kontrovers diskutiert wurde. Der in seiner politischen Tragweite bedeutendere Diskursanlass betrifft die Zusammensetzung des zweiten vom Bundestag eingesetzten und von Bundesinnenminister Thomas de Maizière ernannten Unabhängigen Expertenkreis Antisemitismus (UEA), der erstmals am 19. Januar 2015 tagte. Namhafte Antisemitismusforscher und Repräsentanten zivilgesellschaftlicher Organisationen übten scharfe Kritik an der Auswahl der Mitglieder des Expertenkreises, da diesem zunächst weder jüdische Forscher und Forscherinnen, noch Fachleute jüdischer Organisationen und Gemeinden angehörten.[42] Julius H. Schoeps, Gründungsdirektor des Moses Mendelssohn Zentrums (MMZ), bezeichnete diesen Vorgang als einen „einzigartigen Skandal"[43]. Das MMZ, das American Jewish Committee (AJC) und die Amadeu Antonio Stiftung kündigten daraufhin die Gründung einer eigenen Expertenkommission zum Antisemitismus an, in der sowohl jüdische wie nichtjüdische Fachleute zusammenarbeiten sollen.

Während es im Fall des Unabhängigen Expertenkreises um die Kritik einer fehlenden Einbeziehung einer ‚jüdischen Perspektive' ging, rief eine Studie des Zentrums für Antisemitismusforschung (ZfA) scharfen Widerspruch hervor, weil die Autoren Mitgliedern der jüdischen Gemeinde in Berlin eine verzerrte Wahr-

---

42 Die öffentliche Debatte über eine fehlende Einbeziehung jüdischer Wissenschaftler und Verbands- und Gemeindemitglieder führte im Mai 2015 zur Berufung des Direktors der Stiftung Topographie des Terrors, Andreas Nachama und von Marina Chernivsky von der Zentralwohlfahrtsstelle der Juden in Deutschland. Im Unterschied zum ersten Bericht des UEA aus dem Jahr 2011 findet sich im zweiten Bericht ein eigenes Kapitel über „Erfahrungsräume und Perspektiven der jüdischen Bevölkerung im Umgang mit Antisemitismus". Dazu heißt es im Bericht, dass es ein erklärtes Anliegen des zweiten UEA sei, „der ‚jüdischen Perspektive' explizit Raum zu geben". Bundesministerium des Innern, Unabhängiger Expertenkreis Antisemitismus, S. 91.
43 Expertenkreis ohne Juden. 10.02.2015 http://www.juedische-allgemeine.de/article/view/id/21497 (17.02.2017).

nehmung von Antisemitismus unterstellen. Am 7. Januar 2015 präsentierten Peter Ullrich und Michael Kohlstruck ihre Studie *Antisemitismus als Problem und Symbol. Phänomene und Interventionen in Berlin* der Öffentlichkeit. In ihrer Untersuchung über die Wahrnehmung antisemitischer Gefahrenpotentiale unter den in Berlin mit der Thematik befassten Akteuren kommen die Autoren unter anderem zu dem Schluss, dass die jüdische Perspektive auf den Antisemitismus durch eine symbolische Verallgemeinerung drastischer Einzelfälle charakterisiert sei und jüdische Beobachter daher zu einer dramatisierenden und generalisierenden Sichtweise neigten.[44] Einer stark jüdisch konnotierten „pessimistischen Position" stellen Kohlstruck und Ullrich eine „abwägende Position" gegenüber, die im Unterschied zu ersterer zu „vorsichtigeren oder komplexeren Einschätzungen des zeitlichen Verlaufs des Auftretens antisemitischer Positionen"[45] tendiere. Der starke Kontrast der skizzierten Positionen verstärkt und unterstreicht den Eindruck, dass die Autoren der Studie die Sichtweise jüdischer Akteure auf den Antisemitismus für unterkomplex, vereinfachend und damit für das wissenschaftliche Erkenntnisstreben abträglich halten.

Die Kritik[46] an der Studie von Kohlstruck und Ullrich fiel nicht zuletzt deshalb so deutlich aus, weil sie von der einzigen Forschungseinrichtung in Deutschland verantwortet wird, die sich schwerpunktmäßig der Erforschung des Antisemitismus widmet. Die von den Autoren implizit vertretene These, wonach jüdische Beobachter des Antisemitismus voreingenommen sind, ist in der deutschen Antisemitismusforschung nicht neu. Der ehemalige Direktor des ZfA, Wolfgang Benz, sah sich bereits in einem im Jahr 2000 veröffentlichten Aufsatz dazu veranlasst, die Autonomie der Forschung gegenüber einer jüdischen Erklärungs- und Definitionsmacht zu verteidigen.[47] Diesen Gedanken konkretisierte Benz öffentlichkeitswirksam in seiner Abschiedsvorlesung 2010:

---

44 Kohlstruck, Michael u. Peter Ullrich: Antisemitismus als Problem und Symbol. Phänomene und Interventionen in Berlin. 2. korrigierte Auflage. Berlin 2015, S. 42–47.
45 Kohlstruck/Ullrich, Antisemitismus als Problem, S. 47.
46 American Jewish Committee: Antisemitismus im Deutungskampf. Anmerkungen zur Studie „Antisemitismus als Problem und Symbol – Phänomene und Interventionen in Berlin" des Zentrums für Antisemitismusforschung. http://ajcberlin.org/sites/default/files/antisemitismus_im_deutungskampf._ajc_berlin_ramer_institute_einschaetzung_zur_zfa_studie_antisemitismus_als_problem_und_symbol.pdf (17.02.17); Daniel Poensgen: Systematisches Desinteresse. Ein Positionspapier der Amadeu Antonio Stiftung. https://www.amadeu-antonio-stiftung.de/w/files/pdfs/pressemitteilungen/systematisches-desinteresse.pdf (17.02.17).
47 Benz, Wolfgang: Antisemitismus als gesellschaftliche Notwendigkeit und akademische Anstrengung. In: Bilder vom Juden. Studien zum alltäglichen Antisemitismus. München 2001. S. 130.

> Das Augenmaß bei aller Leidenschaft für den Gegenstand besteht aber darin, dass das Motiv des Antisemitismusforschers nicht im Verlangen nach Beifall aus den Reihen der Minderheit bestehen darf. Antisemitismusforschung ist eine Dienstleistung gegenüber der Mehrheitsgesellschaft, nicht Anbiederung an die Opfer von Abneigung, Aggression, Diskriminierung und Verfolgung.[48]

Diese Ausführungen irritieren aus verschiedenen Gründen. Zunächst, weil niemand behauptet, Sinn und Zweck der Erforschung des Antisemitismus bestünden in der „Anbiederung" an die jüdische Minderheit. Ganz zu schweigen davon, dass jüdische Organisationen und Gemeinden eine solche weder einfordern noch forcieren. Benz' Überlegungen werfen die Frage auf, wie sich Antisemitismusforscher seiner Meinung nach „Beifall" von jüdischer Seite verdienen können. Es ist offenkundig, dass Benz auf eine angebliche Überhöhung des Antisemitismus durch eine jüdische Opferperspektive anspielt, die sich die Antisemitismusforschung nicht zu eigen machen soll. Seine Ausführungen zielen insofern nicht auf die Objektivität der Forschung, sondern auf eine den Juden unterstellte Unfähigkeit, als direkt Betroffene den Antisemitismus objektiv bewerten zu können.

Die Selbstverständlichkeit, mit der Benz eine scharfe Trennlinie zwischen der Antisemitismusforschung und dem Judentum zieht, ist bemerkenswert. Seine Ausführungen zum Selbstverständnis des Fachs rekurrieren explizit auf eine nicht-jüdische Perspektive. Dieser Ansatz ignoriert die historische Genese der Disziplin. Die Antisemitismusforschung verdankt grundlegende Erkenntnisse zu einem nicht unerheblichen Teil jüdischen Autoren und Wissenschaftlern. Der gegenwärtige Wissens- und Erkenntnisstand ist maßgeblich mit dem verbunden, was aus guten Gründen eine jüdische Perspektive genannt werden kann. Benannt ist damit der Umstand, dass diejenigen, die von Antisemiten als Juden und Jüdinnen identifiziert und angegriffen wurden, sich angesichts der Gleichgültigkeit und des Antisemitismus ihres nicht-jüdischen Umfeldes veranlasst und genötigt sahen, die moderne Judenfeindschaft analytisch zu durchdringen.

An diesem Vorhaben waren nicht nur akademisch autorisierte Autoren jüdischer Herkunft beteiligt, sondern im Besonderen auch Personen, die aufgrund der Passivität und des Desinteresses der Wissenschaft eigene Untersuchungen zum Antisemitismus anstellten. Ein prägnantes Beispiel stellt die Untersuchung *Der Antisemitismus als Gruppenerscheinung. Versuch einer Soziologie des Judenhasses* des späteren israelischen Politikers Peretz [Fritz] Bernstein (1890–1971) dar, die 1926 im Jüdischen Verlag in Berlin erschien. Im Vorwort entschuldigt sich Bernstein, dass er über keine Befähigungsnachweise verfüge, die seine Studie legiti-

---

48 Benz, Wolfgang: Antisemitismusforschung als akademisches Fach und öffentliche Aufgabe. In: Jahrbuch für Antisemitismusforschung 19. Hrsg. von Wolfgang Benz. Berlin 2010. S. 27 f.

mieren könnten.⁴⁹ Es fällt schwer diese Stelle in seinem Buch nicht als eine indirekte Kritik an den Sozialwissenschaftlern der Weimarer Republik zu lesen, die über genau diese Nachweise verfügten. Es ist bezeichnend, dass die umfassendste zeitgenössische Studie zum Antisemitismus von einem sozialwissenschaftlichen Autodidakten verfasst wurde.⁵⁰ Wie auch neuere Untersuchungen belegen, wurde die Erforschung des Antisemitismus bis zur Mitte des 20. Jahrhunderts – von wenigen Ausnahmen abgesehen – von Juden und Jüdinnen getragen.⁵¹

Einflüsse einer jüdischen Auseinandersetzung mit dem Antisemitismus auf die spätere Antisemitismusforschung lassen sich mindestens bis zur Formierung eines organisierten Abwehrkampfes gegen die moderne Judenfeindschaft im Kaiserreich zurückverfolgen. Es waren zunächst jüdische Intellektuelle, die ihre Stimme erhoben und sich intensiv mit den Positionen der Antisemiten auseinandersetzten und dabei auch auf den gewandelten Charakter des Antisemitismus hinwiesen. Mit der 1890 erfolgten Gründung des *Vereins zur Abwehr des Antisemitismus* beteiligten sich auch nicht-jüdische Gegner des Antisemitismus in größerer Zahl an dem Abwehrkampf. Es steht außer Frage, dass Erkenntnisse dieser vor- und außerwissenschaftlichen Abwehrarbeit gegen den Antisemitismus Einsichten der späteren Forschung antizipierten und vorwegnahmen.⁵²

Ebenso schwer wiegt das jüdische Erbe für die Entstehung einer sozialwissenschaftlichen Antisemitismusforschung im engeren Sinn, deren Entstehungs-

---

49 Bernstein, Fritz: Der Antisemitismus als Gruppenerscheinung. Versuch einer Soziologie des Judenhasses. Berlin 1926, S. 7.
50 Die zweite umfassende Studie zum Antisemitismus, die in der Weimarer Republik veröffentlicht wurde, stammt ebenfalls von einem jüdischen Autor, der der akademischen Forschung fern stand. Es handelt sich um das Buch des Schriftstellers Arnold Zweig (1887–1968), das im Jahr 1927 unter dem Titel erschien *Caliban oder Politik und Leidenschaft. Versuch über die menschlichen Gruppenleidenschaften dargetan am Antisemitismus*. Potsdam.
51 Krah, Franziska: „Ein Ungeheuer, das wenigstens theoretisch besiegt sein muß". Pioniere der Antisemitismusforschung in Deutschland. Frankfurt am Main 2016; Hans-Joachim Hahn u. Olaf Kistenmacher (Hrsg.): Beschreibungsversuche der Judenfeindschaft. Zur Geschichte der Antisemitismusforschung vor 1944. Berlin 2015.
52 Botsch, Gideon u. Christoph Kopke: „Im Grunde genommen sollten wir schweigen..." Jüdische Studien ohne Antisemitismus – Antisemitismusforschung ohne Juden? In: „... und handle mit Vernunft". Beiträge zur europäisch-jüdischen Beziehungsgeschichte. Festschrift zum 20jährigen Bestehen des Moses Mendelssohn Zentrums. Hrsg. von Gideon Botsch [u. a.]. Hildesheim, Zürich, New York 2012, S. 312; Ähnlich argumentiert Wyrwa: Ulrich Wyrwa: Die Reaktion des deutschen Judentums auf den Antisemitismus im Deutschen Kaiserreich: Eine Rekapitulation. In: Einspruch und Abwehr. Die Reaktion des europäischen Judentums auf die Entstehung des Antisemitismus (1879–1914). Hrsg. von Ulrich Wyrwa. Frankfurt 2010, S. 31.; Klaus Holz: Theorien des Antisemitismus. In: Handbuch des Antisemitismus. Judenfeindschaft in Geschichte und Gegenwart. Band 3: Begriffe, Theorien, Ideologien. Hrsg. von Wolfgang Benz. Berlin, New York 2010, S. 317.

kontext, wie Eva-Maria Ziege betont, das akademische und politische Feld der USA der 1940er Jahre bildet.[53] Erst in dieser Zeit entsteht ein wahrnehmbares Forschungsfeld, in dem umfassende empirische Untersuchungen realisiert werden. Zu verdanken war dieser Prozess einer spezifischen Konstellation, in der die Absicht jüdischer Organisationen, wie dem *American Jewish Committee* und dem *Jewish Labor Committee*, Gelder zur Erforschung des Antisemitismus in der amerikanischen Gesellschaft zur Verfügung zu stellen, auf die Nachfrage von emigrierten jüdischen Sozialwissenschaftlern nach akademischer Betätigung traf. In diesem Kontext ist unter anderem die für die Antisemitismus- und Autoritarismusforschung wegweisende Studie über die *Authoritarian Personality* entstanden, die Teil der von Max Horkheimer und Samuel H. Flowerman herausgegebenen *Studies in Prejudice* ist.

Kurzum: Die Antisemitismusforschung kann ohne ihre wechselvolle Beziehung zur jüdischen Geschichte nicht gedacht werden. Mit dieser Einsicht wird keiner Identitätspolitik das Wort gesprochen; einen auf Identität gestützten Erkenntnisvorsprung gibt es nicht. Die Qualität der Arbeit eines Expertenkreises oder einer wissenschaftlichen Untersuchung bemisst sich selbstverständlich nicht an der Frage, ob und wie viele jüdische Forscher und Forscherinnen beteiligt sind. Der Rekurs auf die historische Genese des Fachs macht jedoch deutlich, dass sich die Antisemitismusforschung ohne die Erfahrung und die Perspektive der vom Antisemitismus unmittelbar Betroffenen, gänzlich anders entwickelt und nicht ihr heutiges theoretisches Niveau erreicht hätte. Insofern ist Gideon Botsch und Christoph Kopke zuzustimmen, wenn sie schreiben, dass die Antisemitismusforschung einen „hohen Preis zu zahlen habe", wenn „sie die ‚jüdische' Perspektive auf ihren Gegenstand als Hinderungsgrund für wissenschaftliche Objektivität betrachtet".[54] Dies gilt umso mehr in einer Zeit, in der sich die Sicherheitslage für Juden und Jüdinnen in Europa verschlechtert.

---

53 Ziege, Eva-Maria: Arendt, Adorno und die Anfänge der Antisemitismusforschung. In: Affinität wider Willen? Hannah Arendt, Theodor W. Adorno und die Frankfurter Schule. Hrsg. vom Fritz Bauer Institut u. Liliane Weissberg. Frankfurt am Main 2011, S. 90; Eva-Maria Ziege: Antisemitismus als Gesellschaftstheorie. Die Frankfurter Schule im amerikanischen Exil. Frankfurt am Main 2009. Siehe auch: Christian Fleck: Transatlantische Bereicherungen. Zur Erfindung der empirischen Sozialforschung. Frankfurt am Main 2007, S. 353–427.
54 Botsch/Kopke, Jüdische Studien, S. 320.

Literaturverzeichnis

Agentur der Europäischen Union für Grundrechte: Technical report: FRA survey – Discrimination and hate crime against Jews in EU Member States: experiences and perceptions of antisemitism. FRA – European Union Agency for Fundamental Rights. 2013. http://fra.europa.eu/en/publication/2013/discrimination-and-hate-crime-against-jews-eu-member-states-experiences-and (15.05.2017).

American Jewish Committee: Antisemitismus im Deutungskampf. Anmerkungen zur Studie „Antisemitismus als Problem und Symbol- Phänomene und Interventionen in Berlin" des Zentrums für Antisemitismusforschung. http://ajcberlin.org/sites/default/files/antisemitismus_im_deutungskampf._ajc_berlin_ramer_institute_einschaetzung_zur_zfa_studie_antisemitismus_als_problem_und_symbol.pdf (17.02.17).

Anti-Defamation League: Global 100. http://global100.adl.org/ (15.05.2017).

Augstein, Jakob: Es musste gesagt werden. 06.04.2012. http://www.spiegel.de/politik/deutschland/jakob-augstein-ueber-guenter-grass-israel-gedicht-a-826163.html (24.05.2017).

Augstein, Jakob: Die deutsche Atom-Lüge. 04.06.2012. http://www.spiegel.de/politik/ausland/u-boote-fuer-israel-wie-deutschland-die-sicherheit-in-nahost-gefaehrdet-a-836816.html (24.05.2017).

Augstein, Jakob: Gesetz der Rache. 19.11.2012. http://www.spiegel.de/politik/ausland/jakob-augstein-ueber-israels-gaza-offensive-gesetz-der-rache-a-868015.html (24.05.2017).

Benz, Wolfgang: Antisemitismus als gesellschaftliche Notwendigkeit und akademische Anstrengung. In: Bilder vom Juden. Studien zum alltäglichen Antisemitismus. München 2001. S. 129–141.

Benz, Wolfgang: Antisemitismusforschung als akademisches Fach und öffentliche Aufgabe. In: Jahrbuch für Antisemitismusforschung 19. Hrsg. von Wolfgang Benz. Berlin 2010. S. 17–32.

Bergmann, Werner: Antisemitismus in öffentlichen Konflikten. Kollektives Lernen in der politischen Kultur der Bundesrepublik 1949–1989. Frankfurt am Main/New York 1997.

Bernstein, Fritz: Der Antisemitismus als Gruppenerscheinung. Versuch einer Soziologie des Judenhasses. Berlin 1926.

Betzler, Lukas u. Manuel Glittenberg: Antisemitismus im deutschen Mediendiskurs. Eine Analyse des Falls Jakob Augstein. Baden-Baden 2015.

Beyer, Heiko: Soziologie des Antiamerikanismus. Zur Theorie und Wirkmächtigkeit spätmodernen Unbehagens. Frankfurt am Main/New York 2014.

Bommarius, Christian: Broder diffamiert Augstein. In: Berliner Zeitung. 02.01.2013.

Botsch, Gideon u. Christoph Kopke: „Im Grunde genommen sollten wir schweigen..." Jüdische Studien ohne Antisemitismus – Antisemitismusforschung ohne Juden? In: „... und handle mit Vernunft". Beiträge zur europäisch-jüdischen Beziehungsgeschichte. Festschrift zum 20jährigen Bestehen des Moses Mendelssohn Zentrums. Hrsg. von Gideon Botsch [u.a.]. Hildesheim/Zürich/New York 2012. S. 303–320.

Breuer, Stefan: Nationalismus und Faschismus: Frankreich, Italien und Deutschland im Vergleich. Darmstadt 2005.

Breuer, Stefan: Die Völkischen in Deutschland. Kaiserreich und Weimarer Republik. Darmstadt 2008.

Bundesministerium des Innern (Hrsg.): Unabhängiger Expertenkreis Antisemitismus. Antisemitismus in Deutschland – aktuelle Entwicklungen. Berlin 2017.

Culina, Kevin u. Jonas Fedders: Im Feindbild vereint. Zur Relevanz des Antisemitismus in der Querfront-Zeitschrift Compact. Münster 2016.

Deutscher Bundestag: Beschneidung von Jungen jetzt gesetzlich geregelt. http://dip21.bundestag.de/dip21/btd/17/112/1711295.pdf (12.05.2017).

Enstad, Johannes Due: Antisemitic Violence in Europe, 2005–2015. Exposure and Perpetrators in France, UK, Germany, Sweden, Norway and Russia 2017 https://www.academia.edu/33627121/Antisemitic_Violence_in_Europe_2005-2015_Exposure_and_Perpetrators_in_France_UK_Germany_Sweden_Norway_Denmark_and_Russia (22.11.2017).

Fleck, Christian: Transatlantische Bereicherungen. Zur Erfindung der empirischen Sozialforschung. Frankfurt am Main 2007.

Fritsch, Theodor. An der Zeitenwende. In: Hammer. Blätter für deutschen Sinn 19 (1920). S. 461–464.

Grimm, Marc u. Bodo Kahmann: AfD und Judenbild. Eine Partei im Spannungsfeld von Antisemitismus, Schuldabwehr und instrumenteller Israelsolidarität. In: AfD & FPÖ. Antisemitismus, völkischer Nationalismus und Geschlechterbilder. Hrsg. von Stephan Grigat. Baden-Baden 2017. S. 41–60.

Grimm, Marc: Germany's Changing Discourse on Jews and Israel. In: Anti-Zionism, Antisemitism, and the Dynamics of Delegitimization. Hrsg. von Alvin Rosenfeld. Bloomington. Erscheint 2019.

Hahn, Hans-Joachim u. Olaf Kistenmacher (Hrsg.): Beschreibungsversuche der Judenfeindschaft. Zur Geschichte der Antisemitismusforschung vor 1944. Berlin 2015.

Holz, Klaus: Theorien des Antisemitismus. In: Handbuch des Antisemitismus. Judenfeindschaft in Geschichte und Gegenwart. Band 3: Begriffe, Theorien, Ideologien. Hrsg. von Wolfgang Benz. Berlin/New York 2010. S. 316–328.

Jikeli, Günther: A Framework for Assessing Antisemitism: Three Case Studies (Dieudonné, Erdoğan, and Hamas). In: Deciphering the New Antisemitism. Hrsg. von Alvin H. Rosenfeld. Bloomington 2015. S. 43–76.

Joffe, Josef: Antisemitismus-Knüppel. Israel-Kritik oder Dämonisierung? Dazu Adorno lesen. In: Die Zeit. 10.01.2013.

Kahmann, Bodo: Feindbild Jude, Feindbild Großstadt. Antisemitismus und Großstadtfeindschaft im völkischen Denken. Göttingen 2016. http://ediss.uni-goettingen.de/handle/11858/00-1735-0000-0023-3DC0-5.

Kahmann, Bodo: ‚The most ardent pro-Israel party': pro-Israel attitudes and anti-antisemitism among populist radical right parties in Europe. In: Patterns of Prejudice (51) 2017. S. 396–411.

Kohlstruck, Michael u. Peter Ullrich: Antisemitismus als Problem und Symbol. Phänomene und Interventionen in Berlin. 2., korrigierte Auflage. Berlin 2015.

Krah, Franziska: „Ein Ungeheuer, das wenigstens theoretisch besiegt sein muß". Pioniere der Antisemitismusforschung in Deutschland. Frankfurt am Main 2016.

Küntzel, Matthias: Die Jakob Augstein-Debatte: eine verpasste Chance. In: Gebildeter Antisemitismus. Eine Herausforderung für Politik und Zivilgesellschaft. Hrsg. von Monika Schwarz-Friesel. Baden-Baden 2015. S. 53–74.

Marin, Bernd: Antisemitismus ohne Antisemiten. Autoritäre Vorurteile und Feindbilder. Wien 2000.

Poensgen, Daniel: Systematisches Desinteresse. Ein Positionspapier der Amadeu Antonio Stiftung. https://www.amadeu-antonio-stiftung.de/w/files/pdfs/pressemitteilungen/systematisches-desinteresse.pdf (17.02.17).

Postone, Moishe: Die Logik des Antisemitismus. In: Merkur. Deutsche Zeitschrift für europäisches Denken (36) 1982. S. 13–25.

Simon Wiesenthal Center: 2012 Top Ten Anti-Semitic/Anti-Israel Slurs. 12.2012. http://www.wiesenthal.com/atf/cf/%7B54d385e6-f1b9-4e9f-8e94-890c3e6dd277%7D/TT_2012_3.PDF (24.05.2017).

Reinicke, Stefan: Wir Antisemiten. In: taz – die tageszeitung. 04.01.2013.

Rürup, Reinhard: Emanzipation und Antisemitismus. Studien zur „Judenfrage" der bürgerlichen Gesellschaft. Frankfurt am Main 1987.

Stoetzler, Marcel u. Christine Aichinger: German Modernity, barbarous Slavs and profit-seeking Jews: the cultural racism of nationalist liberals. In: Nations and Nationalism 19 (2013). S. 739–760.

Stögner, Karin: Angst vor dem „neuen Menschen". Zur Verschränkung von Antisemitismus, Antifeminismus und Nationalismus in der FPÖ. In: AfD & FPÖ. Antisemitismus, völkischer Nationalismus und Geschlechterbilder. Hrsg. von Stephan Grigat. Baden-Baden 2017. S. 137–161.

Terwey, Susanne: Moderner Antisemitismus in Großbritannien. 1899–1919. Über die Funktion von Vorurteilen sowie Einwanderung und nationale Identität. Würzburg 2006.

Weiß, Volker: Die autoritäre Revolte. Die Neue Rechte und der Untergang des Abendlandes. Stuttgart 2017.

Wyrwa, Ulrich: Die Reaktion des deutschen Judentums auf den Antisemitismus im Deutschen Kaiserreich: Eine Rekapitulation. In: Einspruch und Abwehr. Die Reaktion des europäischen Judentums auf die Entstehung des Antisemitismus (1879–1914). Hrsg. von Ulrich Wyrwa. Frankfurt 2010. S. 25–42.

Ziege, Eva-Maria: Antisemitismus als Gesellschaftstheorie. Die Frankfurter Schule im amerikanischen Exil. Frankfurt am Main 2009.

Ziege, Eva-Maria: Arendt, Adorno und die Anfänge der Antisemitismusforschung. In: Affinität wider Willen? Hannah Arendt, Theodor W. Adorno und die Frankfurter Schule. Hrsg. vom Fritz Bauer Institut u. Liliane Weissberg. Frankfurt am Main 2011. S. 85–102.

Zweig, Arnold: Caliban oder Politik und Leidenschaft. Versuch über die menschlichen Gruppenleidenschaften dargetan am Antisemitismus. Potsdam 1927.

**Theoretische und konzeptionelle Überlegungen
zum gegenwärtigen Antisemitismus**

Dina Porat
Definitionen des Antisemitismus

Kontroversen über den Gegenstandsbereich eines streitbaren Begriffs

1 Einleitung

Am 28. Januar 2005 nahm die Europäische Stelle zur Beobachtung von Rassismus und Fremdenfeindlichkeit (EUMC) mit Sitz in Wien eine konzise „Arbeitsdefinition Antisemitismus" an. Sie war das Ergebnis konzertierter Bemühungen mehrerer Institutionen und einer Vielzahl von Experten und Expertinnen über einen Zeitraum von etwa zwei Jahren (2003/2004) hinweg. In dieser Zeit mussten verschiedene Entscheidungen darüber getroffen werden, welchen Prinzipien und Parametern die Begriffsbestimmung folgen sollte. In diesem Beitrag geht es in erster Linie um die Umstände, die diese internationalen Anstrengungen erforderlich machten. Immerhin befanden sich ja bereits vor 2005 etliche Definitionen des Antisemitismus in Umlauf, und es hätte auch die Möglichkeit bestanden, sich eine dieser Definitionen anzueignen. Es stellte sich aber beispielsweise die Frage, wie dem seit 2000 zunehmend gebräuchlichen Konzept des ‚neuen Antisemitismus' Rechnung zu tragen sei, und ob dieser sich von anderen Formen des Antisemitismus hinreichend unterscheide, um eine neuerliche Begriffsbestimmung erforderlich zu machen. Im Folgenden biete ich zunächst einen Überblick über einige der früheren Definitionen und schildere dann den Prozess, der zur Annahme der neuen Definition des Antisemitismus führte.

Zuvor jedoch zwei Vorbemerkungen. Dabei geht es zum einen um die Urheberschaft der Definitionen. Seit Wilhelm Marr, ‚der Patriarch des Antisemitismus', den Begriff 1879 in Deutschland in Umlauf brachte, ist er immer wieder auf verschiedene Weisen neu definiert worden, die jeweils von ihrer Zeit und ihrem Ort, den sich wandelnden Umständen und dem sich verändernden Profil des Antisemitismus geprägt wurden. In aller Regel wurden diese Definitionen von Einzelautoren entwickelt, oft auf Bitten von Lexikon- und Wörterbuchherausgebern.

Der Beitrag von Dina Porat ist eine erweiterte und aktualisierte Version von Dina Porat: The Road to an Internationally Accepted Definition of Antisemitism", in: the Yale Papers, Antisemitism in Comparative Perspective, ed. Charles Small, ISGAP, 2015, 19–33. Mit freundlicher Genehmigung des Verlages. Übertragen aus dem Englischen von Lars Fischer.

https://doi.org/10.1515/9783110537093-002

Die neue Arbeitsdefinition von 2005 ist dagegen das Ergebnis einer kollektiven Anstrengung. In mehreren Gremien haben Wissenschaftler und Regierungsbeamte zwei Jahre lang miteinander um einen für alle Beteiligten annehmbaren Wortlaut gerungen.

Zum anderen darf nicht vergessen werden, dass der Antisemitismus ein vielschichtiges Phänomen ist. Einerseits kennzeichnet ihn ganz zentral ein emotionaler Affekt, andererseits ist er eng verknüpft mit einer stattlichen Ansammlung zum Teil jahrhundertealter religiöser, politischer und ökonomischer Vorstellungen, und die Gründung Israels hat seine Dynamik nochmals verkompliziert. Jeder Versuch, ihn zu definieren, stellt also unweigerlich eine komplexe Herausforderung dar.

2 Frühe deutsche Definitionen

Der 1882 erschienene erste Band des *Brockhaus* war der erste, der eine Definition, wenn auch nicht des Antisemitismus, so doch des Antisemiten bot. Der Eintrag lautete (in seiner Gesamtheit): „Judenfeind, Gegner des Judentums; Bekämpfer der Eigentümlichkeiten, des Hervortretens und der Bestrebungen des Semitismus".[1] Noch in der vorherigen, ab 1875 erscheinenden Ausgabe hatte der Begriff keine Berücksichtigung gefunden. Offenbar hatte der neuzeitliche politische Antisemitismus in der Zwischenzeit genügend Aufmerksamkeit auf sich gezogen und sich hinreichend etabliert, um in der Neuauflage zumindest einen kurzen Eintrag notwendig erscheinen zu lassen. Bemerkenswert ist, dass die Definition den „Semitismus" offenbar als reales Phänomen voraussetzt und so den ständig zunehmenden Einfluss rassentheoretischer Sichtweisen in der zweiten Hälfte des 19. Jahrhunderts reflektiert. Als Wilhelm Marr den Begriff Ende der 1870er Jahre in Umlauf brachte, wählte er den Begriff offenbar wegen seines vermeintlich wissenschaftlichen Klanges,[2] und er hat sich seitdem in der Tat weltweit durchgesetzt. Dabei waren es Marrs antisemitische Gesinnungsgenossen, die von Anfang an die Tatsache problematisierten, dass der Begriff eigentlich zu weit gefasst sei, da ihre Forderungen sich ja nur gegen die Juden und nicht gegen die übrigen Völker der semitischen Sprachgruppe richteten. Moshe Zimmermann hat dargestellt, wie diese Bedenken in der antisemitischen Bewegung zunehmend an Gewicht gewannen und Marr schon am Vorabend der Machtübertragung an die Nationalsozialisten seiner Einführung des Begriffs wegen immer heftiger kritisiert

---

1 Brockhaus' Conversations-Lexikon, Band 1.,13. Auflage. Leipzig 1882, S. 728.
2 Zimmermann, Moshe: Wilhelm Marr: The Patriarch of Antisemitism. New York 1986.

wurde.³ Auf den nationalsozialistischen Umgang mit dieser Problematik werde ich noch zurückkommen.

Typisch für die rassistische Vorstellungswelt, die sich in der Annahme, es gebe einen ‚Semitismus' ausdrückt, ist die Identifizierung von Charaktereigenschaften, die vermeintlich ganzen Menschengruppen eigen sind. Diesem Ansatz zufolge haben Letztere bestimmte dauerhafte Merkmale, die durch Erziehung und Umwelteinflüsse nicht veränderbar sind. Der Rassismus ist somit in entscheidender Weise antichristlich, da er die Ebenbürtigkeit aller Menschen und das Recht des oder der Einzelnen auf die Gnade Gottes nicht anerkennt. Gleichwohl hat der Rassismus im Fall der Juden auf das negative Judenbild aufgebaut, das durch die Kirche über Jahrhunderte hinweg geschaffen und immer wieder bestärkt wurde und daher im gesellschaftlichen Bewusstsein tief verankert war.

Ein weiteres zentrales Konzept, das in der Definition des *Brockhaus* bereits zum Ausdruck kommt und später fest verankert wurde, ist die Vorstellung, dass die (hier Semiten genannten) Juden bestimmte Absichten verfolgten, die die Antisemiten zu vereiteln suchen. Diese Absichten erwachsen aus dem angeblichen Bedürfnis, der christlichen Gesellschaft zu schaden. Dabei sollte betont werden, dass die Definition im *Brockhaus* etwa ein Jahrzehnt vor den *Protokollen der Weisen von Zion* veröffentlicht wurde, die dann explizit die Vorstellung propagierten, dass die Juden nach der Weltherrschaft trachteten und sich an die Verwirklichung dieses Zieles gemacht hätten.

Theodor Fritsch war einer der ‚Gründerväter' des modernen politischen Antisemitismus und bildete eine Brücke zwischen den Frühformen des modernen Antisemitismus und der NSDAP. Er veröffentlichte 1887 den *Antisemiten-Katechismus*, der im Laufe seines langen Lebens Dutzende aktualisierte Neuauflagen erlebte, ab 1907 allerdings – bezeichnenderweise – unter dem Titel *Handbuch der Judenfrage*. Auch seine Definition war knapp und eindeutig: „‚Anti' heißt ‚gegen', und, ‚Semitismus' bezeichnet das Wesen der semitischen Rasse. Der Antisemitismus bedeutet also die Bekämpfung des Semitenthums." Allerdings fügte er dann noch hinzu: „Da die semitische Rasse in Europa fast ausschließlich durch die ‚Juden' vertreten ist, so verstehen wir unter den ‚Semiten' im engeren Sinne die Juden. ‚Antisemit' heißt also in unserem Falle ‚Judengegner'".⁴ In der folgenden, schon als *Handbuch der Judenfrage* erschienenen Ausgabe findet sich dieser

---

3 Zimmermann, Moshe: Aufkommen und Diskreditierung des Begriffs Antisemitismus. In: Das Unrechtsregime. Internationale Forschung über den Nationalsozialismus Bd. 1: Ideologie – Herrschaftssystem – Wirkung in Europa. Hrsg. von Ursula Büttner, Werner Johe und Angelika Voß. Hamburg 1986.
4 Fritsch, Theodor: *Antisemiten-Katechismus*. 25. Auflage. Leipzig 1893, S. 3.

Passus nicht mehr, und Fritsch greift ab nun auf den Begriff ‚Semitismus' und seine Derivate im Allgemeinen nicht mehr zurück.

Bis zur Jahrhundertwende machte die neu erstandene antisemitische Bewegung auf vielfältige Weise auf sich aufmerksam. Es entstanden antisemitische Parteien und etliche bestehende Parteien nahmen antisemitische Forderungen in ihre Programme auf. In den meisten Ländern West- und Zentraleuropas wurden den Parlamenten Erklärungen und Petitionen vorgelegt, die eine Begrenzung der jüdischen Bürgerrechte forderten. Oft waren diese Kampagnen auch von Demonstrationen begleitet. Obwohl der Antisemitismus weiterhin rassistisch war, wurde die Auseinandersetzung um ihn politisch, und dies spiegelte sich auch in der relevanten Terminologie wider. Allerdings begann die antisemitische Bewegung um die Jahrhundertwende zunächst wieder zu stagnieren.

Als die Nationalsozialisten an die Macht kamen, wurde angesichts ihrer Hoffnung auf Unterstützung aus dem arabischen Lager die Frage der Begrifflichkeit besonders virulent, und das Regime unternahm mehrere Versuche, insbesondere in Anweisungen an die Presse, den Begriff ‚Antisemitismus' durch „Judengegnerschaft" und ähnliche Termini zu ersetzen. Bereits am 22. August 1935 forderte das Propagandaministerium die Presse auf, „in der Judenfrage das Wort: antisemitisch oder Antisemitismus zu vermeiden, weil die deutsche Politik sich nur gegen die Juden, nicht aber gegen die Semiten schlechthin richtet. Es soll stattdessen das Wort: antijüdisch gebraucht werden".[5] Am bekanntesten ist in diesem Zusammenhang wohl das Schreiben von Hans Hagemeyer, dem Leiter des Alfred Rosenberg unterstellten Hauptamts Überstaatliche Mächte, das für die internationale Verbreitung antisemitischer Propaganda verantwortlich war, an Rosenbergs langjährigen Verbindungsmann im Führerhauptquartier, Werner Koeppen vom 17. Mai 1943, in dem Hagemeyer dazu auffordert, der Tatsache Rechnung zu tragen, dass Rosenberg dem Jerusalemer Großmufti Haj Amin al-Husseini versprochen habe,

> an die Presse einen Hinweis zu geben, wonach in Zukunft die Bezeichnung ‚Antisemitismus' zu unterbleiben hat. Mit der Verwendung dieses Wortes wird immer die arabische Welt getroffen, die nach Aussage des Großmufti überwiegend deutschfreundlich ist. Das feindliche Ausland benutzt den Hinweis, daß wir mit dem Wort ‚Antisemitismus' arbeiten und damit auch bekunden wollen, daß wir die Araber mit den Juden in einen Topf werfen.[6]

---

5 Toepser-Ziegert, Gabriele (Hrsg.): NS-Presseanweisungen der Vorkriegszeit, Bd. 3/II: 1935. München 1987, S. 522.
6 Brief von Hans Hagemeyer an Werner Koeppen vom 17. Mai 1943, Dok. XVII-28. In: Das Dritte Reich und die Juden. Hrsg. von Léon Poliakov und Josef Wulf. Berlin 1955, S. 369.

Selbstverständlich ging es Rosenberg und Goebbels nicht darum, mit dem tatsächlichen Antisemitismus zu brechen, sondern ihre Beweggründe waren rein taktischer und semantischer Natur. Nun, da andere ‚Semiten' von strategischer Bedeutung waren und sich zum Teil mit Deutschland verbündeten, konnte die von Antisemiten von Anfang an bemängelte Doppeldeutigkeit des Begriffs „Antisemitismus" wirklich nicht mehr geduldet werden. Allerdings war dem Bestreben der Nationalsozialisten, die Begrifflichkeit zu ändern, kein großer Erfolg beschieden. Nicht zuletzt kam eine sprachliche Revision von Hitlers *Mein Kampf* nicht in Frage und Hitler selbst benutzte bei verschiedenen Gelegenheiten weiterhin den ‚falschen' Begriff.[7]

3 Definitionen jüdischer Wissenschaftler

Die erste Ausgabe der zwölfbändigen *Jewish Encyclopedia* erschien 1901 in London und New York. Es war das erste derartig ambitionierte jüdische Projekt seiner Art. In den USA produziert, wurde die Enzyklopädie von mehr als 400 jüdischen Experten mit dem Ziel erarbeitet, die jüdische Öffentlichkeit zu bilden und der nichtjüdischen Welt das jüdische Volk und dessen reichhaltige Kultur vorzustellen. Sie erschien zur Zeit der Masseneinwanderung osteuropäischer Juden in die USA, von denen viele noch nicht voll integriert waren und erst nach ihrer Stellung im neuen Land suchten. Diese Umstände sind der *Jewish Encyclopedia* – einschließlich der in ihr gebotenen Darstellung des Wesens und der Geschichte des Antisemitismus – durchaus anzumerken. In seiner Definition des Antisemitismus betonte Gotthard Deutsch, Professor der jüdischen Geschichte am Hebrew Union College in Cincinnati und einer der Hauptbeiträger zur *Jewish Encyclopedia*, dessen eher rassistischen als religiösen Ursprung und bezog sich auf rassistische Charakterisierungen der Juden. Zu den den Juden zugeschriebenen Eigenschaften gehörten „Habgier, eine besondere Eignung zum Geld machen, eine Abneigung gegen harte Arbeit, cliquenhaftes Verhalten und Aufdringlichkeit, [und] ein Mangel an gesellschaftlichem Taktgefühl und insbesondere an Patriotismus. Schließlich", fügte Deutsch hinzu, „wird der Begriff zur Rechtfertigung von Unmut über jedwedes Vergehen oder anstößiges Verhalten eines einzelnen Juden genutzt".[8] Die Definition suggerierte, dass nur ein in Vorurteilen befangener engstirniger Eiferer die Juden derartiger Eigenschaften beschuldigen würde, und

---

7 Zimmermann, Moshe: Mohammed als Vorbote der NS-Judenpolitik? – zur wechselseitigen Instrumentalisierung von Antisemitismus und Antizionismus. In: Tel Aviver Jahrbuch für deutsche Geschichte 33. Göttingen 2005.
8 Deutsch, Gotthard: Anti-Semitism. In: The Jewish Encyclopedia Band 1. New York 1901, S. 641.

dass Juden weder kollektiv noch als Individuen dieser Charakterisierung entsprächen. Angesichts der damaligen Ankunft unzähliger Juden in Amerika, war dies eine wichtige Botschaft. Viele von ihnen lebten verarmt in den Slumvierteln der Großstädte, wo ihre Bräuche und eigentümliche Kleidung auffielen und Misstrauen erregten. Dies, so betonten jüdische Gelehrte, habe nichts mit Charaktereigenschaften zu tun, sondern mit den konkreten Lebensbedingungen, und diese würden sich in Zukunft ändern. Auch andere Einträge in der *Jewish Encyclopedia* diskutierten angebliche Charaktereigenschaften des jüdischen Volkes und bezweifelten, dass diese den Juden wirklich eigen seien. Viel eher seien sie wohl deren Lebensbedingungen geschuldet. Viele Einträge diskutierten die positiven Eigenschaften des jüdischen Volks, etwa dessen hohes Kulturniveau und bemerkenswerte Anpassungsfähigkeit und seinen Beitrag zur Zivilisation im Allgemeinen.

Der Eintrag zu Theodor Herzl, dem Begründer des politischen Zionismus, folgte den Ideen Leon Pinskers, der als einer der Ersten die Situation der Juden im Exil auf den Punkt gebracht hatte. Er hatte in seinem Pamphlet *Autoemancipation* erklärt, dass er den Antisemitismus als das Resultat des Exils verstehe und jüdischen Nationalismus für die Lösung halte. Die von Pinsker und Herzl propagierte politische Lösung war aufs engste mit der Vorstellung einer spirituellen und moralischen Erneuerung verknüpft. Zwar erschien der erste Band der *Jewish Encyclopedia* schon vier Jahre nach dem Ersten Zionisten-Kongress, doch fanden Herzls Wirkung und sein kometenhafter Aufstieg als herausragende jüdische Figur in etlichen Einträgen bereits ihren Niederschlag.

Während Deutschs Eintrag in der *Jewish Encyclopedia* sich ausführlich mit der Entwicklung des Antisemitismus in Frankreich, Preußen, dem deutschen Kaiserreich, Österreich und Ungarn, Rumänien und Russland und den neuerlichen Ritualmordbeschuldigungen an mehreren europäischen Orten beschäftigte, bemerkte Deutsch kurz und knapp, dass es in Großbritannien und den USA keinen Antisemitismus gebe. In seinem Eintrag zum Antisemitismus im 1910 veröffentlichten zweiten Band der elften Auflage der *Enycopaedia Britannica* wandte sich Lucien Wolf gegen diese optimistische Einschätzung. „Die Juden", so schrieb Wolf, einer der prominentesten Vertreter des englischen Judentums zu Beginn des 20. Jahrhunderts, „behaupten, dass es sich beim Antisemitismus lediglich um ein atavistisches Wiedererwachen des mittelalterlichen Judenhasses handele", der in der modernen Welt – und daher auch in aufgeklärten Ländern wie Großbritannien und den USA – keinen Platz mehr habe. Trotz des relativen Niedergangs der antisemitischen Bewegungen in Europa um die Jahrhundertwende herum blieb Wolf skeptisch und ging davon aus, dass die Lage auch in Großbritannien nicht auf Dauer stabil bleiben würde. Er warnte daher die kommod in England lebenden Juden, sich nichts vorzumachen, nur weil sie in einem aufgeklärten und demokratischen Land lebten. Sie sollten sich vielmehr mit dem wahren Charakter des Antisemitismus und der Rolle, die dieser bei politischen Auseinandersetzungen und Spannungen zwischen verschiedenen Gruppen selbst in toleranten Ländern spielen könne, vertraut machen.[9]

In anderen jüdischen Lexika des zwanzigsten Jahrhunderts, wie etwa der 1971 zuerst veröffentlichten *Encyclopaedia Judaica*, zu der der Historiker Benjamin Eliav einen ausführlichen Eintrag beisteuerte, wurde die zentrale Rolle des Rassismus nicht im gleichen Maße betont.[10] Stattdessen wurden auf der Grundlage verschiedener – religiöser, ökonomischer, sozialer und rassistischer – Quellen breitgefächerte Definitionen des Antisemitismus geboten, wobei auch die Feindseligkeit und der Hass, die der Antisemitismus verkörpert, berücksichtigt wurden. In seiner für den ersten Band der *Encyclopedia of the Holocaust* verfassten Definition hat der damals an der Hebräischen Universität lehrende Israel Gutman eine entscheidende Dimension hinzugefügt: „Seit Jahrhunderten ist der Begriff ‚Jude' mit Vorstellungen, Stereotypen, Bildern und Verleumdungen verbunden," schrieb er, „die zusammen ein sowohl bewusst wie auch emotional wirksames negatives Gesamtprofil bilden, das oft keinerlei Verbindung zum tatsächlichen Judentum hat".[11] Auf diese Diskrepanz zwischen Realität und Wahrnehmung, die das Wesen des Antisemitismus ausmacht, werde ich noch zurückkommen.

4 Nichtjüdische Definitionen nach dem Zweiten Weltkrieg

Zwei intellektuelle Giganten, die sich während des Zweiten Weltkriegs und in der unmittelbaren Nachkriegszeit mit dem Antisemitismus auseinandersetzten, Jean-Paul Sartre und Bertrand Russell, formulierten Definitionen, in denen sie deutlich ihre Abscheu vor dem Antisemitismus zum Ausdruck brachten. Ein Antisemit, so Sartre, sei jemand, der

> das Unglück des Landes oder sein eigenes Unglück der Anwesenheit jüdischer Elemente im Gemeinwesen zuschreibt, […] [und der] vorschlägt, diesem Zustand abzuhelfen, indem die

---

[9] Wolf, Lucien: Anti-Semitism. In: Encyclopaedia Britannica Band 2., 11. Auflage. Cambridge 1910, S. 134.
[10] Universal Jewish Encyclopedia. New York 1939–43. 1948; New Jewish Encyclopedia. New York 1962, S. 17–18. Encyclopaedia Judaica. Jerusalem 1971.
[11] Gutman, Israel: Antisemitism. In: Encyclopedia of the Holocaust. Band 1. Hrsg. von Israel Gutman. New York 1990, S. 55.

Juden bestimmter Rechte beraubt oder von bestimmten ökonomischen und sozialen Funktionen ferngehalten oder des Landes verwiesen oder alle ausgerottet werden.[12]

Sartre weigerte sich kategorisch, dem antisemitischen Judenbild irgendeine empirische Grundlage zuzugestehen. Zwar sei der Antisemit „ein Mensch, der Angst hat", doch fürchte er sich in Wirklichkeit „nicht vor den Juden", sondern „vor sich selbst, vor seinem Bewußtsein, vor seiner Freiheit, vor seinen Trieben, vor seiner Verantwortung, vor der Einsamkeit, vor der Veränderung, vor der Gesellschaft und der Welt; vor allem, außer den Juden [...]. Mit einem Wort, der Antisemitismus ist die Furcht vor dem Menschsein".[13] Russell formulierte den Gedanken in *Neue Hoffnung für unsere Welt* noch prägnanter: „Wäre Hitler tapfer gewesen, dann hätte er kein Antisemit zu sein brauchen".[14]

Von den englischsprachigen Nachkriegslexika, die Definitionen des Antisemitismus boten, soll hier nur beispielhaft auf die *Everyman's Encyclopedia* und *Webster's Third New International Dictionary* eingegangen werden. Die *Everyman's Encyclopedia* teilte offenbar grundsätzlich den Optimismus der *Jewish Encyclopedia* und hatte bereits in ihrer Ausgabe von 1913 den Antisemitismus (bzw. die Antisemiten, denen der relevante Eintrag gewidmet war) als ein Problem der Vergangenheit behandelt. Der Eintrag lautete (in Gänze):

> *Antisemiten* ist der Name, den man den Judengegnern der zweiten Hälfte des 19. Jahrhunderts gab. Die Bewegung hatte in Russland und auf dem Balkan ihren Ursprung und breitete sich dann nach Österreich, Ungarn, Rumänien, Frankreich und Algerien aus, Länder, in denen es größere jüdische Bevölkerungen gab. Dieser Hass auf die Juden, oder Antisemitismus, wie er genannt wurde, entstand nicht aus der Antipathie ihrer Religion gegenüber, sondern war dem Reichtum und der Macht geschuldet, die sie akkumulierten. In Russland und Ungarn nahm die Bewegung eine furchtbare Qualität an und 1882 kam es zu Pogromen und Morden. In Deutschland und Österreich entstanden antisemitische Parteien und ein Bund zur Begrenzung der Freiheiten und politischen Rechte der Juden wurde gebildet. Tausende Juden mussten fliehen. 1894 ereignete sich die Dreyfus-Affäre in Frankreich. Kapitän Dreyfus, ein Jude, wurde fälschlich des Verrats beschuldigt und verurteilt, aber später freigelassen.[15]

Auch hier wurde also umstandslos vorausgesetzt, dass es Antisemitismus in ‚modernen' Ländern wie Großbritannien und den USA nicht gebe. Es hing wohl nicht zuletzt auch mit dieser Vorstellung vom Antisemitismus als einem über-

---

12 Sartre, Jean-Paul: Überlegungen zur Judenfrage. Reinbek 1994, S. 9.
13 Sartre, Jean-Paul: Überlegungen zur Judenfrage. Reinbek 1994, S. 35–36.
14 Russell, Bertrand: Neue Hoffnung für unsere Welt. Wege in eine bessere Zukunft. Darmstadt/Genf 1952, S. 119.
15 Boyle, Andrew (Hrsg.): The Everyman's Encyclopaedia Band 1. London, New York 1913, S. 313.

holten Phänomen der Vergangenheit zusammen, dass er hier auch explizit als eine Form des Hasses charakterisiert wurde. Zugleich ließ sich die Behauptung, der Antisemitismus sei eine Reaktion auf den steigenden Wohlstand und zunehmenden Einfluss der Juden, aber auch so interpretieren, dass diese sich den Antisemitismus letztlich selbst zuzuschreiben hätten.

In der folgenden Ausgabe von 1931 war diese Definition um zwei relativ ausführliche Absätze ergänzt worden, wobei nun auch explizit ausgeführt wurde, dass der Antisemitismus in Großbritannien und den USA, fast unbekannt sei. Allerdings wurde auch behauptet, die Intensität antijüdischer Regungen verhalte sich umgekehrt proportional zur Fähigkeit der Völker, im Wettbewerb mit den Juden zu bestehen.[16] Diese bereits in der vorherigen Ausgabe gegebene Tendenz, den Antisemitismus als Resultat einer tatsächlichen Konfliktlage zwischen Juden und Nichtjuden zu begreifen, fand sich auch in späteren Ausgaben wieder.

In der ersten Nachkriegsausgabe von 1949 war die Definition wiederum ergänzt worden, diesmal um den Hinweis, der Antisemitismus habe 1933 mit dem Aufstieg der Nationalsozialisten ein „furchtbares Comeback" erlebt. Zumindest zum Teil erkläre der tiefe Graben zwischen den Ostjuden und ihrer nichtjüdischen Umgebung „die Passivität und offenkundige Indifferenz, mit der die meisten Nichtjuden der systematischen Abschlachtung der Juden in den furchtbaren Konzentrationslagern Belsen, Buchenwald, Auschwitz, Dachau und Majdanek zusahen". Es sei unmöglich, die genaue Zahl der Opfer zu eruieren, doch müsse man selbst bei einer vorsichtigen Schätzung von mindestens 4 Millionen ermordeten Juden ausgehen. Es folgten dann noch Verweise auf zusätzliche Einträge zu Auschwitz, Belsen und *Mein Kampf*.[17] Allerdings blieb der Rest des Eintrags aus der vorherigen Auflage, einschließlich der problematischen Hinweise auf den wachsenden Wohlstand und die zunehmende Macht der Juden und den Wettbewerb zwischen Juden und Nichtjuden als Ursachen des Antisemitismus, erhalten. Der *Hebräischen Enzyklopädie* zufolge, auf die ich noch zurückkommen werde, „wohnt fast jedem Hass auf eine Minderheit ein gewisser Ausdruck eines starken und mächtigen Bedürfnisses nach Besitz und Herrschaft inne".[18]

In der folgenden Ausgabe von 1958 kam es zu einer weiteren bemerkenswerten und entscheidenden Ergänzung. „Seit dem Zweiten Weltkrieg", hieß es dort, hätten „die Gründung des Staates Israel und die massive Abnahme der jüdischen Bevölkerung in Zentraleuropa infolge der nationalsozialistischen Ver-

---

16 Ridgway, Athelstan (Hrsg.): Everyman's Encyclopaedia Band 1. London, Toronto 1931, S. 375.
17 Ridgway, Athelstan (Hrsg.): The Third Edition Everyman's Encyclopaedia Band 1. London/Toronto 1949, S. 373–374.
18 Netanyahu, Ben-Zion: Antisemitismus. In: Hebräische Enzyklopädie Band 4. Jerusalem/Tel Aviv 1959, Sp. 497 (hebräisch).

folgung dazu beigetragen, dass der Antisemitismus als politische Kraft in Europa im Allgemeinen von geringer Bedeutung ist". Doch ganz anders sehe es im Nahen Osten aus. Der Antisemitismus habe „in den arabischen Staaten zugenommen, seit Israel ein jüdischer Staat wurde" und werde „in Ägypten und Saudi Arabien offiziell gefördert".[19] Diese Ergänzung ist umso bemerkenswerter, als sie bereits ein Jahrzehnt vor dem Sechstagekrieg von 1967 erfolgte, also zu einem Zeitpunkt, da der Konflikt zwischen Israel und seinen Nachbarn im Westen bei weitem nicht die Aufmerksamkeit auf sich zog, die ihm seit 1967 gilt.

Auch im traditionell wesentlich gediegeneren *Webster's Third New International Dictionary* fand diese neue Dimension des Problems bereits Anfang der 1960er Jahre Berücksichtigung. Dort fand sich im 1961 erschienenen ersten Band eine zweiteilige Definition des Antisemitismus. Der erste Teil lautete: „1. Feindseligkeit den Juden gegenüber als religiöser oder rassischer Minderheit, die oft mit sozialer, ökonomischer und politischer Diskriminierung einhergeht". Soweit, so konventionell. Doch dann hieß es: „2. Opposition gegen den Zionismus; Sympathie mit den Feinden Israels".[20] Es folgte noch ein Verweis auf den Eintrag zum Rassismus und damit endete die Definition.

Zu einer Zeit, da Israel durch den Sowjetblock – der das Bestreben der arabischen Staaten, den jüdischen Staat zu besiegen, unterstützte – und Vertreter der Dritten Welt in der UN steigendem Druck ausgesetzt war,[21] wurde diese Bedrohung Israels also durchaus wahrgenommen und für ernsthaft genug befunden, dass sie selbst in einer so knappen Definition des Antisemitismus zu berücksichtigen sei. Demnach gingen beide Lexika davon aus, dass nicht nur die Ungleichbehandlung jüdischer Individuen, sondern auch die Ungleichbehandlung Israels im Rahmen der Weltgemeinschaft eine Form des Antisemitismus darstelle. Zu dieser Zeit, also vor dem beeindruckendem israelischen Sieg von 1967 und der anschließenden Intensivierung des israelisch-arabischen Konflikts, wurde Israel im Westen vor allem als ein kleines demokratisches Land wahrgenommen, das die Sehnsucht eines uralten Volkes nach seinem Stammland realisierte, eines Volkes, das von der Weltgemeinschaft unfair behandelt worden war und vor seinen Angreifern und Gegnern geschützt werden musste. So erklären sich wohl diese Definitionen, die den Antizionismus ohne Umschweife als eine Form des Antisemitismus behandeln.

---

[19] Bozman, Ernest F. (Hrsg.): Everyman's Encyclopaedia Band. 1. London 1958, S. 366–367.
[20] Hier nach der (unveränderten) dreibändigen Auflage von 1966 zitiert: Gove, Philip B. (Hrsg.): Webster's Third New International Dictionary of the English Language Band 1. Chicago 1966, S. 96.
[21] Nach dem Sechstagekrieg änderte sich die Taktik der gegen Israel gerichteten internationalen Koalition, die nun versuchte, Israel aus der UN ausschließen zu lassen, und ihre Anstrengungen auf einen umfassenden Boykott Israels richtete.

Zugleich behielt *Webster's Third New International Dictionary*, dessen Herausgeber Philip Gove das Wörterbuch programmatisch statt auf normative Definitionen auf die akkurate Dokumentation des tatsächlichen Sprachgebrauchs festgelegt hatte,[22] aber auch verschiedene problematische Definitionen bei. Hierzu gehörte jene, der zufolge Juden knallharte Verhandler seien. Die Bedeutung der Verben „to Jew" und „to Jew down" wurde weiterhin mit knallhartem Verhandeln, der Anwendung unseriöser Geschäftspraktiken und dem Versuch, einem Verkäufer einen niedrigeren Preis abzufeilschen, angegeben. Auch auf Einträge zum „Judenvogel" (mit seinem auffälligen Schnabel) und „Jewbush" (dem stark emetisch wirkenden Teufelsrückgrat) konnte das Lexikon nicht verzichten, da sie Ausdrucksweisen und Vorstellungen reflektierten, die in der Umgangssprache und Volkskultur verankert waren. Immerhin wurde in einigen Fällen hinzugefügt, dass dieser Gebrauch der Begriffe „im allg. für beleidigend gehalten" werde.

5 Antisemitismusdefinitionen israelischer Wissenschaftler

Die Vorväter des Zionismus, etwa Herzl und Pinsker, hatten gehofft, dass die Gründung eines jüdischen Staates die Beziehungen zwischen Israel und den Juden in der Diaspora normalisieren würde. Diese befänden sich dann nicht mehr im Exil und würden den damit verbundenen Benachteiligungen nicht mehr ausgesetzt sein. Zudem hofften sie, dass die Schaffung eines jüdischen Staatswesens auch die Beziehungen zwischen Juden und Nichtjuden allgemein verbessern, und dieses Staatswesen daher wie jedes andere behandelt werden würde.

Ein gutes Jahrzehnt nach der Gründung des Staates Israel kam 1959 der vierte Band der *Hebräischen Enzyklopädie* heraus. Darin befand sich ein ausführlicher Eintrag zum Antisemitismus, dessen erster Teil von dem renommierten Historiker Ben-Zion Netanyahu verfasst wurde. Neben der grundlegenden Diskussion des Begriffs und seiner Bedeutung und Geschichte widmete sich Netanyahu auch einer zusätzlichen Dimension des Themas, nämlich dem „Hass auf das Andere, das Fremde und das Schwache". Er definierte den Antisemitismus als eine Form des Hasses gegen Minderheiten, die jene drei Arten des Hasses „auf eine gewaltsamere und kohärentere Weise als jede andere Form des Hasses auf Min-

---

[22] Zur hierdurch ausgelösten Kontroverse siehe Morton, Herbert C.: The Story of *Webster's Third*. Philip Gove's Controversial Dictionary and Its Critics. New York 1994, S. 153–214.

derheiten" bündele.²³ Hierbei handelt es sich um eine im Kern zionistische Definition, die – wie der Zionismus selbst – optimistisch ist. Der Zustand des Anders-, Fremd- und Schwachseins kann beseitigt werden, und zwar durch die Überwindung des Exils und die Schaffung eines jüdischen Staates. Wenn die Juden erst einen eigenen Staat hätten, würden sie wie alle anderen Nationen sein und Juden, die weiterhin außerhalb des Heimatlandes lebten, würden genauso wie Iren oder Italiener, die in der Diaspora lebten, als reguläre Immigranten betrachtet werden. Sie würden sich dort als Ausländer nicht mehr von anderen Ausländern unterscheiden. Die Stärke dieses Staates würde auch in den Juden, die in der Diaspora lebten, Empfindungen der Stärke und des Stolzes stiften und so ihren Status in der Diaspora verbessern. So hofften die Gründungsväter des Zionismus und die an der Staatsgründung beteiligte Generation der Israelis noch bis in die 1960er Jahre, dass die Existenz Israels die Ursachen des Antisemitismus beseitigen würde.

Shmuel Ettinger, ein an der Hebräischen Universität lehrender Historiker, versuchte 1969, dieses Konzept zu revolutionieren. In einem Aufsatz über „Die Wurzeln des Antisemitismus in der Neuzeit" argumentierte er, dass der Antisemitismus die über Jahrhunderte hinweg entstandenen antijüdischen Stereotype widerspiegele. Ettinger zufolge sei das negative Judenbild – in der Plastik, der Malerei, der Kirchenmusik, in Sprichwörtern und verschiedensten sprachlichen Wendungen – zum integralen Bestandteil der westlichen Kultur geworden. Daher würde man seine Wurzeln niemals ausreißen können und antisemitische Regungen würden sich auch in Zukunft aus ihnen speisen.²⁴ Dies bedeutet im Grunde genommen, dass man sich von diesem gewaltigen Kulturerbe würde abwenden müssen, wollte man all die verschiedenen Ausdrucksweisen des Antisemitismus wirklich beseitigen. Dieser Einsicht entspricht es, dass beispielsweise die israelischen Philharmoniker, um die Kultur in ihrer Gesamtheit zu präsentieren, Passionen und Oratorien aufführen, in denen Juden als grausam und blutdürstig dargestellt werden.

Ettingers Argument lief letztlich darauf hinaus, dass der Zionismus das Problem des Antisemitismus weder beseitigen noch vermindern könne, da zwischen den beiden Phänomenen kein Zusammenhang bestehe. Die Wahrnehmungen des Juden einerseits und des Staates Israel und seiner Bürger andererseits existierten unabhängig voneinander. So gibt es heute, etwa in Japan und Polen, das Phänomen des Antisemitismus ohne Juden, das sich aus dem etablierten Judenbild speist. Ettingers Neukonzeption reflektierte die nach 1967 in Israel vorherr-

---

23 Netanyahu, Antisemitismus, Sp. 496–497 (hebräisch).
24 Ettinger, Shmuel: Die Wurzeln des Antisemitismus in der Neuzeit. In: *Molad*. Band 25 (1968). S. 323–340 (hebräisch).

schende Gefühlslage. Eine Gesellschaft, die sich gestärkt sieht, kann sich Offenheit und Selbstkritik leisten und sich der Tatsache stellen, dass zuvor gehegte Hoffnungen sich als illusionär erwiesen haben. Ettinger zufolge würde der Zionismus das Problem des Antisemitismus nicht lösen und die Existenz des Staates Israel die Situation der Juden in der Diaspora womöglich noch verkomplizieren. Letztere würden gezwungen, sich als Bürgerinnen und Bürger ihrer eigenen Länder zugleich zu globalen Fragen zu positionieren. Gleichwohl ist klar, dass die Existenz Israels jüdische und israelische Reaktionen auf den Antisemitismus auf eine völlig neue Grundlage gestellt hat.

Zwei Jahre später haben Professor Jacob Toury und seine Studentinnen und Studenten am Institut für Jüdische Geschichte der Universität Tel Aviv Ettingers Ansatz weiter entwickelt und gelangten zu folgender Definition: „Der neuzeitliche politische Antisemitismus besteht in der Manipulation von Emotionen, die sich seit Langem gegen ein unrealistisches Bild (wie von Ettinger und später von Gutman beschrieben) richten, die politischen Zwecken dient. Der Antisemitismus ist nicht, wie mitunter angenommen wird, eine Ideologie [hierauf wies auch Sartre schon hin], sondern eine ‚vielseitige Ersatzideologie', die daher den verschiedensten Kreisen dienen kann". Toury erkannte die zentrale Bedeutung des unrealistischen Judenbildes, führte aber auch eine zuvor nicht vorgenommene Differenzierung ein. Einerseits gebe es den aktiven Antisemiten, der schreibt, publiziert und Petitionen unterschreibt, Friedhöfe schändet, Synagogen niederbrennt, politische Allianzen zur Erlangung seiner Ziele eingeht und diesen alles Andere unterordnet. Andererseits gebe es weite Kreise, die lesen, was der Antisemit schreibt, und ihn unterstützen und wählen. Der Aktivist manipuliere gesellschaftliche Stimmungen, um Unterstützung für seine Aktivitäten zu mobilisieren. Hier fungiere der Antisemitismus nicht als Ideologie, sondern als ein Werkzeug, das von Fraktionen, Gruppen und politischen Parteien – selbst solchen, die einander ansonsten diametral entgegengesetzt sind – eingesetzt werde, die trotz ihrer sonstigen Gegensätze in dieser Frage zusammenfänden.[25] Tourys Ideen bieten auch einen zusätzlichen Ansatz zur Erklärung der *Protokolle der Weisen von Zion*. Wenn das Judentum vielschichtig ist und Kosmopoliten und Sozialisten, nationalistische Zionisten und Konvertiten zum Christentum, säkulare Wissenschaftler und Ultraorthodoxe umfasst, gleichwohl aber ein Kollektiv ist, so deutet dies darauf hin, dass diese scheinbaren Gegensätze in Wirklichkeit einen arbeitsteiligen Gesamtplan zur Konsolidierung der öffentlichen Rolle des Judentums widerspiegeln. Dieser Plan muss enttarnt werden, und die Nichtjuden

---

25 Toury, Jacob: Die Auseinandersetzung um die Rechte der Juden im 18. und 19. Jahrhundert, MA Seminar am Institut für Jüdische Geschichte, Universität Tel Aviv, 1971.

müssen sich trotz ihrer anderweitigen Differenzen gegen ihn zusammenschließen.

Im Sommer des Jahres 1979 fand in Jerusalem der sogenannte *Ma'ariv*-Prozess statt. Zwei britische Parlamentsangehörige hatten die Zeitung verklagt, weil diese ihr Werk *Tell It Not in Gath* – das Israel beschuldigte, durch seine Verbindungen mit den Juden in der Diaspora die Weltpresse zu kontrollieren –als ein „im Stile der Nazipropaganda verfasstes antisemitisches Buch" bezeichnet hatte. Zur Beurteilung dieses Falls bedurfte es natürlich einer Definition des Antisemitismus und ich wurde als Sachverständige geladen.[26] Als Studentin Tourys folgte ich seiner Linie und fügte die folgenden Punkte hinzu:

- Das Wesen des Antisemitismus besteht in dem Abgrund, der zwischen dem Bild des Juden, wie es von den Antisemiten konstruiert wurde und noch wird, und der tatsächlichen Stellung und Macht der Juden besteht. Dies gilt auch für den Staat Israel, soweit es um dessen Wahrnehmung einerseits und seine tatsächliche Macht und Stellung andererseits geht. Je größer der Abgrund, desto stärker ist der Antisemitismus. Hierfür gibt es kaum einen besseren Beweis als den Gegensatz zwischen dem kläglichen Zustand des jüdischen Volkes am Vorabend des Zweiten Weltkriegs und dem fanatischen Glauben der nationalsozialistischen Führung an die Allmacht der Juden.
- Die legitime Kritik an Individuen und Ländern verwandelt sich dann in ein Vorurteil, wenn deren Verhalten nicht aus seinem eigenen Kontext heraus erklärt, sondern auf uralte und unabänderliche Charaktereigenschaften zurückgeführt und als Glied in einer Kette gleichbleibender Verhaltensweisen bewertet wird. Der angesehene Orientalist Bernard Lewis hat diesen Ansatz 1986 in seinem Buch *Semites and Anti-Semites* um die Behauptung erweitert, genau dies mache das Wesen des arabischen und muslimischen Antisemitismus aus.[27]
- Man braucht die Schriften anderer Antisemiten nicht zu lesen, um deren Ansichten zu übernehmen. Diese durch das Prisma der *Protokolle der Weisen von Zion* gefilterte Weltanschauung mit ihrem Glauben an jüdische – und in jüngerer Zeit jüdisch-israelische – Macht und Machenschaften genügt, um unter Menschen ganz verschiedener Herkunft – selbst solchen, die zu den gesellschaftlichen Eliten gehören – eine antisemitische Gefühlslage zu etablieren und die ihm entsprechenden Redewendungen und Schlussfolgerungen zu generieren.

---

26 Das Protokoll dieser Gerichtsverhandlung kann beim *Stephen Roth Institute for the Study of Contemporary Antisemitism and Racism* an der Universität Tel Aviv eingesehen werden.
27 Lewis, Bernard: Semites and Anti-Semites: An Inquiry into Conflict and Prejudice. New York 1986, S. 242.

6 Internationale Bestrebungen: 1990 – 2016

Lassen sich diese Definitionen weiter auf den Antisemitismus der letzten Jahre anwenden? Obwohl sie die meisten Elemente des Antisemitismus erfassen und analytisch nützlich sind, gibt es mehrere Gründe, warum sie nicht weiterverwendet worden sind. Zum einen spiegeln sie jeweils den historischen Kontext ihrer Entstehung wider. Zudem waren sie eher akademisch und theoretisch angelegt und wurden von Individuen formuliert. Die Entwicklung des Rassismus und des Antisemitismus in den turbulenten 1990er und 2000er Jahren machte dagegen deutlich, wie wichtig es ist, über eine eher aufs Praktische angelegte Definition zu verfügen, die als Grundlage internationaler Vereinbarungen dienen und auch entsprechenden Gesetzgebungsprozessen zugrunde gelegt werden kann. Dennoch dauerte es bis 2005, bis eine solche Definition vereinbart werden konnte.

Bemerkenswerterweise war nach dem Holocaust von den einschlägigen internationalen Körperschaften kein Versuch unternommen worden, eine Definition des Antisemitismus zu vereinbaren. Der Antisemitismus wurde auch – mit einer Ausnahme – zwischen 1945 und 1993 in keiner internationalen Vereinbarung erwähnt. Selbst der Rassismus fand in Konventionen und Erklärungen der UN und EU selten Beachtung. Dort war stattdessen eher vage von Toleranz, Gleichberechtigung und Minderheitenrechten die Rede. Nach dem Zweiten Weltkrieg ging es allen Ländern um einen Neuanfang und darum, eine allzu klare Benennung von Opfern und Tätern zu vermeiden. Zudem wollten die ehemaligen Alliierten den Eindruck vermeiden, ihr Kriegseinsatz sei irgendwie durch jüdische Forderungen motiviert gewesen. Hierbei blieb es, so sehr sich die Welt auch sonst in der zweiten Hälfte des 20. Jahrhunderts veränderte.

Gerade die entscheidenden politischen und ökonomischen Veränderungen der 1990er Jahre waren mit Blick auf den Antisemitismus aber von erheblicher Bedeutung. Im Rahmen und infolge des ersten Golfkriegs kam es 1991 zu einem sprunghaften Anstieg antisemitischer und antiisraelischer Ausfälle. Der Zerfall der Sowjetunion, die deutsche Wiedervereinigung und die Öffnung der fernöstlichen Märkte für den Welthandel führten zur Privatisierung und Globalisierung der Weltwirtschaft. Viele schrieben die Verantwortung hierfür jüdischen Magnaten zu. Der Globalisierungsprozess brachte auch Millionen Immigranten und Gastarbeiter aus der armen südlichen in die reiche nördliche Hemisphäre, von denen manche ihre Frustration über ihre scheiternde Integration in den Gastgesellschaften gegen ihre jüdischen Nachbarn richteten. Rechtsextremisten beuteten die Spannungen zwischen den Neuankömmlingen und den eingesessenen Bevölkerungen aus, um ihre Ziele zu fördern und ihren antijüdischen Standpunkt zu propagieren. Die USA waren nun die stärkste und alsbald in den Augen vieler Muslime und europäischer Linker auch verhassteste Macht auf der internationalen Bühne, und Israel und den Juden wurde eine Mitverantwortung für deren Außenpolitik zugeschrieben.

Die Konferenz für Sicherheit und Zusammenarbeit in Europa (KSZE), die 1994 durch die Organisation für Sicherheit und Zusammenarbeit in Europa (OSZE) ersetzt wurde, war die erste Organisation, die – 1992 anlässlich ihrer Kopenhagener Konferenz – kritisch über die Zunahme des Antisemitismus berichtete, jedoch ohne diesen zu definieren. Nach den rassistischen Ausschreitungen in Rostock-Lichtenhagen, bei denen es auch zu antisemitischen Ausbrüchen gekommen war, verabschiedete das EU-Parlament 1993 eine Resolution, die den Antisemitismus erstmals seit dem Zweiten Weltkrieg explizit beschrieb. Darin wurde Holocaustleugnung als eine Form des Rassismus definiert und die EU Mitgliedsstaaten wurden dazu aufgefordert, diesen durch eine wirksame Gesetzgebung zu bekämpfen.[28] Eine derartige Gesetzgebung setzt selbstverständlich eine brauchbare Definition dessen, was bekämpft werden soll, voraus. Als die UN eine großangelegte Menschenrechtskonferenz für Juni 1993 nach Wien einberief, wurden sämtliche Delegationen in Verhandlungen zur Vereinbarung einer den Antisemitismus als Form des Rassismus qualifizierenden Resolution einbezogen.[29] Eine solche Resolution wurde dann aber erst im März 1994 von der UN Menschenrechtskommission formuliert und von ihr als historische Erklärung präsentiert, was angesichts einer so naheliegenden Entscheidung doch recht ironisch zu sein scheint. Indem der Antisemitismus der Xenophobie, der Rassendiskriminierung und der Diskriminierung von Muslimen und Arabern (später als Islamophobie bezeichnet) gleichgestellt wurde, wurde er erstmals von einer internationalen Körperschaft als Unrecht anerkannt, dem entgegenzutreten sei. Etwa zur gleichen Zeit wurde auch die Europäische Stelle zur Beobachtung von Rassismus und Fremdenfeindlichkeit (EUMC) gebildet.

Da die migrationsbedingten Probleme zunahmen und die Konferenz von 1993 nur begrenzte Wirkung zeigte, erklärte die EU 1997 zum „Europäischen Jahr gegen Rassismus". Da auch diese Initiative nur wenig Wirkung zeigte, richtete sich die internationale Aufmerksamkeit zunehmend auf die für September 2001 geplante UN Weltkonferenz gegen Rassismus in Durban (Südafrika). Schon im Vorfeld wurde klar, dass es dort nicht möglich sein würde, eine für alle akzeptable De-

---

28 Roth, Stephan J.: The Legal Fight against Antisemitism: A Survey of Developments in 1993. In: Israel Yearbook on Human Rights Band 25 (1995). S. 349–463.
29 Als Mitglied der vom israelischen Außenministerium zur Wiener Konferenz entsandten Delegation war ich mit der Aufgabe betraut, andere Delegationen dazu zu bewegen, in ihren Abschlussreden entsprechende Absichtserklärungen abzugeben.

finition des Rassismus zu finden. Da der Antisemitismus 1994 als eine Form des Rassismus klassifiziert worden war, widmete man seiner eigenständigen Definition – ganz im Gegensatz zur Definition der Islamophobie – keine weitere Aufmerksamkeit. Mehrere arabische Länder behaupteten, im 21. Jahrhundert spiele die Islamophobie, und insbesondere der Hass der Juden und ihrer Unterstützer auf die Araber, die Rolle, die zuvor der Antisemitismus gespielt habe. Zudem ordnete die in Durban sehr aktive Antiglobalisierungsbewegung die arabischen Länder der armen, nichtweißen südlichen Hemisphäre und Israel und die Juden der reichen, weißen nördlichen Hemisphäre zu. Dadurch wurde die Entwicklung einer breit akzeptierten Definition des Antisemitismus noch schwieriger. Jenseits aller Definitionsfragen wurde die Konferenz zu einem antiisraelischen und antisemitischen Fiasko und verlor ihre eigentlichen Aufgaben aus den Augen.[30]

Nach dem Ausbruch der Zweiten Intifada im Oktober 2000 kam es zu einer neuen Welle antisemitischer Aktivitäten insbesondere in Westeuropa. So gesellte sich dem Antisemitismus der Antike und des frühen und Hochmittelalters, dem politischen Antisemitismus des 19. Jahrhunderts, dem nationalsozialistischen und dem Nachkriegsantisemitismus der sogenannte „neue Antisemitismus" hinzu. Diese neue Form des Antisemitismus charakterisieren vier wesentliche Veränderungen:
– Erstens hatte sich der Schwerpunkt und Bezugsrahmen antisemitischer Initiativen und Wahrnehmungen erstmals von der christlichen in die muslimische Welt verlagert. Christliche Motive wurden nun außerhalb der christlichen Welt zu politischen Zwecken verwendet, und unter den Millionen muslimischer Einwanderer im Westen begannen mit Ölgeld finanzierte Gruppen radikaler Islamisten ihre intensive Propaganda und Gewaltanwendung zu eskalieren.
– Zweitens – und teilweise als Konsequenz der ersten Veränderung – nahm der Antizionismus zu. Die Frage, inwieweit es sich dabei schlicht um eine weitere Form des Antisemitismus handele, ist seit mehreren Jahren heiß umstritten, insbesondere unter Intellektuellen. Eng mit dieser Kontroverse verbunden ist die Frage, ob diese Entwicklung tatsächlich kausal auf die Ereignisse im Nahen Osten (einschließlich des Irakkriegs) zurückzuführen ist, oder ob der israelisch-palästinensische Konflikt in Wirklichkeit nur einen Vorwand für rasenden Antiamerikanismus, ungezügelte Globalisierungsgegnerschaft und die allzu oft gegen Juden gewendete Frustration von Migranten im Westen darstellt.

---

30 Porat, Dina: Durban: Ein weiterer Angriff auf Israel und das jüdische Volk. In: *Kivunim Ḥadashim* Nr. 7 (September 2002). S. 51–60 (hebräisch).

– Drittens ist die antijüdische Gewalt brutaler geworden. Sie richtet sich nicht mehr primär gegen jüdische Friedhöfe und Synagogen, sondern in erster Linie gegen jüdische Individuen in den Universitäten und auf der Straße. Zudem handelt es sich bei den Gewalttätern primär um muslimische Einwanderer der ersten oder zweiten Generation und weniger um Rechtsextremisten.
– Viertens hat eine Verlagerung vom staatlich geförderten Antisemitismus der Sowjetunion, der arabischen Länder und der Dritten Welt hin zu zunehmendem Antisemitismus in der Akademie und den Medien im Westen stattgefunden. Diese Entwicklung hat viele Juden, die zuvor glaubten, dass sie zum Westen gehörten und seine Werte teilten, verunsichert.[31]

7 Die neue Definition des Antisemitismus

Das Jahr 2002 war mit Hinblick auf antisemitische Gewalt und antizionistische Aktivitäten ein besonders schwieriges Jahr. Europäische Regierungen und Organisationen begannen zu befürchten, dass diese Gewalt außer Kontrolle geraten und sich nicht nur gegen Juden, sondern auch gegen staatliche Einrichtungen wenden könnte. Zum Teil auf Druck des US-Außenministeriums entschlossen sich die europäischen Länder zu handeln. Die OSZE berief für Juni 2003 eine Konferenz zum Antisemitismus nach Wien ein. Sie sollte praktische Mittel zur Bewältigung der Situation bereitstellen, wozu auch eine klare Definition des Antisemitismus gehören sollte.

Die Europäische Stelle zur Beobachtung von Rassismus und Fremdenfeindlichkeit (EUMC) versuchte, sich dieser Herausforderung zu stellen, doch griff ihre Bestandsaufnahme für 2002/2003 auf verschiedene überholte Definitionen zurück, die sich auf nationalsozialistische, rassistische und christliche Judenbilder bezogen. Da der Bericht die neueren Entwicklungen ignorierte und sich weitgehend auf den traditionellen, nicht aber auf den neuen Antisemitismus konzentrierte, konnte er nicht wirklich zur Lösung der aktuellen Probleme beitragen.[32] Der Versuch der EUMC, das Verhältnis von Antisemitismus und Antizionismus zu diskutieren, war zudem so vage und komplex, dass selbst die klare – wenn auch fragliche – Analyse des Oxforder Gelehrten Brian Klug, der in dem Bericht zitiert wurde, den Sachverhalt nicht klarzustellen vermochte.

---

31 Siehe hierzu die Jahresberichte des Roth Instituts, *Antisemitism Worldwide*, und die Website des Instituts (http://humanities1.tau.ac.il/roth/).
32 Manifestations of Antisemitism in the EU 2002–2003 (Vienna 2004). Kenneth P. Stern: Proposal for a Redefinition of Antisemitism. In: Antisemitism Worldwide 2003/4. Tel Aviv 2005.

Die nächste Konferenz, die im April 2004 in Berlin stattfand, sollte sich als Meilenstein erweisen. Die Berliner Erklärung verurteilte nicht nur nachdrücklich jede Manifestation des Antisemitismus (ebenso wie jeden anderen Akt der Intoleranz) und stellte eindeutig fest, dass internationale Entwicklungen und politische Probleme den Antisemitismus niemals rechtfertigen könnten. Sie forderte die 55 Mitgliedsstaaten der OSZE außerdem dazu auf, wenn auch zunächst ohne Erfolg, geeignete Mittel zur Erfassung und Bekämpfung des Antisemitismus zu entwickeln, darunter auch eine umfassende Definition des Antisemitismus.[33] Bald danach veröffentlichte die Europäische Konferenz gegen Rassismus und Intoleranz (ECRI) ihre *General Policy Recommendation on the Fight against Antisemitism*.[34] Es ist der EUMC hoch anzurechnen, dass sie sich nach dem anfänglichen Scheitern in Berlin in Zusammenarbeit mit dem OSZE-Büro für Demokratische Institutionen und Menschenrechte (ODIHR) um eine bessere Definition bemühte. Etliche Wissenschaftler und Institutionen reagierten auf diese Herausforderung.[35] Im Ergebnis entstand die eingangs erwähnte „Arbeitsdefinition Antisemitismus". Sie ist in dem Sinne eine Arbeitsdefinition, dass sie kurz ist und nicht so sehr eine akademische oder theoretische Klärung anstrebt, sondern ein praktisches Hilfsmittel darstellt. In vielerlei Hinsicht bringt sie dringend benötigten frischen Wind in die Diskussion. Sie weicht von den älteren Definitionen ab, ignoriert diese jedoch nicht. Sie konzentriert sich nicht so sehr auf das Judenbild, sondern auf antisemitische Aktivitäten. Das Judentum wird nicht erwähnt, einerseits, weil es sich schwer definieren lässt, andererseits, weil es bei der Definition des Antisemitismus letztlich irrelevant ist. Die Definition befasst sich mit den jüngeren Entwicklungen, die zum Aufkommen des „neuen Antisemitismus" geführt haben. Sie ermöglicht die Erfassung antisemitischer Taten und Äußerungen, Ländervergleiche und internationale Zusammenarbeit. Schließlich stellt sie sich auf klare Weise der Frage nach dem Verhältnis von Antisemitismus und Antizionismus.

---

33 Siehe http://www.osce.org/cio/31432.
34 ECRI General Policy Recommendation No. 9. https://www.coe.int/t/dghl/monitoring/ecri/activities/gpr/en/recommendation_n9/Rec.09%20en.pdf (23.05.2017).
35 Einige der an diesen Verhandlungen Beteiligten wurden auf S. 22 des EUMC-Berichts Antisemitism: Summary Overview of the Situation in the European Union 2001–2005 (http://edz.bib.uni-mannheim.de/daten/edz-b/ebr/07/antisem_overview.pdf) genannt: der Europäische Jüdische Kongress, der Community Security Trust, das Consistoire central israélite, das Stephen Roth Institut der Universität Tel Aviv, die Berliner Antisemitismus Task-Force, das American Jewish Committee, das Blaustein Institute for the Advancement of Human Rights, die Anti-Defamation League, B'nai B'rith International, die Toleranz- und Antidiskriminierungsabteilung des ODIHR/OSCE und Yehuda Bauer als wissenschaftlicher Berater der Internationalen Holocaust Task-Force.

Liest man die Definition sorgsam, so scheint sie eher die Erfahrungen der europäischen Geschichte mit ihrem jahrhundertalten Antisemitismus und dem Holocaust zu reflektieren als die der nordamerikanischen Geschichte. In Europa ist man eher geneigt, antisemitische Äußerungen mit gesetzlichen und praktischen Mitteln zu begrenzen, während man in den USA noch immer im Bann des in der Verfassung verankerten Rechts auf freie Meinungsäußerung steht. Bildlich gesprochen ist der Antisemitismus wie eine Kette, die aus drei Gliedern besteht: der Idee, dem Wort und der Tat. Die Idee im Kopf dessen, der sie denkt, kann selbstverständlich nicht bestraft werden. Das Wort, das die Idee ausdrückt, ist in Europa strafbar. In den USA wird das Wort, das zur Tat herausfordert, nicht geahndet, sondern erst die Tat, die dem Wort folgt.

Ende 2013 hat die FRA, die Agentur für Grundrechte der EU, die die EUMC in Wien ersetzt hat, eine umfassende Studie über die Erfahrungen von Juden mit Antisemitismus in acht EU-Mitgliedsländern erstellt. Der von einer Expertengruppe verfasste Bericht analysierte die Antworten von etwa 6000 Juden. Die Analyse zeigte ein düsteres Bild der Ängste und Sorgen von Juden hinsichtlich ihrer Existenz als Individuen und als Gemeinschaften in Europa. Die Umfrage wurde ohne Erwähnung der „Arbeitsdefinition Antisemitismus" durchgeführt, die seit ihrer Annahme in Cordoba Anfang 2005 auf der Homepage zu finden war. Die Teilnehmer der Studie antworteten also frei und nicht auf Grundlage einer bestimmten Definition. Ein paar Wochen nachdem die Umfrage veröffentlicht wurde, wurde auch die „Arbeitsdefinition Antisemitismus" von der Homepage der FRA genommen, ohne Bekanntgabe oder Erklärung.

Unter den Vielen, die die FRA aufforderten zu erklären, wie es dazu kam, dass die Definition von der Homepage genommen wurde, war Simon Samuels, Direktor des Simon-Wiesenthal-Zentrums in Europa. Nachdem er an Catherine Ashton, die Hohe Vertreterin der EU für Außen- und Sicherheitspolitik, und an Viviane Reding, der EU-Kommissarin für Justiz, Grundrechte und Bürgerschaft geschrieben hatte, bekam er – nach einer längeren Verzögerung – eine Vielzahl von Antworten, die einer Beleidigung nahekommen: Die „Arbeitsdefinition Antisemitismus" war niemals ein bindendes Dokument, noch wurde es tatsächlich jemals formell von einem EU-Gremium angenommen; während die gesamte FRA-Homepage umgebaut wurde, wurde die „Arbeitsdefinition Antisemitismus" zusammen mit anderen „non-papers" (ein Nicht-Papier ist ein Diskussionsdokument ohne offiziellen Status), aus technischen Erwägungen entfernt; die FRA ist ein autonome Körperschaft, der die EU nicht diktiert, was sie auf ihre Homepage zu stellen hat; die FRA sammelt Material über Antisemitismus von verschiedenen Körperschaften der EU und braucht daher keine eigene Definition, und so weiter. Mit anderen Worten, die beiden EU-Beamten, sowie die FRA, ignorierten die vielen Bemühungen, die Einzelpersonen und Institutionen in die Formulierung der Definition investiert hatten, und die gute Verwendung, welche die Definition seit 2005 gefunden hatte.

Die Löschung der „Arbeitsdefinition Antisemitismus" von der Homepage der FRA bestärkte bei vielen Juden das Gefühl, dass die Ablehnung der Definition indirekt negative Haltungen gegenüber Israel und Juden, die den Staat Israel unterstützen, legitimieren könnte. Deswegen wurde ein erneuter Versuch unternommen die Arbeitsdefinition anderen internationalen Gremien zur Verabschiedung vorzuschlagen. Diese Anstrengungen trugen im Jahr 2016 Früchte: Im März verabschiedete das Kuratorium der University of California einstimmig ein Dokument, das nicht gleichbedeutend mit der „Arbeitsdefinition Antisemitismus" ist, sich aber mit dessen Inhalt auseinandersetzt: Es heißt, dass Antisemitismus, Formen des Antizionismus und andere Formen der Diskriminierung keinen Platz an der Universität haben. Es ist zu beachten, dass dieser Text eine abgeschwächte Version des ursprünglichen Entwurfes ist, der eine heftige Kontroverse lostrat. Gleichwohl betont das Dokument, dass die Ablehnung des Zionismus oft in einer Weise ausgedrückt wird, die keine Meinungsverschiedenheit mit einer bestimmten Politik darstellt, sondern eher ein Ausdruck der Intoleranz gegenüber dem jüdischen Volk und seiner Kultur ist.

Im Mai 2016 wurde die „Arbeitsdefinition Antisemitismus" von der Task Force für Internationale Kooperation bei Holocaust-Bildung, Gedenken und Forschung (IHRA – International Holocaust Remembrance Alliance), während ihrer Sitzung in Bukarest verabschiedet: Rumänien, das 2016 den Vorsitz der mittlerweile 31 Mitgliedsländer umfassenden Organisation führte, sowie der Vorsitzende, der rumänische Botschafter Constantinescu, waren federführend an der Verabschiedung der Arbeitsdefinition beteiligt. Eine von der UNESCO in Zusammenarbeit mit der IHRA initiierte Konferenz fand im Dezember 2016 statt und die Beratungen verdeutlichten die Bedeutung der „Arbeitsdefinition Antisemitismus". Sowohl die Generaldirektorin, Irina Bukova, als auch der IHRA-Vorsitzende empfahlen die Annahme der Definition.

Ebenfalls im Dezember 2016 fand in Hamburg ein wichtiges Treffen der OSZE, der Organisation für Sicherheit und Kooperation in Europa, statt. Von 57 Mitgliedsstaaten stimmte nur Russland gegen die Verabschiedung der „Arbeitsdefinition Antisemitismus". Aufgrund des Konsensprinzips reichte diese Gegenstimme, um die Annahme der Arbeitsdefinition zu verhindern und die monatelange Arbeit und die Bemühungen des deutschen Außenministers Frank Walter Steinmeier, Kristine Mutonen, der Präsidentin der OSZE, und Rabbiner Andrew Baker zunichte zu machen.

Abschließend ein paar Worte zu den jüngsten Entwicklungen: Die britische Premierministerin Theresa May kündigte Mitte Dezember an, dass sie die „Arbeitsdefinition Antisemitismus" wegen einer Zunahme antisemitischer Vorfälle in ihrem Land annehmen möchte. Zudem sei der Kampf gegen den Antisemitismus ein wichtiger Teil ihrer Bemühungen um eine gerechtere Gesellschaft. Auf Mays Ankündigung folgte die mittlerweile zur Tradition gewordene Kontroverse über die Frage, wo die Trennlinie zwischen Meinungsfreiheit und der Hassrede gezogen werden kann.

Die „Arbeitsdefinition Antisemitismus" ist zu einem Angelpunkt der internationalen politischen Auseinandersetzungen geworden. Sie wird sich weiter entwickeln, aber ich will vorläufig mit den Worten des britisch-jüdischen Soziologen David Hirsh schließen. Hirsh gibt zu denken, dass die „Arbeitsdefinition Antisemitismus" für niemanden eine Bedrohung darstelle – außer für Antisemiten[36].

Literaturverzeichnis

Boyle, Andrew (Hrsg.): The Everyman's Encyclopaedia Band. 1. London/New York 1913.
Bozman, Ernest F. (Hrsg.): Everyman's Encyclopaedia Band. 1. London 1958, S. 366–367.
Brief von Hans Hagemayer an Werner Koeppen vom 17. Mai 1943, Dok. XVII-28. In: Das Dritte Reich und die Juden. Hrsg. von Léon Poliakov und Josef Wulf. Berlin 1955. S. 369.
Brockhaus' Conversations-Lexikon, Band 1. 13. Auflage. Leipzig 1882.
Deutsch, Gotthard: Anti-Semitism. In: The Jewish Encyclopedia Band 1. New York 1901, S. 641–649.
Ettinger, Shmuel: Die Wurzeln des Antisemitismus in der Neuzeit. In: Molad Band 25 (1968). S. 323–340.
Fritsch, Theodor: Antisemiten-Katechismus. 25. Auflage. Leipzig 1893.
Gove, Philip B. (Hrsg.): Webster's Third New International Dictionary of the English Language Band 1. Chicago 1966.
Gutman, Israel: Antisemitism. In: Encyclopedia of the Holocaust. Band 1. Hrsg. von Israel Gutman. New York 1990. S. 55–74.
Hirsh, David: This new definition of antisemitism is only a threat to anti-Semites. https://www.thejc.com/comment/analysis/david-hirsh-this-new-definition-of-antisemitism-is-only-a-threat-to-antisemites-1.429184 (24.05.2017).
Kenneth P. Stern: Proposal for a Redefinition of Antisemitism. In: Antisemitism Worldwide 2003/4. Tel Aviv 2005. S. 18–25.
Lewis, Bernard: Semites and Anti-Semites: An Inquiry into Conflict and Prejudice. New York 1986, S. 242.
Morton, Herbert C.: The Story of Webster's Third. Philip Gove's Controversial Dictionary and Its Critics. New York 1994, S. 153–214.

---

[36] Hirsh, David: This new definition of antisemitism is only a threat to anti-Semites. https://www.thejc.com/comment/analysis/david-hirsh-this-new-definition-of-antisemitism-is-only-a-threat-to-antisemites-1.429184 (24.05.2017).

Netanyahu, Ben-Zion: Antisemitismus. In: Hebräische Enzyklopädie Band 4. Jerusalem, Tel Aviv 1959, Sp. 493–513.
Porat, Dina: Durban: Ein weiterer Angriff auf Israel und das jüdische Volk. In: Kivunim Ḥadashim Nr. 7 (September 2002). S. 51–60 (hebräisch).
Ridgway, Athelstan (Hrsg.): Everyman's Encyclopaedia Band 1. London, Toronto 1931.
Ridgway, Athelstan (Hrsg.): The Third Edition Everyman's Encyclopaedia Band 1. London/Toronto 1949, S. 373–374.
Roth, Stephan J.: The Legal Fight against Antisemitism: A Survey of Developments in 1993. In: Israel Yearbook on Human Rights Band 25 (1995). S. 349–463.
Russell, Bertrand: Neue Hoffnung für unsere Welt. Wege in eine bessere Zukunft. Darmstadt/Genf 1952.
Sartre, Jean-Paul: Überlegungen zur Judenfrage. Reinbek 1994.
Toepser-Ziegert, Gabriele (Hrsg.): NS-Presseanweisungen der Vorkriegszeit. Bd. 3/II: 1935. München 1987.
Universal Jewish Encyclopedia. New York 1939–43. 1948; New Jewish Encyclopedia. New York 1962, S. 17–18. Encyclopaedia Judaica. Jerusalem 1971, S. 87–95.
Wolf, Lucien: Anti-Semitism. In: Encyclopaedia Britannica Band 2., 11. Auflage. Cambridge 1910, S. 134–146.
Zimmermann, Moshe: Aufkommen und Diskreditierung des Begriffs Antisemitismus. In: Das Unrechtsregime. Internationale Forschung über den Nationalsozialismus. Bd. 1: Ideologie – Herrschaftssystem – Wirkung in Europa. Hrsg. von Ursula Büttner, Werner Johe und Angelika Voß. Hamburg 1986. S. 59–77.
Zimmermann, Moshe: Mohammed als Vorbote der NS-Judenpolitik? – zur wechselseitigen Instrumentalisierung von Antisemitismus und Antizionismus. In: Tel Aviver Jahrbuch für deutsche Geschichte 33. Göttingen 2005. S. 290–305.
Zimmermann, Moshe: Wilhelm Marr: The Patriarch of Antisemitism. New York 1986.

Alvin H. Rosenfeld
Was ist ‚Israelkritik'?

Judith Butler beginnt ihre Kritik des Zionismus in *Am Scheideweg* mit der Feststellung, es gehe ihr mit dem Buch unter anderem darum, „die Behauptung [zu] widerlegen, jegliche Kritik am Staat Israel sei faktisch antisemitisch".[1] Beim ersten Lesen überrascht diese Feststellung, denn wer würde ernsthaft behaupten wollen, dass „jegliche Kritik" an Israel antisemitisch sei? Doch denjenigen, die den aktuellen antizionistischen Diskurs kennen, wird diese Masche, auf die sich auch andere schon unzählige Male verlassen haben, bereits vertraut sein. Mit der Behauptung, jeder, der (oder jede, die) es wage, von der angeblichen „Beschlusslage" in Sachen Israel abzuweichen, werde gleich als Antisemit (oder Antisemitin) denunziert und damit mundtot gemacht, soll der Sprecher oder die Sprecherin gleich zu Beginn als Opfer stilisiert werden. Butlers formelhafte Wendung stellt einen bekannten Tropus innerhalb des neuen politisch-rhetorischen Genres der sogenannten ‚Israelkritik' dar. Diese Kritik ähnelt in der Regel nicht so sehr anderen Formen kultureller oder politischer Kritik, sondern folgt ihrer eigenen Logik und besitzt ihr eigenes Vokabular und ihre eigenen Erzählkonventionen, und sie generiert berechenbare Resultate. Mal anklagend, mal abschätzig, speist die „Israelkritik" einen Diskurs der Dämonisierung, der auf die Negierung des Zionismus und die Delegitimierung und Beseitigung Israels als Nationalstaat des jüdischen Volkes zielt. Wir werden diesen Diskurs als das entlarven, was er ist: nicht ein Ausdruck allgemein üblicher Kritik, sondern eine neue und potente Form der rhetorischen Feindseligkeit gegen den jüdischen Staat und seine Unterstützer. Diese Entwicklung findet zu einer Zeit statt, da es jedes Jahr zu Hunderten von Angriffen gegen Juden und jüdische Einrichtungen kommt und der Antisemitismus, nicht zuletzt dank der verbalen Anwürfe, die ihn schüren, wieder einmal eine ernsthafte Bedrohung darstellt.

Diese Rhetorik richtet ein hohes Maß an Aggression gegen den jüdischen Staat und diejenigen, die sich seiner Unterstützung ‚schuldig' machen. Sie wird nicht nur von dschihadistischen Predigern oder rechtsradikalen Aufwieglern, sondern zunehmend auch von ansonsten respektablen Intellektuellen, Wissen-

---

Bei dem Beitrag handelt es sich um eine Übersetzung von Alvin H. Rosenfeld: What Precisely Is „Criticism of Israel?", in: Anti-Judaism, Antisemitism, and Delegitimizing Israel, ed. Robert Wistrich. Lincoln, NE: University of Nebraska Press 2016, 56–65. Mit freundlicher Genehmigung des Verlages. Übertragen aus dem Englischen von Lars Fischer.

1 Judith Butler: Am Scheideweg. Frankfurt am Main 2013, S. 9.

schaftlern, Künstlern und Journalisten, darunter auch Juden, gebraucht und ist oft von den schlimmsten Formen des verbalen Antisemitismus kaum zu unterscheiden. Dies war der Gegenstand meines 2006 vom *American Jewish Committee* veröffentlichten Aufsatzes „Progressive Jewish Thought and the New Antisemitism".[2] Einer grundlegenden Einsicht von George Orwell – „Wenn das Denken die Sprache korrumpiert, korrumpiert die Sprache auch das Denken" – folgend, untersuchte ich diese Rhetorik und die Frage, inwieweit sie sich mit dem heutigen Antisemitismus, insbesondere in seinen virulenteren antizionistischen Formen, deckt.

Ich war nicht der Erste, der sich näher mit jüdischen Autoren befasste, deren Aussagen weit über das hinausgingen, was die meisten Menschen vernünftigerweise als legitime Kritik an der Politik Israels betrachten würden, Aussagen, die in Wirklichkeit das Wesen des jüdischen Staates und sein Existenzrecht infrage stellen. Leon Wieseltier wies in *The New Republic* mit Blick auf Tony Judt – der behauptete, dass „Israel heute den Juden schadet"[3] – darauf hin, wer wie Judt das Objekt antijüdischer Feindseligkeit mit dessen Ursache verwechsele, trage nicht zum Verständnis, sondern zur Reproduktion des Antisemitismus bei.[4] Unter anderem haben auch Edward Alexander, Robert Wistrich, Emanuele Ottolenghi und Shmuel Trigano den Beitrag jüdischer Autoren zum gegenwärtigen antizionistischen Diskurs analysiert.

Doch als sei die Diskussion dieses Sachverhalts eben erst vom Himmel gefallen, berichtete die *New York Times* am 31. Januar 2007 an prominenter Stelle, meine Untersuchung habe für enorme Aufregung gesorgt.[5] In Wirklichkeit hatte es vor dem Bericht in der *Times* keinerlei Aufregung gegeben. Doch im Zeitalter der augenblicklichen Internetkommunikation verbreitete sich ein ausführlicher Bericht in Amerikas führender Zeitung, demzufolge ein jüdischer Professor angeblich an „liberalen Juden" Kritik geübt habe, in Windeseile um den Globus und löste in kürzester Zeit einen bitteren Streit aus.

Dieser Streit mag zum Teil durch den abwegigen Hinweis der *Times* auf „liberale Juden" – ich hatte diesen Begriff nicht gebraucht – und die – ebenfalls

---

2 Rosenfeld, Alvin H.: „Progressive" Jewish Thought and the New Anti-Semitism. http://israelandtheacademy.org/wp-content/uploads/2016/06/progressive_jewish_thought.pdf (15.05.2017).
3 Judt, Tony: Israel: The Alternative. In: New York Review of Books. http://www.nybooks.com/articles/2003/10/23/israel-the-alternative/ (15.05.2017).
4 Wieseltier, Leonard: Israel, Palestine, and the Return of the Bi-National Fantasy. What is Not to be Done. In: *The New Republic*. https://newrepublic.com/article/62173/what-not-be-done (15.05.2017).
5 Cohen, Patricia: Essay Linking Liberal Jews and Anti-Semitism Sparks a Furor. In: *New York Times*. http://www.nytimes.com/2007/01/31/arts/31jews.html (15.05.2017).

unzutreffende – Bezeichnung des *American Jewish Committee* als „konservative Interessensgruppe" losgetreten worden sein. Infolge dieser Fehlcharakterisierungen waren viele Leserinnen und Leser bereit, meinen Aufsatz als jüngste Salve in dem ohnehin schon überhitzten Kulturkampf zwischen der amerikanischen Rechten und Linken zu bewerten. „Jetzt geht das schon wieder los", habe er vor der Lektüre meines Textes gedacht, schrieb beispielsweise Gershom Gorenberg in *American Prospect:* „Noch ein rechtslastiger amerikanischer Jude [...] der liberale Juden wegen einer Kritik rügt, die hinter der, die ein ehemaliger israelischer Fallschirmjäger gut bei einem Mittagessen mit alten Freunden aus der Armee vorbringen könnte, weit zurückbleibt". Doch bei genauerem Hinsehen habe es sich bei meinem Aufsatz um etwas ganz anderes gehandelt: eine kritische Untersuchung von Äußerungen „derjenigen Juden, die die Existenz des jüdischen Staates ablehnen und ihre Opposition mit Geschrei artikulieren, das bis hin zur Gleichsetzung Israels mit Nazideutschland geht".[6]

Dieses „Geschrei" war mein Thema, und es war in den Texten bestimmter jüdischer Autoren, von denen viele sich als politisch progressiv verstehen und etliche in dem von Tony Kushner und Alisa Solomon herausgegebenen Sammelband *Wrestling with Zion* prominent vertreten sind, leicht zu finden.[7] Ihrer Selbstbezeichnung folgend, zog auch ich die Kennzeichnung ‚progressiv', nicht ‚liberal', vor.

Für den Begriff ‚progressiv' gibt es – jenseits umstrittener und vager Schlagwörter wie ‚liberal', ‚links' oder ‚radikal' – keine allgemein akzeptierte Definition. Im Allgemeinen wird davon ausgegangen, dass sich die progressive Position links von der liberalen befindet, wobei Letztere im Kulturkampf arg in Mitleidenschaft gezogen worden ist und ihre einstige Selbstverständlichkeit weitgehend eingebüßt hat. Beim Wechsel von ‚liberal' zu ‚progressiv' geht es jedoch um mehr als Semantik. Der Politikwissenschaftler Andrei Markovits hat in *Uncouth Nation* darauf hingewiesen, dass „ein unnachgiebiger Antizionismus, der gelegentlich dem Antisemitismus sehr nahe kommt", inzwischen zu einer Grundvoraussetzung der respektablen Teilhabe an der progressiven Linken geworden ist. Zusammen mit dem Antiamerikanismus, sei der Antizionismus

> eine Art Lackmustest für das progressive Denken und die progressive Identität geworden [...]. Genauso wie jeder anständige Mensch, der dem progressiven oder linken Lager, gleich welcher politischen Schattierung, im Europa oder Amerika der 1930er Jahre angehörte,

---

6 Gorenberg, Gershom: Shotgun Blast. In: The American Prospect. http://prospect.org/article/shotgun-blast (15.05.2017).
7 Kushmer, Tony u. Alisa Solomon (Hrsg.): Wrestling with Zion: Progressive Jewish-American Responses to the Israeli-Palestinian Conflict. New York 2003.

einfach auf der Seite der spanischen Republik stehen *musste*, so stellen Antiamerikanismus und Antizionismus heute den entscheidenden Beweis dafür dar, dass man progressive Überzeugungen hegt.[8]

Es gibt innerhalb der progressiven Linken Menschen, die diese Tendenz entschieden ablehnen wie beispielsweise die in Großbritannien lebenden Autoren des *Euston Manifesto* oder jene, die sich in *Dissent* und *Democratiya* äußern. Sie bringen ihre Sorge um den zunehmenden Antizionismus und Antisemitismus klar zum Ausdruck und stellen sich – ich zitiere hier aus dem *Euston Manifesto* – klar gegen „Organisationen der Linken, die bereit sind, Sprecher mit eindeutig antisemitischen Positionen gewähren zu lassen oder Bündnisse mit antisemitischen Gruppen einzugehen".[9]

Für andere auf der Linken gehört ein oft schriller Antizionismus zu dem ideologischen Gesamtpaket, auf dem ihre politische Identität beruht. Deren Neigung, Israel mit dem nationalsozialistischen Deutschland oder dem von Weißen regierten Südafrika zu vergleichen, und ihre häufigen Beschuldigungen, der jüdische Staat ergehe sich in Rassismus, Apartheid, ethnischen Säuberungen, Kriegsverbrechen und Völkermord, beruhen alle auf einem gemeinsamen Wortschatz, der sich aus hyperbolischen und korrosiven Vokabeln zusammensetzt und zu einem intellektuellen und politischen Klima beigetragen hat, das die Dämonisierung Israels und seiner Unterstützer begünstigt. Diese Vokabeln werden im Rahmen der ‚Israelkritik' ständig wiederholt und schaffen den schrillen Ton eines sich ständig weiterentwickelnden, entschieden polemischen Genres. Jacqueline Roses Reduktion des Zionismus auf eine Form des kollektiven Wahnsinns und ihr Versuch, Herzl mit Hitler zu verknüpfen; Joel Kovels Aufruf an „echte Juden", „ihren Partikularismus auszulöschen [*annihilate*]", „den Zionismus auszulöschen oder zu überwinden" und „den jüdischen Staat auszulöschen"; Norman Finkelsteins Behauptung, die israelischen Juden seien eine „parasitäre Klasse" und ihre „Apologeten" mit der Gestapo zu vergleichen; und Michael Neumanns Gleichsetzung der „jüdischen Komplizenschaft" mit Israels Politik mit der deutschen Komplizenschaft im Holocaust – sie alle illustrieren, wie extrem diese Sprache und die Ansichten, die sie projiziert, sind. Meinen Aufsatz von 2006 schloss ich mit der Feststellung, es sei „zu einer Zeit, da das Ziel der Delegitimierung und schließlichen Auslöschung Israels von den Gegnern des jüdischen Staates mit zunehmender Leidenschaft zum Ausdruck gebracht wird [...] hochgradig entmutigend zu sehen, dass Juden selbst zu der Verteufelung beitragen".

---

8 Markovits, Andrei S.: Uncouth Nation. Princeton 2007. S. xiii–xiv; eigene Übersetzung.
9 The Euston Manifesto. For a Renewal of Progressive Politics. http://eustonmanifesto.org/the-euston-manifesto/; eigene Übersetzung.

Viele Leserinnen und Leser stimmten meinen Schlussfolgerungen zu. Andere, wie Alan Wolfe, ein Politikwissenschaftler am Boston College, zeigten sich schockiert. In der Diskussionssendung *On Point* konfrontierte er mich auf *National Public Radio* mit der Anschuldigung, ich würde „stalinistische Methoden" anwenden, um die Meinungsfreiheit zu untergraben und eine offene Diskussion abzuwürgen. Michael Lerner, der Herausgeber von *Tikkun*, erzählte Roger Cohen von der *New York Times*, die Atmosphäre sei „von Hysterie geprägt und ähnele der Hexenjagd unter McCarthy. Man kann keinerlei Fragen zu Israel aufwerfen, ohne dass man zum Antisemiten oder zum selbsthassenden oder abtrünnigen Juden erklärt wird".[10] Der *Boston Globe* brachte einen Artikel von Stanley Kutler mit der absurden Überschrift „Alle Kritiker Israels sind nicht Antisemiten", der sich in der fantasievollen Beschuldigung erging, meine eigentliche Zielscheibe seien die „Demokraten und Gegner von George W. Bushs zweifelhaftem Abenteuer im Irak".[11] In der *New York Review of Books* brandmarkte George Soros meinen Aufsatz als ein Instrument der „Israel Lobby" und einen perfiden Versuch, die Debatte abzuwürgen.[12] Den jüdischen *Forward* verließen seine Sinne gänzlich. Dort erschien ein Artikel mit der Überschrift „Infamy", in dem argumentiert wurde, es gehe mir darum „Juden gegen den Liberalismus zu wenden und Kritiker mundtot zu machen". Dieser angeblichen Sünden wegen verhängte der *Forward* eine säkulare Form des *ḥerem* [jüdische Form der Exkommunikation; d. H.] gegen mich.[13]

Da ich mich zu keinem Zeitpunkt auf den Liberalismus bezogen, niemanden einen jüdischen Antisemiten oder selbsthassenden Juden genannt, auch über Demokraten und den Irakkrieg nichts zu sagen gehabt und niemanden mundtot zu machen versucht hatte, fragte ich mich, womit diese kafkaesken Anklagen zu erklären seien – mit Analphabetentum, Unehrlichkeit oder Schlimmerem? Um Bret Stephens zu zitieren, „wie konstituiert die *Teilnahme* an einer Debatte einen Versuch, sie zu unterdrücken?"[14] Um lebhafte Diskussion israelischer Regierungspolitik geht es hier nicht. Diese findet in den USA in allen Kommunikationsmedien rege statt und in Israel umso mehr. Zu behaupten, man könne „kei-

---

10 Cohen, Roger: Jews and Evangelicals Find Common Political Ground. In: *New York Times*. http://www.nytimes.com/iht/2007/02/10/world/IHT-10globalist.html (15.05.2017).
11 Kutler, Stanley I.: All critics of Israel aren't anti-Semites. In: *Boston Globe*. http://archive.boston.com/news/world/middleeast/articles/2007/02/07/all_critics_of_israel_arent_anti_semites/ (15.05.2017).
12 Soros, George: On Israel, America and AIPAC. In: New York Review of Books. https://www.georgesoros.com/essays/on_israel_america_and_aipac/(15.05.2017).
13 O.A.: Infamy. In: Forward. http://forward.com/opinion/editorial/9990/infamy/(15.05.2017).
14 Stephens, Bret: Anti-anti-Semitism defended. In: New Republic Online, 12. Februar 2007.

nerlei Fragen zu Israel aufwerfen", ist daher unaufrichtig. Solche Fragen werden ständig von einem breiten Spektrum an Kommentatoren gestellt, darunter Yossi Klein Halevi, Michael Oren, Dennis Ross, Ari Shavit, Hillel Halkin, David Makovsky und Michael Walzer, um nur diese zu nennen.

Die allgegenwärtige Rubrik der ‚Israelkritik' bezeichnet eine ganz andere Art des Diskurses. Denen, die im Rahmen dieses Diskurses denken und schreiben, geht es in der Regel nicht so sehr um eine kritische Untersuchung israelischer Regierungspolitik, sondern darum, die Idee eines jüdischen Staates und dessen Recht auf eine Zukunft grundsätzlich in Frage zu stellen. Seine Gründung, argumentieren sie, sei ein Fehler gewesen, seine Fortführung ein Akt der Ungerechtigkeit gegen die ‚indigene' Bevölkerung, und sein angeblich exkludierender und militaristischer Charakter widerspreche fundamental der ethischen Tradition des Judentums. Den ideellen Kern dieser Art von ‚Kritik' besteht in dem, was der britische Wissenschaftler Bernard Harrison einen „dialektischen Schwindel" nennt. Das funktioniert in etwa so: (a) man wähle eine israelische Aktion, die einen möglichen Grund für ‚Israelkritik' bietet – etwa die Militäraktion in der Gegend um Jenin, mit der Israel im April 2002 auf palästinensische Terrorangriffe reagierte; (b) dann widerspreche man Israel auf möglichst extreme Art und Weise, etwa, indem man die angebliche „Zerstörung Jenins", die den Kritikern zufolge auf eine Weise erfolgt sei, die den Nazis in nichts nachstünde, mit der des Warschauer Ghettos gleichsetzt; (c) wenn man daraufhin von nüchterneren Beobachtern zur Rede gestellt wird, die darauf beharren, eine „Zerstörung Jenins" habe entgegen dieser Denunziation gar nicht stattgefunden und das israelische Militär habe mit der SS nichts gemein – dann schreie man „Foul" und behaupte, dieser Zensurversuch veranschauliche perfekt, dass es wirklich eine organisierte jüdische Verschwörung gebe, die die Kritik an Israel mundtot zu machen versuche, indem sie deren Autoren als Antisemiten brandmarke.

Bei manchen funktioniert dieser „dialektische Schwindel" hervorragend. Er validiert ihr Selbstverständnis als intellektuelle Märtyrer, die um der höheren ideologischen Sache willen leiden. Hat man den Trick erst verstanden, erkennt man jedoch rasch sein wahres Wesen: er beruht auf hysterisch überhöhter ideologischer Voreingenommenheit, die sich die Opferrolle anmaßt. So mangelt es der ‚Israelkritik' an überzeugenden Argumenten und sie ist im Kern hohl. Gleichwohl muss sie ernst genommen werden, da sie bestimmte Kreise stark anspricht und schädliche politische Aktivitäten gegen den jüdischen Staat provozieren kann.

Das rapide Anwachsen der BDS-Bewegung (Boykott, Desinvestitionen und Sanktionen) an amerikanischen Universitäten ist hierfür ein markantes Beispiel.[15]

---

15 Siehe hierfür den Aufsatz von Simon Gansinger in diesem Band.

Im Dezember 2013 verabschiedete die Jahresversammlung der *American Studies Association* eine Resolution, die einen Boykott wissenschaftlicher Einrichtungen in Israel fordert. Zuvor hatten zwei kleinere akademische Berufsverbände – die *Asian Studies Association* und die *Native American and Indigenous Studies Association* – ähnliche Resolutionen verabschiedet. Seit 2014 wurde ein Boykott auch in der *Modern Language Association* diskutiert, obwohl sich dort Anfang 2017 schließlich eine Mehrheit für eine Resolution gegen den Boykott fand. Zuvor hatten mehrere amerikanische Wissenschaftler in einer 2013 erschienenen Ausgabe des unter den Auspizien der *American Association of University Professors* erscheinenden *Journal of Academic Freedom* Gründe für einen solchen Boykott präsentiert. In ihren Anschuldigungen gegen Israel benutzen diese Resolutionen und Positionspapiere alle mehr oder weniger die gleiche dämonisierende Sprache.

Joan Scott, Wissenschaftlerin am *Institute for Advanced Study* in Princeton (und selbst Jüdin), behauptet beispielsweise, dass „der israelische Staat Kritikern des Staates regelmäßig die Wissenschaftsfreiheit verweigert", und dass sein *Council for Higher Education* „Inquisitionen unter den Lehrenden an den Universitäten durchführt, um Dissidenten zu schikanieren, zu degradieren und zu entlassen".[16] Sie erhärtet diese Behauptungen mit keinem einzigen Beispiel. Sie griff das „brutale Apartheidsystem" Israels an und behauptete zudem, dass das israelische „Militär den Zugang der Palästinenser zur Hochschulbildung erschwere".[17] In Wirklichkeit gibt es inzwischen zahlreiche Hochschulen in den palästinensischen Gebieten, die alle nach 1967 gegründet wurden und problemlos von den dort lebenden palästinensischen Studierenden besucht werden. Hätte sie sich kundig gemacht, hätte Scott herausgefunden, dass israelische Araber 11.2% der BA-Studierenden an den großen israelischen Forschungsuniversitäten stellen (an der Universität Haifa sind es an die 30%). Zählt man jene hinzu, die an den regionalen Hochschulen in Israel studieren, steigt die Zahl weiter. Zudem stellen Araber 22% der Studierenden an den medizinischen Hochschulen. Diese Zahlen können sich im Vergleich zur Immatrikulation von Studierenden aus Minderheiten an den Hochschulen und Universitäten in den USA durchaus sehen lassen und widerlegen Scotts Behauptung, dass Israel Arabern absichtlich den Zugang zur

---

16 Aufgrund studentischer Beschwerden wurde zwar der Vorwurf der Politisierung des Instituts für Politikwissenschaften an der Ben-Gurion-Universität untersucht, doch kam es weder zu Entlassungen noch zur Schließung des Instituts. Die Tel Aviver Universität erhielt auch eine Petiion mit 184,000 Unterschriften, die sie dazu aufforderte, den BDS-Aktivisten Omar Barghouti, der dort studierte, zu exmatrikulieren, doch wurde Barghouti nicht ausgeschlossen.
17 Scott, Joan W.: Changing My Mind about the Boycott. In: Journal of Academic Freedom. https://www.aaup.org/sites/default/files/Scott.pdf (15.05.2017).

Hochschulbildung verwehre. Um einen von Scotts Kritikern zu zitieren, „etwas zu behaupten und etwas zu belegen ist nicht das gleiche", doch auf wissenschaftliche Feinheiten wie das Beibringen von Beweisen verzichtet Scott und verlässt sich bei ihrer Argumentationsweise vollends auf dämonisierende Behauptungen.[18]

Andere in der BDS-Bewegung tun es ihr gleich. So argumentiert Bill Mullen, der an der Purdue Universität English und American Studies lehrt und sich ebenfalls an der besagten Ausgabe des *Journal of Academic Freedom* beteiligte, Israels Sünden rührten nicht erst von der gegenwärtigen Bildungspolitik her, sondern begannen schon mit der Gründung des Staates: „Die Gründung des Staates Israel 1948 auf Land, das seit Generationen die Heimat arabischer Palästinenser war, stellt den ungeheuerlichsten gegenwärtig existierenden Fall von Siedlerkolonialismus dar". „Die gegen die palästinensischen Bürger begangenen israelischen Verbrechen der Rassendiskriminierung und Rassentrennung", fügte er hinzu, „erinnern an das untergegangene Apartheidsystem in Südafrika".[19]

Es kommt noch schlimmer. Curtis Marez, der der *American Studies Association* vorstand, als diese die Boykottresolution verabschiedete, war 2009 Mitunterzeichner eines Briefes an Präsident Obama, in dem Israel einer „heimtückischen Vernichtungspolitik" beschuldigt wurde, die so gnadenlos sei, dass sie ihrem Wesen und Ausmaß nach „eine der enormsten völkermörderischen Gräueltaten der Neuzeit" darstelle. So unbegründet dieser Anwurf ist, wurde der Brief, in dem Israel als ein „rassistisches Regime", ein „Apartheidregime" und ein „verbrecherisches Regime" bezeichnet wurde, dennoch von mehr als 900 Wissenschaftlerinnen und Wissenschaftlern unterschrieben.[20]

Zu der Ausdrucksweise, die ich hier zitiert habe, gehören zahlreiche Schlagworte und Klischees vom israelischen Rassismus, Kolonialismus, von ethnischen Säuberungen und dergleichen mehr. Unter ‚progressiven' Wissenschaftlern gehören diese inzwischen zum Allgemeingut. Diese aggressive Rhetorik reduziert die Komplexität des arabisch-israelischen Konflikts simplifizierend auf einen

---

18 Fogel, Joshua: Say It Ain't So, Joan. A Response to the AAUP Journal of Academic Freedom, Volume 4. https://www.aaup.org/sites/default/files/Response-Fogel.pdf (15.05.2017).
19 Mullen, Bill V.: Palestine, Boycott, and Academic Freedom: A Reassessment. https://www.aaup.org/sites/default/files/Mullen.pdf (15.05.2017).
20 „Dear President Obama," *Daily Beast*, 12. Januar 2009. Worauf all dies wirklich hinausläuft, ist deutlich genug. Um einen eingefleischten Befürworter der BDS-Kampagne zu zitieren: „Das wirkliche Ziel der BDS-Kampagne ist es, den Staat Israel zu Fall zu bringen. [...] Dieses Ziel sollte unzweideutig benannt werden. In dieser Frage sollte es keinerlei Wankelmütigkeit geben. Gerechtigkeit und Freiheit für die Palästinenser sind mit der Existenz Israels unvereinbar". Abu Khalil, As'ad: A Critique of Norman Finkelstein on BDS. http://english.al-akhbar.com/node/4289 (15.05.2017).

einfachen Gegensatz zwischen Unterdrückern und Unterdrückten und präsentiert die ehemaligen Opfer als die heutigen Täter. Man sollte meinen, dass jeder Wissenschaftler, jede Wissenschaftlerin, der/die diesen Namen verdient, ohne Weiteres imstande sein sollte, ihren floskelhaften Charakter zu erkennen und zurückzuweisen.

Um die mutwillige Umkehrung von Opfer und Täter zu untermauern und Israel als das herausragende – oder gar das einzige – Beispiel eines kriminellen Staatswesens zu brandmarken, wird ständig auf das Südafrika der Apartheidzeit bzw. den Nationalsozialismus als Vergleichspunkt verwiesen. Omar Barghouti, der Begründer der BDS-Bewegung, erklärte, dass einige der „rassistischen" und „sadistischen" Praktiken Israels im Umgang mit den Palästinensern „an geläufige Praktiken der Nazis im Umgang mit den Juden [...] erinnern".[21] Ähnlich vernichtende Anwürfe finden sich heute vielerorts. Daniel Blatman, ein Historiker an der Hebräischen Universität, schrieb im März 2014 gar in *Haaretz*, dass ein „rassistisches Krebsgeschwür [...] sich in der israelischen Gesellschaft ausgebreitet hat" und Israel „dabei ist, ein Apartheidregime zu werden". Er ist sich sicher, dass Israel in den Augen vieler „in der Familie der aufgeklärten Nationen keinen Platz mehr hat. Es ist das Südafrika des 21. Jahrhunderts geworden".[22]

Hier zeigt sich eine extreme verbale Gewalt, die sich gegen ein Israel richtet, das als monströs dargestellt wird. Der französische Linguist Georges Elia Sarfati bietet eine scharfsichtige Analyse des Charakters und der Attraktivität dieser Rhetorik:

> Der antizionistische Diskurs wird von einer Reihe Schlüsselgleichungen dominiert. Die wichtigste [...] lautet: „Zionismus ist gleich Nationalsozialismus". [...] Eine zweite wurde aus der ersten abgeleitet: „Zionismus ist gleich Rassismus". [...] Eine dritte Gleichung lautet: „Zionismus ist gleich Kolonialismus". Sie wird von einer vierten begleitet, die lautet: „Zionismus ist gleich Imperialismus". [...] Diese vier verschiedenen Gleichungen können zu einer Formulierung zusammengefasst werden: „der zionistische, faschistische, rassistische und koloniale Staat" [...] Diese Gleichsetzungen sind darum so verheerend, weil sie vier der schlimmsten Charakteristika der Geschichte des Westens im vergangenen Jahrhundert – den Nationalsozialismus, den Rassismus, den Kolonialismus und den Imperialismus – mit dem

---

21 Barghouti, Omar: „The Pianist" of Palestine. https://www.counterpunch.org/2004/11/29/quot-the-pianist-quot-of-palestine/ (15.05.2017).
22 Blatman, Daniel: If I were an American Jew, I'd worry about Israel's racist cancer. In: *Haaretz*. http://www.haaretz.com/opinion/.premium-1.578365 (15.05.2017). Eine wohlargumentierte Widerlegung der Beschuldigung, Israel sei ein Apartheidstaat, bietet Johnson, Alan: The Apartheid Smear. Israel is not an apartheid state. The allegation damages the peace process. http://static.bicom.org.uk/wp-content/uploads/2014/02/BICOM_Apartheid-Smear_FINAL.pdf (15.05.2017).

Staat Israel verknüpfen. ... Wenn man dies zusammenfasst, kann die Schlussfolgerung nur heißen: „je weniger Israel, desto mehr Frieden".²³

Auch an Israel, wie an allen Ländern, gibt es selbstverständlich manches auszusetzen, doch rechtfertigt nichts, dass Israel in einem Atemzug mit Verwoerds Südafrika oder Hitlers Deutschland genannt wird. Angesichts der zunehmenden Normalisierung des antizionistischen Diskurses geschieht aber genau dies immer häufiger. Der Antizionismus ist tief in den Köpfen und Redeweisen zahlreicher Menschen verankert, er hat sich kulturell etabliert und wird in manchen gesellschaftlichen Kreisen selbstverständlich vorausgesetzt. Von seinen Verfechtern mit dem Antirassismus in Verbindung gebracht, wird der Antizionismus noch dazu unter Berufung auf den Holocaust legitimiert. Samer Ali, der an der University of Texas *Middle Eastern Studies* lehrt und auf der MLA-Konferenz von 2014 ein Forum moderierte, das sich für den Boykott aussprach, erklärte beispielsweise: „Ich glaube, dass die Lehren des Holocaust uns dazu auffordern, jede Ideologie zurückzuweisen, die die Menschen in einer Gruppe über jene in einer anderen stellt, was der Zionismus leider tut".²⁴ Dieser inzwischen unter jenen, die ‚kosmopolitische' und ‚progressive' Werte hochhalten, weitgehend etablierten Logik zufolge muss man, um dem Gedächtnis der Opfer des Holocaust gerecht zu werden, Antizionist sein.

Der Antizionismus, der sich in den letzten Jahren entwickelt hat, hat mit dem Zionismus selbst in der Regel wenig oder gar nichts zu tun. Um ihn zu verstehen, muss man die Emphase nicht auf den Zionismus, sondern auf das ihm vorangestellte „Anti-" legen, denn den Antizionismus bestimmt in erster Linie die negative Leidenschaft, die er verkörpert. Durch die häufige Wiederholung eines begrenzten aber emotional aufgeladenen Wortschatzes diffamierender Begriffe hat der Antizionismus eine eigene Sprache entwickelt, mit deren eifernder Terminologie eine inzwischen vertraute Litanei an Beschuldigungen und Anklagen gegen den Staat Israel gerichtet wird. Der Wahrheitsgehalt dieser Anwürfe wird für evident gehalten und ihre Substanz bedarf denen zufolge, die sie vorbringen, keiner Verifizierung. So kann Joan Scott behaupten, dass israelischen Kindern „gewohnheitsmäßig beigebracht wird, dass arabische Leben weniger wert sind als jüdische Leben".²⁵ Omar Barghouti erklärt mit der gleichen Gewissheit, dass die

---

23 Language as a Tool against Jews and Israel, an interview with Georges Elia Safarti. http://www.jcpa.org/phas/phas-17.htm (15.07.2015); eigene Übersetzung.
24 Wecker, Menachem: MLA: No Boycott, But Censure of Israel for Alleged Curbs on U.S. Scholars. In: Forward. http://forward.com/news/israel/190863/mla-no-boycott-but-censure-of-israel-for-alleged/ (15.05.2017); eigene Übersetzung.
25 Scott, Changing my mind; eigene Übersetzung.

meisten Israelis Palästinensern ihr „volles Menschsein absprechen", und dass israelische Scharfschützen „palästinensische Kinder jagen" und sie „wie Mäuse zum Fußballspielen verlocken und dann mit Schalldämpfern erschießen".[26]

Aufrührerische Behauptungen dieser Art, die inzwischen landläufig sind, illustrieren das, was Sarfati die „pornographische" Dimension des neuen Antisemitismus nennt: „Die Sprecher, die Zuhörer und die Zuschauer genießen ihn".[27] Im Extremfall kann der Antisemitismus Parallelen zur Pornographie aufweisen: je mehr man dieser wahnhaften Rhetorik frönt, desto mehr wird sie gewohnheitsbildend. Dass es sich beim Antisemitismus um eine schlechte Angewohnheit handelt, ist insofern nebensächlich, als die Süchtigen unweigerlich von ihm angelockt und ihm so oder so weiter nachjagen werden. In seinen normgerechteren Formen dient der antizionistische Diskurs, insbesondere, wenn Juden sich an ihm beteiligen, dem narzisstischen Genuss. Unabhängig von dem möglichen politischen Ziel dieser Rhetorik ist die Gefühlsaufwallung, die sie begleitet, selbstbezogen. Man denke nur daran, wie animiert, selbstgerecht und selbstgefällig bestimmte Sprecher in antizionistischer Pose werden.

Der israelische Philosoph Elhanan Yakira hat noch eine weitere Dimension dieses Phänomens ausgemacht, die er „tugendhaften Antisemitismus" nennt. Diejenigen, die den jüdischen Staat angreifen, sind sich sicher, dass sie der übrigen Menschheit überlegen sind und auf der Seite der Geschichte und der Moral stehen. Gleich, wie sich diese Pose der moralischen Rechtschaffenheit sonst noch erklären mag, wurzelt sie in ideologischen Imperativen wie der Ablehnung eines souveränen jüdischen Staates, der auf einem ethnischen Verständnis des jüdischen Volkes beruht, und der Sympathie für die angeblichen Opfer der ‚Unterdrückung' durch einen solchen Staat. Daher finden die Aggressionsgelüste, die obsessiv auf Israel gerichtet werden, ihre Quelle und Rechtfertigung in kosmopolitischen Idealen, universalen Werten und den Menschenrechten. In einem Aufsatz mit dem Titel „How to Become an Anti-Zionist" propagiert das ehemalige Mitglied des EU-Parlaments Gianni Vattimo eine progressive Politik, die auf diesen Werten aufbaut und die er – so absurd dies auch ist – stolz „demokratischen Antizionismus" nennt. Er hält die Gründung Israels für eine „untilgbare Sünde" und einen der „durch Hitler und den Holocaust verursachten Schaden", und möchte den jüdischen Staat gänzlich beseitigen.[28] Durch die Bezeichnung dieses

---

26 Diesen Vorwurf erhob Barghouti am 14. Januar 2014 in einer Rede, die er an der University of California Riverside hielt und die von Rabbinerin Suzanne Singer und Rabbiner Hillel Cohen aufgezeichnet wurde. Die Aufnahme war zeitweise auf youtube zugänglich.
27 Sarfati, Language as a tool; eigene Übersetzung.
28 Vattimo, Gianni: How to Become an Anti-Zionist. In: Deconstructing Zionism: A Critique of Political Metaphysics. Hrsg. von ders. und Michael Marder. New York 2015. S. 15, 18, 19.

eliminatorischen Programms als „demokratischer Antizionismus" kann man sich ihm guten Gewissens verschreiben in der Gewissheit, dass man auf der Seite der Tugend steht und der Sieg sich bald einstellen wird. So ist sich Omar Barghouti sicher, dass „wir Zeugen des raschen Niedergangs des Zionismus sind, und nichts kann ihn retten". Triumphierend fügt er dann hinzu, „soweit es mich betrifft, bin ich für Euthanasie".[29] Diesen Wunsch nach einem Tod Israels hegen auch viele andere und sie arbeiten nach Kräften darauf hin, ihn zu realisieren.

Was sich hier entwickelt ist also ziemlich klar: unter der trügerischen Bezeichnung ‚Israelkritik' vereinen sich narzisstische Selbstbestätigung, tugendwächterische Selbstgerechtigkeit und eine gehörige Portion zum Holocaust in Beziehung gesetzter Schuldzuweisungen zu einer immer beliebteren, regenerierten Form des Antizionismus. In seinem Kern verkörpert dieser Antizionismus eine ganz bestimmte persönliche Sehnsucht und einen spezifischen politischen Wunsch. Sarfati hat beide allzu plausibel zusammengefasst mit den Worten: „Der Antizionismus bereitet [...] den Tod des jüdischen Staates vor".[30] Auf diejenigen, die die Macht dieser mörderischen Fantasie spüren, wirkt sie berauschend. Es ist daher unwahrscheinlich, dass sie in der näheren Zukunft verschwinden wird.

Literaturverzeichnis

O.A.: Infamy. In: Forward. http://forward.com/opinion/editorial/9990/infamy/ (15.05.2017).
Abu Khalil, As'ad: A Critique of Norman Finkelstein on BDS. http://english.al-akhbar.com/node/4289 (15.05.2017).
Barghouti, Omar: „The Pianist" of Palestine. http://www.countercurrents.org/pa-barghouti301104.html (15.05.2017).
Barghouti, Omar: Relative Humanity: The Fundamental Obstacle to a One-State Solution in Historic Palestine (1/2). https://electronicintifada.net/content/relative-humanity-fundamental-obstacle-one-state-solution-historic-palestine-12/4939 (15.05.2015).
Blatman, Daniel: If I were an American Jew, I'd worry about Israel's racist cancer. In: Haaretz. http://www.haaretz.com/opinion/.premium-1.578365 (15.05.2017).
Butler, Judith: Am Scheideweg. Frankfurt am Main 2013.
Cohen, Patricia: Essay Linking Liberal Jews and Anti-Semitism Sparks a Furor. In: New York Times. http://www.nytimes.com/2007/01/31/arts/31jews.html (15.05.2017).
Cohen, Roger: Jews and Evangelicals Find Common Political Ground. In: New York Times. http://www.nytimes.com/iht/2007/02/10/world/IHT-10globalist.html (15.05.2017).

---

29 Barghouti, Omar: Relative Humanity: The Fundamental Obstacle to a One-State Solution in Historic Palestine (1/2). https://electronicintifada.net/content/relative-humanity-fundamental-obstacle-one-state-solution-historic-palestine-12/4939 (15.05.2015); eigene Übersetzung.
30 Sarfati, Language as a tool; eigene Übersetzung.

Fogel, Joshua: Say It Ain't So, Joan. A Response to the AAUP Journal of Academic Freedom, Volume 4. https://www.aaup.org/sites/default/files/Response-Fogel.pdf (15. 05. 2017).
Gorenberg, Gershom: Shotgun Blast. In: The American Prospect. http://prospect.org/article/shotgun-blast (15. 05. 2017).
Johnson, Alan: The Apartheid Smear. Israel is not an apartheid state. The allegation damages the peace process. http://static.bicom.org.uk/wp-content/uploads/2014/02/BICOM_Apartheid-Smear_FINAL.pdf (15. 05. 2017).
Judt, Tony: Israel: The Alternative. In: New York Review of Books. http://www.nybooks.com/articles/2003/10/23/israel-the-alternative/ (15. 05. 2017).
Kushmer, Tony u. Alisa Solomon (Hrsg.): Wrestling with Zion: Progressive Jewish-American Responses to the Israeli-Palestinian Conflict. New York 2003.
Kutler, Stanley I.: All critics of Israel aren't anti-Semites. In: Boston Globe. http://archive.boston.com/news/world/middleeast/articles/2007/02/07/all_critics_of_israel_arent_anti_semites/ (15. 05. 2017).
Language as a Tool against Jews and Israel, an interview with Georges Elia Safarti. http://www.jcpa.org/phas/phas-17.html (15. 07. 2015).
Markovits, Andrei S.: Uncouth Nation. Princeton 2007, S. xiii–xiv.
Mullen, Bill V.: Palestine, Boycott, and Academic Freedom: A Reassessment. https://www.aaup.org/sites/default/files/Mullen.pdf (15. 05. 2017).
Rosenfeld, Alvin H.: „Progressive" Jewish Thought and the New Anti-Semitism. http://www.bjpa.org/Publications/downloadFile.cfm?FileID=303 (15. 05. 2017).
Scott, Joan W.: Changing My Mind about the Boycott. In: Journal of Academic Freedom. https://www.aaup.org/sites/default/files/files/JAF/2013%20JAF/Scott.pdf (15. 05. 2017).
Soros, George: On Israel, America and AIPAC. In: New York Review of Books. https://www.georgesoros.com/essays/on_israel_america_and_aipac/ (15. 05. 2017).
Stephens, Bret: Anti-anti-Semitism defended. In: New Republic Online, 12. Februar 2007.
The Euston Mainfesto. For a Renewal of Progressive Politics. http://eustonmanifesto.org/the-euston-manifesto/ (15. 05. 2017).
Vattimo, Gianni: How to Become an Anti-Zionist. In: Deconstructing Zionism: A Critique of Political Metaphysics. Hrsg. von ders. und Michael Marder. New York 2015.
Wecker, Menachem: MLA: No Boycott, But Censure of Israel for Alleged Curbs on U.S. Scholars. In: Forward. http://forward.com/news/israel/190863/mla-no-boycott-but-censure-of-israel-for-alleged/ (15. 05. 2017).
Wieseltier, Leonard: Israel, Palestine, and the Return of the Bi-National Fantasy. What is Not to be Done. In: The New Republic. http://www.mafhoum.com/press6/165P51.html (15. 05. 2017).

Karin Stögner
Natur als Ideologie

Zum Verhältnis von Antisemitismus und Sexismus

Wird das Verhältnis von Antisemitismus und Sexismus analysiert, dann kann es nicht darum gehen, ihre Auswirkungen auf die Betroffenen einander gleichzusetzen. Angestrebt wird vielmehr, die Verzahnungen der beiden Ideologien auf der strukturellen, funktionalen und motivationalen Ebene zu benennen und kritisch zu durchdringen. Dabei steht die Frage im Vordergrund, wofür das „Weibliche" und das „Jüdische" in Sexismus und Antisemitismus jeweils stehen, welche gesellschaftlichen Funktionen sie haben und welche ungelösten gesellschaftlichen Strukturprobleme sie überdecken.[1]

Dass der Antisemitismus mit sexistischen Momenten operiert, wird evident an spezifischen Geschlechterbildern und Imagines einer abweichenden Sexualität, die Juden und Jüdinnen zum Zweck der Ausgrenzung zugeschrieben werden. Die Vorstellung, dass Juden und Jüdinnen die Geschlechterbinarität unterlaufen würden, gehört ins fixe Repertoire rassistisch-antisemitischer Ideologie. Pointiert ausgedrückt findet sich das in der *Rassenkunde des jüdischen Volkes* von Hans F. K. Günther aus dem Jahr 1930: „Unter den Juden findet sich verhältnismäßig häufig eine Entartungserscheinung, die man als ‚Sexuelle Applanation' bezeichnet hat und die sich in einer gewissen Verwischung der leiblichen und seelischen sekundären Geschlechtsmerkmale äußert: besonders häufig treten unter den Juden weibische Männer und männliche Weiber auf. Die Zwiegestalt der Geschlechter (Dimorphismus) scheint innerhalb des Judentums überhaupt wenig betont zu sein."[2] Das Bildarchiv der Moderne ist voll solcher Bilder von effeminierten Juden und maskulinisierten Jüdinnen.[3] Gemeinsam ist ihnen, dass sie die Grenzen der Heteronormativität und Genderbinarität überschreiten. Jedoch auch auf anderen, entlegeneren Gebieten wirkt die ideologische Verschränkung von Antisemitismus und Sexismus, etwa im gesellschaftlichen Umgang mit Natur oder in der ideologischen Externalisierung der kapitalistischen Ausbeutungslogik im antisemitischen Stereotyp des „Geldjuden", das regelmäßig in Verbindung mit Diskursen über Prostitution, Emanzipation und intellektueller Ungebundenheit

---

[1] Vgl. dazu ausführlich Stögner, Karin: Antisemitismus und Sexismus. Historisch-gesellschaftliche Konstellationen. Baden-Baden 2014.
[2] Günther, Hans F. K.: Rassenkunde des jüdischen Volkes. Zweite Auflage. München 1930, S. 272.
[3] A.G. Genderkiller: Antisemitismus und Geschlecht. Vom „maskulinisierten Jüdinnen", „effeminierten Juden" und anderen Geschlechterbildern. Münster 2005.

einhergeht. Diese Konstellationen stehen im Zentrum dieses Kapitels: an den widersprüchlichen Zuschreibungen von Natur und Antinatur, Produktivität und Unproduktivität, Stärke und Schwäche wird das Ineinandergreifen von Antisemitismus und Sexismus entfaltet. Beide Ideologien gewinnen gerade aus dieser Verschränkung ihre gesellschaftliche und individuelle Wirkmächtigkeit.

Solcherart analysiert wird der Antisemitismus auf seine widersprüchlichen Bedeutungsgehalte hin transparent und es werden Momente in ihm sichtbar, die er nicht unmittelbar selbst ist, die ihn aber doch mitkonstituieren. Nicht zufällig haben Max Horkheimer und Theodor W. Adorno in der *Dialektik der Aufklärung* Antisemitismus deutlich mit den hierarchischen Geschlechterverhältnissen und der Feindschaft gegen Frauen in Verbindung gesetzt:

> Die Erklärung des Hasses gegen das Weib als die schwächere an geistiger und körperlicher Macht, die an ihrer Stirn das Siegel der Herrschaft trägt, ist zugleich die des Judenhasses. Weibern und Juden sieht man an, daß sie seit Tausenden von Jahren nicht geherrscht haben.[4]

Die Autoren setzten hier bereits an der Vielgestaltigkeit gesellschaftlicher Widersprüche und Konflikte an und betrachteten sie in ihrer Verstrickung in historische Herrschaftsverhältnisse. So erweist sich die Flexibilität des Antisemitismus, der den Charakter einer Welterklärung annimmt, gerade darin, dass er von anderen wesensverwandten Ideologien durchdrungen ist. Nationalismus, Sexismus/Antifeminismus/Homophobie und Antisemitismus, wenngleich unterschiedlich gelagert, speisen sich gesellschaftlich aus ähnlichen Energien und erfüllen ähnliche Funktionen. Eingebettet in die Totalität, in der sie überhaupt erst hervorgebracht werden, können diese Ideologien in Verschränkung mit den anderen, aber doch jede für sich als Phänotypen der Gesellschaft überhaupt gelesen werden. So werden Antisemitismus und Sexismus nicht als disparate Phänomene betrachtet, sondern jeweils als Schlüssel zum Verständnis der Gesellschaft als Ganzer. Als ineinander verzahnte Ideologien können sie sich gegenseitig zu einem gewissen Grad vertreten: Je nach politisch-gesellschaftlicher Opportunität tritt die eine in den Vordergrund, die anderen wirken weiter im Hintergrund. Das wurde etwa am Wiedererstarken des Nationalismus in der deutschen Gesellschaft unmittelbar nach Ende des Zweiten Weltkrieges deutlich, hinter welchem sich nach Horkheimer der alte Antisemitismus nur dürftig verbarg.[5] Frauenfeindliche und antifeministische Diskurse eignen sich ebenfalls

---

4 Horkheimer, Max u. Theodor W. Adorno: Dialektik der Aufklärung. Philosophische Fragmente. Frankfurt a.M. 1997, S. 132.
5 Horkheimer, Max: Die Aktualität Schopenhauers, in: Gesammelte Schriften Bd. 7. Frankfurt a. M. 1985, S. 139.

dafür, eine antisemitische Bedeutung mitzutransportieren, wie sich aktuell am Antigenderismus und der verschwörungstheoretischen Abwehr von Gender Mainstreaming seitens der extremen Rechten zeigt: Diskurse, die zuweilen ähnlich operieren wie der Antisemitismus, nur dass auf Juden und Jüdinnen nicht unmittelbar Bezug genommen wird. Ansonsten sind jedoch Schlüsselmomente vereinigt, die sonst hauptsächlich im Antisemitismus anzutreffen sind: In Gender Mainstreaming wird eine Verschwörung von innen her gesehen, die auf eine Zerstörung der Identität des Volkes hinarbeite, indem die eindeutige Geschlechtsidentität ausgehöhlt wird; es folgt der Vorwurf der Unnatürlichkeit und mangelnden Authentizität; es drohe das Ende der eigenen Kultur; und schließlich stärke Gender Mainstreaming sowohl Kapitalismus als auch Kommunismus gegen das Volk.[6] An die Stelle des Juden als Feindbild treten hier die „Gendertheoretikerinnen" und „radikalen Feministinnen". Solche Verschiebung funktioniert, weil Antisemitismus und Sexismus funktional und strukturell eng verwandte Ideologien sind. Um also den antifeministischen Diskurs der Rechten heute zu verstehen, ist es geraten, den traditionell antisemitischen in Betracht zu ziehen und die Verschränkungen beider Ideologien in die Analyse einzubeziehen.

2 Ambivalente Identifikationen in Antisemitismus und Sexismus

2.1 Natur und Anti-Natur

Da Antisemitismus und Sexismus mit der verzerrten Wahrnehmung von Antisemit_innen und Sexist_innen zu tun haben, drängt sich die Frage auf, wofür die „Frau" und der „Jude" in den sexistischen und antisemitischen Imaginationen stehen? In ihrer Ambivalenz werden die Bilder als verzerrte Wunschfiguren erkennbar, die verdrängte Triebkomponenten der Antisemit_innen und Sexist_innen ausdrücken und gesellschaftlich die Funktion der Legitimierung ungerechter Zustände erfüllen. Sie sind gekennzeichnet von Abwehr eigener Triebansprüche und verheißen insgeheim etwas, das in der Gesellschaft unter dem Leistungsprinzip und unter dem Diktat entfremdeter Arbeit permanent versagt werden

---

[6] FPÖ-Bildungsinstitut: Handbuch freiheitlicher Politik. Ein Leitfaden für Führungsfunktionäre und Mandatsträger der Freiheitlichen Partei Österreichs, 4. Auflage, Wien 2013, S. 136. Cf. Stögner, Karin: Angst vor dem „neuen Menschen". Zur Verschränkung von Antisemitismus, Antifeminismus und Nationalismus in der FPÖ. In: AfD und FPÖ. Antisemitismus, völkischer Nationalismus und Geschlechterbilder. Hrsg. von Stephan Grigat. Baden-Baden 2017. S. 137–161.

muss. Nicht umsonst operieren beide, Antisemitismus und Sexismus, mit so eingängigen Körper- und Geschlechterbildern.

Aufgabe der Kritik ist es, den ideologischen Gegebenheitscharakter von Antisemitismus und Sexismus zu durchbrechen. Antisemitismus und Sexismus sind prozesshafte soziale Phänomene, die sich verfestigt haben und den Menschen gegenüber verdinglicht auftreten – als strukturelle Formen von Diskriminierung, Unterdrückung, Ausgrenzung und Abwertung. Sie begegnen in Form von verfestigten Diskursformen, eingeschliffenen Stereotypen und tiefsitzenden Verhaltensmustern als verdinglichte soziale Tatbestände – also als Ideologie und Praxis. Sie treten zuweilen im Kleid der Ewigkeit auf und geben sich als auf natürlichem Grunde basierende und damit als anthropologische Konstanten aus. Sie sind dementsprechend naturbildzentriert, d.h. sie stützen sich auf eine bestimmte Vorstellung von Natur bzw. Natürlichkeit, in der gesellschaftliche Unterschiede in natürliche uminterpretiert werden. Diesen Schein des Natürlichen gilt es kritisch zu durchbrechen, indem zunächst Natur selbst als soziale Verhältnisbestimmung und als Resultat einer historisch-gesellschaftlichen Praxis von herrschaftlich organisierter Arbeit und Naturbeherrschung erkannt wird. Um die Verschränkung von Antisemitismus und Sexismus gesellschaftstheoretisch zu verorten, ist es notwendig, auf das widersprüchliche Verhältnis von Gesellschaft, Individuum und Natur und die Problematik von Naturbeherrschung und Subjektivierung zu fokussieren.

Der Antisemitismus bringt Juden und Jüdinnen traditionell mit Urbanität, Modernität, Intellektualität, Kosmopolitismus und Internationalismus in Verbindung.[7] Wurzellosigkeit, das Freischwebende, Blutlosigkeit, mangelnde Authentizität, Identitätslosigkeit sind damit verbundene Stereotypen. Kurz: Juden und Jüdinnen gelten als überzivilisiert und deshalb unnatürlich, es wird ihnen unterstellt, wohl etablierte Grenzen niederzureißen, ob nationale oder natürliche (beide amalgamieren im ethnischen Nationalismus), klassenmäßige oder geschlechtliche. Die im *Fin de Siècle* verbreitete Ideologie der Authentizität war geprägt von einem modernen Antimodernismus, verband Antiurbanismus und Antiintellektualismus mit einer bestimmten Zurück-zur-Natur-Tendenz[8] und verhandelte Klasse, Nation und Geschlecht als Schlüsselmomente sozialer und po-

---

7 Zu Antisemitismus und Anti-Kosmopolitismus: Rensmann, Lars: Against Globalism. Counter-Cosmopolitan Discontent and Antisemitism in Mobilizations of European Extreme Right Parties. In: Politics and Resentment. Antisemitism and Counter-Cosmopolitanism in the European Union. Hrsg. von Lars Rensmann u. Julius H. Schoeps. Leiden 2011. S. 117–146; Fine, Robert: Cosmopolitanism. London 2007.
8 Pulliero, Marino: Le désir d'authenticité. Walter Benjamin et l'héritage de la Bildung allemande. Paris 2005.

litischer Inklusion und Exklusion.[9] Außerhalb des Nationsprinzips stehend,[10] wurde Juden und Jüdinnen im Antisemitismus zudem nachgesagt, das bürgerliche Geschlechterprinzip zu unterminieren und die Frauenemanzipation zu propagieren[11] – und somit die natürliche Ordnung der Dinge umzukehren.[12] Im Antisemitismus repräsentieren Juden und Jüdinnen also eher eine Anti-Natur als Natur.[13]

Im Kontrast dazu ist im vorherrschenden Bild idealer Weiblichkeit eine Identifikation mit Natur zu beobachten, was in erster Linie darauf zurückzuführen ist, dass Frauen auf die Prokreation und auf Care-Arbeit zurückgebunden werden. Aber auch die Naturbildzentriertheit in den Repräsentationen des Weiblichen ist uneinheitlich. Sie kann offen abwertende Formen annehmen, wenn etwa der weibliche Körper als dreckig, unrein, krank und minderwertig betrachtet wird. Sie kann aber auch eine oberflächlich verehrende Konnotation annehmen, wenn Frauen auf das Bild unschuldiger Natur reduziert werden, die geschützt werden muss. Letzteres ist ein Charakteristikum des benevolenten Sexismus, der unter dem Vorwand der Verehrung und des Schutzes die Frauen der jeweiligen Ingroup in das eng gewobene heteronormative Korsett des sogenannten weiblichen Geschlechtscharakters zwängt.[14] Manichäisch werden Frauen in „gute" und

---

9 Stögner, Karin: On Antisemitism and Nationalism at the Fin de Siècle: Walter Benjamin's Critique of German Youth Movement. In: English and German Nationalist and anti-Semitic Discourse 1871–1945. Hrsg. von Geraldine Horan, Felicity Rash u. Daniel Wildmann, Frankfurt a. M./New York 2013. S. 117–144.
10 Salzborn, Samuel: Antisemitismus und Nation. Zur historischen Genese der sozialwissenschaftlichen Theoriebildung. In: Österreichische Zeitschrift für Politikwissenschaft 39 (2010). S. 393–407; Volkov, Shulamit: Antisemitism as a Cultural Code: Reflections on the History and Historiography of Antisemitism in Imperial Germany. In: Leo Baeck Institute Yearbook 23 (1978). S. 25–46.
11 Volkov, Shulamit: Antisemitism and Anti-Feminism: Cultural Code or Social Norm. In: Zemanim. A Historical Quarterly 46/47 (1993). S. 134–143; Frevert, Ute: Die Innenwelt der Außenwelt. Modernitätserfahrungen von Frauen zwischen Gleichheit und Differenz. In: Deutsche Juden und die Moderne. Hrsg. von Shulamit Volkov. München 1994. S. 75–94.
12 Boyrin, Daniel: Unheroic Conduct. The Rise of Heterosexuality and the Invention of the Jewish Man. Berkeley 1997.
13 Mayer, Hans: Außenseiter. Frankfurt a. M. 1981; Dijkstra, Bram: Idols of Perversity. Fantasies of Feminine Evil in Fin-de-Siècle Culture. New York/Oxford 1986; Dijkstra, Bram: Das Böse ist eine Frau. Männliche Gewaltphantasien und die Angst vor der weiblichen Sexualität. Reinbek bei Hamburg 1999; Günther, Meike: Der Feind hat viele Geschlechter. Antisemitische Bilder von Körpern. Intersektionalität und historisch-politische Bildung. Berlin 2012; Achinger, Christine: Gespaltene Moderne. Gustav Freytags Soll und Haben. Nation, Geschlecht und Judenbild. Würzburg 2007; Gilman, Sander L.: Freud, Race, and Gender. Princeton 1993.
14 Fiske, Susan u. Alyssa L. Norris: Sexism and Heterosexism. In: Handbook of Prejudice. Hrsg. von Anton Pelinka, Karin Bischof u. Karin Stögner. Amherst 2009. S. 77–118.

„schlechte" geteilt. Während die „guten" für die biologische und kulturelle Reproduktion der Nation gebraucht werden,[15] wird den „schlechten" vorgeworfen, durch zügellose Sexualität, Ignorieren der „Rassengrenzen", körperliche Unzulänglichkeit und Geschlechtskrankheiten die Einheit und Identität des Volkes zu zersetzen.[16] Frauen, die sich dem vorgeblich natürlichen Geschlechtscharakter zuwider verhalten, die sich dem Diktat der Prokreation nicht beugen, werden denn auch als widernatürlich charakterisiert. Devianter Weiblichkeit wird die Natürlichkeit und Authentizität abgesprochen. Im Diskurs der Moderne betraf das intellektuelle, politisch aktive und emanzipierte Frauen, Sexarbeiterinnen, rassistisch marginalisierte Frauen und Jüdinnen. Es gibt also Frauen, die mit Natur, andere wiederum, die mit Anti-Natur identifiziert werden.

Im antisemitischen Judenbild ist diese klare Einteilung nicht gegeben: Juden und Jüdinnen werden hier immer widersprüchlich gezeichnet. Sie repräsentieren nicht nur Anti-Natur (also Zivilisation, Moderne, Kälte, Wurzellosigkeit, etc.), sondern gleichzeitig auch Natur. Das drückt sich in den vielfältigen Geschlechterbildern aus, mit denen Juden und Jüdinnen im Antisemitismus belegt werden. Diskurse um jüdische Sexualität und die Vorstellungen einer defizienten jüdischen Körperlichkeit waren im Antisemitismus zu allen Zeiten präsent. Eines der eingängigsten Beispiele dafür ist die Betonung der „jüdischen Nase", die überdimensional und deformiert dargestellt wird. Die Assoziation zum Penis, in der Alltagssprache ohnehin gegeben und von der Psychoanalyse herausgearbeitet, ist über das Riechen des Geschlechts hergestellt. Wie das Geschlecht unterlag aber auch der Nähe-Sinn des Riechens im Laufe der Zivilisation einer immer stärkeren Verdrängung,[17] sodass er mit der Erfindung der Sexualität und der damit einhergehenden Regulierung und Disziplinierung des Selbst[18] schließlich zu einer pejorativen Zuschreibung für vorgeblich Unzivilisierte wurde: das Riechen als Verhaltensweise jener, die von Natur nicht vollständig sich gelöst hatten, die Grenzen zwischen Subjekt und Objekt nivellieren und selbst in Natur zurückfallen.[19] Dass im Antisemitismus die „jüdische Nase" eine derartige Überbetonung

---

[15] Yuval-Davis, Nira: Gender and Nation. London et al. 1997.
[16] Diese Argumentation, die nach Shulamit Volkov im Fin de Siècle eher kultureller Code als eine Randerscheinung war, ist in Diskursen der extremen Rechten auch heute noch gängig. Vgl. Stögner, Angst vor dem „neuen Menschen"; Wodak, Ruth: Politik mit der Angst. Zur Wirkung rechtspopulistischer Diskurse. Wien/Hamburg 2016.
[17] Marcuse, Herbert: Triebstruktur und Gesellschaft. Ein philosophischer Beitrag zu Sigmund Freud. Frankfurt a. M. 1990, S. 43.
[18] Foucault, Michel: Sexualität und Wahrheit 1. Der Wille zum Wissen. Frankfurt a. M. 2005; Foucault, Michel: Subjekt und Macht. In: ders.: Dits et Ecrits. Schriften, Bd. IV. Frankfurt a. M. 1982.
[19] Horkheimer/Adorno, Dialektik der Aufklärung, S. 208.

erfährt, heißt folglich, dass Juden neben Anti-Natur eine als widerwärtig empfundene und bei sich selbst überwunden geglaubte Natur zugeschrieben wird. Dazu passen auch die antisemitischen Mythen des „foetor Judaicus", d. h. des spezifischen Geruchs, der Juden zugeschrieben wird und durch welchen Antisemiten meinen, Juden buchstäblich riechen zu können.[20] In sexualtheoretischen Schriften des späten 19. und frühen 20. Jahrhunderts, etwa bei Havelock Ellis, stand der „foetor Judaicus" fast ausschließlich im näheren oder weiteren Zusammenhang mit dem „odor di feminina" bzw. dem „parfum de la femme", wie die zeitgenössischen Umschreibungen für den Menstruationsgeruch lauteten.[21]

Zur Abwehr des eigenen Triebanspruchs bei gleichzeitiger Hinnahme, dass die in Aussicht gestellte Befriedigung nicht eintreten wird, braucht es Projektionsfiguren, die außerhalb des eng umgrenzten Eigenen stehen und in denen der Trieb als ausgelebt imaginiert wird. Eine solche Projektionsfläche ist die jüdische Sexualität, die im Antisemitismus durchgängig ambivalent und deviant konstruiert ist – Hypersexualität und Impotenz amalgamieren sich in einem einzigen, ganz widersprüchlichen Bild. Juden und Jüdinnen wird eine Lüsternheit zugeschrieben, die sich den starren Grenzen der Reproduktion entwindet, während an ihnen gleichzeitig eine hohe Fertilität und eine archaische „Familienhypertrophie" gefürchtet werden.[22] Der jüdische Körper ist als deviant, defizient und der etablierten Normalität entgegengesetzt imaginiert. Derart gilt der männliche Jude als sexuell potent und die Frauen verführend – also als hypermännlich – und gleichzeitig als effeminiert und schwach – also als der hegemonialen Männlichkeit nicht entsprechend – dargestellt in einer vorgeblich weiblichen, unsoldatischen, kastrierten Physiognomie des Juden. Freud bringt das mit einer Falschinterpretation des Rituals der Beschneidung in Zusammenhang, deren Untergrund der Kastrationskomplex ist; dieser ist für Freud „die tiefste unbewußte Wurzel des Antisemitismus, denn schon in der Kinderstube hört der Knabe, daß dem Juden etwas am Penis – er meint, ein Stück des Penis – abgeschnitten werde, und dies

---

20 Vgl. Gilman, Sander L.: The Jew's Body. New York/London 1991.
21 Geller, Jay: (G)nos(e)ology: The Cultural Construction of the Other. In: People of the Body. Jews and Judaism from an Embodied Perspective. Hrsg. von Howard Eilberg-Schwartz. New York 1992, S. 251.
22 Blüher, Hans: Die Rolle der Erotik in der männlichen Gesellschaft. Jena 1921. In weiterer Folge wurde der Vorwurf der „Familienhypertrophie" als „Jewish clannishness" ins Repertoire antisemitischer Verschwörungstheorien eingegliedert. Vgl. Adorno, Theodor W.: Studies in the Authoritarian Personality. In: Gesammelte Schriften 9–1. Frankfurt a. M. 1997, 310 ff.

gibt ihm das Recht, den Juden zu verachten. Auch die Überhebung über das Weib hat keine stärkere unbewußte Wurzel."[23]

Wie dem jüdischen Mann hegemonial normierte Männlichkeit abgesprochen wurde, entsprachen auch jüdische Frauen dem vorgeblich natürlichen weiblichen Geschlechtscharakter nicht. Sie galten als materialistisch und intellektualistisch, repräsentierten Kälte und Rationalität anstatt Emotionalität und Einfühlsamkeit. Gleichzeitig wurden sie für ihre vorgeblich extravagante und verschlingende sexuelle Lust ebenso wie für eine hohe Fertilität gefürchtet.

In diesen antisemitisch-misogynen Stereotypen findet sich die heteronormative Dichotomie von männlich und weiblich aufgelöst. Zum Zweck der Aufrechterhaltung der Genderbinarität fungieren Juden und Jüdinnen im Antisemitismus als Projektionsflächen für insgeheim begehrte Abweichungen von der Norm der strikten Zweigeschlechtlichkeit. Die antisemitisch-misogynen Bilder verheißen verschüttet ein Jenseits des Geschlechterprinzips, das insgeheim begehrt, gesellschaftlich aber untersagt und deshalb gehasst und gefürchtet wird. Der binäre Code von männlich und weiblich und die damit verbundene eindeutige Geschlechtsidentität ist ein wesentlicher Bestandteil völkischer Selbstvergewisserung. Die Widersprüchlichkeit der Bilder des Juden und der Jüdin helfen dem Kollektiv also dabei, die Einheit zu bestätigen und den realen Antagonismus, der auch im Kollektiv wirkt, zu verleugnen. Deshalb werden Judentum und Weiblichkeit paradox mit einem Bild von Natur identifiziert, das in erster Linie Naturbeherrschung impliziert. Natur wird auf das Material der Manipulation und Zurichtung reduziert. Für solche Reduktion stehen Tiermetaphern, die sowohl den Antisemitismus als auch den Sexismus durchziehen (Schlangen, Schweine, Parasiten, Insekten, Raubtiere etc.).[24] Gleichzeitig werden sowohl Juden und Jüdinnen als auch emanzipierte Frauen als unnatürlich wahrgenommen. Diejenigen also, denen ein Mangel an Natürlichkeit und ein Zuviel an Zivilisation zugeschrieben wird, werden gerade deshalb auf bloße Natur herabgedrückt, die das „Niedere" und Schmutzige, das Verabscheute, das bloße Material für herrschaftliche Verfügung bedeutet. Solche Identifikation mit Natur ist immer mit Dehumanisierung verbunden – mit Menschen wird verfahren, als wären sie bloßes Material. Wenn Menschen versichert wird, sie seien Natur und nichts als Natur, gelten sie nicht länger als Subjekte. Passiv, wie alles, was bloß Natur ist, sind sie Objekte der Herrschaft, mit denen verfahren wird, bestenfalls abhängig von mehr oder weniger wohlwollender Führung: „Was überhaupt im bürgerlichen

---

[23] Freud, Sigmund: Analyse der Phobie eines fünfjährigen Knaben. In: Gesammelte Werke VII. Frankfurt a. M. 1999, S. 271.
[24] Günther, Der Feind, 157 f.

Verblendungszusammenhang Natur heißt, ist bloß das Wundmal gesellschaftlicher Verstümmelung."²⁵

Unter diesen Umständen wird Natur selbst zur Ideologie, aufgespalten in zwei Seiten, die die Zerrissenheit der Gesellschaft selbst widerspiegeln: Auf der einen Seite steht Natur als bewunderte wie gefürchtete Allmacht, die sich in der völkischen Vorstellung idealer Männlichkeit manifestiert als Stärke, Zweckgerichtetheit, Härte, Kälte, Kühnheit, Verwegenheit, welche alles Schwache mit dem Stiefel zertritt. Auf dem anderen Pol bedeutet Natur das Niedere, Schmutzige, Ekelhafte, Schwache und Nicht-Identität, das Zerfließende, Mannigfaltige und Andrängende, das identische zweckgerichtete Selbst Lockende und Bedrohende. Beide Pole sind indes gesellschaftlich, Natur selbst ist ein gesellschaftliches Verhältnis. Der Antisemitismus wäre nicht ohne dieses zerstörerische Naturverhältnis; in Horkheimers Worten ist er „Revolte der Natur".²⁶ Auschwitz ist Ausdruck davon: Die Nazis deportierten Juden und Jüdinnen in Viehwaggons, zählten sie nach Stücken, vergasten sie wie Ungeziefer – die extremste Form der Reduktion von Menschlichem auf bloße Natur als bloßes Material.²⁷

Was aber wirkt tatsächlich hinter solcher brutalen Reduktion auf bloße Natur? Juden und Jüdinnen werden auf diesen Status reduziert, nicht weil sie Natur sind, sondern weil sie im Antisemitismus Zivilisation repräsentieren. Sie werden mit äußerster Gewalt auf das reduziert, was sie hinter sich gelassen hatten – bloße Natur.²⁸ Der Antisemitismus will den Juden die Zivilisation austreiben. Diese wird in gleichem Maß gehasst wie die Natur gefürchtet, begehrt und zertreten wird. Der Antisemit hasst die Zivilisation, die Vermittlung, für die sie steht, die Individualität und Subjektivität, die bloßer Natur widerspricht. Diese Momente werden ausgemerzt, indem Juden und Jüdinnen als ihre Repräsentant_innen auf bloße Natur herabgedrückt werden. Gehasst wird beides, Natur und Zivilisation, aufgrund des für die Einzelnen in der entwickelten Moderne immer sinnloser werdenden Triebverzichts und -aufschubs. Die eigenen Wünsche und Begierden, die zum Erhalt des Ganzen verdrängt werden, locken weiterhin als unwiderstehliche Natur, während das Ganze, die Zivilisation, für das der Triebverzicht geleistet wird, das Versprechen des individuellen Glücks der Einzelnen nicht einlöst.

---

25 Adorno, Theodor W.: Minima Moralia. Reflexionen aus dem beschädigten Leben. In: Gesammelte Schriften Bd. 4. Frankfurt a. M. 1997, S. 107.
26 Horkheimer, Max: Zur Kritik der instrumentellen Vernunft. In: Gesammelte Schriften Bd. 5. Frankfurt a. M. 1991, S. 105–135.
27 Postone, Moishe: Anti-Semitism and National Socialism. In: Germans and Jews since the Holocaust: The Changing Situation in West Germany. Hrsg. von Anson Rabinbach und Jack Zipes. New York 1986. S. 302–314.
28 Horkheimer/Adorno, Dialektik der Aufklärung, S. 211.

2.2 Produktion, Zirkulation und Natur

Eng verbunden mit den gesellschaftlich zugerichteten Vorstellungen von Natur und der Identifikation mit dieser sind Subjektivität und Männlichkeit – zwei Komponenten, die zivilisatorisch nicht voneinander zu trennen sind, wie Horkheimer und Adorno betonen, wenn sie vom Selbst als dem „identischen, zweckgerichteten, männlichen Charakter des Menschen"[29] sprechen. Juden und Frauen wird diese Persönlichkeitsstruktur aberkannt, mit der aber in der westlichen Zivilisation jene Subjektivität untrennbar verbunden ist, die den Menschen von unmittelbarer Natur ablöst und Distanz zwischen das Ich und die umgebende Natur bringt. Die Möglichkeit zur Ausbildung von Subjektivität und die Zuerkennung des Subjektstatus sind in der kapitalistischen Gesellschaft an das Prinzip produktiver Arbeit gebunden, und diese ist reduziert auf marktvermittelte, warenförmige Arbeit.[30]

Die den Juden und Jüdinnen zugeschriebene Zwischenposition im Geschlechtlichen, womit die drohende Auflösung der Geschlechterbinarität, ein Jenseits des Geschlechterprinzips gemeint ist, korrespondiert mit einer Zwischenposition in der Ökonomie. Dass Juden in feudalen, traditionalen Gesellschaften der Zugang zum Grundeigentum, in der modernen, funktional-differenzierten, kapitalistischen Gesellschaft sodann der Zugang zum Besitz an Produktionsmitteln, der Quelle des Mehrwerts, allzu lang versperrt war und sie ob dessen vermehrt in die vermittelnden Sphären der Zirkulation – der Bankgeschäfte und des Handels – gedrängt wurden, ist hinlänglich bekannt.[31] Das ist jedoch nur ein schwacher historischer Untergrund für die antisemitische Vorstellung, dass Juden nicht produktiv tätig seien, worin sich die ideologische Aufspaltung des Kapitalverhältnisses in „schaffendes" und „raffendes" bereits zeigt. Uralt sind auch die Assoziationen, die Männlichkeit mit Statik (=Verwurzelung) und Weiblichkeit mit dem Zirkulierenden zusammendenken. Es sind Reminiszenzen an längst vergangene Zeiten des Frauentauschs, die auch die moderne warenproduzierende Gesellschaft noch durchziehen.[32] Dies drückt sich

---

29 Horkheimer/Adorno, Dialektik der Aufklärung, S. 50.
30 Becker-Schmidt, Regina: Doppelte Vergesellschaftung von Frauen. Divergenzen und Brückenschläge zwischen Privat- und Erwerbsleben. In: Handbuch Frauen- und Geschlechtergeschichte. Theorie, Methoden, Empirie. Hrsg. von Ruth Becker. Wiesbaden 2010. S. 65–74.
31 Claussen, Detlev: Grenzen der Aufklärung. Die gesellschaftliche Genese des modernen Antisemitismus. Frankfurt a. M. 1994, S. 51–84.
32 Rubin, Gayle: The Traffic in Women: Notes on the ‚Political Economy' of Sex. In: Oxford Readings in Feminism. Feminism and History. Hrsg. von Joan Wallach Scott. Oxford/New York 1996. S. 105–151.

real etwa darin aus, dass in der bürgerlichen Gesellschaft bei Eheschließungen in der Regel der Status des Mannes auf die Frau übergeht. In diesen Zusammenhang gehört auch, dass Frauen in der westlichen Zivilisation – mit Ausnahme des Judentums – nicht als Stammhalterinnen gelten.

Aber nicht nur die Zirkulationssphäre wird mit Weiblichkeit assoziiert, sondern, damit zusammenhängend, auch der Ausschluss aus der Sphäre der Produktion. Dieser Ausschluss galt für Frauen bis vor relativ kurzer Zeit noch umfassend. Die geschlechtsspezifische Arbeitsteilung reduzierte sie auf die Sphäre der Reproduktion, das Gebären von Kindern und die Pflege von Angehörigen – Tätigkeiten, die als nicht produktiv galten. Wenngleich das eine ideologische Konstruktion ist, da Frauen von Beginn der Industrialisierung an produktiv tätig waren, wurde Produktivität und die damit verbundene Autonomie doch durchwegs mit Männlichkeit assoziiert und damit dem bürgerlichen Ideal von Weiblichkeit entgegengesetzt. Die produktivistische Ideologie der warenproduzierenden Gesellschaft, in der nur jene Arbeit als produktiv gilt, die über den Markt vermittelt ist und unmittelbar Mehrwert erzeugt, trennt ideologisch, was real zusammengehört, die Produktions- und die Reproduktionssphäre. Da die Reproduktionssphäre durchwegs weiblich konnotiert war (und immer noch ist), bilden Weiblichkeit und Produktivität einen Gegensatz. Damit hängt zusammen, dass Frauen traditionell Subjektivität abgesprochen wurde – sie galten nicht als vertragsfähige Subjekte, die auf dem Markt Tauschverträge eingehen und ihre Arbeitskraft als Ware frei verkaufen konnten. Sie benötigten dafür offiziell einen männlichen Vertreter (in Österreich bis in die 1970er Jahre).

In der bürgerlichen Ideologie sind Frauen aber nicht nur in die Reproduktion gebannt, sondern auch in der Zirkulationssphäre verortet, und zwar in Form der Konsumption und in der Prostitution. Die bürgerliche Ehefrau konsumiert auf dem Markt, was sie nicht selbst produziert, sie gilt deshalb schnell als verschwenderisch, parasitär, von der Arbeit anderer lebend – und nimmt damit das Verdikt der gesamten bürgerlichen Klasse auf sich. Ihr bürgerlicher Ehemann gibt sich zwar als Produzent aus, jedoch wissen im Grunde alle, dass er nicht selbst produziert, sondern von der Produktion anderer profitiert, deren Arbeit er sich aneignet. Während das Verhältnis beim männlichen bürgerlichen Produzenten aber noch verschleiert ist, trägt die bürgerliche Ehefrau seine eigene Lüge zur Schau: dass die Konsumkraft und finanzielle Potenz nicht aus eigener Produktivität, sondern aus der Aneignung fremder Arbeit stammt. Wo Herrschaft sich in Produktion verkleidet, ist die bürgerliche Ehefrau das manifeste Erinnerungsbild daran, dass das Primat der Produktion Ideologie ist. Es kommt auf die Verfügungsmacht über fremde Arbeit an, nicht darauf, ob man selbst produziert. Die an der Verschwendung und Geldgier der bürgerlichen Ehefrau sich festmachende Misogynie erinnert an den an die Produktionslogik gebundenen Antisemitismus, den Horkheimer und Adorno in der *Dialektik der Aufklärung* beschreiben: Der mit der unproduktiven, vermittelnden Zirkulationssphäre identifizierte Jude „war das Trauma des Industrieritters, der sich als Schöpfer aufspielen muß. Aus dem jüdischen Jargon hört er heraus, wofür er sich insgeheim verachtet: sein Antisemitismus ist Selbsthaß, das schlechte Gewissen des Parasiten."[33]

Wie sehr die antisemitische und antifeministische Bilderwelt Bestandteil des Rauschs der Ware (Walter Benjamin) ist und wie sehr sich das mit einem bestimmten Bild von Natur verschränkt, wird an ihren ökonomistischen Aufhängern deutlich, zentral am Stereotyp des ‚Geldjuden' oder des ‚jüdischen Finanzkapitalisten', gegen den die falsch verstandene, scheinbar antikapitalistische Revolte sich wendet. Mit ihm korrespondiert das Stereotyp des ‚hedonistischen, selbst- und genusssüchtigen Emanze', das explizit mit Jüdinnen in Verbindung gebracht wird.

Woher aber kommt diese Versteifung auf die angebliche Geldgier der Juden und die seltsame Verbindung, die zur Emanzipation von Frauen gezogen wird, abgewehrt als „jüdisch-demokratisch-feministischer Mammongeist"[34]? Geldgier ist ein allgemeines Phänomen, ist Ausdruck der Fetischisierung des Äquivalents im Kapitalismus und somit dem Warenfetisch zuinnerst zugehörig. Es kommt auf den Wert an und dieser wird in den fortgeschrittenen Gesellschaften in der Äquivalenzform des Geldes ausgedrückt. Gesellschaft als universaler Funktionszusammenhang, ja Vergesellschaftung ganz allgemein als die Form, in der Individuen in den gesellschaftlichen Gesamtzusammenhang integriert werden, ist vermittelt über den Tausch und über das Äquivalent, ausgedrückt im abstrakten Signifikanten Geld. Marx nennt das Geld den „radikalen Leveller"[35] – der Leveller von persönlicher Abhängigkeit, d. h. traditionale, persönliche Abhängigkeit wird aufgelöst in den abstrakten Tauschbeziehungen zwischen formal freien Vertragspartnern mit festgelegten Vertragsbedingungen. Die Durchsetzung des Geldes als allgemeines Medium korrespondiert mit der Entwicklung abstrakter Herrschaftsverhältnisse, die sich nicht mehr auf einzelne Personen, Herrscher, zurückbinden lassen. Herrschaft wird von anonymen Institutionen ausgeübt und das System verdichtet sich als solches zunehmend gegenüber den Individuen. Das

---

33 Horkheimer/Adorno, Dialektik der Aufklärung, S. 200.
34 So Ludwig Langemann 1919 in „Die Zusammenhänge zwischen Semitismus, Demokratismus, Sozialismus und Feminismus", zit. n. Kuhn, Annette: Der Antifeminismus als verborgene Theoriebasis des deutschen Faschismus. Feministische Gedanken zur nationalsozialistischen „Biopolitik". In: Frauen und Faschismus in Europa. Der faschistische Körper. Hrsg. von Leonore Siegele-Wenschkewitz und Gerda Stuchlik. Pfaffenweiler 1990, S. 45.
35 Marx, Karl: Das Kapital. Kritik der politischen Ökonomie, Erster Band. In: Marx-Engels-Werke Bd. 23. Berlin 1962, S. 146.

Geld als universales Äquivalent durchdringt alle gesellschaftlichen Verhältnisse und erzeugt Einheit und Vergleichbarkeit in einer antagonistischen, uneinheitlichen Gesellschaft.

Eine besondere Betrachtung verdient also das Stereotyp des Geldjuden. In ihm wird das unpersönliche Machtmedium Geld personalisiert, substanzialisiert und konkretisiert und damit werden abstrakte, anonyme Herrschaftsverhältnisse quasi in persönliche rückübersetzt. Es findet eine Resubstanzialisierung des abstrakten Machtmediums Geld in der Figur des Geldjuden statt. Dieser Mechanismus zeugt von der Unfähigkeit von Antisemit_innen, mit abstrakten Eigentumsformen umzugehen, es zeugt von ihrer Hinwendung zu vorkapitalistischen Formen der Akkumulation und von einem mythischen Verhältnis zum Eigentum, das als in der Volksgemeinschaft verwurzelt imaginiert wird.[36] Der zivilisatorische Entwicklungsschritt vom Grundeigentum zum frei flottierenden Kapitaleigentum, dem Finanzkapital, wird im Antisemitismus nicht mitvollzogen. Während das Grundeigentum und auch noch das Eigentum an Produktionsmitteln als verwurzelt und identitätsstiftend betrachtet wird – weil es nicht beweglich ist – gilt das Geld als die Strukturen von Zugehörigkeit und Identität zersetzend. Und tatsächlich zersetzt das Geld die Idee des unauflösbaren Bandes zwischen Eigentum und seinem Eigentümer. Erst das frei flottierende Eigentum enthält, wie verschüttet auch immer, die Idee der Verallgemeinerung des Eigentums, sprich die Möglichkeit der Aufhebung der Eigentumsverhältnisse. Was Horkheimer und Adorno in der *Dialektik der Aufklärung* über die fortgeschrittene Form von Herrschaft in der bürgerlichen Gesellschaft schreiben, dass ihre Allgemeinheit, ihre Universalität sich schließlich gegen Herrschaft selbst wendet, dass ihre Instrumente, die alle erfassen, Sprache, Waffen, schließlich Maschinen, sich auch von allen erfassen lassen,[37] das gilt auch für das Geld als universales Herrschaftsmittel, das, indem es sich potentiell von allen erfassen lässt, also nicht mehr an bestimmte Personen gebunden ist, bereits eine Kritik am Eigentum enthält. Diese Möglichkeit erzeugt die kapitalistische Gesellschaft aus sich heraus und blockiert sie zugleich.

Anstatt sich also gegen die Eigentumsverhältnisse allgemein zu wenden, richtet sich die Revolte im Antisemitismus gegen die am weitesten fortgeschrittene Form des Eigentums, die sich noch am ehesten verallgemeinern ließe, da es auf dem abstrakten Zeichen des Äquivalents beruht, das potentiell von allen ergriffen werden kann. Darin drückt sich die Möglichkeit der Aufhebung des Eigentums

---

36 Sartre, Jean-Paul: Betrachtungen zur Judenfrage. Psychoanalyse des Antisemitismus. Zürich 1948, S. 20; Horkheimer/Adorno: Dialektik der Aufklärung, S. 196.
37 Horkheimer/Adorno, Dialektik der Aufklärung, S. 54.

aus, die im Grundeigentum nicht gegeben ist. Das Eigentum muss sich von der Substanz gelöst haben,[38] muss abstrakt werden, um die Möglichkeit seiner eigenen Aufhebung aufzuzeigen. Die völkische Ideologie aber versteht das Kapital nicht als Bewegungsform, sondern als Substanz. Das Unbehagen mit der abstrakten Äquivalenzform ist tief in das Allgemeinbewusstsein abgesenkt und manifestiert sich etwa auch an der materiellen Gestaltung des Geldes im Euroraum, wo der supranationale Charakter der europäischen Währung durch nationale Identifikationsmarker abgefedert wird: das Universelle, die abstrakte Ziffer auf der Vorderseite der Münzen, wird auf der Rückseite resubstanzialisiert im vermeintlich National-Identitären, vom römischen Triumphbogen bis zur *Marianne*, der *Europa*, dem Bundesadler oder Mozart. Die von der Substanz losgelöste Form des Kapitals gilt als zersetzend und auch heute noch ist das Finanzkapital erstes Feindbild, wenn es um Schuldzuweisung an der rezenten Wirtschaftskrise geht. Während das Geld, das Finanzkapital schmutzig, hinterlistig und zersetzend sei, wird das sogenannte produktive Kapital als zum „Ganzen" gehörig vergötzt.[39]

Die dem Geld und seinen Repräsentant_innen zugeschriebene Sinnlichkeit unterstreicht die bewegliche Zähigkeit des Topos vom „Geldjuden". In ihm verschmelzen Attributionen der Rationalität wie Intellektualität und Gefühlskälte, Nomadentum und Heimatlosigkeit (freischwebendes, nicht verwurzeltes Kapital) mit spezifischen Sexualbildern, die den „Juden" als hypersinnlich der Ratio gerade entgegenstellen, mit der er als Repräsentant des Geldes aber identifiziert wird.[40] In den antisemitischen Stereotypen des „Geldjuden" und des „jüdischen Mädchenhändlers" findet die Versinnlichung des Abstrakten zentral durch Geschlechterbilder statt,[41] sodass sich in ihnen ebenso wie in der Figur der „Hure" die dem Geld zugesprochene Sinnlichkeit kristallisiert. Die Rhetorik um den „wuchernden Geldjuden" war im Fin de Siècle, als ihr durch die Anonymisierung der kapitalistischen Geldgeschäfte selbst jeglicher Schein von realer Basis ab-

---

38 Marx, Karl: Grundrisse der Kritik der politischen Ökonomie. In: Marx Engels Werke Bd. 42. Berlin 1983, S. 84 f., 100 passim.
39 Stögner, Karin: Economic Crisis and Blaming You Know Who: Antisemitism and Nationalism in Austria. In: Journal for the Study of Antisemitism, 3 (2012). S. 711–727.
40 Heß, Cordelia: Geldjuden, Mädchenhändler, Zeckenschlampen. Zum Verhältnis von Sexismus und Antisemitismus im völkischen Weltbild. In: Braune Schwestern? Feministische Analysen zu Frauen in der extremen Rechten. Hrsg. von Antifaschistisches Frauennetzwerk/Forschungsnetzwerk Frauen und Rechtsextremismus. Hamburg/Münster 2005. S. 91–107; Spörk, Ingrid: Das Phantasma vom „Anderen". Überlegungen zur Genese und Aktualität des Fremdbildes am Beispiel der „Juden". In: Der Umgang mit dem „Anderen". Frauen, Juden, Fremde, ... Hrsg. von Klaus Hödl. Wien et al. 1996. S. 23–30.
41 Braun, Christina von: Einleitung. In: „Das ‚bewegliche' Vorurteil". Aspekte des internationalen Antisemitismus. Hrsg. von Christina von Braun und Eva-Maria Ziege. Würzburg 2004, S. 35.

handengekommen war, deshalb besonders eingängig, da sie – situiert in den allgemeinen medizinischen Diskurs – ein Assoziationsfeld des „Krankhaften", von „wuchernden Krebsgeschwüren", allemal von unkontrollierter Ausbreitung, Grenzüberschreitung und „Unterwanderung" öffnete, in welchem der Prostitution tragende Bedeutung zukam. Das Pendant zum „jüdischen Mädchenhändler" ist die volksschädigende „Hure", die die Lustseuche birgt.[42] Angestiftet vom „jüdischen Zuhälter" vermacht die Sexarbeiterin ihren Körper nicht der Reproduktion des Volksganzen, sondern als „sexuelle Frau" verkauft sie ihn gegen Geld, das jede Verwurzelung auflöst. Wie das Geld gilt sie als lebensfeindlich und todbringend.[43]

Die Verbindung von Geld und Sexualität in den Stereotypen des Geldjuden und der Jüdin als der „sexuellen Frau" und Sexarbeiterin dient der Abwehr von beiden. Im Nationalsozialismus wurde die mit dem Jüdischen identifizierte Vorstellung des „raffenden Kapitals" mit einer sich gegen die Prokreation kehrenden Sexualität emanzipierter Frauen zusammengedacht.[44] So schrieb etwa Ludwig Langemann in *Die Zusammenhänge zwischen Semitismus, Demokratismus, Sozialismus und Feminismus* im Jahr 1919: „Wo der jüdisch-demokratisch-feministische Mammongeist den nationalen Heldengeist erst völlig vernichtet hat, ist eine Wiedergeburt ausgeschlossen, da steht der Untergang vor der Tür."[45] Auch Alfred Rosenberg zog eine direkte Verbindung zwischen Frauenemanzipation und Judentum, beide würden einem „Parasitenleben auf Kosten der männlichen Kraft"[46] Vorschub leisten, welches die Volksgemeinschaft existenziell bedrohe.

Dieser Diskurs setzt sich bis heute fort. So sehen extrem rechte Parteien, etwa die *Freiheitliche Partei Österreichs*, aber auch die *Alternative für Deutschland*[47], in Gender Mainstreaming eine existenzielle Bedrohung für den Fortbestand der Nation, da diese Strategie der Gleichstellung die Befreiung der Frauen von der „Bürde des Kinderkriegens" anstrebe. Der radikale Feminismus wolle obendrein einen „neuen Menschen [...] ohne feste Geschlechteridentität" erschaffen und

---

42 Haupt, Sabine: Themen und Motive. In: Handbuch Fin de Siècle. Hrsg. von Sabine Haupt und Stefan Bodo Würffel. Stuttgart 2008, S. 148.
43 Dijkstra, Idols of Perversity, S. 368, 398.
44 Planert, Ute: Antifeminismus im Kaiserreich. Diskurs, soziale Formation und politische Mentalität. Göttingen 1998, S. 227.
45 Zit. n. Kuhn, Der Antifeminismus, S. 45.
46 Zit. n. Sauer-Burghard, Brunhilde: Das Frauenbild des Nationalsozialismus – eine Analyse der Leibeserziehung für Mädchen im BDM. In: beiträge zur feministischen theorie und praxis, 69 (2008). S. 36.
47 Lang, Juliane: Feindbild Feminismus. Familien- und Geschlechtspolitik in der AfD. In: AfD und FPÖ. Antisemitismus, völkischer Nationalismus und Geschlechterbilder. Hrsg. von Stephan Grigat. Baden-Baden 2017. S. 79–102.

arbeite für die „Abschaffung der Familie", um Frauen gänzlich für außerhäusliches Arbeiten verfügbar zu machen. Die Erfüllungsgehilfinnen dieses „totalitären Denkansatzes" seien die Feministinnen, die mit ihren „abstrusen Gender-Theorien" den lediglich auf Profit ausgerichteten Kapitalismus stützen würden.[48] Während hier zwar mit einem Jargon gearbeitet wird, der vom Antisemitismus her bekannt ist, werden Juden oder Judentum nicht ins Spiel gebracht. Anders der oberste geistliche Führer des Iran, Ali Khamenei, der in der „Versachlichung von Frauen" in der westlichen Welt und in „Konzepten wie gender justice" eine zionistische Machenschaft zur „Zerstörung der menschlichen Gemeinschaft" verortet.[49] Damit schließt er implizit an den nationalsozialistischen Diskurs an, der Frauenemanzipation als jüdische Verschwörung gegen die Nation verunglimpfte, die Frauen der kapitalistischen Gier ausliefern würde.

2.3 Schwäche und Übermacht

Solche Verschwörungsphantasien wittern sowohl bei Juden als auch bei Frauen eine geheime Macht, welche die Einheit der Nation untergräbt. Dabei kommt es zu einer paradoxen Überblendung von Schwäche und Übermacht – eine weitere Uneindeutigkeit, welche für Antisemitismus und Sexismus charakteristisch ist. Das antisemitische Feindbild imaginiert die Juden sowohl als schwach (hauptsächlich, weil sie dem soldatischen Männlichkeitsideal nicht entsprechen und zu schwächlicher Gestalt neigen würden) als auch als mächtig – sie würden sich auf internationaler Ebene gegen die nationalen Volksgemeinschaften verschwören und sie von innen her untergraben. Juden werden in der antisemitischen Verschwörung zwar als allmächtig imaginiert, aber nur gegen die wirklich Mächtigen verhalten sich die Antisemit_innen autoritär unterwürfig. Insgeheim wissen sie, dass die Juden nicht mächtig sind, dass man jederzeit gegen sie losschlagen kann. Deshalb auch die seltsame Überblendung von Übermacht und Schwäche in ein und demselben Stereotyp.

---

48 FPÖ-Bildungsinstitut: Handbuch freiheitlicher Politik. Ein Leitfaden für Führungsfunktionäre und Mandatsträger der Freiheitlichen Partei Österreichs, 4. Auflage, Wien 2013, S. 136. Vgl. ausführlich Stögner: Angst vor dem „neuen Menschen".
49 Im März 2017 twitterte Khamenei: „In west, concepts like 'gender justice' or 'gender quality' (sic!) are promoted while justice is realizing & nurturing capabilities God has gifted", sowie „Designating women as goods & means of pleasure in western world, most probably, is among Zionists' plots to destroy human community." Zit. nach http://www.timesofisrael.com/iran-leader-blasts-objectification-of-women-as-zionist-plot/.

Eine ähnliche Überblendung finden wir im Sexismus: Im rassistischen Wahn und dessen Postulat der Reinhaltung des Blutes werden Frauen als Einfallstor für Verunreinigung gesehen – aufgrund ihrer Naturnähe und Schwäche wären sie nicht verlässlich und standhaft, sondern von sogenannten rassefremden Elementen nur allzu leicht verführt. Und diese Verführbarkeit verleiht ihnen eine geheime Macht über das rassistische Kollektiv. Die Imaginationen des jüdischen Mädchenhändlers, der der arischen Volksgemeinschaft die Frauen rauben würde, ist ein gängiges Motiv in diesen Diskursen.

Solche Vorstellungen von Wurzellosigkeit, Natur und Anti-Natur, die mit den Tauschverhältnissen eng verquickt sind, kreisen um die Vorstellung einer ursprünglichen Mobilität, welche es Juden und Jüdinnen ermöglicht habe, sich weitläufige Wirtschaftsräume zu erschließen und letztlich die „Weltherrschaft" in einer wurzellosen, modernen Welt zu übernehmen. Die sogenannte bodenständige Bevölkerung gibt sich umso bodenständiger, je mehr alte und gewohnte Sicherheiten ins Wanken geraten, d.h. je entwurzelter die bodenständige Bevölkerung sich fühlt oder tatsächlich ist, desto mehr wird ein „wurzelloses Leben", in dem Moderne und nomadische Vorzeit sich berühren, gescholten. Aus der für viele als widersprüchlich erfahrenen Struktur der Moderne heraus wird erklärbar, warum Juden und Jüdinnen zuweilen als fortgeschritten und zurückgeblieben zugleich, als Natur und Anti-Natur perzipiert werden, warum sie als Repräsentant_innen des Archaischen gelten und zugleich als solche der bedrohlichen Zivilisation, welche geistige und physische Mobilität in vehementem Sinn von jedem und jeder Einzelnen fordert. Gegen sie, stellvertretend für die Welt, die als wurzellos erscheint, wird die Ewigkeit der Nation als Allnatur aufgerufen.

3 Ausblick

Resümierend kann gesagt werden, dass der Antisemitismus für sein Funktionieren von Momenten abhängig ist, die nicht schon selbst antisemitisch sind, die er jedoch in sich aufnimmt: im Wesentlichen sind das Momente des Sexismus, aber auch solche des Nationalismus und Rassismus. An Juden und Jüdinnen wird die Transgression von Grenzen gefürchtet, das Zerfließen der Grenzen zwischen Innen und Außen, Oben und Unten, Eigenem und Fremdem, sowie die Auflösung der Geschlechtergrenzen und der Heteronormativität, von welcher aber in dieser Ideologie die Identität, also die Einheit des Kollektivs wesentlich abhängt. Juden und Jüdinnen sind im Antisemitismus immer schon queer und individualistisch. Sie hätten kein natürliches Gemeinschaftsgefühl, sondern seien modern, urban, hedonistisch und lasziv und würden ihren individuellen Gelüsten nachgeben, anstatt den Triebverzicht für das Wohl der Gemeinschaft zu leisten. Hoffnungslos materialistisch seien sie dem Diesseits verhaftet und nicht in der Lage, es in der Idee der „Volksgemeinschaft" zu transzendieren.

Antisemitismus heute tritt in der Öffentlichkeit zunehmend in latenten Formen zutage. Ihn zu erkennen, bedarf der Interpretation. Zuweilen ist Antisemitismus auf einer Hinterbühne wirksam, während andere, strukturell verwandte Ideologien in den Vordergrund treten. Das äußert sich in gegenwärtigen Diskursen der extremen Rechten, die sich dem Antigenderismus verschrieben haben. Dabei finden sich Argumentationsketten, die frappant an den Antisemitismus anschlussfähig sind, nur dass das Feindbild nicht mehr direkt als jüdisch benannt wird.[50]

Antisemitismus kann auch auftreten unter dem Deckmantel des Antizionismus, wenn Israel grundlegend delegitimiert, dämonisiert und mit doppelten Standards beurteilt wird. Diese Form des Antisemitismus richtet sich gegen die größte jüdische Gemeinschaft der Welt: den Staat Israel. Nachdem er 1948 auch als Folge der Shoah gegründet wurde, verloren bestimmte antisemitische Stereotypen, die hier besprochen wurden, an Wirkungsmacht oder wurden zumindest prekär. Es machte keinen Sinn mehr, Juden als nationsunfähig zu desavouieren, wenngleich die Delegitimierung Israels nicht zuletzt diskursiv auch dadurch stattfindet, dass Israel als künstliche Nation bezeichnet wird, die der authentischen palästinensischen Nation das Territorium streitig mache. Auch das Stereotyp des schwachen, verweiblichten und unsoldatischen Juden war vor dem Hintergrund der militärischen Macht Israels nicht mehr so einfach einsetzbar. An die Seite dieses Bildes (nicht ersetzend, sondern zusätzlich) trat sukzessive jenes des israelischen Soldaten als hypermännlich und hypernationalistisch, der durch überlegene technologische Waffengewalt den Palästinenser seiner „authentische Männlichkeit" berauben und ihn zum queeren Objekt einer sexualisierten und hypernationalistischen Besatzungspolitik machen würde.[51] Demgegenüber können sich die postnazistischen Gesellschaften zunehmend als geläutert darstellen – sie hätten den massiven Nationalismus ebenso wie das soldatische Männlichkeitsideal überwunden. Dieses kann nun auf Israel und die Israelis projiziert werden.

---

50 Stögner, Angst vor dem „neuen Menschen".
51 Puar, Jasbir: Introduction: Homonationalism and Biopolitics. In: Terrorist Assemblages. Homonationalism in Queer Times. Durham 2007. S. 1–36; Puar, Jasbir: Rethinking Homonationalism. In: Int. J. Middle East Stud. 45(2013). S. 336–339; kritisch dazu: Dhawan, Nikita: Homonationalismus und Staatsphobie: Queering Dekolonisierungspolitiken, Queer-Politiken dekolonisieren. In: Femina Politica 1/2015. S. 38–51; Biskamp, Floris: Ist jihadistisch das neue schwul? In: *Jungle World* 49, 9.12.2010.

Weiterhin aber gelten Juden und Jüdinnen als hypersexuell und gleichzeitig schwächlich und lasziv. Die liberale, ausschweifende Lebensweise in Tel Aviv wird angefeindet als dekadent, individualistisch und zersetzend – es geht wieder um die Verwischung von Grenzen, ganz explizit von Geschlechtergrenzen in den LGBTIQ* Movements, mit denen Israel identifiziert wird. Antisemitismus überkreuzt sich einmal mehr mit Homo- und Transphobie. Während die Rechten (außerhalb und innerhalb Israels) Israel für den vorgeblichen Verfall der Sitten, für die Auflösung der Gemeinschaft und für einen Hedonismus angreifen, der das Individuum anstatt der Gemeinschaft ins Zentrum stellt, sind es zahlreiche linke Feministinnen und Queer-Aktivist_innen, die in der LGBTIQ* Kultur Israels eine Heuchelei sehen, die denunziert gehört – sie sei unecht, unauthentisch, eine Maske, mithilfe welcher Israel die Welt hinters Licht führen wolle. Der Nationalismus bemächtige sich eines liberalen Images und des queeren Diskurses, und werde zum „Homonationalismus", der den palästinensischen „Anderen" per se eine unzivilisierte archaische Männlichkeit zuschreibe. Ersichtlich wird daran wieder die Uneinheitlichkeit und Widersprüchlichkeit, mit welcher israelische Staatlichkeit über bestimmte Geschlechterkonstruktionen vereindeutigt und zum gemeinsamen postkolonialen Feindbild gemacht wird. Der israelische Staat steht in diesen Diskursen für ein Genderregime, das chamäleonartig, gleichsam naturhaft-mimetisch, den jeweiligen Anforderungen von Herrschaft in einer als widersprüchlich und komplex erfahrenen globalisierten Welt angepasst und für imperialistische Zwecke instrumentalisiert würde.[52]

Diese Verschränkungen zu entziffern, bedarf es eines Zugangs, der Antisemitismus nicht als abgeschlossenes, isomorphes Phänomen begreift, sondern als eine bewegliche Ideologie innerhalb einer gesellschaftlichen Totalität. Solcher Zugang vertieft sich auch in das Verhältnis von Allgemeinem und Besonderem, von Gesellschaft, Individuum und Natur, ohne die Polaritäten einander abstrakt gegenüber zu stellen. Es ist bei der Erforschung von Ideologien also ein Schwerpunkt darauf zu legen, in welcher Form soziale Gesetzmäßigkeiten sich in ihnen ausdrücken. Die wechselseitigen Übergänge von Ideologie und gesellschaftlicher wie politischer Praxis sind zu betonen. Ziel ist es, das Wechselverhältnis von Ideologien als soziale Tatbestände aufzuschlüsseln. Es handelt sich um individuelle und gesellschaftliche, d. h. klassenmäßige, gendermäßige und ethnisch und national vermittelte Momente, deren Wirksamkeit sich von den anderen nicht restlos isolieren lässt. Ausgangspunkt der kritischen Überlegungen

---

52 Kama, Amit: Parading Pridefully into the Mainstream: Gay & Lesbian Immersion in the Civil Core. In: The Contradictions of Israeli Citizenship: Land, Religion and State. Hrsg. von G. Ben-Porat, B. Turner. Abingdon 2011. S. 180–202.

zu Antisemitismus und Sexismus ist gerade das Spannungsverhältnis, in dem die Pole zueinander stehen.

Literaturverzeichnis

A.G. Genderkiller: Antisemitismus und Geschlecht. Vom „maskulinisierten Jüdinnen", „effeminierten Juden" und anderen Geschlechterbildern. Münster 2005.
Achinger, Christine: Gespaltene Moderne. Gustav Freytags Soll und Haben. Nation, Geschlecht und Judenbild. Würzburg 2007.
Adorno, Theodor W.: Minima Moralia. Reflexionen aus dem beschädigten Leben. In: Gesammelte Schriften Bd. 4. Frankfurt a. M. 1997.
Adorno, Theodor W.: Studies in the Authoritarian Personality. In: Gesammelte Schriften 9–1. Frankfurt a. M. 1997.
Becker-Schmidt, Regina: Doppelte Vergesellschaftung von Frauen. Divergenzen und Brückenschläge zwischen Privat- und Erwerbsleben. In: Handbuch Frauen- und Geschlechtergeschichte. Theorie, Methoden, Empirie. Hrsg. von Ruth Becker. Wiesbaden 2010. S. 65–74.
Benjamin, Walter: Das Passagen-Werk (= Gesammelte Schriften Bd. V). Frankfurt a. M. 1992.
Biskamp, Floris: Ist jihadistisch das neue schwul? In: Jungle World 49, 9.12.2010.
Blüher, Hans: Die Rolle der Erotik in der männlichen Gesellschaft. Jena 1921.
Boyrin, Daniel: Unheroic Conduct. The Rise of Heterosexuality and the Invention of the Jewish Man. Berkeley 1997.
Braun, Christina von: Einleitung. In: „Das ‚bewegliche' Vorurteil". Aspekte des internationalen Antisemitismus. Hrsg. von Christina von Braun und Eva-Maria Ziege. Würzburg 2004. S. 11–42.
Claussen, Detlev: Grenzen der Aufklärung. Die gesellschaftliche Genese des modernen Antisemitismus. Frankfurt a. M. 1994.
Davis, Angela: Freedom is a Constant Struggle. Ferguson, Palestine, and the Foundations of a Movement. Chicago 2016.
Dhawan, Nikita: Homonationalismus und Staatsphobie: Queering Dekolonisierungspolitiken, Queer-Politiken dekolonisieren. In: Femina Politica 1/2015. S. 38–51.
Dijkstra, Bram: Idols of Perversity. Fantasies of Feminine Evil in Fin-de-Siècle Culture. New York/Oxford 1986.
Dijkstra, Bram: Das Böse ist eine Frau. Männliche Gewaltphantasien und die Angst vor der weiblichen Sexualität. Reinbek bei Hamburg 1999.
Fine, Robert: Cosmopolitanism. London 2007.
Fiske, Susan, Alyssa L. Norris: Sexism and Heterosexism. In: Handbook of Prejudice. Hrsg. von Anton Pelinka, Karin Bischof und Karin Stögner. Amherst 2009. S. 77–118.
Foucault, Michel: Subjekt und Macht. In: Dits et Ecrits. Schriften, Bd. IV. Frankfurt a. M. 1982.
Foucault, Michel: Sexualität und Wahrheit 1. Der Wille zum Wissen. Frankfurt a. M. 2005.
FPÖ-Bildungsinstitut: Handbuch freiheitlicher Politik. Ein Leitfaden für Führungsfunktionäre und Mandatsträger der Freiheitlichen Partei Österreichs, 4. Auflage, Wien 2013.
Freud, Sigmund: Analyse der Phobie eines fünfjährigen Knaben. In: Gesammelte Werke VII. Frankfurt a. M. 1999, S. 241–377.

Frevert, Ute: Die Innenwelt der Außenwelt. Modernitätserfahrungen von Frauen zwischen Gleichheit und Differenz. In: Deutsche Juden und die Moderne. Hrsg. von Shulamit Volkov. München 1994. S. 75–94.
Geller, Jay: (G)nos(e)ology: The Cultural Construction of the Other. In: People of the Body. Jews and Judaism from an Embodied Perspective. Hrsg. von Howard Eilberg-Schwartz. New York 1992. S. 243–281.
Gilman, Sander L.: The Jew's Body. New York/London 1991.
Gilman, Sander L.: Freud, Race, and Gender. Princeton 1993.
Günther, Hans F. K.: Rassenkunde des jüdischen Volkes. Zweite Auflage. München 1930.
Günther, Meike: Der Feind hat viele Geschlechter. Antisemitische Bilder von Körpern. Intersektionalität und historisch-politische Bildung. Berlin 2012.
Haupt, Sabine: Themen und Motive. In: Handbuch Fin de Siècle. Hrsg. von Sabine Haupt u. Stefan Bodo Würffel. Stuttgart 2008. S. 138–158.
Heß, Cordelia: Geldjuden, Mädchenhändler, Zeckenschlampen. Zum Verhältnis von Sexismus und Antisemitismus im völkischen Weltbild. In: Braune Schwestern? Feministische Analysen zu Frauen in der extremen Rechten. Hrsg. von Antifaschistisches Frauennetzwerk/ Forschungsnetzwerk Frauen und Rechtsextremismus. Hamburg/Münster 2005. S. 91–107.
Horkheimer, Max: Die Aktualität Schopenhauers, in: Gesammelte Schriften Bd. 7. Frankfurt a. M. 1985, S. 122–142.
Horkheimer, Max: Zur Kritik der instrumentellen Vernunft. In: Gesammelte Schriften Bd. 5. Frankfurt a. M. 1991, S. 19–186.
Horkheimer, Max u. Theodor W. Adorno: Dialektik der Aufklärung. Philosophische Fragmente. Frankfurt a. M. 1997.
Kama, Amit: Parading Pridefully into the Mainstream: Gay & Lesbian Immersion in the Civil Core. In: The Contradictions of Israeli Citizenship: Land, Religion and State. Hrsg. von Guy Ben-Porat u. Bryan S. Turner. Abingdon 2011. S. 180–202.
Kuhn, Annette: Der Antifeminismus als verborgene Theoriebasis des deutschen Faschismus. Feministische Gedanken zur nationalsozialistischen „Biopolitik". In: Frauen und Faschismus in Europa. Der faschistische Körper. Hrsg. von Leonore Siegele-Wenschkewitz u. Gerda Stuchlik. Pfaffenweiler 1990. S. 39–50.
Marcuse, Herbert: Triebstruktur und Gesellschaft. Ein philosophischer Beitrag zu Sigmund Freud. Frankfurt a. M. 1990.
Marx, Karl: Das Kapital. Kritik der politischen Ökonomie. Erster Band. In: Marx-Engels-Werke Bd. 23. Berlin 1962.
Marx, Karl: Grundrisse der Kritik der politischen Ökonomie. In: Marx-Engels-Werke Bd. 42. Berlin 1983.
Mayer, Hans: Außenseiter. Frankfurt a. M. 1981.
Planert, Ute: Antifeminismus im Kaiserreich. Diskurs, soziale Formation und politische Mentalität. Göttingen 1998.
Postone, Moishe: Anti-Semitism and National Socialism. In: Germans and Jews since the Holocaust: The Changing Situation in West Germany. Hrsg. von Anson Rabinbach u. Jack Zipes. New York 1986. S. 302–314.
Puar, Jasbir: Introduction: Homonationalism and Biopolitics. In: Terrorist Assemblages. Homonationalism in Queer Times. Durham 2007. S. 1–36.
Puar, Jasbir: Rethinking Homonationalism. In: Int. J. Middle East Stud., 45(2013). S. 336–339.

Pulliero, Marino: Le désir d'authenticité. Walter Benjamin et l'héritage de la Bildung allemande. Paris 2005.
Rensmann, Lars: Against Globalism. Counter-Cosmopolitan Discontent and Antisemitism in Mobilizations of European Extreme Right Parties. In: Politics and Resentment. Antisemitism and Counter-Cosmopolitanism in the European Union. Hrsg. von Lars Rensmann u. Julius H. Schoeps. Leiden 2011. S. 117–146.
Rubin, Gayle: The Traffic in Women: Notes on the ‚Political Economy' of Sex. In: Oxford Readings in Feminism. Feminism and History. Hrsg. von Joan Wallach Scott. Oxford/New York 1996. S. 105–151.
Salzborn, Samuel: Antisemitismus und Nation. Zur historischen Genese der sozialwissenschaftlichen Theoriebildung. In: Österreichische Zeitschrift für Politikwissenschaft 39 (2010). S. 393–407.
Sartre, Jean-Paul: Betrachtungen zur Judenfrage. Psychoanalyse des Antisemitismus. Zürich 1948.
Sauer-Burghard, Brunhilde: Das Frauenbild des Nationalsozialismus – eine Analyse der Leibeserziehung für Mädchen im BDM. In: beiträge zur feministischen theorie und praxis, 69 (2008). S. 31–43.
Spörk, Ingrid: Das Phantasma vom „Anderen". Überlegungen zur Genese und Aktualität des Fremdbildes am Beispiel der „Juden". In: Der Umgang mit dem „Anderen". Frauen, Juden, Fremde, …. Hrsg. von Klaus Hödl. Wien/Köln/Weimar 1996. S. 23–30.
Stögner, Karin: Economic Crisis and Blaming You Know Who: Antisemitism and Nationalism in Austria. In: Journal for the Study of Antisemitism, 3 (2012). S. 711–727.
Stögner, Karin: On Antisemitism and Nationalism at the Fin de Siècle: Walter Benjamin's Critique of German Youth Movement. In: English and German Nationalist and anti-Semitic Discourse 1871–1945. Hrsg. von Geraldine Horan, Felicity Rash u. Daniel Wildmann. Frankfurt a. M./ New York 2013. S. 117–144.
Stögner, Karin: Antisemitismus und Sexismus. Historisch-gesellschaftliche Konstellationen. Baden-Baden 2014.
Stögner, Karin: Angst vor dem „neuen Menschen". Zur Verschränkung von Antisemitismus, Antifeminismus und Nationalismus in der FPÖ. In: AfD und FPÖ. Antisemitismus, völkischer Nationalismus und Geschlechterbilder. Hrsg. von Stephan Grigat. Baden-Baden 2017. S. 137–161.
Stögner, Karin: Intersectionality and Anti-Zionism. New Challenges in Feminism. In: Anti-Zionism, Antisemitism, and the Dynamics of Delegitimization. Hrsg, von Alvin Rosenfeld. Bloomington forthcoming.
Volkov, Shulamit: Antisemitism as a Cultural Code: Reflections on the History and Historiography of Antisemitism in Imperial Germany. In: Leo Baeck Institute Yearbook, 23 (1978). S. 25–46.
Volkov, Shulamit: Antisemitism and Anti-Feminism: Cultural Code or Social Norm. In: Zemanim. A Historical Quarterly, 46/47 (1993). S. 134–143.
Wodak, Ruth: Politik mit der Angst. Zur Wirkung rechtspopulistischer Diskurse. Wien/Hamburg 2016.
Yuval-Davis, Nira: Gender and Nation. London et al. 1997.

Ullrich Bauer
Shoah und Porajmos – eine relationale Perspektive

Einleitung

Der andere Genozid im Nationalsozialismus, der Völkermord an den Sinti und Roma, ist in der öffentlichen Wahrnehmung immer noch marginal. Der nationalsozialistische Völkermord brachte ungefähr 500.000 europäischen Roma und nahezu allen in Deutschland lebenden Sinti den Tod. Stellvertretend für den Porajmos (im Romanes das Pendant zur Shoah) steht wie bei den Juden der Name Auschwitz. Zudem wird – der jüdischen Diaspora ähnlich – in der historischen Diskussion hervorgehoben, dass die Lebensgeschichte der Sinti und Roma in Europa gleichursprünglich mit ihrer Verfolgungsgeschichte anzusehen ist. Das gilt allerdings nicht für den unmittelbaren Zeitraum vor der Machtübernahme Hitlers. Bereits das Weimarer Verfassungssystem bricht die Länderhoheit und vereinheitlicht Anti-Roma-Gesetze erstmals gesamtstaatlich. Dies ist eine wesentliche Differenz zur Vorgeschichte der Shoah. Vor diesem Hintergrund stellen die nationalsozialistische Machtergreifung und die ersten Jahre der Konsolidierung daher keinen Bruch (wie im Falle der Judenverfolgung), kaum auch nur den Beginn einer qualitativen neuen Form der staatlichen ‚Zigeunerbekämpfung' dar. Das erste von den Nationalsozialisten erlassene Gesetz ist bezeichnenderweise lediglich die Aktualisierung der am 18. März 1933 beschlossenen „Ländervereinbarung zur Bekämpfung der Zigeunerplage" des Jahres 1929, die ihrerseits wiederum die Reformulierung des bayrischen „Arbeitsscheuengesetz" aus dem Jahre 1926 war. Die politische Kontinuität der ‚Zigeunergesetzgebung' im Übergang zum nationalsozialistischen Herrschaftssystem ist eine auffällige Besonderheit der sich erst seit der zweiten Hälfte der 1930er Jahre sukzessive radikalisierenden Ausgrenzungs- und Verfolgungspraxis gegenüber Sinti und Roma.

Dem Hinweis auf die Bedeutung von Kontinuitäten in der nationalsozialistischen Verfolgungspraxis soll im Folgenden weiter nachgegangen werden. Der Vergleich zwischen Shoah und Porajmos ist dabei richtungsweisend. Obwohl er in der Fachdiskussion der vergangenen Jahre inzwischen häufiger auftaucht, kommen Untersuchungen zu Unterschieden und Ähnlichkeiten beider Genozide aber noch zu keinem einheitlichen Ergebnis. Gerade deswegen lohnt – wie ich zeigen möchte – eine relationale Perspektive, weil mit dem Vergleich allgemeine Systematiken der Verfolgungspraxis ebenso wie maßgebliche Besonderheiten zum Vorschein kommen können. Ich möchte versuchen, einen solchen Rahmen vorzustellen, der in seiner Reichweite allerdings begrenzt ist und Besonderheiten beinhaltet: Zum einen können im begrenzten Textumfang zumeist nur Fragen gestellt und Perspektiven angedeutet werden, die sich aus einer alternativen, relationalen Perspektive auf die nationalsozialistische Verfolgungs- und Vernichtungspraxis ergeben. Zum anderen soll das wichtige Element einer (wenn man es so nennen möchte) forschungsethischen Besonderheit der Antisemitismusforschung nicht gefährdet werden. Eine vergleichende Perspektive muss und kann kein Anlass für die Relativierung von Shoah und Antisemitismus sein. Der eher explorative Charakter der Argumentation ist in dieser Hinsicht ein Instrument, das den Zweck erfüllt, den Versuch der Perspektiverweiterung zu unternehmen. Das Kernmotiv dieses Versuchs speist sich aus der relationalen Perspektive, die schrittweise entfaltet wird. Eröffnet wird sie durch die Darstellung der Etappen, die zum Porajmos führten. Hierdurch wird eine historische Ebene der Relationalität einbezogen, die als ‚Vergleichsschritt' im Sinne der Analyse verstanden wird, um so nah wie möglich an die Triebkräfte der gesellschaftlichen Bedingungen des nationalsozialistischen Genozidprogramms zu gelangen. Ein Abriss des nationalsozialistischen Völkermords an den Sinti und Roma ist dabei keineswegs selbstverständlich. Seine Fakten sind zumeist nicht bekannt, die Kommunikation darüber hat selten den Rahmen einer fachwissenschaftlichen Diskussion verlassen. Dies ist nur ein Indiz dafür, wie der Postnazismus in der Aufarbeitung der Vergangenheit im Geiste einer historischen Isolierung weitergewirkt hat.[1] War der Porajmos dadurch ein lange Zeit vergessener Völkermord, kehrt in seine Aufarbeitung nun auch die Frage nach den Triebkräften der Vernichtung, den Initiatoren und der Koordination ein. Damit stellen sich ähnliche Fragen wie zur Shoah: Gab es eine Richtschnur des Handelns? Kann mithin die Vernichtung als die Umsetzung eines einheitlichen Plans Hitlers verstanden werden? Diese Fragen stehen im Zentrum der weiteren Ausführungen, die sich zunächst mit der historiographischen Kontroverse zwischen Funktionalismus und Intentionalismus beschäftigten wird. Im Anschluss soll eine erweiterte sozialtheoretische Perspektive vorgestellt werden, die in eine relationale Vermittlung sowohl der eher struktur- und intentionszentrierten Erklärungsansätze als auch der unterschiedlichen Erkenntnisse der Shoah- und Porajmos-Forschung zu integrieren sucht.

---

[1] Grigat, Stephan: Postnazismus revisited. Das Nachleben des Nationalsozialismus im 21. Jahrhundert. Freiburg i. Br. 2012.

1 Der nationalsozialistische Völkermord an den Sinti und Roma

Die meisten der zu Beginn der 1930er Jahre in Deutschland lebenden Sinti und Roma waren deutsche Staatsbürger. Unter Missachtung des auch für sie geltenden Grundsatzes der Gleichberechtigung und -behandlung nach Art. 109 der Weimarer Reichsverfassung standen sie jedoch faktisch unter einem Sonderrecht.[2] Ihre rechtliche Diskriminierung und Verfolgung wurde in den ersten Jahren der NS-Herrschaft vor allem fortgeschrieben. Das am 23. November 1933 erlassene „Gesetz gegen gefährliche Gewohnheitsverbrecher" erlaubte Sicherheitsverwahrungen und die Einlieferung von „auffällig gewordenen" Sinti und Roma in Konzentrationslager. Schon 1933 waren deswegen Sinti festgenommen und in lokalen, häufig in den sogenannten ‚wilden' Konzentrationslagern inhaftiert worden. Schließlich erlaubten sowohl das „Gesetz über den Widerruf von Einbürgerungen und die Aberkennung der deutschen Staatsbürgerschaft" vom 14. Juli 1933 als auch das „Gesetz über die Reichsverweisungen" vom 23. März 1934, welches primär gegen „Ostjuden" gerichtet war, ausländische oder staatenlose Roma aus Deutschland auszuweisen.[3] Dennoch ging die Initiative zu einem gesetzlichen Vorgehen gegen Sinti und Roma nicht immer von der übergeordneten staatlichen Ebene aus. Anträge auf „Einweisung in ein Konzentrationslager" wurden von Regierungspräsidenten, Landräten, Bezirksämtern und Bürgermeistern seit 1933 in großer Zahl eingereicht.[4] Die Radikalisierung auf staatlicher und kommunaler Ebene kann als Geflecht sich gegenseitig bedingender Entscheidungsprozesse angesehen werden, die die Konsolidierungsphase der in den Jahren 1933–1936 eingeleiteten Verfolgungsmaßnahmen prägen. Dieser Zeitraum stellt durchaus eine Besonderheit dar. Denn Sinti und Roma haben in der nationalsozialistischen Propaganda bis 1935/1936 keine eigenständige Rolle gespielt. Führende Nationalsozialisten hatten die sogenannte

---

2 Wippermann, Wolfgang: Das Leben in Frankfurt zur NS-Zeit. Band II: Die nationalsozialistische Zigeunerverfolgung. Darstellung, Dokumente und didaktische Hinweise. Frankfurt am Main 1986.
3 Milton, Sybil: Der Weg der „Endlösung der Zigeunerfrage": Von der Ausgrenzung zur Ermordung der Sinti und Roma. In: Kinder und Jugendliche als Opfer des Holocaust. Dokumentation einer Internationalen Tagung in der Gedenkstätte Haus der Wannseekonferenz 12. Bis 14. Dezember 1994a. Hrsg. von Edgar Bamberger u. Annegret Ehmann. Heidelberg 1995 (Schriftenreihe des Dokumentations- und Kulturzentrums Deutscher Sinti und Roma Bd. 4). S. 32.
4 Zimmermann, Michael: Verfolgt, vertrieben, vernichtet. Die nationalsozialistische Vernichtungspolitik gegen Sinti und Roma. Essen 1989, S. 21.

‚Zigeunerfrage' bis 1936 in öffentlichen Reden offenbar nicht einmal erwähnt[5] und Rassenhygieniker – wie beispielsweise eine Stelle der SS in München, die bereits 1931 mit der Erfassung und Erforschung von Sinti und Roma begonnen hatte – haben die staatliche ‚Zigeunerpolitik' bis zur Mitte der 1930er Jahre wahrscheinlich in nur unwesentlicher Weise beeinflusst.[6]

Eine Wende brachten die Nürnberger Gesetze vom September 1935. In den zugehörigen Kommentaren wurde die rechtliche Gleichstellung von „Zigeunern" und Juden als einzige Träger „artfremden Blutes"[7] in Europa vorgenommen. Im November des gleichen Jahres wurde in einem Runderlass des Reichs- und Preußischen Ministers des Inneren beiden Gruppen einheitlich „Eheschließung und Geschlechtsverkehr" mit „deutschblütigen Personen" verboten. Wurde der Vorwurf der „Rassenschande" erhoben, kam es zur Einlieferung in ein Konzentrationslager.[8] Das repressive Vorgehen sollte, in Anbetracht eines fehlenden „Zigeunergesetzes" auf Reichsebene, zunächst aber noch jene Besonderheit beinhalten, nach der bereits zur Mitte der 1930er Jahre städtische Konzentrationslager als sogenannte „Zigeunerlager" in zahlreichen deutschen Kommunen eingerichtet wurden. Diese Lager waren Internierungsstätten, die Elemente der Schutzhaftlager aufwiesen, und zugleich „embryonale Gettos".[9] Sie lagen zumeist an den Stadträndern, wurden von der SS, Gendarmerie oder städtischen Polizei bewacht und dienten als Sammellager für die genealogische Registrierung, später der Zwangssterilisierung und als Reservoir von Zwangsarbeitern.

Die rechtliche Ausgrenzung wurde in den Jahren 1936 bis 1938 verstärkt fortgeführt. 1937 begann ihr Ausschluss aus der Wehrmacht. Sinti-Kinder durften in zahlreichen Städten keine öffentlichen Schulen mehr besuchen oder wurden zu ‚Zigeunerklassen' zusammengefasst. Krankenhäusern wurde die Aufnahme von Sinti und Roma verboten. Der Besuch von Lokalen, Kinos, Theatern sowie der Einkauf in vielen Geschäften oder die Benutzung öffentlicher Verkehrsmittel wurde vielerorts reglementiert oder sogleich verboten. Dabei war die „Bekämpfung der Zigeunerplage" im Kaiserreich, in der Weimarer Republik sowie in den

---

5 Wippermann, Wolfgang: Das Leben in Frankfurt zur NS-Zeit. Band II. Die nationalsozialistische Zigeunerverfolgung. Darstellung, Dokumente und didaktische Hinweise. Frankfurt am Main 1986, S. 141.
6 Krausnick, Michail: Wo sind sie hingekommen? Der unterschlagene Völkermord an den Sinti und Roma. Gerlingen 1995, S. 137.
7 Stuckart, Wilhelm u. Hans Globke: Kommentare zur deutschen Rassengesetzgebung. Bd. 1. München 1936, S. 55.
8 Wippermann, Das Leben in Frankfurt zur NS-Zeit. Band II, S. 24.
9 Milton, Sybil: Vorstufe zur Vernichtung. Die Zigeunerlager nach 1933. In: Vierteljahrshefte für Zeitgeschichte 43. Jg. H. 1 (1995b). S. 123.

ersten Jahren nach der nationalsozialistischen Machtergreifung immer noch ausschließliche Aufgabe der Polizei. Die tatsächliche Radikalisierung der Verfolgung erfolgte daher erst nach dem Zusammenschluss von SS und Polizei. 1936 wurde der bisherige Reichsführer SS – Himmler – zugleich zum „Chef der Deutschen Polizei im Reichsministerium des Inneren" ernannt. Mit der Kontrolle über Polizei, Gestapo, SS als den gewaltausübenden Instanzen innerhalb des nationalsozialistischen Herrschaftssystems und der rechtlichen Grundlage für eine länderübergreifende, gesamtstaatliche Initiative wurde der Möglichkeitsspielraum eines restriktiveren Vorgehens in der ‚Zigeunerfrage' entscheidend erweitert. Himmler fiel damit die alleinige Zuständigkeit in der ‚Zigeunerfrage' zu, die er zu diesem Zeitpunkt in der Verfolgung der deutschen Juden noch nicht besaß. Dem Drängen des Reichsministeriums des Inneren, eine stärkere Zentralisierung der Erfassung, Identifizierung und Registrierung der „Zigeuner" zu erreichen, gab Himmler nach, indem er im Juni 1937 damit begann, die „Bekämpfung des nomadischen Zigeunertums" beim Preußischen Landeskriminalamt zusammenzufassen.

Diese Entscheidung hatte einen praktischen Grund: Die Umsetzung einer anvisierten „weitergehenden Zigeunerbekämpfung" erforderte zunächst, auf Unterscheidungsmerkmale für die Klassifizierung innerhalb der Gruppe der Sinti und Roma bzw. die Abgrenzung zu den Angehörigen der ‚arischen Rasse' zurückgreifen zu können. Es existierte jedoch – im Unterschied zu der seit den Nürnberger Gesetzen festgelegten Unterscheidung von ‚reinrassigen' Juden und jüdischen Mischlingen 1. und 2. Grades – noch keine definitorische Basis der genealogischen Einstufung von Sinti und Roma. Das Problem der „Rassendiagnose" konnte bei den meist katholischen Sinti nicht wie bei den Juden anhand der Religionsgemeinschaft der Vorfahren gelöst werden; außerdem lebten Sinti mittlerweile in den Städten und hatten dort im Gegensatz zur herkömmlichen Vorstellung feste Wohnsitze. Die Isolierung konnte nur über den Einsatz genealogischer, den Stammbaum zurückverfolgender Verfahren möglich werden. Die polizeilichen Behörden erwiesen sich für diese Aufgabe als zu wenig spezialisiert. Himmlers Bestimmungen über die Aufgaben der „Reichszentrale zur Bekämpfung des Zigeunerunwesens" vom Mai 1938 enthielten daher nicht zufällig erstmals Hinweise auf „rassenbiologische Forschungen", deren Erkenntnisse für die Polizeiarbeit auszuwerten seien.[10] Diese Forschungen waren Aufgabe einer Ende 1936 eingerichteten „Rassenhygienischen Forschungsstelle am Reichsgesundheitsamt" in Berlin. Ihr Leiter, Robert Ritter, konnte daraufhin das Reichssicherheitshauptamt (RSHA) davon überzeugen, dass es möglich sei, ‚Zigeuner' nach ‚ras-

---

10 Zimmermann, Verfolgt, vertrieben, vernichtet, S. 24.

sischen Kriterien' intern zu klassifizieren und nach außen von ‚Deutschblütigen'
zu unterscheiden.

Erst dieser sehr wesentliche Dienst der Wissenschaft erlaubte es, die systematische Erfassung so weit voranzutreiben, dass die Ausgrenzung, Deportation und Ermordung von Roma und Sinti im nationalsozialistischen Deutschland möglich wurde. Das erste direkt gegen die Roma gerichtete Gesetz Ende des Jahres 1938 erlangte dann schließlich schnell den unausgesprochenen Status eines in Aussicht gestellten ‚Reichszigeunergesetzes'. Den Abschluss weiterer Gesetze und Erlässe, die die Ausgrenzung, Entrechtlichung und Vernichtung der europäischen Roma vorbereiteten, bildet der ‚Auschwitzerlaß' Himmlers vom 16. Dezember 1942. Erste Deportationen von Sinti und Roma aus Deutschland trafen seit Februar 1943 in Auschwitz ein, die dort gemeinsam mit Roma aus dem besetzten Ausland im sogenannten ‚Zigeunerlager' interniert wurden. In diesem ‚Sonderlager' richtete Josef Mengele einen separaten Experimentierblock ein, der erst im Sommer 1944 aufgelöst wurde, als das gesamte Sonderlager aufgelöst wurde und seine Insassen ermordet.

2 Deutungsmuster der nationalsozialistischen Vernichtungspolitik

Die nationalsozialistische Vernichtungspolitik auf Bedingungsfaktoren zurückzuführen, war lange Zeit Gegenstand einer Debatte, die ausschließlich auf den Holocaust fokussierte. Im Kontext und in Nachfolge früherer Ansätze, die eine Gesamtinterpretation auf der Annahme eines Sonderwegs oder der Integration in Faschismus- und Totalitarismustheorien basieren, kristallisierten sich dabei seit den 1970er Jahren zwei divergierende Forschungsperspektiven heraus: Zusammengezogen firmierten sie unter den Schlagworten Intentionalismus und Funktionalismus. Heute wird die Debatte nicht mehr in der Schärfe und mit einer vergleichbaren Aufmerksamkeit geführt (wie etwa zur Zeit des Historikerstreits, der deutschen Wiedervereinigung oder der Goldhagen-Kontroverse). Es ist indes für einen möglichen Erkenntnisgewinn zu den Mechanismen der faschistischen Herrschaft lohnenswert, beide grundlegenden paradigmatischen Positionen mit einem Vergleich zwischen Porajmos und Shoah zu verbinden.

Hitlers Intention oder kumulative Radikalisierung?

Die Unterscheidung zwischen Intentionalismus und Funktionalismus geht auf den britischen Historiker Tim Mason zurück.[11] Die sich hieraus entwickelnde Gegenüberstellung beinhaltet zwei einander widersprechende Grundpositionen. Die intentionalistische Auffassung unterstellt eine direkte Beziehung zwischen Ideologie, Planung und politischer Entscheidung im Dritten Reich, die von der Person und dem Willen Adolf Hitlers abhängig war. Diese Vorstellung des Nationalsozialismus als „Hitlerismus"[12] gründet auf der Annahme einer Kontinuität, gleichsam Linearität, zwischen Hitlers programmatischen Äußerungen der 1920er Jahre und dem Beginn des endgültigen Vernichtungsprozesses. Als deutlichster Beleg dieser Position wird die rasche Abfolge antijüdischer Maßnahmen der Nationalsozialisten angesehen. Bei allen ‚Aufgaben', von denen Hitler besessen war und die den Kern seiner Ideologie darstellten – die Eroberung von ‚Lebensraum' und der eliminatorische Kampf gegen die Juden –, ist sein Eingreifen in allen entscheidenden Phasen deutlich erkennbar, und seine erklärten politischen Ziele sind schließlich ungeachtet möglicher Widerstände verwirklicht worden.[13]

Der funktionalistische Ansatz meint dagegen gerade mit Bezug auf die von den Intentionalisten so häufig benannte unsichere Quellenlage, dass die nicht nachweisbare Existenz des sogenannten Führerbefehls zur Vernichtung der europäischen Juden nicht überrasche, sondern Ausdruck eines nicht notwendigen Zusammenhangs zwischen Hitlers Ideologie und der Entwicklung der antijüdischen Politik darstelle. Die Rolle der obersten Entscheidungsinstanz sei durch die fortwährende Interaktion halb autonomer Handlungsträger mithin sehr beschränkt gewesen, so dass der Eindruck planmäßiger Politik nur in der nachträglichen Betrachtung erscheine. Strukturelle Bedingungen, etwa die Struktur der NSDAP und des nationalsozialistischen Herrschaftssystems, hätten die ‚Endlösung' erst zum Spezifikum des nationalsozialistischen Antisemitismus im

---

[11] Mason, Tim: Intention and Explanation: A Current Controversy about the Interpretation of National-Socialism. In: Der Führerstaat. Mythos und Realität. Hrsg. von Gerhard Hirschfeld u. Lothar Kettenacker. Stuttgart 1981. S. 23–41.
[12] Hildebrand, Klaus (Hrsg.): Zwischen Politik und Religion. Studien zur Entstehung, Existenz und Wirkung des Totalitarismus. München 2003.
[13] Friedländer, Saul: Vom Antisemitismus zur Judenvernichtung: Eine historiographische Studie zur nationalsozialistischen Judenpolitik und Versuch einer Interpretation. In: Der Mord an den Juden im Zweiten Weltkrieg. Entschlußbildung und Verwirklichung. Hrsg. von Eberhard Jäckel u. Jürgen Rohwer. Stuttgart 1985. S. 27–35.

Vergleich zum bestehenden Antisemitismus gemacht.[14] Ungenau abgegrenzte Kompetenzbereiche auf unterschiedlichen Entscheidungsebenen hätten permanente Rivalität und interne Kämpfe zur Folge gehabt, welche wiederum einen Prozess der „kumulativen Radikalisierung"[15] initiierten. Kumulativ radikalisiert habe sich einerseits der Kampf um die Autorität in den jüdischen Angelegenheiten und andererseits das Ergebnis lokaler Versuche, örtliche Probleme (etwa in den Ghettos) zu lösen.[16] Der Holocaust gehe also nicht auf einen allgemeinen Vernichtungsbefehl, sondern auf ‚Einzelaktionen' bis zum Frühjahr 1942 zurück, die sich institutionell und faktisch zu einem genozidalen Programm entwickelten, das erst nach der Errichtung der Vernichtungslager in Polen einen bestimmenden Charakter erhielt.[17] Die Endlösung basiere damit auf einem *zwangsläufigen Ergebnis der inneren Dynamik* des nationalsozialistischen Regimes, das die renommiertesten Vertreter der funktionalistischen Forschungsperspektive als „dynamischen ‚drive'"[18] ohne Hitler als richtungsweisende Instanz oder „selbstinduzierten Automatismus" bezeichneten.

Interessanterweise scheint zunächst eher die funktionalistische Position die Verbindung mit einer relationalen Genozidperspektive zuzulassen. Die funktionalistische Auffassung beinhaltet die Einschätzung des nationalsozialistischen Systems als Polykratie, dazu komplementär verweisen Untersuchungen zur Sinti und Roma-Verfolgung durchgängig darauf, dass die nationalsozialistische ‚Zigeunerpolitik' „nicht aus einem Guss"[19] gewesen, noch die Vernichtungsabsicht einem a priori feststehendem Programm gefolgt sei. Deutlicher als in der Verfolgung der Juden stehen hier nicht Hitler, Himmler und die übrigen Führungspersonen des Dritten Reiches im Zentrum.[20] So leicht sich die Verfolgung der Sinti und Roma im Nationalsozialismus in das funktionalistische Schema einordnen lässt, bruchlos erfolgt dies nicht. Im Gegenteil sogar, die Argumentation läuft Gefahr zu vereinseitigen, indem die Eigenständigkeit von Prozessen und Strukturen derart betont wird, dass die Rolle Hitlers nicht nur marginalisiert, sondern gleichsam getilgt wird. Einer solch radikalisierten Form des funktiona-

---

14 Mommsen, Hans in: Totalitarismus und Faschismus. Eine wissenschaftliche und politische Begriffskontroverse. Hrsg. vom Institut für Zeitgeschichte München. Oldenbourg 1980, S. 63.
15 Mommsen, Totalitarismus und Faschismus.
16 Broszat, Martin: Hitler und die Genesis der „Endlösung". Aus Anlaß der Thesen von David Irving. In: Vierteljahrshefte für Zeitgeschichte 25. Jg. H. 4 (1977). S. 739–775.
17 Broszat, Hitler und die Genesis der „Endlösung". Aus Anlaß der Thesen von David Irving, S. 752ff.
18 Broszat, Hitler und die Genesis der „Endlösung". Aus Anlaß der Thesen von David Irving.
19 Zimmermann, Verfolgt, vertrieben, vernichtet, S. 42.
20 Wippermann, Das Leben in Frankfurt zur NS-Zeit. Band II, S. 118.

listischen Paradigmas hält Wolfgang Wippermann pointiert entgegen, dass Strukturen allein keine Menschen töten.[21]

Die Forschungsdiskussion heute hat eine solche Vereinseitigung der Perspektive hinter sich gelassen, die viele Leerstellen erkennen ließ. Überraschenderweise war es zum Höhepunkt der Debatte in den 1990er Jahren gerade der besonders umstrittene Versuch des US-amerikanischen Soziologen und Politikwissenschaftlers Daniel Jonah Goldhagen, der die beiden großen Deutungsperspektiven angriff.[22] Goldhagen kritisierte zunächst die Fraktion der Funktionalisten, indem er den „Schwerpunkt bei der Erforschung des Holocaust von unpersönlichen Institutionen und abstrakten Strukturen auf die Täter selbst"[23] verlagert. Umgekehrt aber argumentiert er, es handele sich nicht nur um eine Minderheit von fanatischen Anhängern, die dem Ideal Hitlers gefolgt sei, Gegenstand seiner Forschung sind die Menschen, die die Verbrechen verübt haben – „ganz normale" Männer und Frauen. Damit überschreitet Goldhagen zugleich den genuinen Rahmen der auf Hitler konzentrierten intentionalistischen Holocaustforschung und provoziert ebenso deren Kritik. Goldhagen vermochte hierdurch erstmals „die Gesellschaft, aus der diese Männer und Frauen kamen"[24], als eigenes Forschungsfeld zu umschreiben. Die hierauf bezogenen heftigen Abwehrreaktionen zeigen indes eines als Versäumnis an: Die selten voll durchdachte Bedeutung der ideologischen Durchdringung der gesamten nationalsozialistischen Gesellschaft, zu der dominante Diskurse, Strukturen der Gouvernementalität und fest sedimentierte individuelle Habitusmuster der handelnden Akteure aller Ebenen gehören. Ihre Bedeutung – vor allem als ein interdependentes Bedingungsgefüge – scheint nicht hinreichend reflektiert.

3 Das Hervortreten von Kontinuitäten als ätiologischer Schlüssel

Zusammenfassend lässt sich das dichotome Bild der nationalsozialistischen Herrschaft, in dem einerseits alles vom Willen Adolf Hitlers oder andererseits von einer anarchisch-polykratischen Struktur abhängt, nicht befriedigend zu einer

---

21 Wippermann, Wolfgang: Wessen Schuld? Vom Historikerstreit zur Goldhagen-Kontroverse, Berlin 1997a, S. 104.
22 Goldhagen, Daniel Jonah: Hitlers willige Vollstrecker. Ganz gewöhnliche Deutsche und der Holocaust. Berlin 1996.
23 Goldhagen, Hitlers willige Vollstrecker, S. 5.
24 Goldhagen, Hitlers willige Vollstrecker, S. 5.

Seite hin auflösen. Mehr noch: Beide Perspektiven ergeben eine fragile Darstellung der Vernichtungspolitik, was die bereits früh gestellte Frage abermals aufwirft, „ob die Diskussion zwischen Intentionalisten und Funktionalisten nicht gegenstandslos ist."[25] Heute wird deutlich, dass beide Diskurse unzweifelbar notwendige Voraussetzungen für das Funktionieren des nationalsozialistischen Herrschafts- und Vernichtungssystems nennen, auf die analytisch nicht verzichtet werden kann. Der Vergleich von Porajmos und Shoah macht zudem deutlich, dass eine verstehende Perspektive über den Nationalsozialismus hinausführen muss. Diese Erweiterung betrifft insbesondere zwei Annahmen zu Kontinuitäten, die für eine Zuspitzung der Verfolgungs- und Vernichtungspolitik wesentlich sind. Sie betreffen im Falle der Sinti und Roma: (I) Die politisch-administrative Kontinuität der Ausgrenzung und Verfolgung und (II) die rassenideologische Fundierung und ihre kulminative Dynamik.

(I) Phantasmen und Mythen bestimmten das Bild des traditionellen „Antiziganismus"[26], der seit dem ausgehenden 18. Jahrhundert, spätestens seit der Reichsgründung, in die Gestalt eines disziplinierenden und repressiven Obrigkeitsstaates eingeht. Die Polizeibehörden instituierten einen bürokratisch verwalteten Erfassungs- und Verfolgungsapparat, dessen Aufbau im Kaiserreich beginnt, sich in der Weimarer Republik fortsetzt und in die institutionelle Verzahnung der dem RSHA eingegliederten SS-, Polizei- und Wissenschaftsbehörden einmündet. Sinti und Roma waren vor der nationalsozialistischen Machtergreifung also bereits „das, was die deutschen Juden im Dritten Reich erst werden sollten, nämlich arm, entrechtet und allen rassistischen Diskriminierungen schutzlos ausgeliefert"[27], – ein „Volk 2. Klasse"[28]. Bezeichnenderweise erwies sich der Polizeiapparat (als verantwortliche Instanz der Verfolgung und Repression bereits vor 1933) in der Verfolgung und Erfassung der Sinti und Roma lange Zeit als funktionstüchtig: Alle seit Mitte der 1930er Jahre errichteten städtischen ‚Zigeunerlager' und sogar große Teile der Organisation und Durchführung der

---

25 Bauer, Yehuda: Auschwitz. In: Der Mord an den Juden im Zweiten Weltkrieg. Entschlußbildung und Verwirklichung. Hrsg. von Eberhard Jäckel u. Jürgen Rohwer. Stuttgart 1985. S. 164–173.
26 Der Begriff wird hier ausnahmsweise verwendet und nur, um damit den Hinweis darauf zu verbinden, dass auf diese Weise terminologisch auch in der Fachdebatte Widersprüche erzeugt werden, weil bereits der Ausdruck „Zigan" eine diskriminierende Bezeichnung darstellt. Als Komplementärbegriff zum Antisemitismus dient er darum nicht, wie Klaus-Michael Bogdal zeigen konnte. Vgl. zusammenfassend hierzu Bogdal, Klaus-Michael: Europa erfindet die Zigeuner. Eine Geschichte von Faszination und Verachtung. Frankfurt 2014.
27 Wippermann, Wolfgang: „Wie die Zigeuner". Antisemitismus und Antiziganismus im Vergleich. Berlin 1997b, S. 149 f.
28 Kenrick, Donald u. Puxon, Grattan: Sinti und Roma – die Vernichtung eines Volkes im NS-Staat. Göttingen 1981.

Deportation in das Generalgouvernement Polen des Jahres 1940 wie auch der Verschleppung in das ‚Zigeunerlager' von Auschwitz-Birkenau oblagen den Polizeibehörden. Michail Krausnick behauptet auf dieser Grundlage, dass der Genozid an Sinti und Roma nur aufgrund der Mitarbeit der Bürokratie möglich werden konnte.[29] Ihr Beitrag beruhte auf einer jahrzehntelangen Praxis der gesetzlichen ‚Zigeunerbekämpfung'. Victor Klemperer nennt eine solche Konstante in seiner *Lingua Tertii Imperii* den „taciteischen Grundzug", die „germanische 'Hartnäckigkeit selbst in schlechter Sache'"[30], die als notwendiges Fundament für die bürokratisch organisierte Verfolgungs- und Vernichtungspolitik hervortritt. Interessanterweise findet diese Kontinuität der ‚Zigeunergesetzgebung' im Übergang zum nationalsozialistischen Herrschaftssystem keine volle Entsprechung in einer antisemitischen Gesetzgebung und dem Aufbau eines antijüdischen bürokratischen Apparates im Kaiserreich oder der Weimarer Republik. Vielleicht ließe sich sogar fragen, inwieweit hier nicht der Antisemitismus der Verfolgung von Sinti und Roma den Weg bereitete, sondern umgekehrt, die Erfahrung einer ‚Zigeunergesetzgebung' der Entwicklung zum eliminatorischen Antisemitismus Vorschub geleistet hat.

(II) Die zweite Kontinuitätsannahme zielt auf die Nabelschnur der nationalsozialistischen Ideologie, das auf Kampf, Herrschaft und Ausmerzung beruhenden Rassendogma und seine historische Entwicklung. Die Rassenideologie stellt fraglos ein wesentliches Herrschaftsinstrument des Nationalsozialismus dar, mittels dessen Sinti und Roma ebenso wie Juden als ‚Untermenschen' verleumdet wurden und althergebrachte Vorurteile in einer offiziellen Programmatik der ‚Ausmerze' kulminierten. Der rassisch begründete Vernichtungsprozess bildete dabei das spezifische Element des nationalsozialistischen Vorgehens im Verhältnis zur vorhergehenden deutschen „Zigeunerpolitik".[31] Es dürfen jedoch zwei Bedingungen der ideologischen Radikalisierung nicht übersehen werden. Zum einen, das rassenideologische Phantasma der ‚asozialen Zigeuner' war auf Vorurteile der traditionellen Verfolgung von Sinti und Roma angewiesen. So existierten als Gegenstück zum jüdischen Gottesmord die Sage von der Herstellung der Kreuzigungsnägel durch einen ‚Zigeunerschmied' und ähnliche biblische

---

29 Krausnick, Michail: Wo sind sie hingekommen? Der unterschlagene Völkermord an den Sinti und Roma. Gerlingen 1995, S. 172.
30 Klemperer, Victor: LTI. Notizbuch eines Philologen. 3. Aufl. Leipzig 1966, S. 166.
31 Zimmermann, Michael: Von der Diskriminierung zum „Familienlager" Auschwitz. Die nationalsozialistische Zigeunerverfolgung. In: Die vergessenen Lager – Studien und Dokumente zur Geschichte der nationalsozialistischen Konzentrationslager. Hrsg. von Wolfgang Benz u. Barbara Distel. Dachau 1994 (Studien und Dokumente zur Geschichte der nationalsozialistischen Konzentrationslager Bd. 5). S. 114.

Nachdichtungen, die einen unüberwindbaren Gegensatz zwischen Minderheit und Mehrheit zementierten.[32] Zum anderen, der Übergang zur modernen ‚Zigeuner'-Feindschaft, die den Rassegedanken in das Blut verlagerte und somit als irreversibel begründete, ist keine genuine Erfindung des Nationalsozialismus. Das wissenschaftliche Fundament der ‚Rassenzüchtung' und ‚Rassenherrschaft' – „die zum Privileg und Menschheitsmonopol des Germanentums zurechtphantasierte Rassenlehre, die in ihrer letzten Konsequenz zum Jagdschein für die grausigsten Verbrechen an der Menschheit wurde"[33] – besitzt seinen Ursprung in einem sozialdarwinistisch geprägten rassistischen Diskurs des 19. Jahrhunderts. Vor allem die nationalsozialistische Rassenideologie im Gewand eines eliminatorischen „Antiziganismus" kann nicht nur auf eine Erfindung Hitlers zurückgeführt werden. Von ihm wurde dieser überhaupt nicht berücksichtigt. Das ältere Dogma der Gesellschaftsbiologie hielt Sinti und Roma dagegen seit langem als Opfer bereit. Mit der Machübernahme Hitlers indes kann – und das ist die qualitative Steigerung – eine neue Qualität der Zusammenarbeit zwischen dem Wissenschafts- und Machtapparat nachgewiesen werden.[34] Im Namen der Wissenschaft wurden Sinti und Roma vom angeblich ‚reinrassigen' bis zum ‚Achtel-Zigeuner' klassifiziert. Das Zusammenfallen von völkischen Überlegenheitsphantasien und quasi-wissenschaftlicher rassenbiologischer Forschung erzeugte die Umsetzung „‚trivialisierter' Forschung in angewandte Politik"[35].

Die sozialtheoretische Perspektive

Aus sozialtheoretischer Sicht[36] lässt sich die Verbindung aus einer zur Staatsdoktrin erhobenen Rassenlehre und dem kollektiven ethnischen Wahn als de-

---

32 Maciejewski, Franz: Elemente des Antiziganismus. In: Die gesellschaftliche Konstruktion des Zigeuners. Zur Genese eines Vorurteils. Hrsg. von Jacqueline Giere. Frankfurt am Main/New York 1996, S. 26.
33 Klemperer, Victor: LTI. Notizbuch eines Philologen. 3. Aufl. Leipzig 1966, S. 170.
34 Wildt, Michael: Generation des Unbedingten. Das Führungskorps des Reichssicherheitshauptamtes. Hamburg 2002.
35 Thieme, Frank: Rassentheorien zwischen Mythos und Tabu. Der Beitrag der Sozialwissenschaft zur Entstehung und Wirkung der Rassenideologie in Deutschland. Frankfurt am Main 1988.
36 Von sozialtheoretischer Sicht wird hier zusammenfassend gesprochen, weil eine Differenz zum historischen bzw. historiographischen Forschungsdiskurs angezeigt wird. Natürlich sind beide Perspektiven nicht trennscharf zu unterscheiden und „sozialtheoretisch" fungiert hier wiederum nur als Klammer für divergierende Ansätze, deren Herkunft und Urheber nicht geschichtswissenschaftlich und deren wesentliche Bestandteile in der bisherigen historischen Diskussion noch nicht prominent erkennbar sind. Eine ausgezeichnete Zusammenstellung sozi-

terminierender Faktor für die Vernichtungspraxis ansehen. Nur indem sich die Semantik des rassistischen Diskurses in den individuellen Einstellungen und Dispositionen der Menschen sedimentiert, kann der rassisch motivierte Völkermord mit Unterstützung der Bevölkerung durchgeführt werden. Diese sieht den Völkermord vielleicht nicht als originäres Ziel; die Verfolgungs- und Vernichtungspraxis findet in den Wahrnehmungs- und Denkschemata eines Großteils der Bevölkerung aber auch keinen Widerspruch. In dieser Hinsicht sind Diskurse Wegbereiter gesellschaftlicher Praxis. Je tiefer sich ein rassistisches Denken in der Gesellschaft verankerte, desto wahrscheinlicher wurde die Realisierung als Genozid. Die Rassenideologie kann deshalb als notwendiges Fundament für Rassenverfolgung angesehen werden – sie kann jedoch nicht den Weg von der Ausgrenzung, über die Verfolgung und schließlich zur Vernichtung erklären. Dazu bedarf es zusätzlich der Analyse struktureller Einflüsse wie der Machtübernahme durch die Nationalsozialisten oder der Dynamik kommunaler, regionaler und staatlicher Verordnungen im Falle der Sinti und Roma. Im Anschluss bedurfte es erheblicher Konstruktionsleistungen des Wissenschaftsapparates, Sinti und Roma als Nicht-Arier zu identifizieren, sie in den Fokus der ideologischen Aufmerksamkeit zu stellen und sie (einem komplizierten Klassifikationsprinzip folgend) in die Deportations- und Vernichtungspläne einzubeziehen. Die Rassenideologie bildete hierfür wiederum das Fundament.

Der Soziologe Pierre Bourdieu bietet für die Wirkung eines Diskurses, der Unterscheidungsprinzipien der sozialen Welt durchsetzt und dabei mit den Mitteln der Hierarchie, der Über- und Unterordnung arbeitet, die Bezeichnung symbolische Gewalt an. Symbolische Gewalt leitet sich aus einer symbolischen Ordnung ab, die im Falle der nationalsozialistischen Ideologie als rassische Hierarchieordnung verstanden wurde. Eine solche symbolische Ordnung erzeugt damit das, was Bourdieu den ‚Theorie-Effekt' nennt: die Wirkung des Setzens von Prinzipien der sozialen Gliederung. Alle Effekte dieser symbolischen Ordnungsmuster (die Rassentrennung, die Rassenzüchtung, die Ausmerze etc.) legitimieren sich durch diese. Dabei bilden das rassenideologische Fundament und die Radikalisierung der nationalsozialistischen Verfolgungs- und Vernichtungspolitik keineswegs eine übereinstimmende Bedingung. Bourdieu gibt gute Gründe dafür, zwischen der Ausgangsbedingung eines tradierten rassistischen Diskurses, der internalisiert in Form eines vorreflexiven Wissens (eines Opus operatum) in den

---

alwissenschaftlicher Theorien in der Antisemitismusforschung unternimmt Samuel Salzborn (2010), der allerdings „sozialwissenschaftlich" auch wiederum als lose Klammer verwendet (von Sigmund Freud bis Klaus Holz), was anzeigt, dass der Bedarf nach klassischen und jüngeren Ansätzen aus dem Kontext der Theorien des Sozialen, die in der historischen Debatte nicht sofort verfügbar sind, offenbar vorhanden ist.

Dispositionsstrukturen der Akteure existiert, und einer spezifischen Aneignung und Ausführung dieser symbolischen Ordnungsraster in der konkreten gesellschaftlichen Praxis (eines Modus Operandi) zu unterscheiden. Er bezeichnet damit eine Manifestation von Diskurssemantiken, die sich in den Habitusstrukturen der sozialen Akteure in Form von Wahrnehmungs-, Denk- und Handlungsschemata sedimentiert haben und mehr (soziale Praxis ist eng an den individuellen Dispositionen) oder weniger (eine Praxis, die sich gegen individuelle Dispositionen wendet) leicht aktiviert werden können, weil sie von feldspezifischen Faktoren abhängig ist, also von raumzeitlich abhängigen Bedingungen der Ermöglichung oder Verhinderung einer spezifischen Praxis.

Bourdieus Theorie des Sozialen ist hier nicht im Ganzen zu entfalten.[37] Kernkomponenten sind aber genannt, die auf die Entwicklungsdynamiken gesellschaftlicher Herrschaftsverhältnisse zielen. In analytischer Hinsicht ist es das Zusammenspiel von Bedingungen eines Feldes (dem sozialen, politischen und ideologischen Rahmen), der Dispositionen und Habitus der in unterschiedlichen Feldern handelnden Subjekte (ihre Wahrnehmungs-, Denk- und Handlungsschemata) und den Interaktionsdynamiken zwischen Feldern und Subjekten. Aus dieser Perspektive sind die rassenideologische Doxa (aus kultursoziologischer Perspektive einem gesellschaftlichen Denkdispositiv ähnlich, das individuelle Wahrnehmungs-, Denk- und Handlungsmuster strukturiert) und die kollektive Aktivierung zum Völkermordprogramm viel enger miteinander verbunden als es in der historischen Debatte erscheint. Sie sind amalgamiert, weil sie nicht nur ein Gewaltverhältnis beinhalten, das Konformität herstellt oder Abweichungen bestraft. Das rassenbiologische Telos musste nicht diejenigen überzeugen, die noch nicht überzeugt waren. Es fiel zusammen mit Feldern, in denen Menschen ihr Handlungswissen erwerben, also mit den Dispositionen und Habitus der Akteure. Grundzug des rassistisch bedingten Vorgehens lässt sich somit auf eine Art „kulturellen Code"[38] verweisen, der Vorurteile gegenüber ‚Andersartigem' vereinheitlichte und, in der Sprache der *Dialektik der Aufklärung,* zum Teil eines ‚Tickets' der gesamten nationalsozialistischen Ideologie gehörte.[39] Das „Ticket" wie auch der „kulturelle Code" sind zu einem großen Teil durch die bereits lange vor 1933 verbreitete Rassenideologie charakterisiert und bildeten die Grundpfeiler des Völkermordprogramms.

---

37 Bourdieu, Pierre: Sozialer Sinn. Frankfurt am Main 1987.
38 Die damit Antisemitismus in der bürgerlichen Gesellschaft des Kaiserreiches kennzeichnete. Volkov, Shulamit: Jüdisches Leben und Antisemitismus im 19. und 20 Jahrhundert. München 1991.
39 Horkheimer, Max u. Theodor W. Adorno: Dialektik der Aufklärung. Philosophische Fragmente. In: Horkheimer, Max: Gesammelte Schriften 5. Hrsg. von Gunzelin Schmid Noerr. Frankfurt am Main 1987. S. 11–290.

4 Lohnt eine relationale Perspektive?

Es existiert in der Forschungsdiskussion zu den Bedingungen der Shoah noch immer kein übergreifender Konsens. Auseinandersetzungen um Fragen der Phänomenologie und vor allem Ätiologie sind auch weiterhin virulent. Dabei wird Antisemitismus von anderen Formen des Rassismus in der Regel deutlich abgegrenzt. Diese Unterscheidung scheint nicht zuletzt durch die Singularität der Shoah begründet. Dabei darf indes nicht der Fehler gemacht werden, Antisemitismus und Shoah wegen ihrer Singularität so zu besondern, dass sie dadurch zu einem außergesellschaftlichen Ereignis werden. Das extreme Moment des Völkermordes an den Juden ist als Steigerung eines gesellschaftlichen Mechanismus der Ressentimentbildung, der (pathischen) Projektion, des eliminatorischen Massenwahns und des organisierten Mordes zu begreifen. Die Analyse ihrer Bedingungen verweist indes auf eine enge Verwobenheit mit dem Funktionieren auch nicht-, vor- oder auch nachnationalsozialistischer Gesellschaften. Heißt das dann auch, dass wir das analytische Instrumentarium der Shoah- und Antisemitismusforschung erweitern oder verändern müssen? Ich möchte hier zusammenfassend zustimmend dafür argumentieren, die historisch-empirische Ebene immer wieder mit variierenden Deutungsansätzen zu konfrontieren und die Potenz einer vergleichenden Methode zu nutzen.

Die relationale Perspektive kann in dieser Hinsicht in der Form des Vergleichs zwischen Shoah und Porajmos sowie als Relationierung der intentionalistischen und funktionalistischen Perspektive verstanden werden. Die Verdichtung einer solchen Perspektive soll verdeutlichen, dass die lange Zeit virulente Debatte zwischen den polarisierenden Positionen der Intentionalisten und Funktionalisten ein prägnantes Beispiel für die einseitige Fokussierung auf die Shoah ist. Der lähmende Paradigmenstreit übersieht, dass der nationalsozialistische Genozid an den Sinti und Roma auf der Grundlage einer juristisch abgesicherten Verfolgungs- und Ausgrenzungspolitik früher einsetzt. Bereits im Jahr 1940 erfolgen Deportationen der im Reichsgebiet lebenden Sinti und Roma in das besetzte Generalgouvernement Polen, die einen genozidalen Charakter haben. Später zeigt der historische Vergleich eine weitgehende Parallelität der Ausgrenzungs-, Verfolgungs- und Vernichtungsschritte. Hierzu zählt die Verwissenschaftlichung der nationalsozialistischen Rassenideologie, der juristischen Absicherung, des Aufbaus eines Erfassungs- und Verfolgungsapparates, die Deportationsplanungen, die Ausbeutung von Arbeitskraft sowie der systematische (durch die Einsatzgruppen) und später industrielle Massenmord. Die „Entfesselung des Rassismus"⁴⁰ als paradigmatischer Kern der nationalsozialistischen Herrschaftsideologie traf also nicht nur eine Bevölkerungsgruppe. Anspruch und Wirklichkeit der Rassenideologie reichten weiter: Juden und „Zigeuner" stehen an der Spitze dieser Hierarchie. Aus der deutschen „Volksgemeinschaft" ausgeschlossen galten ebenso sehr „Neger", „Bastarde", Behinderte und Bolschewisten, die als „Schädlinge" oder „Ungeziefer" tituliert wurden, aber zumeist nicht so konsequent verfolgt wurden. Obwohl nur in den Kommentaren und nicht im Gesetzestext selbst erwähnt, wurden Sinti und Roma seit den Nürnberger Rassegesetzen von 1935 in der gesetzlichen Behandlung den Juden gleichgestellt. Spätestens von diesem Zeitpunkt an erstreckt sich die Parallelität in der sukzessiven Verschärfung der Ausgrenzungs- und Verfolgungspraxis gegenüber beiden Gruppen.

Die antisemitische Persönlichkeit braucht die antisemitische Gesellschaft

Differenzen, die in der vergleichenden Perspektive ebenso sichtbar werden, eröffnen den Raum für neue Hypothesen in der vergleichenden Genozidforschung. Hierzu gehört die Kontinuität eines eugenisch begründeten Rassenhasses, der mit dem Aufstieg der rassenhygienischen Forschung zwar intensiviert wird, Sinti und Roma sind aber schon im Kaiserreich und in der Weimarer Republik Gegenstand staatlicher Ausgrenzungs- und Disziplinierungspolitik. Aus dieser Perspektive verdichten sich Hinweise auf die über lange Epochen hinweg in den Mentalitäten verankerte rassistische *Doxa*, die durch den Aufschwung der Rassenhygiene im 19. Jahrhundert (Gobineau, Lombrosco etc.) eine Form der Modernisierung erfährt und im Nationalsozialismus zur Staatsdoktrin (Mommsen) erhoben wird. Im Nationalsozialismus kommt demnach ein Herrschaftsprinzip zur Geltung, das neben dem Muster der *direkten* ein Prinzip der *kulturell* vermittelten symbolischen Gewalt hervorbringt. Dieses ist an die Bedeutung der in den Diskursformationen eingelagerten Dispositive anzuschließen, für die die Ausprägung einer Vorstellungswelt der „Minderwertigkeit" einer ethnischen (rassischen) Zugehörigkeit ausschlaggebend ist. Ein derart virulenter Rassismus benötigt in seiner dynamisierten Variante keine askriptive Grundlage (etwa die der Zugehörigkeit zu einer konstruierten ethnischen Gruppe qua Geburt), sondern kann auch als gruppenbezogener Rassismus ohne Rassen (Balibar) fortbestehen, der auf die Naturalisierung von Mentalitäten zielt: „Das vornehme Wort Kultur tritt anstelle des ver-

---

40 Herbst, Ludolf: Das nationalsozialistische Deutschland 1933–1945. Die Entfesselung der Gewalt: Rassismus und Krieg. Frankfurt am Main 1996, S. 9.

pönten Ausdrucks Rasse, bleibt aber ein bloßes Deckbild für den brutalen Herrschaftsanspruch."[41]. Mit der biologisch begründeten, rechtlich und wissenschaftlich verfassten Rassenideologie entsteht aber für jeden, der die Ideologie der unterschiedlichen Wertigkeit ernst nimmt, das, was eine wesentliche Transformation darstellt. Der ‚genetische' Rassismus öffnet das Tor zur Unumkehrbarkeit, denn seine Grundlage ist das Unumstößliche der menschlichen Natur. Was man nicht mehr verändern kann, kann nur noch vernichtet werden.

Unübersehbar erscheint, dass einige Theorien der Erklärung des Antisemitismus eine überindividuelle Ebene der kulturellen Einbettung von Mentalitäten, die als Dispositive bereits beinhalteten, was der Nationalsozialismus Realität werden ließ, immer noch vernachlässigen. Diese werden in allen gesellschaftlichen Feldern sichtbar und stellen als eine Art Sozialisations-Dispositiv ein gesellschaftliches Bedingungsmoment der nationalsozialistischen Herrschaftspraxis dar. Von hier aus wird deutlich, warum der Ansatz Daniel Goldhagens so wenig Anklang gefunden hat, aber auch nicht übersehen werden konnte: Die antisemitische Persönlichkeit braucht eine antisemitische Gesellschaft, um ein stabiles antisemitisches Weltbild zu entwickeln und antisemitisches Handeln sinnhaft an vorhandenen Strukturen ausrichten zu können. Warum aber sind Theorieelemente, die auf die Verbindung mit den Diskurs- und Sinnstrukturen zielen, so wenig prominent? Warum ist insbesondere die historische Antisemitismusforschung noch nicht mit einem solchen Repertoire ausgestattet? Oder umgekehrt, warum dominiert immer noch ein stillschweigender Paradigmenstreit zwischen Funktionalisten und Intentionalisten? Ein wahrscheinlicher Grund ist, dass Antisemitismusforschung in eine bestimmte Richtung ‚geeicht' ist. Diese nimmt den Nationalsozialismus und seine Vernichtungspraxis als Entität wahr. Für die Shoah und ein so außerordentliches Ereignis wie Auschwitz stimmt das zweifellos. Aber kann der „außer"-ordentliche Charakter von Auschwitz dazu führen, diesen zu essentialisieren? Kann ein eliminatorischer Antisemitismus aus der Logik des Sozialen abgehoben werden? Eine relationale Perspektive betont gegen eine solche Isolierung des Gegenstandes gesellschaftliche Kontinuitäten und die Verbindung einer genozidalen Praxis mit den gesellschaftlichen Bedingungen, die diese Praxis möglich gemacht haben. Eine solche Perspektive folgt lose dem Diktum Max Horkheimers, dass man nicht nur das Gesellschaftliche benötigt, um den Antisemitismus zu verstehen, sondern die Analyse des Antisemitismus, um grundlegende gesellschaftliche Mechanismen zu verstehen. Diese vielleicht grundlegendste Forderung danach, mit der Forschung zu Antisemitismus und

---

[41] Adorno, Theodor W.: Schuld und Abwehr. In: Gesammelte Schriften Band 9/2. Frankfurt 1975, S. 277.

Shoah auf der einen Seite und verfügbaren Gesellschaftstheorien auf der anderen Seite ein Amalgam zu bilden, kann durchaus auch weiterhin als Anlass verstanden werden, aktuelle Theorien des Sozialen zu befragen und in eine relationale Perspektive der Genozidforschung einzubeziehen.

Juden und Sinti und Roma als Projektions- und Sublimationsobjekte

Der Vergleich zwischen Porajmos und Shoah gehört in diese relationale Perspektive. Parallelen in der Ausgrenzungs- und Vernichtungspraxis sind zweifellos erkennbar. Dadurch, dass sie in einer lang andauernden Forschungsdebatte kaum wahrgenommen wurden, scheint es so, also ob der nach 1945 weiterwirkende Rassismus gegenüber Sinti und Roma auch in der wissenschaftlich geführten Diskussion ein Pendant gefunden hat. Gleichzeitig wird vergessen, die weitestgehend auf die Shoah konzentrierte Genozidforschung um den nationalsozialistischen Genozid an den Sinti und Roma zu ergänzen. Die Perspektive auf beide Opfergruppen, die jeweils aufgrund ihrer angeblich ‚genetischen Andersartigkeit' als ‚minderwertig' und ‚lebensunwert' eingestuft, ausgegrenzt und schließlich ermordet wurden, zeigt eine zeitweilige Konvergenz der ideologischen Rhetorik wie auch ein Nebeneinander (und mitunter auch die Interaktion) in ihrer Ausgrenzungs- und Verfolgungsgeschichte: Es gab kein Konzentrations- oder Vernichtungslager im nationalsozialistischen Einflussbereich, in dem nicht auch Sinti und Roma zu den Opfern gehörten.[42] Dieser „apokalyptische Fanatismus"[43] stellt eine gemeinsame Klammer dar. Das Dach des Rassenhasses, unter dem Shoah und Porajmos vereint werden, steht dabei zweifellos für die überindividuelle Perspektive.

Unterschiede sind aber nicht zu übersehen. Sie erschweren eine Parallelisierung, was vor allem an der Interaktion zwischen der individuellen und einer überindividuellen Perspektive liegt. Beide Genozide basieren zwar auf einem rassistischen Denken. Und auch die in eine rational-intellektuell wirkende Fassade gegossene Version der Eugenik, die Universalisierung von Wissen über die Minderheit, die ihre Unterlegenheit oder, genauer, Nicht-Passung zur deutschen Mehrheitskultur bestätigen soll, scheint strukturell ähnlich zu sein. Gleichzeitig

---

42 Krausnick, Michail: Wo sind sie hingekommen? Der unterschlagene Völkermord an den Sinti und Roma, S. 181.
43 Cohn, Norman: The Pursuit of the Millenium. Revolutionary Messianism in Medieval and Reformation Europe and its Bearing on Modern Totalitarian Movements. Rev. and expanded ed. London 1970.

sind die dahinterliegenden Projektionen unähnlich. Das Interaktionsverhältnis zwischen individuellen Dispositionen und gesellschaftlicher Doxa unterscheidet sich und dabei variiert vor allem die Funktion, die Sinti und Roma auf der einen Seite und Juden auf der anderen Seite für die Konstruktion des Deutschtums und der Abweichung davon, ihr Bedrohungspotenzial und das Eliminierungsbedürfnis haben. Klaus-Michael Bogdal pointiert hier wohl zu Recht, dass Zigeunerhass und Antisemitismus nicht gleichgesetzt werden können: „Während den Juden zur gleichen Zeit unterstellt wird, dass sie ihre wirtschaftliche Macht im Zuge einer Verschwörung zur Erlangung der Weltherrschaft missbrauchen würden, reizt die Nichtigkeit und Infamie der Zigeuner, denen nicht einmal der Rang einer Rasse zugestanden wird, zum Hass. Die Juden repräsentieren das Andere, das man niemals sein kann. Die Zigeuner stellen das dar, zu dem man jederzeit werden kann, wenn man von der sozialen Leiter tief herabfällt."[44] Diese Beziehung beider Projektionen ist gegensätzlich oder komplementär. Künftige Forschung, die sich auf den Aspekt der Komplementarität bezieht, erscheint vielversprechender. Demnach sind beide – Juden wie Sinti und Roma – Projektions- und Sublimationsobjekte. Beide werden benötigt, um Hass auf die Gesamtstruktur des Kapitalismus von diesem weg zu kanalisieren. Die Antisemiten leben nach Horkheimer und Adorno in der *Dialektik der Aufklärung* vom „Bild des Juden". In diesem personifizieren die Juden Isolation und Kälte moderner Gesellschaften und sie werden für die Entsagung von den verdrängten Sehnsüchten verantwortlich gemacht.[45] Für Horkheimer und Adorno ist dies eine wegweisende Umstellung der Kritischen Theorie, sie führt von einer Kritik materialer Herrschaft zur Kritik kultureller Praktiken, die Herrschaft stabilisieren. Nicht nur in den *Studien über Autorität und Familie*[46], sondern vor allem in der *Dialektik der Aufklärung*[47] wird dieser Umschlagspunkt besonders deutlich. Antisemitismus und Judenverfolgung begründen die eher kulturorientierte (nicht kulturalistische) Perspektive auf Herrschaft, die einerseits die Bestialität des Mordes unter Bedingungen der bürokratisch-verwalterischen Rationalität und andererseits die unbedingte Motiva-

---

44 Bogdal, Europa erfindet die Zigeuner, S. 321.
45 Hierzu: Grimm, Marc: „Erwünschte Vorzüge im Existenzkampf des Individuums": Die sozialpsychologischen Elemente der Kritischen Theorie des Antisemitismus. In: Handbuch Kritische Theorie 1: Krisen- und Verfallsmomente der Gegenwartsgesellschaft. Hrsg. von Uwe H. Bittlingmayer, Alex Demirović u. Tatjana Freytag. 09.12.2016. https://link.springer.com/referenceworkentry/10.1007/978-3-658-12707-7_74 – 1 (29.05.2017).
46 Horkheimer, Max: Studien über Autorität und Familie. Forschungsberichte aus dem Institut für Sozialforschung. 2. Auflage des Reprints der Erstauflage von 1936. Lüneburg 1987.
47 Horkheimer/Adorno, Dialektik der Aufklärung.

tion zu verstehen versucht, Juden als Zielgruppe des Völkermordes so zu exponieren.

Für Moishe Postone, der nahe an diesem Gedanken argumentiert, ist damit auch der Unterschied zwischen Antisemitismus und Rassismus bezeichnet: Ersterer ist die allumfassende, internationale und verschwörende Macht der Juden, die sich in der Verbindung mit der Gesamtstruktur der revolutionären (und das heißt hier traditionslösenden) Kraft des Kapitalismus inkarniert. Es ist diese eine entscheidende kognitive Bewegung, die sich nach Postone aus dem Kapitalfetisch erklärt, aus der Wahrnehmungsweise des Kapitals und seiner imaginierten Potentaten. Kapitalmacht wird Postone folgend nicht als das gesehen, was es ist, nicht als strukturelles Machtverhältnis im Industriekapitalismus, sondern als abstrakte Größe im Geld- und Finanzkapital. In seiner Version des Antikapitalismus will der Antisemit keine Überwindung des Kapitalismus, sondern den Tod desjenigen, den er für den Urheber des Ganzen hält, für den, der die Maschinerie am Laufen hält.[48]

Markus End nimmt an, dass hier indes unvollständig argumentiert würde, weil die konkrete Beziehung zur abstrakten Herrschaftsverhältnissen nicht nur als eine der Super- und Inferiorität hergestellt würde. Vielmehr erfolgt eine weitere Projektion, die zur Wirklichkeitskonstruktion wird, auf derjenigen, die (hier wiederum Horkheimer und Adorno folgend[49]) auch ohne Macht Glück empfinden können.[50] Diese Machtlosen der kapitalistischen Moderne sind die Verweigerer, Normaden und Vagabunden – also „Zigeuner" und die ihnen zugeschriebene Lebensweise des Unsteten und Undisziplinierten. Das zusammengeführte Bild erscheint paradox und nur der Paranoiker kann die Widersprüche glätten: Der Fortschritt und seine jüdischen Protagonisten werden genauso gehasst wie die Nachzügler und Abgehängten der kapitalistischen Moderne.

Aber auch dieser radikale Unterschied, der Juden als Verkörperung von Macht und Sinti und Roma als Schreckbild der Deklassierung erscheinen lässt, muss hinterfragt werden. Existieren nicht auch in dieser Projektion Austauschbewegungen? Es sind zum einen Verfolgungsmaßnahmen, die im Arsenal der Roma-Verfolgung aufgehoben waren und von denen dann in den ersten Jahren nach der nationalsozialistischen Machtübernahme auch Juden betroffen waren. Zum an-

---

[48] Postone, Moishe: Nationalsozialismus und Antisemitismus. Ein theoretischer Versuch. In: Antisemitismus und Gesellschaft. Hrsg. von Michael Werz. Frankfurt am Main 1995, S. 30 ff.
[49] Horkheimer/Adorno, Dialektik der Aufklärung.
[50] End, Markus: Die Dialektik der Aufklärung als Antiziganismuskritik. Thesen zu einer Kritischen Theorie des Antiziganismus. In: Konstellationen des Antiziganismus: Theoretische Grundlagen, empirische Forschung und Vorschläge für die Praxis. Hrsg. von Wolfram Stender. Wiesbaden 2016. S. 53–94.

deren erfahren auch Roma sublimierten Selbst-Hass. Pathische Projektionen der Mehrheitsgesellschaft verbinden sich mit dem althergebrachten ‚Zigeuner'-Ressentiment. Die Wut auf diejenigen, die sich der Versagung entziehen können, gilt weniger den Juden als vielmehr den Sinti und Roma. Gerade weil das Misstrauen gegenüber den assimilierten Juden in Deutschland nicht mehr ausreichte, verriet dem Antisemiten zum Ende der Kaiserzeit und in der Weimarer Republik der Blick auf die neu ankommenden Juden Osteuropas das wirkliche Gesicht des Juden. Als Armutsflüchtlinge dienen sie wahrscheinlich kaum der Projektion auf grenzenlose, weltumspannende Machtnetzwerke. Sie werden als Parasiten imaginiert, zu deren Konstruktion auch die eingeschliffenen Diskriminierungsmuster gegenüber Sinti und Roma eine Brücke darstellen. Phantasmen der Allmacht jüdischer Intelligenz und die Demaskierung als zivilisationsloses Gesindel gehen Hand in Hand. Sie verbinden sich und verschmelzen, sie bilden die Dystopie des Antisemiten. In beiden manifestiert sich das Verdrängte und Versagte: die Macht derjenigen, die sie sich nicht entbehrungsreich verdienen brauchten und die Befriedigung von Bedürfnissen, denen nicht entsagt werden musste.

Fazit

Der Genozid an den europäischen Juden in einer vergleichenden Perspektive zu thematisieren, bedeutet nicht, die Shoah zu relativieren. Die relationale Perspektive ist hier ein Mittel zur Erkenntnis, um genauer zu verstehen und einzuordnen. Im Kern ist sie, mit Detlev Claussen gesprochen, der Versuch, die Banalisierung des Bösen zu verhindern, die mit der Trivialisierung der Aufklärung einhergeht: „Antisemitismusforschung kann sich nach Auschwitz nur rechtfertigen, wenn sie den Zusammenhang des Antisemitismus mit Auschwitz thematisiert. Dabei verfallen viele Forscher in eben die Banalisierungen, die Teile des Übels sind, das es zu erkennen gilt. Antisemitismus wird als isoliertes Phänomen betrachtet, gar zu einer geistigen Entität aufgewertet – ein Gedanke, der am Ende des 19. Jahrhunderts zu einem ‚biologischen Rassenantisemitismus' geronnen sein soll, den die Nationalsozialisten dann Mitte des 20. Jahrhunderts in die Tat umgesetzt haben sollen. Aus diesem theoretischen Artefakt ist nun im Eifer des aufklärerischen Gefechts der nachnationalsozialistischen Zeit ein pädagogisches Artefakt geworden, der bis in den letzten Winkel des Erdballs ebenso seinen Niederschlag findet wie in UN-Resolutionen. Die Weltöffentlichkeit kommuniziert eben in den Schematismen der Kulturindustrie."[51] Der Vergleich ist demnach

---

51 Claussen, Detlev: Grenzen der Aufklärung. Zur gesellschaftlichen Genese des modernen

wichtig, um Komplexität aufzunehmen, um zu verstehen, warum Shoah und Porajmos unvorstellbar sind. Und schließlich, um das Unvorstellbare zu singularisieren.

Literaturverzeichnis

Adorno, Theodor W.: Schuld und Abwehr. In: Gesammelte Schriften Band 9/2. Frankfurt 1975. S. 127–324.
Bauer, Yehuda: Auschwitz. In: Der Mord an den Juden im Zweiten Weltkrieg. Entschlußbildung und Verwirklichung. Hrsg. von Eberhard Jäckel u. Jürgen Rohwer. Stuttgart 1985. S. 164–173.
Bogdal, Klaus-Michael: Europa erfindet die Zigeuner. Eine Geschichte von Faszination und Verachtung. Berlin 2011.
Bourdieu, Pierre: Sozialer Sinn. Frankfurt am Main 1987.
Broszat, Martin: Hitler und die Genesis der „Endlösung". Aus Anlaß der Thesen von David Irving. In: Vierteljahrshefte für Zeitgeschichte 25 Jg. H. 4 (1977). S. 739–775.
Claussen, Detlev: Die Banalisierung des Bösen. Über Auschwitz, Alltagsreligion und Gesellschaftstheorie. In: Antisemitismus und Gesellschaft. Hrsg. von Michael Werz. Frankfurt am Main 1995. S. 13–28.
Cohn, Norman: The Pursuit of the Millenium. Revolutionary Messianism in Medieval and Reformation Europe and its Bearing on Modern Totalitarian Movements. Rev. and expanded ed. London 1970.
End, Markus: Die Dialektik der Aufklärung als Antiziganismuskritik. Thesen zu einer Kritischen Theorie des Antiziganismus. In: Konstellationen des Antiziganismus: Theoretische Grundlagen, empirische Forschung und Vorschläge für die Praxis. Hrsg. von Wolfram Stender. Wiesbaden 2016. S. 53–94.
Friedländer, Saul: Vom Antisemitismus zur Judenvernichtung: Eine historiographische Studie zur nationalsozialistischen Judenpolitik und Versuch einer Interpretation. In: Der Mord an den Juden im Zweiten Weltkrieg. Entschlußbildung und Verwirklichung. Hrsg. von Eberhard Jäckel u. Jürgen Rohwer. Stuttgart 1985. S. 18–60.
Goldhagen, Daniel Jonah: Hitlers willige Vollstrecker. Ganz gewöhnliche Deutsche und der Holocaust. Berlin 1996.
Grigat, Stephan (Hrsg.): Postnazismus revisited. Das Nachleben des Nationalsozialismus im 21. Jahrhundert. 2., erweiterte und geänderte Auflage von Transformation des Postnazismus. Freiburg i. Br. 2012.
Grimm, Marc: „Erwünschte Vorzüge im Existenzkampf des Individuums": Die sozialpsychologischen Elemente der Kritischen Theorie des Antisemitismus. In: Handbuch Kritische Theorie 1: Krisen- und Verfallsmomente der Gegenwartsgesellschaft. Hrsg. von

---

Antisemitismus. Frankfurt am Main 1987. Claussen, Detlev: Die Banalisierung des Bösen. Über Auschwitz, Alltagsreligion und Gesellschaftstheorie. In: Antisemitismus und Gesellschaft. Hrsg. von Michael Werz. Frankfurt am Main 1995, S. 25.

Uwe H. Bittlingmayer, Alex Demirović u. Tatjana Freytag. 09.12.2016. https://link. springer.com/referenceworkentry/10.1007/978-3-658-12707-7_74-1 (29.05.2017).
Herbst, Ludolf: Das nationalsozialistische Deutschland 1933–1945. Die Entfesselung der Gewalt: Rassismus und Krieg. Frankfurt am Main 1996.
Hildebrand, Klaus (Hrsg.): Zwischen Politik und Religion. Studien zur Entstehung, Existenz und Wirkung des Totalitarismus. München 2003.
Horkheimer, Max: Studien über Autorität und Familie. Forschungsberichte aus dem Institut für Sozialforschung. 2. Auflage des Reprints der Erstauflage von 1936. Lüneburg 1987.
Horkheimer, Max u. Theodor W. Adorno: Dialektik der Aufklärung. Philosophische Fragmente. In: Horkheimer, Max: Gesammelte Schriften 5. Hrsg. von Gunzelin Schmid Noerr. Frankfurt am Main 1987. S. 11–290.
Kenrick, Donald u. Puxon, Grattan: Sinti und Roma – die Vernichtung eines Volkes im NS-Staat. Göttingen 1981.
Klemperer, Victor: LTI. Notizbuch eines Philologen. 3. Aufl. Leipzig 1966.
Krausnick, Michail: Wo sind sie hingekommen? Der unterschlagene Völkermord an den Sinti und Roma. Gerlingen 1995.
Maciejewski, Franz: Elemente des Antiziganismus. In: Die gesellschaftliche Konstruktion des Zigeuners. Zur Genese eines Vorurteils. Hrsg. von Jacqueline Giere. Frankfurt am Main/New York 1996. S. 9–28.
Mason, Tim: Intention and Explanation: A Current Controversy about the Interpretation of National-Socialism. In: Der Führerstaat. Mythos und Realität. Hrsg. von Gerhard Hirschfeld u. Lothar Kettenacker. Stuttgart 1981. S. 23–41.
Milton, Sybil: Der Weg der „Endlösung der Zigeunerfrage": Von der Ausgrenzung zur Ermordung der Sinti und Roma. In: Kinder und Jugendliche als Opfer des Holocaust. Dokumentation einer Internationalen Tagung in der Gedenkstätte Haus der Wannseekonferenz 12. bis 14. Dezember 1994. Hrsg. von Edgar Bamberger u. Annegret Ehmann. Heidelberg 1995a. (Schriftenreihe des Dokumentations- und Kulturzentrums Deutscher Sinti und Roma Bd. 4).
Milton, Sybil: Vorstufe zur Vernichtung. Die Zigeunerlager nach 1933. In: Vierteljahrshefte für Zeitgeschichte 43. Jg. H. 1 (1995b). S. 115–130.
Mommsen, Hans in: Totalitarismus und Faschismus. Eine wissenschaftliche und politische Begriffskontroverse. Hrsg. vom Institut für Zeitgeschichte München. Oldenbourg 1980. S. 18–27.
Postone, Moishe: Nationalsozialismus und Antisemitismus. Ein theoretischer Versuch. In: Antisemitismus und Gesellschaft. Hrsg. von Michael Werz. Frankfurt am Main 1995. S. 29–43.
Salzborn, Samuel: Antisemitismus als negative Leitidee der Moderne. Sozialwissenschaftliche Theorien im Vergleich. Frankfurt am Main/New York 2010.
Thieme, Frank: Rassentheorien zwischen Mythos und Tabu. Der Beitrag der Sozialwissenschaft zur Entstehung und Wirkung der Rassenideologie in Deutschland. Frankfurt am Main 1988.
Volkov, Shulamit: Jüdisches Leben und Antisemitismus im 19. und 20 Jahrhundert. München 1991.
Wildt, Michael: Generation des Unbedingten. Das Führungskorps des Reichssicherheitshauptamtes. Hamburg 2002.

Wippermann, Wolfgang: Das Leben in Frankfurt zur NS-Zeit. Band II. Die nationalsozialistische Zigeunerverfolgung. Darstellung, Dokumente und didaktische Hinweise. Frankfurt am Main 1986.

Wippermann, Wolfgang: Wessen Schuld? Vom Historikerstreit zur Goldhagen-Kontroverse. Berlin 1997a.

Wippermann, Wolfgang: „Wie die Zigeuner". Antisemitismus und Antiziganismus im Vergleich. Berlin 1997b.

Zimmermann, Michael: Verfolgt, vertrieben, vernichtet. Die nationalsozialistische Vernichtungspolitik gegen Sinti und Roma. Essen 1989.

Zimmermann, Michael: Von der Diskriminierung zum „Familienlager" Auschwitz. Die nationalsozialistische Zigeunerverfolgung. In: Die vergessenen Lager – Studien und Dokumente zur Geschichte der nationalsozialistischen Konzentrationslager. Hrsg. von Wolfgang Benz u. Barbara Distel. Dachau 1994 (Studien und Dokumente zur Geschichte der nationalsozialistischen Konzentrationslager Bd. 5). S. 87 – 114.

Islamischer Antisemitismus

Günther Jikeli
Muslimischer Antisemitismus in Europa

Aktuelle Ergebnisse der empirischen Forschung

Sebastien Selam war der erste, der im beginnenden 21. Jahrhundert in Europa ermordet wurde, weil er Jude war. Der Mörder, sein Nachbar in einem Vorort von Paris, schrie nach der Tat im November 2003: „Ich habe einen Juden ermordet, ich komme ins Paradies." Der Mörder leidet an paranoider Schizophrenie und wurde deshalb für unzurechnungsfähig erklärt. Dass der Wahn des Judenhasses von einem Wahnsinnigen in eine mörderische Tat umgesetzt wird, macht den Fall nicht weniger antisemitisch. Er bezieht sich klar auf eine islamistische Ideologie, die Juden und Christen im Kampf gegen die Muslime wähnt, und nach der diejenigen, die im Kampf gegen den Feind sterben, sich einen Platz im Paradies sichern. Der islamistisch-antisemitische Bezug ist ebenso eindeutig wie absurd. Dennoch bedurfte es zahlreicher weiterer antisemitischer Vorfälle, bis klar wurde, dass es auch in Europa einen spezifischen Antisemitismus unter Muslimen gibt, der besonders gewalttätig und bedrohlich ist. Worin das Spezifische des muslimischen Antisemitismus liegt und weshalb er über den Antisemitismus unter Islamisten hinausgeht, ist Gegenstand dieses Beitrages.[1] Zunächst werden antisemitische Akteure benannt, die sich als muslimisch verstehen, angefangen von Dschihadisten über ‚gewöhnliche', unorganisierte Jugendliche, die mehr oder weniger spontan Gewalt gegen Juden ausübten, bis hin zu islamistischen Organisationen, die antisemitische Propaganda verbreiten. Ein Blick auf Umfragen zeigt, dass Antisemitismus unter den 15 bis 22 Millionen Muslimen in Europa nicht auf Ausnahmen reduziert werden kann, sondern so weit verbreitet ist, dass Judenhass oft die Norm bildet. Ergebnisse qualitativer Studien geben Hinweise auf Ursachen und Charakter des zeitgenössischen, spezifisch muslimischen Judenhasses, ohne einer Essentialisierung von Muslimen Vorschub zu leisten.

---

1 In der Benennung des Problems von Antisemitismus unter Muslimen als islamisierter, islamistischer, islamischer, oder muslimischer Antisemitismus werden jeweils unterschiedliche Schwerpunkte gesetzt. Aufgrund meiner Beobachtung, dass sich Antisemitismus unter Muslimen aus unterschiedlichen ideologischen Quellen speist und dass eine maßgebliche Dimension in der Interpretation der muslimischen Identität liegt, spreche ich von muslimischem Antisemitismus.

https://doi.org/10.1515/9783110537093-006

Dschihadismus als gewalttätigste Form des Antisemitismus in Europa

Die gewalttätigsten antisemitischen Vorfälle im 21. Jahrhundert in Europa gingen von Muslimen aus, gerechtfertigt im Namen ihrer Vorstellungen des Islam. Die Täter bezogen sich auf islamistische Ideologien und verstehen sich selbst als Märtyrer und Dschihadisten. Islamistische Organisationen und Bewegungen, das heißt Organisationen, die eine Gesellschaft nach Recht und Vorherrschaft des Islams anstreben, waren von Anbeginn, mit dem Entstehen der Muslimbruderschaft und anderen islamistischen Bewegungen in der ersten Hälfte des 20. Jahrhunderts, geprägt von antisemitischen Weltbildern.[2] Es sollte daher nicht überraschen, dass Juden ein besonders beliebtes Ziel radikaler Islamisten sind. Die brutale Ermordung von drei kleinen Kindern und einem Vater und Lehrer vor einer jüdischen Schule in Toulouse im Jahr 2012 ist ein drastisches Beispiel der letzten Jahre.[3] Der französische Dschihadist Mohamed Merah erschoss seine Opfer aus nächster Nähe mit einer Schusswaffe, nachdem er einige Tage zuvor drei französische Soldaten tötete und einen vierten schwer verletzte. 2014 ermordete ein weiterer Dschihadist vier Besucher des Jüdischen Museums in Brüssel und im Januar 2015 folgte die Geiselnahme und Erschießung von Kunden eines koscheren Supermarkts in Paris, zwei Tage nach dem Angriff auf *Charlie Hebdo*. In Kopenhagen fand einen Monat später ein Angriff auf eine Synagoge statt, bei dem ein Wachmann ermordet wurde, kurz nachdem derselbe Täter tödliche Schüsse in einer Diskussionsveranstaltung zur Pressefreiheit und den Mohammed Karikaturen abgab. In weiteren Anschlägen wie etwa in Paris, Nizza, Würzburg, Ansbach, Brüssel und Berlin, weiteten die Täter, die sich zum *Islamischen Staat* bekannten, das Ziel ihrer Angriffe aus und versuchten möglichst viele Menschen, beziehungsweise aus ihrer Sicht ‚Ungläubige', zu töten.[4]

---

2 Tibi, Bassam: Islamism and Islam. New Haven 2012; Taguieff, Pierre-André: Judéophobie des Modernes (La): Des Lumières au Jihad mondial. Paris 2008; Küntzel, Matthias: Djihad und Judenhass. Über den neuen antijüdischen Krieg. Freiburg im Breisgau 2003; Jikeli, Günther: Antisemitismus unter Muslimen – Debatten, Umfragen, Einflussfaktoren. In: Gebildeter Antisemitismus. Eine Herausforderung für Politik und Zivilgesellschaft. Hrsg. von Monika Schwarz-Friesel. Baden-Baden 2015.
3 Vor, beziehungsweise in der jüdischen Ozar Hatorah Schule in Toulouse wurden Myriam Monsonégo (7 Jahre alt), Gabriel (4), Arieh (5) und Jonathan Sandler ermordet. Ein 17-jähriger Schüler wurde schwer verletzt.
4 Bei der Auswahl eines der Anschlagsorte für den Massenmord in Paris im November 2015 mag eine antisemitische Motivation der Dschihadisten ausschlaggebend gewesen sein. Bis September 2015 gehörte der Veranstaltungsort Bataclan Joël Laloux, einem praktizierenden Jude und die an

Gewaltpotenzial jenseits des Dschihadismus

Dass der mörderische Antisemitismus heute in Europa nicht auf Dschihadisten beschränkt ist, zeigt der Fall Ilan Halimi. Halimi wurde 2006 in einem Pariser Vorort entführt und wochenlang auf brutalste Art mit tödlichen Folgen von einer Bande gefoltert, die sich ‚die Barbarenbande' (*gang des barbares*) nannte. Der Anführer der Bande bezeichnete sich im Laufe des Gerichtsprozesses als Islamist, beziehungsweise Salafist,[5] im Unterschied zu den anderen Bandenmitgliedern, die zum großen Teil Kleinkriminelle mit muslimischem Familienhintergrund waren. Einig waren sie sich offensichtlich jedoch darin, dass das Leben eines Juden nicht viel Wert hat und ein Jude kein Mindestmaß an Mitleid oder menschlicher Behandlung verdient. Auch andere Fälle zeigen, dass bei vielen Jugendlichen mit muslimischem Hintergrund ein hohes antisemitisches Aggressionspotenzial vorhanden ist, auch wenn sie nicht als Dschihadisten und auch nur teilweise als Islamisten einzustufen sind, so beispielsweise der Angriff auf eine jüdische Tanzgruppe bei einem Stadtteilfest 2010 in Hannover, Angriffe auf der Straße gegen Menschen, die als Juden erkennbar sind, oder die antisemitischen Parolen und die antisemitische Gewalt im Kontext von ‚pro-palästinensischen' Demonstrationen.[6] Den pro-palästinensischen Demonstrationen, die in Wirklichkeit allzu oft vor allem anti-israelische Demonstrationen sind, sollte besonderes Augenmerk geschenkt werden. Sie werden in vielen Städten Europas von palästinensischen Exilorganisationen organisiert, teilweise in enger Kooperationen mit linken Gruppierungen. Sie bieten die Möglichkeit, Judenhass offen und meist ungestraft gemeinschaftlich herauszuschreien. So wurden auf Demonstrationen im Sommer 2014 nach „Allahu akbar" Rufen Parolen wie, „Jude, Jude feiges Schwein, komm heraus und kämpf' allein" (Berlin) oder „Hamas, Hamas, Juden ab ins Gas" (Essen) gebrüllt. Auf einer Demonstration in Berlin wurden jüdische Passanten tätlich angegriffen.[7] Auch die jährlichen, vom Iran initiierten und meist mit Unterstützung der iranischen Botschaft und Hisbollah-

---

dem Abend spielende Band gilt als pro-israelisch. Bei dem Anschlag auf den Brüsseler Flughafen im März 2016 gibt es Hinweise, dass einer der Angreifer möglicherweise eine Gruppe von orthodoxen Juden verfolgte, wie die Times of Israel am 24. Januar 2017 berichtete.
5 Barrot, Adrien: Si c'est un Juif: réflexions sur la mort d'Ilan Halimi. Paris 2007; Mascré, David: Des barbares dans la cité: réflexions autour du meurtre d'Ilan Halimi. Reims 2009.
6 Jikeli, Günther: Die gegenwärtigen antisemitischen Ausschreitungen in Europa. 2014, www.ha galil.com/archiv/2014/08/12/jikeli/ (01.09.2014); Jikeli, Günther: Der neue alte Antisemitismus: Müssen Juden sich wieder verstecken? In: Stern. 14.09.2012; Jikeli, Günther: Antisemitismus und Diskriminierungswahrnehmungen junger Muslime in Europa. Essen 2012.
7 www.youtube.com/watch?v=o4TWI1i4_Nk (30.12.2016).

nahen Organisationen in vielen europäischen Städten organisierten, sogenannten Al-Quds-Demonstrationen, die zur „Befreiung Jerusalems" von den Juden aufrufen, dienen der Verbreitung antisemitisch-antizionistischer Propaganda.

Eine von Werner Bergmann und Juliane Wetzel 2003 veröffentlichte, europaweite Studie stellte schon damals fest: „Physische Angriffe auf Juden und die Schändung und Zerstörung von Synagogen wurden im Beobachtungszeitraum hauptsächlich von jungen muslimischen Tätern, meist arabischer Abstammung, verübt."[8] In Frankreich, aber auch in Großbritannien, wo Hinweise auf den Hintergrund der Täter systematischer erfasst werden als in Deutschland, zeigt sich, dass Muslime seit dem Jahr 2000 deutlich überproportional unter antisemitischen Tätern, insbesondere unter Gewalttätern, vertreten sind. In Frankreich gehen mehr als die Hälfte der antisemitischen Gewaltfälle auf das Konto von Muslimen, die aber nur 7 bis 8% der Bevölkerung ausmachen.[9] In Deutschland ist der Anteil von muslimischen Tätern vermutlich kleiner als in Frankreich, auch deshalb, weil die Anzahl gewalttätiger Neonazis wesentlich größer ist. Die regelmäßigen Berichte des Verfassungsschutzes belegen eine nach wie vor starke rechtsextreme Szene, sie geben aber wenig Aufschluss über Täter mit muslimischem Hintergrund, denn die Hintergründe von antisemitischen Straftätern werden nur in die veralteten Kategorien Rechtsextremismus, Linksextremismus und Ausländerkriminalität eingeteilt.[10]

Auch eine Umfrage unter Juden aus Belgien, Deutschland, Frankreich, Großbritannien, Italien, Lettland, Schweden und Ungarn belegt einen deutlich überproportionalen Anteil von Muslimen an antisemitischen Gewalttaten und Drohungen. Ein Drittel der befragten Juden hatte antisemitische Diskriminierungen in den letzten fünf Jahren erlebt. 7% berichteten von antisemitischer Gewalt oder Drohungen gegen sie. Die mit Abstand meistgenannte Gruppe der

---

[8] Bergmann, Werner/Wetzel, Juliane: Manifestations of anti-Semitism in the European Union. First Semester 2002. Synthesis Report on behalf of the EUMC. 2003. www.erinnern.at/bundeslaender/oesterreich/e_bibliothek/antisemitismus-1/431_anti-semitism_in_the_european_union.pdf (19.02.2015). S. 25.
[9] Die Schätzung für Frankreich beruht auf den in den Jahresberichten von 2000 bis 2012 Im Auftrag der französischen Regierung veröffentlichten Zahlen, siehe auch bzgl. der Schätzung für Großbritannien: Jikeli, Günther: European Muslim Antisemitism. Why Young Urban Males Say They Don't Like Jews. Indianapolis 2015.
[10] Der Verfassungsschutz beobachtet auch islamistische Gruppierungen. Muslimische Urheber von antisemitischen Übergriffen und Pöbeleien sind jedoch meist nicht in islamistischen Gruppen organisiert.

Täter waren Muslime (40%), mehr als Täter mit linkem (14%) und rechtem Hintergrund (10%) zusammengenommen.[11]

Islamische Organisationen in Europa

Die Mehrheit der islamischen Vereinigungen in Europa ist beeinflusst von islamistischen Organisationen. Politisch wurden und werden diese meist aus dem Ausland finanzierten islamischen Organisationen toleriert und unterstützt, da sie zum einen lange in die Integrationspolitik der jeweiligen Länder passten und zum anderen die Politik nach vermeintlich repräsentativen und einflussreichen islamischen Organisationen sucht, die als Ansprechpartner für ‚die Muslime' dienen können. Viele islamische Organisationen wollen daher den Anschein erwecken, repräsentativ für Muslime zu sein, auch wenn Umfragen zeigen, dass dies nicht der Fall ist. 50% der Muslime in Deutschland und 51% der Muslime in Großbritannien fühlen sich von keiner der bestehenden islamischen Organisationen vertreten.[12] Insbesondere eher säkular orientierte Muslime, für die Religion eine Privatangelegenheit ist, können sich in den Organisationen des politischen Islams nicht wiederfinden. Auch in Deutschland, wo die Mehrheit der Muslime nach wie vor von einem Islamverständnis türkischer, säkularer Prägung beeinflusst ist, nimmt der Einfluss islamistischer Organisationen zu. Die größte islamische Organisation in Deutschland ist DITIB, die *Türkisch-Islamische Union der Anstalt für Religion*, ein in Deutschland eingetragener Verein, de facto jedoch direkt geleitet durch das türkische Präsidium für Religiöse Angelegenheiten, welches dem türkischen Ministerpräsidentenamt angegliedert ist. Die Imame in den 970 Moscheegemeinden der DITIB werden vom türkischen Staat bezahlt und ausgebildet. Seit der Machtübernahme der islamistischen AKP und Recep Tayyip Erdoğan 2002 beziehungsweise 2003 ist der Einfluss von Islamisten und Antisemiten auch innerhalb der traditionell säkularen DITIB gestiegen.

Die AKP Regierung hat in der Türkei zu einem massiven Anstieg von Antisemitismus, insbesondere in seiner antizionistischen Spielart, beigetragen, was sich indirekt auch auf türkischstämmige Muslime in Deutschland auswirkt. Knapp 60 % der türkischen Wähler in Deutschland stimmten 2015 für Erdoğans AKP. Unter türkischen Islamisten sind antizionistische und antisemitische Ver-

---

11 European Union Agency for Fundamental Rights (FRA): Discrimination and Hate Crime against Jews in EU Member States: Experiences and Perceptions of Antisemitism. 2013.
12 Brettfeld, Katrin u. Peter Wetzels: Muslime in Deutschland. Berlin 2007; Mirza, Munira, Zain Ja'far u. Abi Senthilkumaran: Living apart together: British Muslims and the paradox of multiculturalism. London 2007.

schwörungstheorien verbreitet, insbesondere bezüglich des Zerfalls des Osmanischen Reichs und der Aufrechterhaltung einer säkularen Türkischen Republik.[13] Erdoğan selber ist wiederholt durch antisemitische Äußerungen aufgefallen.[14] Im November 2016 insistierte er im Interview mit dem israelischen Fernsehsender Kanal 2 auf dem Vergleich zwischen Hitler und Israelis, die seiner Meinung nach ähnlich brutal seien. Bezüglich der Hamas, die sich in ihrer Charta der Vernichtung der Juden verschrieben hat, sagte er: „Die Hamas ist für mich keine Terrororganisation. Die Hamas ist eine politische Bewegung, die auf Widerstand beruht [...]. Wir pflegen immer gute Beziehungen zur Hamas. Ich pflege regelmäßigen Kontakt. Die jüdische Lobby aus Amerika weiß das auch ganz genau."[15] Da die türkische Politik zunehmend auf Erdoğan zentriert ist, ist zu erwarten, dass sich langfristig ähnliche Weltbilder in der türkischen Religionsbehörde und damit bei DITIB verbreiten. So verherrlichte die Behörde Anfang 2016 in einem Kindercomic das Sterben als Märtyrer.[16] Offen antisemitische Hetze mit Bezug auf den Koran, wie Ende 2015 auf der Webseite der DITIB Gemeinde Melsungen in Hessen, sind bisher jedoch die Ausnahme.[17] Aggressiver wird Judenhass in Zeitungen wie der AKP-nahen *Yeni Akit* verbreitet. Deren in Deutschland gedruckter Ableger *Vakit* wurde 2005 wegen antisemitischer Hetze verboten.[18]

Die zweitgrößte islamische Organisation in Deutschland ist Milli Görüş, ebenfalls eine türkische Organisation. Deren Gründer, Necmettin Erbakan, wird bis heute nahezu ungebrochen von Milli Görüş-Anhängern verehrt. 2010 gab er Welt Online ein Interview, in dem einige seiner antisemitischen Ansichten deutlich wurden:

> Seit 5700 Jahren regieren Juden die Welt. Es ist eine Herrschaft des Unrechts, der Grausamkeit und der Gewalt. Sie haben einen starken Glauben, eine Religion, die ihnen sagt,

---

13 Bali, Rıfat N: Antisemitism and Conspiracy Theories in Turkey. 2013; Bali, Rıfat N: A Scapegoat for All Seasons: the Dönmes or Crypto-Jews of Turkey. Istanbul 2008; Jikeli, Günther u. Kemal Silay: Tayip Erdoğans Wahn von den Juden. In: *Jüdische Rundschau* 1/1 (2014). S. 29.
14 Jikeli, Günther: A Framework for Assessing Antisemitism: Three Case Studies (Dieudonné, Erdoğan, and Hamas). In: Deciphering the New Antisemitism. Hrsg. von Alvin H. Rosenfeld. Bloomington, Indiana 2015.
15 Erdoğan im Interview im israelischen 2. Kanal am 21. November 2016, eigene Übersetzung.
16 Stern online: Türkische Behörde animiert Kinder zum Märtyrertod, 01.04.2016. www.stern.de/politik/ausland/tuerkei-religionshueter-animieren-kinder-per-comic-zum-maertyrertod-6772240.html (30.12.2016).
17 Stefan Laurin in *Die Welt:* Ditib-Gemeinde stellt antisemitische Hetze ins Netz, 24.11.2015. www.welt.de/politik/deutschland/article149205946/Ditib-Gemeinde-stellt-antisemitische-Hetze-ins-Netz.html (30.12.2016).
18 Der Standard, 14.03.2005. http://derstandard.at/1979850/Tuerkische-Zeitung-vergleicht-Schily-mit-Hitler (01.05.2017).

dass sie die Welt beherrschen sollen. Sehen Sie sich diese Ein-Dollar-Note an. Darauf ist ein Symbol, eine Pyramide von 13 Stufen, mit einem Auge in der Spitze. Es ist das Symbol der zionistischen Weltherrschaft. Die Stufen stellen vier ‚offene' und andere geheime Gesellschaften dar, dahinter gibt es ein ‚Parlament der 300' und 33 Rabbinerparlamente, und dahinter noch andere, unsichtbare Lenker. Sie regieren die Welt über die kapitalistische Weltordnung.[19]

Es ist daher nicht verwunderlich, dass in von der islamitischen Milli Görüş Bewegung betriebenen Moscheen antisemitische Schriften verbreitet werden. Eine Studie zur Zeitschrift Doğuş, die in den Niederlanden in Milli Görüş Moscheen verteilt wird, ergab, dass das Editorial regelmäßig antisemitische Verschwörungstheorien und Holocaustleugnungen veröffentlicht.[20]

Andere Organisationen, wie etwa der Zentralrat der Muslime, dessen Namen an den Zentralrat der Juden angelehnt ist und der Repräsentativität suggeriert, sind wesentlich kleiner. Der Zentralrat der Muslime ist dominiert von der Islamischen Gemeinschaft in Deutschland, die vom Verfassungsschutz als wichtigste Organisation der Muslimbruderschaft in Deutschland eingestuft wird. Auf Funktionärsebene wird der muslimisch-jüdische Dialog gefördert, der aber im Rahmen einer äußerst problematischen Parallelisierung von sogenannter Islamophobie und Antisemitismus[21] nicht zu einer Bekämpfung von Antisemitismus in den eigenen Reihen führt. Im Gegenteil, eine Kritik an antisemitischen Vordenkern der Muslimbruderschaft wie Yusuf al-Qaradawi oder Sayyid Qutb wird nach wie vor nicht geleistet.

Öffentliche antisemitische Äußerungen von muslimischen Funktionären in Deutschland sind dennoch rar. Antisemitische Stereotype werden eher in Predigten und in intern verbreiteten Schriften reproduziert. Neben den oben genannten islamistischen Vereinigungen sowie salafistischen Kleingruppen und deren Predigern sind bisher vor allem Webseiten und Webportale wie *Muslimmarkt* durch offenen Antisemitismus aufgefallen.[22]

---

19 Necmettin Erbakan im Interview mit Boris Kálnoky in Die Welt Online am 8. November 2010.
20 Stremmelaar, Annemarike: Reading Anne Frank. Confronting Antisemitism in Turkish Communities. In: The Holocaust, Israel and 'the Jew': Histories of Antisemitism in Postwar Dutch Society. Hrsg. von Evelien Gans und Remco Ensel. Amsterdam 2017.
21 Islamophobie und Antisemitismus – ein umstrittener Vergleich. Hrsg. von Gideon Botsch, Olaf Glöckner, Christoph Kopke u. Michael Spieker. Berlin/Boston 2012.
22 Jikeli, Günther: Antisemitism in the Extreme Right and Islamists' Circles. In: Being Jewish in 21st-Century Germany. Hrsg. von Olaf Glöckner u. Haim Fireberg. Oldenburg 2015.

Umfragen zu Antisemitismus unter Muslimen

Eine Reihe von Umfragen in verschiedenen europäischen Ländern belegt eindeutig, dass antisemitische Einstellungen unter Muslimen wesentlich weiter verbreitet sind als unter Nicht-Muslimen. Dies gilt interessanterweise auch, wenn Faktoren wie Bildung, Einkommen und Migrationshintergrund herausgerechnet werden, das heißt wenn Muslime mit entsprechenden Gruppen in der nicht-muslimischen Bevölkerung verglichen werden. Bisherige Umfragen mögen teilweise noch an methodischen Unzulänglichkeiten leiden. Einige beinhalten zu wenige oder zu unpräzise Fragen, andere beziehen sich nur auf bestimmte Städte oder Altersgruppen und sind deshalb nicht repräsentativ. In der Summe aber sind sie aussagekräftig, da sie alle, über Jahre hinweg, eine signifikante Differenz zwischen dem Niveau des Antisemitismus unter Muslimen und Nicht-Muslimen feststellen. Immerhin wurden in den verschiedenen Umfragen, die einen Vergleich zwischen Muslimen und Nicht-Muslimen ermöglichen, seit 2003 insgesamt etwa 50.000 Menschen in europäischen Ländern befragt, darunter 15.000 Muslime.[23]

Im Jahr 2006 gaben 47 % der Muslime und 7 % der Gesamtbevölkerung in Großbritannien an, dass sie eine „negative Meinung von Juden" haben. In Frankreich waren dies 28 % der Muslime und 13 % der Gesamtbevölkerung, in Deutschland 44 % der Muslime und 22 % der Gesamtbevölkerung.[24] Eine Studie des Wissenschaftszentrums Berlin stellt einen deutlichen Unterschied zwischen Christen und Muslimen fest. Die Ergebnisse sind in der Tabelle 1 dargestellt. 7,1 % der Christen und 43,4 % der Muslime in Frankreich gaben an, dass man Juden nicht vertrauen könne. In Deutschland waren dies 10,5 % der Christen und 28 % der Muslime und in Belgien 7 beziehungsweise 56,7 %.[25]

---

[23] Jikeli, Günther: Antisemitic Attitudes among Muslims in Europe: A Survey Review. New York 2015.
[24] Pew Global Attitudes Project: The great divide. How Westerners and Muslims view each other. 2006. http://pewglobal.org/reports/pdf/253.pdf (06.12.2009). Die Umfrage wurde vor dem Libanonkrieg im Sommer 2006 durchgeführt.
[25] Koopmans, Ruud: Religiöser Fundamentalismus und Fremdenfeindlichkeit. Muslime und Christen im europäischen Vergleich. In: Empirische Kultursoziologie. Hrsg. von Jörg Rössel u. Jochen Roose. Wiesbaden 2015.

Tabelle 1: Einstellungen unter Muslimen und Christen im Vergleich

Zustimmung zu: „Juden kann man nicht trauen."	Belgien	D	F	Niederlande	Österreich	Schweden
Christen (70 % der Befragten in der Gesamtbevölkerung)	7,6	10,5	7,1	8,4	10,7	8,6
Muslime (97 % der Befragten marokkanischer oder türkischer Herkunft)	56,7	28,0	43,4	40,4	64,1	36,8

Quelle: Koopmans 2013[26]

Eine im Herbst 2014 durchgeführte Studie[27] der *Fondation pour l'innovation politique* (Fondapol) zeigt, dass das Niveau antisemitischer Einstellungen unter Muslimen in Frankreich mit dem unter Anhängern der extremen Rechten vergleichbar ist, beziehungsweise dieses in einigen Fragen übertrifft.[28] Studien wie die der Fondapol belegen außerdem, dass antisemitische Einstellungen nicht signifikant mit der ökonomischen Situation und Diskriminierungswahrnehmungen korrelieren, wohl aber mit Religiosität, Glaubensrichtungen, Religionsauslegungen und unterschiedlichen ethnischen Hintergründen.[29] In der Fondapol Umfrage

---

26 Koopmans, Ruud: Religious fundamentalism and out-group hostility among Muslims and Christians in Western Europe. Amsterdam 2013. 2014 https://www.econstor.eu/bitstream/10419/94367/1/780155416.pdf

27 Reynié, Dominique: L'antisémitisme dans l'opinion publique française. Nouveaux éclairages (première version avec annexe). Paris 2014.

28 Die Diskussion um die Repräsentativität der befragten Muslime dieser Studie legt nahe, dass die Fehlervarianz etwas über dem von Umfragen mit einer ähnlich hohen Teilnehmerzahl liegt. Der Umstand, dass die beiden Samples (Muslime und allgemeine Bevölkerung) mit unterschiedlichen Methoden befragt wurden (face-to-face und online), trägt ebenfalls dazu bei, dass die Vergleichbarkeit eingeschränkt, aber dennoch gegeben ist, siehe Antwort von Reynié, Dominique: „ Parlons d'antisémitisme sans cécité volontaire ". In: *Le Monde* vom 12. Dezember 2014 auf die Kritik von Mayer, Nonna: Il faut parler d'antisémitisme avec rigeur. In: *Le Monde* vom 5. Dezember 2014.

29 Tiberj, Vincent: Anti-Semitism in an Ethnically Diverse France: Questioning and Explaining the Specificities of African-, Turkish-, and Maghrebian-French. 33. Bd. Paris 2006, www.aup.fr/pdf/WPSeries/AUP_wp33-Tiberj.pdf; Brettfeld und Wetzels, Muslime in Deutschland; Agger, Christine: Jødehad er udbredt blandt indvandrere. In: Kristeligt Dagblad vom 25. November 2009; Mansel, Jürgen und Victoria Spaiser: Abschlussbericht und insbesondere Tabellenanhang des Forschungsprojekts (Final Research Project Report) „Soziale Beziehungen, Konfliktpotentiale und Vorurteile im Kontext von Erfahrungen verweigerter Teilhabe und Anerkennung bei Jugendlichen mit und ohne Migrationshintergrund. Bielefeld 2010, www.vielfalt-tut-gut.de/content/e4458/e8260/Uni_Bielefeld_Abschlussbericht_Forschungsprojekt.pdf und http://www.vielfalt-tut-gut.

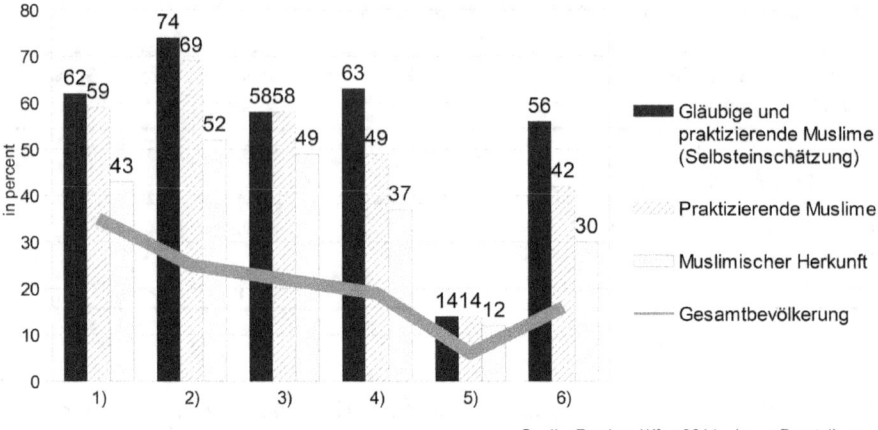

Abb. 1: Zustimmung zu antisemitischen Aussagen in Frankreich Muslime (im Vergleich zur Gesamtbevölkerung); Statements 1–6 siehe Tabelle 2

stimmten 60% der Muslime, die sich als gläubig und praktizierend bezeichneten mindestens vier von sechs antisemitischen Aussagen zu. Unten den sich als gläubig bezeichnenden Muslimen waren dies 43% und 30% unten denjenigen, die sich lediglich als „muslimischer Herkunft" einstuften – immer noch exakt doppelt so viele wie in der Gesamtbevölkerung (15%). Das Bildungs- und Einkommensniveau spielten interessanterweise kaum eine Rolle. Insgesamt stimmten mit 46% fast die Hälfte der 575 befragten Muslime vier oder mehr antisemitischen Aussagen zu – ein deutlicher Hinweis auf ein antisemitisches Weltbild unter einem Großteil der Muslime in Frankreich. Abbildung 1 zeigt die Zustimmung zu einzelnen Aussagen in % je nach religiösem Selbstverständnis. Tabelle 2 listet die antisemitischen Aussagen auf und zeigt einen Vergleich zwischen den befragten Muslimen und Sympathisanten der radikalen Linken und Rechtsextremen.

---

de/content/e4458/e8277/Uni_Bielefeld_Tabellenanhang.pdf (12.04.2014); Brouard, Sylvain und Vincent Tiberj: As French as everyone else? A survey of French citizens of Maghrebin, African, and Turkish origin. Philadelphia 2011; Elchardus, Mark: Antisemitisme in de Brusselse scholen. In: Jong in Brussel. Bevindingen uit de Jop-monitor Brussel. Hrsg. von Nicole Vettenburg, Mark Elchardus und Johan Put. Leuven, Den Haag 2011.; Vettenburg, Nicole, Mark Elchardus und Johan Put: Jong in Brussel. Bevindingen uit de Jop-monitor Brussel. Leuven, Den Haag 2011. Eine ausführliche Diskussion entsprechender Studien findet sich in Jikeli, Antisemitic Attitudes among Muslims.

Tabelle 2: Antisemitische Einstellungen unterschiedlicher Gruppen in Frankreich

Zustimmung in %	Gesamt-bevölkerung	Front National Sympathisanten (Rechtsextreme)	Front de Gauche Sympathisanten (radikale Linke)	Muslime
1) „Die Juden nutzen heute ihren Opferstatus aus dem nationalsozialistischen Genozid während des Zweiten Weltkriegs für ihre Zwecke aus."	35	62	51	56
2) „Die Juden haben zu viel Macht in der Wirtschaft und in der Finanzwelt."	25	50	33	67
3) „Die Juden haben zu viel Macht in den Medien."	22	51	28	61
4) „Die Juden haben zu viel Macht in der Politik."	19	41	27	51
5) „Die Juden sind verantwortlich für die aktuelle Wirtschaftskrise."	6	13	19	13
6) „Es gibt eine weltweite zionistische Verschwörung."	16	37	17	44

Quelle: Fondapol 2014, eigene Übersetzung.

Eine weitere aussagekräftige Umfrage wurde von der *Anti-Defamation League* (ADL) in Auftrag gegeben und im Frühjahr 2015 durchgeführt. Muslime in verschiedenen europäischen Ländern wurden nach ihrer Zustimmung oder Ablehnung zu elf antisemitischen Aussagen befragt und die Ergebnisse mit der jeweiligen Gesamtbevölkerung verglichen. Die Fragen umfassen vor allem klassische antisemitische Stereotype mit Referenz auf das Phantasma jüdischer Macht. Die Zustimmungswerte zu den einzelnen Aussagen in Deutschland, im europäischen Durchschnitt und in den MENA-Ländern (Naher Osten und Nordafrika) sind in Tabelle 3 aufgeführt.

16% der Gesamtbevölkerung in Deutschland stimmten mindestens sechs der elf antisemitischen Aussagen zu, unter Muslimen in Deutschland waren dies mit

Tabelle 3: Antisemitische Einstellungen unter Muslimen und nicht-Muslimen in verschiedenen Regionen im Vergleich

ADL Umfrage in BE, F, D, IT, SP, GB, März-April 2015	D		Ø EU		Ø MENA
Angaben in %	ges.	Muslime	ges.	Muslime	[2014]
Juden sind loyaler gegenüber Israel als zu diesem Land.	49	58	47	58	74
Juden haben zuviel Macht in der Geschäftswelt.	28	67	35	67	73
Juden reden immer noch zuviel über das was ihnen im Holocaust widerfahren ist.	51	59	39	57	30
Juden haben zuviel Macht in internationalen Finanzmärkten.	29	74	35	70	72
Juden scheren sich nicht darum was anderen widerfährt, außer ihrer eigenen Gemeinschaft.	17	45	24	44	69
Menschen hassen Juden aufgrund des Verhaltens von Juden.	30	39	24	37	76
Juden haben zuviel Kontrolle über globale Entwicklungen.	21	57	25	59	68
Juden haben zuviel Kontrolle über die US-amerikanische Regierung.	25	62	27	61	72
Juden denken, dass sie besser sind als andere Menschen.	16	40	20	40	66
Juden haben zuviel Kontrolle über globale Medien.	20	58	21	59	68
Juden sind verantwortlich für die meisten Kriege in der Welt.	9	33	8	31	65
Zustimmung zu 6+ Aussagen	**16**	**56**	**21**	**55**	**74**
Holocaustleugnung (Opferzahlen weit übertrieben / nie stattgefunden)	8	31	8	31	64

Quelle: Anti-Defamation League 2015; eigene Übersetzung.

56 % über die Hälfte.[30] Die Zustimmung zu einer ganzen Reihe von antisemitischen Aussagen ist noch kein absolut schlüssiger Beleg für eine manifeste anti-

---

30 Anti-Defamation League: ADL GLOBAL 100. 2015 Update in 19 Countries. 2015. http://glo

semitische Einstellung, aber doch ein starker Hinweis auf eine solche. Für die deutsche Gesamtbevölkerung stimmen die Zahlen in etwa mit dem überein, was Umfragen seit Jahrzehnten feststellen: Etwa 20 % haben gefestigte antisemitische Einstellungen.[31] Ob der Vergleichswert unter Muslimen in Deutschland und auch im europäischen Durchschnitt tatsächlich bei mehr als 50 % liegt, müssen weitere Studien noch erweisen. Eindeutig zu belegen ist jedoch, dass viele klassische antisemitische Einstellungen unter Muslimen deutlich stärker verbreitet sind als in der Gesamtbevölkerung – ein Phänomen, das sich auch in anderen europäischen Ländern beobachten lässt. Der Vergleich mit Ländern der MENA Region zeigt, dass antisemitische Einstellungen in diesen Ländern, die gleichzeitig zum Teil Herkunftsländer der in Europa lebenden Muslime sind, noch wesentlich weiterverbreitet sind. Die 16 Länder mit den laut ADL Studie weltweit höchsten Niveaus an antisemitischen Einstellungen im Jahr 2014 sind alle mehrheitlich muslimisch, gefolgt von Griechenland und der Türkei, gleichauf auf Platz 17 mit 69 % der Bevölkerung, die mindestens sechs von den abgefragten elf antisemitischen Aussagen zustimmten.[32] In der Türkei stieg der Prozentsatz im Jahr 2015 noch weiter auf 71 %.[33]

Tabelle 4: Antisemitische Einstellungen in verschiedenen, mehrheitlich muslimischen Ländern

Zustimmung zu mind. 6 von 11 antisemitischen Aussagen [in %]	Irak	Algerien	Tunesien	Libanon	Ägypten	Saudi-Arabien	Griechenland	Türkei	Iran
	92	87	86	78	75	74	69	69	56

Quelle: ADL 2014

Frühere Umfragen, durchgeführt beispielsweise vom Meinungsforschungsinstitut PEW, bestätigen, dass antisemitische Einstellungen in muslimischen Ländern so stark verbreitet sind, dass sie eine nicht mehr hinterfragte Norm sind. Eine negative Meinung von Juden zu haben, weil sie Juden sind, gehört zur Normalität. In Ägypten, Jordanien und Libanon erklärten 2009 mehr als 90 %, dass sie eine sehr negative Meinung über Juden haben. In der Türkei waren dies 63 %

---

bal100.adl.org/public/ADL-Global-100-Executive-Summary2015.pdf und http://global100.adl.org/#map/meast (30.12.2016).
31 Bundesministerium des Innern: Antisemitismus in Deutschland. Erscheinungsformen, Bedingungen, Präventionsansätze. Bericht des unabhängigen Expertenkreises Antisemitismus. Berlin 2011.
32 Anti-Defamation League: ADL GLOBAL 100. 2014. http://global100.adl.org (12.02.2017).
33 Anti-Defamation League: ADL GLOBAL 100, 2015. Update in 19 Countries.

und 67% in Pakistan. Hinzu kommen diejenigen, die eine nur „etwas negative" Meinung über Juden haben. Interessanterweise hatte die Mehrheit der arabischen (und überwiegend muslimischen) Bevölkerung in Israel eine positive Meinung von Juden (56%) und nur 35% eine negative.[34] Der Vergleich mit muslimischen Ländern allein führt die These ad absurdum, der Antisemitismus unter Muslimen in Deutschland oder Europa sei erst durch hiesige Diskriminierungserfahrungen entstanden. Eher kann davon ausgegangen werden, dass die Erfahrungen in Europa insgesamt zu einer leichten Reduzierung zumindest von offen geäußerter Judenfeindschaft führen.

Ein Zusammenhang ist jedoch zwischen dem Niveau antisemitischer Einstellungen und dem Grad der Religiosität zu beobachten. Dies zeigt nicht nur die oben erwähnte Fondapol Studie für Frankreich, sondern auch die vom deutschen Innenministerium 2007 veröffentlichte Studie *Muslime in Deutschland*[35] oder die oben erwähnte internationale Studie des Wissenschaftszentrums Berlin. Beide deutsche Studien stellen darüber hinaus einen Zusammenhang zur Religionsauslegung fest, der aber noch genauer untersucht werden muss. Letztere zeigt, dass über 70% der sehr religiös, fundamentalistisch eingestellten Muslime aber weniger als 30% der sehr religiös, nicht-fundamentalistisch eingestellten Muslime angaben, man könne Juden nicht trauen. Autoritäre, oder „fundamental orientierte" Auffassungen des Islams gehen oft einher mit antisemitischen Vorstellungen.[36] Wenige Unterschiede konnten bisher zwischen Schiiten und Sunniten festgestellt werden, wohl aber zu Aleviten, die einer sehr liberalen Auslegung des Islams folgen und unter denen antisemitische Einstellungen weit weniger verbreitet sind als unter Sunniten und Schiiten. Auch der ethnische Hintergrund mag eine Rolle spielen. Möglicherweise sind antisemitische Einstellungen unter arabischen Muslimen weiter verbreitet als unter türkischen oder bosnischen Jugendlichen.[37]

---

34 Pew Global Attitudes Project: Little Enthusiasm for Many Muslim Leaders. 2010. http://pewglobal.org/files/pdf/268.pdf (20.10.2015).
35 Brettfeld/Wetzels, Muslime in Deutschland.
36 Brettfeld/Wetzels, Muslime in Deutschland, S. 279–280; Koopmans, Religious fundamentalism; Jikeli, Antisemitismus und Diskriminierungswahrnehmungen, S. 268–270.
37 Mansel/Spaiser: Abschlussbericht und Tabellenanhang; Jikeli, Antisemitismus und Diskriminierungswahrnehmungen; Arnold, Sina und Günther Jikeli: Judenhass und Gruppendruck – Zwölf Gespräche mit jungen Berlinern palästinensischen und libanesischen Hintergrunds. In: Jahrbuch für Antisemitismusforschung 17. Hrsg. von Wolfgang Benz. Berlin 2008.

Spezifischer Antisemitismus unter Muslimen in Europa – muslimischer Antisemitismus

Die oben dargestellten Umfragen belegen, dass Muslime sich in Europa deutlich häufiger offen zu antisemitischen Aussagen bekennen als Nicht-Muslime. Qualitative Studien wie meine Befragung von jungen Muslimen in Berlin, Paris und London zeigen darüber hinaus, dass einige antisemitische Vorstellungen spezifisch für Muslime sind, während andere auch von Teilen der übrigen Bevölkerung geteilt werden. In den drei Städten mit ganz unterschiedlichen nationalen Kontexten und unter Muslimen mit ganz unterschiedlichen ethnischen Hintergründen konnten übereinstimmend vier Dimensionen antisemitischer Begründungsmuster festgestellt werden: 1) ‚Klassische' antisemitische Einstellungen, wie Stereotypen von Juden und Verschwörungstheorien; 2) anti-jüdische Einstellungen mit Bezügen zu Israel, in denen Israel dämonisiert wird und bei denen nicht getrennt wird zwischen den Juden und Israel; 3) anti-jüdische Einstellungen mit Bezügen zum Islam oder der muslimischen oder ethnischen Identität, oft in Aussagen wie „Juden und Muslime seien per se Feinde" und 4) anti-jüdische Einstellungen unter Verzicht auf Rationalisierungen.[38]

Die Argumentationsmuster mit denen negative Einstellungen zu Juden begründet werden zeigen, dass der Nahostkonflikt schwerlich als Ursache und schon gar nicht als alleinige Ursache für antisemitische Einstellungen herhalten kann.

Rechtfertigungen eines Judenhasses mit Bezug auf Israel werden oft emotional vorgetragen und beinhalten die Vorstellung eines geradezu teuflischen Staates Israel und von Grund auf böswilligen Juden, symbolisiert in dem Topos von Juden, die absichtlich unschuldige Kinder ermorden. Solche Bezüge haben einen emotionalisierenden und radikalisierenden Effekt. Der Nahostkonflikt wird antisemitisch interpretiert und zum Anlass und zur Legitimierung antisemitischer Gewalt genommen. Solche Anschauungen sind anschlussfähig an einen gesellschaftlich weit verbreiteten Antizionismus, der ebenfalls auf die Delegitimierung und letztlich Vernichtung des jüdischen Staates zielt.

Verweise auf die muslimische oder ethnische Kollektividentität hingegen sind selbstversichernd: Die verbreitete Vorstellung, dass Muslime und Juden generell Feinde seien, impliziert, dass die ganze Community Juden nicht mag und dies schon deshalb seine Berechtigung habe, beziehungsweise, dass negative Einstellungen die akzeptierte Norm bilden. Judenfeindschaft ist somit bei vielen

---

38 Jikeli, Antisemitismus und Diskriminierungswahrnehmungen.

Muslimen identitär aufgeladen. Religiöse Bezüge zum Koran oder zur Geschichte des Islams geben solchen Ansichten den Anschein göttlichen Einverständnisses. Eine mangelnde kritische Auseinandersetzung und historische Kontextualisierung von sakralen Texten, in denen sich judenfeindliche Passagen finden, im Mainstream-Islam, machen es zudem für viele Muslime schwer, sich von entsprechenden Interpretationen und Texten zu distanzieren.

Negative Einstellungen gegenüber Juden in Form von ‚klassischen' antisemitischen Stereotypen und Verschwörungstheorien bilden eine Verbindung zu weithin bekannten negativen Bildern von Juden in der Mehrheitsgesellschaft. Sie sind außerdem als Ressentiments Ausdruck psychologischer Mechanismen in der Moderne oder dienen als vereinfachende Welterklärungen.

Diskriminierungserfahrungen europäischer Muslime sind, wenn überhaupt, nur ein unwesentlicher Faktor für die Generierung judenfeindlicher Einstellungen. Dies zeigen nicht nur fehlende Korrelationen in einigen oben erwähnten Umfragen und das noch deutlich höhere Niveau von Antisemitismus in muslimischen Ländern, sondern auch ein Vergleich zu anderen diskriminierten Minderheiten sowie ein internationaler Vergleich von Muslimen in europäischen Ländern mit unterschiedlichen Ausgrenzungsmechanismen.[39] Auch die Interpretation von Antisemitismus als Ausdruck eines ethnischen Konflikts oder eines Konflikts zwischen Juden und Muslimen ist wissenschaftlich fragwürdig und wird für den französischen Kontext mit Michel Wieviorkas Studie von 2005 widerlegt.[40]

Die Ursachen für den heutigen, weit verbreiteten muslimischen Antisemitismus sind vielmehr zum einen in einer bisher nicht aufgearbeiteten (und uneingestandenen) tradierten Judenfeindschaft in islamischen Gesellschaften und sakralen Texten und zum anderen im Einfluss von islamistischen und nationalistischen Bewegungen zu suchen.

Es kann jedoch an dieser Stelle zusammenfassend festgehalten werden, dass der nahezu zur Selbstverständlichkeit gewordene Judenhass in vielen muslimischen Ländern, sowie von dort geprägte Vorstellungen zum Islam und zur isla-

---

39 Jikeli, Günther: Discrimination of European Muslims: Self-Perceptions, Experiences and Discourses of Victimhood. In: Minority Groups: Coercion, Discrimination, Exclusion, Deviance and the Quest for Equality. Hrsg. von Dan Soen, Mally Shechory u. Sarah Ben-David. New York 2012.
40 Wieviorka widmete diesem Thema ein Kapitel mit der bezeichnenden Überschrift: „Ein Antisemitismus (fast) ohne Juden" Wieviorka, Michel: The Lure of Anti-Semitism: Hatred of Jews in Present-Day France. Übers. v. Kristin Couper Lobel u. Anna Declerck. Leiden 2007. Eine ausführliche Besprechung der unterschiedlichen Theorien über die Ursachen von Antisemitismus unter europäischen Juden findet sich in Jikeli, European Muslim Antisemitism.; Jikeli: Antisemitismus unter Muslimen.

mischen Identität, Faktoren sind, die sich auch in Einstellungen unter Muslimen in Europa niederschlagen.

In der ersten Hälfte des 20. Jahrhunderts hatten nationalistische und insbesondere panarabische, sowie islamistische Bewegungen, die sich weder vor noch nach dem Zweiten Weltkrieg vor einer Zusammenarbeit mit Nationalsozialisten scheuten, einen wesentlichen Anteil daran, dass die diskriminierende Behandlung von Juden im Islam des Mittelalters nicht im Zuge der Etablierung nationalstaatlich verfasster Gesellschaften verschwand, sondern in weiten Teilen in Antisemitismus und eine identitär verstandene, prinzipielle Feindschaft von Muslimen und Juden umgewandelt wurde.[41]

Während Antisemitismus in den vergangenen Jahrzehnten häufig sowohl von arabischen (muslimischen und christlichen) Panarabisten als auch von Islamisten ausging, gewinnen Letztere zunehmend an Gewicht und geben der Sehnsucht nach dem Mord an Juden offen Ausdruck.[42] Der Aufruf zum Mord an Juden oder Israelis (und nicht etwa an israelischen Soldaten, wie manchmal zur Legitimierung von Antisemitismus behauptet wird) ist jedoch auch unter sogenannten ‚moderaten' oder ‚liberalen' islamischen Gelehrten wie dem amtierenden Großimam der islamischen al-Azhar Universität Kairo, Ahmed al-Tayeb, zu finden.[43]

---

[41] Zu einem besseren Verständnis der historischen Ursachen siehe Küntzel, Djihad und Judenhass; Herf, Jeffrey: Nazi propaganda for the Arab world. New Haven [Conn.] 2010; Cüppers, Martin u. Mallmann, Klaus-Michael: Halbmond und Hakenkreuz. Darmstadt 2006; Litvak, Meir und Esther Webman: From Empathy to Denial: Arab Responses to the Holocaust. New York 2009; The Legacy of Islamic Antisemitism: From Sacred Texts to Solemn History. Hrsg. von Andrew G. Bostom. Reprint. New York 2008; Krämer, Gudrun: Minderheit, Millet, Nation? Die Juden in Ägypten, 1914–1952. Wiesbaden 1982; Lewis, Bernard: Semites and anti-Semites: an inquiry into conflict and prejudice. London 1997. Eine ausführliche Diskussion findet sich in Jikeli, Antisemitismus unter Muslimen.

[42] Scheich Omar Abu Sara predigte im November 2014 in der Al Aksa-Moschee in Jerusalem: „Ich sage es den Juden laut und klar: Die Zeit eurer Abschlachtung ist gekommen. Die Zeit, euch zu bekämpfen ist gekommen. Die Zeit euch zu töten ist gekommen." MEMRI – Middle East Media Research Institute: Preacher at Al-Aqsa Mosque Omar Abu Sara to the Jews: „We Shall Slaughter You Without Mercy". 2014. https://www.memri.org/tv/preacher-al-aqsa-mosque-omar-abu-sara-jews-we-shall-slaughter-you-without-mercy. Ähnliche radikale Diskurse findet man auch in Europa. Scheich Abou Bilal Ismail sprach in der Al-Nur-Moschee in Berlin im Juli 2014: „Oh Allah, zerstöre die zionistischen Juden. Sie sind keine Herausforderung für Dich. Zähle sie und bringe sie um, bis zum Letzten." MEMRI – Middle East Media Research Institute: In Support of Gaza, Berlin Imam Prays for the Annihilation of Jews, the „Slayers of Prophets". 2014. www.memri.org/clip_transcript/en/4352.htm (10.03.2015).

[43] Taguieff zitiert den damaligen Großmufti von Ägypten al Tayeb aus einem Interview mit dem Figaro vom 5. Juni 2002: „Diese Aktionen [die palästinensischen ‚menschlichen Bomben'] sind eine legitime Verteidigung und Teil des Kampfes gegen die Besatzung. Aus unserer Sicht begehen sie keinen Selbstmord. Es sind Märtyrer. [...] Die Märtyrer-Aktionen stellen die einzige Methode

Die Grenzen zwischen antisemitischen Islamisten und dem Mainstream-Islam sind auch für Muslime oft schwer erkennbar. Viele führende islamische Gelehrte haben sich öffentlich und wiederholt antisemitisch geäußert, so al-Tayebs Vorgänger Mohammed Sayed Tantawi oder Yusuf al-Qaradawi, ein weltweit bekannter und eng mit der Muslimbruderschaft verbundener Rechtsgelehrter.[44] Kaum ein islamischer Gelehrter oder gar ein islamischer Verband wagt es, judenfeindliche Passagen aus dem Koran oder den Hadithen zu historisieren, da die gängige Doktrin des Islams noch immer der Illusion der Möglichkeit einer wortwörtlichen Auslegung des Korans als direktes Wort Gottes anhängt und das Leben Mohammeds in allen Details als Vorbild für alle Zeiten gilt.[45] Dies gilt selbstverständlich auch für frauenfeindliche, homophobe und einer demokratischen Gesellschaft widersprechenden Textpassagen.

Die in westeuropäischen Gesellschaften noch immer verbreitete Tabuisierung und Entschuldigung eines spezifisch muslimischen Antisemitismus trägt in jedem Fall dazu bei, dass die kritische Reflexion unter Muslimen mit der eigenen Geschichte und vor allem mit demokratie- und judenfeindlichen Religionsauslegungen noch weiter aufgeschoben wird.

Literaturverzeichnis

Anti-Defamation League: ADL GLOBAL 100. 2014. http://global100.adl.org (20.2.2017).
Anti-Defamation League: ADL GLOBAL 100. 2015 Update in 19 Countries. 2015. http://global100.adl.org/public/ADL-Global-100-Executive-Summary2015.pdf (20.2.2017).
Arnold, Sina und Günther Jikeli: Judenhass und Gruppendruck – Zwölf Gespräche mit jungen Berlinern palästinensischen und libanesischen Hintergrunds. In: Jahrbuch für Antisemitismusforschung 17. Hrsg. von Wolfgang Benz. Berlin 2008. S. 105–130.
Bali, Rıfat N: A scapegoat for all seasons: the Dönmes or Crypto-Jews of Turkey. Istanbul 2008.
Bali, Rıfat N: Antisemitism and conspiracy theories in Turkey. 2013.
Barrot, Adrien: Si c'est un Juif: réflexions sur la mort d'Ilan Halimi. Paris 2007.
Bergmann, Werner u. Juliane Wetzel: Manifestations of anti-Semitism in the European Union. First Semester 2002. Synthesis Report on behalf of the EUMC. 2003. http://www.erinnern.

---

dar, die den Palästinensern bleibt, um sich zu verteidigen. [...] Das israelische Volk ist ein bewaffnetes und angreifendes Volk. In Israel kann die gesamte Bevölkerung in die Armee eingezogen werden. Der palästinensische Widerstand greift also Zivilisten an, die Soldaten werden können." Taguieff, Pierre-André: Prêcheurs de haine: traversée de la judéophobie planétaire. Paris 2004, S. 196–197, eigene Übersetzung.
44 Kressel, Neil J: The Sons of Pigs and Apes. Muslim antisemitism and the conspiracy of silence. Washington, D.C. 2012.
45 Sibony, Daniel: Islam, phobie, culpabilité. Paris 2013.

at/bundeslaender/oesterreich/e_bibliothek/antisemitismus-1/431_anti-semitism_in_the_ european_union.pdf (19.02.2015).
Bostom, Andrew G. (Hrsg.): The Legacy of Islamic Antisemitism: From Sacred Texts to Solemn History. Reprint. New York 2008.
Botsch, Gideon/Glöckner, Olaf/Kopke, Christoph/Spieker, Michael (Hrsg.): Islamophobie und Antisemitismus – ein umstrittener Vergleich. Berlin/Boston 2012.
Brettfeld, Katrin und Peter Wetzels: Muslime in Deutschland. Berlin 2007.
Brouard, Sylvain und Vincent Tiberj: As French as everyone else? A survey of French citizens of Maghrebin, African, and Turkish origin. Philadelphia 2011.
Bundesministerium des Innern: Antisemitismus in Deutschland. Erscheinungsformen, Bedingungen, Präventionsansätze. Bericht des unabhängigen Expertenkreises Antisemitismus. Berlin 2011.
Cüppers, Martin und Klaus-Michael Mallmann: Halbmond und Hakenkreuz. Darmstadt 2006.
Elchardus, Mark: Antisemitisme in de Brusselse scholen. In: Jong in Brussel. Bevindingen uit de Jop-monitor Brussel. Hrsg. von Nicole Vettenburg, Mark Elchardus und Johan Put. Leuven; Den Haag 2011. S. 265–296.
European Union Agency for Fundamental Rights (FRA): Discrimination and Hate Crime against Jews in EU Member States: Experiences and Perceptions of Antisemitism. 2013.
Frindte, Wolfgang, Klaus Boehnke, Henry Kreikenbom und Wolfgang Wagner: Lebenswelten junger Muslime in Deutschland. Berlin 2012.
Herf, Jeffrey: Nazi propaganda for the Arab world. New Haven [Conn.] 2010.
Jikeli, Günther: Antisemitismus und Diskriminierungswahrnehmungen junger Muslime in Europa. Essen 2012.
Jikeli, Günther: Discrimination of European Muslims: Self-Perceptions, Experiences and Discourses of Victimhood. In: Minority Groups: Coercion, Discrimination, Exclusion, Deviance and the Quest for Equality. Hrsg. von Dan Soen, Mally Shechory und Sarah Ben-David. New York 2012. S. 77–96.
Jikeli, Günther: Die gegenwärtigen antisemitischen Ausschreitungen in Europa. 2014. http://www.hagalil.com/archiv/2014/08/12/jikeli/ (1.9.2014).
Jikeli, Günther: Antisemitismus unter Muslimen – Debatten, Umfragen, Einflussfaktoren. In: Gebildeter Antisemitismus. Eine Herausforderung für Politik und Zivilgesellschaft. Hrsg. von Monika Schwarz-Friesel. Baden-Baden 2015. S. 187–216.
Jikeli, Günther: European Muslim Antisemitism. Why Young Urban Males Say They Don't Like Jews. Indianapolis 2015.
Jikeli, Günther: A Framework for Assessing Antisemitism: Three Case Studies (Dieudonné, Erdoğan, and Hamas). In: Deciphering the New Antisemitism. Hrsg. von Alvin H. Rosenfeld. Bloomington, IN 2015. S. 43–76.
Jikeli, Günther: Antisemitic Attitudes among Muslims in Europe: A Survey Review. New York 2015.
Jikeli, Günther: Antisemitism in the Extreme Right and Islamists' Circles. In: Being Jewish in 21st-Century Germany. Hrsg. von Olaf Glöckner und Haim Fireberg. Oldenburg 2015.
Jikeli, Günther und Kemal Silay: Tayip Erdoğans Wahn von den Juden. In: Jüdische Rundschau 1/1 (2014). S. 29.
Koopmans, Ruud: Religious fundamentalism and out-group hostility among Muslims and Christians in Western Europe. Amsterdam 2013. http://www.wzb.eu/sites/default/files/

u8/ruud_koopmans_religious_fundamentalism_and_out-group_hostility_among_muslims_and_christian.pdf (2.1.2014).

Koopmans, Ruud: Religiöser Fundamentalismus und Fremdenfeindlichkeit. Muslime und Christen im europäischen Vergleich. In: Empirische Kultursoziologie. Hrsg. von Jörg Rössel und Jochen Roose. Wiesbaden 2015. S. 455–490.

Krämer, Gudrun: Minderheit, Millet, Nation? Die Juden in Ägypten, 1914–1952. Wiesbaden 1982.

Kressel, Neil J: The Sons of Pigs and Apes. Muslim antisemitism and the conspiracy of silence. Washington D.C. 2012.

Küntzel, Matthias: Djihad und Judenhass. Über den neuen antijüdischen Krieg. Freiburg im Breisgau 2003.

Lewis, Bernard: Semites and anti-Semites: an inquiry into conflict and prejudice. London 1997.

Litvak, Meir und Esther Webman: From Empathy to Denial: Arab Responses to the Holocaust. New York 2009.

Mansel, Jürgen und Victoria Spaiser: Abschlussbericht und insbesondere Tabellenanhang des Forschungsprojekts (Final Research Project Report) „Soziale Beziehungen, Konfliktpotentiale und Vorurteile im Kontext von Erfahrungen verweigerter Teilhabe und Anerkennung bei Jugendlichen mit und ohne Migrationshintergrund. Bielefeld 2010. http://www.vielfalt-tut-gut.de/content/e4458/e8260/Uni_Bielefeld_Abschlussbericht_Forschungsprojekt.pdf and http://www.vielfalt-tut-gut.de/content/e4458/e8277/Uni_Bielefeld_Tabellenanhang.pdf (12.04.2014).

Mascré, David: Des barbares dans la cité: réflexions autour du meurtre d'Ilan Halimi. Reims 2009.

MEMRI – Middle East Media Research Institute: In Support of Gaza, Berlin Imam Prays for the Annihilation of Jews, the „Slayers of Prophets". 2014. www.memri.org/clip_transcript/en/4352.htm (10.03.2015).

MEMRI – Middle East Media Research Institute: Preacher at Al-Aqsa Mosque Omar Abu Sara to the Jews: „We Shall Slaughter You Without Mercy". 2014. http://www.memri.org/clip_transcript/en/4657.htm (10.03.2015).

Mirza, Munira/Ja'far, Zain/Senthilkumaran, Abi: Living apart together: British Muslims and the paradox of multiculturalism. London 2007.

Pew Global Attitudes Project: The great divide. How Westerners and Muslims view each other. 2006. http://pewglobal.org/reports/pdf/253.pdf (06.12.2009).

Pew Global Attitudes Project: Little Enthusiasm for Many Muslim Leaders. 2010. http://pewglobal.org/files/pdf/268.pdf (12.04.2015).

Reynié, Dominique: L'antisémitisme dans l'opinion publique française. Nouveaux éclairages (première version avec annexe). Paris, France 2014.

Senatsverwaltung (Berlin) für Inneres und Sport, Abteilung Verfassungsschutz: Antisemitismus im extremistischen Spektrum Berlins. Berlin 2006. www.berlin.de/imperia/md/content/seninn/verfassungsschutz/fokus_antisemitismus_2._aufl.pdf?start&ts=1234285743&file=fokus_antisemitismus_2._aufl.pdf (12.04.2015).

Sibony, Daniel: Islam, phobie, culpabilité. Paris 2013.

Stremmelaar, Annemarike: Reading Anne Frank. Confronting Antisemitism in Turkish Communities. In: The Holocaust, Israel and 'the Jew': Histories of Antisemitism in Postwar Dutch Society. Hrsg. von Evelien Gans und Remco Ensel. Amsterdam 2017. S. 445–474.

Taguieff, Pierre-André: Prêcheurs de haine. Traversée de la judéophobie planétaire. Paris 2004.
Taguieff, Pierre-André: Judéophobie des Modernes (La): Des Lumières au Jihad mondial. 2008.
Taguieff, Pierre-André: Une France antijuive? Regards sur la nouvelle configuration judéophobe antisionisme, propalestinisme, islamisme. Paris 2015.
Tiberj, Vincent: Anti-Semitism in an Ethnically Diverse France: Questioning and Explaining the Specificities of African-, Turkish-, and Maghrebian-French. 33. Bd. Paris 2006. www.aup.fr/pdf/WPSeries/AUP_wp33-Tiberj.pdf (30.4.2015).
Tibi, Bassam: Islamism and Islam. New Haven 2012.
Vettenburg, Nicole, Mark Elchardus und Johan Put: Jong in Brussel. Bevindingen uit de Jop-monitor Brussel. Leuven, Den Haag 2011.
Wieviorka, Michel: The Lure of Anti-Semitism: Hatred of Jews in Present-Day France. Übers. v. Kristin Couper Lobel u. Anna Declerck. Leiden 2007.

Matthias Küntzel
Islamischer Antisemitismus als Forschungsbereich

Über Versäumnisse der Antisemitismusforschung in Deutschland

Islamischer Antisemitismus zeigt sich als akute Gefahr und Bedrohung in unterschiedlicher Gestalt. Im Sommer 2014 waren es Gruppen junger Muslime, die in deutschen Großstädten Proteste gegen den Gaza-Krieg mit *Allahu Akbar*-Rufen, militanten Angriffen auf Israel-Unterstützer und Parolen wie „Jude, Jude, feiges Schwein, komm' heraus und kämpf' allein" dominierten. 2014 und 2015 konzentrierten Anhänger des *Islamischen Staats* ihre Angriffe auf jüdische Einrichtungen in Europa; zufällig anwesende Juden wurden im Jüdischen Museum in Brüssel, in einem koscheren Supermarkt in Paris und in einer Kopenhagener Synagoge getötet. Wir haben es somit erstens mit dem Judenhass in der arabisch-muslimischen Welt und zweitens mit dem importierten Judenhass in Deutschland und Europa zu tun, also mit dem Echo, das der islamische Antisemitismus jener Regionen hierzulande erzeugt.

Gleichwohl klaffen beim Thema islamischer Antisemitismus nicht nur hierzulande große forschungspolitische Lücken. Vor einigen Jahren erschien in den USA eine Monographie, die sich unter dem Titel *Muslim antisemitism and the conspiracy of silence* eigens mit der Weigerung westlicher Eliten befasst, den massenhaften Antisemitismus unter Muslimen wahrzunehmen, geschweige denn ihn zu erforschen.[1] Wer dennoch auf diesem Gebiet zu forschen sucht, gerät schnell auf politisch umkämpftes Terrain.

Da ist zum einen der Tatbestand, dass Muslime in Europa eine Minderheit darstellen, die sich mit dem Aufkommen rechtspopulistischer Bewegungen zunehmend einer rassistischen Agitation ausgesetzt sieht. Leicht gerät, wer den Antisemitismus unter Muslimen untersucht, in den Verdacht der „Islamophobie". Dieser Vorwurf war schnell bei der Hand, als Anfang 2003 zwei Mitarbeiter des Zentrums für Antisemitismusforschung (ZfA) einen Bericht über „Manifestationen des Antisemitismus in der Europäischen Union" vorlegten, den sie im Auftrag des *European Monitoring Centre on Racism and Xenophobia* (EUMC) erstellt hatten. Darin stellten sie fest, dass für „physische Angriffe auf Juden und die Entweihung

---

[1] Kressel, Neil J.:"The Sons of Pigs and Apes." Muslim Antisemitism and the Conspiracy of Silence. Washington D.C. 2012.

und Zerstörung von Synagogen hauptsächlich junge muslimische Täter mit zumeist arabischen Wurzeln verantwortlich waren."[2] Wegen derartiger Passagen hielt das EUMC diese Studie monatelang unter Verschluss. Sie sei ungeeignet, so das *Monitoring Centre*, „da sie die ‚Islamophobie' in Europa [...] fördern könne."[3] Mit neunmonatiger Verspätung machten jüdische Gemeinden diese Studie schließlich ohne Zustimmung des EUMC öffentlich.[4] Wie aber soll, wenn schon die unkommentierte Darstellung unbestreitbarer Sachverhalte in den Verdacht des Rassismus gerät, unabhängige Forschung möglich sein?

Zum anderen wirkt sich der Einfluss des Antizionismus auf die Forschung aus. Manche, wie der britische Autor Gilbert Achcar, möchten dem islamischen Judenhass aufgrund der Existenz oder Politik Israels mildernde Umstände beimessen. „Ist der für europäische Rassisten früher wie heute typische, auf Hirngespinste gegründete Judenhass [...] gleichzusetzen mit dem Hass, den manche Araber empfinden, die empört sind über die Besetzung und Verwüstung arabischen Landes?", fragt Achcar und antwortet mit einem klaren Nein.[5] Diese Argumentation entschuldigt den Antisemitismus, indem sie suggeriert, dass Israel für den Hass auf Juden verantwortlich sei.

Der nachfolgende Aufsatz wird die spezifischen Probleme dieses Forschungsbereichs am Beispiel des an der Berliner Technischen Universität angesiedelten Zentrums für Antisemitismusforschung diskutieren. Die Konzentration auf das ZfA erklärt sich durch die Tatsache, dass der Status dieses Zentrums in der deutschen Forschungslandschaft einzigartig ist: Anders als etwa das Moses Mendelsohn Zentrum oder das Fritz-Bauer-Institut, ist das ZfA dank öffentlicher Mittel seit 35 Jahren kontinuierlich und hauptsächlich mit der Erforschung des Antisemitismus befasst.

---

2 Bergmann, Werner und Wetzel, Juliane: Manifestations of anti-Semitism in the European Union, Report on behalf of the European Monitoring Centre on Racism and Xenophobia, Vienna, March 2003, S. 25. http://www.erinnern.at/bundeslaender/oesterreich/e_bibliothek/antisemitismus-1/431_anti-semitism_in_the_european_union.pdf (07.04.2017).
3 Croitoru, Joseph: Unter Verschluss? In: *Frankfurter Allgemeine Zeitung*, 27.11.2003, S. 37.
4 Jüdische Gemeinden veröffentlichen EU-Studie. In: *Frankfurter Allgemeine Zeitung*, 03.12.2003, S. 1.
5 Achcar, Gilbert: Die Araber und der Holocaust. Der arabisch-israelische Krieg der Geschichtsschreibungen. Hamburg 2012, S.261.

Das Berliner Zentrum für Antisemitismusforschung (ZfA)

Seit seiner Gründung hat das ZfA verschiedene Phasen durchlaufen. Sein Gründungsdirektor war Herbert A. Strauss, ein deutsch-amerikanischer Jude, der dem Holocaust 1943 nur knapp entkam.[6] 1982 hielt Strauss seine Antrittsvorlesung, die das Zentrum offiziell eröffnete. 1990 übernahm Wolfgang Benz dessen Amt; 1999 kam Werner Bergmann als zweiter Professor hinzu. 2011 übernahm Stefanie Schüler-Springorum die Leitung von Benz. Von den drei Leitern war Herbert A. Strauss derjenige, der in dem „mit der Existenz Israels zusammenhängende(n) ‚außenpolitische(n) Moment" eine Forschungsaufgabe für das Zentrum sah. Die Auseinandersetzungen Israels „mit der islamischen und arabischen Welt", schrieb Strauss 1990, „die mit dem Angriff auf den neugegründeten Staat im Jahre 1948 begannen und bis heute fortdauern, haben ideologische Formen angenommen bzw. enthalten ideologische Komponenten, die dazu zwingen, die arabisch-islamische Welt in die Antisemitismusforschung einzubeziehen."[7] Es ging Strauss somit nicht um das Echo jener „ideologischen Komponenten" bei Muslimen in Deutschland, sondern um den Antisemitismus in der Israel umgebenden Region. Was aber ist aus dem von ihm postulierten „Zwang" geworden, die arabisch-islamische Welt in die Forschung einzubeziehen?

Beginnen wir mit den 89 Büchern, die das Zentrum zwischen 1991 und 2016 in seiner Buchreihe „Dokumente, Texte, Materialen" veröffentlichte. Von diesen Büchern hat sich keines mit dem Antisemitismus im Nahen Osten oder in der islamischen Welt befasst. Zwischen dem Sommersemester 2011 und dem Wintersemester 2016/17 lud das ZfA im Rahmen der neu initiierten Reihe „Forschungskolloquium" zu insgesamt 173 Vorträgen ein. Nur zwei dieser Vorträge beschäftigten sich mit dem Antisemitismus unter Muslimen im weitesten Sinn. Was aber ist mit den 24 Jahrbüchern für Antisemitismusforschung, die zwischen 1992 und 2015 erschienen? Diese Reihe stellt gewiss ein eindrucksvolles Kompendium einschlägiger Aufsätze dar – in 23 Jahren wurden 354 Beiträge publiziert. Davon waren allerdings nur 14 dem Judenhass unter Muslimen, ob in Europa oder der übrigen Welt, gewidmet. Zwei Artikel widmeten sich dem Antisemitismus

---

[6] Strauss, 1918 geboren, 2005 gestorben, berichtet über sein Leben im Nationalsozialismus in: Strauss, Herbert A.: Über dem Abgrund. Eine jüdische Jugend in Deutschland 1918–1943. Berlin 1999.
[7] Strauss, Herbert A.: Einleitung – vom modernen zum neuen Antisemitismus. In: Der Antisemitismus der Gegenwart. Hrsg. von Herbert A. Strauss u. Werner Bergmann u. Christhard Hoffmann. Frankfurt/New York 1990, S. 15.

in Iran, ein einziger der Hisbollah. Über die Hamas und deren antisemitischer Charta von 1988 hat das ZfA weder einen Beitrag in einem Jahrbuch noch eine Stellungnahme für die Medien veröffentlicht.

Dies muss erstaunen, stand doch die Hamas während des letzten Jahrzehnts wiederholt mit Israel im Krieg; so während des Jahreswechsels 2008/2009, im November 2012 und erneut im Sommer 2014. In allen drei Fällen begannen die kriegerischen Auseinandersetzungen mit dem Beschuss israelischer Städte durch Qassam-Raketen aus dem Gaza-Streifen, denen jeweils israelische Vergeltungsangriffe folgten. Über jede dieser Auseinandersetzungen wurde in Deutschland heftig und nicht selten mit antiisraelischer Schlagseite diskutiert: Viele interpretierten das Vorgehen der Hamas als Ausdruck von Not und Verzweiflung, da sie deren auf die Zerstörung Israels zielendes Programm, das in der Gründungscharta von 1988 formuliert ist, nicht kannten.[8] Ohne Berücksichtigung des Antisemitismus in der Hamas-Charta war und ist der Kontext jener kriegerischen Auseinandersetzungen aber nicht zu verstehen. Das ZfA versäumte es, über diese Charta zu informieren und wurde in diesem Punkt seinem Anspruch „durch Politik- und Medienberatung Dienstleistungen und Aufklärungsarbeit für die Öffentlichkeit" zu leisten, schwerlich gerecht.[9]

Worauf gründet diese Distanz zum Postulat des Institutsgründers Herbert A. Strauss, „die arabisch-islamische Welt in die Antisemitismusforschung einzubeziehen"? Ein Blick auf die vom ZfA im September 2000 organisierte internationale Konferenz „Die Entstehung von Feindbildern im Konflikt um Palästina" kann bei der Beantwortung dieser Frage helfen.

Die Konferenz: „Feindbilder" im Konflikt um Palästina

Den Anstoß zu dieser Konferenz gab Miryam Shomrat, die damalige israelische Generalkonsulin in Berlin. „Sie erhoffte sich in erster Linie Aufschlüsse über Ursachen, Motive und Wirkungen arabischer Judenfeindschaft", schrieb Benz rückblickend. „Wie es die thematische Ausrichtung des Zentrums für Antisemitismusforschung nahe legt", betonte auch Werner Bergmann, der die Tagung

---

8 Charta der Islamischen Widerstandsbewegung Hamas, übersetzt von Lutz Rogler. In: Baumgarten, Helga: Hamas. Der politische Islam in Palästina. München 2006. S. 207–226.
9 Zentrum für Antisemitismusforschung 1982–2007, Berlin 2007, S. 1.

konzipierte, „war zunächst an eine Untersuchung des arabischen und islamischen Antizionismus und Antisemitismus gedacht."[10]

Dies stieß außerhalb des Zentrums aber auf Kritik. So warnte Joel Beinin, Professor an der Stanford University, vor der Gefahr einer „Beförderung negativer Vorstellungen über die Araber, welche in Israel und dem Westen vorherrschen", wenn man sich auf deren Antisemitismus kapriziere.[11] „ Many of the invited Middle East specialists objected to the notion that anti-Semitism was the only form of racism in the Arab-Israeli-conflict", berichtet Beinin, „and the invitation was revised to mention anti-Arab racism as well."[12] Werner Bergmann bestätigte, dass das ZfA damals einen „Lernprozess" durchlaufen habe, für dessen Erfolg einige „Experten für den Islam und den Nahen Osten von zentraler Bedeutung" gewesen seien, darunter Helga Baumgarten, Gudrun Krämer, Gerhard Höpp, John Bunzl, Kai Hafez und Joel Beinin. Man habe im Laufe dieses Prozesses erkannt, dass sich der arabisch-islamische Judenhass nur dann verstehen lasse, wenn man „nicht mit dem Antisemitismus beginnt, sondern ihn als eine Folge des Palästinakonflikts thematisiert."[13] Also mussten, so Bergmann, „alle Konfliktparteien zum Gegenstand der Analyse gemacht werden. Dies bedeutet, dass spiegelbildlich auch die negativen Bilder von der palästinensischen Bevölkerung [...] auf [...] israelischer Seite in die Betrachtung einbezogen werden müssen."[14]

‚Spiegelbildlich' ist das Stichwort, das die Problematik dieses Standpunkts markiert. Während eine wissenschaftliche Untersuchung über das Araberbild in Israel ihre Berechtigung hat, läuft die Metapher vom Spiegelbild darauf hinaus, die Wurzel des arabischen Antisemitismus in jüdischem Verhalten zu suchen und die erheblichen Unterschiede zwischen einem Rassismus, der seine Opfer degradiert und einem Antisemitismus, der seine Gegner zu vernichten sucht, zu nivellieren. Gleichwohl führte der oben erwähnte „Lernprozess" im September 2000 zu dem Resultat, dass das Berliner Zentrum seinen ursprünglichen Plan revidierte und hinsichtlich der Feindbilder im israelisch-palästinensischen Konflikt eine äquidistante Position bezog. Aus der geplanten Konferenz über die

---

10 Benz, Wolfgang: Vorwort. In: Jahrbuch für Antisemitismusforschung 12, Hrsg. von Wolfgang Benz. Berlin 2003, S. 9; Bergmann, Werner: Zur Entstehung von Feindbildern im Konflikt um Palästina. Einführung. In: Jahrbuch für Antisemitismusforschung 12, S. 16.
11 Nordbruch, Götz: Arabisch-islamische Judenfeindschaft. Die Entstehung von Feindbildern im Konflikt um Palästina. Eine Konferenz des Zentrums für Antisemitismusforschung. In: Newsletter Nr. 20 des Zentrums für Antisemitismusforschung. Berlin 2000.
12 Beinin, Joel: Book reviews. In: International Journal of Middle East Studies 42 (2010). S. 689–726.
13 Bergmann, Entstehung, S.17.
14 Bergmann, Entstehung, S.17.

Schnittstellen von Antisemitismus und Antizionismus wurde eine Konferenz mit dem Titel „Die Entstehung von Feindbildern im Konflikt mit Palästina." Man stellte das „Feindbild Araber" mit dem „Feindbild Jude" konzeptionell auf eine Stufe – so als würde Israel bestimmten arabischen Staaten „spiegelbildlich" deren Existenzrecht streitig machen; so als würden relevante israelische Parteien die Araber als Feinde bezeichnen, die es zum Wohle der Menschheit zu vernichten gelte.

Den Eindruck einer Parteinahme für Israel suchte das Zentrum jetzt zu vermeiden. „Wenn trotz allen Bemühens um die gebotene wissenschaftliche Distanz in den Beiträgen zum Palästinakonflikt gelegentlich Parteinahme [...] durchscheint, sei der Leser um Nachsicht gebeten", entschuldigte sich folgerichtig Wolfgang Benz im Vorwort des Jahrbuchs, das Beiträge dieser Konferenz dokumentiert. „Herausgeber und Redaktion des Jahrbuchs vertrauen darauf, dass dies nicht missverstanden wird."[15] Wie „wissenschaftlich" ist aber jene Distanz, die Benz hier gegen die Versuchung gelegentlicher Parteinahme in Stellung bringt? Wer beispielsweise über Rassismus forscht, wer also die Leidensgeschichte der Schwarzen studiert hat, wird kaum anders können, als die Überwindung der Apartheid in Südafrika prinzipiell zu begrüßen, auch wenn er an der Politik des heutigen Südafrika etwas auszusetzen hat. Auf den Judenhass übertragen bedeutet dies: Wer über Antisemitismus forscht, sich also mit der Leidensgeschichte der Juden beschäftigt hat, wird kaum anders können, als die Existenz eines jüdischen Staates prinzipiell zu begrüßen, auch wenn er an der Politik des heutigen Israel einiges auszusetzen hat.

Antisemitismus ist kein Forschungsobjekt wie jedes andere. So wie der Erdbebenforscher seine wissenschaftliche Expertise der Aufgabe widmet, die durch Erdbeben hervorgerufenen Gefahren zu minimieren, gibt es auch für Antisemitismusforscher nur ein Motiv, sich mit Geschichte und Gegenwart des Judenhasses zu befassen: ihm Widerstand entgegenzusetzen, um die mit dem Judenhass verbundenen Gefahren zu minimieren. Hier sind jüdisches Interesse und das Interesse der Mehrheitsgesellschaft eins. Welche Verheerungen der Antisemitismus auch über nicht-jüdische Bevölkerungsteile zu bringen vermag, zeigen nicht nur die Fotos deutscher Großstädte von April 1945, sondern auch die innenpolitischen Zustände in Gaza oder Iran. Seltsamerweise hatte Wolfgang Benz in seiner Abschiedsvorlesung als ZfA-Direktor gleichwohl zwischen jüdischer Minderheit und nicht-jüdischer Mehrheit einen Widerspruch konstruiert: „Das Motiv des Antisemitismusforschers (darf) nicht im Verlangen nach Beifall aus den Reihen der Minderheit bestehen. Antisemitismusforschung ist eine Dienstleistung gegenüber

---

15 Benz, Vorwort, S. 9.

der Mehrheitsgesellschaft, nicht Anbiederung an die Opfer von Abneigung, Aggression, Diskriminierung und Verfolgung."[16]

Nun hat Wissenschaft mit Anbiederung, sei es an eine Minderheit oder an eine Mehrheit, generell nichts zu tun; entscheidend ist, dass sie sich allen äußeren politischen Anforderungen und Ansprüchen entzieht. Doch dies geschah beim Konferenzprojekt von September 2000 gerade nicht. Ebenso wie einige Monate später das EUMC, beugten sich hier die ZfA-Verantwortlichen einem sachfremden politischen Argument: Die „Beförderung negativer Vorstellungen über die Araber, welche in Israel und dem Westen vorherrschen", müsse vermieden und der Antisemitismus „als eine Folge des Palästinakonflikts thematisiert" werden; als Antwort also auf jüdisches Agieren. Der „Lernprozess" habe gezeigt, „dass man zu einem umfassenderen Verständnis der Israel- und Judenfeindschaft in der islamischen, vor allem in der arabischen Welt nur gelangt, wenn der reale politische Konflikt um Palästina in den Mittelpunkt gestellt wird."[17]

Ist es aber tatsächlich der Palästina-Konflikt, der diese Judenfeindschaft erklärt? Der ägyptische Sozialwissenschaftler Samuel Tadros kommt zu einem anderen Schluss: Er verweist darauf, dass sich auf diese Weise weder der Philosemitismus der ägyptischen Elite nach der Entstehung der zionistischen Bewegung, noch die pro-zionistische Stimmung im Ägypten der Zwanzigerjahre erklären lasse. „Juden wurden nicht als Fremdkörper betrachtet, die in die Region verpflanzt wurden, sondern als Menschen, die dort ganz selbstverständlich hingehören. Die umgekehrte Erklärung könnte der Wahrheit näher kommen: viele Ägypter sind nicht Antisemiten, weil sie anti-israelisch sind; sie sind anti-israelisch, weil sie zuvor Antisemiten wurden."[18] Zweitens wird hier Judenfeindschaft als eine Art automatischer Reflex auf den Nahostkonflikt behandelt, so als habe es all die moderaten Araber, die den Konflikt auf nicht-antisemitische Weise zu lösen suchten, nicht gegeben. Drittens ist zu fragen, was der Antisemitismus im Iran, die Holocaust-Leugnung in Ägypten oder die Ermordung europäischer Juden durch Gefolgsleute des *Islamischen Staats* mit dem „realen politischen Konflikt um Palästina" zu tun haben. Viertens aber wird das so definierte „Verständnis der Israel- und Judenfeindschaft" den historischen Abläufen nicht gerecht. So war nicht nur die zionistische Bewegung, sondern auch die Fraktion der moderaten Araber von Anfang an mit einer von Haj Amin el-Husseini geführten nationalistischen Bewegung konfrontiert, die sich nicht von Rationalitätskalkülen, sondern

---

16 Benz, Wolfgang: Antisemitismusforschung als akademisches Fach und öffentliche Aufgabe. In: Jahrbuch für Antisemitismusforschung 19. Hrsg. von Wolfgang Benz. Berlin 2010, S. 27 f.
17 Bergmann, Entstehung, S. 16.
18 Tadros, Samuel: The Sources of Egyptian Anti-Semitism. In: The American Interest, 21. April 2014. https://www.hudson.org/research/10245-the-sources-of-egyptian-anti-semitism (07.04.2017).

von einer antisemitisch motivierten Vernichtungswut gegen Juden leiten ließ – einer Bewegung, die Nazideutschland zwischen 1937 und 1945 auf vielfältige Weise zu stärken suchte und die für die Zuspitzung des Nahostkonflikts in den Jahren 1947/1948 maßgeblich mit verantwortlich war.[19]

Es ist vermutlich keine Übertreibung, wenn man rückblickend die Abkehr von der ursprünglichen Konferenzplanung des ZfA und deren äquidistante Neuausrichtung als Weichenstellung für die institutionalisierte Antisemitismusforschung in Deutschland interpretiert. Ab diesem Zeitpunkt hat, von punktuellen Ausnahmen abgesehen, das „mit der Existenz Israels zusammenhängende ‚außenpolitische' Moment"[20], also die von Strauss geforderte Einbeziehung der arabisch-islamischen Welt bei der Arbeit des ZfA keine Rolle mehr gespielt.

Wissenschaftliche Distanz

Bemerkenswerterweise hielt sich das ZfA in seiner weiteren Entwicklung nicht an das von Benz formulierte Postulat der „wissenschaftlichen Distanz". Ein Beispiel liefert das 2008 erschienene *Handbuch des Antisemitismus – Länder und Regionen* des Berliner Zentrums. Dieses voluminöse Werk, das als zuverlässiges Nachschlagewerk zu Rate gezogen werden will, beschreibt den Gründungsprozess Israels wie folgt: „Die Staatsgründung Israels im Mai 1948 ging als ‚nakba' (Katastrophe) in die arabischen politischen Diskurse ein. Die Flucht und Vertreibung von 700.000 palästinensischen Arabern, die im Gefolge der Kämpfe das Land verließen, und der territoriale Verlust eines Großteils des ehemaligen Mandatsgebietes standen aus arabischer Sicht für die fortwährenden Intrigen der europäischen Mächte. Als Symbol für imperialistische Bedrohungen rückte die Palästina-Frage in den 1950er und 1960er Jahren ins Zentrum panarabischer Ideologie und Politik."[21] In dieser Darstellung bleibt die Tatsache, dass die Vereinten Nationen im November 1947 mit mehr als zwei Drittel ihrer Mitglieder die

---

19 Küntzel, Matthias: The Aftershock of the Nazi War against the Jews, 1947–1948: Could War in the Middle East Have Been Prevented? In: Jewish Political Studies Review 26 (2016). S. 38–53. http://www.matthiaskuentzel.de/contents/the-aftershock-of-the-nazi-war-against-the-jews-19471948 (07.04.2017).
20 Strauss, Einleitung, S. 15. Eine dieser Ausnahmen war die 2005 vom ZfA veranstaltete wissenschaftliche Konferenz zum Thema „Antisemitismus und radikaler Islamismus". Vgl. Benz, Wolfgang u. Wetzel, Juliane (Hrsg.): Antisemitismus und radikaler Islamismus. Essen 2007.
21 Nordbruch, Götz: Palästina. In: Handbuch des Antisemitismus. Judenfeindschaft in Geschichte und Gegenwart, Band 1: Länder und Regionen. Hrsg. von Wolfgang Benz. München 2008, S. 261. Dieser Abschnitt ist vollständig zitiert.

Teilung Palästinas in einen jüdischen und einen arabischen Staat beschlossen hatten, ebenso unerwähnt, wie der Umstand, dass am Tag der Israel-Gründung die Armeen mehrerer arabischer Staaten in das Land eindrangen, um den UN-Teilungsbeschluss gewaltsam zu vereiteln. Stattdessen wird dieses Schlüsselereignis des Nahostkonflikts, das die Flucht und Vertreibung von Arabern aus Palästina nach sich zog, ausschließlich aus „arabischer Sicht" referiert. Die Tatsache, dass es hiervon abweichende Sichtweisen gibt, bleibt unerwähnt.

Von „wissenschaftlicher Distanz" kann aber auch beim Eintrag zum ehemaligen iranischen Präsidenten Mahmud Ahmadinedschad in dem von Wolfgang Benz herausgegebenen *Handbuch für Antisemitismus – Band 2/1, Personen A-K* keine Rede sein. Hier kommt die Islamwissenschaftlerin Katajun Amirpur zu Wort, die nahezu die Hälfte dieses Eintrags dazu verwendet, eine auf die Zerstörung Israels zielende Aussage Ahmadinedschads als „Übersetzungsfehler" anzuzweifeln, um einen angeblich fälschlich entstandenen Eindruck zu korrigieren: „Allerdings ließ Ahmadinedschad den Übersetzungsfehler auch auf Nachfrage hin bestehen und es dauerte lange, bis er zu der Anschuldigung Position bezog: ‚Iran hat keine Pläne, Israel anzugreifen.' So deutlich äußerte er sich erst am 8. Juli 2008." [22] Während sich auch der Bericht des „Unabhängigen Expertenkreises Antisemitismus" beim Bundesinnenministerium explizit und umfassend mit der „antisemitischen Rhetorik des Staatspräsidenten Ahmadinedschad" befasst[23], findet sich ausgerechnet im *Handbuch für Antisemitismus* hierzu kein Wort. Stattdessen spricht die Autorin dem ehemaligen iranischen Präsidenten den Vorsatz, Israel auslöschen zu wollen, entgegen aller Evidenz ab; all dessen übrige Äußerungen werden als „bewusste Provokation des Westens" abgetan.

Die Konferenz: „Feindbild Muslim – Feindbild Jude"

Während das ZfA im September 2000 den Antisemitismus in der arabischen Welt mit dem anti-arabischen Rassismus in Israel auf eine Stufe stellte, setzte Wolfgang Benz im Dezember 2008 die Haltung von Muslimfeinden und Antisemiten gleich.

---

22 Amirpur, Katajun: Ahmadinedschad, Mahmud. In: Handbuch des Antisemitismus, Band 2/1 – Personen A-K. Hrsg. von Wolfgang Benz. Berlin 2009, S. 8 f.
23 Bundesministerium des Innern: Antisemitismus in Deutschland. Erscheinungsformen, Bedingungen, Präventionsansätze, Bericht des unabhängigen Expertenkreises Antisemitismus. Berlin 2011, S. 50 f.

„Die Wut der neuen Muslimfeinde gleicht dem alten Zorn der Antisemiten gegen die Juden", behauptete er im Jahrbuch von 2008.[24] Es folgte im Dezember 2008 die ZfA-Konferenz „Feindbild Muslim – Feindbild Jude", deren Beiträge das Zentrum 2009 unter dem Titel „Islamfeindschaft und ihr Kontext" dokumentierte.[25]

Die wissenschaftliche Befassung mit dem „Feindbild Muslim" ist fraglos relevant. Mit dieser Konferenz aber setzte das ZfA erneut Rassismus und Antisemitismus in eins. Dabei ist ein zentrales Merkmal des modernen Antisemitismus die Verschwörungstheorie, die Juden für die Schattenseiten der Moderne verantwortlich macht. Der Begriff vom ‚Erlösungsantisemitismus', den der Holocaust-Forscher Saul Friedländer prägt, kennzeichnet dieses Phänomen: Wenn man annimmt, dass Juden für das Elend dieser Welt verantwortlich sind, kann nur ihre Vernichtung die Welt ‚erlösen'.[26] Dieses Paradigma der Judenfeindschaft trifft auf den antimuslimischen Rassismus nicht zu: Von einem ‚Erlösungsrassismus' kann keine Rede sein. Es gibt keine ‚Protokolle der Weisen von Mekka'. Muslimen wird nicht unterstellt, die Drahtzieher aller Revolutionen und Kriege zu sein. Der Vergleich des ZfA hinkt aus einem weiteren Grund: Auch wenn jeder Generalverdacht gegen Muslimen zu bekämpfen ist, kann doch niemand übersehen, dass die Stimmungsmache gegen Muslime auf reale, von Muslimen begangene Verbrechen („9/11", IS-Untaten, Attentate etc.) verweisen kann, während die Feindschaft gegen Juden keine realen Auslöser hat. Während zudem das Phantasma von der jüdischen Weltherrschaft eine reine Erfindung ist, sind Drohungen radikaler Islamisten, die die Dominanz eines rigiden Islam über die ganze Welt als ihr Endziel benennen, Legion.

Inzwischen wurde mit den Erfolgen eines Donald Trump, einer Marine le Pen und eines Geert Wilders der gegen Muslime gerichtete Rassismus zu einem Massenphänomen. Islam und Islamismus werden populistisch vermischt und jeder dunkelhäutige Moslem unter Generalverdacht gestellt. Diese unheilvolle Entwicklung ist nicht zuletzt das Ergebnis eines Vertrauensverlusts in Wissenschaft und Politik, die sich aus Gründen der *political correctness* immer wieder damit schwergetan haben, der Bevölkerung beim Thema Islamismus reinen Wein einzuschenken. Wer diejenigen stoppen will, die alle Muslime pauschal in ein negatives Licht rücken, sollte damit aufhören, die von Islamisten ausgehenden Gefahren kleinzureden. Wenn zum Beispiel Wolfgang Benz im Kontext der Kon-

---

24 Benz, Wolfgang: Vorwort. In: Jahrbuch für Antisemitismusforschung 17, Hrsg. von Wolfgang Benz. Berlin 2008, S. 9.
25 Benz, Wolfgang (Hrsg.): Islamfeindschaft und ihr Kontext. Dokumentation der Konferenz „Feindbild Muslim – Feindbild Jude". Berlin 2009.
26 Friedländer, Saul: Die Jahre der Vernichtung. Das Dritte Reich und die Juden, Zweiter Band 1939–1945. München 2006, S. 16.

ferenz von 2008 zwischen „der Mehrheit friedlicher Anhänger der islamischen Religion und einer kleinen Minderheit wütender und extremer Islamisten" unterscheidet, beschönigt er die Situation, weil jene „kleine Minderheit" in Teilen der islamisch-arabischen Welt (Iran, Gaza, Syrien, Libanon) an der Macht ist oder Mehrheiten stellt.[27] Wenn Juliane Wetzel fälschlicherweise behauptet, dass „der heutige Antisemitismus in der arabischen Welt [...] wenig religiöse Wurzeln hat"[28] und ihre ZfA-Kollegin Angelika Königseder sich darüber beschwert, „dass auch seriöse Journalisten häufig einen Zusammenhang zwischen Terrorismus und Islam konstruieren"[29], dann schaden sie der Glaubwürdigkeit der Wissenschaft.

Nachdem es im Sommer 2014 zu offen antisemitischen Demonstrationen von Muslimen gekommen war, empörte sich Christian Geyer, ein Redakteur der *Frankfurter Allgemeinen Zeitung* über diese Tendenz:

> Da kann unter Ausnutzung des Demonstrationsrechts mitten in Deutschland der blanke Judenhass ins Kraut schießen, und die Beschwichtiger rufen: Das hat doch alles keine neue Qualität! ‚Seltsame Leute' hätten ‚blödsinnige Parolen' gerufen, wiegelt beispielsweise der Historiker Wolfgang Benz ab. [...] Dieses Dummstellen, diese Verweigerung von Analyse, sobald ein fahles Licht auf Mitbürger mit Migrationshintergrund fallen könnte, hat ideologische Methode. Man relativiert und kontextualisiert die Täterschaften so lange, bis sie unsichtbar geworden sind, damit nur ja kein fremdenfeindlicher Zungenschlag aufkommt. [...] Man ist weder Rassist noch islamophob, wenn man auch diese religiösen Wurzeln der neuen Judenhetze in den Blick nimmt, statt die antisemitischen Pöbeleien bewusst unscharf als Ausfluss mangelnder Integration abzutun.[30]

Doch eben durch den Versuch, den Antisemitismus unter Migranten „bewusst unscharf als Ausfluss mangelnder Integration abzutun", zeichnete sich die Konferenz „Feindbild Moslem – Feindbild Jude" aus. So wie schon im September 2000 dem Antisemitismus in der arabischen Welt mildernde Umstände attestiert wurden, maß man nunmehr auch dem Antisemitismus unter deutschen Muslimen einen Sonderstatus bei. Juliane Wetzel, Mitarbeiterin der ZfA, umschrieb diesen wie folgt: Es gelte

> festzuhalten, dass antisemitische Stereotype bei Muslimen mit Migrationshintergrund auch die Reaktion auf eine reale Konfliktsituation sind, von der sie sich mehr oder weniger betroffen fühlen. Hier unterscheidet sich die Motivlage eindeutig von jener des Antisemitismus,

---

27 Benz, Vorwort, Jahrbuch 17, S. 10.
28 Wetzel, Juliane: Judenfeindschaft unter Muslimen in Europa. In: Islamfeindschaft und ihr Kontext. Hrsg. von Wolfgang Benz. Berlin 2009, S. 51.
29 Königseder, Angelika: Feindbild Islam. In: Jahrbuch der Antisemitismusforschung 17. Hrsg. von Wolfgang Benz. Berlin 2008, S. 41.
30 Geyer, Christian: Nicht dumm stellen. In: *Frankfurter Allgemeine Zeitung*, 26. Juli 2014, S. 1.

der in der Mehrheitsgesellschaft ebenso wie in extrem rechten und linken Milieus virulent ist und auf keinem wie auch immer gearteten realen Konflikt mit Juden basiert.[31]

So wie angeblich der „reale politische Konflikt um Palästina", so Werner Bergmann 2003, arabische Judenfeindschaft generiert habe, so generiere heute der „reale Konflikt mit Juden" (sprich: Israel) die Judenfeindschaft bei in Deutschland lebenden Muslimen, auch wenn sie sich davon nur „mehr oder weniger betroffen fühlen."

Als weitere Entschuldigung führt Wetzel Sozialneid auf Juden sowie das Holocaust-Gedenken an:

> Jugendliche, die sich als Underdogs fühlen, von der Gesellschaft ausgegrenzt werden und bei der Bildung und auf dem Arbeitsmarkt benachteiligt werden, fühlen sich gegenüber der jüdischen Minderheit, die integriert ist und in der Außenwahrnehmung keinerlei Nachteile beim Zugang zu den sozialen Sicherungssystemen und zum Arbeitsmarkt hat, zurückgesetzt. Der daraus erwachsende Neid schürt das Ressentiment. Nicht ohne Einfluss ist auch die Präsenz der Erinnerung an den Holocaust im öffentlichen Diskurs, die bei den Muslimen mit Migrationshintergrund den berechtigten Eindruck hinterlässt, die Thematisierung der postkolonialen Verfolgungsgeschichte der eigenen Familien würde weitgehend ausgeblendet.[32]

Juliane Wetzel liefert jedoch keinen Beleg für die Behauptung, dass Muslime beim Zugang zu deutschen sozialen Sicherungssystemen benachteiligt werden. Sie macht auch nicht klar, was sie etwa bei den Deutsch-Türken, die das Gros der Muslime mit Migrationshintergrund stellen, mit „postkolonialer Verfolgungsgeschichte" meint. Sie führt keine Untersuchungen auf, die belegen, dass Muslime die Erinnerung an den Holocaust ablehnen. Es handelt sich um unbewiesene Behauptungen, die darauf zielen, dem Antisemitismus unter Muslimen mit mehr Verständnis zu begegnen, als dem Antisemitismus anderer Bevölkerungsgruppen.

Schließlich aber geriet mit der Konferenz „Feindbild Muslim – Feindbild Jude" selbst schon die Untersuchung des Antisemitismus bei Muslimen unter Verdacht. So spricht die ZfA-Mitarbeiterin Yasemin Shooman im Jahrbuch 2008 unter der Überschrift „Die Instrumentalisierung des Antisemitismusvorwurfs gegenüber Muslimen" von einer „Ventilfunktion" dieses Vorwurfs in „islamfeindlichen Kreisen". Zwar trifft es zu, dass der Vorwurf des Antisemitismus auch ungerechtfertigt und in demagogischer Absicht erhoben werden kann, was Einzelfallanalysen notwendig macht. Shooman aber lässt den Gedanken, dass Antise-

---

31 Wetzel, Judenfeindschaft, S. 54.
32 Wetzel, Judenfeindschaft, S. 57f.

mitismusvorwürfe gegenüber Muslimen auch berechtigt sein können, nicht zu. Sie stellt stattdessen die Thematisierung des islamischen Antisemitismus unter einen Generalverdacht: „Der Antisemitismusvorwurf [liefert] ein scheinbar rational begründetes Argument für die Ablehnung eines ganzen Kollektivs."[33] Hier läuft der berechtigte Versuch, sich von einer pauschalen Islamfeindschaft abzugrenzen, Gefahr, in eine ebenso pauschale Freisprechung vom Vorwurf des Antisemitismus umzuschlagen.

Das ZfA unter neuer Leitung

„Der Streit um Benz", schrieb die Berliner Zeitung am 2. Oktober 2010 mit Bezug auf die Konferenz „Feindbild Muslim – Feindbild Jude", „bekam dem Ruf des Berliner Zentrums nicht gut." Die neue Leiterin Stefanie Schüler-Springorum werde „dem Leuchtturm wieder zu seiner alten Strahlkraft verhelfen müssen. [...] Man darf gespannt sein, welche Impulse sie dem Berliner Zentrum geben wird."[34] Immerhin stand der islamische Antisemitismus mit auf dem Programm: Die neue Leiterin wolle den „islamischen Antisemitismus zunächst einmal besser erforschen lassen", berichtete Deutschlandradio Kultur im Juli 2011.[35] Im April 2012 wurde der Islamwissenschaftler Achim Rohde eingestellt; jedoch nur für eine kurze Zeit. Im Frühjahr 2013 wurde diese Stelle erneut ausgeschrieben und im Dezember 2013 mit Dilek Güven besetzt. Sie leitet das Forschungsprojekt „Antisemitismus und Bilder von Juden bei ‚Post-Deutschen' in mehreren Generationen", wobei mit „Post-Deutschen" türkischstämmige Menschen gemeint sind.[36] Dieses Projekt sei allerdings noch nicht abgeschlossen, schrieb mir Frau Güven im Dezember 2016; etwas Schriftliches hierzu werde sie mir erst in einem Jahr zusenden können.[37]

Auch wenn fünf Jahre eine zu kurze Zeit sind, um ein Urteil über die Arbeit der neuen ZfA-Leiterin zu fällen, lässt sich für unser Thema festhalten, dass es nennenswerte Veränderungen nicht gab: Das Zentrum setzte die seit der Konferenz

---

33 Shooman, Yasemin: Islamfeindschaft im World Wide Web. In: Jahrbuch für Antisemitismusforschung 17, Berlin 2008, S. 78–80.
34 Harmsen, Torsten: Was wird aus der Antisemitismusforschung? In: *Berliner Zeitung*, 2. Oktober 2010.
35 Schüler-Springorum, Stefanie: Mitten in der Kontroverse. In: Deutschlandradio Kultur, 8. Juli 2011. http://www.deutschlandradiokultur.de/mitten-in-der-kontroverse.1079.de.html?dram:article_id=176349 (07.04.2017).
36 Zentrum für Antisemitismusforschung: 2012 – 2014. Berlin 2014, S. 16.
37 Mitteilung von Dr. Dilek Güven an den Autor vom 17. Dezember 2016.

„Feindbild Muslim – Feindbild Jude" eingeschlagene Linie fort. So sucht die wohl wichtigste ZfA-Veröffentlichung der letzten Jahre, die von Michael Kohlstruck und Peter Ullrich verfasste Broschüre „Antisemitismus als Problem und Symbol" den Islamischen Antisemitismus zu entschuldigen.[38] Bei einem Teil der Muslime, behaupten die Autoren, gehe „eine generalisierte Feindschaft gegenüber Jüdinnen und Juden auf unmittelbare eigene leidvolle Erfahrungen bzw. auf Erfahrungen der Eltern- und Großelterngeneration im nahöstlichen Konfliktgeschehen" zurück. Bei anderen sei das Feindbild „die Juden" Bestandteil eines „Großnarrativs", bei dem „die Erfahrungen von tatsächlicher wie vermeintlicher Unterprivilegierung, Diskriminierung und Rassismus von Migrant/innen in Einwanderungsländern verarbeitet werden." Antisemitismus habe bei Muslimen deshalb „einen Nutzen für die jeweilige soziale Selbstdarstellung und die politisch-weltanschauliche Orientierung", er stelle für sie eine „subjektive Notwendigkeit" dar.

Würden die Autoren auch bei deutschen Nazis von einer „subjektiven Notwendigkeit" antisemitischer Einstellungen sprechen? Natürlich nicht. Sie haben hier einen *homo islamicus* konstruiert, an den andere Maßstäbe als an gewöhnliche Mitteleuropäer angelegt werden. Völlig zu Recht unterzog das Berliner *American Jewish Committee* diesen Ansatz einer scharfen Kritik: „Die Studie [des ZfA] erweckt den Eindruck, antijüdische Stimmungen unter Muslimen zu verteidigen. [...] Wir brauchen Studien, die das Problem benennen und nicht versuchen, den Antisemitismus wegzuerklären. Antisemitismus – unter welchen Umständen auch immer – kann niemals gerechtfertigt sein." Für die pädagogische Arbeit sei es wichtig, fügte Deidre Berger, die Direktorin des Berliner AJC, hinzu, „muslimische Schüler nicht paternalistisch von oben herab als Opfer zu betrachten. Vielmehr muss man sie als gleichberechtigte Staatsbürger in den Kampf gegen Antisemitismus einbeziehen."[39]

Islamischer Antisemitismus als Forschungsbereich

Wodurch unterscheidet sich der islamische Antisemitismus von anderen Erscheinungsformen des Judenhasses? Mein Versuch einer begrifflichen Eingren-

---

[38] Kohlstruck, Michael u. Ullrich, Peter: Antisemitismus als Problem und Symbol. Heft 52 der Reihe Berliner Forum Gewaltprävention. Berlin 2014. Mit ihrem Vorwort stellte sich Stefanie Schüler-Springorum hinter diese Arbeit.
[39] American Jewish Committee: AJC weist Vorwürfe von Antisemitismusforschern zurück. Pressemitteilung, 5. Februar 2015.

zung setzt eine Reihe von Prämissen voraus. Seriöse Forschung sollte erstens zwischen dem Islam als vielfältig auslegbare Religion und dem Islamismus als einer globalen, antisemitischen Massenbewegung unterscheiden: Auch wenn sich alle Islamisten auf den Koran beziehen, sind gleichwohl nicht alle Muslime, die sich auf den Koran beziehen, Islamisten. Sie sollte zweitens zwischen dem religiös motivierten Antijudaismus in den vormodernen Schriften des Islam und dem weltanschaulich geprägten Antisemitismus der Moderne differenzieren, wie er im 19. Jahrhundert entstand. Sie sollte drittens berücksichtigen, wie sich das Judenbild des christlichen Antijudaismus von dem des muslimischen Antijudaismus unterscheidet. Mohammed war in der Lage, die Juden von Medina zu vertreiben und Hunderte von ihnen zu töten. Deshalb erfuhr das Judenbild im Islam eine eher herablassende als dämonisierende Prägung.[40] Im Sommer 2014 wurde der degradierende Blick auf Juden mittels der Parole „Jude, Jude, feiges Schwein, komm' heraus und kämpf' allein" erneut sinnfällig gemacht. Hingegen hat im christlichen Antijudaismus nicht der Prophet die Juden getötet, sondern die Juden den Propheten, weshalb der christliche Antijudaismus sie als dunkle und übermächtige Instanz zu kennzeichnen suchte. Nur auf christlichem Boden konnte die Propaganda von der „jüdischen Weltverschwörung" sprießen und gedeihen.

Auf Basis dieser Differenzierungen lassen sich zwei Besonderheiten ausmachen, die den islamischen Antisemitismus von anderen Formen des Antisemitismus unterscheidet: Erstens bilden nur hier der degradierende Antijudaismus des Frühislam mit dem verschwörungsbezogenen Antisemitismus der Moderne eine Einheit. Ein Musterbeispiel liefert die Charta der Hamas. In Artikel 7 zitiert diese Charta den Propheten Mohammed mit einem vermeintlichen Zitat, demzufolge die Muslime die Juden töten werden, „bis sich der Jude hinter Stein und Baum verbirgt, und Stein und Baum dann sagen: Oh Muslim, oh Diener Gottes! Da ist ein Jude hinter mir. Komm und töte ihn."[41] In Artikel 22 heißt es demgegenüber, dass die Juden „hinter dem Ersten Weltkrieg [...] und hinter dem Zweiten Weltkrieg (standen)" und die „Bildung der [...] Vereinten Nationen [...] anregten, um damit die Welt zu beherrschen."[42] Wir sehen: Dieser Text porträtiert die Juden gleichzeitig als Schwächlinge, die fliehen und sich hinter Bäumen und Steinen verstecken müssen *und* als die heimlichen und eigentlichen Herrscher der Welt.

Zweitens basiert der islamische Antisemitismus auf der überzeitlichen „Gewissheit", dass es die Juden und Israel überall und schon immer darauf abgese-

---

40 Der Koran enthält auch Verse, die den „Kindern Israels" freundlich gesonnen sind. Die Verse mit feindseliger Ausrichtung überwiegen jedoch. Hierzu: Bouman, Johan, Der Koran und die Juden. Darmstadt 1990.
41 Baumgarten, Hamas, S. 211.
42 Baumgarten, Hamas, S. 219.

hen hätten, den Islam zu unterminieren und schließlich zu zerstören. „Der erbitterte Krieg, den die Juden gegen den Islam angezettelt haben ..., ist ein Krieg, der in beinahe vierzehn Jahrhunderten nicht für einen einzigen Moment unterbrochen worden ist", heißt es zum Beispiel in Sayyid Qutbs Schrift „Unser Kampf gegen die Juden". Dieser Kampf setze „sich gewalttätig fort und wird auf diese Weise weitergehen, weil die Juden erst mit der Zerstörung des Islam zufrieden sein werden."[43] Derart paranoide Vorstellungen sind vom Nationalsozialismus bekannt: Der eigene Vernichtungswunsch wird gerechtfertigt, indem man ihn auf die Juden projiziert. Für Kompromisse lässt diese Sichtweise keinen Platz.

Die Herausbildung eines islamischen Antisemitismus begann erst vor etwa 80 Jahren unter maßgeblicher Beteiligung der Propaganda-Apparate Berlins. Seit 1937 suchten die Nazis den latenten Antijudaismus der Muslime zu radikalisieren, um den britischen Plan einer Zwei-Staaten-Lösung für Palästina („Peel-Plan") zu torpedieren, da dieser auch die Schaffung eines jüdischen Teilstaats vorsah. Nachdem diverse Versuche, den europäischen Antisemitismus in Reinform in die islamische Welt zu exportieren, gescheitert waren, entdeckten die Nazis in Zusammenarbeit mit Amin el-Husseini, dem Mufti von Jerusalem, das antijüdische Moment in den Schriften des Islam, das sie von nun an propagandistisch gezielt auszubeuten und mit dem europäischen Konstrukt einer jüdischen Weltverschwörung zu verschmelzen suchten.[44] Das 31-seitige Pamphlet „Islam – Judentum. Aufruf des Großmufti an die islamische Welt im Jahre 1937" war das erste gewichtige Dokument des islamischen Antisemitismus – ein Dokument, das die Nazis in den Kriegsjahren mehrsprachig in der arabisch-islamischen Welt verbreiteten.[45] Es folgte Anfang der Fünfziger Jahre Sayyid Qutbs „Unser Kampf mit den Juden" – ein tief religiöses Pamphlet, das Saudi-Arabien nach dem verlorenen Sechs-Tage-Krieg von 1967 in der Welt des Islam verteilte.[46] 1988 folgte die Charta der Hamas.

Bemerkenswerterweise fand bisher ausgerechnet in Deutschland eine wissenschaftliche Debatte über den Beitrag des Nationalsozialismus bei der Entstehung des islamischen Antisemitismus nicht statt. Dabei wurden bereits 2004 die

---

[43] Qutbs Traktat ist vollständig dokumentiert in: Nettler, Ronald L.: Past Trials and Present Tribulations. A Muslim Fundamentalist's View of the Jews. Oxford 1987. S. 72–89.
[44] Küntzel, Matthias: Das Erbe des Mufti. In: Tribüne (46) 2007. S. 151–158. http://www.matthiaskuentzel.de/contents/das-erbe-des-mufti (07.04.2017); Herf, Jeffrey: Haj Amin al-Husseini, the Nazis and the Holocaust: The Origins, Nature and Aftereffects of Collaboration. In: Jewish Political Studies Review (26) 2016. S. 15–17.
[45] Islam – Judentum. Aufruf des Großmufti an die islamische Welt im Jahre 1937. In: Sabry, Mohamed: Islam – Judentum – Bolschewismus, Berlin 1938. S. 22–32.
[46] Nettler, Past Trials, S. 72–89.

wesentlichen Fakten über die Radiopropaganda der Deutschen veröffentlicht, die diese Form des Antisemitismus zwischen 1939 und 1945 allabendlich in arabischer Sprache, sowie auf Persisch und Türkisch zu popularisieren suchte.[47] 2009 machte der amerikanische Historiker Jeffrey Herf den brachial-antisemitischen Wortlaut jener Radiopropaganda in seiner wegweisenden Studie *Nazi-Propaganda in the Arab World* bekannt.[48] Man kann Herfs Buch auf Französisch, Spanisch und Italienisch, ja selbst auf Japanisch lesen, nicht aber auf Deutsch. Weder das Berliner Zentrum Moderner Orient noch die Historiker des ZfA haben Herf je eingeladen. Bis heute wird ausgerechnet dieser Aspekt der NS-Politik mitsamt seiner Nachwirkungen ignoriert.

„Die massenwirksame Verbreitung des Antisemitismus begann in den arabischen Ländern [...] in den 50er Jahren des 20. Jahrhunderts", insistieren stattdessen Klaus Holz und Michael Kiefer. Er sei „von Missionaren und Kolonialmächten in die arabische Welt getragen worden", erklärt Juliane Wetzel, ohne die deutsche Politik in den 1930er und 1940er Jahren auch nur zu erwähnen.[49]

Wer aber von der Tatsache, „dass die deutsche Propaganda den Islam mit antijüdischer Agitation in einem Ausmaß kombinierte, wie man dies bis dahin in der modernen muslimischen Welt nicht kannte"[50], nichts wissen will, läuft Gefahr, das religiöse Moment dieser spezifischen Artikulation von Antisemitismus zu unterschätzen. So schlägt der Islam- und Politikwissenschaftler Michael Kiefer als Alternative den Terminus *islamisierter Antisemitismus* vor. Es handle sich um einen „islamistisch übertünchten Antisemitismus", der „in allen wichtigen Strukturelementen identisch mit dem modernen europäischen Antisemitismus" sei.[51] Hier wird die religiöse Dimension, die sich auch in den gezielten Attacken des *Islamischen Staats* auf Juden in Europa widerspiegelt, unterschätzt. Dasselbe gilt für den von Kiefer und dem Soziologen Klaus Holz gemeinsam vorgetragenen Vorschlag, von einem *islamistischen Antisemitismus* zu sprechen, da dieser „in allen wesentlichen Aspekten ein Import aus Europa" und „nur an eine islamistische Semantik angepasst" – also nur rein äußerlich mit dem Islam verbunden –

---

47 Küntzel, Matthias: Von Zeesen bis Beirut. Nationalsozialismus und Antisemitismus in der arabischen Welt. In: Neuer Antisemitismus? Eine globale Debatte. Hrsg. von Doron Rabinovici, Ulrich Speck u. Natan Szaider. Frankfurt a. M. 2004. S. 271–293.
48 Herf, Jeffrey: Nazi Propaganda for The Arab World. New Haven & London 2009.
49 Holz, Klaus und Kiefer, Michael: Islamistischer Antisemitismus. In: Konstellationen des Antisemitismus. Antisemitismusforschung und pädagogische Praxis. Hrsg. von Wolfram Stender, Guido Follert u. Mihri Özdogan. Wiesbaden 2010, S. 126; Wetzel, Judenfeindschaft, S. 52.
50 Motadel, David: Islam and Nazi Germany's War. Cambridge/London 2014, S. 97.
51 Kiefer, Michael: Islamischer oder islamisierter Antisemitismus. In: Antisemitismus und radikaler Islamismus. Hrsg. von Wolfgang Benz u. Juliane Wetzel. Essen 2007, S. 80 und 84.

sei.⁵² Neben der erneuten Unterschätzung des religiösen Moments verkennt das Adjektiv „islamistisch", dass dieser Typus von Judenhass in einer Weise verbreitet ist, die über das Lager der Islamisten weit hinausreicht. So legen einer konservativ angelegten Studie der *Anti-Defamation League* von 2014 zufolge in Ägypten 75 Prozent sowie in Jordanien und Libanon 81 bzw. 78 Prozent der Bevölkerung antisemitische Einstellungen an den Tag.⁵³

Mit der Präzision des Ausdrucks fängt wissenschaftliche Arbeit an. Die Bezeichnung ‚Islamischer Antisemitismus' kennzeichnet eine spezifische Ausprägung des Antisemitismus, die maßgeblich durch eine bestimmte Betonung religiöser Aussagen aus dem Islam definiert ist und dessen Verbreitung das islamistische Lager weit übersteigt.⁵⁴

Fazit

Wir konnten am Beispiel des ZfA konkretisieren, welche Erwägungen einer systematischen Erforschung des islamischen Antisemitismus entgegenstehen. In der ersten Phase seiner Tätigkeit war die Einsicht in die Notwendigkeit, den Antisemitismus in der arabischen Welt als Forschungsthema aufzugreifen, durchaus vorhanden. Mit der ZfA-Konferenz von September 2000 schlichen sich jedoch erstmals politische Skrupel in die Forschungsarbeit ein; Vorbehalte, die den Fortgang jener Forschung zunehmend prägten. Während die Verantwortlichen bei der Konferenz im Jahr 2000 die Antisemitismusforschung da begrenzten, wo die Gefahr einer „Beförderung negativer Vorstellungen über die Araber" im Raum stand, tendierten die Arbeiten des ZfA seit 2008 dazu, sich einer „Beförderung negativer Vorstellungen" über Muslime in Deutschland zu widersetzen. In beiden Fällen beugte sich das ZfA bestimmten politischen Erwartungen anstatt auf Basis solider wissenschaftlicher Erkenntnisse der Politik Vorschläge für Maßnahmen gegen diese Form von Judenhass zu unterbreiten.

Die Forschungsdefizite beim Thema „Islamischer Antisemitismus" sind allerdings nicht nur beim ZfA und auch nicht nur in Deutschland evident. Auch international fällt es schwer, ein Forschungsinstitut zu benennen, das sich mit diesem Thema systematisch befasst. Diese Forschungslücke begünstigt die

---

52 Holz/Kiefer, Islamistischer Antisemitismus, S. 109.
53 https://www.adl.org/news/press-releases/adl-global-100-poll (07.04.2017).
54 Die Bezeichnung „muslimischer Antisemitismus" ist ebenfalls möglich. Sie bezieht sich allerdings mehr auf die Akteure („Muslime"), als auf die Doktrin („Islam").

Leugnung des Problems auf der einen und den demagogischen Pauschalangriff auf Muslime auf der anderen Seite.[55]

Mehr denn je ist also die Einlösung des von Herbert A. Strauss formulierten Anspruchs ein Desiderat. Strauss hatte bereits 1990 auf die Notwendigkeit verwiesen, „die arabisch-islamische Welt in die Antisemitismusforschung einzubeziehen." Um dorthin zu kommen, wäre es vor allen anderen Dingen notwendig, die Artikulationen des islamischen Antisemitismus ernst, d. h. wörtlich zu nehmen. Das würde zum Beispiel bedeuten, die in den Moscheen verwendeten religiösen Chiffren der Judenfeindschaft zu dechiffrieren, das Ausmaß und die Bedeutung der Hitler-Verehrung und der Holocaust-Leugnung in der islamischen Welt zu erforschen sowie den Bild- und Wortschatz des islamischen Antisemitismus mit dem der Nazis zu vergleichen. So wie der Germanist Victor Klemperer mit seiner LTI-Studie die „Lingua Tertii Imperii" analysierte, so gilt es, das sprachliche Substrat und das emotionalisierende Potential des islamischen Antisemitismus wissenschaftlich zu durchleuchten und den islamimmanenten Diskurs – auch im Hinblick auf seine anti-antisemitischen Potentiale – zu verfolgen.

Bei diesen Arbeiten wäre nicht nur aus Gründen der Sprachkompetenz die gezielte Zusammenarbeit mit muslimischen Sozialwissenschaftlerinnen und Sozialwissenschaftlern wichtig: Die öffentliche Zusammenarbeit mit aufgeklärten Muslimen böte eine Chance, der verhängnisvollen Essentialisierung der Muslime als ein entweder bemitleidenswertes oder aber aggressives Kollektiv entgegenzutreten.

Last but not least käme es darauf an die länderspezifische Ausprägung des islamischen Antisemitismus und dessen massenmedialen Export nach Deutschland wissenschaftlich zu dokumentieren, um der Politik die notwendige Expertise an die Hand zu geben. Solange das Auswärtige Amt den Export antisemitischer Filme, Predigten und Schriften aus Saudi-Arabien, Ägypten oder der Türkei nach Europa akzeptiert, haben Präventionsprogramme unter muslimischen Jugendlichen kaum eine Chance. Es muss darum gehen, die Verbreitung des Antisemitismus an seinen Quellen zu stoppen; diese aber befinden sich im islamischen Raum. Wissenschaft kann politische Aktion nicht ersetzen, wohl aber zu deren Orientierung und Absicherung beitragen.

---

55 Jikeli, Günther: European Muslim Antisemitism. Bloomington 2015, S. 32.

Literaturverzeichnis

Achcar, Gilbert: Die Araber und der Holocaust. Der arabisch-israelische Krieg der Geschichtsschreibungen. Hamburg 2012.
Amirpur, Katajun: Ahmadinedschad, Mahmud. In: Handbuch des Antisemitismus, Band 2/1 – Personen A-K. Hrsg. von Wolfgang Benz. Berlin 2009.
Baumgarten, Helga: Hamas. Der politische Islam in Palästina, München 2006.
Beinin, Joel: Book reviews. In: International Journal of Middle East Studies 42 (2010). S. 689–726.
Benz, Wolfgang: Vorwort. In: Benz, Wolfgang (Hrsg.): Jahrbuch für Antisemitismusforschung 12. Berlin 2003.
Benz, Wolfgang u. Wetzel, Juliane (Hrsg.): Antisemitismus und radikaler Islamismus. Essen 2007.
Benz, Wolfgang: Die Protokolle der Weisen von Zion. München 2007.
Benz, Wolfgang: Vorwort. In: Benz, Wolfgang (Hrsg.): Jahrbuch für Antisemitismusforschung 17. Berlin 2008.
Benz, Wolfgang (Hrsg.): Islamfeindschaft und ihr Kontext. Dokumentation der Konferenz „Feindbild Muslim – Feindbild Jude". Berlin 2009.
Benz, Wolfgang: Antisemitismusforschung als akademisches Fach und öffentliche Aufgabe. In: Jahrbuch für Antisemitismusforschung 19. Hrsg. von Wolfgang Benz. Berlin 2010.
Bergmann, Werner und Wetzel, Juliane: Manifestations of anti-Semitism in the European Union, Report on behalf of the European Monitoring Centre on Racism and Xenophobia. Vienna, March 2003.
Bergmann, Werner: Zur Entstehung von Feindbildern im Konflikt um Palästina. Einführung. In: Jahrbuch für Antisemitismusforschung 12. Hrsg. von Wolfgang Benz. Berlin 2003.
Bouman, Johan: Der Koran und die Juden. Darmstadt 1990.
Bundesministerium des Innern: Antisemitismus in Deutschland. Erscheinungsformen, Bedingungen, Präventionsansätze, Bericht des unabhängigen Expertenkreises Antisemitismus. Berlin 2011.
Croitoru, Joseph: Unter Verschluss? In: Frankfurter Allgemeine Zeitung, 27.11.2003, S. 37.
Friedländer, Saul: Die Jahre der Vernichtung. Das Dritte Reich und die Juden, Zweiter Band 1939–1945. München 2006.
Herf, Jeffrey: Nazi Propaganda for The Arab World. New Haven & London 2009.
Herf, Jeffrey: Haj Amin al-Husseini, the Nazis and the Holocaust: The Origins, Nature and Aftereffects of Collaboration. In: Jewish Political Studies Review (26) 2016. S. 15 ff.
Holz, Klaus und Kiefer, Michael: Islamistischer Antisemitismus. In: Konstellationen des Antisemitismus. Antisemitismusforschung und pädagogische Praxis. Hrsg. von Wolfram Stender, Guido Follert u. Mihri Özdogan. Wiesbaden 2010.
Jikeli, Günther: European Muslim Antisemitism. Bloomington 2015.
Kiefer, Michael: Islamischer oder islamisierter Antisemitismus. In: Antisemitismus und radikaler Islamismus. Hrsg. von Wolfgang Benz und Juliane Wetzel. Essen 2007.
Königseder, Angelika: Feindbild Islam. In: Jahrbuch der Antisemitismusforschung 17. Berlin 2008.
Kohlstruck, Michael u. Ullrich, Peter: Antisemitismus als Problem und Symbol. Heft 52 der Reihe Berliner Forum Gewaltprävention. Berlin 2014.

Kressel, Neil J.: „The Sons of Pigs and Apes." Muslim Antisemitism and the Conspiracy of Silence. Washington D.C. 2012.
Küntzel, Matthias: Von Zeesen bis Beirut. Nationalsozialismus und Antisemitismus in der arabischen Welt. In: Neuer Antisemitismus? Eine globale Debatte. Hrsg. von Doron Rabinovici, Ulrich Speck u. Natan Szaider. Frankfurt a. M. 2004. S. 271–293.
Küntzel, Matthias: Das Erbe des Mufti. In: Tribüne (46) 2007, S. 151–158.
Küntzel, Matthias: The Roots of Antisemitism in the Middle East: Debates. In: Resurgent Antisemitism – Global Perspectives. Hrsg. von Alvin H. Rosenfeld. Bloomington/Indianapolis 2013. S. 382–401.
Küntzel, Matthias: The Aftershock of the Nazi War against the Jews, 1947–1948: Could War in the Middle East Have Been Prevented? In: Jewish Political Studies Review 26 (2016). S. 38–53.
Motadel, David: Islam and Nazi Germany's War. Cambridge/London 2014.
Nettler, Ronald L.: Past Trials and Present Tribulations. A Muslim Fundamentalist's View of the Jews. Oxford 1987.
Nordbruch, Götz: Arabisch-islamische Judenfeindschaft. Die Entstehung von Feindbildern im Konflikt um Palästina. Eine Konferenz des Zentrums für Antisemitismusforschung. In: Newsletter Nr. 20 des Zentrums für Antisemitismusforschung. Berlin 2000.
Nordbruch, Götz: Palästina. In: Handbuch des Antisemitismus. Judenfeindschaft in Geschichte und Gegenwart, Band 1: Länder und Regionen. Hrsg. von Wolfgang Benz. München 2008, S. 261.
Sabry, Mohamed: Islam – Judentum – Bolschewismus. Berlin 1938.
Shooman, Yasemin: Islamfeindschaft im World Wide Web. In: Jahrbuch für Antisemitismusforschung 17. Hrsg. von Wolfgang Benz. Berlin 2008.
Strauss, Herbert A.: Zentrum für Antisemitismusforschung. In: Tribüne (22) 1983.
Strauss, Herbert A.: Einleitung – vom modernen zum neuen Antisemitismus. In: Der Antisemitismus der Gegenwart. Hrsg. von Herbert A. Strauss, Werner Bergmann u. Christhard Hoffmann. Frankfurt/New York 1990.
Strauss, Herbert A.: Über dem Abgrund. Eine jüdische Jugend in Deutschland 1918–1943. Berlin 1999.
Tadros, Samuel: The Sources of Egyptian Anti-Semitism. In: The American Interest, 21. April 2014.
Wetzel, Juliane: Judenfeindschaft unter Muslimen in Europa. In: Islamfeindschaft und ihr Kontext. Hrsg. v. Wolfgang Benz. Berlin 2009.
Zentrum für Antisemitismusforschung: 1982 – 2007. Berlin 2007.
Zentrum für Antisemitismusforschung: 2012 – 2014. Berlin 2014.

Daniel Rickenbacher
Der „jüdisch-westliche Krieg gegen den Islam" – Genealogie und Aktualität einer Verschwörungstheorie

Einführung

Am 22. September 2014 rief IS-Sprecher Mohammed al-Adnani seine Anhänger zum Mord an westeuropäischen Zivilisten auf und beschimpfte den US-Präsidenten Obama als „Maultier der Juden".[1] Kaum zwei Monate später, am 15. November 2014, organisierte die Union Europäisch-Türkischer Demokraten, die Auslandsorganisation der türkischen AKP, in Zürich eine Demonstration unter dem Motto „Hände weg von Al-Aqsa", um auf die angebliche Verletzung der islamischen heiligen Stätten durch israelische Sicherheitskräfte aufmerksam zu machen.[2] Auf Youtube wiederum lassen sich unzählige deutschsprachige Clips finden, unter anderem von den salafistischen Predigern Sven Lau und Ahmad Abul Baraa, die dem Westen eine konzertierte Politik gegen den Islam unterstellen.[3] Diese drei Beispiele sind Manifestationen eines konspirativen Weltbildes, das die Existenz eines vom Westen und den Juden orchestrierten *Krieges gegen den Islam* postuliert. Es spielt nicht nur eine wichtige Rolle in zeitgenössischen islamistischen Diskursen, sondern ist längst in der muslimischen Mehrheitsgesellschaft angekommen, gerade auch in der Diaspora. 2002 gaben 70 % der Britischen Muslime an, dass der Krieg gegen den Terror in Wahrheit ein Krieg gegen den Islam sei und nur 27 % glaubten, dass die Al-Qaida hinter den Anschlägen des 11. Septembers stecke.[4] Vierzehn Jahre später haben sich diese Ergebnisse noch

---

[1] Al-Adnani, Abu Muhammad: A new statement by IS spokesman Abū Muhammad al-'Adnānī ash-Shāmī". 22.09.2014. http://triceratops.brynmawr.edu/dspace/bitstream/handle/10066/16495/ADN20140922.pdf (6.12.2016).
[2] Demonstration ‚Hands off Al Aqsa' / ‚Hände weg von Al Aqsa'. https://www.facebook.com/events/607527486036983/ (10.2.2017).
[3] Muslim Power: Krieg gegen den ISLAM und die aktuelle Hetze die zum Krieg führt 1/4. https://www.youtube.com/watch?v=ZDLq-8qR2z8 (2.12.2016); Sven Lau fuer Gehoerlose: Abu Adam / Sven Lau, Feindbild Islam! Mit UT für GL. https://www.youtube.com/watch?v=R1YM51jDTh0 (2.12.2016).
[4] Grice, Andrew: Most British Muslims do not blame al-Qa'ida for attacks. 24.12.2002. http://www.independent.co.uk/news/uk/home-news/most-british-muslims-do-not-blame-al-qaida-for-attacks-137244.html (3.12.2016).

akzentuiert: Nur 4 % der britischen Muslime halten die Al-Qaida für verantwortlich, während fast 40 % die Amerikaner oder die Juden für die wahren Schuldigen halten.[5]

Die Definition einer Verschwörungstheorie gestaltet sich nicht einfach, denn sie beinhaltet mehr, als der Begriff preisgibt. Sie ist nicht bloß eine Theorie über die Existenz einer Verschwörung, unter der man die geheime Absprache einer Gruppe von Akteuren zur Erreichung eines Zieles versteht. Nach der prägnanten Definition des amerikanischen Nahosthistorikers Daniel Pipes unterscheiden sich Verschwörungstheorien von tatsächlichen Verschwörungen schlicht dadurch, dass sie nicht real sind.[6] Nach David Aaronovitchs Definition wiederum überschätzen Verschwörungstheorien die Wirkung planvollen Handelns. Sie versuchen Ereignisse durch eine Verschwörung zu erklären, wo andere Erklärungen wahrscheinlicher sind.[7] Verschwörungstheorien leiden generell an einer exzessiven Reduzierung der Komplexität politischer und historischer Zusammenhänge. Die Dialektik, die sich aus den gegensätzlichen Interessen und Handlungen verschiedener Akteure ergibt, ist der Verschwörungstheorie fremd. Schließlich scheint mir ein weiterer Aspekt zum Verständnis moderner Verschwörungstheorien unbedingt nennenswert. Viele, wenn nicht ihre Mehrheit, vermuten dieselben Tätergruppen hinter der Verschwörung: Die Juden oder Gruppen und soziale Gebilde wie die USA, Wall Street oder die Freimaurer, die im antisemitischen Weltbild mit den Juden assoziiert werden.

Die Verschwörungstheorie eines ‚Krieges gegen den Islam' produziert ein Narrativ, das einen klaren Täter kennt, den Westen und die Juden, und ein Opfer, die Muslime und die islamische Welt. Die Verschwörungstheorie des ‚Krieges gegen den Islam' hat verschiedene Elemente. Die wichtigsten sind die angeblichen jüdischen Pläne zur Zerstörung der muslimischen heiligen Stätten in Jerusalem, der geistige Krieg gegen den Islam zur Unterhöhlung der spirituellen und moralischen Basis der muslimischen Gesellschaft und schließlich die Vorstellung eines koordinierten militärischen Krieges gegen den Islam, von Kaschmir bis Palästina, unter Führung einer jüdisch-kontrollierten USA. In ihrem Ursprung

---

5 Edwards, Jim: Only 4 % of British Muslims believe Al Qaeda planned 9/11. 2.12.2016. http://uk.businessinsider.com/policy-exchange-survey-muslim-attitudes-beliefs-911-september-11-2016-12 (6.12.2016).
6 Pipes, Daniel: The Hidden Hand: Middle East Fears of Conspiracy. Basingstoke 1998, S. 10.
7 Aaronovitch, David: Voodoo Histories: The Role of the Conspiracy Theory in Shaping Modern History. New York 2011, S. 4.

handelt es sich hierbei um eine Verschwörungstheorie, die nach der jungtürkischen Revolution zuerst unter pan-islamischen Aktivisten Verbreitung fand.[8]

Dieser Artikel beschäftigt sich vorrangig mit der Entstehung, der Verbreitung und den zeitgenössischen Manifestationen dieser Verschwörungstheorie, die seit mehr als hundert Jahren in der islamischen Welt zirkuliert. Er wirft aber auch die Frage auf, inwiefern das Bild des Westens und der Juden in der islamischen Welt und Diaspora durch diese Verschwörungstheorie geprägt ist und wie sich dies auf die aktuelle Politik auswirkt. Zudem erfüllt die Verschwörungstheorie verschiedene politische und psychologische Funktionen für ihre Anhänger, die im Diskussionsteil näher untersucht werden

Die jungtürkische Revolution, die Juden und die Freimaurer

Die Ursprünge der Verschwörungstheorie eines jüdischen Krieges gegen den Islam sind in der Endphase des Osmanischen Reiches zu suchen, als sich das Ressentiment gegen die Juden mit jenem gegen die Freimaurer verband. Seit der Gründung der ersten Logen im Osmanischen Reich im 18. Jahrhundert waren die Freimaurer starker Gegnerschaft ausgesetzt.[9] Ihr egalitärer, universalistischer und säkularer Geist kontrastierte mit der sowohl ethnisch als auch religiös segregierten und ungleichen Gesellschaft des Osmanischen Reiches, was die Feindseligkeit noch verstärkte. Pamphlete beschuldigten die Freimaurer atheistisch, antimuslimisch und antipatriotisch zu sein.[10] Auch die angebliche Verbindung von Freimaurern und Juden, die seit dem 18. Jahrhundert ein wichtiges Motiv in der antisemitischen Literatur in Europa war, wurde von den Gegnern des Freimaurertums übernommen.[11] Zu ihnen zählte etwa der libanesische Jesuit Louis Cheikho, der in seiner Zeitschrift al-Mashrik seit den 1890er Jahren gegen die Freimaurer polemisierte. Sein nachhaltiger Einfluss lässt sich daran ablesen, dass er bis in die Gegenwart von islamistischen Autoren zitiert wird.[12] Auch Rashid

---

8 Shavit, Uriya: „Zionism as told by Rashid Rida", Journal of Israeli History 34/1 (2015). S. 23–44, hier S. 29–30.
9 Landau, Jacob M.: „Muslim Opposition to Freemasonry", Welt des Islams 36 (1996). S. 186–203, hier S. 190–191.
10 Landau, Muslim Opposition to Freemasonry, S. 202–203.
11 Landau, Muslim Opposition to Freemasonry, S. 200.
12 Schulze, Reinhard: Islamischer Internationalismus im 20. Jahrhundert: Untersuchungen zur Geschichte der Islamischen Weltliga (Rābiṭat al-ʿĀlam al-Islāmī) Mekka, Bd. 41. Leiden 1990, S. 406.

Rida, der führende Denker und Propagandist des Pan-Islam, assoziierte Juden und Freimaurer. Im Mai 1903 veröffentlichte er in seiner Zeitschrift al-Manar einen Artikel mit dem Titel „Die Juden, die Freimaurer und die Erneuerung des Nationalismus", der vor einem jüdischen Staatswesen in Palästina warnte.[13]

Nach der jungtürkischen Revolution 1908 fanden Theorien von der jüdisch-freimaurerischen Verschwörung in der islamisch geprägten Welt eine weite Verbreitung. Im Mai 1909 behauptete eine syrisch-arabische Exilzeitung in Paris, Juden und Freimaurer hätten die jungtürkische Revolution im Hintergrund organisiert mit dem Ziel, einen jüdischen Staat in Palästina zu errichten.[14] Die Verschwörungstheorie hatte zahlreiche Anhänger, u. a. im britischen Außenministerium.[15] Rashid Rida nahm sie ebenfalls auf und verbreitete sie über mehrere Artikel in seiner Zeitschrift al-Manar, die 1910 erschienen. Die Juden stünden nicht nur hinter der Revolution in der Türkei, sondern auch hinter jenen in Frankreich und in Russland im Jahr 1905, so Rida. Der Einfluss europäischer Verschwörungstheorien auf Rida ist unverkennbar. Sollte den Juden die Übernahme der Al-Aqsa-Moschee gelingen, warnte er, würden sie zur Vertreibung der muslimischen und christlichen Einwohner des Heiligen Landes schreiten.[16] Dies scheint eine der frühesten Artikulationen der Theorie einer jüdischen Verschwörung gegen die islamischen heiligen Stätten zu sein, die auch als Al-Aqsa-Mythos bezeichnet wird.

Die Verteidigung der Al-Aqsa-Moschee, der Kampf gegen die Missionare und die Kreuzzüge

Die Jungtürken betrachteten die christlich-westlichen Imperialmächte als primäre Gegner des Osmanischen Reiches und bezichtigen die christlichen Minderheiten in ihrem Land der Kollaboration mit dem äußeren Feind. Die Juden wurden neben den Arabern dagegen als mögliche Bündnispartner gegen den expandierenden christlichen Westen wahrgenommen und die zionistisch-jungtürkischen Beziehungen waren daher zeitweise eng.[17] Mit der Niederlage des Osmanischen Reiches

---

13 Shavit: „Zionism as told by Rashid Rida", S. 29, siehe auch Fußnote 24.
14 Mandel, Neville J.: The Arabs and Zionism Before World War I. Berkeley 1976, S. 82–83.
15 Kedourie, Elie: „Young Turks, Freemasons and Jews". Middle Eastern Studies 7/1 (1971). S. 89–104.
16 Shavit: „Zionism as told by Rashid Rida", S. 29–30.
17 Öke, Mim Ketnâl: „Young Turks, freemasons, Jews and the question of Zionism in the Ottoman empire (1908–1913)". Studies in Zionism 7/2 (1986). S. 199–218, hier S. 214.

und dem Beginn jüdischer Selbstorganisation in Palästina rückten die Juden nun noch mehr ins Zentrum nahöstlicher Verschwörungstheorien. Die Agitation des Obersten Muslimischen Rates OMH unter dem Mufti von Jerusalem, Amin al-Husseini, spielte dabei eine zentrale Rolle. Sie verband von Beginn religiöse mit nationalistischen Motive. Der palästinensische Nationalismus war dabei islamischer geprägt als andere arabische Nationalismen. Ein primär national ausgerichteter palästinensischer Nationalismus wäre gezwungen gewesen, dem jüdischen Erbe Palästinas mit Stolz zu begegnen, was aufgrund seiner antizionistischen Ausrichtung keine Option darstellte.[18]

Bestrebungen von jüdischer Seite, das Grundstück vor der Klagemauer zu erwerben, wurden vom OMH als Versuche dargestellt, den gesamten Tempelberg zu übernehmen.[19] Als Evidenz für die angeblichen jüdischen Pläne verbreiteten nationalistische und islamische Propagandisten seit Beginn der Kampagne ein Bild, das den Davidstern über dem Tempelberg zeigt. Das Bild wurde unter anderem an Pilger in Mekka verteilt.[20] Dieses Bild soll ursprünglich von einer Jerusalemer Jeschiwa (jüdische Religionsschule) am Ende des 19. Jahrhunderts gezeichnet worden sein, um für Spenden zu werben.[21] Es sollte zum Ursprung einer wahrhaftigen Ikonographie werden: Unzählige Karikaturen, die letztlich nur Adaptionen dieses Originalbildes sind, verbreiten bis heute die Geschichte von den jüdischen Plänen gegen die muslimische Präsenz auf dem Tempelberg. Dieser Al-Aqsa-Mythos wurde vom Mufti Amin al-Husseini gezielt gestreut, um den Arabisch-Jüdischen Konflikt in Palästina zu internationalisieren und sein persönliches Prestige zu stärken. So entsandte der OMH bis 1924 sechs Delegationen in die Länder des Nahen Ostens und bis nach Indien, um die Öffentlichkeit für die vermeintliche Gefährdung der heiligen Stätten zu sensibilisieren.[22] Auf internationalen islamischen Konferenzen, wie jener 1931 in Jerusalem und 1937 in Bludan, wurde diese Propaganda weiter forciert.[23] Der Al-Aqsa- Mythos trug dazu bei, die Konfrontation zwischen Juden und Arabern in Palästina zu konfessionalisieren. Bereits 1928 bezeichnete Rashid Rida den Konflikt in Palästina als Krieg

---

18 Siehe hierzu auch die Überlegungen von Kupferschmidt, Uri M.: The Supreme Muslim Council: Islam Under the British Mandate for Palestine. Leiden 1987, S. 224.
19 Porath, Yehoshua: The Palestinian Arab national movement: from riots to rebellion. Bd. 2. London 1977.
20 Jeffries, Joseph Mary Nagle: Front everywhere. London 1935, S. 279–280.
21 Porath, The Palestinian Arab national movement, S. 262.
22 Kupferschmidt, The Supreme Muslim Council, S. 238.
23 Siehe z. B. Kedourie, Elie: „The Bludan Congress on Palestine, September 1937", Middle Eastern Studies 17/1 (1981). S. 107–125; Matthews, Weldon C.: „Pan-Islam or Arab Nationalism? The Meaning of the 1931 Jerusalem Islamic Congress Reconsidered". International Journal of Middle East Studies 35/1 (2003). S. 1–22.

zwischen dem Islam auf der einen und Großbritannien und den Juden auf der anderen Seite.[24]

Der Al-Aqsa-Mythos entstand vor den ersten arabischen Übersetzungen der *Protokolle der Weisen von Zion* in den 1920er Jahren, die antisemitischem Verschwörungsdenken weiter Vorschub leiste. 1967 zählte man bereits neun arabische Übersetzungen.[25] Ende der 1920er entstanden auch die ersten international orientierten Organisationen wie die Moslembruderschaft und die Vereinigung Junger Muslimischer Männer YMMA (engl. Young Men's Muslim Association), die den Kern der neuen islamistischen Massenbewegung darstellten. Sie sollten bald als Träger und Propagandisten antiwestlichen und antisemitischen Gedankengutes in Erscheinung treten. Obgleich sie in der Tradition der islamischen Reformbewegung, der sogenannten Salafiyya, standen, waren diese Organisationen dem Westen gegenüber weit negativer eingestellt als ihre Vorgänger und begannen, ihn mit den ‚Kreuzrittern' gleichzusetzen.[26] Bereits 1928 etablierte sich die YMMA in Palästina als Antwort auf eine Missionarskonferenz, die im Frühjahr desselben Jahres in Jerusalem stattgefunden hatte.[27] Die Anhänger al-Husseinis kritisierten die Konferenz besonders stark als Angriff auf den Islam. Das Ziel der Missionare sei, das palästinensische Volk zu spalten, um eine Übernahme des Landes vorzubereiten.[28] Die Kreuzritter-Allegorie findet sich in den folgenden Jahren wiederholt in Publizistik und politischer Aktivität in Palästina.[29] Die antijüdische Propagandakampagne der ägyptischen Moslembruderschaft während des arabischen Aufstandes in Palästina (1936–39) kombinierte die gängigen Theorien, die das Freimaurertum und den Kommunismus als jüdische Bewegungen charakterisierten. Die Verbreitung dieser subversiven Ideologien sei ein jüdischer *War of Ideas*, der letztlich gegen den Islam gerichtet sei.[30]

---

[24] Shavit, „Zionism as told by Rashid Rida", S. 37.
[25] Webman, Esther: „Adoption of the Protocols in the Arab discourse on the Arab- Israeli conflict, Zionism, and the Jews". The Global Impact of the Protocols of the Elders of Zion: A Century-Old Myth. Bd. 35. 2012. S. 175–195, hier S. 176–177.
[26] Woltering, Robbert: Occidentalisms in the Arab world: Ideology and images of the West in the Egyptian media. London u.a. 2011, S. 173, siehe Fußnote 40.
[27] Matthews, Weldon: Confronting an Empire, Constructing a Nation: Arab Nationalists and Popular Politics in Mandate Palestine. London u.a. 2006, S. 56–57.
[28] Kabha, Mustafa: The Palestinian Press as Shaper of Public Opinion 1929–39: Writing Up a Storm. London 2007, S. 39–40.
[29] Kupferschmidt, The Supreme Muslim Council, S. 236.
[30] El-Awaisi, Abd al-Fattah Muhammad: „The Muslim Brothers and the Palestine Question 1936–1947". Exeter 1986, S. 70–71; siehe auch Küntzel, Matthias: Djihad und Judenhass. Freiburg im Breisgau 2002, S. 40.

Nicht nur die Politik, sondern auch das intellektuelle Denken wandte sich in dieser Zeit vermehrt dem Islam zu. In Ägypten entstand eine neue Literaturgattung, die Islamiyyat, die sich der Popularisierung islamischer Themen widmete. Ein beliebter Topos war die Gefährdung des Islams. Neben den Missionaren wurde auch westlichen Gelehrten, sogenannten Orientalisten, pauschal unterstellt, Teil eines „kulturellen und geistigen Krieges gegen den Islam" zu sein, der einer westlichen Expansion des Westens Vorschub leiste.[31] Im Geiste des christlichen Fundamentalismus würden letztere versuchen, den Islam zu verleumden.[32] Ironischerweise waren es gerade diese zwei Gruppen, die im Westen oft als Fürsprecher der Araber und des Islams agierten.[33] Dieses Misstrauen gegenüber westlichen Forschern fand später Widerhall bei Said Qutb, dem wichtigsten Ideologen der Moslembruderschaft. Edward Said schließlich popularisierte die These vom imperialistischen Missbrauch der Orientforschung in seinem 1978 erschienenen Werk *Orientalism*, ohne allerdings auf die Traditionslinie der Idee hinzuweisen.[34] Nach Said agierte der Orientforscher, der „Orientalist", als eine Art „Geheimagent innerhalb des Orients".[35] Auch die Idee, dass der Westen den Islam systematisch falsch dargestellt habe, übernahm Said.[36]

Das Motiv eines jüdischen Krieges gegen den Islam und dessen Gefährdung wurden auch von der deutschen Rundfunkpropaganda im Nahen Osten aufgegriffen.[37] Der Verantwortliche für die arabische Rundfunkpropaganda, Kurt Munzel, hatte von 1929 bis 1939 in Ägypten gelebt.[38] Er dürfte dort die Diskurse der islamischen Literatur und der aufstrebenden Bewegungen des politischen Islam verfolgt haben. Die deutsche Rundfunkpropaganda radikalisierte diese noch zusätzlich. Zwischen dem Beginn des 20. Jahrhunderts und den 1930er Jahren wurden die wesentlichen Elemente der Verschwörungstheorie eines jüdisch-westlichen Krieges gegen den Islam entwickelt. Nach 1945 systematisierten islamistische Denker wie Said Qutb, Said Maududi oder Yusuf al-Qaradawi die Theorie und trugen zu ihrer Verbreitung bei. Die Kernelemente haben sich seither jedoch kaum verändert.

---

31 Gershoni, Israel und James P. Jankowski: Redefining the Egyptian nation, 1930–1945. Bd. 2. Cambridge 2002, S. 67.
32 Gershoni/Jankowski, Redefining the Egyptian nation, S. 65–67.
33 Fishman, Hertzel: American Protestantism and a Jewish State. Detroit 1973, S. 23–27.
34 Said, Edward W.: Orientalism. New York 1979, S. 11.
35 Said, Orientalism, S. 223.
36 Said, Orientalism, S. 272.
37 Herf, Jeffrey: Nazi propaganda for the Arab world. New Haven 2009, S. 52–53; Matthias Küntzel: Von Zeesen bis Beirut. http://www.matthiaskuentzel.de/contents/von-zeesen-bis-beirut (23.11.2016).
38 Herf, Nazi propaganda for the Arab world, S. 39–40.

Die Weiterentwicklung der Verschwörungstheorie nach 1945

Der 1966 hingerichtete Said Qutb war ein Theoretiker der Moslembruderschaft und gilt neben dem Pakistani Said Abul Ala Maududi als der wichtigste politische Denker des Islamismus. Die Einwohner des Westens setzte Qutb mit den ‚Kreuzrittern' gleich, die weniger durch Religion, als durch ihr „einziges Gefühl und einziges Interesse" an der Zerstörung des Islams miteinander verbunden seien.[39] Die größte Bedrohung dieses Kreuzzugs gehe nicht von der militärischen, sondern von der geistigen und kulturellen Ebene aus, denn das „Kreuzrittertum war nicht beschränkt auf das Geklirr der Waffen, sondern war vor allem und vorrangig eine intellektuelle Feindschaft."[40] Erneut fungierten Missionare und westliche Gelehrte als die Hauptträger des geistigen Krieges. Qutb warf letzteren vor, die Botschaft des Islams zu verzerren und den Muslimen eine fremde Identität zu oktroyieren, um westlich-imperialistischen Machtinteressen zuzuarbeiten.[41] Das westliche Islambild sei geprägt vom „Kreuzrittergeist, den alle Westler in ihrem Blut tragen […], zu dem die Angst des Imperialismus vor dem islamischen Geist und das Bemühen, die Kraft des Islams zu zerstören, dazukommen".[42] In seiner Polemik gegen Missionare und insbesondere Orientalisten griff Qutb zweifellos auf ältere Diskurse zurück, die, wie oben beschrieben, in den 1930er Jahren in der arabischen Sachliteratur populär waren.

Besonderen Hass brachte Qutb jedoch den Juden entgegen. Bereits im November 1947 sprach er angesichts des Konflikts in Palästina von „Jüdischem Kreuzrittertum".[43] In seiner 1950 erschienenen antisemitischen Kampfschrift *Unser Kampf mit den Juden* erklärte Qutb die Juden zu den Erzfeinden des Islams seit der Zeit Mohammeds. Von der Spaltung in Sunniten und Schiiten bis zur Abschaffung des Kalifats durch Mustafa Kemal Atatürk seien sie die wahren Strippenzieher hinter allen Vorkommnissen gewesen, die der Einheit und der Macht des Islams geschadet hätten. Bei Qutb werden die Juden zu den Anführern des Krieges gegen den Islam, während die westlichen Staaten ihnen lediglich als Handlanger dienen.[44] Qutb brach damit in gewisser Weise mit dem klassischen

---

39 Calvert, John: Sayyid Qutb and the Origins of Radical Islamism. Oxford 2009, S. 167.
40 Mitchell, Richard Paul: The Society of the Muslim brothers. London 1969, S. 230.
41 Calvert, Sayyid Qutb and the Origins of Radical Islamism, S. 166–167.
42 Calvert, Sayyid Qutb and the Origins of Radical Islamism, S. 167.
43 Mitchell, The Society of the Muslim brothers, S. 229.
44 Herf, Nazi propaganda for the Arab world, S. 255–259; Tibi, Bassam: „From Sayyid Qutb to Hamas: The Middle East Conflict and the Islamization of Antisemitism". Yale 2010.

islamischen Recht, das den Juden einen inferioren, aber dennoch geschützten Status zugestanden hatte, denn die Dämonisierung der Juden bei Qutb macht jede Form von Koexistenz unmöglich.

Die Vorstellung eines westlich-jüdischen Krieges gegen den Islam ist bis heute ein konstituierendes Merkmal der Ideologie der Moslembruderschaft. So nimmt sie eine prominente Rolle im 120 Bücher umfassenden Werk Yusuf al-Qaradawis ein, der als geistiger Führer der Moslembruderschaft gilt. Aufgrund seiner Medienpräsenz – seine Sendung auf dem katarischen Sender Al Jazeera erreichte in den 2000er Jahren bis zu 40 Millionen Zuschauer – zählte er zu den einflussreichsten Medienpersönlichkeiten in der islamischen Welt. Über verschiedene Plattformen übte er auch Einfluss auf die muslimische Diaspora in Europa aus.[45] Nach Qaradawi beinhaltet der jüdische Krieg gegen den Islam fünf Stufen und endet mit der Zerstörung der Al-Aqsa-Moschee. Die erste Stufe war die Zerstörung islamischer Bruderschaft und die Aufteilung der islamischen Welt in Nationalstaaten. Die nächste Stufe war der Import revolutionärer Ideen, gefolgt von der Gründung des Staates Israel. Stufe vier und fünf, die israelische Eroberung seiner Nachbarländer und die Wiedererrichtung eines jüdischen „Pseudo-Tempels", wie Qaradawi es nennt, liegen noch in der Zukunft.[46]

Der politische Islam wurde seit den 1950er Jahren von Saudi-Arabien gezielt als Gegengewicht zur panarabischen Propaganda des ägyptischen Diktators Nasser gefördert und erfuhr dadurch weitere Verbreitung. 1962 wurde in Mekka die saudisch finanzierte Islamische Weltliga gegründet, die seither die weltweite islamische Mission saudischer Prägung vorantreibt. Die jüdische Verschwörung zur Zerstörung des Islams wurde zu einem wiederkehrenden Topos in ihren Publikationsorganen. So schrieb der Emissär der Weltliga in Europa, das „Weltjudentum" führe die inneren Angelegenheiten der westlichen Staaten. Zuerst hätten die Juden das Christentum angenommen, um sodann über die Gründung der Freimaurer die westlichen Staaten von innen zu korrumpieren. Der Ägypter Anwar al-Jundi beschuldigte die Juden, den Westen zu missbrauchen, um die Macht über den Islam zu erlangen.[47] Der 1999 verstorbene höchste Kleriker Saudi-Arabiens Abdul Aziz bin Baz, trug ebenfalls zur Popularisierung der Verschwörungstheorie bei. Nach Bin Baz begann der geistige Krieg gegen den Islam bereits im Mittelalter, als die Kreuzritter angesichts ihrer militärischen Schwäche realisiert hätten, dass

---

45 Gräf, Bettina und Jakob Skovgaard-Petersen: Global Mufti: The Phenomenon of Yūsuf Al-Qaraḍāwī. New York 2009, S. 160; Vidino, Lorenzo: The New Muslim Brotherhood in the West. New York 2010, S. 72, 212.
46 Bartal, Shaul: „The danger of Israel according to Sheikh Yusuf Qaradawi". Israel Affairs 22/2 (2016). S. 479–491, hier S. 479–481.
47 Schulze, Islamischer Internationalismus im 20. Jahrhundert, S. 397–399.

der ideologische Angriff auf den Islam effizienter und nachhaltiger sei. Als Elemente des ideologischen Angriffs identifizierte Bin Baz alle Bestrebungen zur Gleichstellung der Frau und der Säkularisierung der Bildung.[48]

Der Sieg Israels im Sechstagekrieg diskreditierte den arabischen Nationalismus und gab der Verschwörungstheorie weiteren Auftrieb. In einem Artikel im Organ der Islamischen Weltliga deutete Maududi die arabische Niederlage als Resultat des geistigen Krieges der Juden gegen den Islam. Durch die Vermittlung der jüdisch-beherrschten USA hätten die arabischen Staaten jüdische Ideologien übernommen.[49] Die Idee eines geistigen Krieges gegen den Islam, an dessen Speerspitze die Juden oder Israel stehen, wurde in den 1970er Jahren kanonisiert und gehört seither zur islamistischen Heterodoxie. Die Islamisten lehnen daher auch jegliche Normalisierung der arabisch-israelischen Beziehungen ab, da diese Israel ermöglichen würde, seinen kulturellen Einfluss auf die islamische Welt auszubauen.[50] Der Glaube an die jüdische Weltverschwörung gegen den Islam verbindet sunnitische und schiitische Islamisten. In seinem 1971 erschienenen Hauptwerk *Welayat-e Faqih* bezeichnete der iranische Revolutionsführer Chomeini die Juden als die wahren Herrscher im Rücken der ‚Imperialisten', die die Errichtung einer jüdischen Weltregierung anstrebten. Zu den Agenten der Juden gehöre auch die religiöse Minderheit der Bahai, die von Israel und den USA finanziert würden.[51]

Die Allianz der ‚Kreuzritter' und Juden

Der Afghanistankrieg gilt als Geburtsstunde des internationalen Dschihadismus. Die Anreise der dschihadistischen Freiwilligen nach Afghanistan und das Training wurden von Abdallah Azzam organisiert, einem jordanischen Moslembruder palästinensischer Herkunft, der zwischen 1967 und 1970 auf der Seite der Fedaijin gegen Israel gekämpft hatte.[52] Seine Person lässt erkennen, wie der Dschihadismus von Beginn von Verschwörungsdenken beeinflusst war. Abdallah Azzam engagierte sich in der palästinensischen Politik und war ein erklärter Feind der PLO. In seinem Buch *Der rote Krebs* vertrat er die Ansicht, der Kommunismus habe

---

48 Bin Baz, Abdul Aziz: The Ideological Attack. London 1999, S. 35–41, https://islamhouse.com/en/books/1259/.
49 Schulze, Islamischer Internationalismus im 20. Jahrhundert, S. 398–401.
50 Shavit, Uriya und Ofir Winter: Zionism in Arab Discourses. Oxford 2016, S. 44–46.
51 Abrahamian, Ervand: Khomeinism: Essays on the Islamic Republic. Berkeley 1993, S. 123–124.
52 Hegghammer, Thomas: „'Abdallāh'Azzām and Palestine". Die Welt des Islams 53/3–4 (2013). S. 353–387, hier S. 367–376.

einen negativen Einfluss auf den arabischen Widerstand in Palästina ausgeübt, weil dieser in seinem Wesen und in seiner Organisation jüdisch sei. Der bolschewistische Umsturz in Russland 1917 sei in Brooklyn ausgeheckt worden, „und dieses Gebiet ist immer noch das Zentrum für die jüdische Verschwörung zur Zerstörung der Welt."[53] Im Jahre 1988 gründete Abdallah Azzam zusammen mit Osama Bin Laden die Al-Qaida. Er unterstützte auch tatkräftig den 1987 gegründeten palästinensischen Ableger der Moslembruderschaft, die Hamas, und beeinflusste die Ideologie dieser Terrororganisation insofern, als sie sich in ihren Statuten als Teil des globalen Dschihads definierte.[54]

Sowohl Al-Qaida als auch Hamas übernahmen die gängigen antisemitischen verschwörungstheoretischen Vorstellungen. In der 1988 erschienenen Charta der Hamas wird dies besonders deutlich. Artikel 22 zitiert direkt aus den *Protokollen der Weisen von Zion* und macht die Juden für die Französische Revolution verantwortlich. Artikel 32 warnt vor dem Expansionsdrang Israels bis zu Nil und Euphrat und darüber hinaus. Ihren Anhängern empfiehlt die Hamas „die Pläne der Zionisten [...] in den ‚Protokollen der Weisen von Zion' nachzulesen."[55] Ähnlich wie in den 1920er und 1930er Jahren, hat die Propagierung des Al-Aqsa-Mythos durch die Hamas zur Verschärfung des Konflikts und zum Ausbruch der Ersten und Zweiten Intifada beigetragen. So wurde der Besuch des Tempelbergs durch Ariel Sharon im Jahr 2000 als Teil des Planes, die Al-Aqsa-Moschee zu zerstören, interpretiert. Auch die Bemühungen jüdischer Gruppen, Besuche und Gebete von Juden auf dem Tempelberg zu normalisieren, werden als Teil dieses Planes interpretiert.[56] Der Al-Aqsa-Mythos war 2014 schließlich auch mitverantwortlich für den Ausbruch der sogenannten Messerintifada. Politische Kampagnen, an denen sich unter anderem die Palästinensische Autonomiebehörde beteiligte, riefen zur Verteidigung der heiligen Stätten auf. Viele muslimische Palästinenser schlossen sich den Aufrufen aus der Überzeugung an, dass die Al-Aqsa-Moschee gefährdet sei oder gar ihre Zerstörung unmittelbar bevorstehe.[57]

In einem Essay, der im April 1988 erschien, konzipierte Abdallah Azzam die Al-Qaida als internationale Elitetruppe, die in Konflikte zwischen Muslimen und

---

53 Hegghammer, ʻAbdallāhʻAzzām and Palestine, S. 382.
54 Maliach, Asaf: „Abdullah Azzam, al-Qaeda, and Hamas: Concepts of Jihad and Istishhad". Military and Strategic Affairs 2/2 (2010). S. 79–93, hier S. 79–85.
55 Audiatur, Redaktion: „Die Charta der Hamas", 22.06.2011. http://www.audiatur-online.ch/2011/06/22/die-charta-der-hamas/ (2.12.2016).
56 Bartal, Shaul: Jihad in Palestine: Political Islam and the Israeli-Palestinian Conflict. London 2015, S. 240–241.
57 Shragai, Nadav: „Protecting the Status of the Temple Mount in Jerusalem". http://jcpa.org/status-quo-temple-mount/ (3.12.2016).

Nichtmuslimen eingreifen sollte und „globale Pläne [...] gegen den Islam aufdecken würde".[58] Die dschihadistische Bewegung verstand disparate Konflikte in Afghanistan, Israel, Bosnien oder in den Philippinen als Teile eines globalen Krieges gegen den Islam. Der Glaube an einen solchen Krieg wurde stark mit apokalyptischen Vorstellungen verknüpft. Jene Hadithen, die als Prophezeiung eines globalen Krieges gegen den Islam in der Endzeit gedeutet werden können, nährten diese apokalyptischen Vorstellungen.[59] Der Religionswissenschaftler David Cook weist darauf hin, dass in der apokalyptischen Literatur der Gegenwart, die in der ganzen islamischen Welt breite Leserschaft findet, Antisemitismus eine herausragende Rolle spielt. Der Dajjal, das muslimische Pendant zum Antichristen, wird bereits in der klassischen islamischen Literatur als jüdisch beschrieben. Die moderne apokalyptische Literatur verstärkt den antisemitischen Gehalt der Dajjal-Erzählung und macht ihn und seine jüdischen Anhänger zu den Anführern der jüdischen Verschwörung gegen den Islam.[60] Auch die Hamas-Charta zitiert in Artikel sieben apokalyptisches Gedankengut in Form der sogenannten Gharkad-Hadithe, die von Ereignissen in der Endzeit berichtet: „Die Stunde wird kommen, da die Muslime gegen die Juden solange kämpfen und sie töten, bis sich die Juden hinter Steinen und Bäumen verstecken. Doch die Bäume und Steine werden sprechen: ‚Oh Muslim, oh Diener Allahs, hier ist ein Jude, der sich hinter mir versteckt. Komm und töte ihn!' Nur der Gharkad-Baum wird dies nicht tun, denn er ist ein Baum der Juden."[61] Der Antisemitismus, so Cook, stellt einen Nexus zwischen dschihadistischer und apokalyptischer Literatur dar.[62]

Obwohl die USA unter Ronald Reagan islamistische Freischärler in Afghanistan unterstützten und enge Verbindungen mit rückschrittlichen islamischen Staaten wie Saudi-Arabien und Pakistan pflegten, ebnete dies nicht den Weg für ein positiveres Image des Westens. Die von den USA angeführte UN-Intervention im Zweiten Golfkrieg 1990/91 auf der Seite Saudi-Arabiens und der Golfstaaten wurde von Islamisten als Krieg gegen den Islam gewertet.[63] Die Präsenz amerikanischer Truppen in Saudi-Arabien wurde von Islamisten als Sakrileg empfunden und führte unter anderem zum Bruch zwischen Saudi-Arabien und Osama Bin Laden. In seinem ersten an ein breites Publikum gerichteten öffentlichen Brief

---

58 Maliach, „Abdullah Azzam, al-Qaeda, and Hamas", S. 81.
59 Cook, David: Understanding Jihad. Berkeley u. a. 2005, S. 137.
60 Cook, David: „Anti-Semitic Themes in Muslim Apocalyptic and Jihadi Literature". http://jcpa.org/article/anti-semitic-themes-in-muslim-apocalyptic-and-jihadi-literature/ (2.12.2016).
61 Audiatur, „Die Charta der Hamas".
62 Cook, „Anti-Semitic Themes in Muslim Apocalyptic and Jihadi Literature".
63 Woltering, Occidentalisms in the Arab world: Ideology and images of the West in the Egyptian media, S. 90–94.

aus dem Jahr 1994 beschuldigte Bin Laden die Königsfamilie und Scheich Bin Baz, der die amerikanische Intervention gutgeheißen hatte, unter anderem der Kollaboration mit der „Kreuzritter-Juden Allianz".[64] Ein Begriff, der in der Folge zum Standardausdruck für die westlichen Feinde des Islams in der Publizistik der Terrororganisation Al-Qaida werden sollte. Sowohl die Kriegserklärung der Al-Qaida aus dem Jahr 1996 als auch das *World Islamic Front Statement urging Jihad against Jews and Crusaders* zwei Jahre später nennen den Krieg gegen den Islam und insbesondere die westliche Politik in Saudi-Arabien, Israel und dem Irak als Ursache für den weltweiten Dschihad.[65] Letztere Erklärung rief explizit zur Tötung von Amerikanern und Angehörigen verbündeter Nationen auf und wurde von Bernard Lewis deshalb korrekterweise als „Lizenz zum Töten" bezeichnet.[66] Die jüdische oder zionistische Weltverschwörung gegen den Islam findet sich ebenfalls in diesem Statement. Viele Al-Qaida Verlautbarungen verwendeten jedoch neben einer religiös gefärbten auch eine säkulare politische Sprache, die von jenen verstanden werden konnte, die mit dem *Krieg gegen den Islam*-Narrativ nicht vertraut waren. So behauptete Osama Bin Laden wiederholt, die Juden oder die zionistische Lobby kontrollierten die amerikanische Außenpolitik, um ein Gross-Israel zu errichten.[67] Dies war kaum Zufall, sondern auch Ausdruck des Bemühens Osama bin Ladens, Allianzen mit antisemitischen und antizionistischen Kräften in den USA zu knüpfen. 2009 empfahl er dem amerikanischen Volk in einer Mitteilung, die Bücher *The Israel Lobby and U.S. Foreign Policy* von John J. Mearsheimer und Stephen M. Walt sowie *Palestine: Peace Not Apartheid* des ehemaligen US-Präsidenten Jimmy Carter zu lesen, um die „Wahrheit zu erfahren".[68]

Das konspirative, antisemitische Weltbild lebt auch beim Islamischen Staat weiter. Im September 2014 machte IS-Sprecher Mohammad al-Adnani die Juden für die Militärintervention gegen den IS verantwortlich. Am Anfang der Proklamation zitierte er Sure 8:30, die von den Plänen der Gegner Mohammeds in Mekka handelt, um die konspirative, islamfeindliche Natur der Nichtmuslime und die

---

64 Laden, Osama Bin und Bruce Lawrence: Messages to the World: The Statements of Osama Bin Laden. New York 2005, S. 7.
65 Kepel, Gilles, Jean-Pierre Milelli und Pascale Ghazaleh: Al Qaeda in Its Own Words. Harvard 2008, S. 47–50, 53–56.
66 Lewis, Bernard: „License to Kill: Usama bin Ladin's Declaration of Jihad". Foreign Affairs November/December 1998 (1998). https://www.foreignaffairs.com/articles/saudi-arabia/1998-11-01/license-kill-usama-bin-ladins-declaration-jihad
67 Ibrahim, Raymond: The Al Qaeda Reader: The Essential Texts of Osama Bin Laden's Terrorist Organization. New York 2007, S. 275–278.
68 Otterman, Sharon und Robert Mackey: „Bin Laden's Reading List for Americans". 1252960021, http://thelede.blogs.nytimes.com/2009/09/14/bin-ladens-reading-list-for-americans/ (2.12.2016).

Kontinuität des vermeintlichen Krieges gegen den Islam zu unterstreichen.[69] Seit Anfang der 1990er zirkulieren in salafistischen Kreisen auch Verschwörungstheorien, die die Schiiten bezichtigen, als Agenten der Juden an der Zerstörung des Islams zu arbeiten. Sie greifen dabei auf eine alte islamische Legende zurück, die den Ursprung der schiitischen Konfession auf einen jüdischen Konvertiten zum Islam zurückführt.[70] Diese anti-schiitischen Verschwörungstheorien inspirierten den Anführer der Al-Qaida im Irak Abu Musab al-Zarqawi und seine Nachfolger des Islamischen Staates zu ihren Gräueltaten gegen die schiitische Bevölkerung.[71] Sie illustrieren in aller Schärfe, welche tödliche Wirkung wahnhafte Weltbilder entfalten können.

‚Der Krieg gegen den Islam' in nicht-islamischen Diskursen

Die Theorie eines westlichen Krieges gegen den Islam war nicht zuletzt auch anschlussfähig für linke anti-imperialistische Denker. Der iranische Schriftsteller und Übersetzer von Ernst Jünger, Jalal Al-i-Ahmad, gehörte zu einer Gruppe nativistischer iranischer Intellektueller, die ihre Kritik am Westen wesentlich von existenzialistischen Denkern wie Heidegger, Sartre und Jünger entlehnte.[72] In seinem Buch *Occidentosis* popularisierte Al-i-Ahmad 1962 das Konzept „Westoxification". Al-i-Ahmad, der zeitweise der kommunistischen Tudeh Partei angehört hatte, kritisierte darin die wirtschaftliche Abhängigkeit und die kulturelle ‚Zersetzung', die als Folge des wirtschaftlichen Handels mit dem Westen entstünden. Während er das iranische Bürgertum scharf kritisierte, lobte er den schiitischen Klerus für seinen Widerstand gegen die Westoxification. Der linksislamische Intellektuelle Ali Shariati führte Al-i-Ahmads Erbe fort und erklärte den Islam explizit zum Kern des Widerstandes gegen die Verwestlichung.[73] Das Konzept der Westoxification weist offensichtliche Ähnlichkeiten zum islamisti-

---

69 Al-Adnani: „A new statement by IS spokesman Abū Muhammad al-'Adnānī ash-Shāmī".
70 Mervin, Sabrina u. a.: The Dynamics of Sunni-Shia Relationships: Doctrine, Transnationalism, Intellectuals and the Media. London 2013, S. 42–44.
71 Siehe z. B. die anti-schiitischen Passagen in Al-Zawahiri, Ayman: „Letter from al-Zawahiri to al-Zarqawi" (2005). https://ctc.usma.edu/harmony-program/zawahiris-letter-to-zarqawi-original-language-2/
72 Gösken, Urs: „Tendenzen der Westwahrnehmung bei iranischen Intellektuellen". Asiatische Studien 62/1 (2008). S. 323–353, hier S. 349–350.
73 Kohn, Margaret und Keally McBride: Political Theories of Decolonization: Postcolonialism and the Problem of Foundations. Oxford University Press 2011, S. 41–44.

schen Narrativ vom westlichen Krieg gegen den Islam auf und wurde wiederum von Islamisten rezipiert.[74] Die Feindschaft gegenüber dem Westen und die Idealisierung des Islams als sozial progressiv dienten auch als ideologische Klammern, die iranische Linke und Islamisten im Kampf gegen den Schah zusammenbanden, schließlich jedoch einen effektiven Widerstand gegen das neue islamische Regime nach der Revolution von 1979 behinderten.[75]

Ein Jahr vor der iranischen Revolution, 1978, erschien Edward Saids Buch *Orientalism*. Dessen Hauptthese, wonach die westliche Islam- und Orientforschung mit dem Imperialismus kollaborierte und den Orient systematisch falsch darstellte, war, wie bereits oben erwähnt, bereits in den 1930er Jahren von ägyptisch-islamischen Denkern formuliert und in der Folge auch von islamistischen Denkern rezipiert worden. Der liberale syrische Intellektuelle Sadik al-Azm deutete Saids Buch in den frühen 1980er Jahren als Ausdruck einer Tendenz, die linke Aktivisten zum Islamismus führe. Nach der Iranischen Revolution 1979, so al-Azm, hätten „ehemalige Radikale, ex-Kommunisten, unorthodoxe Marxisten und desillusionierte Nationalisten" sich die nationale Erlösung nicht länger von säkularen Ideologien, sondern vom politischen Islam versprochen und eine Literatur hervorgebracht, die gekennzeichnet sei durch ihre „Hartnäckigkeit, den bekannten Widerstand nationaler Befreiung gegen imperialistische Herrschaft durch den reaktionären Widerstand des Ostens gegen den Westen zu ersetzen".[76]

Wie der Arabist Robbert Woltering beobachtete, fand das einst vorwiegend islamistische Narrativ vom Krieg gegen den Islam im Verlauf der 1990er Jahre vermehrt Einzug in linke und nationalistische Diskurse in Ägypten.[77] 9/11 und der anschließende Krieg gegen den Terror wurden in der islamischen Welt, aber auch in der muslimischen Diaspora in Europa, weitgehend als Krieg gegen den Islam interpretiert.[78] Auch vermeintlich liberale Denker wie der ägyptische Ökonom Galal Amin schlossen sich diesem Weltbild an. In seinem Buch: *The Era of Arab- and Muslim bashing: We and the world after September 2011*, schreibt er, Araber

---

74 Aydin, Cemil: „Between occidentalism and the global left: Islamist critiques of the West in Turkey". Comparative Studies of South Asia, Africa and the Middle East 26/3 (2006). S. 446–461, hier S. 448.
75 Siehe dazu Moghadam, Val: „Socialism or anti-imperialism? The left and revolution in Iran". New Left Review 166 (1987). S. 5–28, hier S. 15–22.
76 Al-Azm, Sadik Jalal: „Orientalism and Orientalism in reverse". Khamsin 8/1981 (1981). S. 5–26, hier S. 234.
77 Woltering, Occidentalisms in the Arab world: Ideology and images of the West in the Egyptian media, S. 90–94.
78 Grice: „Most British Muslims do not blame al-Qa'ida for attacks".

und Muslime seien Opfer einer von Zionisten orchestrierten Verleumdungskampagne.[79]

Nach 9/11 fand die Theorie auch vermehrt unter Rechtsextremisten, Verschwörungstheoretikern und antiimperialistischen Linken ohne muslimischen Hintergrund Widerhall, die den Islam als Widersacher des Westens und deshalb positiv sehen. Dies ist kein völlig neues Phänomen. Der Islamist, Querfront-Aktivist und Sozialdemokrat Ahmed Huber hatte das Narrativ schon in den frühen 1980er Jahren öffentlich vertreten.[80] Es gewann nach 9/11 weiter an Kontur. Die Verschwörungstheorie findet sich etwa auf dem Blog *Alles Schall und Rauch*, dem mit ca. einer Million monatlichen Besuchen führenden verschwörungstheoretischen Blog im deutschsprachigen Raum.[81] In einem Artikel im Januar 2008 schrieb etwa dessen Betreiber Manfred Petrisch: „Der Krieg gegen den Terror ist auch ein Krieg gegen den Islam. Die Besitzer der Welt sehen ihre Macht und dem Ziel der totalen Weltbeherrschung (sic!), der Neuen Weltordnung, durch die Moslems gefährdet. Deshalb muss diese Religion geschwächt und beschädigt werden."[82]

Auch in antirassistischen und Islamophobie-kritischen Diskursen fand seit dem 11. September ein Narrativ Eingang, das den Westen als in seinem Wesen feindlich gegenüber dem Islam beschreibt und frappante Ähnlichkeit mit der Verschwörungstheorie des Krieges gegen Islam aufweist. Diese Tendenz war insbesondere im Umfeld der britischen *Stop the War Coalition* ersichtlich, die sich vor allem aus Trotzkisten und Anhängern der zur Moslembruderschaft gehörigen *Muslim Association of Britain* zusammensetze.[83] Der nicht mehr aktive Blog *Islamophobia-Watch.com*, der unter anderem von Bob Pitt, einem Mitarbeiter des Londoner Bürgermeisters Ken Livingstone mitbetrieben wurde,[84] war ebenfalls ein Element der Annäherungspolitik zwischen Linksextremisten und islamistischen Aktivisten.[85] Der Blog griff die Verschwörungstheorie wiederholt auf und

---

[79] Woltering, Occidentalisms in the Arab world: Ideology and images of the West in the Egyptian media, S. 90–95.

[80] Jäger, Alfred, Wildermuth, Armin und Ahmad Huber: Der Unbekannte Islam. Einsiedeln 1982.

[81] Zahlen gemäss einer SimilarWeb-Analyse durch den Autor.

[82] Freeman: „Der wirkliche Grund für den Krieg gegen den Terror". http://alles-schallundrauch.blogspot.com/2008/01/der-wirkliche-grund-fr-den-krieg-gegen.html (3.12.2016).

[83] Benedek, Eran: „At Issue: Britain's Respect Party: The Leftist-Islamist Alliance and Its Attitude toward Israel". Jewish Political Studies Review 19/3/4 (2007). S. 153–163; Vidino: The New Muslim Brotherhood in the West, S. 140–145.

[84] „Bob Pitt", http://www.middleeasteye.net/users/bob-pitt (23.2.2017).

[85] Dovkants, Keith: „Embracing Islam gives Ken new election hope". Evening Standard, 16.04. 2008. http://web.archive.org/web/20080420044725/http://www.thisislondon.co.uk/standard-mayor/article-23478707-details/Embracing+Islam+gives+Ken+new+election+hope/article.do.

beschrieb seine Mission damit, es nicht zu erlauben, dass die rassistische Ideologie des westlichen Imperialismus in seiner Dämonisierung des Islams allgemein akzeptiert wird."[86] Wie von Qutb und seinen Epigonen wurde westliche Außenpolitik im Nahen Osten durch die links-islamistischen Bündnisse primär als ein Krieg gegen den Islam wahrgenommen.

Ausblick und Diskussion

Die Verschwörungstheorie vom westlichen Krieg gegen den Islam hat sich in den letzten 120 Jahren weltweit verbreitet und dient bis heute der Rechtfertigung von Diskriminierung und Gewalt, die sich sowohl gegen die angeblichen Verschwörer richtet, Juden und westliche Bürger, als auch gegen Liberale, muslimische Reformer oder Ex-Muslime, die als Agenten der Verschwörung diffamiert werden. Ihr zugrunde liegt die Fusion zweier Welterklärungsansätze. Ein islamisch-fundamentalistischer einerseits, der von einer ewigen Feindschaft zwischen islamischer und nicht-islamischer Welt ausgeht. Ein antisemitischer anderseits, der die dramatischen Veränderungen seit der Französischen Revolution durch das geheime Wirken einer jüdischen Clique zu erklären sucht. Die Verschwörungstheorie erfüllt heute verschiedene Funktionen. Sie leistet ihren Anhängern zunächst Orientierungshilfe für die Interpretation einer zunehmend komplexer werdenden internationalen Politik. Primär dient sie jedoch der Überbrückung der Dissonanz zwischen dem Anspruch ihrer Anhänger, der führenden Zivilisation anzugehören, und dem relativen Niedergang der islamischen Welt in politisch-militärischer, wissenschaftlicher und kultureller Hinsicht seit der frühen Neuzeit. Die Verschwörungstheorie verhindert eine infolge dieser Veränderungen nötige, aber als schmerzhaft empfundene Hinterfragung eigener Traditionen und Handlungsweisen durch die Abwälzung der Verantwortung auf Dritte. Die Verschwörungstheorie erfüllt weiter die Funktion der Schuldprojektion. Hierbei werden die Verbrechen des eigenen Kollektivs auf die Opfer projiziert, um eine positive Selbstidentifikation zu erlauben. Die lange Geschichte der Diskriminierung nicht-muslimischer Minderheiten, die in den Völkermorden an den Armeniern und jüngst an den Jesiden oder auch in der Vertreibung der orientalischen Juden kulminierte, bietet genügend Material für eine solche Schuldprojektion. Das Phänomen gleicht dem vor allem in Deutschland verbreiteten sekundären Anti-

---

86 Http://www.islamophobia-watch.com/about-us/ via Larsson, Göran: „Cyber-Islamophobia? The case of WikiIslam". Contemporary Islam 1/1 (2007). S. 53–67, hier S. 64.

semitismus, der Juden prinzipiell als Täter zu beschreiben sucht.[87] Die Schuldprojektion erlaubte es vielen Muslimen, keine Verantwortung für Terroranschläge zu übernehmen, hinter der ja angeblich Juden stünden, und gleichzeitig Stolz für diese Taten zu empfinden.[88]

Die Kenntnis der Verschwörungstheorie ist essentiell für das Verständnis des islamistischen Weltbildes sowie zur Bekämpfung von islamischem Antisemitismus und der Radikalisierung junger Muslime. Antiradikalisierungs-Initiativen, wie jene von der Regierung Obama geförderten CVE-Programme, berücksichtigen den konspirativen Kern des islamistischen Weltbildes nur ungenügend. Teilweise führen sie das Vorhaben ad absurdum, indem sie gezielt die Zusammenarbeit mit vermeintlich nicht-gewalttätigen Islamisten suchen, z. B. der Moslembruderschaft, unter Missachtung der Tatsache, dass diese zu den Hauptverbreitern der Verschwörungstheorie gehören. Vielmehr konzentrieren sie sich auf die Bekämpfung der angeblichen Ursachen des Terrors. Im Verständnis dieser Programme gehören dazu etwa die soziale Marginalisierung der muslimischen Bevölkerung oder eine Außenpolitik, die als islamfeindlich wahrgenommen werden kann. Dabei kann es leicht zu einer Verwechslung von Ursache und Folge kommen. Denn die Vorstellung eines ‚Krieges gegen den Islam' kann das Gefühl der Marginalisierung und Diskriminierung noch verstärken.[89]

Die Verschwörungstheorie vom Krieg gegen den Islam ist gegenüber der Realpolitik erstaunlich resistent. So folgten der US-Unterstützung islamistischer Mudschaheddins in Afghanistan und der Golfstaaten im 2. Irakkrieg unter den Präsidenten Ronald Reagan und George H. W. Bush eine Epoche antiwestlichen islamistischen Terrors. Die gezielt islamfreundliche Politik von Präsident Barack Obama wiederum wurde vom Aufstieg des Islamischen Staates begleitet. Dies deutet darauf hin, dass das konspirative Weltbild nicht die Folge, sondern vielmehr die Ursache für die Wahrnehmung der US-Außenpolitik als antiislamisch ist. Jede Antiradikalisierung-Initiative muss deshalb direkt den Kern der islamistischen Botschaft, die Verschwörungstheorie vom ‚Krieg gegen den Islam', direkt hinterfragen. So lange die Verschwörungstheorie eines ‚Krieges gegen den Islam' nicht nur unter Radikalen, sondern auch im muslimischen Mainstream eine etablierte Schablone für die Interpretation von Politik ist, wird es schwer sein, den islamischen Fundamentalismus nachhaltig zu schwächen.

---

87 Spencer, Philip: „The left, radical anti-semitism and the problem of genocide". Journal for the Study of Anti-Semitism 2/1 (2010). S. 133, hier S. 147–148.
88 Cook, David: Understanding Jihad. Berkeley u. a. 2005, S. 150.
89 Siehe hierzu auch Jikeli, Günther: European Muslim Antisemitism: Why Young Urban Males Say They Don't Like Jews. Bloomington 2015, S. 252.

Literaturverzeichnis

Aaronovitch, David: Voodoo Histories: The Role of the Conspiracy Theory in Shaping Modern History. New York 2011.

Abrahamian, Ervand: Khomeinism: Essays on the Islamic Republic. Berkeley 1993.

Al-Adnani, Abu Muhammad: „A new statement by IS spokesman Abū Muhammad al-'Adnānī ash-Shāmī". 22.09.2014, http://triceratops.brynmawr.edu/dspace/bitstream/handle/10066/16495/ADN20140922.pdf (6.12.2016).

Al-Azm, Sadik Jalal: „Orientalism and Orientalism in reverse". Khamsin 8/1981 (1981). S. 5–26.

Al-Zawahiri, Ayman: „Letter from al-Zawahiri to al-Zarqawi" (2005). http://triceratops.brynmawr.edu:8080/dspace/handle/10066/4798 (30.4.2015).

Audiatur, Redaktion: „Die Charta der Hamas". 22.06.2011. http://www.audiatur-online.ch/2011/06/22/die-charta-der-hamas/ (2.12.2016).

Aydin, Cemil: „Between occidentalism and the global left: Islamist critiques of the West in Turkey". Comparative Studies of South Asia, Africa and the Middle East 26/3 (2006). S. 446–461.

Bartal, Shaul: Jihad in Palestine: Political Islam and the Israeli-Palestinian Conflict. London 2015.

Bartal, Shaul: „The danger of Israel according to Sheikh Yusuf Qaradawi". Israel Affairs 22/2 (2016). S. 479–491.

Benedek, Eran: „At Issue: Britain's Respect Party: The Leftist-Islamist Alliance and Its Attitude toward Israel". Jewish Political Studies Review 19/3/4 (2007). S. 153–163.

bin Baz, Abdul Aziz: The Ideological Attack. London 1999. https://islamhouse.com/en/books/1259/.

Calvert, John: Sayyid Qutb and the Origins of Radical Islamism. Oxford 2009.

Cook, David: „Anti-Semitic Themes in Muslim Apocalyptic and Jihadi Literature". http://jcpa.org/article/anti-semitic-themes-in-muslim-apocalyptic-and-jihadi-literature/ (2.12.2016).

Cook, David: Understanding Jihad. Berkeley 2005.

Dovkants, Keith: „Embracing Islam gives Ken new election hope". Evening Standard, 16.04.2008. http://web.archive.org/web/20080420044725/http://www.thisislondon.co.uk/standard-mayor/article-23478707 details/Embracing+Islam+gives+Ken+new+election+hope/article.do.

Edwards, Jim, 2016 Dec. 2 und 595: „Only 4% of British Muslims believe Al Qaeda planned 9/11". http://uk.businessinsider.com/policy-exchange-survey-muslim-attitudes-beliefs-911-september-11–2016–12 (6.12.2016).

El-Awaisi, Abd al-Fattah Muhammad: „The Muslim Brothers and the Palestine Question 1936–1947". Exeter 1986.

Fishman, Hertzel: American Protestantism and a Jewish State. Detroit 1973.

Freeman: „Der wirkliche Grund für den Krieg gegen den Terror". http://alles-schallundrauch.blogspot.com/2008/01/der-wirkliche-grund-fr-den-krieg-gegen.html (3.12.2016).

Gershoni, Israel und James P. Jankowski: Redefining the Egyptian nation, 1930–1945. Bd. 2. Cambridge 2002.

Gösken, Urs: „Tendenzen der Westwahrnehmung bei iranischen Intellektuellen". Asiatische Studien 62/1 (2008). S. 323–353.

Gräf, Bettina und Jakob Skovgaard-Petersen: Global Mufti: The Phenomenon of Yūsuf Al-Qaraḍāwī. New York 2009.
Grice, Andrew: „Most British Muslims do not blame al-Qa'ida for attacks". 24.12.2002. http://www.independent.co.uk/news/uk/home-news/most-british-muslims-do-not-blame-al-qaida-for-attacks-137244.html (3.12.2016).
Hegghammer, Thomas: „'Abdallāh 'Azzām and Palestine". Die Welt des Islams 53/3–4 (2013). S. 353–387.
Herf, Jeffrey: Nazi propaganda for the Arab world. New Haven 2009.
Ibrahim, Raymond: The Al Qaeda Reader: The Essential Texts of Osama Bin Laden's Terrorist Organization. New York 2007.
Jäger, Alfred, Armin Wildermuth und Ahmad Huber: Der Unbekannte Islam. Einsiedeln 1982.
Jeffries, Joseph Mary Nagle: Front everywhere. London 1935.
Jikeli, Günther: European Muslim Antisemitism: Why Young Urban Males Say They Don't Like Jews. Bloomington 2015.
Kabha, Mustafa: The Palestinian Press as Shaper of Public Opinion 1929–39: Writing Up a Storm. London 2007.
Kedourie, Elie: „The Bludan Congress on Palestine, September 1937", Middle Eastern Studies 17/1 (1981). S. 107–125.
Kedourie, Elie: „Young Turks, Freemasons and Jews". Middle Eastern Studies 7/1 (1971). S. 89–104.
Kepel, Gilles, Jean-Pierre Milelli und Pascale Ghazaleh: Al Qaeda in Its Own Words. Harvard 2008.
Kohn, Margaret und Keally McBride: Political Theories of Decolonization: Postcolonialism and the Problem of Foundations. Oxford 2011.
Küntzel, Matthias: Djihad und Judenhass. Freiburg im Breisgau 2002.
Küntzel, Matthias: „Von Zeesen bis Beirut", Jungle World, 20.10.2004. http://www.matthiaskuentzel.de/contents/von-zeesen-bis-beirut (23.11.2016).
Kupferschmidt, Uri M.: The Supreme Muslim Council: Islam Under the British Mandate for Palestine. Leiden 1987.
Laden, Osama Bin und Bruce Lawrence: Messages to the World: The Statements of Osama Bin Laden. New York 2005.
Landau, Jacob M.: „Muslim Opposition to Freemasonry". Welt des Islams 36 (1996), S. 186–203.
Larsson, Göran: „Cyber-Islamophobia? The case of WikiIslam". Contemporary Islam 1/1 (2007). S. 53–67.
Lewis, Bernard: „License to Kill: Usama bin Ladin's Declaration of Jihad". Foreign Affairs November/December 1998 (1998). https://www.foreignaffairs.com/articles/saudi-arabia/1998-11-01/license-kill-usama-bin-ladins-declaration-jihad (2.12.2016).
Mackey, Robert und Sharon Otterman: „Bin Laden's Reading List for Americans". http://thelede.blogs.nytimes.com/2009/09/14/bin-ladens-reading-list-for-americans/ (2.12.2016).
Maliach, Asaf: „Abdullah Azzam, al-Qaeda, and Hamas: Concepts of Jihad and Istishhad". Military and Strategic Affairs 2/2 (2010). S. 79–93.
Mandel, Neville J.: The Arabs and Zionism Before World War I. Berkeley 1976.
Matthews, Weldon C.: Confronting an Empire, Constructing a Nation: Arab Nationalists and Popular Politics in Mandate Palestine. I.B. Tauris 2006.

Matthews, Weldon C.: „Pan-Islam or Arab Nationalism? The Meaning of the 1931 Jerusalem Islamic Congress Reconsidered". International Journal of Middle East Studies 35/1 (2003). S. 1–22.
Mervin, Sabrina u. a.: The Dynamics of Sunni-Shia Relationships: Doctrine, Transnationalism, Intellectuals and the Media. London 2013.
Mitchell, Richard Paul: The Society of the Muslim brothers. London 1969.
Moghadam, Val: „Socialism or anti-imperialism? The left and revolution in Iran", New Left Review 166 (1987). S. 5–28.
Muslim Power: „Krieg gegen den ISLAM und die aktuelle Hetze die zum Krieg führt 1/4". https://www.youtube.com/watch?v=ZDLq-8qR2z8 (2.12.2016).
Öke, Mim Ketnâl: „Young Turks, freemasons, Jews and the question of Zionism in the Ottoman empire (1908–1913)". Studies in Zionism 7/2 (1986). S. 199–218.
Pipes, Daniel: The Hidden Hand: Middle East Fears of Conspiracy. Basingstoke 1998.
Porath, Yehoshua: The Palestinian Arab national movement: from riots to rebellion. Bd. 2. London 1977.
Said, Edward W.: Orientalism. New York 1979.
Schulze, Reinhard: Islamischer Internationalismus im 20. Jahrhundert: Untersuchungen zur Geschichte der Islamischen Weltliga (Rābiṭat al-'Ālam al-Islāmī) Mekka. Leiden 1990.
Shavit, Uriya: „Zionism as told by Rashid Rida". Journal of Israeli History 34/1 (2015). S. 23–44.
Shavit, Uriya und Ofir Winter: Zionism in Arab Discourses. Oxford 2016.
Shragai, Nadav: „Protecting the Status of the Temple Mount in Jerusalem". http://jcpa.org/status-quo-temple-mount/ (3.12.2016).
Spencer, Philip: „The left, radical anti-semitism and the problem of genocide". Journal for the Study of Anti-Semitism 2/1 (2010). S. 133.
Sven Lau fuer Gehoerlose: „Abu Adam / Sven Lau, Feindbild Islam! Mit UT für GL". https://www.youtube.com/watch?v=R1YM51jDTh0 (2.12.2016).
Tibi, Bassam: „From Sayyid Qutb to Hamas: The Middle East Conflict and the Islamization of Antisemitism". Yale 2010.
Vidino, Lorenzo: The New Muslim Brotherhood in the West. New York 2010.
Webman, Esther: „Adoption of the Protocols in the Arab discourse on the Arab- Israeli conflict, Zionism, and the Jews", The Global Impact of the Protocols of the Elders of Zion: A Century-Old Myth. Bd. 35, 2012. S. 175–195.
Woltering, Robbert: Occidentalisms in the Arab world: Ideology and images of the West in the Egyptian media. Bd. 96, Library of modern Middle East studies, London, New York. NY: I.B. Tauris and Distributed in the United States by Palgrave Macmillan 2011.
„Bob Pitt" http://www.middleeasteye.net/users/bob-pitt (23.2.2017).
„Demonstration ‚Hands off Al Aqsa' / ‚Hände weg von Al Aqsa'". https://www.facebook.com/events/607527486036983/ (10.2.2017).

Navras Jaat Aafreedi
Antisemitism and Anti-Zionism among South Asian Muslims

Importance of South Asia for the study of Antisemitism

In terms of territory and population the largest country in South Asia is India where antisemitism, though old as well as strong in certain sections of its Muslim population, has largely been overlooked for its expression through violence has been rare and also perhaps because the Jewish population there is miniscule. As for the rest of South Asia, there are no Jews anymore. Hence, there is great hesitation and reservation in terming the antipathy or antagonism towards Jews antisemitism. So, the general discourse is that there is no antisemitism in India, a predominantly non-Muslim country though home to the third largest Muslim population in the world which constitutes thirteen per cent of its population and is the largest minority segment in the world. Jews are the smallest religious minority in India, who are so small in numbers that they do not even qualify to be considered as a separate religious minority in the national census and are put under the category titled 'Others' which covers 0.7 per cent of the total Indian population of 1.2 billion. The estimates of the Jewish population in India vary from three thousand to ten thousand, with five thousand being the most reliable. Their proportion in the total population of the only country in South Asia where Jews are still left, India, is 0.0004 per cent. Eighty per cent of them are concentrated in the Indian province of Maharashtra, where they came to be recognised as a religious minority only in 2016.[1] As far as the rest of South Asia is concerned, it is as recent as 2017 that a person got himself officially registered as a Jew in Pakistan.[2] There used to be Bene Israel Jews in Karachi and Persian and Afghan Jews in Peshawar and Lahore. While the Farsi speaking Jews left

---

[1] Aafreedi, Navras Jaat: *Jews, Judaizing Movements and the Traditions of Israelite Descent in South Asia.* New Delhi 2016, p. xiv.
[2] JTA and Times of Israel Staff, "Pakistan allows man to register as country's first Jew in decades", *The Times of Israel*, 30 March 2017, accessed on April 20, 2017. http://www.timesofisrael.com/pakistan-allows-man-to-register-as-countrys-first-jew-in-decades/.

on their own for Israel after its establishment in 1948, the Bene Israel[3] were thrown out of Karachi in a series of attacks coinciding with the Arab-Israeli wars. They took refuge in Mumbai (formerly Bombay) *en route* to Israel. There were never any Jews in Nepal and Bhutan. The few that were there in Bangladesh and Sri Lanka soon left after the end of the colonial rule.

Although the Christian concept of deicide is alien to Islam, yet "the negation of the Jews' religious and cultural values became a central motif"[4], in the Muslim discourse with overly literal interpretations of the polemics in the Qur'an, as it had become "in the writings of the Church Fathers"[5]. Wistrich points out how the negative stereotype of Jews crystallised to such an extent that it became part of European and Western culture. "Jew-hatred no longer required any connection with real human relationships, indeed it no longer needed the presence of Jews at all. [...] Even today, in post-Holocaust societies like Poland, Austria or Rumania where there are very few Jews left, one finds a similar phenomenon of 'antisemitism without Jews'."[6] Antisemitism without Jews is just as common in the Muslim world, only amplified and strengthened as a result of the emergence of Zionism and the creation of the modern Jewish State of Israel in 1948.

The pre-state Zionists did realise the importance of South Asia and the potential of its Muslims to influence international politics. It stimulated them to establish contacts with the Muslim leadership in British India, which was home to the world's largest Muslim population, in order to obtain their support; but the efforts did not bear much fruit. On the other hand, the well-known antisemite, Amin al-Hussayni, the Mufti of Jerusalem, who wanted to project the Palestinian issue as a large pan-Islamic struggle benefited immensely in terms of material and moral support from South Asian Muslims against the British mandate and Zionism. He received a generous donation from the Nizam of Hyderabad[7] for the restoration of the Al Aqsa mosque and developed close ties with the Ali brothers, leaders of the Khilafat Movement which had previously expressed solidarity with the Palestinian Muslims. Upon Mohammad Ali[8]'s death in 1931, Hus-

---

3 Numerically the largest of the three Jewish communities in India (exclusive of the three Judaizing movements that emerged in India during the second half of the twentieth century and the first fifteen years of the twenty-first century).
4 Wistrich, Robert S.: *Antisemitism: The Longest Hatred.* New York 1991, p. xix.
5 Wistrich, *Antisemitism.*
6 Wistrich, *Antisemitism*, p. xx.
7 Monarch of the State of Hyderabad, a principality in the later Mughal period and during the British rule in India.
8 A prominent Indian Muslim leader, activist, scholar, journalist and a key figure of the Khilafat Movement (1919–1922), a campaign launched by Muslims of British India to influence the British government not to abolish the Ottoman Caliphate.

sayni offered to his brother Shaukat Ali to bury his deceased brother in Jerusalem and also jointly organised with him the Jerusalem Islamic Conference in 1931.[9] In response to Hussayni's call for an international Palestine Day, the very first Palestine Day was organised in India on May 16, 1930, by the Muslim League. Kumaraswamy reports how common antisemitic slurs were in the deliberations of the Muslim League:

> The twenty-sixth session of the Muslim League, which met at Patna in December 1938, witnessed some unprecedented emotional outbursts. Some members took their cue from Jinnah's warning that the British were stirring up troubles in Palestine 'with the ulterior motive of placating the international Jewry which commands the money bags.' In a unanimous resolution, the Muslim League castigated the British for the "unjust" Balfour Declaration and its subsequent policy of repression toward the Arabs. The Muslim League saw it as the problem of the entire Muslim League and that the British failure to modify its support for "Jewish usurpation" would lead to "a state of perpetual unrest and conflict" and provoke an international Islamic coalition against the British.[10]
>
> Prior to the adoption of this resolution, a number of delegates resorted to mouthing familiar anti-Semitic stereotypes about Jews. Coming weeks after Kristallnacht, the "night of the broken glass", one Muslim League delegate claimed that "British atrocities against the Arabs were greater than those of Germany against the Jews." Another delegate, who had earlier been knighted by the Crown, claimed that religious scriptures had ruled out any home for the Jews and that "Britain would overrule the will of God in providing a home for the Jews." For another: "both the British and the Hindus were Jews to Muslims, that is, their enemies. In India, Mr Gandhi was the leader of the Hindu Jews." Calls were made for a jihad in defense of Muslims in Palestine, and a delegate named Abdul Khaliq remarked: "The real Jews of the West were the British, and those of the East were the Hindus and *both were the sons of Shylock*. However, this exceeded even the lenient limits of the Muslim League, and, after an admonition from Jinnah, Khaliq withdrew his remark. "[11]

Competition with the Muslim League for the allegiance of Muslims led Nehru and the Indian National Congress to show solidarity with Hussayni.[12] Nehru was to later become the first prime minister of India and also the architect of India's foreign policy and his party the Indian National Congress was to rule India for decades at length. India under him did recognise the State of Israel in 1950 but only after a Shia and a Sunni country (Iran and Turkey respectively) had done so. Even though it recognised the state but deferred the establishment of full diplomatic relations indefinitely, which could be established only in 1992.

---

9 Blarel, Nicolas: *The Evolution of India's Israel Policy: Continuity, Change and Compromise since 1922*. New Delhi 2015, p. 68.
10 Kumaraswamy, P. R.: *India's Israel Policy*. New York 2010, p. 76.
11 Kumaraswamy, *India's Israel Policy*, p. 77.
12 Blarel, *Evolution*, p. 71.

As we move ahead in this paper we shall see how the South Asian Muslim discourse has spread across the world and influenced Muslim attitudes in general towards Jews, Zionism and Israel. We shall also explore what shapes the South Asian Muslim perceptions of them. The paper ends with the suggestion of a few remedial measures for antisemitism among South Asian Muslims.

Islamic Seminaries and Movements in South Asia

The lack of attention to antisemitism in South Asia has been in spite of the fact that Islamist militancy and terrorism have been ideologically influenced more by the ideas born in India and Pakistan than anywhere else in the world, as Shiraz Maher points out when he writes:

> nineteenth century Islamic political thought was profoundly shaped by the colonial experience. This occurred most pointedly in British India where Muslim theorists including Sayyid Abul A'la Maududi, Muhammad Iqbal and Abul Hasan Ali Nadwi began expressing concerns about secular and modern political systems while proposing an Islamic alternative. By contrast, the Middle East appeared to be experimenting with neo-revivalist ideas as propounded by Jamal al-Din al-Afghani, Muhammad 'Abduh and Rashid Rida, before the radical culture of South Asian political Islam was adopted by Arab theorists such as Sayyid Qutb. The cross-pollination of these ideas resulted in a philosophy that was deeply sceptical of the West and its associated political culture. Instead, theorists such as Maududi and Qutb reasoned that establishing the sovereignty of God in the political system – through *ḥākimiyya* – would not just secure God's rights, but would also provide temporal empowerment, because this was the stage at which the Prophet Muhammad's message was transformed and transmitted on a much larger scale than it had been before. This provided the theoretical basis from which Salafi-Jihadi theorists would later revive and develop the idea of *ḥākimiyya*.[13]

It is now widely acknowledged that the strongest influence on Islamist militancy across the world has been the Egyptian activist Saiyyid Qutb of Islamic Brotherhood, who in turn was influenced by the writings of the founder of Jama'at-i-Islami (a prototype of Political Islam in South Asia), Abul Ala Maududi, who was born in India in 1903 but settled in what is now Pakistan in 1937. Maududi wrote in Urdu, the *lingua franca* of almost all South Asian Muslims divided into several linguistic groups, and was translated into Arabic by Abul Hasan Ali Nadwi of Nadwatul Ulama, Lucknow (India) and published by the al-'Urubah House for

---

13 Maher, Shiraz: *Salafi-Jihadism: The History of an Idea*. London 2016, p. 185.

Islamic Call in Pakistan. His writings in their Arabic translation left a deep impact on Qutb who popularised his ideas among the Arabic speakers.

In studies focused on Muslim antisemitism South Asia has largely been overlooked despite its great importance. Twenty-two per cent of the world's population is Muslim of which more than thirty-three percent live in the countries of the South Asian Association for Regional Cooperation (SAARC[14]) where they have a thousand-year-history of relations with Jews. South Asia is home to some of the largest Islamic movements in the world, such as *Tablighi Jama'at,* the largest Sunni Muslim revivalist (*daw'a*) movement in the world; *Jama'at-e-Islami,* a prototype of political Islam in South Asia; *Darul Uloom Deoband,* alleged source of ideological inspiration to the Taliban; and *Nadwatul Ulama* of Lucknow. A degree of antipathy towards Jews has almost always existed among the Muslims in this region but it never expressed itself through violence, until the creation of the State of Israel in 1948. The intertwining of antisemitism and anti-Zionism among South Asian Muslims has manifested itself on more than one occasion, such as the attacks on Jews in Karachi, Pakistan, coinciding with the Arab-Israel wars in 1948, 1956, and 1967; the murder of Daniel Pearl in Pakistan in 2002; the Pakistani attack on Beit Chabad in Mumbai, India, in 2008; and the explosion of an Israeli diplomat's wife's car in Delhi, India, in 2012 by Iranians with local logistical support.

The Spread and Influence of antisemitic literature in the West through South Asian Muslim Diaspora

Muslim institutions of religious learning, including Nadwatul Ulama in Lucknow, have regularly produced hate literature against Jews. Muslim seminaries across the world subscribe to the curricula they prescribe. Many of these seminaries are attended by Muslims in the diaspora in the West, where they are often inspired to either wage or support a holy war against the 'Judeo-Christian West'. This is evident from the many instances of Muslims joining the Islamic State (IS) or by their involvement in terrorist attacks in Europe and America. The South Asian Muslim diaspora is numerically larger and geographically more widespread than that of Muslims from any other region of the world, giving

---

[14] Member countries of the South Asian Association for Regional Cooperation (SAARC) are Afghanistan, Bangladesh, Bhutan, India, Maldives, Nepal, Pakistan and Sri Lanka.

them a great power to influence Muslim opinion globally. The migration of South Asian Muslims to all corners of the world means that their views can be highly influential within the wider diaspora of Muslim communities and indeed beyond. Diasporic South Asian Muslims have their strongest presence in the United Kingdom, where they form three percent of the total British population. A 2009 survey of 166 full-time Muslim schools in the United Kingdom, most of which subscribe to the curricula of the major Islamic institutions in India, found that they teach "the rejection of Western values and hatred of Jews".[15] An example of the impact of South Asian Muslims, is that in the 1920s the South Asian Muslim sect Ahmadiya reached out to African American Muslims in the US and influenced them to organize on the basis of religion, rather than nationality or culture. It was a novel approach, because the Arab diaspora had previously been organized along the lines of common national origin, culture and language, rather than religion. Today African American Muslims constitute 30 to 40 per cent of the American Muslim population, South Asians, 24.4 percent and Arabs, 12.4 percent. Yet, despite the significant global influence of South Asian Muslims, their attitudes towards Jews have hardly attracted any attention.[16]

Ideologues who have graduated from Islamist seminaries and are associated with prominent Islamist movements have a strong presence on the Internet and television, which enables them to also reach the South Asian Muslim diaspora across the world. An example is Israr Ahmed (1932–2010), who was a prominent Islamic theologian. He joined Maududi founded Jama'at-i-Islami in 1950 but left it when its leader Maududi decided to participate in electoral politics in 1957, which according to him was incompatible with the revolutionary ideology of the Jama'at as adopted in the pre-1947 period. He was honoured with Pakistan's third highest civilian award, *Sitara-i-Imtiaz* (Star of Excellence) in 1981. He regularly appeared on Peace TV, banned in India and Bangladesh in 2016.

In a YouTube video dedicated to Israr Ahmad's references to Jews in his discourses, the show's host mentions that Israr Ahmad calls the Jews the agents of *Iblis* (the arch-devil in Islam). Following which a discourse by Israr Ahmad is played in which he is heard saying:

---

15 Jikeli, Gunther: Antisemitism among Young European Muslims. In: Rosenfeld, Alvin H. (ed.): *Resurgent Antisemitism: Global Perspectives.* Bloomington/Indianapolis 2013, p. 271.
16 Leonard, Karen: American Muslims: South Asian Contributions to the Mix, (presented at the Conference on French and US Approaches to Understanding Islam, Stanford, September 12–14, 2004), accessed on August 21, 2016. https://billionbooksbaby.org/pdf-muslims-in-indian-economy.html.

> There are agents of Satan among both, djines and human beings. And for fourteen hundred years the Jews have been the most prominent among those agents. What is its reason? ... Jews became extremely jealous of Muhammad when prophet-hood was conferred upon him. These were our proprietary rights. For two thousand years prophets had only been Jewish. Since then the Jews have been the biggest agents. And for about four or five hundred years Christians have been agents of all Jews. Although the Jews were persecuted by Christians for a long time in history yet the Jews gradually managed to gain control of them just as one tames a horse.
>
> The Jews have always been supercilious enough to consider themselves as the real human-beings and see everyone else as their inferior, calling them goyam or gentile, akin to *haivan* (devil). Man rides on a horse, bulls are used to plough fields – all for the benefit of human beings. In return man finds these animals so that he can continue to use them. Similarly Jews believe that the entire humanity is meant to be exploited for their benefit. In this respect they are enemies of the entire mankind. They believe no matter what they do, God is never going to question them for any of their misdeeds, for they are His chosen people.[17]

The show host reappears to point out that it has been four years since Israr Ahmad passed away. He draws attention to the fact that Israr Ahmad had told us that there is a prophecy that the Jews are cursed to be killed in large numbers at the hands of Muslims before the apocalypse. Then Israr Ahmad's discourse is played in which he says:

> ...They did their best to kill Jesus, though it is a different matter that he was saved by God by lifting him to heaven while he is still alive. Jesus will return to see that every single Jew is killed. When I said this in America, the Jews raised a great hue and cry and also initiated a movement against me, calling for prohibition on my books and website and labelling me antisemite. ...I pointed out that the editor of *The Trumpet*, a journal of Christian Zionists, himself has written that eighty per cent of the Jews will be killed. He writes that he has interpreted it that the remaining twenty per cent would be those who will accept Jesus as their lord.

The show host appears again on the screen to introduce the next discourse of Israr Ahmad by pointing out how Israr Ahmad used to explain the complete agenda of Jews.

> Until some time ago they used to say that they were not against Islam the faith, but only against political Islam. But now they have started saying that the root of all evil is Islam, the religion, itself. Now their writers and their benefactors have started saying

---

[17] "172 *Yahood ki Tarikh aur Azaim* (Khilafat Forum)", YouTube video, 40:21, posted by *Zamana Gawah hai* (Time is the Witness), 28 June 2014, accessed on April 16, 2017. https://www.youtube.com/watch?v=Lz1PIPrMzHc.

that the Quran in itself, Islam in itself, Muhammad himself is evil. So it is a war against Islam and Muslims.

I am absolutely sure that the attack on World Trade Centre and Pentagon was the handiwork of Israel. Other than Israel nobody could have been capable of executing it. Israel's agents are there everywhere in America. Both, print and electronic media are in their[18] control.[19]

Although the video has been viewed by only 30,000 people since it was published on YouTube on July 28, 2014, yet the number of those who saw it on television when it was broadcast is much bigger, as is the case with most of such videos published on the Internet. A far larger number of people in South Asia watch television than those who have access to the Internet. Peace TV, on which Israr Ahmad used to appear regularly until his death in 2010, is owned by Islamic televangelist Zakir Naik, whose "underlying message about Jews can be summed up as follows: Jews are the most powerful group of people in the world—and the Qur'an warns that they are Muslims' 'staunchest enemies'," as pointed out by Shehnaz Haqqani. Accordingly to Haqqani, Naik was deeply influenced by Ahmad Deedat (d. 2005), a South African Muslim televangelist of Indian origin, whose organization Islamic Propagation Centre International (IPCI) is said to have been heavily funded by the Bin Laden family. He only had praises for Osama Bin Laden, whom he is said to have met in person.

South Asian Muslim Attitudes towards Jews, Israel and Zionism

Muslims who do not have a chance to interact directly with Jews over any considerable period of time easily develop prejudices and biases against them based on the many antisemitic stereotypes propagated by the *ulama*.[20] The discourses are now spread more widely and rapidly than ever before through modern technology as displayed in the preceding paragraphs.

---

18 Israeli/Jewish – the two terms are used interchangeably here, a frequent practice in the Muslim discourse in South Asia.
19 "172 *Yahood ki Tarikh aur Azaim* (Khilafat Forum)" on YouTube channel, *Zamana Gawah hai* (Time is the Witness), 28 June 2014, accessed on April 16, 2017. https://www.youtube.com/watch?v=Lz1PlPrMzHc.
20 Islamic theologians.

What is most surprising is that an antisemitic theologian, Syed Abul Hasan Ali Nadwi, former rector of the Darul Uloom Nadawtul Ulama [21] in Lucknow, came to enjoy the position of the founding chairman of the Trustees of the highly prestigious Oxford Centre for Islamic Studies. He was also the one who translated Maududi from Urdu into Arabic, as pointed out above. This appointment did far more to make antisemitic rhetoric respectable than anything before. The following are some examples of his antisemitic statements:

> ...they [Jews] were destined always to live in subjection to other nations and ever to be exposed to injustice, oppression, chastisement, extradition, troubles and hardships. Political serfdom, oppression and anguish suffered indefinitely had produced in them a typical racial character. They were notorious all over the world for excessive pride of blood and greed. Meek and submissive in distress, they were tyrannical and mean when they had the upper hand. Hypocrisy, deceit, treachery, selfishness, cruelty and usuriousness had become the normal traits of their nature. In the Qur'an we find repeated references to the extent to which they had sunk into degradation in the sixth and the seventh centuries.[22]

> Intrigue and crime, violence and high-handed tactics have been the essential ingredients of the Jewish heritage, their inborn tendencies which could clearly be discerned at any time or place where they have happened to reside, like a pivot on which their entire intelligence and endeavours have always revolved for the satisfaction of their ulterior motives. Theirs has been the master mind and the secret hand behind every insurrection and revolution, conspiracy and intrigue, lawlessness and anarchy, and every movement designed to foment social, political, economic and moral disintegration of the non-Jewish people. An eminent Jew, Dr Oscar Levy, exultingly summed up the characteristics of Jews when he claimed that in fact they are the rulers of the world; mischief mongers who foment every trouble and turmoil, wherever it might be.[23]

He has even attacked the non-proselytizing nature of Judaism:

> The Jews have never had any message of salvation for the humanity. The reason for this is that the ideas bound up with superiority of Jewish race, and its predetermined salvation simply by virtue of birth, no matter what one believes or what one does, are signally incompatible with the spirit of any universal message of brotherhood and equality of mankind. ... Such an idea, naturally, delimits even the scope of divine guidance and salvation and places restriction on its dissemination beyond the closed circle of one's blood kin. And this is the reason why Judaism could never become a universal religion, and why the Jews were not required by their own scriptures to preach and convert other people to their faith. On the contrary, the scriptures of the Jews expressly prohibit missionary endeavour. The logical result of such an attitude was that the Jews should discriminate against other na-

---

21 Highly prestigious institution of Islamic theological studies.
22 Nadwi, Syed Abul Hasan Ali: *Islam and the World*. Lucknow u.d., pp. 22–23.
23 Nadwi, Syed Abul Hasan Ali: *The Arabs Must Win*. Lucknow 1967, pp. 8–9. Also available online: http://www.nadwatululama.org/english/books/arabsmustwin.pdf.

tions and evolve such norms of virtue and vice, right and wrong which should make allowance for the superiority of one race over the other. And, then, nothing more is required to justify and persist in the cruelest (sic) injustice against the non-Jewish people. The holy Quran alludes to this very attitude of the Jews when it says: "That is because they say: We have no duty to the Gentiles.[24]

In fact, Jews could live in peace and complete harmony with their non-Jewish neighbours in India and China in part because of the non-proselytizing nature of Judaism, similar to the non-proselytizing nature of the predominant religions there (Hinduism in India and Confucianism in China), in contrast to Christian Europe and the Muslim Middle East and North Africa. But unlike the Muslims who are neighbours to Jews in cities like Mumbai, Kolkata, Cochin, Thane, Ahmedabad, the Muslims who never have any direct contact with them tend to develop antipathy and antagonism towards them based on what they hear and read about them; and so is the case with most of the Muslims in South Asia.

The most radical anti-Israel and anti-Zionist position of Iran is well known. The essence of Iran's enmity with Israel is religious for the two neither share a border nor have conflicting strategic or economic interests. What is not realized much is how it influences Shi'as across the world. Lucknow, a major centre of Shia culture, is a prominent example. The patronage of intellectual pursuits provided by its Twelve Shia Muslim rulers of Iranian Origin attracted Shia Muslim scholars from around the world, including the ancestors of the founder of the Islamic Revolution of Iran (1979), Ayatollah Rouhollah Mausavi Khomeini (1902–89). A direct lineal ancestor of his migrated from Nishapur, Iran, to Kintoor, District Barabanki, next to Lucknow, in the late eighteenth century and stayed there until 1830, when his grandfather, Seyed Ahmad Musavi Hindi (1790–1869), left for Iran. This India connection has been deliberately downplayed by the Iranian regime. The prominent Shia Muslim journalist Saeed Naqvi from Lucknow writes:

> Last year, addressing a group of foreign policy analysts in New Delhi, the ambassador of Iran to India, Gholamreza Ansari, made an important admission. He admitted that Ayatullah Ruhollah Khomeini, leader of Iran's Islamic Revolution, came from an important family of divines from Kuntoor, in the Awadh region of Uttar Pradesh, not far from Lucknow. It was an important admission because this very fact had been denied at the time of the Iranian revolution in 1979 by the Ayatullah's office in Gumran, outside Tehran. In fact, 'denial' is too emphatic a term. The fact was not denied, but Ayatullah Khomeini expressed great anger that this connection had been raised so soon after the revolution succeeded. [...]

---

24 Nadwi, *Arabs Must Win*, pp. 9–10.

[...] The ambassador's admission was important because it demonstrated how secure the Islamic revolution now was. The second, and more important message was one which the audience, typically, did not register. Even by the admission of the Iranian ambassador, Lucknow and Awadh have always been at the very heart of world's Shia culture.[25]

It was Ayatollah Rouhollah Mausavi Khomeini who made antisemitism the central component of Iran's Islamic ideology, to which Shi'as across the world subscribe. On the first page of his major work, *Velayat-e Faqih: Hukumat-e Islami* (The governance of the jurist: Islamic government), Khomeini accused the Jews of afflicting Islam with their anti-Islamic propaganda and engaging "in various stratagems" against the Muslims.[26] The Jews, "may God curse them", writes Khomeini, "are opposed to the very foundations of Islam and wish to establish Jewish domination throughout the world."[27] The terms Jews, Israelis and Zionists are often used interchangeably in Iran as in most of the Muslim world. Considering all this, it is not surprising that a Shi'a cleric, Maulana Kalbe-e-Jawwad, is at the forefront of all anti-Israel/Zionist demonstrations and agitations in Lucknow. During one of such agitations, he said:

> The sources of all terrorism are three countries, America, Israel and Saudi Arabia. Weapons come from America and Israel and the funding from Saudi Arabia. The Imam of Bait ul-Muqaddas has been denied visa by India, whereas the clerics from Saudi Arabia, which is slave to America, have visited India innumerable times. Visa is not given to the clerics from Iraq and Iran, because they will speak against America and Israel. It only implies that the Indian State too has submitted to America and Israel. It is a matter of great shame to all Indians that a country as large and great as India has become a slave to these countries. Earlier India was a slave to Britain, now it is a slave of America and Israel. All policies in India are made with the consent and approval of America and Israel. It is our politicians who are responsible for this. They are bribed. They get huge funds. They are selling away India to America and Israel. Iran has been boycotted and now oil is not being purchased from there. As a result petrol and diesel have become so costly. Gas is Rupees Nine Hundred per cylinder. It is all because of American pressure. Our politicians are getting money from America and Israel. Had we got gas from Iran through the planned pipeline a gas cylinder would have cost merely Rupees One Hundred.[28]

---

25 Naqvi, Saeed: Centrality of Lucknow in world's Shia culture. *Two Circles*, 15 May 2015, accessed on August 20, 2016. http://twocircles.net/2015may15/1431700266.html#.VyaR5nrXmJc.
26 Litvak, Meir: The Islamic Republic of Iran and the Holocaust: Antisemitism and Anti-Zionism. In: Herf, Jeffrey (ed.*): Anti-Semitism and Anti-Zionism in Historical Perspective: Convergence and Divergence*. New York 2006, p. 252.
27 Litvak, Iran and the Holocaust.
28 "Molana Kalbe Jawad Interview Israel Amrika ke khila Report By Mr Roomi ASIAN TV NEWS – YouTube", YouTube video, 04:42, posted by KalbeJawad NaqaviOfficial, 12 April 2013, accessed on April 21, 2016. https://www.youtube.com/watch?v=I7v4coUmWjk.

Although it has been proven beyond doubt that *Protocols of the Elders of Zion* is a forged document produced in Russia at the beginning of the 20th century, yet it is repeatedly presented as a genuine case of Jewish or Zionist global conspiracy in literature and on television and the internet. It is easily available in Urdu for free download.[29] Wistrich wrote how "fundamentally irrational myths like *The Protocols of the Elders of Zion* have found a new lease of life in the post-war era and are still widely believed in the Arab world seventy years after their definitive exposure as a forgery." But this is not confined to the Arab world and is as prevalent among South Asian Muslims as a result of their availability in Urdu.

In a YouTube video titled *"Yahodi Dunya Ko Kaise Control Kar Rahe Hein"* (How the Jews are controlling the world), which attracted more than 80,000 views within the first two years of its publication, Pakistani columnist and television discussant, Zia Hamid refers to the Protocols as an authentic document while talking about the alleged Jewish expansionist agenda for Greater Israel. Zia Hamid says that although it is the Jews who are currently targeting Muslims, yet when the Muslims target Jews they would not have to look for them as they know they will find them all in Israel. Alvin Rosenfeld draws our attention to the fact that "virtually all observers of contemporary Jew-hatred agree: A Second Holocaust," should it come to pass, will find its epicentre in Israel. Once again singled out for genocide, the Jews, according to this apocalyptic vision, are to be murdered en masse, this time in their own country. While the instruments used to destroy them will vary from those of the Nazi period, the goal is fully and recognizably Hitlerian."[30] In fact in the above mentioned YouTube video, the narrator says that when the Muslims see the suffering of their Palestinian brethren at the hands of Jews, Hitler appears to be a hero to them, a real messiah.

Not only Nazism and Fascism but also motifs from the traditional European Judeophobia made inroads into South Asian Muslim discourse as displayed by a case of blood libel when in 1882 the Gujarati Muslim journal *Bombay Cassid* car-

---

29 The Protocols of the Learned Elders of Zion (URDU), Uploaded by Jawwad Ahmed Khan, accessed on May 13, 2017. https://www.scribd.com/doc/26805026/The-Protocols-of-the-Learned-Elders-of-Zion-URDU Tashkeer-e-Aalam ka Yahoodi Mansooba – Gulzar Ahmad, Uploaded by Kamrans_Maktaba_Urdu, accessed on May 13, 2017. https://www.scribd.com/document/55534261/Taskheer-e-Aalam-Ka-Yahoodi-Mansooba-Gulzar-Ahmad 59713850 Taskheer E Allam Ka Yahoodi Mansooba, Uploaded by Bilal Ahmad, accessed on May 13, 2017. https://www.scribd.com/document/60000252/59713850-Taskheer-E-Allam-Ka-Yahoodi-Mansooba.
30 Rosenfeld, Alvin H. (ed.): *Resurgent Antisemitism: Global Perspectives*. Bloomington/Indianapolis 2013, p. 529.

ried an article titled "An Evil Custom amongst the Jews and their fondness of the blood of Mahomedans" in its issue of 19 May. The article reads as follows:

> Our readers will be struck with horror at the above heading. There is an evil custom prevalent amongst the Jews which is likely to provoke the bitterest animosity of the Mahomedans. On a certain holiday of this people, which falls in the month of April, it is not only considered as a meritorious deed, but it is one which is supposed to have a religious sanction to sell amongst the Jews bread prepared of the flour mixed with the flesh and blood of a Mahomedan who is killed on that day.
>
> In ancient time this custom was much in vogue and there was a great agitation about it. But in course of time this custom was left unobserved, and now the Jews have adopted a curious practice instead. A red fruit is placed in a dish which is fictitiously supposed to be 'Mahomed', it is then pierced with a fork or a knife and the juice trickling out of it, it is considered 'Mahomed's blood', and tasted by one and all the members present. That fruit is then cut into pieces and boiled.
>
> We give below what we heard about this custom in Basorah. This holiday of the Jews fell on the 6th of April last. In the evening a Mahomedan boy about 13 years old – one of the subjects of the Shah of Persia – entered on some business, the house of a Jew named Nahamin; but he never returned. The Jew slaughtered him and distributed his blood amongst the members of his community the next day. The chief officer would have been informed of this, had he not been away from the city. Yet Mussabeg and Syed Hadi, the subordinate officers arrested the Jew, and put him into prison; but as he offered large bribes, he was set at liberty.[31]

The above publication greatly stirred Muslim sentiments against the Jews, as reported by Kehimkar in 1897. Joseph Ezekiel Rajpurkar, an eminent member of Bombay (now Mumbai) Jewry, immediately served a notice to the editor of the journal, asking him to prove the charge brought against the Jews, or tender an apology for the same, while a local Jewish publication, *Israel*, refuted the charge. Moreover, the editor of Israel, Samuel Kehimkar, and his uncle Shalom Samuel Kehimkar, personally convinced the Qazi or Maulvi of the Jumma Masjid, one of the biggest mosques in India, that according to the Mosaic law, the Jews were prohibited from using the blood of beasts and fowls, and that it was therefore impossible of their thinking of using human blood. Subsequently, the editor of *Bombay Cassid* published their note of regret for making that blood libel.[32]

What happened way back in the nineteenth century in the Muslim press in South Asia continues to this day as pointed out by C. M. Naim, who draws our attention to the Muslim press in Urdu:

---

31 Kehimkar, H. S.: *The History of the Bene Israel of India*. (written in 1897) Tel Aviv 1937, pp. 96–97.
32 Kehimkar, *The History*, p. 98.

> Urdu Columnists in Pakistan seem to function in a world of their own creation – it challenges rational thinking. ... Conspiracy theories naturally abound in these columns, with three dependable conspirators: America, India (Bharat in Urdu; never Hindustan), and Israel. The labels may change and become CIA, RAW and Mossad, or Nasara (the Christians), Hunud (the Hindus), and Yahud (the Jews), but their axis of evil remains unchanged. The alliteration of the last two – hunud and yahud – makes them a favourite and indivisible pair; they generate an assertion that no one questions in Urdu in Pakistan.[33]

Naim illustrates this with an example:

> Hamid Mir writes a regular column in *Jang*; he writes with passion but is usually quite careful. I was quite taken aback when I read his column on April 27. He gave it the title 'Children, True of Heart'. In it he described a meeting he addressed where school children were present, and where one child stood up and told him something that he had not known before. The child pointed out, Mir wrote, that America was such a sworn enemy of Pakistan that when Pakistan was born in 1947, the United States refused to recognise it for two years. The U.S. did so, according to the child, because it expected Pakistan to collapse and disappear any day. Mr. Mir was so moved by the child's fervour and knowledge about Pakistan that he decided to write a column and acknowledge his ignorance of the truth that even a child knew. (In fact the U.S.A. recognised Pakistan on August 15, 1947, and opened an embassy the same day; the first American ambassador arrived six months later.)

This same Hamid Mir mentioned above broadcast on his television news-channel GEO TV anti-Zionist propaganda interview with Rabbi Yisroel Dovid Weiss, activist and spokesman for a minority branch of Neturei Karta, a Jewish anti-Zionist organisation. In the interview Weiss declares the very existence of the State of Israel a crime and calls for international action for its dismantling. Since its publication on January 13, 2010 on the YouTube channel *AllahkaDost1* (God's Friend1), it has attracted nearly 300,000 views.

Demand for the severing of diplomatic ties with Israel and the boycott of Israeli goods

Anti-Israel sentiment is one of the few things that unite all Muslims in Lucknow, a major centre of Muslim scholarship but notorious for its Shia-Sunni clashes. Although the two sects do not pray together, they did exactly that on March 30, 2012, when Maulana Khalid Rasheed Firangi Mahali, the *Imam-e-Jummah* (Imam of the Friday Prayer) of the highly regarded Shahi Asafi Mosque of Luck-

---

33 Naim, C. M.: In a La-La Land. *Outlook*, 11 August 2009, accessed on April 16, 2017 at 18:46 IST. http://www.outlookindia.com/website/story/in-a-la-la-land/261284.

now, led the prayer service at the request of the Shia cleric Maulana Kalb-e-Jawad. It was attended by both Shia and Sunni congregations, following which anti-Israel statements were given by both Shia and Sunni leaders asking for severing diplomatic ties with Israel.[34]

In response to the Israeli military action in Gaza in 2009, the most respected and important Sunni cleric in Lucknow, Maulana Khalid Rasheed Firangi Mahali, issued a fatwa calling for a boycott of Israeli products, without any mention of Hamas's attacks on Israeli civilians. He said: "The companies which fund Israel or support it economically, such companies and their products should be boycotted so that Israel can be weakened. So that such attacks do not take place in future against Palestinians or any innocent." He added: "Following its non-aligned movement, India should strongly condemn such act of Israel and help Palestinians on humanitarian grounds. Strong action should be taken against Israeli Embassy in India, and New Delhi should voice its concern on the issue in the international fora like the UN." The director of the Islamic Society of Greater Orlando (Florida, USA), Maulana Tariq Rasheed Firangi Mahali, is Maulana Khalid Rasheed Firangi Mahali's brother.

The fact that no distinction is made between Israelis and Jews and that the two terms are more often than not used interchangeably is illustrated by a report in an online Muslim magazine about a call given in Lucknow to boycott Israeli products in response to Israel's military action in Gaza that represents even non-Israeli products as Israeli because they are owned or perceived to be owned by Jews: "the citizens of Lucknow have taken pledge not to use any Israeli products like CocaCola, McDonalds, Maggi, Nestle and JohnsonAndJohnson etc."

Violent Manifestations of Antisemitism in South Asia

During the last three decades there have been a number of cases of violence targeting Jews in South Asia:
- On June 28, 1991, there was an attempt to abduct seven Israeli tourists in Kashmir in India, during which one of them was killed and three severely wounded by Islamist terrorists and one went missing. According to a

---

34 Habib, Mohsin: Indian Shia and Sunni unite in Hating Israel. *Gatestone Institute International Policy Council*, August 10, 2012, accessed on August 20, 2016. https://www.gatestoneinstitute.org/3267/indian-shia-sunni.

Home Ministry official who refused to be identified, "They were interrogated and told that because they were Jews they would be killed."[35]
- The South Asia Bureau Chief of the *Wall Street Journal*, Daniel Pearl, an American Jew, was abducted and beheaded in Pakistan in 2002. A videotape titled *The Slaughter of the Spy Journalist, the Jew Daniel Pearl*, was then released in which he was particularly made to state that he was Jewish, which makes it clear that this was a central reason for his murder.[36]
- On November 26, 2008, the Mumbai centre of the Chabad Lubavitch movement was attacked as part of eleven coordinated shooting and bombing attacks across Mumbai, by Islamist terrorists, who were trained in and came from Pakistan. According to the radio transmissions intercepted by the Indian intelligence, the attackers were told by their handlers that the lives of Jews were worth fifty times those of non-Jews. They took thirteen hostages at the centre and later murdered five of them, including Rabbi Holtzberg and his pregnant wife. The only attacker caught alive, Kasab, divulged that Chabad was their primary target and the attacks on all the other targets were executed only to amplify the effect, as reported by the daily e-newspaper DNA India.[37]
- On February 13, 2012, a car bomb exploded when Tal Yehoshua Koren, wife of the Defense Attaché at the Embassy of Israel, was on her way to collect her children from school. Although she survived, she was injured. Following investigations, four Iranian citizens were suspected to be involved in the attack. A Shia Muslim Indian journalist, Syed Mohammad Ahmad Kazmi[38], has been charged in the case. When he was released on bail on October 21, 2012, he was greeted by a crowd of supporters and was taken home in an open, decorated jeep in a procession of five hundred people in buses

---

35 Weinraub, Bernard: Kashmir Rebels Kill Israeli Tourist, Marking New Phase in Conflict. *New York Times*, 28 June 1991, accessed on May 12, 2017. http://www.nytimes.com/1991/06/28/world/kashmir-rebels-kill-israeli-tourist-marking-new-phase-in-conflict.html.
36 Ansari, Massoud: Daniel Pearl 'refused to be sedated before his throat was cut'. *The Telegraph*, 9 May 2004, accessed on May 2017. http://www.telegraph.co.uk/news/worldnews/asia/pakistan/1461368/Daniel-Pearl-refused-to-be-sedated-before-his-throat-was-cut.html.
37 Sharma, Somendra: Nariman House, not Taj, was the prime target on 26/11. *DNA India*, Mumbai, 5 January 2009, accessed on May 4, 2017. http://www.dnaindia.com/mumbai/report-nariman-house-not-taj-was-the-prime-target-on-2611-1218869.
38 Chief Editor of Urdu daily newspaper *Qaumi Salamati*.

and cars carrying posters of Kazmi and raising the slogan "long live Kazmi!"³⁹

Remedial Measures

"The ignorance about Judaism and Jewish history is, of course, a particularly fertile breeding-ground for antisemitism,"⁴⁰ as Wistrich pointed out, and this is exactly what makes South Asia such a fertile-ground for it.⁴¹ Unlike the neighbouring country China, there was not a single institution in South Asia to offer Jewish Studies until the introduction of an undergraduate course at the Presidency University in Kolkata as part of its curriculum for BA (History) Honours during the academic year 2016 – 2017.⁴² The only centre for Israel Studies in the region is at a private university near Delhi, the O P Jindal Global University in Sonipat, Haryana, which focuses on the modern State of Israel and not the Global Jewish History. Professor P. R. Kumaraswamy at the Centre for West Asian Studies at the Jawaharlal Nehru University, New Delhi, teaches a few Israel centred courses and Israel is taught about at several other institutions of higher education in South Asia under the rubric of the Arab-Israeli conflict, but Jewish Studies are not available anywhere in South Asia other than Presidency University in Kolkata which commemorated its bicentenary in 2017. Although Islamic Studies are available at almost every major South Asian university, yet Jewish Studies are almost entirely absent. A remedial measure to antisemitism in South Asia would be the promotion of Jewish Studies in academia there.

Conclusion

South Asia has largely been overlooked by scholars of Muslim-Jewish relations and by the activists working for the betterment of relations between the two communities. It only seems natural given the numerical insignificance of Jews in that region. Yet it would be far more sensible not to ignore the region, as pointed out above, for there are more Muslims in South Asia than any other geographical re-

---

39 Singh, Smriti: Out on bail, Kazmi returns home amid cheers. *The Times of India*, 21 October 2012, accessed on May 4, 2017. http://timesofindia.indiatimes.com/city/delhi/Out-on-bail-Kazmi-returns-home-amid-cheers/articleshow/16896736.cms.
40 Wistrich, Op. cit., p. 166.
41 See Aafreedi, Navras Jaat: Absence of Jewish Studies in India: Creating a New Awareness. *Asian Jewish Life*, Autumn 2010, pp. 31–34.
42 The course has been designed and taught by the present author.

gion with more influence across the world because of their huge numbers and the geographical spread of their diaspora than that of Muslims from any other region. And also because the region is home to some of the most important Islamic institutions and both Islamic and Islamist movements.

Whenever and wherever in South Asia there has been a Muslim attack on Jews, the perpetrators have been those who have not had any long association with Jews and have known them largely through secondary sources and not as a result of any direct contact. Jews have always enjoyed and still continue to enjoy cordial relations with Muslims wherever they are neighbours in South Asia, which even the Arab-Israel conflict has failed to dent. However, most of the Muslims just like the non-Muslims in South Asia do not ever come into any direct contact with Jews because of their small numbers and know them only through secondary sources, often not reliable; but in the case of Muslims those secondary sources are more often than not highly prejudiced, biased and antagonistic towards Jews. It is these secondary sources of information that shape their perceptions of Jews and fuel antisemitism. The situation is aggravated by the overly literal interpretations of the polemics in the Qur'an. It would be utopian to think that there would ever be a complete end to Muslim antisemitism or even a declaration from Muslims on the lines of *Nostra Aetate*, as Afridi points out:

> The Qur'an represents itself as a universal teaching; hence its rhetorical style appears to refer negatively to Jews in general terms. Since for Muslim believers the Qur'an is inimitable scripture (the inimitability of the Qur'an is an absolute dogma of Islamic theology), the negative portrayal of Jews represents a level of truth that is extremely difficult to question. As scripture, the Qur'an is a powerful foundation for the worldview of Muslims around the globe. The kind of intercommunal conflicts we witness today may be only a few years old, but the verses of scripture have an eternal quality to them.[43]

However, this should not discourage us from making efforts to combat antisemitism because it is only these efforts of ours aimed at spreading awareness, breaking stereotypes, eliminating prejudices and biases and promoting Jewish-Muslim dialogue that prevent antisemitism from escalating into violence and acquiring horrendous proportions.

Hatred thrives on falsehood. The only way to fight it is by eliminating ignorance, which is so widespread in South Asia, and raising awareness. What is required is an unceasing perseverance in fighting antisemitism. If the sane voices

---

[43] Afridi, Mehnaz: "Nostalgia and Memory in Jewish-Muslim Encounters". *Crosscurrents*, September 2015, pp. 346–356.

among Muslims join ranks with those who spearhead this struggle against the world's longest hatred, it would be immensely helpful.

Given the importance of South Asia in respect of its sheer population and the numerical strength and the geographical spread of its diaspora we just cannot afford to ignore the region when it comes to our endeavour to fight antisemitism. It has already been shown above as to how South Asia has been the fountainhead of antisemitic Islamist ideas. The earlier we try to address the issue by adopting the remedial measures suggested above the better it would be for all humanity.

References

172 *Yahood ki Tarikh aur Azaim* (Khilafat Forum), YouTube video, 40:21, posted by *Zamana Gawah hai* (Time is the Witness), 28 June 2014, accessed on April 16, 2017. https://www.youtube.com/watch?v=Lz1PIPrMzHc.

Molana Kalbe Jawad Interview Israel Amrika ke khila Report By Mr Roomi ASIAN TV NEWS – YouTube, YouTube video, 04:42, posted by KalbeJawad NaqaviOfficial, 12 April 2013, accessed on April 16, 2017. https://www.youtube.com/watch?v=I7v4coUmWjk.

The Protocols of the Learned Elders of Zion (URDU), Uploaded by Jawwad Ahmed Khan, accessed on May 13, 2017. https://www.scribd.com/doc/26805026/The-Protocols-of-the-Learned-Elders-of-Zion-URDU.

Tashkeer-e-Aalam ka Yahoodi Mansooba – Gulzar Ahmad, Uploaded by Kamrans_Maktaba_Urdu, accessed on May 13, 2017. https://www.scribd.com/document/55534261/Taskheer-e-Aalam-Ka-Yahoodi-Mansooba-Gulzar-Ahmad.

59713850 Taskheer E Allam Ka Yahoodi Mansooba, Uploaded by Bilal Ahmad, accessed on May 13, 2017. https://www.scribd.com/document/60000252/59713850-Taskheer-E-Allam-Ka-Yahoodi-Mansooba.

Aafreedi, Navras Jaat: *Jews, Judaizing Movements and the Traditions of Israelite Descent in South Asia*. New Delhi 2016.

Aafreedi, Navras Jaat: Absence of Jewish Studies in India: Creating a New Awareness. *Asian Jewish Life*, Autumn 2010, pp. 31–34.

Afridi, Mehnaz. Nostalgia and Memory in Jewish-Muslim Encounters, *Crosscurrents*, September 2015, pp. 346–356.

Ansari, Massoud. Daniel Pearl 'refused to be sedated before his throat was cut', *The Telegraph*, 9 May 2004, accessed on May 12, 2017. http://www.telegraph.co.uk/news/worldnews/asia/pakistan/1461368/Daniel-Pearl-refused-to-be-sedated-before-his-throat-was-cut.html.

Blarel, Nicolas: *The Evolution of India's Israel Policy: Continuity, Change and Compromise since 1922*. New Delhi 2015.

Habib, Mohsin: Indian Shia and Sunni unite in Hating Israel, *Gatestone Institute International Policy Council*, 10 August 2012, accessed on August 20, 2016. https://www.gatestoneinstitute.org/3267/indian-shia-sunni.

Jikeli, Gunther: Antisemitism among Young European Muslims. In: Rosenfeld, Alvin H. (ed.): *Resurgent Antisemitism: Global Perspectives*, Bloomington/Indianapolis 2013. pp. 267–307.

JTA and Times of Israel Staff. Pakistan allows man to register as country's first Jew in decades. *The Times of Israel*, 30 March 2017, accessed on April 20, 2017 at 04:32 IST. http://www.timesofisrael.com/pakistan-allows-man-to-register-as-countrys-first-jew-in-decades.

Karen, Leonard: American Muslims: South Asian Contributions to the Mix. presented at the Conference on French and US Approaches to Understanding Islam, Stanford, September 12–14, 2004, accessed on August 21, 2016. https://billionbooksbaby.org/pdf-muslims-in-indian-economy.html.

Kehimkar, H. S.: *The History of the Bene Israel of India*. (written in 1897) Tel Aviv 1937.

Kumaraswamy, P. R.: *India's Israel Policy*. New York 2010.

Litvak, Meir: The Islamic Republic of Iran and the Holocaust: Antisemitism and Anti-Zionism. In: Herf, Jeffrey (ed.): *Anti-Semitism and Anti-Zionism in Historical Perspective: Convergence and Divergence*. New York 2006. pp. 250–267.

Maher, Shiraz: *Salafi-Jihadism: The History of an Idea*. London 2016.

Nadwi, Syed Abul Hasan Ali: *Islam and the World*. Lucknow u.d.

Nadwi, Syed Abul Hasan Ali: *The Arabs Must Win*. Lucknow 1967, pp. 8–9. Also available online: http://www.nadwatululama.org/english/books/arabsmustwin.pdf.

Naim, C. M: In a La-La Land. *Outlook*, 11 August 2009, accessed on April 16, 2017 at 18:46 IST. http://www.outlookindia.com/website/story/in-a-la-la-land/261284.

Naqvi, Saeed: Centrality of Lucknow in world's Shia culture. *Two Circles*, 15 May 2015, accessed on August 20, 2016. http://twocircles.net/2015may15/1431700266.html#.VyaR5nrXmJc.

Sharma, Somendra: Nariman House, not Taj, was the prime target on 26/11. *DNA India*, Mumbai, 5 January 2009, accessed on May 4, 2017. http://www.dnaindia.com/mumbai/report-nariman-house-not-taj-was-the-prime-target-on-2611-1218869.

Singh, Smriti: Out on bail, Kazmi returns home amid cheers. *The Times of India*, 21 October 2012, accessed on May 4, 2017. http://timesofindia.indiatimes.com/city/delhi/Out-on-bail-Kazmi-returns-home-amid-cheers/articleshow/16896736.cms.

Weinraub, Bernard: Kashmir Rebels Kill Israeli Tourist, Marking New Phase in Conflict, *New York Times*, 28 June 1991, accessed on May 12, 2017. http://www.nytimes.com/1991/06/28/world/kashmir-rebels-kill-israeli-tourist-marking-new-phase-in-conflict.html.

Wistrich, Robert S.: *Antisemitism: The Longest Hatred*. New York 1991.

Stephan Grigat
Antisemitismus im Iran seit 1979

Holocaustleugnung und Israelhass in der ‚Islamischen Republik'

Einleitung

Seit 1979 herrscht im Iran ein diktatorisch-theokratisches Regime, das zahlreiche Spezifika aufweist. Was das iranische Regime in seiner Gesamtheit von anderen islamisch geprägten Despotien unterscheidet und besonders gefährlich macht, ist die Kombination aus einer revolutionär-aktivistischen, um den Mahdi-Glauben zentrierten islamistischen Ideologie, dem staatlichen Streben nach der Technologie der Massenvernichtung und einem radikalen Antizionismus, der von ausnahmslos allen Fraktionen des Regimes geteilt wird. Der Mahdi ist der verborgene zwölfte schiitische Imam, der einst zurückkehren soll. Laut Verfassung der ‚Islamischen Republik' ist er, nicht der oberste geistliche Führer, das Staatsoberhaupt im Iran.[1] *Welāyat-e Faghīh*, die „Herrschaft" oder „Statthalterschaft des Rechtsgelehrten" soll durch islamischen Tugendterror nach innen und Export der islamischen Revolution seine Rückkehr vorbereiten. Das seit 1979 herrschende Regime proklamiert offen seine religiös-ideologischen regionalen und auch globalen Herrschaftsambitionen. Zum Nachweis des Weltherrschaftsanspruchs der iranischen Machthaber, die wohl treffender als „Gewalthaber" zu bezeichnen wären[2], bedarf es keiner ideologiekritischen Finesse; er wird in den Schriften Ruhollah Khomeinis in aller Deutlichkeit proklamiert[3], und auch sein bis heute

---

[1] Vgl. Özuguz, Yavuz (Hrsg.): Verfassung der Islamischen Republik Iran. Erläuterte Übersetzung. Bremen 2007, S. 5.
[2] Scheit, Gerhard: Moral chaos against terror chaos. Über den Aufstand der Privatheit gegen den neuen Behemoth. In: Verratene Freiheit. Der Aufstand im Iran und die Antwort des Westens. Hrsg. von Thomas von der Osten-Sacken, Oliver M. Piecha u. Alex Feuerherdt. Berlin 2010, S. 140.
[3] Vgl. Reden des Ayatollah Chomeini und Staatspräsidenten Bani Sadr. In: Teheran. Eine Revolution wird hingerichtet. Dokumente und Reportagen aus *Die Zeit*. Hrsg. von Michael Naumann u. Josef Joffe. Hamburg 1980, S. 242.

amtierender Nachfolger als oberster geistlicher Führer des iranischen Regimes, Ali Khamenei, hat sich diesbezüglich unmissverständlich geäußert.[4]

Vor diesem Hintergrund ist der Antisemitismus des iranischen Regimes zu analysieren und in seiner spezifischen Gefährlichkeit zu begreifen. Er äußert sich in klassischer Judenfeindschaft, einer verschwörungstheoretischen und projektiven Weltsicht und in den letzten zwei Jahrzehnten vor allem durch Holocaustleugnung und -relativierung sowie aggressiver und militanter Feindschaft gegen den jüdischen Staat. In wissenschaftlichen und politischen Diskussionen wird er regelmäßig verharmlost, insbesondere im deutschsprachigen Raum.[5] Dagegen soll hier argumentiert werden, dass die permanenten Vernichtungsdrohungen gegenüber Israel und die Leugnung oder Relativierung der Shoah Wesenselemente dieses Regimes sind.

Es wird der Frage nachgegangen, ob es unter dem seit 2013 amtierenden iranischen Präsidenten Hassan Rohani zu substanziellen Veränderungen im Iran gekommen ist, und welche Rolle die antisemitische Ideologie des Regimes bei der Formulierung seiner Außenpolitik spielt.

Traditionelle Judenfeindschaft & Israelhass

Der Antisemitismus der Ajatollahs entspringt ebenso wie der Hass auf Homosexuelle und emanzipierte Frauen jenem anti-westlichen, anti-liberalen und lustfeindlichen Furor, welcher das Regime in Teheran wesentlich kennzeichnet. In der Vernichtungsdrohung gegen Israel kulminiert jene wahnhafte Ideologie, auf deren Grundlage die ‚Islamische Republik' unter dem Beifall vieler iranischer Linker 1979 ausgerufen wurde.

In der Ideologie der iranischen Islamisten lassen sich nahezu alle Topoi des modernen Antisemitismus nachweisen, insbesondere die Verherrlichung einer konkretistisch verklärten, organischen, authentischen, schicksalhaften und harmonischen Gemeinschaft, die gegen eine chaotisch-abstrakte, entfremdete, zersetzende, künstliche, unmoralische, materialistische, widersprüchliche und

---

[4] Vgl. Khamenei, Ali: Grundzüge der islamischen Ideologie dargestellt in zehn Punkten. In: Der islamische Fundamentalismus. Grundzüge der islamischen Ideologie im Iran. Hrsg. von Mohammed Djassemi. Sylt 2001, S. 17.

[5] Vgl. Grigat, Stephan: Delegitimizing Israel in Germany and Austria: Past Politics, the Iranian Threat, and Postnational Anti-Zionism. In: Deciphering the New Antisemitism. Hrsg. von Alvin H. Rosenfeld. Bloomington 2015. S. 463–469.

letztlich mit den Juden assoziierte Gesellschaftlichkeit in Anschlag gebracht wird.⁶

Besonderes Augenmerk muss dabei auf den ressentimenthaften Antikapitalismus der islamistischen Ideologie gelegt werden, wie zuletzt Ulrike Marz herausgearbeitet hat: „Die Überzeugung, die Ausbeutung aus dem kapitalistischen Wirtschaften exkludieren und an einen Feind des Islam delegieren zu können, führt die religiösen Führer im Iran nicht nur zu einer religiösen, sondern zu einer antisemitischen Kapitalismuskritik."⁷ Während der Nationalsozialismus eine Trennung in ‚raffendes' und ‚schaffendes' Kapital vornimmt und ersteres mit den Juden und letzteres mit der arischen Volksgemeinschaft identifiziert, proklamieren die Ajatollahs eine „islamische Wirtschaft" als Gegenentwurf zum „parasitären Kapitalismus", die letztlich nur „eine ethisch und moralisch überformte Variante des Kapitalismus ist, die genauso wenig mit Lohnarbeit, Ausbeutung und Mehrwert bricht, wie andere Ideologien, die eine Bändigung des Kapitalismus anstreben."⁸

Für eine Erklärung sowohl des iranischen als auch allgemein des islamischen Antisemitismus sind weder religionsexegetische Erklärungen ausreichend, welche die Judenfeindschaft im 20. und 21. Jahrhundert aus Koransuren glauben erklären zu können, noch jene ‚Importthese', nach welcher der Antisemitismus am Beginn des 20. Jahrhunderts einfach aus Europa in die islamische Welt eingeführt wurde. Vielmehr müsste es in Zukunft darum gehen, eine Analyse der modern-regressiven Tendenzen in den islamischen Gesellschaften selbst zu leisten, ohne jedoch die entscheidende Rolle des frühen Kontakts beispielsweise Khomeinis mit der nationalsozialistischen antisemitischen Propaganda aus den Augen zu verlieren: Der spätere Revolutionsführer war Ende der 1930er Jahre ein regelmäßiger Hörer des nationalsozialistischen Kurzwellensenders *Radio Zeesen*, mit dem die antisemitische NS-Propaganda im Nahen und Mittleren Osten massenhafte Verbreitung fand.⁹

Der iranische Antisemitismus rekurriert erstens auf „explizit islamische Motive und Beschuldigungen gegen Juden", zweitens auf „spezifisch iranische so-

---

6 Vgl. Marz, Ulrike: Antisemitismus und moderner Antimodernismus im Iran als zentrale Elemente der Ideologie der Islamischen Republik. In: Iran – Israel – Deutschland. Antisemitismus, Außenhandel und Atomprogramm. Hrsg. von Stephan Grigat. Berlin 2017. S. 114–120.
7 Marz, Ulrike: Kritik des islamischen Antisemitismus. Zur gesellschaftlichen Genese und Semantik des Antisemitismus in der Islamischen Republik Iran. Berlin 2014, S. 138.
8 Marz, Kritik des islamischen Antisemitismus, S. 151.
9 Vgl. Küntzel, Matthias: Die Deutschen und der Iran. Geschichte und Gegenwart einer verhängnisvollen Freundschaft. Berlin 2009, S. 64; Taheri, Amir: The Spirit of Allah. Khomeini and the Islamic Revolution. Bethesda 1986, S. 99.

ziale Kontexte" und drittens auf „Bezüge, die der islamische Antisemitismus dem westlichen modernen Antisemitismus entlehnt und islamisch überschreibt."[10] Die iranischen Islamisten „versuchen die Krisen in der Moderne mit einer religionistischen Konstruktion von kollektiver Identität abzuwehren."[11] Insofern kann die Ideologie des iranischen Regimes als eine „regressiv-moderne Erscheinung" verstanden werden und der islamische Antisemitismus im Iran als eine moderne Ideologie, „die mit antimodernen Inhalten und modernen Mitteln an ihrer Durchsetzung arbeitet."[12]

Die Ideologie Khomeinis richtet sich keineswegs nur gegen den israelischen Staat, sondern proklamierte insbesondere vor 1979 offen die Feindschaft zum Judentum. Seinen politischen Hauptkontrahenten, Schah Mohammad Reza Pahlavi, attackierte er mehrfach als „Jude", der seine Befehle aus Israel erhalte.[13] Der Revolutionsführer sah den Islam seit seiner Gründung in einer Konfrontation mit den Juden. Khomeini war in einer klassischen Projektion seiner eigenen globalen Herrschaftsgelüste davon überzeugt, er müsse gegen die Errichtung einer jüdischen Weltherrschaft kämpfen, von der er bereits in seiner zentralen Schrift *Islamic Government* fantasierte, einer Sammlung von Vorlesungen, die er Anfang der 1970er-Jahre im irakischen Exil gehalten hat: „We must protect and make the people aware that the Jews and their foreign backers are opposed to the very foundations of Islam and wish to establish Jewish domination throughout the world."[14] An anderer Stelle führte er aus: „And as you see the Jews have grasped the world with both hands and are devouring it with an insatiable appetite, they are devouring America and have now turned their attention to Iran and still they are not satisfied [...]".[15]

Der antisemitische Charakter des iranischen Regimes wird häufig mit Hinweis auf die verbliebene jüdische Gemeinde im Iran bestritten. Tatsächlich werden Juden im Iran derzeit nicht in dem Maße systematisch verfolgt wie andere reli-

---

10 Marz, Kritik des islamischen Antisemitismus, S. 378–379.
11 Marz, Kritik des islamischen Antisemitismus, S. 15.
12 Marz, Kritik des islamischen Antisemitismus, S. 35.
13 Vgl. Küntzel, Matthias: Tehran's Efforts to Mobilize Antisemitism. The Global Impact. In: Deciphering the New Antisemitism. Hrsg. von Alvin H. Rosenfeld. Bloomington 2015, S. 509.
14 Khomeini, Ruhollah: Islamic Government. In: Islam and Revolution. Writings and Declarations of Imam Khomeini. Hrsg. von Hamid Algar. Berkeley 1981, S. 127.
15 Khomeini, Ruhollah: Speech, September 28, 1977, Shaykh Ansari Mosque, Najaf, Iraq. In: An Anthology of the Speeches of Imam Khomeini including an Account of the Events of the Revolution 1962–1978. Hrsg. vom The Institute for the Compilation and Publication of the Works of Imam Kohmeini. International Affairs Division. Teheran 1995, S. 368.

giöse Minderheiten wie beispielsweise die Baha'i.[16] Doch solch eine Argumentation blendet bewusst aus, dass Juden im Iran keineswegs gleichberechtigte Staatsbürger sind. Die jüdische Minderheit wird gezwungen, sich damit abzufinden, als systematisch diskriminierte Minderheit, als *dhimmis*, also als ‚Schutzbefohlene', die zahlreichen Sonderregelungen und Diskriminierungen unterliegen und sich dem Herrschaftsanspruch des Islam unterzuordnen haben, zu existieren. Juden dürfen – so wie andere ‚anerkannte' nicht-muslimische Minderheiten – nicht Minister, Staatssekretäre, Generaldirektoren, Richter oder Lehrer an regulären Schulen werden.[17] Für Juden, wie auch für die anderen Minderheiten, gelten diskriminierende Sonderregelungen beispielsweise im Erbrecht, bei Zeugenaussagen vor Gericht und beim ‚Blutgeld', mit dem unterschiedliche Schadenshaftungszahlungen an Muslime und Nichtmuslime, an Männer und Frauen geregelt sind.[18] Juden und Jüdinnen sind zudem gezwungen, sich permanent von Israel zu distanzieren. Tun sie das nicht, kann die systematische Diskriminierung in Verfolgung umschlagen. Rund 90 Prozent der vor 1979 im Iran lebenden geschätzten 100.000 bis 150.000 Juden haben seit der islamischen Revolution das Land verlassen.[19]

Große Bedeutung für die Verbreitung des Antisemitismus im Iran hatte die 1978 ins Persische übersetzte antisemitische Hetzschrift *Die Protokolle der Weisen von Zion*, die in den folgenden Jahrzehnten von staatlichen Stellen im Iran in großen Auflagen immer wieder neu herausgegeben wurde – mitunter mit geänderten Titeln wie *Protokolle der jüdischen Führer zur Eroberung der Welt*.[20] Hier wird bereits deutlich, dass die zeitweiligen Bemühungen seitens der iranischen Führung, mitunter zwischen Juden und Zionisten deutlicher zu unterscheiden, stets wieder konterkariert werden. Zudem wird in der iranischen Propaganda über

---

16 Vgl. Wahdat-Hagh, Wahied: Die Herrschaft des politischen Islam im Iran. Ein Überblick zu Struktur und Ideologie der khomeinistischen Diktatur. In: Der Iran. Analyse einer islamischen Diktatur und ihrer europäischen Förderer. Hrsg. von Stephan Grigat u. Simone Dinah Hartmann. Innsbruck/Wien/Bozen 2008, S. 49–50; Wahdat-Hagh, Wahied: Drangsaliert, gedemütigt, verfolgt. Die Baha'i im Iran. In: Verratene Freiheit. Der Aufstand im Iran und die Antwort des Westens. Hrsg. von Thomas von der Osten-Sacken, Oliver M. Picha u. Alex Feuerherdt. Berlin 2010. S. 193–204.
17 Vgl. Fürtig, Henner: Großmacht Iran. Der Gottesstaat wird Global Player. Köln 2016, S. 157.
18 Vgl. Posch, Walter: Juden im Iran. Anmerkungen zu einem antizionistischen Brief an Mahmoud Ahmadinejad. Teil I. In: David. Jüdische Kulturzeitschrift 83 (2010). S. 30–32.
19 Vgl. Hakakian, Roya: Juden im Iran und die iranische Linke. Persönliche Reflexionen, die notgedrungen politisch sind. In: Iran – Israel – Deutschland. Antisemitismus, Außenhandel und Atomprogramm. Hrsg. von Stephan Grigat. Berlin 2017. S. 145–159.
20 Vgl. Posch, Walter: Juden im Iran. Anmerkungen zu einem antizionistischen Brief an Mahmoud Ahmadinejad, Teil II. In: David. Jüdische Kulturzeitschrift 84 (2010). S. 32.

‚die Zionisten' stets in eben jenem verschwörungstheoretischen Geraune geredet, das aus dem klassischen Antisemitismus gegenüber Juden bekannt ist. Der Zionismus wird in der Ideologie und Propaganda des iranischen Regimes nicht als ein gewöhnlicher politischer Gegner attackiert, sondern als Grundübel, das für nahezu alle Probleme in der Welt verantwortlich sei, und dessen Auslöschung daher den Weg zur Erlösung bereite.

Dementsprechend wird alles, was den eigenen Herrschaftsansprüchen im Weg steht, als ‚zionistisch', ‚im Auftrag der Zionisten agierend' oder auch explizit als jüdisch gebrandmarkt: Konsequenterweise outen Regimevertreter und hohe Kleriker im Iran mittlerweile selbst ihre islamistischen Konkurrenten, die wahhabitische Herrscherfamilie in Saudi-Arabien, als Juden und erklären, der Weg zur „Befreiung Jerusalems" führe über Mekka und Medina.[21]

Auch wenn Khomeini, Khamenei und andere Vertreter des Regimes nach 1979 in öffentlichen Verlautbarungen mehrfach betont haben, dass sich ihre Politik und Ideologie nicht gegen Juden richte, solange sich diese vom Zionismus distanzieren und sich dem Herrschaftsanspruch des Islam unterordnen, gibt es offen judenfeindliche Proklamationen, die sich nicht an diese rhetorische Unterscheidung halten, keineswegs nur von randständigen Vertretern des Regimes. So verkündete beispielsweise der einflussreiche Großajatollah Hussein Nuri Hamdani, „die Juden" müssten bekämpft und „zur Aufgabe gezwungen" werden, um den Weg für die Wiederkunft des verborgenen Imams zu ebnen[22], und Ajatollah Mesbah Jazdi, ein langjähriger Förderer von Mahmoud Ahmadinejad erklärte, „the Jews are the most corrupt in the world, [...] the most seditious group among all human beings and they will not leave Muslims alone until they destroy Islam".[23]

Der iranische Propagandasender *Press TV* veröffentlichte 2012 während der Präsidentschaft Ahmadinejads, der von einer seit über „400 Jahren" andauernden

---

[21] Blatant anti-Semitism: New wave of anti-Jewish hatred by Iranian regime. 22.2.2016. http://www.iranian-americans.com/blatant-anti-semitism-new-wave-of-anti-jewish-hatred-by-iranian-regime/ (28.03.2017). Bis vor wenigen Jahren proklamierten iranische Ajatollahs und Pasdaran, dass der Weg zur Zerstörung Israels über Nadjaf und Kerbela führe. Aber nachdem das Regime in Teheran seinen Einfluss im Irak unter den Augen der Obama-Administration massiv ausbauen konnte, kann es sich nun verstärkt auf Saudi-Arabien konzentrieren.
[22] Zit. n. Intelligence and Terrorism Information Center at the Center for Special Studies: Holocaust denial as a tool of Iranian policy. 02.12.2006. http://www.terrorism info.org.il/malam_multimedia/English/eng_n/html/holocaust_denial_e.htm (28.03.2017).
[23] Zit. n. Litvak, Meir: Anti-Semitism in Iran: Continuities and Changes. 2010. https://haitiholocaustsurvivors.wordpress.com/anti-semitism/yale-anti-semitism-conference-papers/anti-semitism-in-iran-continuities-and-changes-by-meir-litvak-2/ (28.03.2017).

zionistischen Beherrschung der Welt fantasierte²⁴, einen Beitrag, der zunächst unter dem Titel „The rape of Greece by Jewish bankers" erschien. Kurz nach der Veröffentlichung wurden die „Jewish bankers" in „Zionist bankers" geändert. Allerdings wurde vergessen, auch in der URL die „jewish bankers" durch Zionisten zu ersetzen und in dem Text selbst ist ganz unumwunden – und für Verlautbarungen in staatlichen iranischen Medien durchaus unüblich – von einem „Jewish Banking Cartell" und der „Jewish Mafia" die Rede.²⁵

Charakteristischer als derartig offen judenfeindliche Statements sind in der ‚Islamischen Republik' allerdings die israelfeindlichen Äußerungen. Hinsichtlich des Nahost-Konflikts geht es der iranischen Diktatur nicht um eine Verbesserung der Situation der Palästinenser, eine Zwei-Staaten-Lösung oder einen wie auch immer gearteten Ausgleich und Kompromiss, die sie im Gegenteil regelmäßig sabotiert, sondern erklärtermaßen um die Vernichtung Israels. Diese Position ist weder neu, noch auf einen einzelnen Präsidenten oder Repräsentanten des Regimes beschränkt. Die Zerstörung Israels ist seit 1979 offizielle Politik der ‚Islamischen Republik'. Sie wurde und wird von den fanatischen Anhängern Ahmadinejads ebenso propagiert wie von Konservativen und den im Westen als Pragmatiker, Moderate oder Reformer gehandelten Mullahs und Ajatollahs.

Wahied Wahdat-Hagh hat die Programmatik des iranischen Regimes treffend als „eliminatorischen Antizionismus" beschrieben.²⁶ Im Iran gehört die Parole „Tod Israel" seit 1979 zum Kernbestand der islamistischen staatlichen Propaganda und prangt bei Militärparaden auf den Raketen, die schon heute Tel Aviv und Jerusalem erreichen können. Khamenei proklamierte schon 1997 in einer Ansprache vor den Revolutionswächtern, Israel werde von den Seiten der Geschichte getilgt werden. In einem Treffen mit Scheich Yassin versicherte er dem damaligen Führer der Hamas hinsichtlich Israels, der Iran werde dieses „Krebsgeschwür nicht einmal für eine Stunde anerkennen".²⁷ 2012 hat er Israel als „cancerous tumor" bezeichnet, „that should be cut and will be cut"²⁸, und der damalige iranische Generalstabschef Hassan Firouzabadi proklamierte „the full

---

24 http://www.president.ir/en/40128, 02.08.2012 (07.08.2012). Vgl. auch Zeiger, Asher: Ahmadinejad's new call for Israel's annihilation is his most anti-Semitic assault to date, says ADL. 02.08.2012. http://www.timesofisrael.com/adl-blasts-ahmadinejads-latest-call-for-israels-annihilation-as-ominous/ (27.03.2017).
25 Stathis, Mike: The rape of Greece by Zionist bankers. 10.7.2012. http://www.presstv.com/detail/2012/07/10/250190/the-rape-of-greece-by-jewish-bankers/ (07.08.2012).
26 Wahdat-Hagh, Herrschaft, S. 44.
27 Zit. n. Menashri, David: Post-Revolutionary Politics in Iran. Religion, Society and Power. New York 2001, S. 290.
28 Iranian MP Lauds Hezbollah's Anti-Israel Stance. 24.07.2013. http://english.farsnews.com/newstext.aspx?nn=13920502000466. (27.03.2017).

annihilation of the Zionist regime of Israel" abermals als Ziel der ‚Islamischen Republik'.²⁹

Vor der Vernichtung steht die Delegitimierung des jüdischen Staates, und ein entscheidendes Element dabei ist in der iranischen Propaganda die Leugnung oder Relativierung der Shoah. Khamenei hat schon lange vor Ahmadinejads weltweit wahrgenommener Holocaustleugnung die Existenz von Gaskammern im Zweiten Weltkrieg als „Märchen" bezeichnet.³⁰ Auf der offiziellen englischsprachigen Website von Khamenei ist seit Jahren und war auch noch während der Präsidentschaft Rohanis von „the myth of the massacre of Jews known as the holocaust" zu lesen.³¹ Doch auch andere prominente Vertreter des Regimes haben sich wiederholt in diese Richtung geäußert. Berühmt-berüchtigt ist Ali Akbar Hashemi Rafsanjanis Formulierung aus der Zeit seiner Präsidentschaft, wonach eine einzige Atombombe ausreichen würde, um Israel zu vernichten, während die islamische Welt in solch einem Fall auf Grund der antizipierten Gegenschläge lediglich verkraftbare Verluste hinnehmen müsste.³² Weniger bekannt ist die Holocaust-Leugnung des ‚Richelieu der iranischen Politik': Laut der Anti-Defamation League (ADL) erklärte er im iranischen Radio, seine persönlichen Forschungen hätten ihn zu der Überzeugung gebracht, Hitler habe nur 20.000 Juden ermordet.³³ Sein Nachfolger, der bis heute immer wieder als Beispiel für einen ‚Reformislamisten' präsentierte Mohammed Khatami, der ein vehementer Verteidiger der Todesstrafe für Homosexuelle ist³⁴, setzte das insofern fort, als er sich als einer der leidenschaftlichsten Verteidiger des französischen Holocaustleugners Roger Garaudy positionierte.³⁵

---

29 Top Commander Reiterates Iran's Commitment to Full Annihilation of Israel. 20.05.2012 https://upload.democraticunderground.com/113410285
30 Vgl. Larise, Dunja/Schmidinger, Thomas (Hrsg.): Zwischen Gottesstaat und Demokratie. Handbuch des politischen Islam. Wien 2008, S. 243.
31 Leader Receives Air Force Servicemen. 07.02.2006. http://www.leader.ir/langs/en/?p=contentShow&id=3500 (15.03.2015).
32 Vgl. Hashemi-Rafsanjani, Akbar: Quds Day Speech. 14.12.2001. http://www.globalsecurity.org/wmd/library/news/iran/2001/011214-text.html (26.12.2017).
33 Vgl. Anti-Defamation League: Holocaust Denial in the Middle East. The Latest Anti-Israel Propaganda Theme. New York 2001, S. 8.
34 Iran's Ex President Responds to Question About Killing Gays in Harvard Talk. 28.02.2007. http://archive.today/Uq9yU (27.03.2017).
35 Vgl. Menashri, Post-Revolutionary Politics, S. 279.

Kontinuität von Israelhass und Holocaustleugnung

Der Antisemitismus des iranischen Regimes ist keine reine Rhetorik, sondern führt immer wieder zu dezidiert antisemitischen Taten. Beim AMIA-Attentat, dem Anschlag auf das jüdische Gemeinde- und Kulturzentrum in Buenos Aires 1994 wurden 85 Menschen ermordet und hunderte schwer verletzt. Es war einer der opferreichsten antisemitischen Anschläge seit 1945. Die argentinische Justiz macht bis heute das iranische Regime und die Hisbollah für den Anschlag verantwortlich. Interpol sucht Spitzen des iranischen Regimes wegen der Attacke mit internationalem Haftbefehl. Laut des argentinischen Generalstaatsanwalts Alberto Nisman, der Anfang 2015 zu Tode kam und vermutlich ermordet wurde, hat ein eng mit dem Nationalen Sicherheitsrat des iranischen Regimes verbundener Sonderausschuss die Entscheidung zu dem Massaker gefällt. In dem Sonderausschuss saßen laut Nisman unter anderem der damalige Präsident Rafsandschani, Geheimdienstminister Ali Fallahian (der Anfang der 1990er-Jahre noch vom deutschen Geheimdienst in Pullach und im deutschen Kanzleramt empfangen wurde), Außenminister Ali Akbar Velayati (der bis heute als enger Berater Khameneis tätig ist) und – Hassan Rohani, der zu dieser Zeit Sekretär des Nationalen Sicherheitsrates war.

Doch auch jenseits seiner Mitverantwortung für die Ermordung von 85 Menschen bei einem dezidiert antisemitischen Anschlag ist Rohani in keiner Hinsicht jener „Mann des Ausgleichs und der Versöhnung"[36], als der er in vielen Medienberichten nach seiner Wahl verklärt wurde, oder gar ein „bärtiger Hoffnungsträger mit Herz", als den ihn die deutsche *tageszeitung* porträtiert hat.[37] An der Verfasstheit der ‚Islamischen Republik' hat sich durch die Wahl Rohanis ebenso wenig Wesentliches geändert wie an der israelfeindlichen Rhetorik und Politik.

Seit seinem Amtsantritt 2013 nimmt Rohani in Teheran so wie sein Vorgänger die jährliche Militärparade ab, bei der auf Transparenten vor den stolz präsentierten Shahab-3-Raketen die unmissverständliche Forderung prangt, Israel müsse „aufhören zu existieren". Ebenso nahm er so wie zuvor all seine Vorgänger regelmäßig am Quds-Marsch in Teheran teil, bei dem seit 1979 auf Geheiß von

---

36 Frey, Eric: Reform und Charakter. Die Persönlichkeit von Rohani, Erdogan und Co ist wichtiger als ihre Ideologie. 20.6.2013. http://derstandard.at/1371170164099/Reform-und-Charakter (27.03.2017).
37 Nirumand, Bahman: Irans neuer Präsident: Bärtiger Hoffnungsträger mit Herz. 16.06.2013. http://www.taz.de/!118223/ (27.03.2017).

Khomeini weltweit am Ende des Ramadan für die Vernichtung des jüdischen Staates demonstriert wird. Israel ist für Rohani wie für alle anderen Vertreter des iranischen Regimes „an old wound that has been sitting on the body of the Islamic world"[38], „a miserable country"[39] und, wie er ein Jahr nach seiner Wahl verkündete, ein „festering tumor".[40] 2017 griff Rohani laut dem iranischen Propagandasender *Press TV* unmittelbar eine von Khameneis gängigen Formulierungen auf und bezeichnete Israel als „cancerous tumor".[41]

Der entscheidende Mann des Regimes, Khamenei, droht Israel immer wieder mit der Vernichtung – besonders publikumswirksam am 9. November 2014, dem Jahrestag der Reichspogromnacht, zu dem er einen Neun-Punkte-Plan zur Zerstörung des jüdischen Staates publizieren ließ.[42] Auch in allen anderen relevanten Bereichen ist es zu keiner Verbesserung der Situation gekommen: Die Hinrichtungszahlen sind seit dem Amtsantritt Rohanis nicht zurückgegangen, sondern dramatisch gestiegen.[43] Die Todesstrafe für Homosexualität wird weiterhin vollstreckt. Oppositionelle und religiöse Minderheiten wie die Baha'i werden genauso gnadenlos verfolgt wie in den vergangenen Jahren. Das Bündnis mit der libanesischen Terrormiliz Hisbollah ist intakt, jenes mit der radikalislamistischen Hamas wurde erneuert[44], und Vertreter des iranischen Regimes können heute stolz verkünden, dass sie die Politik in vier arabischen Hauptstädten dominieren: Damaskus, Beirut, Bagdad und Sanaa. In letzter Zeit wird insbesondere die Unterstützung der Huthi-Rebellen im Jemen verstärkt, zu denen die Hisbollah und die Pasdaran schon länger enge Kontakte pflegen, und die sich ideologisch in den letzten drei Jahren deutlich dem iranischen Regime und der Hisbollah angenähert

---

[38] IRIB News. 02.08.2013. http://www.youtube.com/watch?v=OF2BBFduswQ&feature=youtu.be (27.03.1017).
[39] Iran's Rouhani dismisses Israeli threats. 17.07.2013. http://www.aljazeera.com/news/middleeast/2013/07/201371785819650615.html (27.03.2017).
[40] Takfiris, Zionists two tumors with same roots: Rouhani. 31.07.2014. http://mooglemeow.blogspot.com/2014/07/takfiris-zionists-two-tumors-with-same.html
[41] Iran needs no permission to manufacture missiles, jets: Rouhani. 15.04.2017. http://parstoday.com/en/news/iran-i50454-iran_needs_no_permission_to_manufacture_missiles_planes_president_rouhani
[42] Why should & how can #Israel be eliminated? Ayatollah Khamenei's answer to 9 key questions. 09.11.2014. https://twitter.com/khamenei_ir/status/531366667377717248/photo/1 (27.03.2017).
[43] United Nations General Assembly: Situation of human rights in the Islamic Republic of Iran. Note by the Secretary-General. 27.08.2014. http://www.refworld.org/docid/5436a31f4.html
[44] Vgl. Nidal Al-Mughrabi: Hamas' deputy chief says it has patched up ties with Iran. 17.12.2014. http://www.reuters.com/article/2014/12/17/us-mideast-hamas-gaza-idUSKBN0JV1NH20141217?feedType=RSS&feedName=topNews&utm_source=twitter (27.03.2017).

haben.⁴⁵ Über ihre Prioritäten lassen die jemenitischen Verbündeten Teherans keine Zweifel aufkommen, wenn sie in den Schriftzügen ihres Logos verkünden: „Gott ist groß! Tod den USA! Tod Israel! Verdammt seien die Juden! Sieg dem Islam!"⁴⁶

Was die massive Expansion des iranischen Regimes in der Region für Israel bedeutet wird daran deutlich, dass mittlerweile hochrangige iranische Militärs unmittelbar an der Grenze zu Israel auftauchen, wie beispielsweise im Juli 2016 der damalige Basidj-Befehlshaber Mohammad Reza Naqdi, der „die Vernichtung Israels in den nächsten 10 Jahren" für „unvermeidlich" hält.⁴⁷ Im März 2017 verkündete die vom iranischen Regime kontrollierte irakische Miliz Harakat al Nujaba die Gründung einer „Golan Liberation"-Brigade, die unmittelbar an der israelischen Grenze aktiv ist.

Schon bald nach der Wahl Rohanis wurde sowohl von der EU als den USA deutlich gemacht, dass man bei den laufenden Verhandlungen über das iranische Atomprogramm zu weitgehenden Kompromissen mit Khamenei bereit ist, der wenige Tage vor den Verhandlungen in Genf im Oktober 2013 abermals zur „liberation of Palestine" aufrief, das „criminal Zionist network" neben den USA als „main enemy" markierte⁴⁸ und noch während der Verhandlungen Israel als „illegitimate and bastard regime" attackierte⁴⁹, was von keiner der an den Gesprächen beteiligten Regierungen thematisiert, geschweige denn kritisiert wurde.

Nur einen Tag nach dem Genfer Abkommen wetterte Rohani bei einem Treffen mit dem libanesischen Parlamentspräsidenten Nabih Berri gegen das „künstliche Regime von Israel", dessen angebliche Gründung durch die Kolonialmächte zu einer „Verdoppelung der Probleme" im Nahen Osten geführt habe. „Über die

---

45 Vgl. Karmon, Ely: Yemen's Houthis: New Members of Iran's Anti-Israeli/Anti-American Axis. 25.05.2017. https://www.ict.org.il/Article/2017/yemens-houthis-new-members-of-irans-anti-israeli-anti-american-axis (26.12.2017).
46 Vgl. Taylor, Adam: The history of ‚Death to America'. 18.02.2015. https://www.washingtonpost.com/news/worldviews/wp/2015/02/18/the-history-of-death-to-america/?utm_term=.0937e5ff77d7 (26.12.2017).
47 Winer, Stuart: Iran says one of its top commanders toured Israeli-Syrian border. 27.07.2016. http://www.timesofisrael.com/top-iranian-commander-visited-israeli-syrian-border/ (27.03.2017). Head of Iranian Basij: „The Elimination of Israel within 10 Years is inevitable". 23.09.2016. https://nowruziran.wordpress.com/2016/09/27/head-basij-reza-naqdi-pasdaran-israel-elimination-inevitable/ (27.03.2017).
48 Supreme Leader's Hajj Message. 14.10.2013. http://english.farsnews.com/newstext.aspx?nn=13920722001332 (27.03.2017).
49 Khamenei: Zionist regime is an illegitimate and bastard regime. 03.11.2013. http://www.jpost.com/Iranian-Threat/News/Khamenei-Zionist-regime-is-an-illegitimate-and-bastard-regime-330487 (27.03.2017).

vergangenen 65 Jahre" könne „der Fußabdruck der Zionisten in jeder Plage und jedem Problem der Region aufgespürt werden."⁵⁰ Mit seiner Attacke auf den jüdischen Staat als „künstlichem Gebilde" rekurriert Rohani auf einen Klassiker des antisemitischen Antizionismus, bei dem zunächst in der nationalsozialistischen Ideologie der 1920er und 1930er Jahre und in den 1960er und 1970er Jahren dann auch in der arabisch-nationalistischen und links-antizionistischen Propaganda die antisemitische Gegenüberstellung von ‚raffend' und ‚schaffend' durch das Gegensatzpaar von ‚organischen', ‚echten' Staaten und ‚künstlichen Gebilden' ergänzt wurde.⁵¹

Wenige Tage vor dem in Wien ausverhandelten Atomabkommen vom Juli 2015 war es der während seiner Amtszeit als Präsident in einer ähnlichen Weise wie später Rohani in westlichen Medien und Regierungskreisen zum „Moderaten" verklärte Rafsandjani, der abermals verkündete, Israel werde demnächst von der Landkarte gestrichen. Zur Zeit der Finalisierung des Atomabkommens ließ Khamenei sein 400-Seiten-Buch *Palestine* in einer Neuauflage veröffentlichen, in der er Israel abermals als „Krebsgeschwulst" bezeichnete, das vernichtet werden müsse.⁵² Um die Ausrichtung des iranischen Atom- und Raketenprogramms abermals vor der Weltöffentlichkeit zu demonstrieren, testete das Ajatollah-Regime Anfang März 2016 in klarer Verletzung von Resolutionen des UN-Sicherheitsrates ballistische Raketen, auf denen wie schon öfters die Forderung nach der Vernichtung Israels prangte, diesmal allerdings nicht nur in Farsi, sondern auch in Hebräisch.⁵³

Ende 2016 hat Khamenei bei einem Treffen mit Ramadan Abdullah, dem Führer des palästinensischen Islamischen Dschihad proklamiert: „Wenn wir gemeinsam den Kampf führen und die Palästinenser und die Muslime sich einigen, wird Israel in den nächsten 25 Jahren nicht mehr existieren."⁵⁴ Im März 2017 erklärte er die westlich-liberalen Vorstellungen von Geschlechtergleichheit zu einer „zionistischen Verschwörung" und dokumentierte damit, dass nicht nur in der europäischen Tradition des Rechtsradikalismus ein inniger Zusammenhang

---

50 Die Diplomatie der Regierung der Weisheit und Hoffnung ist die Stabilität in der Region. 25.11. 2013. http://www.president.ir/de/72947 (15.03.2015).
51 Vgl. Grigat, Stephan: Persistenz des Antizionismus. Neuere Publikationen zu Israel, Zionismus und iranischem Regime. In: sans phrase. Zeitschrift für Ideologiekritik (9) 2016. S. 40–57.
52 Palästina aus der Sicht Ajatollah Khameneis. 09.07.2016. http://german.irib.ir/nachrichten/revolutionsoberhaupt/item/285966-palästina-aus-der-sicht-ajatollah-khameneis (27.03.2017).
53 Vgl. Moore, Jack: Iran test ballistic missiles carrying the message ‚Israel must be wiped out'. 09.03.2016. http://www.newsweek.com/iran-fires-ballistic-missiles-marked-israel-must-be-wiped-out-434989 (26.12.2017).
54 Zit. n. Nirumand, Bahman: Iran Report. 01/2017. Hrsg. von der Heinrich-Böll-Stiftung, S. 21.

zwischen Antisemitismus und Sexismus existiert.⁵⁵ Hinsichtlich Israels verkündete er abermals: „There is no cure for the problem that this savage and wolfish regime [...] has created except its destruction and annihilation."⁵⁶

Selbst bei der Holocaustleugnung gibt es seit der Präsidentschaft Rohanis Kontinuität: Anfang 2014 stellte Khamenei die historische Realität der Massenvernichtung der europäischen Juden abermals in Frage.⁵⁷ Rohani möchte sich diesbezüglich nicht festlegen und kreierte eine Art ‚moderate Holocaustleugnung': Auf die Frage, ob die Shoah ein „Mythos" sei, erwiderte Rohani im Interview mit NBC lediglich, er sei kein Historiker und könne daher zur „Dimension historischer Ereignisse" nichts sagen.⁵⁸

Der Vorvorgänger von Rohanis aktuellem Außenminister Mohammad Javad Zarif, Manutschehr Mottaki, hat die Holocaustleugner-Konferenz in Teheran 2006 feierlich eröffnet und wurde dessen ungeachtet bald darauf in Berlin und Wien von seinem deutschen und österreichischen Amtskollegen freundlich begrüßt. Zarif bemüht sich zwar auch in dieser Frage um ‚Moderation'. Doch schon bei seinen früheren Charme-Offensiven in den USA schaffte er es nicht, auf die Frage, ob seiner Meinung nach im Nationalsozialismus sechs Millionen Juden ermordet wurden, mit einem einfachen „Ja" zu antworten, sondern verfiel in die Rhetorik der ‚gemäßigten' Holocaustrelativierung, die von „großen Grausamkeiten" im Nationalsozialismus spricht, der wohl auch viele Juden zum Opfer gefallen seien.⁵⁹ Was die Quintessenz von derart ausweichenden Begrifflichkeiten ist wurde deutlich, als Zarif im September 2013 verkündete: „Wir verurteilen das von den Nazis verübte Massaker an den Juden. Und wir verurteilen das von den Zionisten

---

55 Dearden, Lizzie: Iran's Supreme Leader claims gender equality is 'Zionist plot' aiming to corrupt role of women in society. 21.03.2017. http://www.independent.co.uk/news/world/middle-east/iran-supreme-leader-ayatollah-khamenei-gender-equality-women-zionist-plot-society-role-islamic-a7641041.html (27.03.2017). Zum Zusammenhang von Antisemitismus und Sexismus im europäischen Rechtsradikalismus siehe Stögner, Karin: Angst vor dem „neuen Menschen". Zur Verschränkung von Antisemitismus, Antifeminismus und Nationalismus in der FPÖ. In: AfD & FPÖ. Antisemitismus, völkischer Nationalismus und Geschlechterbilder. Hrsg. von Stephan Grigat. Baden-Baden 2017. S. 138–143.
56 Khamenei, Ali: The Israeli entity must be eliminated, human logic rules. 18.3.2017. http://english.khamenei.ir/news/4712/The-Israeli-entity-must-be-eliminated-human-logic-rules-Ayatollah (05.04.2017).
57 Vgl. Khamenei stellt erneut Holocaust in Frage. 21.03.2014. http://diepresse.com/home/politik/aussenpolitik/1578282/Khamenei-stellt-erneut-Holocaust-infrage (27.03.2017).
58 Karami, Arash: Rohani's Holocaust Comments on CNN Spark Controversy. 26.09.2013. http://primage.tau.ac.il/asm/000247969.pdf
59 Columbia University Student Takes on Iranian Ambassador. 07.12.2006. http://www.youtube.com/watch?v=WRFlqNUhHwA (27.03.2017).

verübte Massaker an den Palästinensern".⁶⁰ Das wurde ihm von zahlreichen Beobachtern als klarer Bruch mit Ahmadinejads Formulierungen und als deutliche Anerkennung jüdischen Leidens ausgelegt, obwohl dieses Statement auf die antisemitische Anschuldigung hinausläuft, die Israelis seien die Nazis von heute.

Dass dieser ‚Wandel' von der offensiven Holocaustleugnung hin zur Gleichsetzung der zum „Massaker" verharmlosten Shoah mit der Politik des Staates der Shoahüberlebenden und ihrer Nachkommen im Westen als ‚wichtiges Signal', ‚großer Fortschritt', ‚hoffnungsfrohes Zeichen' usw. gewertet wurde, deutete bereits darauf hin, wie leicht es dem neuen Gesicht des iranischen Regimes fallen würde, die westliche Öffentlichkeit zu beeindrucken. Das schlug sich beispielsweise in einer Online-Abstimmung des *Guardian* nieder, bei der knapp 70 Prozent meinten, Rohani habe den Friedensnobelpreis des Jahres 2013 verdient.⁶¹

Vom 29. September bis 1. Oktober 2014 verschaffte das iranische Regime der Internationale aus Verschwörungstheoretikern und Antisemiten abermals eine Bühne: Zu dieser Zeit fand in Teheran die *2nd New Horizon Conference* statt, die als internationale Tagung „of independent thinkers and film makers" angepriesen wurde.⁶² Neben klassischen Holocaust-Leugnern stellten so genannte 9/11-Truther einen Großteil der „unabhängig denkenden" Vortragenden.

Bei der Konferenz war der schwedisch-marokkanische, wegen Volksverhetzung verurteilte langjährige Betreiber von *Radio Islam*, Ahmed Rami, ebenso dabei wie der italienische Geschichtsprofessor Claudio Moffa, dem auf der Konferenz-Website offenherzig bescheinigt wird: „He achieved international fame through revisionist statements, in particular by the public denial of the Holocaust."⁶³ Während 2006 noch der ehemalige Ku-Klux-Klan-Führer David Duke in Teheran zu Gast war, freute sich die iranische Propaganda 2014 über den Auftritt von Medea Benjamin, der Mitbegründerin von Code Pink und eine zentrale Aktivistin der US-amerikanischen „Friedens"- und BDS-Bewegung. Aus Frankreich nahm das ehemalige Front National-Mitglied Olivier Lemoine teil. Manuel Ochsenreiter, in den letzten zwei Dekaden Autor, Redakteur und Interviewpartner in diversen rechtsradikalen Publikationen, wollte in Teheran über die „Israeli Lobby

---

60 Irans Außenminister verurteilt „Massaker an Juden". 07.09.2013. http://derstandard.at/1378248269034/Ashton-trifft-iranischen-Aussenminister-Ende-September (27.03.2017).
61 Vgl. Readers' Nobel peace prize winners: Hassan Rouhani and Edward Snowden. 07.10.2013. http://www.theguardian.com/world/poll/2013/oct/07/nobel-peace-prize-2013-pick-winner-malala-yousafzai (27.3.2017).
62 http://newhorizon.ir/index.php?option=com_content&view=article&id=159&Itemid=139 (15.03.2015).
63 http://newhorizon.ir/index.php?option=com_content&view=article&id=155:prof-claudio-moffa&catid=34&Itemid=31 (15.03.2015).

in Germany" aufklären. Ochsenreiter gilt seit Jahren als Verbindungsmann der deutschsprachigen rechtsradikalen Szene zum iranischen Regime und insbesondere zur libanesischen Hisbollah. Laut der Konferenz-Website nahmen auch der Karikaturist Joe le Corbeau, der als „closely related" zum antisemitischen Komiker und Aktivisten Dieudonné M'bala M'bala vorgestellt wurde[64], und die Holocaust-Leugnerin Maria Poumier, die an Dieudonnés, mit Unterstützung des Iranian Institute of Cinema produzierten Film *L'antisémite* beteiligt war, an der Veranstaltung teil.

Auch wenn die Tagung nicht wie die große Holocaustleugner-Konferenz in der Amtszeit Ahmadinejads vom Außenminister eröffnet wurde, war die Veranstaltung von Seiten des iranischen Regimes hochrangig besetzt: Saeed Jalili, 2013 unterlegener Präsidentschaftskandidat und früher sowohl Chefverhandler für das Atomprogramm als auch Vorsitzender des Nationalen Sicherheitsrates, nahm ebenso teil wie Alaeddin Borojerdi, während Rohanis Präsidentschaft der Vorsitzende des außenpolitischen Ausschusses des iranischen Pseudoparlaments, und Ali Asghar Soltanieh, der langjährige Repräsentant des Regimes bei der Internationalen Atomenergie Organisation in Wien.

Während die Holocaustleugner-Konferenz 2006 fast auf der ganzen Welt verurteilt wurde und großes Medieninteresse erregte, gab es in Zeiten der Präsidentschaft Rohanis an nennenswerten Protesten nur eine Stellungnahme von Abraham Foxman, dem damaligen Direktor der ADL. Im Oktober 2013 hatte Rohani noch dafür gesorgt, dass eine derartige Konferenz kurz nach seinem Amtsantritt nicht stattfinden konnte. Sie wäre zu dieser Zeit der Charmeoffensive gegenüber dem Westen im Wege gestanden. 2014 sah sich das iranische Regime zu derartigen Rücksichtnahmen offensichtlich nicht mehr veranlasst, wie 2016 nochmals beim Holocaust-Karikaturen-Wettbewerb deutlich wurde.[65]

Im Frühjahr 2016 waren deutsche Spitzenpolitiker mit der Sicht des iranischen Regimes auf den Holocaust und Israel unmittelbar konfrontiert: Rafsandjani, bis zu seinem Tod Anfang 2017 während der Amtszeit Rohanis Vorsitzender des einflussreichen Schlichtungsrates, erklärte beim Besuch des niedersächsischen Ministerpräsidenten Stefan Weil seinem Gast, vor dem Zweiten Weltkrieg

---

64 http://newhorizon.ir/index.php?option=com_content&view=article&id=137:joe-le-corbeau&catid=34&Itemid=31 (15.03.2015).
65 Außenminister Zarif behauptet im Westen gerne, derartige Veranstaltungen würden im Iran unabhängig von staatlichen Stellen organisiert. Zur unmittelbaren Verantwortung der Rohani-Regierung für den ‚Holocaust-Karikaturen-Wettbewerb' und ähnliche Events siehe ausführlich Mohammadi, Majid: Iranian Holocaust Cartoon Competitions and Exhibitions: Goals, Sponsors, and Themes. 11.5.2016. https://www.ushmm.org/m/pdfs/PoliticalAnalysisEnglishFINAL.pdf (26.12.2017).

hätten „die Zionisten Europa mit Geld und Medien unsicher gemacht". Deutschland habe sich rächen wollen und „diese Leute nach Palästina geschickt", wodurch der Staat Israel entstanden sei. Vielleicht seien sechs Millionen Juden im Zweiten Weltkrieg umgekommen, ließ der Ex-Präsident im Kontrast zu seinen früheren Äußerungen zumindest als Möglichkeit gelten. Doch, so Rafsandjani, das sei alles nichts im Vergleich zu den 20 Millionen Toten und acht Millionen Vertriebenen nach der Gründung Israels.[66]

Angesichts solcher, an Eindeutigkeit kaum zu überbietender Äußerungen muss selbst ein Befürworter von noch engeren Beziehungen zwischen Deutschland und dem Iran wie Adnan Tabatabai einräumen, dass Holocaust-Leugnung „eine Konstante in der iranischen Außenpolitik bleibt", und dass das heutige iranische Regime hinsichtlich Israel und Palästina „eine Zwei-Staaten-Lösung ganz klar ab[lehnt]."[67]

Restabilisierung des Regimes unter Rohani

Rohani steht nicht für einen Strategie-, sondern einen Taktikwechsel des iranischen Regimes. Die Ziele sind dieselben geblieben, aber die Rhetorik hat sich im Vergleich zur Präsidentschaft Ahmadinejads geändert. Selbst wenn Rohani in einigen Aspekten zu einer gewissen Mäßigung bereit gewesen wäre, hätte er auf Grund der dominanten Stellung des obersten geistlichen Führers, des Einflusses von Leuten wie dem Justizchef Sadegh Laridjani und der in der Amtszeit Ahmadinejads nochmals massiv ausgebauten Macht der Revolutionswächter, die auch das Atom- und Raketenprogramm weitgehend kontrollieren, gar nicht die Möglichkeit, seine Vorstellungen umzusetzen.

Im Innern ist die ‚Islamische Republik' vom Nebeneinander staatlicher und ‚revolutionärer' Institutionen geprägt, wodurch sich eine Art ‚Doppelstaat' im Sinne Ernst Fraenkels konstituiert hat, der in Form von konkurrierenden, geradezu bandenförmigen Fraktionen organisiert ist, wie sie für einen ‚Unstaat' im Sinne Franz Neumanns charakteristisch ist. Die konkurrierenden Fraktionen streiten in erster Linie nicht darüber, *was* die Ziele der ‚Islamischen Republik' sind, sondern darüber, *wie* diese am besten umgesetzt werden können. Die an-

---

[66] Zit. n. Will, Alexander: Herzlicher Empfang mit abruptem Ende. 18.04.2016. http://mobil.nwz online.de/politik/niedersachsen/herzlicher-empfang-mit-abruptem-ende_a_6,1,2390575300. html. (27.03.2017).

[67] Tabatabai, Adnan: Morgen in Iran. Die Islamische Republik im Aufbruch, Hamburg 2016, S. 123. Adnan Tabatabai ist der Sohn des bis 1986 amtierenden Botschafters der ‚Islamischen Republik' in Deutschland, Sadeq Tabatabai, dem er sein Buch gewidmet hat.

tisemitisch-verschwörungstheoretische Weltsicht und die Vernichtungsdrohungen gegenüber Israel leisten einen entscheidenden, ja notwendigen Beitrag zur Integration der verfeindeten Rackets und zur Herstellung von Einheit.[68]

Das iranische Regime ist seit Anbeginn von einem permanenten Konkurrenzkampf verfeindeter Gangs charakterisiert, die aber nicht einfach wie Verbrechersyndikate um das größere Stück vom Kuchen konkurrieren, sondern stets auch darum, wer das Programm des eliminatorischen Antizionismus am effektivsten voranbringen kann. In der ursprünglichen, lange gültigen Konzeption der ‚Islamischen Republik' thront über ihnen allen der oberste geistliche Führer, der als vermittelnde Instanz agiert. Der „Fürst der Gläubigen", wie einer der zahlreichen Titel des Führers lautet, verkörpert das Bewusstsein, dass, wie Khomeini es einmal formulierte, das Regime zwei Flügel benötigt um seine Ziele zu erreichen und abzustürzen droht, wenn es einen von ihnen einfach abhackt.[69]

Diese Konzeption war seit der Wahlfarce von 2009 durch die eindeutige und frühzeitige Parteinahme von Khamenei für Ahmadinejad in Frage gestellt. Seit der Wahl Rohanis wurde sie restauriert. Ein Ausdruck dieser Restaurierungsbemühungen ist die Zusammensetzung von Rohanis Regierungskabinett. Rohani hat bei seiner Ministerauswahl in seinem ersten Kabinett 2013 die Bedürfnisse fast aller Fraktionen berücksichtigt und eine Art großer Koalition zustande gebracht, um das Fundament des Regimes und also auch für die prospektive Vernichtungsanstrengung wieder zu verbreitern. Diese Konstellation zeigt sich auch im zweiten Kabinett von Rohani nach seiner Wiederwahl 2017.

Antisemitismus und Außenpolitik

Immer wieder wird die Frage aufgeworfen, welche Rolle die antisemitische Ideologie und der Hass auf Israel bei politischen Entscheidungen des iranischen Regimes spielen. Die Außenpolitik des iranischen Regimes war von Beginn an

---

68 Vgl. Scheit, Gerhard: Der neue Vernichtungswahn und seine internationalen Voraussetzungen. Wodurch sich Ahmadinejads Islamische Republik von Hitlerdeutschland unterscheidet. In: Der Iran. Analyse einer islamischen Diktatur und ihrer europäischen Förderer. Hrsg. von Stephan Grigat u. Simone Dinah Hartmann. Innsbruck/Wien/Bozen 2008. S. 61–71.
69 Vgl. Bahrami, Hiwa: Geschäftstüchtige Illusionen. Die iranischen Nationalitäten und die verfehlte europäische Politik. In: Der Iran. Analyse einer islamischen Diktatur und ihrer europäischen Förderer. Hrsg. von Stephan Grigat u. Simone Dinah Hartmann. Innsbruck/Wien/Bozen 2008, S. 274 und Naghibzadeh, Fathiyeh: Der Traum der Europäer und der Albtraum der Iraner. Die ‚Fraktionskämpfe' innerhalb des Regimes und die Freiheitsbewegung nach dem Atomdeal. In: Iran – Israel – Deutschland. Antisemitismus, Außenhandel und Atomprogramm. Hrsg. von Stephan Grigat. Berlin 2017. S. 213–223.

durch eine Gleichzeitigkeit von Pragmatismus und Vernichtungswahn gekennzeichnet, die es westlichen Kommentatoren bis heute ermöglicht, die Vernichtungsfantasien gegenüber Israel regelmäßig durch den Hinweis auf Ersteren zu verharmlosen. Der Pragmatismus macht sich in allen erdenklichen Fragen bemerkbar, konnte sich in den Jahrzehnten nach der islamischen Revolution aber gerade im Verhältnis zu Israel nicht durchsetzen: „Iran's attitude to Israel was one of the rare examples of adherence to dogma."[70]

Einerseits ist die Verpflichtung zu einer „revolutionären Außenpolitik" in der Verfassung der ‚Islamischen Republik' festgeschrieben, deren Gültigkeit im Verständnis des schiitischen Islamismus über die staatlichen Grenzen Irans hinaus reicht.[71] Bei einer wortgetreuen Auslegung der eigenen Verfassung bliebe dem Regime nichts anderes übrig, als durchgängig eine aktivistische, ausschließlich dem revolutionären politischen Islam verpflichtete Außenpolitik zu betreiben.

Andererseits wird gerade in Diskussionen über außenpolitische Themen die Verpflichtung zum Gehorsam selbst gegenüber dem obersten geistlichen Führer explizit aufgehoben, um die Vermittlung von Ideologie und Pragmatismus bestmöglich gewährleisten zu können. Die Ergebnisse davon können in den Publikationen iranischer Think Tanks wie dem Institute for Middle East Strategic Studies nachgelesen werden, in denen im Rahmen der Ideologie der ‚Islamischen Republik' mitunter stark divergierende Positionen zu Fragen der internationalen Politik vertreten werden, nicht jedoch in Bezug auf Israel.

Vertreter der Realistischen Schule in den internationalen Beziehungen schlussfolgern daraus die Möglichkeit einer pragmatischen Einbindung des iranischen Regimes in eine internationale Sicherheitsarchitektur. Derartige Einschätzungen ignorieren, dass bei den Drohungen gegenüber Israel ‚Pragmatismus' lediglich darin bestehen kann, den aus der Sicht Teherans richtigen Zeitpunkt für die Offensive abzuwarten.

Als Khomeini 1979 im Iran die Macht übernahm, hatte er eine sehr puristische Vorstellung von Außenpolitik, deren Ausrichtung allein schon durch einen der ersten prominenten Besucher des neuen Regimes dokumentiert wurde: Jassir Arafat, der in einer feierlichen Zeremonie die Schlüssel der ehemaligen israelischen Botschaft in Teheran überreicht bekam, nachdem viele spätere Führungsoffiziere der Pasdaran ihre erste militärische Ausbildung in PLO-Camps im Südlibanon erhalten hatten. Wäre es nach Khomeinis Wünschen gegangen, hätte sein

---

70 Menashri, Post-Revolutionary Politics, S. 281.
71 Zur Verfassung der „Islamischen Republik" siehe Schulz, Jörn: ‚Islamfaschismus' und Fundamentalismus. Begriffsprobleme am Beispiel des iranischen Regimes und des sunnitischen Islamismus. In: Iran – Israel – Deutschland. Antisemitismus, Außenhandel und Atomprogramm. Hrsg. von Stephan Grigat. Berlin 2017. S. 62–77.

Credo, die islamische Revolution sei ‚weder westlich noch östlich' auch in der Gestaltung der Außenbeziehungen der neu gegründeten ‚Islamischen Republik' gegolten. Doch selbst ein Eiferer wie Khomeini musste den Bedingungen, unter denen sich das Regime im ersten Jahrzehnt seines Bestehens zu behaupten hatte, Tribut zollen. Schon zu seinen Lebzeiten hatte das Regime gute Wirtschaftskontakte zu mehreren westeuropäischen Staaten (insbesondere zu Deutschland[72] und Österreich[73]) und enge Beziehungen zu einem der wichtigsten ‚östlichen' Länder aufgebaut: der Volksrepublik China. Maßgeblich verantwortlich für die pragmatische, allerdings die Feindschaft gegen Israel und die USA völlig unberührt lassende Wende angesichts von existenziellen Bedrohungen für das Regime waren der damalige Präsident Khamenei und sein Nachfolger Rafsanjani.[74]

Seit der Präsidentschaft Rohanis stellen sich Beobachter erneut die Frage, inwiefern der politische Pragmatismus im Iran das revolutionäre Ziel tangiert, ob also das in der Ideologie der iranischen Islamisten stets als Prinzip anerkannte *maslahat* (eine Zweckdienlichkeit jenseits aller ideologischen Bedenken und Zielsetzungen) jemals eine Absage an den inhaltlichen, eliminatorisch-antizionistischen Kern der Ideologie bedeuten kann. Selbst jene Iran-Experten, die wie Walter Posch trotz ihrer vergleichsweise nüchternen und realistischen Sicht auf das Regime gegen ein konsequentes Vorgehen gegen die Teheraner Machthaber sind und sich für Gespräche mit den Ajatollahs einsetzen, räumen ein, dass davon keine Rede sein kann. *Maslahat* bedeutet „nicht die Überwindung der Ideologie, sondern allenfalls ihre Einhegung."[75] Auch was der Kern dieser Ideologie ist, wird von derartigen Iran-Kennern deutlich ausgesprochen: Der „strategischen Vision" des Regimes liege das „Paradigma der Illegitimität des Staates Israel" zugrunde.[76]

---

72 Vgl. Küntzel, Die Deutschen und der Iran, S. 151–240.
73 Vgl. Grigat, Stephan: In die Bresche springen. Aktuelle Entwicklungen im österreichischen und schweizerischen Verhältnis zum iranischen Regime. In: Iran im Weltsystem. Bündnisse des Regimes und Perspektiven der Freiheitsbewegung. Hrsg. von Stephan Grigat u. Simone Dinah Hartmann. Innsbruck/Wien/Bozen 2010. S. 136–142.
74 Vgl. Garver, John W.: China and Iran: Ancient Partners in a Post-Imperial World. Washington 2006, S. 59.
75 Posch, Walter: Dritte Welt, globaler Islam und Pragmatismus. Wie die Außenpolitik Irans gemacht wird. SWP-Studien S 04 (2013). S. 18.
76 Posch, Dritte Welt, S. 26. An anderer Stelle streicht Posch heraus, dass das spätere Gerede, der Iran müsse wie jedes andere Land der Welt das Recht zur friedlichen Nutzung der Atomkraft haben, die ursprüngliche Intention nicht verbergen kann: Anfang der 1990er Jahre wurde demnach im Iran ganz offen argumentiert, „eine Atombombe sei notwendig, um Israel von der Landkarte zu tilgen. Argumente wie dieses wurden sogar von Politikern vorgebracht, die heute einen moderaten Kurs vertreten." Posch, Walter: Zwischen Ideologie und Pragmatismus: Grundlinien der iranischen Außenpolitik. In: Österreichische Militärische Zeitschrift 6 (2010). S. 754.

Die Frage nach dem Charakter des iranischen Regimes ist so bedeutend, weil es sich dabei keineswegs um eine akademische Fingerübung handelt. 2015 hat sich auch der damalige US-Präsident Barack Obama in die Debatte über den Charakter des iranischen Regimes eingeschaltet – und sich bei jenen eingereiht, welche die Bedeutung des Antisemitismus des iranischen Regimes systematisch herunterspielen oder missverstehen. Obama meinte: „Wenn jemand antisemitisch ist, oder rassistisch [das scheint für ihn das Gleiche zu sein, S. G.], hält einen das nicht davon ab, am eigenen Überleben interessiert zu sein. […] Die Tatsache, dass der Oberste Führer [Ali Khamenei] ein Antisemit ist, heißt nicht, dass das über all seinen anderen Überlegungen steht."[77] Festzuhalten bleibt, dass die Obama-Administration damit erstmals offiziell eingestanden hatte, *dass* Khamenei, mit dem man sich bereits während der Präsidentschaft Ahmadinejads in Verhandlungen befand, ein Antisemit ist. Aber jenseits davon drückt sich in dieser Stellungnahme ein gefährliches Unverständnis des nicht nur mörderischen, sondern auch selbstzerstörerischen Potentials des modernen Antisemitismus und der Märtyrerideologie des iranischen Regimes aus. Obama meint, explizit auf den historischen europäischen, also auch nationalsozialistischen Antisemitismus angesprochen, Antisemiten würden durchaus „irrationale Entscheidungen treffen", aber lediglich hinsichtlich „Diskriminierungen" und hinsichtlich des „Versuches, antisemitische Rhetorik" als „organizing tool" zu verwenden, also als Mittel zum Zweck. Der US-Präsident führte aus: „At the margins, where the costs are low, they may pursue policies based on hatred as opposed to self-interest." Doch durch ökonomische Anreize könnten Antisemiten von ihrem antisemitischen Handeln abgehalten werden. Für das iranische Regime seien „the costs not low" und man könne auf das Selbsterhaltungsinteresse der Ajatollahs setzen.[78] Wenn dies das Verständnis von Antisemitismus ist, scheint es zumindest im Sinne bestimmter Konzeptionen von ‚Realpolitik' nur konsequent, Deals mit Khamenei zu schließen.

Doch beim modernen Antisemitismus, sei es in Europa oder in der islamischen Welt, geht es nicht bloß um „Diskriminierung", und er ist deutlich mehr und anderes als ein „organizing tool". Antisemitismus, auch in seiner Spielart als eliminatorischer Antizionismus, ist für seine Protagonisten ein „Luxus" und hat sich gegen „das Argument mangelnder Rentabilität" als „immun" erwiesen.[79] Es

---

77 Goldberg, Jeffrey: 'Look … It's My Name on This': Obama Defends the Iran Nuclear Deal. 31.05. 2016. http://www.theatlantic.com/international/archive/2015/05/obama-interview-iran-isis-israel/393782/ (27.03.2017).
78 Goldberg, ‚Look'.
79 Adorno, Theodor W./Horkheimer, Max: Dialektik der Aufklärung. Philosophische Fragmente. Frankfurt am Main 1995, S. 194.

handelt sich um eine irrationale Weltsicht, einen projektiven Wahn, eine konformistische Revolte als Antwort auf die Krisenhaftigkeit und Ambivalenz moderner Vergesellschaftung, die sich mal völkisch, mal religiös, mal antikapitalistisch ‚begründet'. Wie wir aus der grauenerregenden Erfahrung des 20. Jahrhunderts wissen, kann er nicht nur eine mörderische, sondern auch eine selbstmörderische Dynamik entwickeln. Allein schon auf Grund dieses Potenzials darf man ihm, ob in Europa oder sonstwo in der Welt, nicht mit Zugeständnissen und also Appeasement begegnen. Ganz besonders gilt das bei einem Regime, dessen Gründer eine „Gemeinschaft" konstituieren wollte, „die das Märtyrertum liebt".[80]

Literaturverzeichnis

Adorno, Theodor W./Horkheimer, Max: Dialektik der Aufklärung. Philosophische Fragmente. Frankfurt am Main 1995.

Anti-Defamation League: Holocaust Denial in the Middle East. The Latest Anti-Israel Propaganda Theme. New York 2001.

Bahrami, Hiwa: Geschäftstüchtige Illusionen. Die iranischen Nationalitäten und die verfehlte europäische Politik. In: Der Iran. Analyse einer islamischen Diktatur und ihrer europäischen Förderer. Hrsg. von Stephan Grigat u. Simone Dinah Hartmann. Innsbruck/Wien/Bozen 2008. S. 271–275.

Blatant anti-Semitism: New wave of anti-Jewish hatred by Iranian regime. 22.2.2016. http://www.iranian-americans.com/blatant-anti-semitism-new-wave-of-anti-jewish-hatred-by-iranian-regime/ (28.03.2017).

Columbia University Student Takes on Iranian Ambassador. 07.12.2006. http://www.youtube.com/watch?v=WRFlqNUhHwA (27.03.2017).

Dearden, Lizzie: Iran's Supreme Leader claims gender equality is 'Zionist plot' aiming to corrupt role of women in society. 21.03.2017. http://www.independent.co.uk/news/world/middle-east/iran-supreme-leader-ayatollah-khamenei-gender-equality-women-zionist-plot-society-role-islamic-a7641041.html (27.03.2017).

Die Diplomatie der Regierung der Weisheit und Hoffnung ist die Stabilität in der Region. 25.11.2013. http://www.president.ir/de/72947 (15.03.2015).

Frey, Eric: Reform und Charakter. Die Persönlichkeit von Rohani, Erdogan und Co ist wichtiger als ihre Ideologie. 20.6.2013. http://derstandard.at/1371170164099/Reform-und-Charakter (27.03.2017).

Fürtig, Henner: Großmacht Iran. Der Gottesstaat wird Global Player. Köln 2016.

---

[80] Reden des Ayatollah Chomeini, S. 225. Zum zugleich messianischen wie apokalyptischen und antisemitischen Märtyrerfetischismus des iranischen Regimes vgl. Wahdat-Hagh, Wahied: Der islamistische Totalitarismus. Über Antisemitismus, Anti-Bahaismus, Christenverfolgung und geschlechterspezifische Apartheid in der „Islamischen Republik Iran". Frankfurt am Main 2012, S. 49–214.

Garver, John W.: China and Iran: Ancient Partners in a Post-Imperial World. Washington 2006.
Goldberg, Jeffrey: 'Look … It's My Name on This': Obama Defends the Iran Nuclear Deal. 31.05.2016. http://www.theatlantic.com/international/archive/2015/05/obama-interview-iran-isis-israel/393782/ (27.03.2017).
Grigat, Stephan: In die Bresche springen. Aktuelle Entwicklungen im österreichischen und schweizerischen Verhältnis zum iranischen Regime. In: Iran im Weltsystem. Bündnisse des Regimes und Perspektiven der Freiheitsbewegung. Hrsg. von Stephan Grigat u. Simone Dinah Hartmann. Innsbruck/Wien/Bozen 2010. S. 136–153.
Grigat, Stephan: Delegitimizing Israel in Germany and Austria: Past Politics, the Iranian Threat, and Postnational Anti-Zionism. In: Deciphering the New Antisemitism. Hrsg. von Alvin H. Rosenfeld. Bloomington 2015. S. 454–481.
Grigat, Stephan: Persistenz des Antizionismus. Neuere Publikationen zu Israel, Zionismus und iranischem Regime. In: sans phrase. Zeitschrift für Ideologiekritik (9) 2016. S. 40–57.
Hakakian, Roya: Juden im Iran und die iranische Linke. Persönliche Reflexionen, die notgedrungen politisch sind. In: Iran – Israel – Deutschland. Antisemitismus, Außenhandel und Atomprogramm. Hrsg. von Stephan Grigat. Berlin 2017. S. 145–159.
Hashemi-Rafsanjani, Akbar: Quds Day Speech. 14.12.2001. http://www.globalsecurity.org/wmd/library/news/iran/2001/011214-text.html (26.12.2017).
Head of Iranian Basij: „The Elimination of Israel within 10 Years is inevitable". 23.09.2016. https://nowruziran.wordpress.com/2016/09/27/head-basij-reza-naqdi-pasdaran-israel-elimination-inevitable/ (27.03.2017).
Intelligence and Terrorism Information Center at the Center for Special Studies: Holocaust denial as a tool of Iranian policy. 02.12.2006. http://www.terrorism-info.org.il/malam_multimedia/English/eng_n/html/holocaust_denial_e.htm (28.03.2017).
Iran needs no permission to manufacture missiles, jets: Rouhani. 15.04.2017. http://www.presstv.ir/Detail/2017/04/15/518139/Iran-President-Hassan-Rouhani-missile-planes-defense-achievements (26.12.2017).
Iranian MP Lauds Hezbollah's Anti-Israel Stance. 24.07.2013. http://english.farsnews.com/newstext.aspx?nn=13920502000466. (27.03.2017).
Irans Außenminister verurteilt „Massaker an Juden". 07.09.2013. http://derstandard.at/1378248269034/Ashton-trifft-iranischen-Aussenminister-Ende-September (27.03.2017).
Iran's Ex President Responds to Question About Killing Gays in Harvard Talk. 28.02.2007. http://archive.today/Uq9yU (27.03.2017).
Iran's Rouhani dismisses Israeli threats. 17.07.2013. http://www.aljazeera.com/news/middleeast/2013/07/201371785819650615.html (27.03.2017).
IRIB News. 02.08.2013. http://www.youtube.com/watch?v=OF2BBFduswQ&feature=youtu.be (27.03.1017).
Karami, Arash: Rohani's Holocaust Comments on CNN Spark Controversy. 26.09.2013. http://iranpulse.al-monitor.com/index.php/2013/09/2894/rouhanis-holocaust-comments-on-cnn-spark-controversy/ (27.03.2017).
Karmon, Ely: Yemen's Houthis: New Members of Iran's Anti-Israeli/Anti-American Axis. 25.05.2017. https://www.ict.org.il/Article/2017/yemens-houthis-new-members-of-irans-anti-israeli-anti-american-axis (26.12.2017).
Khamenei, Ali: Grundzüge der islamischen Ideologie dargestellt in zehn Punkten. In: Der islamische Fundamentalismus. Grundzüge der islamischen Ideologie im Iran. Hrsg. von Mohammed Djassemi. Sylt 2001. S. 15–18.

Khamenei, Ali: The Israeli entity must be eliminated, human logic rules. 18.3.2017. http://english.khamenei.ir/news/4712/The-Israeli-entity-must-be-eliminated-human-logic-rules-Ayatollah (05.04.2017).

Khamenei: Zionist regime is an illegitimate and bastard regime. 03.11.2013. http://www.jpost.com/Iranian-Threat/News/Khamenei-Zionist-regime-is-an-illegitimate-and-bastard-regime-330487 (27.03.2017).

Khamenei stellt erneut Holocaust in Frage. 21.03.2014. http://diepresse.com/home/politik/aussenpolitik/1578282/Khamenei-stellt-erneut-Holocaust-infrage (27.03.2017).

Khomeini, Ruhollah: Islamic Government. In: Islam and Revolution. Wrtitings and Declarations of Imam Khomeini. Hrsg. von Hamid Algar. Berkeley 1981. S. 27–166.

Khomeini, Ruhollah: Speech, September 28, 1977, Shaykh Ansari Mosque, Najaf, Iraq. In: An Anthology of the Speeches of Imam Khomeini including an Account of the Events of the Revolution 1962–1978. Hrsg. von The Institute for the Compilation and Publication of the Works of Imam Kohmeini. International Affairs Division. Teheran 1995. S. 349–373.

Küntzel, Matthias: Die Deutschen und der Iran. Geschichte und Gegenwart einer verhängnisvollen Freundschaft. Berlin 2009.

Küntzel, Matthias: Tehran's Efforts to Mobilize Antisemitism. The Global Impact. In: Deciphering the New Antisemitism. Hrsg. von Alvin H. Rosenfeld. Bloomington 2015. S. 508–532.

Larise, Dunja/Schmidinger, Thomas (Hrsg.): Zwischen Gottesstaat und Demokratie. Handbuch des politischen Islam. Wien 2008.

Leader Receives Air Force Servicemen. 07.02.2006. http://www.leader.ir/langs/en/?p=contentShow&id=3500 (15.03.2015).

Litvak, Meir: Anti-Semitism in Iran: Continuities and Changes. 2010. https://haitiholocaustsurvivors.wordpress.com/anti-semitism/yale-anti-semitism-conference-papers/anti-semitism-in-iran-continuities-and-changes-by-meir-litvak-2/ (28.03.2017).

Marz, Ulrike: Kritik des islamischen Antisemitismus. Zur gesellschaftlichen Genese und Semantik des Antisemitismus in der Islamischen Republik Iran. Berlin 2014.

Marz, Ulrike: Antisemitismus und moderner Antimodernismus im Iran als zentrale Elemente der Ideologie der Islamischen Republik. In: Iran – Israel – Deutschland. Antisemitismus, Außenhandel und Atomprogramm. Hrsg. von Stephan Grigat. Berlin 2017. S. 114–133.

Menashri, David: Post-Revolutionary Politics in Iran. Religion, Society and Power. New York 2001.

Mohammadi, Majid: Iranian Holocaust Cartoon Competitions and Exhibitions: Goals, Sponsors, and Themes. 11.5.2016. https://www.ushmm.org/m/pdfs/PoliticalAnalysisEnglishFINAL.pdf (26.12.2017).

Moore, Jack: Iran test ballistic missiles carrying the message ‚Israel must be wiped out'. 09.03.2016. http://www.newsweek.com/iran-fires-ballistic-missiles-marked-israel-must-be-wiped-out-434989 (26.12.2017).

Naghibzadeh, Fathiyeh: Der Traum der Europäer und der Albtraum der Iraner. Die ‚Fraktionskämpfe' innerhalb des Regimes und die Freiheitsbewegung nach dem Atomdeal. In: Iran – Israel – Deutschland. Antisemitismus, Außenhandel und Atomprogramm. Hrsg. von Stephan Grigat. Berlin 2017. S. 213–223.

Naumann, Michael/Joffe, Josef (Hrsg.): Teheran. Eine Revolution wird hingerichtet. Dokumente und Reportagen aus DIE ZEIT. Hamburg 1980.

Nidal Al-Mughrabi: Hamas' deputy chief says it has patched up ties with Iran. 17. 12. 2014. http://www.reuters.com/article/2014/12/17/us-mideast-hamas-gaza-idUSKBN0JV1NH20141217?feedType=RSS&feedName=topNews&utm_source=twitter (27. 03. 2017).

Nirumand, Bahman: Irans neuer Präsident: Bärtiger Hoffnungsträger mit Herz. 16. 06. 2013. http://www.taz.de/!118223/ (27. 03. 2017).

Nirumand, Bahman: Iran Report. 01/2017. Hrsg. von der Heinrich-Böll-Stiftung, S. 21.

Özuguz, Yavuz (Hrsg.): Verfassung der Islamischen Republik Iran. Erläuterte Übersetzung. Bremen 2007.

Palästina aus der Sicht Ajatollah Khameneis. 09. 07. 2016. http://german.irib.ir/nachrichten/revolutionsoberhaupt/item/285966-palästina-aus-der-sicht-ajatollah-khameneis (27. 03. 2017).

Posch, Walter: Juden im Iran. Anmerkungen zu einem antizionistischen Brief an Mahmoud Ahmadinejad. Teil I. In: David. Jüdische Kulturzeitschrift 83 (2010). S. 30–32.

Posch, Walter: Juden im Iran. Anmerkungen zu einem antizionistischen Brief an Mahmoud Ahmadinejad. Teil II. In: David. Jüdische Kulturzeitschrift 84 (2010). S. 28–34.

Posch, Walter: Zwischen Ideologie und Pragmatismus: Grundlinien der iranischen Außenpolitik. In: Österreichische Militärische Zeitschrift 6 (2010). S. 751–756.

Posch, Walter: Dritte Welt, globaler Islam und Pragmatismus. Wie die Außenpolitik Irans gemacht wird. SWP-Studien S 04 (2013).

Readers' Nobel peace prize winners: Hassan Rouhani and Edward Snowden. 07. 10. 2013. http://www.theguardian.com/world/poll/2013/oct/07/nobel-peace-prize-2013-pick-winner-malala-yousafzai (27. 3. 2017).

Scheit, Gerhard: Der neue Vernichtungswahn und seine internationalen Voraussetzungen. Wodurch sich Ahmadinejads Islamische Republik von Hitlerdeutschland unterscheidet. In: Der Iran. Analyse einer islamischen Diktatur und ihrer europäischen Förderer. Hrsg. v. Stephan Grigat u. Simone Dinah Hartmann. Innsbruck/Wien/Bozen 2008. S. 58–78.

Scheit, Gerhard: Moral chaos against terror chaos. Über den Aufstand der Privatheit gegen den neuen Behemoth. In: Verratene Freiheit. Der Aufstand im Iran und die Antwort des Westens. Hrsg. von Thomas von der Osten-Sacken, Oliver M. Piecha u. Alex Feuerherdt. Berlin 2010. S. 131–147.

Schulz, Jörn: ‚Islamfaschismus' und Fundamentalismus. Begriffsprobleme am Beispiel des iranischen Regimes und des sunnitischen Islamismus. In: Iran – Israel – Deutschland. Antisemitismus, Außenhandel und Atomprogramm. Hrsg. von Stephan Grigat. Berlin 2017. S. 62–77.

Stathis, Mike: The rape of Greece by Zionist bankers. 10. 7. 2012. http://www.presstv.com/detail/2012/07/10/250190/the-rape-of-greece-by-jewish-bankers/ (07. 08. 2012).

Stögner, Karin: Angst vor dem „neuen Menschen". Zur Verschränkung von Antisemitismus, Antifeminismus und Nationalismus in der FPÖ. In: AfD & FPÖ. Antisemitismus, völkischer Nationalismus und Geschlechterbilder. Hrsg. von Stephan Grigat. Baden-Baden 2017. S. 137–161.

Supreme Leader's Hajj Message. 14. 10. 2013. http://english.farsnews.com/newstext.aspx?nn=13920722001332 (27. 03. 2017).

Tabatabai, Adnan: Morgen in Iran. Die Islamische Republik im Aufbruch. Hamburg 2016.

Taheri, Amir: The Spirit of Allah. Khomeini and the Islamic Revolution. Bethesda 1986.

Takfiris, Zionists two tumors with same roots: Rouhani. 31.07.2014. http://www.presstv.ir/detail/2014/07/29/373257/zionists-takfiris-festering-region-tumors/ (15.03.2015).

Taylor, Adam: The history of ‚Death to America'. 18.02.2015. https://www.washingtonpost.com/news/worldviews/wp/2015/02/18/the-history-of-death-to-america/?utm_term=.0937e5ff77d7 (26.12.2017).

Top Commander Reiterates Iran's Commitment to Full Annihilation of Israel. 20.05.2012. http://english.farsnews.com/newstext.php?nn=9102112759 (11.08.2012).

United Nations General Assembly: Situation of human rights in the Islamic Republic of Iran. Note by the Secretary-General. 27.08.2014. http://shaheedoniran.org/wp-content/uploads/2014/09/A-69-356-SR-Report-Iran.pdf (15.03.2015).

Wahdat-Hagh, Wahied: Die Herrschaft des politischen Islam im Iran. Ein Überblick zu Struktur und Ideologie der khomeinistischen Diktatur. In: Der Iran. Analyse einer islamischen Diktatur und ihrer europäischen Förderer. Hrsg. von Stephan Grigat u. Simone Dinah Hartmann. Innsbruck/Wien/Bozen 2008. S. 39–57.

Wahdat-Hagh, Wahied: Drangsaliert, gedemütigt, verfolgt. Die Baha'i im Iran. In: Verratene Freiheit. Der Aufstand im Iran und die Antwort des Westens. Hrsg. von Thomas von der Osten-Sacken, Oliver M. Picha u. Alex Feuerherdt. Berlin 2010. S. 193–204.

Wahdat-Hagh, Wahied: Der islamistische Totalitarismus. Über Antisemitismus, Anti-Bahaismus, Christenverfolgung und geschlechtsspezifische Apartheid in der „Islamischen Republik Iran". Frankfurt am Main 2012.

Why should & how can #Israel be eliminated? Ayatollah Khamenei's answer to 9 key questions. 09.11.2014. https://twitter.com/khamenei_ir/status/531366667377717248/photo/1 (27.03.2017).

Will, Alexander: Herzlicher Empfang mit abruptem Ende. 18.04.2016. http://mobil.nwzonline.de/politik/niedersachsen/herzlicher-empfang-mit-abruptem-ende_a_6,1,2390575300.html. (27.03.2017).

Winer, Stuart: Iran says one of its top commanders toured Israeli-Syrian border. 27.07.2016. http://www.timesofisrael.com/top-iranian-commander-visited-israeli-syrian-border/ (27.03.2017).

Zeiger, Asher: Ahmadinejad's new call for Israel's annihilation is his most anti-Semitic assault to date, says ADL. 02.08.2012. http://www.timesofisrael.com/adl-blasts-ahmadinejads-latest-call-for-israels-annihilation-as-ominous/ (27.03.2017).

**Antisemitismus in der öffentlichen
Kommunikation**

Michael Höttemann
Die Abwehr der Antisemitismuskritik
Zur Logik, Form und Intention der Solidarisierung mit Günter Grass

Einleitung

Anti-Antisemitismus, verstanden als Bemühung Antisemitismus öffentlichkeitwirksam zu problematisieren, stößt vielerorts auf Widerstand. Dies ist an sich kein neues Phänomen. Die Abwehr der Kritik des Antisemitismus ist so alt wie der Antisemitismus selbst und reicht von der Rechtfertigung oder Bagatellisierung antisemitischer Verhaltensweisen bis zur Diffamierung von Antisemitismuskritiker_innen und ihrer Stilisierung zum Feind. Rhetorische Manöver der Abwehr stellen ein zentrales Element des öffentlichen und privaten Sprechens über Juden nach Auschwitz dar und dienen im Kontext von Antisemitismuskonflikten als Mittel, um Antisemitismus zu legitimieren[1] oder das Bild der Deutschen als geläuterte Nation zu verteidigen[2]. Erscheint ein solches Selbstbild durch antisemitismuskritische Interventionen infrage gestellt, ist mit aggressiver Gegenwehr zu rechnen. Theodor W. Adorno hat hierfür die sarkastische Formel geprägt, man solle im Hause des Henkers nicht vom Strick reden, sonst gerate man in den Verdacht, man habe Ressentiments.[3]

Die gegenwärtige Situation ist vor allem durch die Popularität der Abwehr der Antisemitismuskritik und ihre diskursive Anschlussfähigkeit in der politischen

---

[1] Vgl. Ranc, Julijana: Eventuell nicht gewollter Antisemitismus: Zur Kommunikation antijüdischer Ressentiments unter deutschen Durchschnittsbürgern. Münster 2016, S. 178.
[2] Vgl. Pollock, Friedrich: Gruppenexperiment. Ein Studienbericht. Frankfurt 1955; Adorno, Theodor W.: Schuld und Abwehr. In: Soziologische Schriften II.2. Band 9, Gesammelte Schriften in 20 Bänden. Frankfurt a.M. 2003b. S. 121–299; Bergmann, Werner: Antisemitismus in öffentlichen Konflikten. Kollektives Lernen in der politischen Kultur der Bundesrepublik 1949–1989. Frankfurt a.M. 1997; Byford, Jovan: Chapter Four. From Repression to Denial: Responses of the Serbian Orthodox Church to Accusations of Antisemitism. In: Denial and Repression of Antisemitism: Post-Communist Remembrance of the Serbian Bishop Nikolaj Velimirović. Budapest 2008. http://books.openedition.org/ceup/1312 (19.12.2016).
[3] Adorno, Theodor W.: Replik zu Hofstätter's Kritik des Gruppenexperiments. In: Soziologische Schriften II.2. Band 9. Gesammelte Schriften in 20 Bänden. Frankfurt a.M. 2003a. S. 378–394, hier S. 393.

Öffentlichkeit und der gebildeten Mittelschicht charakterisiert.[4] Rhetoriken der Abwehr sind hierbei nicht allein, aber insbesondere im Rahmen des Nahostdiskurses und der stets wiederkehrenden Debatte darüber verortet, „ob etwas antisemitisch genannt werden soll oder darf"[5]. Summarisch stellen Lars Rensmann und Julius H. Schoeps fest, dass „heute Teile der Mehrheitsgesellschaft eher unbegründete Antisemitismusvorwürfe als hervorstechendes gesellschaftliches Problem und Antisemitismus als ein Problem der (europäischen) Geschichte"[6] betrachten. Diese Gegenwartsdiagnose erscheint im Lichte aktueller empirischer Studien durchaus angemessen.[7] Kritiker_innen des Antisemitismus wird die inflationäre Verwendung des Antisemitismusbegriffs, überzogene und durch proisraelische Interessen korrumpierte Ablehnung politischer Gegner_innen, Überempfindlichkeit, vor allem aber die Stigmatisierung demokratischer Kritik vorgeworfen.[8]

Für den vorliegenden Beitrag ist die Frage erkenntnisleitend, wie sich Solidarisierungen mit anti-israelischen Akteur_innen und die damit häufig verbundene Abwertung von Antisemitismuskritiker_innen verstehen lassen. Vor dem Hintergrund von quantitativen Ergebnissen der Antisemitismusforschung scheint besonders eine Erklärung naheliegend: Solidarisierungsprozesse können Ausdruck eines geteilten antisemitischen, israelfeindlichen oder antizionistischen Weltbildes sein. So hegen zwischen zehn und fünfzehn Prozent der Deutschen nach wie vor klassische antisemitische Einstellungen. Anti-israelische Einstellungen, welche auf antisemitische Stereotype oder Argumentation rekurrieren, sind demgegenüber mit Zustimmungswerten von teilweise über vierzig Prozent

---

[4] Vgl. Schwarz-Friesel, Monika: Gebildeter Antisemitismus, seine kulturelle Verankerung und historische Kontinuität: Semper idem cum mutatione. In: Gebildeter Antisemitismus. Eine Herausforderung für Politik und Zivilgesellschaft. Hrsg. von dies. Baden-Baden 2015a. S. 13–34.
[5] Claussen, Detlev: Grenzen der Aufklärung. Die gesellschaftliche Genese des modernen Antisemitismus. Frankfurt a.M. 2005, S. VIII.
[6] Rensmann, Lars u. Julius H. Schoeps: Antisemitismus in der Europäischen Union: Einführung in ein neues Forschungsfeld. In: Feindbild Judentum. Antisemitismus in Europa. Hrsg. von dies. Berlin 2008. S. 9–42, hier S. 11.
[7] Vgl. Betzler, Lukas u. Manuel Glittenberg: Antisemitismus im deutschen Mediendiskurs: Eine Analyse des Falls Jakob Augstein. Baden-Baden 2015; Ranc, Eventuell, S. 53.
[8] Vgl. Schwarz-Friesel, Monika: Antisemitismus-Leugnung: diskursive Strategien der Abwehr und die emotionale Dimension von aktueller Judenfeindschaft. In: Gebildeter Antisemitismus. Eine Herausforderung für Politik und Zivilgesellschaft. Hrsg. von dies. Baden-Baden 2015b. S. 293–312; Hirsch, David: Accusations of Malicious Intent in Debates About the Palestine-Israel Conflict and About Antisemitism. The Livingstone Formulation, „Playing the Antisemitism Card" and Contesting the Boundaries of Antiracist Discourse. In: transversal 1 (2010). S. 47–77.

wesentlich weiterverbreitet.[9] Die Überlegung, dass die Solidarisierung Ausdruck einer geteilten Einstellung ist, erscheint damit unmittelbar plausibel. Aus der Perspektive qualitativer Sozialforschung läuft diese Erklärung allerdings Gefahr, möglicherweise andere relevante Aspekte des Phänomens zu übersehen. Soll die Frage nach den Gründen für anti-israelische Solidarisierungen nicht vorschnell beantwortet werden, ist es deshalb sinnvoll, die Kontexte, innerhalb derer sich solche Verhaltensmuster zeigen, mit Hilfe qualitativer Methoden zu rekonstruieren und dabei geteilte Sinn-, Verhaltens- und Motivationsmuster zu untersuchen.

Im Folgenden werden einige vorläufige Ergebnisse einer von mir durchgeführten Studie vorgestellt. Diese umfasst fünf Gruppendiskussionen mit je drei bis fünf Student_innen und dreiundzwanzig damit verbundene Einzelinterviews.[10] Die Interviews wurden nach den Gruppendiskussionen geführt und erfüllen den Zweck, Material zu erheben, um das Verhalten der Teilnehmer_innen in den Gruppendiskussionen verstehbar zu machen. Ähnlich wie im Gruppenexperiment des Instituts für Sozialforschung[11] sowie den Propagandaanalysen Robert K. Mertons und Patricia L. Kendalls[12] wurden die Teilnehmenden in den Gruppendiskussionen mit der Perspektive abwesender Dritter in einem öffentlichen Antisemitismuskonflikt konfrontiert. Untersucht wurden die Reaktionen auf diesen Reiz.

Der Beitrag ist wie folgt gegliedert: Zuerst wird das Untersuchungsdesign dargestellt. Im Anschluss daran werden die Ergebnisse der Untersuchung in mehreren Schritten präsentiert. Zunächst werden allgemeine Kommunikationsmuster in den Blick genommen, die Solidarisierungsprozesse rahmen. Hierzu gehören Rhetoriken der Abwehr und Inkriminierungstopoi,[13] stereotype Darstellungen Israels und des Nahostkonflikts sowie laientheoretische Konzeptualisierungen von Antisemitismus. Abschließend werden die Ergebnisse *fallspezifischer Analysen* des Verhaltens der Teilnehmer_innen präsentiert.

---

9 Vgl. Zick, Andreas und Beate Küpper: Antisemitische Mentalitäten. Bericht über Ergebnisse des Forschungsprojektes Gruppenbezogene Menschenfeindlichkeit in Deutschland und Europa. Expertise für den Expertenkreis Antisemitismus, Berlin. Bielefeld 2011, S. 21 ff. u. S. 32. http://www.bagkr.de/wp-content/uploads/kuepper_zick_antisemitismus_2011.pdf (19.12.2016).
10 Bei der Zusammenstellung des Sample wurde darauf geachtet, dass sich die Teilnehmenden im Hinblick auf Geschlecht, Alter, Semesterzahl, Studiengang und parteipolitische Präferenz deutlich unterschieden. Das heterogen zusammengesetzte Sample ist demnach für die explorative Erforschung des sozialen Feldes „Universität" geeignet.
11 Vgl. Pollock, Gruppenexperiment, S. 41 ff.
12 Vgl. Merton, Robert K. und Patricia Kendall: Das fokussierte Interview. In: Qualitative Sozialforschung. Hrsg. von Christel Hopf u. Elmar Weingarten. Stuttgart 1993. S. 171–204.
13 Ranc, Eventuell, S. 109 f.

1 Der Grundreiz der Untersuchung

In den Gruppendiskussionen wurde ein zweiteiliger Stimulus präsentiert. Der erste Teil des Stimulus bestand aus dem verlesenem und mit einem Beamer projizierten Gedicht von Günter Grass, *Was gesagt werden muss*[14], der zweite Teil aus einem kurzen Fernsehclip des ZDF heute-journals[15], in dem Personen des öffentlichen Lebens das Gedicht kommentieren. Die Teilnehmer_innen wurden dann aufgefordert, über ihre Wahrnehmung der präsentierten Berichterstattung und des Gedichts zu diskutieren. Auf diese Weise wurde ein selbstläufiger Diskurs angeregt.

Das Gedicht von Grass bot sich für die Untersuchung an, da es mehrere Elemente beinhaltet, die als Ausdruck von NS-Vergleichen, doppelten Standards und der Dämonisierung Israels und somit als Ausdruck von Antisemitismus verstanden werden können.[16] Ein Argument aus dem Kontext der Friedenspolitik (Kontrolle atomarer Waffen) wird hierbei mit der homogenisierenden Darstellung Israels kombiniert, das unter Verwendung von Genozidmetaphern („Erstschlag", „auslöschen" des „iranischen Volkes") als Gefahr für den Weltfrieden und für die eigene Existenz („wir [...] Überlebende" als „Fussnoten") stilisiert wird. Damit einher geht eine starke Verharmlosung der Gefahr, die für Israel vom iranischen Regime ausgeht.[17]

Der Medienclip[18] besteht aus sieben Statements und wird – wie in der journalistischen Beitragsform Bericht üblich – durch einen journalistischen Kommentar narrativ strukturiert. Zusammenfassend lässt sich feststellen, dass der Medienclip hinsichtlich der Frage, ob Grass' Gedicht als antisemitisch zu bewerten ist, kein Urteil fällt. Zugleich wird visualisiert, dass in einem Zeitungsar-

---

[14] Vgl. Grass, Günter: Was gesagt werden muss. In: *Süddeutsche Zeitung* (4.4.2012). http://www.sueddeutsche.de/kultur/gedicht-zum-konflikt-zwischen-israel-und-iran-was-gesagt-werden-muss-1.1325809 (19.12.2016)

[15] Vgl. Leifert, Stefan: Ein politisches Statement hat sich ein Gefäß gesucht: Das ZDF heute-journal zum israelkritischen Gedicht. ZDF Heute-Journal (4.4.2012). http://webdatenbank.grass-medienarchiv.de/receive/ggrass_mods_00001844 (16.12.2016).

[16] Salzborn, Samuel: Israelkritik oder Antisemitismus? Kriterien für eine Unterscheidung. In: Kirche und Israel. Neukirchener Theologische Zeitschrift 1 (2013).

[17] Eine ausführliche Kritik des Gedichts haben Gert Krell und Harald Müller verfasst. Vgl. Krell, Gert u. Harald Müller: Noch ein Krieg im Nahen Osten? Zum misslungenen Anstoß von Günter Grass zu einer überfälligen öffentlichen Debatte. Frankfurt am Main 2012. http://nbn-resolving.de/urn:nbn:de:0168-ssoar-314498 (19.12.2016).

[18] Vgl. Leifert, Ein politisches Statement.

tikel Grass als „ewiger Antisemit" geschmäht worden war. Der Bericht lässt sich folgendermaßen zusammenfassen:

Die Politiker_innen Hermann Gröhe und Andrea Nahles sowie die israelische Schriftstellerin Zeruya Shalev verweisen darauf, dass Israel den Weltfrieden nicht, wie Grass behauptet, bedrohe und dass vom Iran eine reelle Gefahr für Israel ausgehe. Andrea Nahles entschuldigt den Autor Grass zudem, insofern sie darauf hinweist, dass dieser sich „schlicht vergaloppiert" habe. Der israelische Historiker Moshe Zimmermann stellt mit ironischem Unterton fest, dass Grass sein Schweigen über eine von Israel ausgehende Gefahr nun breche, um eine „Wiedergutmachung" für sein Schweigen zur Judenverfolgung während des Zweiten Weltkrieges zu leisten. Der damalige Vorsitzende des Zentralrats der Juden in Deutschland, Dieter Graumann, verurteilt das Gedicht und stellt fest, dieses sei „aggressiv" und „agitiere" gegen Israel. Demgegenüber betont Wolfgang Gehrcke von der Linkspartei, dass das Gedicht moralisch angemessen sei und „fair und sauber" mit Israel umgehe. Der Kommentar aus dem Off fasst die überwiegend missbilligenden Reaktionen summarisch zusammen und fällt das Urteil, das Gedicht sei „eigentlich nicht [als Drohung] gemeint".[19]

Es kann festgehalten werden, dass die Kommentare mehrheitlich kritisch gegenüber Grass sind. Der Autor des Berichtes hingegen, der aus dem Off Grass' Motivation deutet, stellt die problematischen Aspekte des Gedichts in Abrede und verleiht dem Beitrag somit einen apologetischen Charakter.[20]

2 Solidarisierung bedingende Kommunikationsmuster

Hinsichtlich der Analyse der Gruppendiskussionen wurde ein Fokus auf die Frage gelegt, welche Themen und Argumente sich als resonanzfähig erweisen und sich in den Gesprächen etablieren.[21] Hinsichtlich der in den Gruppendiskussionen artikulierten Reaktionen kann diesbezüglich zunächst festgestellt werden, dass

---

[19] Alle Zitate beziehen sich auf Leifert, Ein politisches Statement.
[20] Dass die Zuschreibung sozial akzeptabler ‚Intentionen' ein gängiges Argumentationsmuster ist, um vorurteilige Rede zu verteidigen, zeigt u. a. Teun A. van Dijk. Vgl. ebd.: Discourse and the Denial of Racism. In: Discourse & Society 1 (1992). S. 87–118, hier S. 91.
[21] Hierbei geht es um die Rekonstruktion sogenannter Thema-Rhema-Progressionen. Grundüberlegung dieser interaktionsbezogenen Perspektive ist, dass Diskussionen stets „prozessual, kooperativ und kontextgebunden" ablaufen und „mit jeder konkreten (sprachlichen) Realisierung, d. h. mit jedem, woran auch immer anschließenden Beitrag, stets neue Themen gesetzt und zur interaktiven Disposition gebracht werden." Vgl. Ranc, Eventuell, S. 40.

die kritischen Kommentare aus dem ZDF-Clip kaum positive Resonanz hervorrufen. Dezidiert anti-antisemitische Kommentare oder Teilnehmer_innen, die sich von Grass distanzieren, stellen im untersuchten Sample eine Minderheit dar. Demgegenüber solidarisiert sich die Mehrheit tendenziell oder eindeutig mit Günter Grass. Im Folgenden werden zunächst verschiedene Formen von Solidarisierung bedingenden Kommunikationsmustern dargestellt, die sich in den Gruppendiskussionen etablierten.

Defensive und offensive Abwehrstrategien

Die Problematik der Abwehr anti-antisemitischer Interventionen wird zwar in der Antisemitismusforschung immer wieder zum Thema gemacht, allerdings häufig auf sozialpsychologische Fragen und das Motiv der Schuldabwehr verkürzt. Demgegenüber soll hier im Anschluss an eine interaktionstheoretisch fundierte Perspektive zunächst betrachtet werden, wie sich die Abwehr als Form der diskursiven Zurückweisung von antisemitismuskritischen Problematisierungen in Alltagsgesprächen realisiert.[22]

In diesem Kontext spielen sowohl defensive als auch offensive Formen der Abwehr eine Rolle. Eine defensive Ausrichtung der Rede zielt darauf, Individuen durch positive Beschreibungen vom Verdacht des Vorurteils zu befreien.[23] Eine offensive Ausrichtung der Rede produziert demgegenüber Negativbeschreibungen derjenigen, die als stigmatisierende, d. h. unmoralisch agierende Ankläger, identifiziert werden. Offensive Rhetoriken zielen laut Jonathan Potter darauf ab, konkurrierende Positionen zu unterminieren, indem diese als „talk which is motivated, distorted or erroneous in some way"[24] dargestellt werden.

Beide Formen der Abwehr waren im Untersuchungssample verbreitet und werden in folgender Sequenz miteinander kombiniert:

> [...] ich bin jetzt ehrlich gesagt erstaunt, wie, wie scharf er kritisiert wurde, und wie einheitlich das zu sein scheint irgendwie, irgendwie die Kritik, weil ich irgendwie, ja erstaunt bin, dass aus so 'ner politischen Dimension, die irgendwie sich, irgendwie auf die Regierung bezieht, jetzt irgendwie gleich wieder son böser Judenhasser-Ding gemacht wird. Also das erstaunt mich jetzt doch, dieses Ausmaß. (Teilnehmerin A)

---

22 Vgl. Billig, Michael: Freudian Repression: Conversation Creating the Unconscious. Cambridge 1999, S. 51 f.
23 Vgl. van Dijk, Discourse, S. 92.
24 Potter, Jonathan: Representing Reality: Discourse, Rhetoric and Social Construction. London 1996, S. 107.

Hier deutet die Teilnehmerin das Gedicht zum einen als Ausdruck einer Kritik der israelischen Regierung. Dies stellt insofern eine verzerrte Lesart dar, als Grass im Gedicht keine differenzierende Perspektive einnimmt, sondern durchgängig von „dem Land" bzw. der „Atommacht Israel" spricht. Die Umdeutung ist defensiv, da sie Grass' Gedicht einer unauffälligen und rationalisierenden Korrektur unterzieht. Auf der anderen Seite stellt die Teilnehmerin den Beitrag so dar, als würde Grass einhellig zum Antisemiten gemacht und illegitimer Weise stigmatisiert. Diese offensive Form der Abwehr geht mit einer dramatisierenden und ebenfalls verzerrenden Darstellung des Grundreizes einher. Der Beitrag des ZDF heute-journals wird hierbei nicht als differenzierte Darstellung eines öffentlichen Konflikts, sondern als manipulativ und suggestiv betrachtet. Wie oben gezeigt wurde, trifft der Vorwurf der Suggestion durchaus zu. Der Kommentator des heute-journal Beitrags rahmt den Konflikt allerdings in gänzlich anderer Weise, als die Teilnehmerin es darstellt. Die analysierte Passage illustriert schlaglichtartig, dass die Rationalisierung antisemitischer Positionierungen und die dämonisierende Darstellung der Kritiker als ‚Dämonisierende' als komplementäre, sprachliche Operationen zu verstehen sind, die der Abwehr von Antisemitismuskritik zugrunde liegen. Beide beruhen gleichermaßen auf der verzerrenden Repräsentation von Sprechakten. Funktional sind solche sprachlichen Verzerrungen, um den Grass-Kritiker_innen eine negativ bewertete Hegemonie und Grass die Rolle des unschuldigen Opfers zuschreiben zu können.

Es ist bekannt, dass offensive Formen der Abwehr im Kontext von Antisemitismuskonflikten häufig die Form des Schuldabwehr-Antisemitismus annehmen, in dem Juden die Thematisierung des historischen und aktuellen Antisemitismus zu selbstsüchtigen oder machtvollen Zwecken vorgeworfen wird.[25] Im Material werden solche Formen der antisemitischen Skandalisierung von Antisemitismuskritik in verkürzter Form zum Ausdruck gebracht. Das wird z. B. in folgender Sequenz deutlich:

> [Dass] die jüdischen Personen, die jetzt in dem Video da zu sehn sind – oder es stand da unten, dass sie irgendwie jüdisch sind – dass die dann irgendwie, rauslesen WOLLEN, ähm, quasi, dass das er gesagt hat überhaupt Israel im allgemeinen in Frage stellt, find ich schon interessant [...]. (Teilnehmer B)

Der Teilnehmer führt hier zwar nicht aus, welche Interessen es seien, die Juden zu ihrer vermeintlich stigmatisierenden Diffamierung eines Israelkritikers motivier-

---

25 Vgl. Bergmann, Werner: „Störenfriede der Erinnerung". Zum Schuldabwehr-Antisemitismus in Deutschland. In: Literarischer Antisemitismus nach Auschwitz. Hrsg. von Klaus-Michael Bogdal und Klaus Holz. Stuttgart 2007. S. 13–35.

ten. Das ist allerdings auch nicht nötig, da die in dieser Sequenz anklingende antisemitische Gewissheit, dass sie den deutschen Kritiker Grass nicht aus Sachgründen kritisierten, sondern nicht verstehen „wollen" (und sich also manipulativ verhalten), dazu geeignet ist, sich selbst und andere zu antisemitischen Phantasien über die ‚jüdische Rachsucht' anzuregen.

Inkriminierungstopoi

Julijana Ranc weist in einer aktuellen Analyse des Sprechens über Juden auf die weite Verbreitung so genannter Inkriminierungstopoi hin, die den nicht-jüdischen Deutschen eine „‚opfertaugliche' Qualifizierung diffuser individueller Befindlichkeiten" und ihre „Kollektivierung" ermöglichten.[26] Inkriminierungstopoi dienen auch in dem hier analysierten Material dem Zweck, den beobachteten Konflikt zwischen Grass und seinen Kritiker_innen pseudo-soziologisch als Symptom eines gemeinsamen Problems zu deuten.

Auch hierbei ist die Verwendung von Argumentationsmustern und Stereotypen des Schuldabwehr-Antisemitismus identifizierbar. Dazu gehört im untersuchten Material vor allem die Klage, dass Israelkritik in Deutschland illegitimer Weise sanktioniert werde, mithin ein Kritikverbot und Zensurmechanismen verbreitet seien. Solche behaupteten Mechanismen werden im untersuchten Material unter anderem mit dem vermeintlichen Verhalten von Juden bzw. Israelis assoziiert. In dieser Sichtweise wird Israelkritik von Juden mit dem Verweis auf eine deutsche Schuld oder mit Antisemitismusvorwürfen beantwortet und Deutsche würden somit zum Schweigen gebracht.

Alternativ oder ergänzend werden als pathologisch wahrgenommene Selbstzweifel problematisiert[27] und innere Zensurmechanismen darauf zurückgeführt, dass die Deutschen sich eine historische Schuld einredeten. Oder aber die äußere Zensur wird mit „den Politikern", „den Medien" oder „den Linken" assoziiert, die illegitime Redeverbote aufstellten. Im Unterschied zum Schuldabwehr-Antisemitismus wird hierbei der Gegner nicht außerhalb, sondern innerhalb des nationalen Kollektivs verortet. Seine Konstruktion dient – wie im Schuld-Abwehrantisemitismus auch – der Abschirmung von antisemitisch sprechenden Personen vor kritischer Infragestellung, sowie ihrer Stilisierung zum Opfer gesellschaftlich machtvoller Akteure. Hinsichtlich des Zwecks der Abwehr der An-

---

26 Ranc, Eventuell, S. 235.
27 Adorno hat auf dieses Phänomen bereits 1955 in seiner qualitativen Analyse des Gruppenexperiments hingewiesen. Vgl. Pollock, Gruppenexperiment, S. 320 ff.

tisemitismuskritik können solche Bilder demnach als funktionale Äquivalente für antisemitische Argumentationen verstanden werden. Eine Annäherung an antisemitische Argumentationen findet demgegenüber auf kryptische Weise statt:

> Ich fin/ empfinde es auch wirklich so in dieser ähm dieser Gesellschaft und dieser Politik, dass ähm (---) äh Tendenz/ oder ähm es sehr schnell in dieser Debatte um Israel passiert, dass ähm wenn man sich ähm manche Aspekte ähm der Politik Israels, wie besonders halt äh die Naho-/ ähm die Außenpolitik und dann die Siedlungspolitik, kritisiert, dass dann ähm diese/ ich will das mal einfach Antisemitismuskeule schwingen [nennen, M.H.], weil auch wenn ich diesen Begriff hasse, aber es is' abkürzend, ähm und gesagt wird, dass ich als Deutscher kein Recht hätte, Israel zu kritisieren und über, über isi-/ übersehen würd', dass es 'n Unterschied gibt, ob ich sage: Israel als Staat besitzt kein Existenzrecht, oder ob ich sage: Ähm, Israel gef-/ ähm, ähm verletzt dort intenat-/ internationales Recht. (Teilnehmer C)

Auffällig an dieser Sequenz sind zum einen der stockende Redefluss, die damit verbundenen Selbstkorrekturen, Auslassungen und Relativierungen des bereits Gesagten.[28] Es deutet sich hierbei ein Widerstreit zwischen dem Versuch differenziert zu sprechen und dem Wunsch sich pauschal zu empören an. Die antisemitische Empörung wird aufgrund einer Antizipation sozialer Sanktionierung allerdings nur latent kommuniziert, was bedeutet sie *gleichzeitig* anzudeuten wie auch zu verbergen: statt pauschal von Juden oder Israelis zu sprechen, spricht der Teilnehmer dementsprechend grammatikalisch inkorrekt nur von „diesen", und statt davon zu sprechen, dass Israel den Weltfrieden gefährdet, schneidet er sich das Wort selbst im Mund ab („gef-"), um es dann durch die diplomatische Formel „verletzt [...] internationales Recht" zu ersetzen.

Israel als ‚Problemfall'

Die Mehrheit der Befragten bringt keine einheitliche anti-israelische Haltung zum Ausdruck, sondern eine häufig durch Relativierungen, Äquidistanz und bisweilen auch Verständnis gebrochene. Trotz alledem beruht die überwiegende Zahl der vorgenommenen Darstellungen Israels auf Mustern, die Robert Beyer in seiner Analyse der deutschen Presseberichterstattung über den Israel-Palästina-Kon-

---

[28] Scott A. Hanson-Easey and Martha Augoustinos bezeichnen solche Phänomene als sprachliche Selbstreparatur-Mechanismen. Diese dienen dazu, die Chance einer sanktionierenden Intervention dritter zu verringern, indem die Rede von möglicherweise kompromittierenden Elementen gesäubert wird. Hanson-Easey, Scott A. u. Martha Augoustinos: Narratives from the neighbourhood: The discursive construction of integration problems in talkback radio. In: Journal of Sociolinguistics 1 (2012). S. 28–55, hier S. 43.

flikt identifiziert hat. Hierzu gehören vor allem dichotome Täter-Opfer-Perspektiven, in der Palästinenser_innen als passive Opfer eines aggressiv agierenden, starken und sturen Israels erscheinen. Palästinenser_innen und Araber_innen werden hingegen fast nie als aktive oder zurechnungsfähige Akteure charakterisiert.[29]

Für die vorliegende Analyse sind solche Konfliktbeschreibungen insbesondere deshalb interessant, da sie zur Rechtfertigung einer Solidarisierung mit Grass herangezogen werden, und dies obgleich dessen Gedicht ja nicht auf den israelisch-palästinensischen Konflikt, sondern das israelisch-iranische Verhältnis bezogen ist. Eine aus stereotypen Beschreibungen des israelisch-palästinensischen Konflikts gewonnene anti-israelische Folie dient somit vor allem dazu, der eigenen Solidarisierung einen Schein der Legitimation zu verleihen. Bedarf an einer solchen Folie besteht vor allem deshalb, da nur eine Minderheit der Teilnehmenden überhaupt etwas zur Spezifität des iranisch-israelischen Verhältnisses sagen kann.

Laientheoretische Konzeptionalisierung von Antisemitismus

Wie in den oben angeführten Zitaten bereits anklang, spielte das Verständnis des Antisemitismus im untersuchten Material immer wieder eine Rolle. Hinsichtlich der Analyse solcher laientheoretischen Konzeptionalisierungen von Antisemitismus ist Monika Schwarz-Friesel in ihrer Einschätzung zuzustimmen, dass sich offenbar eine „Konzeptualisierung von Antisemitismus etabliert hat, die Judenfeindschaft und Antisemitismus entweder als etwas Historisches oder als bloßes Randgruppenphänomen bzw. Vorurteilssystem von Extremist_innen, Fundamentalist_innen und Psychopath_innen oder Ungebildeten sieht"[30]. Viele Interviewte gingen zudem davon aus, dass von Antisemitismus nur gesprochen werden dürfe, wenn Juden explizit aufgrund ihres jüdisch-Seins und ihrer Zugehörigkeit zum Judentum als (religiöser oder ethnischer) Gruppe diffamiert und verfolgt würden, wie im folgenden Zitat deutlich wird:

---

29 Vgl. Beyer, Robert: „Die Israelis können tun, was sie wollen und haben dafür immer Rückendeckung" – Einseitig kritische Nahostberichterstattung in der deutschen Qualitätspresse. In: Gebildeter Antisemitismus. Hrsg. von Monika Schwarz-Friesel. Baden-Baden 2015. S. 217–240, hier S. 234 f.
30 Schwarz-Friesel, Gebildeter, S. 14; Vgl. auch Ranc, Eventuell, S. 195.

> Ähm, (---) (---) ich würde es klar als (---) mmh eine Ablehnung einer Völkergruppe (---) definieren, im Gegensatz zur Ablehnung einer ne/ politischen Bewegung; Zionismus ist für mich eine politische Bewegung (Teilnehmer D)

Aus der Perspektive der Antisemitismusforschung sind solche reduktionistischen Konzeptionalisierungen von Antisemitismus abzulehnen. Sie schließen insbesondere die Möglichkeit eines israelbezogenen oder antizionistischen Antisemitismus systematisch aus, in dem antisemitische Stereotype auf den jüdischen Staat übertragen werden oder Israel als „kollektiver Jude"[31] konstruiert wird, Juden für Israel in Kollektivhaftung genommen werden oder NS-Vergleiche formuliert werden. Reduktionen des Antisemitismus auf den Rassenantisemitismus führen zudem dazu, dass nicht erkannt wird, dass Antisemitismus nach wie vor ein verbreitetes Phänomen ist, das in allen gesellschaftlichen Gruppen auftritt. In Anlehnung an Siegfried Jäger lässt sich formulieren, ein entsprechendes antisemitisches Ereignis erscheint im Lichte solcher Konzeptionen als „nicht existent; ich sehe es nicht einmal, weil ich es übersehe."[32]

Laientheoretische Konzeptionalisierungen des Antisemitismus spielen für die Rationalisierung der Solidarisierung der Versuchsteilnehmer_innen mit Grass eine bedeutsame Rolle. Sie dienen nicht nur dazu, zu begründen, dass die Äußerungen von Grass nicht antisemitisch sind, sondern zugleich legen sie nahe, dass diese moralisch angemessen sind. Die Fragen, ob solche Äußerungen einen antisemitischen Charakter haben, und, ob diese Äußerungen hinsichtlich ihrer Darstellung eines zwischenstaatlichen Konflikts in normativer Hinsicht angemessen oder unangemessen sind, werden hierbei zu einer Frage verschweißt. Diese Frage wird dichotom strukturiert, d.h. sie kann nur mit Ja, also nicht-antisemitisch *und* gerechtfertigt oder Nein, antisemitisch *und* verwerflich beantwortet werden. Das alltägliche Sprechen über Legitimitäts- und Angemessenheitsfragen wird hierbei durch einen einfachen Umkehrschluss strukturiert. Hierbei wird von dem Satz, dass antisemitisches Sprechen hinreichende Bedingung für Verurteilungen sei, gefolgert, dass, wenn kein Antisemitismus vorliege, dies eine hinreichende Bedingung dafür sei, etwas als gerechtfertigt zu beurteilen. Im Effekt führt diese Argumentationsfigur, die keinerlei Raum für Zwischentöne zulässt, hinsichtlich antisemitischer Äußerungen zu apologetischen Bewertungen.

---

31 Vgl. Klug, Brian: The Collective Jew: Israel and the New Antisemitism. Patterns of Prejudice 2 (2003). S. 117–138.
32 Jäger, Siegfried: Diskurs und Wissen. Theoretische und methodische Aspekte einer kritischen Diskurs- und Dispositivanalyse. In: Handbuch Sozialwissenschaftliche Diskursanalyse. Band 1. Theorien und Methoden. Hrsg. von Rainer Keller, u. a. Opladen 2001. S. 81–112, hier S. 91.

3 Solidarisierung bedingende Verhaltens- und Motivationsmuster

Die Analyse von Kommunikationsmustern zeigt, dass sich Solidarisierungen mit dem Autor Grass nicht allein vor dem Hintergrund von Beurteilungen Israels als Konfliktakteur erklären lassen, sondern dass diese Beurteilung mit einer ganzen Reihe anderer Kommunikations- und Argumentationsmuster zusammenhängt, die dem gemeinsamen Sprechen als unhinterfragte Gewissheiten zu Grunde liegen. Solche Sinnmuster „are self-sufficient because they appeal to common sense and taken-for-granted value orientations"[33]. Die Analyse dieser Muster basierte in meiner Studie auf einer fallübergreifenden Betrachtung des empirischen Materials. Fokussiert die Analyse demgegenüber auf einzelne Teilnehmer_innen, um einen ganzheitlichen Blick[34] auf Personen zu gewinnen, die sich mit Grass solidarisieren, so lassen sich fünf Verhaltens- und Motivationsmuster identifizieren, die die Solidarisierung mit Grass bedingen. Die Muster wurden nach den Gruppenexperimenten und Interviews aus dem erhobenen Material gewonnen und werden im Folgenden porträtiert.

Solidarisierung als Ausdruck von Nationalismus

Die unter diese Kategorie subsumierten (ausschließlich männlichen) Teilnehmer identifizieren sich mit einer auf essentialistische Weise konstruierten deutschen Nation, welche als von äußeren Einflüssen bedroht dargestellt wird (z. B. durch Migration, Muslime, aber auch „amerikanische Einflüsse"). Um das Bild einer moralischen nationalen Gemeinschaft zu stabilisieren, nutzen sie verschiedene rhetorische Mittel, die darauf abzielen, potenzielle, tatsächliche oder vermeintliche Problematisierungen von Antisemitismus (aber auch von der Diskriminierung von Minderheiten generell) zu relativieren bzw. einen möglichen Diskurs darüber abzuwehren. Korrespondierend dazu reagierten die Teilnehmer mit Abwehr auf die Erinnerung des Judenmords und problematisierten die Erinnerung an den Holocaust als ungerechte Stigmatisierung der Deutschen. Die anti-anti-semitischen Kommentare des Stimulus betrachteten sie als Form der Stigmati-

---

[33] Chiang, Shiao-Yun: 'Well, I'm a lot of things, but I'm sure not a bigot': Positive self-presentation in confrontational discourse on racism. In: Discourse & Society 3 (2010). S. 273–294, hier S. 290.
[34] Vgl. Mayring, Philipp: Einführung in die qualitative Sozialforschung: eine Anleitung zu qualitativem Denken. Weinheim 1996, S. 28.

sierung eines deutschen Israelkritikers aufgrund seiner Herkunft. Ihr genereller Unwille den Massenmord an den europäischen Juden zu diskutieren kontrastiert hierbei deutlich mit ihrer Behauptung, dass es notwendig aber verboten sei, Israel öffentlich zu kritisieren.

Solidarisierung als Ausdruck politischer Desorientierung

Die Teilnehmenden der Studie, die sich als politisch desorientiert beschreiben lassen, stellen globale und nationale politische Entwicklungen als absolut undurchsichtig und durch opake Machtinteressen durchsetzt dar. In diesem Kontext bringen sie eine extreme Distanz zu Politiker_innen und eine große Skepsis gegenüber den Massenmedien zum Ausdruck, die sie als bloße politische Meinungsmacher wahrnehmen. Auf der anderen Seite geht bei diesen Teilnehmenden Politik- und Medienverdrossenheit nicht mit einer Abkehr von der Politik einher, sondern das Politische wird auf individuelles Handeln reduziert, beispielsweise auf Mülltrennung als richtige politische Praxis. Weiterhin bringen diese Teilnehmenden ein deutliches Desinteresse an komplexen gesellschaftlich-politischen Problemen zum Ausdruck. Hiermit korrespondiert, dass sie sich nur in oberflächlicher Weise mit geltenden Normen öffentlicher Debatten identifizieren und stattdessen eine große Skepsis gegenüber der Idee des Diskurses als Ort der Produktion „kommunikativer Rationalität"[35] hegen. In ihrem Sprechen lässt sich bisweilen eine Abwertung der Idee von ‚Wissen' insgesamt und die Forderung nach mehr „Subjektivität" und „Spontanität" identifizieren, die es ermöglichen soll, der durch Machtinteressen korrumpierten politischen Situation zu entrinnen. Die solidarische Haltung dieser Teilnehmenden zu Günter Grass zielt vor diesem Hintergrund weniger auf die Inhalte des Gedichts. Vielmehr scheint Grass' Geste der Widerständigkeit gegen den politischen Mainstream von größerer Bedeutung zu sein, da diese die Möglichkeit bietet, sich mit ihm zu identifizieren.

Solidarisierung als Ausdruck anti-israelischer und antizionistischer Einstellungen

Teilnehmende mit gefestigten anti-israelischen und antizionistischen Einstellungen beschreiben den Konflikt zwischen Israelis und Palästinenser_innen ex-

---

35 Vgl. Habermas, Jürgen: Theorie des kommunikativen Handelns. Band 1. Handlungsrationalität und gesellschaftliche Rationalisierung. Frankfurt a.M. 1995. S. 369–452.

trem einseitig und Israel als einzigen aggressiven Akteur und Ausgangspunkt aller Ungerechtigkeiten im Nahostkonflikt. Zugleich wehren sie Argumente ab, die auch arabische Akteure in einem schlechten Licht erscheinen lassen könnten. Israelis gelten ihnen stets als Täter, Araber stets als Opfer und in einem Fall die Deutschen als diejenigen, die durch den Judenmord den israelisch-palästinensischen Konflikt zu verantworten haben. Hieraus wird dann eine besondere Verantwortung gegenüber den Palästinenser_innen abgeleitet. Die Solidarisierung mit Grass fußt hierbei offensichtlich auf einem gemeinsamen Nenner: der Wahrnehmung Israels als Täter im Nahen Osten.

Solidarisierung als Folge von Sympathien für den Nationalsozialismus

Die unter diese Kategorie gefassten Teilnehmenden verhalten sich in den Gruppendiskussionen auf sehr eigentümliche Weise. Sie solidarisieren sich mit Grass, indem sie den Massenmedien sowie anderen gesellschaftlichen Institutionen Unzuverlässigkeit in der Vermittlung von Informationen vorwerfen. Erst in den Einzelinterviews beginnen sie auf vorsichtige Weise Sympathien für den Nationalsozialismus zu formulieren (etwa, weil sie die Idee einer Führerdiktatur oder vermeintliche soziale Errungenschaften des NS als fortschrittlich wahrnehmen). In einem Fall ist dies mit einer Zurückweisung der Idee einer pluralistischen Demokratie insgesamt sowie einer vorsichtigen Legitimierung von Antisemitismus verbunden. Das Verhalten dieser Teilnehmenden kann in Teilen als strategisch beschrieben werden. Sie stellen sich in den Gruppen als Skeptizist_innen dar, die sie im Grunde nicht sind. Die Gründe für ihre Solidarisierung mit Grass sind vor diesem Hintergrund u. a. durch Nationalismus, die Ablehnung der Medien als Teil pluralistischer Demokratie und/oder die Abwertung von Jüd_innen bedingt.

Solidarisierung als Ausdruck von Konfliktvermeidungsstrategien

In den Beschreibungen von Konflikten durch die Teilnehmenden, die sich unter diese Kategorie fassen lassen, erscheinen Konflikte, die sich nicht umstandslos in Dialoge transformieren lassen, als bedrohlich. Dies liegt daran, dass sie mit der Gefahr von Beziehungsabbrüchen assoziiert werden. In den Beschreibungen konkreter Konfliktsituationen wird deutlich, dass konfliktvermeidende Teilnehmenden dazu neigen die eigene Perspektive zurückzustellen, um das Gespräch mit relevanten Anderen, die der eigenen Wir-Gruppe zugeordnet werden, auch über große inhaltliche Irritationen hinweg aufrechtzuerhalten.[36] In diesem Zusammenhang erhält insbesondere die perspektivenrelativistische Idee Bedeutung, dass sich alle Dinge von zwei Seiten betrachten lassen. Im Hinblick auf den Nahostkonflikt positionieren sich diese Teilnehmenden in Äquidistanz zu allen Konfliktparteien.

Teilnehmende, die sehr darauf bedacht sind Konflikte zu vermeiden, betonen ihr Interesse, Diskriminierung in keiner Form reproduzieren zu wollen. Dies geht mit der Besorgnis einher, dass sie oder Menschen, mit denen sie sich identifizieren, als vorurteilig erscheinen könnten. Zugleich berichten sie durchaus von Beobachtungen diskriminierender Darstellungen von Outgroups in ihrem sozialen Umfeld. Allerdings sind solche Berichte nicht mit Distanzierungen oder Kritik, sondern mit ambivalenten Rechtfertigungen verknüpft, in denen persönliche Irritation und rationalisierende Argumente miteinander verknüpft werden. Dies kann rhetorisch z. B. durch Verweis auf einen möglichen Wahrheitskern von abwertenden Behauptungen erreicht werden. Grass wird von diesen Teilnehmenden dementsprechend auf ambivalente Weise verteidigt, z. B. wenn gesagt wird, dessen Äußerungen seien „gewissermaßen schon antisemitisch", zugleich aber auch positiv zu bewerten, da er dadurch auch „die andere [palästinensische] Position" (Teilnehmerin E) beleuchte.

Solche Relativierungen können als Ausdruck des beschriebenen Konfliktvermeidungsverhaltens verstanden werden. Die positive Umdeutung von Sprechakten wird hierbei notwendig, um eine sich andeutende Konfliktsituation zu entschärfen. Paradoxerweise führt diese Entschärfung die Teilnehmenden zugleich zu einer neuen Konfliktsituation, insofern die Kritiker von Grass' Gedicht nun als Akteure erscheinen, die nicht Dialog, sondern illegitime Konfrontationen suchen. Hierzu zählen unter anderem auch die jüdischen Kritiker_innen von Grass, die von der (deutschen) Wir-Gruppe separiert und deren Perspektive zurückgewiesen wird.[37] Der spezifische Umgang konfliktscheuer Teilnehmer_innen mit Konflikten geht deshalb mit einem antisemitischen Effekt einher.

---

36 Sie verhalten sich hierbei so, dass ihr eigenes, wie auch das Gesicht dieser Anderen stets gewahrt bleibt. Vgl. Goffman, Erving: Interaction Ritual: Essays in Face to Face Behavior, Chicago 1967. S. 42 ff.
37 Vgl. zum Phänomen „antisemitischer Separation" Heyder, Aribert, u. a.: Israelkritik oder Antisemitismus? Meinungsbildung zwischen Öffentlichkeit, Medien und Tabus. In: Deutsche Zustände: Folge 3. Hrsg. von Wilhelm Heitmeyer. Frankfurt am Main 2005. S. 144–165, hier S. 148.

Fazit

Der vorliegende Beitrag sollte die Frage beantworten, wie und warum sich junge gebildete Menschen mit Günter Grass solidarisieren. Der explorative Zugriff der Studie eröffnet einen multidimensionalen Blick auf die sozialen und individuellen Kontexte, innerhalb derer sich unterschiedliche Solidarisierungsmuster identifizieren lassen. Aus einer wissenssoziologischen Perspektive lassen sich solche Solidarisierungen als Folge geläufiger, in alltäglichen Situationen reproduzierte Argumentationsmuster verstehen, vor deren Hintergrund eigene Positionierungen unmittelbar plausibel erscheinen. Hierbei spielen eingespielte Negativbeschreibungen Israels eine bedeutsame, aber nicht eine von anderen Kommunikationsmustern isolierbare Rolle. Eine einzelfallanalytische Perspektive konnte typisierbare habituelle Verhaltens- und Wahrnehmungsmuster rekonstruieren, und damit das Verständnis des Bedingungsgefüges von Solidarisierungsprozessen erweitern.

Insgesamt ist bemerkenswert, dass die Solidarisierung mit antisemitischen Darstellungen Israels in Gruppen weitestgehend reibungslos erfolgt. Die Abwehr anti-antisemitischer Interventionen wirkt hierbei auf die nicht-jüdischen deutschen Teilnehmer_innen – seien sie politisch orientiert oder desorientiert, nationalistisch eingestellt oder nicht, links, liberal oder konservativ – in hohem Maße integrierend. Ähnlich wie der symbolische Rassismus, Antifeminismus und Antisemitismus, können solche Solidarisierungsprozesse demnach als ein „symbolic glue"[38] bzw. als „politisch-psychologisches Bindemittel"[39] verstanden werden, das eine gemeinsame Identität stiftet und Differenzen überdeckt.

Literaturverzeichnis

Adorno, Theodor W.: Schuld und Abwehr. In: Soziologische Schriften II.2. Band 9. Gesammelte Schriften in 20 Bänden. Frankfurt a.M. 2003. S. 121–299.
Adorno, Theodor W.: Replik zu Hofstätter's Kritik des Gruppenexperiments. In: Soziologische Schriften II.2. Band 9. Gesammelte Schriften in 20 Bänden. Frankfurt a.M. 2003a. S. 378–394.

---

38 Vgl. Kováts, Eszter u. Maari Po˜im: Gender as Symbolic Glue: The Position and Role of Conservative and Far-right Parties in the Anti-gender Mobilizations in Europe. Brussels 2015. http://library.fes.de/pdf-files/bueros/budapest/11382.pdf (19.12.2016).
39 Rensmann, Lars: Demokratie und Judenbild. Antisemitismus in der politischen Kultur der Bundesrepublik Deutschland. Wiesbaden 2004, S. 36.

Bergmann, Werner: Antisemitismus in öffentlichen Konflikten. Kollektives Lernen in der politischen Kultur der Bundesrepublik 1949–1989. Frankfurt a.M. 1997.
Bergmann, Werner: „Störenfriede der Erinnerung". Zum Schuldabwehr-Antisemitismus in Deutschland. In: Literarischer Antisemitismus nach Auschwitz. Hrsg. von Klaus-Michael Bogdal und Klaus Holz. Stuttgart 2007. S. 13–35.
Betzler, Lukas u. Manuel Glittenberg: Antisemitismus im deutschen Mediendiskurs: Eine Analyse des Falls Jakob Augstein. Baden-Baden 2015.
Beyer, Robert: „Die Israelis können tun, was sie wollen und haben dafür immer Rückendeckung" – Einseitig kritische Nahostberichterstattung in der deutschen Qualitätspresse. In: Gebildeter Antisemitismus. Hrsg. von Monika Schwarz-Friesel. Baden-Baden 2015. S. 217–240.
Billig, Michael: Freudian Repression: Conversation Creating the Unconscious. Cambridge 1999.
Byford, Jovan: Chapter Four. From Repression to Denial: Responses of the Serbian Orthodox Church to Accusations of Antisemitism. In: Denial and Repression of Antisemitism: Post-Communist Remembrance of the Serbian Bishop Nikolaj Velimirović. Budapest 2008. http://books.openedition.org/ceup/1312 (19.12.2016).
Chiang, Shiao-Yun: 'Well, I'm a lot of things, but I'm sure not a bigot': Positive self-presentation in confrontational discourse on racism. In: Discourse & Society 3 (2010). S. 273–294.
Claussen, Detlev: Grenzen der Aufklärung. Die gesellschaftliche Genese des modernen Antisemitismus. Frankfurt a.M. 2005.
Goffman, Erving: Interaction Ritual: Essays in Face to Face Behavior, Chicago 1967.
Grass, Günter: Was gesagt werden muss. In: Süddeutsche Zeitung (4.4.2012). http://www.sueddeutsche.de/kultur/gedicht-zum-konflikt-zwischen-israel-und-iran-was-gesagt-werden-muss-1.1325809 (19.12.2016).
Habermas, Jürgen: Theorie des kommunikativen Handelns. Band 1. Handlungsrationalität und gesellschaftliche Rationalisierung. Frankfurt a.M. 1995.
Hanson-Easey, Scott u. Martha Augoustinos: Narratives from the neighbourhood: The discursive construction of integration problems in talkback radio. In: Journal of Sociolinguistics 1 (2012). S. 28–55.
Heyder, Aribert, u.a.: Israelkritik oder Antisemitismus? Meinungsbildung zwischen Öffentlichkeit, Medien und Tabus. In: Deutsche Zustände: Folge 3. Hrsg. von Wilhelm Heitmeyer. Frankfurt am Main 2005. S. 144–165.
Hirsch, David: Accusations of Malicious Intent in Debates About the Palestine-Israel Conflict and About Antisemitism. The Livingstone Formulation, „Playing the Antisemitism Card" and Contesting the Boundaries of Antiracist Discourse. In: transversal 1 (2010). S. 47–77.
Jäger, Siegfried: Diskurs und Wissen. Theoretische und methodische Aspekte einer kritischen Diskurs- und Dispositivanalyse. In: Handbuch Sozialwissenschaftliche Diskursanalyse. Band 1. Theorien und Methoden. Hrsg. von Rainer Keller, u.a. Opladen 2001. S. 81–112.
Klug, Brian: The Collective Jew: Israel and the New Antisemitism. Patterns of Prejudice 2 (2003). S. 117–138.
Kováts, Eszter u. Maari Po˜im: Gender as Symbolic Glue: The Position and Role of Conservative and Far-right Parties in the Anti-gender Mobilizations in Europe. Brussels 2015. http://library.fes.de/pdf-files/bueros/budapest/11382.pdf (19.12.2016).

Krell, Gert u. Harald Müller: Noch ein Krieg im Nahen Osten? Zum misslungenen Anstoß von Günter Grass zu einer überfälligen öffentlichen Debatte. Frankfurt am Main 2012. http://nbn-resolving.de/urn:nbn:de:0168-ssoar-314498 (19.12.2016).

Leifert, Stefan: Ein politisches Statement hat sich ein Gefäß gesucht: Das ZDF heute-journal zum israelkritischen Gedicht. ZDF Heute-Journal (4.4.2012). http://webdatenbank.grass-medienarchiv.de/receive/ggrass_mods_00001844 (16.12.2016).

Mayring, Philipp: Einführung in die qualitative Sozialforschung: eine Anleitung zu qualitativem Denken. Weinheim 1996.

Merton, Robert K. und Patricia Kendall: Das fokussierte Interview. In: Qualitative Sozialforschung. Hrsg. von Christel Hopf u. Elmar Weingarten. Stuttgart 1993. S. 171–204.

Pollock, Friedrich: Gruppenexperiment. Ein Studienbericht. Frankfurt 1955.

Potter, Jonathan: Representing Reality: Discourse, Rhetoric and Social Construction. London 1996.

Ranc, Julijana: Eventuell nicht gewollter Antisemitismus: Zur Kommunikation antijüdischer Ressentiments unter deutschen Durchschnittsbürgern. Münster 2016.

Rensmann, Lars: Demokratie und Judenbild. Antisemitismus in der politischen Kultur der Bundesrepublik Deutschland. Wiesbaden 2004.

Rensmann, Lars u. Julius H. Schoeps: Antisemitismus in der Europäischen Union: Einführung in ein neues Forschungsfeld. In: Feindbild Judentum. Antisemitismus in Europa. Hrsg. von dies. Berlin 2008. S. 9–42.

Salzborn, Samuel: Israelkritik oder Antisemitismus? Kriterien für eine Unterscheidung. In: Kirche und Israel. Neukirchener Theologische Zeitschrift 1 (2013).

Schwarz-Friesel, Monika: Gebildeter Antisemitismus, seine kulturelle Verankerung und historische Kontinuität: Semper idem cum mutatione. In: Gebildeter Antisemitismus. Eine Herausforderung für Politik und Zivilgesellschaft. Hrsg. von dies. Baden-Baden 2015. S. 13–34.

Schwarz-Friesel, Monika: Antisemitismus-Leugnung: diskursive Strategien der Abwehr und die emotionale Dimension von aktueller Judenfeindschaft. In: Gebildeter Antisemitismus. Eine Herausforderung für Politik und Zivilgesellschaft. Hrsg. von dies. Baden-Baden 2015. S. 293–312.

van Dijk, Teun A.: Discourse and the Denial of Racism. In: Discourse & Society 1 (1992). S. 87–118.

Zick, Andreas und Beate Küpper: Antisemitische Mentalitäten. Bericht über Ergebnisse des Forschungsprojektes Gruppenbezogene Menschenfeindlichkeit in Deutschland und Europa. Expertise für den Expertenkreis Antisemitismus, Berlin. Bielefeld 2011. http://www.bagkr.de/wp-content/uploads/kuepper_zick_antisemitismus_2011.pdf (19.12.2016).

Matthias Jakob Becker
Antiisraelische Schuldprojektionen als Schlüssel zum positiven Selbstbild

Israel perspektiviert als Wiederkehr europäischer Verbrechen in linksliberalen Leserkommentaren

1 Linguistische Beiträge zur Analyse von Antisemitismus

In diesem Artikel gehe ich der Frage nach, wie israelbezogener Antisemitismus[1] sprachlich vermittelt wird. In diesem Rahmen interessieren mich insbesondere jene Analogien, mittels welcher einerseits der Staat Israel dämonisiert wird, andererseits es zu einer Stärkung des jeweiligen nationalen Selbstbildes kommt.

Verbal-Antisemitismus kann sich – wie jede Form von Hassrede[2] – durch vulgären Sprachgebrauch (beispielsweise in Form von Beleidigungen und Drohungen sowie mittels Schimpfwörtern) auszeichnen. Äußerungen aus dem rechtsextremen Spektrum oder aus dem *Stürmer* der NS-Zeit mögen hier als Beispiele herangezogen werden.[3] Allerdings können Schreiber_innen[4] eine Abwertung von Jüd_innen ebenso implizit vermitteln, indem sie auf indirekte Sprech-

---

1 Zur Abgrenzung israelbezogenen Antisemitismus' von Israelkritik siehe Schwarz-Friesel, Monika u. Jehuda Reinharz: Die Sprache der Judenfeindschaft im 21. Jahrhundert. Berlin, New York 2013. S. 194–243. Siehe auch Sharansky, Natan: 3D Test of Antisemitism. Jerusalem 2005.
2 Unter Hassrede „wird im Allgemeinen der sprachliche Ausdruck von Hass gegen Personen oder Gruppen verstanden, insbesondere durch die Verwendung von Ausdrücken, die der Herabsetzung und Verunglimpfung von Bevölkerungsgruppen dienen", siehe Meibauer, Jörg (Hrsg.): Hassrede/ Hate speech. Interdisziplinäre Beiträge zu einer aktuellen Diskussion. Gießen 2013, S. 1.
3 Siehe Hortzitz, Nicoline: Die Sprache der Judenfeindschaft. In: Antisemitismus. Vorurteile und Mythen. Hrsg. von Julius Schoeps u. Joachim Schlör. 2. Aufl. München 1996. S. 19–40; Hortzitz, Nicoline: Die Sprache der Judenfeindschaft in der frühen Neuzeit (1450–1700). Untersuchungen zu Wortschatz, Text und Argumentation. Heidelberg 2005; Eitz, Thorsten u. Georg Stötzel: Wörterbuch der „Vergangenheitsbewältigung". Die NS-Vergangenheit im öffentlichen Sprachgebrauch. Bd. 1 u. 2. Hildesheim 2007 und 2009; Schwarz-Friesel/Reinharz, Sprache.
4 Im Folgenden werde ich lediglich auf Schreiber_innen und Leser_innen referieren, auch wenn beispielhaft mündliche Äußerungen besprochen werden.

akte[5] zurückgreifen. Über Schlussfolgerungsprozesse können Leser_innen die verdeckten Inhalte der Äußerungen entschlüsseln. Dieser Aspekt ist gerade bei der Auseinandersetzung mit Antisemitismus in Deutschland von hoher Relevanz: Aufgrund der präzedenzlosen NS-Verbrechen wurden – zumindest in weiten Teilen der Öffentlichkeit – judenfeindliche Äußerungen tabuisiert. Es entwickelte sich im Zuge einer Kommunikationslatenz (also der Vermeidung offen gezeigten Antisemitismus')[6] ein Repertoire, mit welchem Judenfeindschaft implizit kommuniziert wird: intentional oder unintentional realisierte kommunikative Manöver, mit denen etwaige, aus expliziten Hassbekundungen potenziell folgende Sanktionen umgangen werden. Zu diesem Repertoire gehören neben den genannten indirekten Sprechakten auch Paraphrasen und Metaphern sowie implizite Vergleiche, die der Dämonisierung dienen. Diese Phänomene werden von der linguistischen Disziplin der Pragmatik untersucht.[7] Konkrete Formen der Dämo-

---

[5] Über indirekte Sprechakte sagen Schreiber_innen x, meinen jedoch y. Die Funktion der Äußerung kann nicht allein der grammatischen Ebene entnommen werden. Beispielsweise sind rhetorische Fragen grammatisch gesehen Fragen – aus pragmatischer Perspektive dienen sie indes dazu, die Meinung der/des Schreibers/-in zu unterstreichen. So betont die rhetorische Frage *Haben die Juden nun schon wieder etwas an der Politik der Deutschen auszusetzen?* die Meinung der/des Schreibers/-in, gemäß der zum einen Jüd_innen und Deutsche zwei verschiedene Gruppen darstellen, zum anderen (vermittelt durch das Lexem *wieder*) Jüd_innen wiederholt Kritik üben und sich kontinuierlich beschweren würden. Die/der Schreiber_in kann sich gegen den Vorwurf, antisemitische Stereotype reproduziert zu haben, wehren, indem darauf verwiesen wird, dass lediglich eine Frage gestellt wurde. Der zusätzliche Sinngehalt muss über die Kompetenz der Leserschaft erschlossen werden (siehe Schwarz-Friesel/Reinharz, Sprache, S. 37. Siehe auch Wagner, Franc: Implizite sprachliche Diskriminierung als Sprechakt. Lexikalische Indikatoren impliziter Diskriminierung in Medientexten. Tübingen 2001).
[6] Siehe Bergmann, Werner u. Rainer Erb: Kommunikationslatenz, Moral und öffentliche Meinung. Theoretische Überlegungen zum Antisemitismus in der Bundesrepublik Deutschland. In: Kölner Zeitschrift für Soziologie und Sozialpsychologie 38 (2/1986). S. 223–246.
[7] Zur Klärung dieser pragmalinguistischen Begriffe (u. a. vor dem Hintergrund des Antisemitismus), die an dieser Stelle aufgrund von Platzgründen nicht vorgenommen werden kann, siehe Grice, Herbert P.: Logic and Conversation. In: Syntax and Semantics. Vol. 3. Speech Acts. Hrsg. von Peter Cole u. Jerry L. Morgan. New York 1975. S. 41–58; Meibauer, Jörg: Rhetorische Fragen. Tübingen 1986; Meibauer, Jörg: Pragmatik. Eine Einführung. Tübingen 2001; Meibauer (Hrsg.): Hassrede/Hate speech; Lennon, Paul: Die Rolle von Anspielungen in britischen Zeitungstexten. In: ZfAL 34, 2001. S. 5–25; Wagner: Diskriminierung; Pérennec, Marie-Hélène: Nazi-Vergleiche im heutigen politischen Diskurs. Von den Gefahren falscher Analogien. LYLIA 16, 2008; Schwarz-Friesel, Monika: Explizite und implizite Formen des Verbal-Antisemitismus in aktuellen Texten der regionalen und überregionalen Presse (2002–2010) und ihr Einfluss auf den alltäglichen Sprachgebrauch. In: Judenfeindschaft und Antisemitismus in der deutschen Presse über fünf Jahrhunderte. Erscheinungsformen, Rezeption, Debatte und Gegenwehr, Bd. 2. Hrsg. von Michael Nagel u. Moshe Zimmermann. Bremen 2013. S. 993–1008; Schwarz-Friesel/Reinharz, Sprache.

nisierung fallen zwar weg – dennoch werden entsprechende Äußerungen beim Verstehensprozess antisemitischer Haltungen an Leser_innen weitergegeben. Quantitative Erhebungen können gegenwärtige Ausprägungen jener andeutungsreichen, sich permanent aktualisierenden Rede nicht vollständig einfangen – sie müssen insofern *nach* einer qualitativen Analyse durchgeführt werden. Im Rahmen Letzterer können Forscher_innen implizit vermittelte Hassrede erfassen und antisemitischen Sprachgebrauch jenseits rechtsextremer sowie islamistischer Milieus untersuchen.[8]

2 Forschungsprojekt zu *Zeit*- und *Guardian*-Leserkommentaren

Meine Untersuchung, die sich auf die qualitative Inhaltsanalyse stützt, fokussiert ebendiesen implizit vermittelten israelbezogenen Antisemitismus: teils elaborierte, vermeintlich kritische Äußerungen, die auf fundiertem Wissen und moralischer Integrität der Schreiber_innen zu gründen scheinen, jedoch antisemitische Stereotype und verzerrende Analogien sprachlich kodieren.[9]

---

8 Im Zeitalter des Internet kann freilich nicht mehr davon ausgegangen werden, dass klare Abgrenzungen in Bezug auf den Sprachgebrauch politisch divergierender Gruppen vorgenommen werden können. Vielmehr lassen politisch extremistische Webseiten erkennen, dass sich Versatzstücke des Ideologievokabulars beispielsweise linker Antizionist_innen in Äußerungen rechter Antisemit_innen wiederfinden. Aufgrund der Spezifika des Internet, Anonymität zu gewährleisten und Radikalisierungstendenzen durch Zugänglichkeit zu verstärken, kann davon ausgegangen werden, dass auch auf Webseiten des Mainstreams explizite antisemitische Hassrede Einzug hält. Siehe Schwarz-Friesel, Monika: „Juden sind zum Töten da" (studivz.net, 2008). Hass via Internet – Zugänglichkeit und Verbreitung von Antisemitismen im World Wide Web. In: Sprache und Kommunikation im technischen Zeitalter. Wieviel Internet (v)erträgt unsere Gesellschaft? Hrsg. von Konstanze Marx u. Monika Schwarz-Friesel. Berlin, New York 2013. S. 213–236.
9 Der Artikel fasst neue Ergebnisse aus meiner Dissertation zusammen, die sich (in Übereinstimmung mit dem Artikelthema) mit israelfeindlichen und geschichtsrelativierenden Analogien beschäftigt. Die sprachlichen Besonderheiten bei der Etablierung dieser Analogien habe ich anhand von mehr als 6.000 Leserkommentaren auf den Webseiten der Medien *Zeit* und des *Guardian* qualitativ ausgewertet. Es handelt sich um vier Subkorpora: pro Medium zwei Diskurse, die sich jeweils auf die israelischen Militäroperationen *Pillar of Defense* (14. – 22. November 2012) und *Protective Edge* (08. Juli – 26. August 2014) beziehen. Ich habe alle in diesen Phasen von beiden Medien veröffentlichten Artikel berücksichtigt. Aus Platzgründen kann hier keine Auflistung der Artikel und URL-Adressen erfolgen. Diese wird mit der Publikation der o. g. Dissertation vorgelegt (siehe Becker, Matthias J.: Entlastungsantisemitismus linksliberaler Couleur – Israel-Hass in den Kommentarspalten von *The Guardian* und *Die Zeit*. In: Gebildeter Antisemi-

Mein Fokus auf diese Äußerungen entspricht der Auswahl der Untersuchungskorpora:[10] Es handelt sich um Leserkommentare auf den Webseiten von *Zeit* und *Guardian*. Beiden Medien kommt die Reputation zu, aufgrund ihrer linksliberalen Grundhaltung sowie ihrer Ausrichtung an eine gebildete Leserschaft ausgewogen und frei von rassistischen und antisemitischen Anschauungen zu berichten. Die politische Position der Medien ist für die Analyse von Leserkommentaren von Relevanz, da davon auszugehen ist, dass zwischen dem jeweiligen Medium und dem Großteil seiner Leserschaft eine gewisse Übereinstimmung hinsichtlich politischer Einstellungen vorliegt, zur Informationsbeschaffung wenden sich Internet-Nutzer selektiv bestimmten Angeboten zu. Demnach können Haltungen, die vom Medium vertreten werden, in der Leserschaft als weitestgehend akzeptiert gelten.[11]

Dass dennoch, trotz dieser Nähe und teils abweichend von besagter Übereinstimmung in den Leserkommentaren antisemitische Äußerungen ausfindig gemacht werden, ist indes nicht verwunderlich. Antisemitische Haltungen können sowohl in gebildeten[12] sowie linken[13] Milieus auftreten. Antisemitismus be-

---

tismus. Eine Herausforderung für Politik und Zivilgesellschaft. Hrsg. von Monika Schwarz-Friesel. Baden-Baden 2015. S. 117–134; Becker, Matthias, J.: Analogien der „Vergangenheitsbewältigung". Projektionen von historischen Verbrechen auf Israel in Leserkommentaren der Zeit und des Guardian. Doktorarbeit, Technische Universität, Berlin 2017).

10 Unter Korpora sind Textdaten zu verstehen, die in einem bestimmten zeitlichen Rahmen zu einem bestimmten Thema zusammengestellt und strukturiert werden (siehe Scherer, Carmen: Korpuslinguistik. Heidelberg 2006; Schwarz-Friesel, Reinharz, Sprache). Die Korpuslinguistik verfolgt das Ziel, über die Untersuchung von Korpora als „Ausschnitt einer sprachlichen Gesamtheit" (Scherer, Korpuslinguistik, S. 5) Aussagen über die Sprache/den Sprachgebrauch treffen zu können.

11 Ein mit den eigenen Ansichten korrespondierender, selektiver Gebrauch des Internet kann eine Verengung der Weltsicht zur Folge haben. In Bezug auf das Internet sprechen die Kommunikationswissenschaften von dem Phänomen der *Echokammern* und meinen damit die Tendenz, „sich mit Gleichgesinnten zu umgeben und sich dabei gegenseitig in der eigenen Position zu verstärken" (siehe Berger, Jens: Willkommen in der Echokammer – Politische Debatten in Zeiten des Internet. NachDenkSeiten. Die kritische Webseite. 2015). Zur selektiven Wahrnehmung von Inhalten im politischen Diskurs siehe Schmitt-Beck, Rüdiger: Wähler unter Einfluss. Massenkommunikation, interpersonale Kommunikation und Parteipräferenz. In: Politikvermittlung und Demokratie in der Mediengesellschaft. Beiträge zur politischen Kommunikationskultur. Hrsg. von Ulrich Sarcinelli. Opladen 1998. S. 297–325; Winterhoff-Spurk, Peter: Medienpsychologie. Eine Einführung. 2. Aufl. Stuttgart 2004.

12 Siehe Rensmann, Lars: Demokratie und Judenbild. Antisemitismus in der politischen Kultur der Bundesrepublik Deutschland. Wiesbaden 2004; Schwarz-Friesel, Monika, Evyatar Friesel u. Jehuda Reinharz (Hrsg.): Aktueller Antisemitismus – ein Phänomen der Mitte. Berlin/New York 2010; Schwarz-Friesel/Reinharz, Sprache.

gleitet europäische Gesellschaften seit nunmehr zwei Jahrtausenden; er ging ursprünglich nie von den Rändern der Gesellschaft aus.[14] Dieser Befund gilt auch für die Gegenwart – auch wenn Antisemitismus, seit jeher vielgestaltig reproduziert, heute indirekt und somit salonfähig sowie primär in Bezug auf Israel kommuniziert wird. Dem Anspruch der gebildeten ‚Mitte' der Gesellschaft, frei von abwertenden und/oder ausgrenzenden Denkmustern zu sein, kann diese Arbeit mittels einer detaillierten Analyse von milieuspezifischen Kommentaren widersprechen.

Die Textsorte Web-Kommentar ist bei korpus- und kognitionslinguistischen Studien zu Antisemitismus bisher vernachlässigt worden, was zum einen mit der Neuheit des Untersuchungsgegenstandes, zum anderen mit der Komplexität von Web-Kommunikation und der Schwierigkeit, alle relevanten Informationen (Dialogizität, Intertextualität) in einem Korpus zu integrieren und bei der Analyse zu berücksichtigen, zusammenhängen mag.[15] Diese Hürden zu überwinden lohnt sich jedoch für die Forschung, da mit der Analyse dieser Textsorte Erkenntnisse zu aktuellen Einstellungsmustern (und ihren Verbalisierungen) in der Gesellschaft erarbeitet werden können. Web-User_innen passen ihren Sprachgebrauch, mit dem sie ihre Einstellungen vermitteln, den (in Fußnote 8 genannten) Kommunikationsspezifika des Internet und dem daraus resultierenden Rückgang sozialer Kontrolle an. Qualitative Untersuchungen können klären, wie gegenwärtige Trends hinsichtlich des Sprachgebrauchs in einem bestimmten Diskurs verlaufen. Im vorliegenden Falle: Durch welche Charakteristika zeichnet sich der chiffrierte Verbal-Antisemitismus aus? Werden mittlerweile (bedingt durch Anonymität und gegenseitiger Bestärkung) Stereotype gar wieder zunehmend explizit vermittelt? Und wie lassen sich die inhaltlichen Dimensionen gegenwärtiger Judenfeind-

---

13 Siehe Kloke, Martin: Israel und die deutsche Linke. Zur Geschichte eines schwierigen Verhältnisses. Frankfurt am Main 1990; Wistrich, Robert S.: From Blood Libel to Boycott. Changing Faces of British Antisemitism. Jerusalem 2011; Shindler, Colin: Israel and the European Left. Between Solidarity and Delegitimization. London 2012; Globisch, Claudia: Radikaler Antisemitismus. Inklusions- und Exklusionssemantiken von links und rechts in Deutschland. Wiesbaden 2013; Rich, Dave: The Left's Jewish Problem. Jeremy Corbyn, Israel and Anti-Semitism. London 2016; Fine, Robert u. Philip Spencer: The Antisemitism and the Left. On the Return of the Jewish Question. Manchester 2017.
14 Siehe Hortzitz: Judenfeindschaft; Hortzitz: Judenfeindschaft in der frühen Neuzeit; Wistrich: From Blood Libel; Schwarz-Friesel/Reinharz, Sprache.
15 Kognitionslinguistische Analysen zu antisemitischen Sprachgebrauchsmustern im deutschsprachigen Web 2.0 werden seit Oktober 2014 an der TU Berlin im Rahmen des dreijährigen DFG-Projektes „Antisemitismus im Internet" unter Prof. Monika Schwarz-Friesel durchgeführt. In diesem Projekt geht es um Leserkommentare in der Qualitätspresse, aber auch um Facebook-Postings, Tweets u. a. Forenbeiträge.

schaft beschreiben? Gerade letzte Frage ist insofern von Relevanz, als im Kontext israelbezogenen Antisemitismus' davon auszugehen ist, dass es zu einer Aktualisierung von Stereotypen im Einklang mit gegenwärtig akzeptierten politisch-moralischen Positionierungen kommt.

3 Die Analogie als Ausdruck von Israelhass und Geschichtsrelativierung

In meinem Forschungsprojekt stehen jene Sprachgebrauchsmuster im Vordergrund, mittels derer eine bestimmte Form von Analogien etabliert werden. Über selbige projizieren deutsche sowie britische Schreiber_innen jene Verbrechen auf den jüdischen Staat, die Angehörige der jeweiligen nationalen Wir-Gruppe in der Vergangenheit verübten.

Zur terminologischen Klärung: *Analogie* meint ein Äquivalenzverhältnis zwischen zwei auf der mentalen Ebene befindlichen Konzepten. Sie ist Grundlage für die Realisierung eines Vergleichs auf der sprachlichen Ebene, die wiederum bei Leser_innen konzeptuell eine entsprechende Analogie aktiviert. Die Aktivierung kann allerdings nicht nur durch einen expliziten Vergleich zwischen Israel und dem eigenen Land, sondern auch mittels impliziter Vergleiche erfolgen, bei denen Leser_innen die angedeutete Äquivalenzsetzung erschließen müssen. Im nächsten Abschnitt werde ich Auszüge aus den *Zeit-* und *Guardian*-Korpora zur Erläuterung dieser Sprachgebrauchsmuster vorstellen.

Die von *Zeit-* als auch *Guardian*-Leser_innen vorgenommenen Äquivalenzsetzungen zwischen dem eigenen Land in der Vergangenheit und dem heutigen jüdischen Staat sind brisant, da es sich in den jeweiligen Bezügen um Phasen historischen Unrechts handelt: im Falle deutscher Schreiber_innen die NS-Zeit, im Falle britischer Schreiber_innen die Ära britischen Kolonialismus zu Zeiten des Empire.[16] Beide historische Phasen werden im untersuchten Diskurs abgelehnt und stehen einer uneingeschränkt positiven Wahrnehmung der eigenen Nation entgegen.

Inwiefern sind Äußerungen, die in diesem Kontext Analogien etablieren, indes antisemitisch und geschichtsrelativierend? Zur Beantwortung dieser Frage müssen die Funktionen solcher Äquivalenzsetzungen reflektiert werden: Zum

---

16 Sprachliche Realisierungen der NS-Analogie kommen in den *Zeit*-Korpora 2012 in 6,3 Prozent, 2014 in 13,7 Prozent der jeweils untersuchten 1.500 Kommentare vor. In Bezug auf die *Guardian*-Korpora konnte ich Kodierungen von Empire- und Kolonialismus-Analogien 2012 in 13,2 Prozent, 2014 in 15,3 Prozent der untersuchten Leserkommentare erfassen.

einen wird Israel *dämonisiert*. Die Unterstellung, es sei bzw. handle wie der NS-Staat stellt angesichts der NS-Verbrechen eine umfassende Abwertung und Ausgrenzung des jüdischen Staates dar. Israel als expansionistischen Kolonialstaat zu perspektivieren, wie Großbritannien einer war, wirkt nicht nur verzerrt, sondern ignoriert die Ursachen der Gründung Israels sowie die Genese des Nahostkonfliktes. Zum anderen kommt es zu einer *Relativierung* historischer Verbrechen. Zwar werden diese in den Kommentaren problematisiert – allerdings wird der Fokus auf die Behauptung gelegt, Israel begehe heute jene in der Geschichte des eigenen Landes vorliegenden Verbrechen.[17]

3.1 Funktion und Ausprägung der NS-Analogie in den *Zeit*-Korpora

Aus pragmalinguistischer Perspektive muss bei der Untersuchung von Sprachgebrauch gefragt werden: Wer spricht? Auch wenn diese Frage in Bezug auf die Web-Kommunikation in vielen Fällen nicht beantwortet werden kann, gestattet ein Blick auf die Sprachkompetenz sowie die Inhalte des Kommentars zu bestimmen, welcher Sprach- und Kulturgemeinschaft die/der Schreiber_in angehört. Die NS-Analogie wird weltweit etabliert – und nicht nur in Äußerungen, in denen es um Israel geht.[18] Im Falle deutscher Schreiber_innen gilt indes zu beachten, dass (neben der Dämonisierung und Relativierung, die sich unabhängig von nationaler Zugehörigkeit ergeben) eine weitere Funktion vorliegt:

Der Holocaust stellt für Deutsche das zentrale Hindernis für einen positiven Bezug zur eigenen Nation dar; die deutsche Vergangenheit wird als teils persönliche Last empfunden, die eine Normalität verunmögliche.[19] Durch einen Vergleich zwischen der NS-Vergangenheit Deutschlands und der Gegenwart Is-

---

17 Hier sei unterstrichen, dass hinsichtlich Natur und Umfang der Verbrechen zwischen NS-Deutschland und dem Britischen Empire selbstverständlich maßgebliche Unterschiede vorliegen und dass die von mir vorgenommene kontrastive Betrachtung keineswegs historisches Unrecht gleichsetzen soll. Die Vergleichbarkeit der auf beide Szenarien referierenden kommunikativen Phänomene liegt in der Präsenz der Szenarien im kollektiven Gedächtnis, im gesellschaftlichen Umgang mit selbigen sowie in den Funktionen besagter Äquivalenzsetzungen.
18 Hinsichtlich Gebrauch der NS-Analogie international siehe Godwin, Mike: Meme, Countermeme. In: Wired Magazine. 1994; in Bezug auf Beliebtheit in Deutschland siehe Seitz, Norbert: Nicht ohne meinen Nazi. In: *Die Zeit* 52/2002.
19 Siehe Buss, Eugen: Die Identität der Deutschen. Eine repräsentative Studie im Auftrag der Identity Foundation. 2009; Schmidt-Denter, Ulrich: Die Deutschen und ihre Migranten. Ergebnisse der europäischen Identitätsstudie. Beltz Juventa 2011; Piwoni, Eunike: Nationale Identität im Wandel. Deutscher Intellektuellendiskurs zwischen Tradition und Weltkultur. Wiesbaden 2012.

raels wird zum einen implikatiert[20], dass ein Bewusstsein hinsichtlich der NS-Verbrechen herrsche. Schreiber_innen legen nahe, man habe aus den Verbrechen in der Geschichte gelernt. Zum anderen sei man sensibilisiert für gegenwärtige Verbrechen, die entsprechende Assoziationen auslösen würden. Aus einer vermeintlich verantwortungsbewussten Problematisierung folgt die Infragestellung der Singularität der NS-Verbrechen. Damit einher geht – ob intendiert oder nicht – die kollektive (und damit individuelle) *Entlastung* sowie die Stärkung des nationalen Selbstbildes. Exkulpations- und Identifikationsbedürfnisse (bezüglich der eigenen Nation) können somit Befriedigung erfahren.

In der Antisemitismusforschung wird besagte Äquivalenzsetzung als Ausprägung des Post-Holocaust-Antisemitismus betrachtet, als Täter-Opfer-Umkehr, die besagt: Die Opfer von damals sind die Täter von heute. Esther Schapira und Georg H. Hafner verwenden zur Beschreibung dieser Projektion den Begriff *Entlastungsantisemitismus*.[21]

Die Entlastungsfunktion als Nebenprodukt israelfeindlichen Sprachgebrauchs ist umso brisanter angesichts gegenwärtig ablaufender Renationalisierungstendenzen. Dies macht den Diskurs zum Nahostkonflikt, sobald es um deutsche Selbstwahrnehmung und Nationalstolz geht, zu einem bedeutsamen Ventil der ‚Vergangenheitsbewältigung'.

Im Folgenden werde ich Beispiele präsentieren, die strukturelle Besonderheiten des Sprachgebrauchs zur Etablierung der NS-Analogie demonstrieren.

---

20 Eine *Implikatur* zu bilden bedeutet, Schreiber_innen *implikatieren* etwas. Das tatsächlich Gemeinte wiederum können Leser_innen mit Hilfe ihres Kontext- und Weltwissens *inferieren*, d. h. erschließen. Schwarz-Friesel u. Reinharz beschreiben Implikaturen wie folgt: „Implikaturen sind nicht explizit formulierte, aber über den Inhalt der Äußerung im Kontext erschließbare Bedeutungen. Da es sich hierbei um rein mentale Schlussfolgerungen handelt, können sie vom Sprachproduzenten annulliert bzw. zurückgezogen werden, wenn eine brisante Situation entsteht. Der Produzent verweist dann auf das wörtlich Gesagte (und leugnet das kognitiv zu Rekonstruierende)" Schwarz-Friesel/Reinharz, Sprache, S. 38; siehe auch Grice, Logic.
21 Siehe Schapira, Esther u. Georg M. Hafner: Entlastungsantisemitismus in Deutschland. In: Neu-alter Judenhass. Antisemitismus, arabisch-israelischer Konflikt und europäische Politik. Hrsg. von Klaus Faber, Julius H. Schoeps u. Sacha Stawski. 2. Aufl. Berlin 2007. S. 73–83. Der Begriff Entlastungsantisemitismus wird in der Antisemitismusforschung allerdings bereits von Hermann Bott eingeführt, um auf die entlastende Argumentation innerhalb des deutschen Rechtsextremismus hinzuweisen, der NS-Verbrechen leugnet und im selben Atemzug Jüd_innen die Schuld am Holocaust zuweist (siehe Bott, Hermann: Die Volksfeind-Ideologie. Zur Kritik rechtsradikaler Propaganda. Stuttgart 1969. S. 108; zu diesem Phänomen siehe auch Rensmann: Demokratie und Judenbild; Pörksen, Bernhard: Die Konstruktion von Feindbildern. Zum Sprachgebrauch in neonazistischen Medien. 2. Aufl. Wiesbaden 2005; Schwarz-Friesel/Reinharz, Sprache; Botsch, Gideon: Von der Judenfeindschaft zum Antisemitismus. Ein historischer Überblick. In: Aus Politik und Zeitgeschichte, Heft 28–30/2014. S. 10–17.

Diese sind als Folge des Spannungsfeldes zwischen gewünschter (da Entlastung versprechender) Sagbarkeit entsprechender Äquivalenzsetzungen und dem Tabu, diese Ausprägung des Post-Holocaust-Antisemitismus zu bedienen, zu verstehen.

Analogie durch Vergleiche

Im gesamten *Zeit*-Korpus habe ich ausschließlich einmal einen expliziten Vergleich zwischen den Täterkonzepten ISRAEL und NS-DEUTSCHLAND erfassen können.[22] Es wird einer der Auslöser der Operation *Protective Edge*, die Entführung der drei israelischen Jugendlichen, thematisiert und behauptet, dass das Handeln Netanjahus mit jenem der Nazis vergleichbar sei:

> (1) Tatsache ist, dass Netanjahu den Tod dieser drei israelischen Siedler ähnlich instrumentalisiert hat, wie einst die Nazis die Ermordung des Diplomaten v. Rath durch Hershel Grünspan in Paris. (Leserkommentar, *Die Zeit*, 03.08.2014)

Herschel Grynszpan erschoss 1938 in Paris den NS-Diplomaten Ernst vom Rath. Das Attentat bot dem NS-Regime den Vorwand, die Reichspogromnacht vom 9. November 1938 durchzuführen. Der Modalitätsvergleich (referierend auf das *Handeln* und nicht auf das *Sein*) bezieht sich auf die Instrumentalisierung von Vorfällen zugunsten eigener politischer Ziele. Gemäß Schreiber_in würden folglich politische Praxen des israelischen Premiers jenen der Nationalsozialisten ähneln. Die Leserschaft kann inferieren (siehe Fußnote 20), dass die sich anschließende Militäroperation Pogromcharakter aufgewiesen habe, für die lediglich ein Anlass gesucht wurde.

Ungleich häufiger liegen in den Korpora implizite Vergleiche vor, durch welche Israel mehrere Handlungen und/oder Zustände unterstellt werden, die Sachverhalte in NS-Deutschland darstellten. Schreiber_innen verzichten hierbei auf den für explizite Vergleiche charakteristischen Junktor *wie*. Die vermeintli-

---

[22] Der Terminus *Täterkonzept* soll freilich nicht nahelegen, dass es sich bei NS-Deutschland und Israel um vergleichbare Entitäten handele. Es geht vielmehr um eine Operationalisierung entsprechender Rollenzuweisungen, wie sie in den von Kommentator_innen hervorgebrachten Äußerungen verbalisiert (teils auch angedeutet) werden. Auf ebendiese Weise ist die Verwendung des Terminus *Opferkonzept* (JUDEN und PALÄSTINENSER) zu verstehen. Sobald es sich um Phänomene auf der konzeptuellen, also nicht-sprachlichen Ebene handelt, werden diese in Übereinstimmung mit kognitionslinguistischen Konventionen über KAPITÄLCHEN markiert.

chen Parallelen können schließlich zum Paralogismus[23] führen, dass Israel über die genannten Aspekte hinaus NS-Deutschland gleiche:

> (2) Israel liefert Nahrungsmittel nach Gaza. [...] Hitler seine Gefolgsleute brachten auch Nahrung in die KZs. Einzäunen tat man damals, sowie Israel heute, geschmuggeld wurde damals wie heute. Auch damals ging es um rassistische Motive, darum geht es auch heute.... Wo ist der einzige Unterschied? Die Ermordung von Leuten wird heutzutage den Opfern in die Schuhe geschoben und nicht dem Täter. Dies ist ein grosser Unterschied, welcher die Sache nicht besser macht. (Leserkommentar, *Die Zeit*, 25.07.2014)

Auch wenn ein Vergleich an keiner Stelle explizit wird, erhärtet die Aneinanderreihung von Argumenten (sich auf Einzelaspekte beziehenden Modalitätsvergleichen) die NS-Analogie. Diese wird zudem gestärkt durch den wiederholten Gebrauch des Adverbs *auch*. Vermittelt durch die rhetorische Frage *Wo ist der einzige Unterschied?* wird final implikatiert, es handele sich bei den aufgezählten Argumenten um offenkundige, nicht hinterfragbare und das gesamte Dasein Israels umfassende Gemeinsamkeiten.

Analogie durch Anspielungen

Eine typische Form der implizit vermittelten NS-Analogie ist die Anspielung.[24] Diese kann über Lexeme erfolgen, die auf mit dieser Phase deutscher Geschichte assoziierte Personen, Orte, Handlungen etc. Bezug nehmen, ohne die NS-Zeit als solche zu explizieren (beispielsweise *Goebbels, KZ, Ghetto, Sondereinheiten*).

Der Rückgriff auf NS-Vokabular als Unterform dieser Anspielungen zeichnet sich durch ebendiese Charakteristika aus. Allerdings kommt hinzu, dass nicht mehr auf das historische Szenario neutral verweisende Lexeme Verwendung finden – stattdessen rekurrieren Schreiber_innen auf einen Sprachgebrauch, durch welchen nationalsozialistisch begründeter Rassenwahn und Vernichtungswunsch häufig euphemistisch, in jedem Falle aber affirmativ perspektiviert wird. Mit diesem Rekurs unterstellen sie, Israelis würden einer dem Nationalsozialismus vergleichbaren Weltanschauung folgen. Entsprechender Sprachgebrauch bleibt insofern nicht auf rechtsextreme Webseiten beschränkt – auch im

---

[23] Paralogismen sind Trugschlüsse, welche die Form einer echten Schlussfolgerung nachahmen (siehe Pérennec, Marie-Hélène: Nazi-Vergleiche im heutigen politischen Diskurs. Von den Gefahren falscher Analogien. LYLIA 16, 2008. S. 7–8; Schwarz-Friesel/Reinharz, Sprache, S. 285).
[24] Zu Anspielungen in Medien siehe Lennon, Paul: Die Rolle von Anspielungen in britischen Zeitungstexten. In: ZfAL 34 (2001). S. 5–25.

Zeit-Kommentarbereich tauchen dem Nationalsozialismus entlehnte euphemistische Komposita wie *Endlösung* und *Palästinenserfrage* oder auch Schlagwörter wie *Volk und Vaterland* oder *Volk ohne Raum* auf:

> (3) die Juden [...] streben auch die totale Vernichtung des palästinensischen Terrors an. Dann haben sie bestimmt auch mehr Lebensraum im Osten ... äh ... Nordwesten. (Leserkommentar, *Die Zeit*, 09.08.2014)

Der NS-Euphemismus *Lebensraum*, der sich auf den Generalplan Ost bezieht, ist ein gängiger Auslöser für die Etablierung der NS-Analogie. Politische Praxen Israels seien gemäß Schreiber_in folglich mit der NS-Expansionspolitik vergleichbar. Neben der unzulässigen präsupponierten Gleichsetzung von Jüd_innen und Israelis veranschaulicht die in voller Länge ausgeführte, folglich intendierte Korrektur des Schlagwortes *Lebensraum im Osten* eine vermeintliche Rücknahme, durch welche die Aufmerksamkeit der Leserschaft auf besagte Äquivalenzsetzung allerdings noch gesteigert wird.

Schreiber_innen können auch über floskelhafte, teils standardisierte Formulierungen auf die NS-Zeit verweisen, ohne konkrete Bezüge zu verbalisieren. Durch die Präsenz der NS-Verbrechen im kollektiven Gedächtnis kann die Leserschaft entsprechende Äußerungen als Anspielungen auf besagte Phase entschlüsseln:

> (4) hier scheint niemand was aus den dunklen Zeiten lernen zu wollen. (Leserkommentar, *Die Zeit*, 21.07.2014)
> (5) Es ähnelt einem Vorgang aus unserer Geschichte wieder. (Leserkommentar, *Die Zeit*, 02.08.2014)

Anhand vorgestellter Beispiele lässt sich erkennen, dass die NS-Analogie sprachlich auf vielfältige Weise etabliert werden kann. Der weitaus größte Teil kommt durch Paralogismen sowie besonders durch Anspielungen zustande. Die in den *Zeit*-Korpora erkennbare Präsenz impliziter Vergleiche bestätigt die Brisanz entsprechender Äquivalenzsetzungen sowie die Existenz des oben genannten Spannungsfeldes. In diesem Punkt unterscheiden sich *Zeit*-Leserkommentare von *Guardian*-Kommentaren, in welchen Schreiber_innen den Rekurs auf den britischen Kolonialismus auf weniger elaborierte Weise vornehmen.

3.2 Funktion und Ausprägung von Empire- und Kolonialismus-Analogien in den *Guardian*-Korpora

Bislang wurde der Terminus *Entlastungsantisemitismus* allein zur Beschreibung eines spezifisch deutschen Phänomens verwendet.[25] Die untersuchten *Guardian*-Korpora weisen indes auf vergleichbare kommunikative Phänomene hin. In den von mir untersuchten Korpora führen Schreiber_innen die Vergangenheit des eigenen Landes, genauer: die Ära des britischen Empire problematisierend an und setzen Israels Dasein und Praxen mit letzterem in ein Äquivalenzverhältnis.

Der in den Kommentaren feststellbare negative Bezug zur kolonialen Geschichte Großbritanniens ist an sich bereits ein auffälliges Phänomen. Der britischen Gesellschaft sind Gefühle wie Stolz auf das eigene Land und dessen Geschichte nicht fremd. 43 Prozent gaben bei einer *Yougov*-Umfrage an, dass das Empire etwas Gutes gewesen sei, und 44 Prozent meinten, man könne auf den britischen Kolonialismus stolz sein.[26] Die kritische Perspektive auf diese Ära, wie sie in der Rede vom ehemaligen Premier David Cameron in Pakistan im Jahre 2011 zum Ausdruck kam, wurde von den Mainstream-Medien mehr oder weniger explizit zurückgewiesen.[27] Der britische Kolonialismus – so der Konsens – führte zu einer Verbesserung der Lebensverhältnisse nicht nur im Mutterland, sondern

---

25 Siehe Bott, Die Volksfeind-Ideologie; Pörksen, Die Konstruktion; Schapira/Hafner, Entlastungsantisemitismus; Schwarz-Friesel/Reinharz, Sprache; Botsch, Judenfeindschaft.
26 Siehe *Guardian*-Artikel vom 20.01.2016 „Empire state of mind – why do so many people think colonialism was a good thing?".
27 Cameron löste mit seiner Rede vom 05.04.2011, in der es hieß: „As with so many of the problems of the world, we are responsible for their creation in the first place" (*Telegraph*, 05.04. 2011), einen Sturm der Entrüstung aus. Das mediale Echo bestand in unzähligen Artikeln, deren Titel zwischen Kritik suggerierenden rhetorischen Fragen („Is Britain really responsible for the world's problems?, *Mirror*, 07.04.2011), Vorhaltungen („Sorry, but it's not right to apologise", *Telegraph*, 05.04.2011) und Imperativen („Do stop apologising, Dave: How the PM feels compelled to knock Britain abroad", *Daily Mail*, 08.04.2011) schwankten. Es kam teils auch zu Erörterungen von Pro- und Kontra-Argumenten wie in den Artikeln „Is Britain to blame for many of the world's problems?" (*BBC*), „A world of troubles – all made in Britain?" (*Independent*, 07.04.2011) und „How much is Britain to blame for problems in its former colonies?" (*The Guardian*, 08.04.2011). Dass es sich um ein eine Debatte handelte, die schon vor diesem Medienereignis geführt wurde, zeigt ein *Daily Mail*-Artikel vom 02.08.2010 mit dem Titel „Stop saying sorry for our history: For too long our leaders have been crippled by a post-imperial cringe". Auch dort tritt man der mittels „bescheiden" negativ evaluierten Haltung Camerons im Umgang mit den ehemaligen Kolonien ablehnend gegenüber. Diese Auseinandersetzungen weisen darauf hin, wie sensibel dieses Thema, wie umkämpft die Bewertung des Empire ist. In den Debatten bringen sich nicht nur Journalisten, sondern auch und gerade Politiker und Wissenschaftler maßgeblich ein.

auch in seinen Kolonien.[28] Der mediale Mainstream Großbritanniens lässt sich zum Großteil als politisch konservativ beschreiben – der *Guardian* hingegen fällt mit seiner Thematisierung britischer Verbrechen und einer daraus resultierenden Kritik an uneingeschränktem Nationalstolz heraus. Historiker_innen, die zu den Verhältnissen in Indien, Kenia oder in Rhodesien zu Zeiten des Empire forschen oder die Folgen britischer Einflussnahme auf das Mandatsgebiet in Palästina, auf die südafrikanische Apartheid oder auf die Teilung Pakistan-Indien beleuchten, wird in diesem Medium ein Forum geboten. Im Zuge dessen eröffnet sich der Leserschaft eine neue, gegebenenfalls verdrängte Perspektive auf die Geschichte des eigenen Landes.[29] Die oben erwähnte Übereinstimmung zwischen Medium und Leserschaft hinsichtlich politischer Verortung voraussetzend, kann davon ausgegangen werden, dass letztere die kritische Perspektive des Mediums auf die koloniale Vergangenheit teilt.

Genau an dieser Stelle sehe ich im Kommunikationsverhalten dieses Milieus eine Parallele zu Deutschland hinsichtlich der in Kapitel 3.1 vorgestellten Ausformung israelbezogenen Antisemitismus'. In Deutschland setzt sich der Entlastungsantisemitismus aus drei Faktoren zusammen: das Wissen um einen institutionalisierten Antisemitismus in der Geschichte des eigenen Landes, der in der Shoah gipfelte (Faktor 1), das Bedürfnis, sich von der mit den NS-Verbrechen verbundenen Last loszusagen (Faktor 2) und schließlich die teils über antisemitische Stereotype vermittelte Ablehnung des israelischen Staates (Faktor 3).

Im Verhältnis zur deutschen Geschichte liegen antisemitische Verbrechen in der britischen Geschichte kaum vor. In Großbritannien konnte sich lange Zeit, bis zwischen den beiden Weltkriegen, die Herausbildung eines organisierten Antisemitismus nicht durchsetzen.[30] Zudem wies der britische Kolonialismus keinen

---

28 Siehe *YouGov*-Umfrage vom Januar 2016.
29 Zu nennen sind an dieser Stelle insbesondere die Aktivitäten der Harvard-Geschichtsprofessorin Caroline Elkins, die mit „Imperial Reckoning: The Untold Story of Britain's Gulag in Kenya" von 2005 sowie ihrem beim *Guardian* veröffentlichten Artikel „Britain has said sorry to the Mau Mau. The rest of the empire is still waiting" vom 07. Juni 2013 die britischen Verbrechen in British Kenya thematisierte und eine weitreichende Debatte auslöste. Siehe auch den Artikel von Shashi Tharoor „,But what about the railways …?' The myth of Britain's gifts to India" (*The Guardian*, 08.03.2017).
30 Siehe Terwey, Susanne: Moderner Antisemitismus in Großbritannien 1899–1919. Über die Funktion von Vorurteilen sowie Einwanderung und Nationale Identität. Würzburg 2006, S. 237; Whine, Michael: The Liberal Tradition and Unholy Alliances of the Present. Antisemitism in the United Kingdom. In: Politics and Resentment. Antisemitism and Counter-Cosmopolitanism in the European Union. Hrsg. von Julius H. Schoeps u. Lars Rensmann. Leiden/Boston 2011, S. 307; Cardaun, Sarah K.: Countering Contemporary Antisemitism in Britain. Government and Civil Society Responses between Universalism and Particularism. Boston 2015, S. 37.

Antisemitismus als ideologische Leitlinie auf. Insofern entfällt der erste Faktor. Trotz dieser divergierenden Ausgangsbedingungen lässt sich heute in Großbritannien ein israelbezogener Antisemitismus in Politik und Medien ausfindig machen (Faktor 3). Es sind insbesondere die *Labour*-Partei[31] sowie linksgerichtete Medien wie der *Guardian*,[32] in deren Äußerungen die Kriterien des israelbezogenen Antisemitismus erfüllt werden. Ihnen wird hingegen wenig Widerstand entgegengesetzt.[33] Der Umgang des linken Milieus mit Israel fällt zusammen mit einer distanzierenden Perspektive auf die eigene Kolonialgeschichte und dem Bedürfnis, sich von der historischen Last, die aus der Ära expansionistischen und rassistischen Kolonialismus' erwächst, zu befreien (Faktor 3). Aus dieser Gemengelage konstituiert sich die britische Ausprägung eines israelbezogenen Antisemitismus im Kontext einer Entlastungsargumentation. Die Ablehnung richtet sich gegen jenes Land, welches mittels Attributen *jüdisch* und *kolonialistisch* abgewertet wird.

In akademischen Debatten wird der Einwand formuliert, dass bei Israels Politik – im Gegensatz zu den Verzerrungen, die mit der NS-Analogie einhergehen – von einer Herrschaftsform gesprochen werden könne, die diverse Parallelen zum europäischen Kolonialismus aufweise. Osterhammel, dessen Forschungsschwerpunkt der britische Kolonialismus in Asien ist, schreibt hinsichtlich einer Einordnung israelischer Praxen: „[Die Herrschaft] Israels in den 1967 besetzten Gebieten mit palästinensischer Bevölkerungsmehrheit weis[t] Merkmale von Ko-

---

31 Siehe Iganski, Paul u. Barry Kosmin: A New Antisemitism? Debating Judeophobia in 21st-Century Britain. London 2003; Hirsh, David: Anti-Zionism and Antisemitism. Cosmopolitan Reflections. New Haven 2007; Julius, Anthony: Trials of Diaspora. A History of Anti-Semitism in England. Oxford 2010; Wistrich, Robert S.: A Lethal Obsession. Anti-Semitism from Antiquity to the Global Jihad, New York 2010; Wistrich: Blood Libel; Kushner, Tony: Anti-Semitism in Britain. Continuity and the Absence of a Resurgence? In: Racialization and Religion. Race, culture and Difference in the Study of Antisemitism and Islamophobia. Hrsg. von Nasar Meer. Ethnic and Racial Studies 36, (2013). S. 434–449; Rich, The Left's Jewish Problem.
32 Siehe Shindler, Colin: Reading the Guardian. Jews, Israel, Palestine and the Origins of Irritation. In: Jews, Muslims and Mass Media. Hrsg. von Tudor Parfitt u. Yulia Egorova. London, New York 2004; Sela, Hadar: Anti-Zionist and Antisemitic Discourse on The Guardian's Comment is Free Website. 07.06.2010; Whine, Liberal Tradition.
33 Natürlich soll an dieser Stelle nicht der Antisemitismus der britischen Rechten (insbesondere der British National Party) oder islamistischer Gruppierungen relativiert werden. Dennoch ist der Antisemitismus der Linken wirkmächtiger, was die potenzielle Entfaltung im Mainstream angeht. Ein linkes Weltbild mit tendenziell kapitalismuskritischen Standpunkten ist im gebildeten Milieu Großbritanniens nicht unpopulär. Es stellt insofern – falls verzahnt mit israelfeindlichen Ideologemen – eine ungleich größere Herausforderung dar als der explizit rassistische Antisemitismus im rechtsextremen und islamistischen Milieu.

lonialismus auf, ohne daß von vollentfalteten Systemen kolonialer Herrschaft gesprochen werden könnte".[34]

Osterhammel bezieht sich hier auf die Folgen des Sechstagekrieges, nicht auf das israelische Kernland. Israels Siedlungspolitik im Westjordanland wird häufig als Beleg für Expansionismus herangezogen. Ohne die Folgen für Palästinenser_innen relativieren zu wollen, ist es entscheidend, diese (ebenso wie israelische Militäroperationen) aus der Genese des Nahostkonfliktes heraus zu verstehen.

Im israelfeindlichen Diskurs wird dem Land indes vorgeworfen, die Kriterien eines Kolonialstaates vollumfänglich zu erfüllen – eine Zuweisung, welche die Ursachen für die Gründung Israels, die über zwei Jahrtausende während Verfolgung von Jüd_innen ignoriert. Israel entstand nicht aus einem Streben nach Expansion und Ausbeutung. Weder ist Israel als ein koloniales Mutterland oder eine Kolonie im Nahen Osten zu verstehen, noch folgen seine Praxen einem kolonialistischen Weltbild.[35] Israel auf ebendiese Weise zu perspektivieren, berücksichtigt weder die kontinuierliche Präsenz des Antisemitismus in Europas Geschichte, noch sieht sie die akute Gefahr der Vernichtung, mit der sich Israel seit seinem Bestehen in der Region konfrontiert sieht.

Im Folgenden werde ich Auszüge aus den *Guardian*-Korpora präsentieren, um die Spezifika des Sprachgebrauchs bei der Etablierung von Empire- und Kolonialismus-Analogien herauszustellen.

Analogie durch Vergleiche

Im ersten hier vorgestellten Beispiel wird von der/dem *Guardian*-Kommentator_in ein über „sounds like" abgeschwächter Modalitätsvergleich zwischen israelischen Militäroperationen und den vom Empire durchgeführten Einsätzen gezogen:

> (6) The current military action sounds like something the British Empire would shamelessly do in 19th century. (Leserkommentar, *The Guardian*, 18.11.2012)

---

[34] Siehe Osterhammel, Jürgen: Kolonialismus. Geschichte, Formen, Folgen. 6. Aufl. München 2009, S. 123.

[35] Hinsichtlich der Frage, ob Israel als Kolonialstaat zu verstehen ist, siehe Gelber, Yoav: The Disease of „Post-Zionism". Some Basic Issues of the Zionist/Post-Zionist Controversy. Post-Zionism and Anti Zionism. Zioncon Blogspot. 08.07.2007; Sternberg, Yitzhak: The Colonialism/Colonization Perspective on Zionism/Israel. In: Handbook of Israel. Major Debates. Hrsg. von Eliezer Ben-Rafael, Julius H. Schoeps, Yitzhak Sternberg, Olaf Glöckner. Berlin 2016. S. 823–847.

Neben dem Vergleich bewertet die/der Schreiber_in britische Praxen der Vergangenheit mit dem Adverb *schamlos*. Im Zuge der Äquivalenzsetzung wird diese Evaluation auch auf Israel übertragen. Durch die am Ende des Kommentars vermittelte Proposition *in 19th century* wird zudem implikatiert, Israel sei als rückständig zu beschreiben. Es greife auf eine politische Praxis zurück, die in Großbritannien im 19. Jahrhundert üblich gewesen sei. Unrecht im Rahmen britischer Großmachtpolitik wird durch die Zeitangabe als nachrangig bewertet und damit relativiert.

Im nächsten Beitrag wird auf die britische Wir-Gruppe verwiesen und selbige im Kontext kolonialer Praxen negativ evaluiert. Daran anschließend werden diese Praxen als Begründung für eine gegenwärtige Unterstützung Israels durch Großbritannien angeführt:

> (7) We have an enormous amount of experience stealing land from natives and are highly skilled at destroying the culture, language and spirit of the same. Some people here have told me that we invented the detention camp. Within our major cities we are adept at bigotry and excluding them from the larger society. [...] Maybe that's why my government supports Israel. (Leserkommentar, *The Guardian*, 15.08.2014)

Neben dem Bezug auf die Wir-Gruppe werden Aspekte britischer Geschichte referiert: die Erwähnung kolonialer Praxen („stealing land from natives", „destroying the culture, language and spirit") sowie die Äußerung „we invented the detention camp", die als Anspielung auf den Zweiten Burenkrieg zwischen Südafrika und Großbritannien zu verstehen ist. Die Empire-Analogie wird final durch „Maybe that's why my government supports Israel" gestärkt. Basierend auf dieser Behauptung kann inferiert werden, dass korrespondierende Auffassungen bei beiden Staaten vorliegen, dass von Israel ebendiese, an das Empire erinnernde Praxen ausgehen würden.

Analogie durch Anspielungen

Auch in den *Guardian*-Korpora werden geschichtsbezogene Analogien über Anspielungen etabliert, die Referenzen auf Handlungen und Ideologien (*colonialism, colonial power, land grab, expansionism*), auf Orte (*British Kenya, British India*), jedoch auch auf Völker (*Mau Mau*) und bekannte Akteure enthalten, die sich gegen Kolonialismus zur Wehr setzten. Die Anspielungen verweisen u. a. auf den Kolonialismus als solchen, doch werden im Kontext Lexeme verwendet, die sich auf Spezifika und den Machtbereich des British Empire beziehen. Des Weiteren können britische Schreiber_innen aufgrund erwähnter Präsenz der Ära des British Empire im kollektiven Gedächtnis bei Wortfolgen wie *European colonial power* problemlos Szenarien britischen Kolonialismus' erschließen (ähnlich wie im deutschen Kontext bei Lexemen wie *Ghetto* oder *Vernichtungskrieg* primär die NS-Zeit aktiviert wird). Basierend auf der Perspektivierung Israels als anachronistischer Kolonialmacht wird dessen Existenzrecht infrage gestellt:

> (8) It's the last surviving European colonial project in the Third World founded on the expropriation of the land of the indigenous inhabitants. Like all other such projects it too will die. The sooner, the better. (Leserkommentar, *The Guardian*, 01.12.2012)

Im Rahmen einer Dichotomisierung des Nahostkonfliktes werden Palästinenser_innen als *indigenous* dargestellt und damit präsupponiert, dass allein sie rechtmäßige Bewohner_innen dieser Region seien:

> (9) The European Jewish colonists are the foreigners here. And they do not have the right to self-detemination at the expense of the indigenous (not ‚foriegn') Arab population. (Leserkommentar, *The Guardian*, 18.11.2012)

Moralische Autoritäten wie der indische Widerstandskämpfer Mahatma Gandhi werden rechtfertigend angeführt, um die Terrororganisation Hamas als eine antikoloniale Freiheitsbewegung zu reklassifizieren. Damit deuten Schreiber_innen zudem an, dass sich die Wahrnehmung des Mainstreams hinsichtlich der Rollen im Nahostkonflikt und ihrer Bewertungen mit der Zeit verschieben kann:

> (10) Mahatma Gandhi was once declared a terrorist by the British Parliament. Nelson Mandela was once denounced as a communist terrorist by his critics. [...] Draw your own conclusions. (Leserkommentar, *The Guardian*, 10.08.2014)

Interessant ist hierbei, dass Schreiber_innen, die auf die Person Gandhi verweisen, dies auch dann tun, wenn sie die Gewaltanwendung von palästinensischer Seite problematisieren, ohne dabei eine Dämonisierung Israels vorzunehmen. Sie empfehlen Palästinensern/-innen gewaltfreien Widerstand:

> (11) Can someone explain (without swear words or abusing me) why Hamas won't try non violent resistance to achieve their aims? It worked for Ghandi. [...] Why does it have to be rockets rockets rockets at civilians all the time? (Leserkommentar, *The Guardian*, 15.11.2012)

Auch wenn hier Kritik am Terror der Hamas geübt wird, stellt allein die Nennung Gandhis eine Anspielung auf das Empire dar. Es erfolgt die Aktivierung eines Szenarios, in welchem sich ein Freiheitskampf gegen eine übermächtige Kolonialmacht richtete. Israel wird über diese Anspielung implizit mit dem Empire in der Phase der Entkolonisierung verglichen.

Die Sprachverwendungsmuster, mit denen Empire- und Kolonialismus-Analogien etabliert werden, demonstrieren, dass Schreiber_innen einen Vergleich zwischen den Täterkonzepten besonders auf der Handlungsebene ziehen. Wenn nicht vom Empire die Rede ist, so wird auf die britische Wir-Gruppe und/oder auf die von selbiger ausgegangenen kolonialen Praxen verwiesen. Häufig spielen Schreiber_innen auf die Ära des Empire durch Orte kolonialer Herrschaft (besonders Indien und Teile Afrikas) sowie Akteure an. Die Wahrnehmung Israels als Kolonialstaat ist dermaßen tief verankert, dass Analogien auch dann etabliert werden, wenn Terror und Streben nach Auslöschung Israels auf palästinensischer Seite problematisiert werden. Gerade letztgenannter Aspekt müsste in seiner antisemitischen Ausrichtung verdeutlichen, wie wenig sich das Szenario des Nahostkonflikts für Vergleiche mit Kolonialismus und Dekolonisation eignet. Hieran wird ersichtlich, wie sehr Sprachgebrauchskonventionen offenkundige Widersprüche überdecken können.

4 Fazit

Die Perspektivierung des Nahostkonfliktes mittels sprachlicher Etablierung von Analogien weist eine besondere Stellung innerhalb des israelbezogenen Antisemitismus auf. Israel wird nicht nur dämonisiert (wie es auch bei der Reproduktion antisemitischer Stereotype der Fall ist) – eine zusätzliche und zentrale Rolle spielt der relativierend-entlastende Umgang mit der eigenen Geschichte. Der israelfeindliche Diskurs kann demnach unterstützend auf die Möglichkeit der Identifikation mit der nationalen Wir-Gruppe einwirken.

Die Ergebnisse meiner qualitativen Inhaltsanalyse des *Zeit*-Diskurses veranschaulichen, welches Repertoire indirekten (und dennoch von der Leserschaft erschließbaren) Sprachgebrauchs aus dem Spannungsfeld zwischen Entlastung versprechender Referenz auf die NS-Zeit (durch Täter-Opfer-Umkehr) und teils gesellschaftlicher, insbesondere milieuspezifischer Tabuisierung von NS-Vergleichen entstanden ist.

In Großbritannien ist die Perspektive auf die Geschichte als gegensätzlich zu bezeichnen. Die Ablehnung (britischen) Kolonialismus', wie sie sich im *Guardian* mitteilt, verbindet sich mit einer Ablehnung Israels und führt zur Etablierung von Analogien, die den jüdischen Staat mit dem Empire gleichsetzen und dadurch auf die nationale Wir-Gruppe entlastend wirken. Präsenz und Akzeptanz dieser Analogien innerhalb des linksliberalen Mainstream-Diskurses drohen, aufgrund des wohlfeilen Eintretens für Menschenrechte sowie gegen Rassismus und Ausbeutung (als aktuelles und damit im gesellschaftlichen Bewusstsein präsentes Unrecht) ein zentraler Aspekt eines milieuübergreifenden israelfeindlichen Diskurses zu werden. Äquivalenzsetzungen dieser Art können insofern aufgrund ihrer Anschlussfähigkeit und gesellschaftlichen Sagbarkeit zu einer größeren Herausforderung in Bezug auf Israelhass werden als jene, welche die NS-Analogie etablieren.

Literaturverzeichnis

BBC: Is Britain to blame for many of the world's problems? BBC, 07.04.2011. http://www.bbc.com/news/magazine-12992540 (20.12.2016).

Becker, Matthias J.: Entlastungsantisemitismus linksliberaler Couleur – Israel-Hass in den Kommentarspalten von *The Guardian* und *Die Zeit*. In: Gebildeter Antisemitismus. Eine Herausforderung für Politik und Zivilgesellschaft. Hrsg. von Monika Schwarz-Friesel. Baden-Baden 2015. S. 117–134.

Becker, Matthias, J.: Analogien der „Vergangenheitsbewältigung". Projektionen von historischen Verbrechen auf Israel in Leserkommentaren der *Zeit* und des *Guardian*. Doktorarbeit, Technische Universität, Berlin 2017, Baden-Baden, im Druck.

Berger, Jens: Willkommen in der Echokammer – Politische Debatten in Zeiten des Internet. NachDenkSeiten. Die kritische Webseite. 2015. http://www.nachdenkseiten.de/?p=28235 (15.01.2017).

Bergmann Werner u. Rainer Erb: Kommunikationslatenz, Moral und öffentliche Meinung. Theoretische Überlegungen zum Antisemitismus in der Bundesrepublik Deutschland. In: Kölner Zeitschrift für Soziologie und Sozialpsychologie 38 (2/1986), S. 223–246.

Betzler, Lukas u. Manuel Glittenberg: Antisemitismus im deutschen Mediendiskurs. Eine Analyse des Falls Jakob Augstein. Baden-Baden 2015.

Botsch, Gideon: Von der Judenfeindschaft zum Antisemitismus. Ein historischer Überblick. In: Aus Politik und Zeitgeschichte, Heft 28–30 (2014). S. 10–17.

Bott, Hermann: Die Volksfeind-Ideologie. Zur Kritik rechtsradikaler Propaganda. Stuttgart 1969.

Buss, Eugen: Die Identität der Deutschen. Eine repräsentative Studie im Auftrag der Identity Foundation. 2009. https://www.uni-hohenheim.de/qisserver/rds?state=medialoader&objectid=4060&application=lsf (15.09.2016).

Cardaun, Sarah K.: Countering Contemporary Antisemitism in Britain. Government and Civil Society Responses between Universalism and Particularism. Boston 2015.

Dahlgreen, Will: Rhodes must not fall. Yougov, 18.01.2016. https://yougov.co.uk/news/2016/01/18/rhodes-must-not-fall (11.12.2016).

Eitz, Thorsten u. Georg Stötzel: Wörterbuch der „Vergangenheitsbewältigung". Die NS-Vergangenheit im öffentlichen Sprachgebrauch. Bd. 1 u. Bd. 2. Hildesheim 2007.

Elkins, Caroline: Imperial Reckoning. The Untold Story of Britain's Gulag in Kenya. New York 2005.

Elkins, Caroline: Britain has said sorry to the Mau Mau. The rest of the empire is still waiting. The Guardian, 07.06.2013. https://www.theguardian.com/commentisfree/2013/jun/06/britain-maumau-empire-waiting (20.12.2016).

Fine, Robert u. Philip Spencer: The Antisemitism and the Left. On the Return of the Jewish Question. Manchester 2017.
Gelber, Yoav: The Disease of „Post-Zionism". Some Basic Issues of the Zionist/Post-Zionist Controversy. Post-Zionism and Anti Zionism. Zioncon Blogspot. 08.07.2007. http://zioncon.blogspot.de/2007/07/yoav-gelber-disease-of-post-zionism.html (Stand: 19.09.2016).
Globisch, Claudia: Radikaler Antisemitismus. Inklusions- und Exklusionssemantiken von links und rechts in Deutschland. Wiesbaden 2013.
Godwin, Mike: Meme, Counter-meme. In: Wired Magazine. 1994. https://www.wired.com/1994/10/godwin-if-2 (Stand:18.09.2016).
Grice, Herbert P.: Logic and Conversation. In: Syntax and Semantics. Vol. 3. Speech Acts. Hrsg. von Peter Cole u. Jerry L. Morgan. New York 1975. S. 41–58.
The Guardian: Empire state of mind – why do so many people think colonialism was a good thing? The Guardian, 20.01.2016. https://www.theguardian.com/politics/shortcuts/2016/jan/20/empire-state-of-mind-why-do-so-many-people-think-colonialism-was-a-good-thing (11.12.2016).
Hastings, Max: Do stop apologising, Dave: How the PM feels compelled to knock Britain abroad. Daily Mail, 08.04.2011. http://www.dailymail.co.uk/debate/article-1374257/David-Cameron-compelled-knock-Britain-abroad.html (20.12.2016).
Hirsh, David: Anti-Zionism and Antisemitism. Cosmopolitan Reflections. New Haven 2007.
Hortzitz, Nicoline: Die Sprache der Judenfeindschaft. In: Antisemitismus. Vorurteile und Mythen. Hrsg. von Julius Schoeps u. Joachim Schlör. 2. Aufl. München 1996. S. 19–40.
Hortzitz, Nicoline: Die Sprache der Judenfeindschaft in der frühen Neuzeit (1450–1700). Untersuchungen zu Wortschatz, Text und Argumentation. Heidelberg 2005.
Iganski, Paul u. Barry Kosmin: A New Antisemitism? Debating Judeophobia in 21st-Century Britain. London 2003.
Julius, Anthony: Trials of Diaspora. A History of Anti-Semitism in England. Oxford 2010.
Kirkup, James u. Christopher Hope: David Cameron: Britain caused many of the world's problems. The Telegraph, 05.04.2011. http://www.telegraph.co.uk/news/politics/david-cameron/8430899/David-Cameron-Britain-caused-many-of-the-worlds-problems.html (12.01.2017).
Kloke, Martin: Israel und die deutsche Linke. Zur Geschichte eines schwierigen Verhältnisses. Frankfurt am Main 1990.
Kushner, Tony: Anti-Semitism in Britain. Continuity and the Absence of a Resurgence? In: Racialization and Religion. Race, culture and Difference in the Study of Antisemitism and Islamophobia. Hrsg. von Nasar Meer. Ethnic and Racial Studies, Volume 36, Issue 3, 2013. S. 434–449.
Lennon, Paul: Die Rolle von Anspielungen in britischen Zeitungstexten. In: ZfAL 34, 2001. S. 5–25. https://userpages.uni-koblenz.de/~diekmann/zfal/zfalarchiv/zfal34_1.pdf (05.09.2016).
McSmith, Andy: A world of troubles – all made in Britain? The Independent, 07.04.2011. http://www.independent.co.uk/news/world/politics/a-world-of-troubles-ndash-all-made-in-britain-2264328.html (22.12.2016).
Meibauer, Jörg: Rhetorische Fragen. Tübingen 1986.
Meibauer, Jörg: Pragmatik. Eine Einführung. Tübingen 2001.

Meibauer, Jörg (Hrsg.): Hassrede/Hate speech. Interdisziplinäre Beiträge zu einer aktuellen Diskussion. Gießen 2013.

Mirror: Is Britain really responsible for the world's problems? Mirror, 07.04.2011. http://www.mirror.co.uk/news/uk-news/is-britain-really-responsible-for-the-worlds-problems-121015 (15.01.2017).

Oborne, Peter: Cameron in Pakistan: Sorry, but it's not right to apologise. The Telegraph, 05.04.2011. http://www.telegraph.co.uk/news/politics/david-cameron/8430760/Cameron-in-Pakistan-Sorry-but-its-not-right-to-apologise.html (12.12.2016).

Osterhammel, Jürgen: Kolonialismus. Geschichte, Formen, Folgen. 6. Aufl. München 2009.

Pérennec, Marie-Hélène: Nazi-Vergleiche im heutigen politischen Diskurs. Von den Gefahren falscher Analogien. LYLIA 16, 2008. http://langues.univ-lyon2.fr/medias/fichier/perennec-m-h-2008_1417601072211-pdf (01.12.2016).

Piwoni, Eunike: Nationale Identität im Wandel. Deutscher Intellektuellendiskurs zwischen Tradition und Weltkultur. Wiesbaden 2012.

Pörksen, Bernhard: Die Konstruktion von Feindbildern. Zum Sprachgebrauch in neonazistischen Medien. 2. Aufl. Wiesbaden 2005.

Pogrund, Benjamin: Drawing Fire. Investigating the Accusations of Apartheid in Israel. Lanham 2014.

Rensmann, Lars: Demokratie und Judenbild. Antisemitismus in der politischen Kultur der Bundesrepublik Deutschland. Wiesbaden 2004.

Rensmann, Lars: Zion als Chiffre. Modernisierter Antisemitismus in aktuellen Diskursen der deutschen politischen Öffentlichkeit. In: Gebildeter Antisemitismus. Eine Herausforderung für Politik und Zivilgesellschaft. Hrsg. von Monika Schwarz-Friesel. Baden-Baden 2015. S. 93–116.

Rich, Dave: The Left's Jewish Problem. Jeremy Corbyn, Israel and Anti-Semitism. London 2016.

Sandbrook, Dominic: Stop saying sorry for our history: For too long our leaders have been crippled by a post-imperial cringe. Daily Mail, 02.08.2010. http://www.dailymail.co.uk/debate/article-1299111/Stop-saying-sorry-history-For-long-leaders-crippled-post-imperial-cringe.html (20.12.2016).

Schapira, Esther u. Georg M. Hafner: Entlastungsantisemitismus in Deutschland. In: Neu-alter Judenhass. Antisemitismus, arabisch-israelischer Konflikt und europäische Politik. Hrsg. von Klaus Faber, Julius H. Schoeps u. Sacha Stawski. 2. Aufl. Berlin 2007. S. 73–83.

Scherer, Carmen: Korpuslinguistik. Heidelberg 2006.

Schmidt-Denter. Ulrich: Die Deutschen und ihre Migranten. Ergebnisse der europäischen Identitätsstudie 2011.

Schmitt-Beck, Rüdiger: Wähler unter Einfluss. Massenkommunikation, interpersonale Kommunikation und Parteipräferenz. In: Politikvermittlung und Demokratie in der Mediengesellschaft. Beiträge zur politischen Kommunikationskultur. Hrsg. von Ulrich Sarcinelli. Opladen 1998. S. 297–325.

Schwarz-Friesel, Monika: Explizite und implizite Formen des Verbal-Antisemitismus in aktuellen Texten der regionalen und überregionalen Presse (2002–2010) und ihr Einfluss auf den alltäglichen Sprachgebrauch. In: Judenfeindschaft und Antisemitismus in der deutschen Presse über fünf Jahrhunderte. Erscheinungsformen, Rezeption, Debatte und Gegenwehr, Bd. 2., Hrsg. von Michael Nagel u. Moshe Zimmermann. Bremen 2013. S. 993–1008.

Schwarz-Friesel, Monika: „Juden sind zum Töten da" (studivz.net, 2008). Hass via Internet – Zugänglichkeit und Verbreitung von Antisemitismen im World Wide Web. In: Sprache und Kommunikation im technischen Zeitalter. Wieviel Internet (v)erträgt unsere Gesellschaft? Hrsg. von Konstanze Marx u. Monika Schwarz-Friesel. Berlin/New York 2013. S. 213–236.

Schwarz-Friesel, Monika (Hrsg.): Gebildeter Antisemitismus. Eine Herausforderung für Politik und Zivilgesellschaft. Baden-Baden 2015.

Schwarz-Friesel, Monika, Evyatar Friesel u. Jehuda Reinharz (Hrsg.): Aktueller Antisemitismus – ein Phänomen der Mitte. Berlin, New York 2010.

Schwarz-Friesel, Monika u. Jehuda Reinharz: Die Sprache der Judenfeindschaft im 21. Jahrhundert. Berlin/New York 2013.

Seitz, Norbert: Nicht ohne meinen Nazi. In: Die Zeit 52/2002. http://www.zeit.de/2002/52/Nicht_ohne_meinen_Nazi/komplettansicht (01.11.2016).

Sela, Hadar: Anti-Zionist and Antisemitic Discourse on The Guardian's Comment is Free Website. 07.06.2010. http://www.rubincenter.org/2010/06/sela-2010-06-07 (01.10.2016).

Sharansky, Natan: 3D Test of Antisemitism. Jerusalem: The Jerusalem Center for Public Affairs 2005.

Shindler, Colin: Reading the Guardian. Jews, Israel, Palestine and the Origins of Irritation. In: Jews, Muslims and Mass Media. Hrsg. von Tudor Parfitt u. Yulia Egorova. London/New York 2004.

Shindler, Colin: Israel and the European Left. Between Solidarity and Delegitimization. London 2012.

Sternberg, Yitzhak: The Colonialism/Colonization Perspective on Zionism/Israel. In: Handbook of Israel. Major Debates. Hrsg. von Eliezer Ben-Rafael, Ben-Rafael, Eliezer, Julius H. Schoeps, Yitzhak Sternberg, Olaf Glöckner. Berlin 2016. S. 823–847.

Terwey, Susanne: Moderner Antisemitismus in Großbritannien 1899–1919. Über die Funktion von Vorurteilen sowie Einwanderung und Nationale Identität. Würzburg 2006.

Tharoor, Shashi: ‚But what about the railways …?' The myth of Britain's gifts to India. The Guardian, 08.03.2017. https://www.theguardian.com/world/2017/mar/08/india-britain-empire-railways-myths-gifts (09.03.2017).

Wagner, Franc: Implizite sprachliche Diskriminierung als Sprechakt. Lexikalische Indikatoren implizierter Diskriminierung in Medientexten. Tübingen 2001.

Whine, Michael: The Liberal Tradition and Unholy Alliances of the Present. Antisemitism in the United Kingdom. In: Politics and Resentment. Antisemitism and Counter-Cosmopolitanism in the European Union. Hrsg. von Julius H. Schoeps u. Lars Rensmann. Leiden/Boston 2011. S. 307–328.

White, Michael: How much is Britain to blame for problems in its former colonies? The Guardian, 08.04.2011. http://www.theguardian.com/politics/blog/2011/apr/08/britain-imperial-legacy-blame (22.12.2016).

Winterhoff-Spurk, Peter: Medienpsychologie. Eine Einführung. 2. Aufl. Stuttgart 2004.

Wistrich, Robert S.: A Lethal Obsession. Anti-Semitism from Antiquity to the Global Jihad. New York 2010.

Wistrich, Robert S.: From Blood Libel to Boycott. Changing Faces of British Antisemitism. Jerusalem 2011. http://sicsa.huji.ac.il/robert%20pp13.pdf (02.09.2016).

Florian Markl
„Giftiges Natterngezücht"

Antisemitische Argumentationsmuster in der
deutschsprachigen Medienberichterstattung über Israel

Die Judenfeindschaft hat sich im Laufe der Geschichte als eine gleichermaßen persistente wie wandlungsfähige Ideologie erwiesen. Nachdem der religiös geprägte Judenhass der christlich-abendländischen Tradition im Zuge der Durchsetzung der bürgerlichen Gesellschaft vom modernen Antisemitismus abgelöst und nach dem Holocaust um einen Schuldabwehr- oder sekundären Antisemitismus erweitert wurde[1], ist seit einigen Jahren vermehrt von einem ‚neuen Antisemitismus' die Rede, der sich u. a. an Israel festmacht und oftmals zu Auseinandersetzungen darüber führt, „wo legitime Kritik an israelischer Politik aufhört und eine antisemitisch motivierte Ablehnung der Existenz Israels beginnt."[2]

Dieser Wandel lässt sich an den öffentlich geführten Antisemitismus-Debatten der vergangenen zwei Jahrzehnte erkennen. In den 1990er-Jahren entzündeten sich diese noch an der Diskussion über die deutsche Vergangenheit. Nach der Publikation von Daniel Jonah Goldhagens Buch über *Hitlers willige Vollstrecker*[3] ging es in der sogenannten Goldhagen-Debatte um den Antisemitismus „gewöhnlicher Deutscher" und um die Rolle, die dieser für den systematischen Massenmord an den europäischen Juden gespielt hatte.[4] Auch bei der sogenannten Walser-Bubis-Debatte, ausgelöst durch die Dankesrede Martin Walsers für die Verleihung des Friedenspreises des Deutschen Buchhandels in der

---

[1] Zum sekundären Antisemitismus: Rensmann, Lars: Kritische Theorie über den Antisemitismus. Studien zu Struktur, Erklärungspotenzial und Aktualität. Hamburg 1998, S. 231ff.
[2] Rabinovici, Doron, Ulrich Speck u. Natan Sznaider (Hrsg.): Neuer Antisemitismus? Eine globale Debatte. Frankfurt am Main 2004, S. 9.
[3] Goldhagen, Daniel Jonah: Hitlers willige Vollstrecker. Ganz gewöhnliche Deutsche und der Holocaust. Berlin 1996.
[4] Vgl.: Heil, Johannes u. Rainer Erb: Geschichtswissenschaft und Öffentlichkeit. Der Streit um Daniel J. Goldhagen. Frankfurt am Main 1998; Rensmann, Lars: Demokratie und Judenbild. Antisemitismus in der politischen Kultur der Bundesrepublik Deutschland. Wiesbaden 2004, S. 335ff.; Küntzel, Matthias [u. a.]: Goldhagen und die deutsche Linke oder Die Gegenwart des Holocaust. Berlin 1997; Arbeitskreis Goldhagen (Hrsg.): Goldhagen und Österreich. Ganz gewöhnliche ÖsterreicherInnen und ein Holocaust-Buch. Wien 1998.

Frankfurter Paulskirche 1998[5], stand die deutsche Vergangenheit – und der daraus entspringende Schuldabwehr-Antisemitismus – im Zentrum der Diskussion.[6]

Gewiss spielte bei den jüngeren öffentlichen Antisemitismus-Debatten der heutige Umgang mit dem historischen Erbe Deutschlands nach wie vor eine wichtige Rolle, doch entzündeten diese sich nicht an Diskussionen über die nationalsozialistische Vergangenheit, sondern am Thema Israel. Günter Grass lieferte mit seinem im April 2012 in der *Süddeutschen Zeitung* veröffentlichten Gedicht *Was gesagt werden muss* einen Frontalangriff auf den jüdischen Staat, in dem er über einen atomaren Erstschlag Israels gegen den Iran und einen damit einhergehenden Genozid an den Iranern fantasierte und behauptete: „Die Atommacht Israel gefährdet den ohnehin brüchigen Weltfrieden".[7] In Grass' Gedicht ging es nicht um Kritik an der israelischen Regierung, sondern es war „eine mit Pathos vorgetragene, einseitige und pauschale Anklage gegen den Judenstaat und dessen Motive, gepaart mit Verharmlosungen der brutalen iranischen Diktatur und Stilisierungen des winzigen Landes Israel zur ‚Bedrohung für den Weltfrieden'".[8] Die Diskussion über Grass' Anklage Israels ging wenige Monate später in die sogenannte Augstein-Debatte über, die sich an der Aufnahme einiger Zitate des Journalisten Jakob Augstein in die Top Ten-Liste antisemitischer und anti-israelischer Verunglimpfungen 2012 des *Simon Wiesenthal Centers* entzündete.[9]

Offener Antisemitismus gilt als inakzeptabel und wird im medialen Diskurs, von extremistischen Publikationen abgesehen, kaum propagiert. Dagegen blüht die sogenannte Israelkritik. Im Folgenden werden in einem ersten Schritt anhand

---

5 Walser, Martin: Erfahrungen beim Verfassen einer Sonntagsrede. Friedenspreis des Deutschen Buchhandels 1998. Frankfurt am Main 1998.
6 Schirrmacher, Frank (Hrsg.): Die Walser-Bubis-Debatte. Eine Dokumentation. Frankfurt am Main 1999; Naumann, Michael (Hrsg.): „Es muss doch in diesem Land wieder möglich sein ...". Der neue Antisemitismus-Streit. München 2002; Brumlik, Micha [u.a.]: Umkämpftes Vergessen. Walser-Debatte, Holocaust-Mahnmal und neuere deutsche Geschichtspolitik. Berlin 2000; Rensmann, Demokratie und Judenbild, S. 356 ff.
7 Grass, Günter: Was gesagt werden muss. In: *Süddeutsche Zeitung*. 04.04.2012.
8 Rensmann, Lars: Zion als Chiffre. Modernisierter Antisemitismus in aktuellen Diskursen der deutschen politischen Öffentlichkeit. In: Gebildeter Antisemitismus. Eine Herausforderung für Politik und Zivilgesellschaft. Hrsg. von Monika Schwarz-Friesel. Baden-Baden 2015, S. 102.
9 Simon Wiesenthal Center: 2012 Top Ten Anti-Semitic/Anti-Israel Slurs. http://www.wiesenthal.com/atf/cf/%7B54d385e6-f1b9–4e9f-8e94–890c3e6dd277%7D/TT_2012_3.PDF (22.01.2017). Zur Augstein-Debatte: Betzler, Lukas u. Manuel Glittenberg: Antisemitismus im deutschen Mediendiskurs. Eine Analyse des Falls Jakob Augstein. Baden-Baden 2015; Küntzel, Matthias: Die Jakob Augstein-Debatte: eine verpasste Chance. In: Gebildeter Antisemitismus Eine Herausforderung für Politik und Zivilgesellschaft. Hrsg. von Monika Schwarz-Friesel. Baden-Baden 2015. S. 53–92.

einiger gängiger Definitionsversuche Kriterien vorgestellt, wann eine solche Israelkritik die Schwelle zum Antisemitismus überschreitet. Anhand konkreter Beispiele aus deutschsprachigen Medien werden sodann wesentliche Argumentationsmuster dieser antisemitisch aufgeladenen Israelkritik demonstriert: die Übertragung traditionell antisemitischer Motive auf Israel, die Dämonisierung des jüdischen Staates sowie Gleichsetzungen Israels mit dem Nationalsozialismus. Im dritten Schritt wird gezeigt, wie eine de-realisierende Berichterstattung der Dämonisierung und De-Legitimierung Israels das Feld bereitet. Illustriert wird dies u. a. an der Bildersprache, die die mediale Berichterstattung über den Gaza-Krieg 2014 charakterisierte, sowie an Überschriften, mit denen ein verzerrtes Bild auf den israelisch-palästinensischen Konflikt vermittelt wird. Die gewählten Beispiele entstammen der systematischen Medienauswertung, die der Nahost-Thinktank *Mena Watch* seit Ende 2011 durchführt.

Drei Definitionsversuche

Um zwischen legitimer Kritik an israelischer Politik und antisemitisch gefärbter Diffamierung des jüdischen Staates zu unterscheiden, kann auf drei Definitionsversuche zurückgegriffen werden.

Der vermutlich bekannteste ist der sogenannte „3-D-Test für Antisemitismus" des ehemaligen sowjetischen Dissidenten und heute führenden Mitarbeiters der *Jewish Agency for Israel*, Natan Sharansky. Kritik an Israel ist demnach antisemitisch, wenn Israel *dämonisiert* wird, wenn *Doppelstandards* bei der Beurteilung seines Handelns angelegt werden und wenn Israel *delegitimiert*, ihm also die Existenzberechtigung abgesprochen wird.[10]

Oft zitiert wird auch die Arbeitsdefinition Antisemitismus der *Europäischen Stelle zur Beobachtung von Rassismus und Fremdenfeindlichkeit* (EUMC) aus dem Jahre 2005. Darin heißt es, „auch der Staat Israel, der dabei als jüdisches Kollektiv verstanden wird", könne Ziel antisemitischer Angriffe sein.[11] Als Beispiele werden fünf konkrete Punkte angeführt:
- das „Abstreiten des Rechts des jüdischen Volkes auf Selbstbestimmung";
- die „Anwendung doppelter Standards, indem man von Israel ein Verhalten fordert, das von keinem anderen demokratischen Staat erwartet und verlangt wird";

---

10 Vgl. Sharansky, Natan: 3D Test of Anti-Semitism: Demonization, Double Standards, Delegitimization. In: Jewish Political Studies Review 16 (2003). S. 3 f.
11 Vgl. EUMC Arbeitsdefinition Antisemitismus. http://www.antisem.eu/eumc-arbeitsdefinition-antisemitismus/ (22.01.2017).

- das „Verwenden von Symbolen und Bildern, die mit traditionellem Antisemitismus in Verbindung stehen";
- „Vergleiche der aktuellen israelischen Politik mit der Politik der Nationalsozialisten"
- sowie das „Bestreben, alle Juden kollektiv für Handlungen des Staates Israel verantwortlich zu machen".[12]

Der jüngste Definitionsversuch stammt von der *International Holocaust Remembrance Alliance* (IHRA), zu deren Mitgliedern u. a. Deutschland, Österreich sowie weitere 22 EU-Staaten gehören. In ihrer vorläufigen Definition des Antisemitismus wird auch auf Israelkritik eingegangen, die als eine Manifestation des Antisemitismus bezeichnet wird, sofern sie sich von Kritik unterscheidet, wie sie auch an anderen Ländern geübt wird.[13] In den näheren Erläuterungen werden folgende Beispiele für einen derartigen, gegen den jüdischen Staat gerichteten Antisemitismus genannt:
- die Beschuldigung des Volkes der Juden oder des Staates Israel, den Holocaust erfunden zu haben oder ihn zu übertreiben;
- die Beschuldigung jüdischer Bürger, loyaler zu Israel oder zu jüdischen Anliegen zu stehen, als zu denen ihrer jeweiligen Nationen;
- das Bestreiten des Selbstbestimmungsrechts des jüdischen Volkes, z. B. durch die Behauptung, der Staat Israel sei ein rassistisches Unterfangen;
- das Anlegen von Maßstäben an das Verhalten des Staates Israel, die bei keinem zanderen demokratischen Land Verwendung finden („double standards");
- die Verwendung von Symbolen und Bildern aus dem Repertoire des klassischen Antisemitismus (z. B. der Vorwurf des Gottesmordes oder Ritualmordbeschuldigungen), um Israel oder Israelis zu charakterisieren;
- die Gleichsetzung gegenwärtiger israelischer Politik mit jener der Nazis;
- Juden kollektiv für das Handeln des Staates Israel verantwortlich zu machen.

---

12 EUMC Arbeitsdefinition Antisemitismus.
13 International Holocaust Remembrance Alliance: Working Definition of Antisemitism. https://www.holocaustremembrance.com/sites/default/files/press_release_document_antisemitism.pdf (22.01. 2017).

Dieser Definitionsversuch, der von der IHRA im Mai 2016 verabschiedet wurde, hat zuletzt an Bedeutung gewonnen, als die britische Regierung ihn zu der für das Königreich offiziell geltenden Definition des Antisemitismus erklärte.[14]

Übertragung antisemitischer Argumentationsmuster auf Israel

Vergleicht man die drei Definitionsversuche, so sind einige Gemeinsamkeiten augenfällig. Antisemitismus liegt in Bezug auf Israel unzweifelhaft vor, wenn Argumentationsmuster aus dem Repertoire des klassischen Antisemitismus auf den jüdischen Staat übertragen werden.

Ein Beispiel für eine derartige Übertragung antisemitischer Argumentationsmuster auf den Staat Israel bot die *Stuttgarter Zeitung*. Im August 2013 veröffentlichte sie auf ihrer Titelseite eine Karikatur, in der Israels Premier Benjamin Netanjahu zu sehen war, wie er auf einer Parkbank sitzend Brot mit einer Tinktur aus einer Flasche vergiftete, die mit „Siedlungsbau" beschriftet war, um es an eine Taube zu verfüttern, die mit dem Wort „Nahostfriede" markiert war.

Abb. 1: „Geh'n mer Tauben vergiften im Park...", *Stuttgarter Zeitung*, 5. August 2013.

---

14 Walker, Peter: UK adopts antisemitism definition to combat hate crime against Jews. 12.12. 2016. https://www.theguardian.com/society/2016/dec/12/antisemitism-definition-government-combat-hate-crime-jews-israel (22.01.2017).

Das antisemitische Motiv des Brunnenvergifters wurde hier auf den palästinensisch-israelischen Konflikt umgemünzt, um den israelischen Premier als kriegslüsternen Juden darzustellen, der selbst vor hinterhältigem Giftmord nicht zurückschrecke, um Frieden zu verunmöglichen. Diese Reaktivierung des jüdischen Brunnenvergifter-Bildes verschaffte der *Stuttgarter Zeitung* die Aufnahme in die Top-Ten-Liste antisemitischer und anti-israelischer Verunglimpfungen des *Simon Wiesenthal Centers* für das Jahr 2013.[15]

Ein anderes Beispiel für die Übertragung einer klassisch antisemitischen Argumentation auf Israel bot der damalige österreichische Bundespräsident Heinz Fischer im Zuge des Gaza-Krieges im Sommer 2014. Nachdem er dem israelischen Militäreinsatz eine „extreme Unverhältnismäßigkeit"[16] attestiert hatte und ihm daraufhin u. a. vom Vizepräsidenten des Europäischen Jüdischen Kongresses und ehemaligen Vorsitzenden der Israelitischen Kultusgemeinde in Österreich, Ariel Muzicant, „mangelnde Informationen oder doppelte Moral"[17] vorgeworfen worden waren, beschwerte sich Fischer im Interview mit dem *Standard*: „ein Kritikverbot zu verhängen geht nicht".[18]

Angesichts der tagtäglich in Medien praktizierten Israelkritik ist die Vorstellung, es gebe ein Kritikverbot, reine Fantasie, die selbst problematische Aspekte beinhaltet. Denn wie Monika Schwarz-Friesel und Jehuda Reinharz bemerken, bedient die Rede von einem Kritik-Tabu ein „tradiertes judeophobes Klischee", demzufolge Juden so großen Einfluss auf die Presse und den öffentlichen Diskurs ausüben, dass sie willens und in der Lage wären, Kritik an Israel zu unterbinden. „Seine Artikulation stützt somit die verschwörungstheoretisch determinierte Position der Sprachproduzenten, die sich zugleich als Verfechter der Meinungsfreiheit gerieren können." [19] Für Lars Rensmann ist die Vorstellung vom Kritik-Tabu gegenüber Israel gar „ein zentraler Topos des heutigen modernisierten Antisemitismus".[20]

Fischer beließ es allerdings nicht bei der Warnung vor einem Kritik-Tabu, sondern setzte in Hinblick auf den israelisch-palästinensischen Konflikt fort: „Der

---

[15] Simon Wiesenthal Center: 2013 Top Ten Anti-Semitic/Anti-Israel Slurs. http://www.wiesenthal.com/atf/cf/%7B54d385e6-f1b9-4e9f-8e94-890c3e6dd277%7D/TOP-TEN-2013.PDF (22.01.2017).
[16] Zit. nach: Der Gaza-Krieg und Bundespräsident Fischers Unverhältnismäßigkeit. In: Wochenbericht, 18.8. bis 24.8.2014. http://www.mena-watch.com/wochenbericht-18-8-bis-24-8-2014/#WB-25Aug14-2 (22.01.2017).
[17] Muzicant, Ariel: Fischers Israel-Kritik. In: *Der Standard*. 01.09.2014.
[18] Putins Verhalten „ist misstrauensbildend". In: *Der Standard*. 09.09.2014.
[19] Schwarz-Friesel, Monika u. Jehuda Reinharz: Die Sprache der Judenfeindschaft im 21. Jahrhundert. Berlin/Boston 2013, S. 197.
[20] Rensmann, Zion als Chiffre, S. 100.

alttestamentarische Grundsatz Auge um Auge ist überholt und gefällt mir nicht".[21] Seit Jahrhunderten dient der Verweis auf den „alttestamentarischen" Grundsatz „Auge um Auge" als Beleg für eine besondere jüdische Rachsucht. Was in der jüdischen Tradition „Auge für Auge" hieß und für verhältnismäßige finanzielle Entschädigungen für zugefügte Verletzungen stand, wurde von Martin Luther in „Auge um Auge" umgewandelt und sollte Ausdruck davon sein, dass es im jüdischen Glauben und Rechtsverständnis nicht um den Grundsatz der Gerechtigkeit, sondern um Rache gehe.[22]

Präsident Fischer verwendete die Redewendung in genau dem entstellten Sinn, in dem sie seit Luther zur Diffamierung der Juden verwendet wurde, und trieb sie in seinem nächsten Satz noch auf die Spitze: „Aber auf der Basis von ein Auge gegen 100 Augen wird ein Friedensprozess kaum gelingen."[23] Nicht allein das seiner Meinung nach unmoralische Prinzip gefiel Fischer somit nicht, sondern die Israelis würden es in ihrem Verhalten noch hundert Mal vervielfachen und seien dadurch für das Scheitern des Friedensprozesses verantwortlich.

Indem Fischer das israelische Verhalten mit dem Prinzip „Auge um Auge" erklärte, unterstellte er eine jüdische Mentalität, die von Moses bis zu heutigen israelischen Politikern reiche. Als falsch erachtete israelische Politik wird so eben nicht als falsche Politik, sondern als Ergebnis einer spezifisch jüdischen Charaktereigenschaft verurteilt. Der Politik eines Benjamin Netanjahu wird unterstellt, Jahrtausende alten religiösen Grundsätzen zu folgen. Sie ließe sich nicht auf politische oder strategische Überlegungen zurückführen, sondern auf „alttestamentarische" Regeln.

Ob sich Fischer der antisemitischen Tradition bewusst war, an die er anschloss, oder ob er unabsichtlich traditionelle judenfeindliche Klischees auf Israel übertrug, spielt Schwarz-Friesel und Reinharz zufolge keine Rolle: „Auch nicht-intentional produzierte Verbal-Antisemitismen tradieren judenfeindliche Konzeptualisierungen und bewirken den Erhalt von Stereotypen im kulturellen und kommunikativen Gedächtnis."[24]

Präsident Fischer mag das prominenteste Beispiel gewesen sein, er ist aber bei Weitem nicht der Einzige, der sich des antisemitischen „Auge um Auge"-Klischees und dem damit verbundenen Bild der Rachsucht bedient. Dieses findet regelmäßig Eingang in die mediale Berichterstattung, wenn der israelisch-palästinensische Konflikt in eine gewalttätige Phase tritt. So produzierte *Der Spiegel*

---

21 Putins Verhalten.
22 Bollag, David: Antijüdisches Klischee. http://www.hagalil.com/judentum/rabbiner/bollag.htm (22.01.2017).
23 Putins Verhalten.
24 Schwarz-Friesel/Reinharz, Sprache der Judenfeindschaft, S. 202, FN 13.

im April 2002, als Israel fast täglich von palästinensischen Selbstmordattentaten erschüttert wurde, ein Titelbild, auf dem unterhalb des gekreuzigten Jesus u. a. PLO-Chef Jassir Arafat und Israels Premier Ariel Sharon zu sehen waren. Der Titel der Ausgabe lautete: „Auge um Auge. Der biblische Krieg".[25]

Während des Krieges zwischen Israel und der islamistischen Hamas im November 2012 veröffentlichte *Spiegel Online*-Kolumnist Jakob Augstein einen Artikel mit dem programmatischen Titel: „Gesetz der Rache".[26] Der Kommentar Augsteins war einer der Texte, die ihm einen Platz in der vom *Simon Wiesenthal Zentrum* erstellten Top-Ten-Liste antisemitischer und anti-israelischer Verunglimpfungen für das Jahr 2012 einbrachten.[27]

Die Behauptung, im israelisch-palästinensischen Konflikt werde nach dem Grundsatz „Auge um Auge" gehandelt, ist noch in einem weiteren Sinne problematisch. Denn seine Verwendung ebnet den Unterschied zwischen terroristischer Gewalt und dem staatlichen Versuch ein, seine Bürger vor solcher Gewalt zu schützen. Die zahlreichen Selbstmordattentate, die von islamistischen Gruppierungen wie der Hamas, aber auch von der im Westen oftmals als moderat bezeichneten Fatah ausgeführt wurden, richteten sich gezielt gegen die israelische Zivilbevölkerung und stellten damit Kriegsverbrechen dar, die nicht mit dem legitimen Agieren israelischer Sicherheitskräfte auf eine Stufe gestellt werden können – doppelte Standards finden nicht nur Verwendung, wenn Gleiches ungleich, sondern auch, wenn Ungleiches gleich behandelt wird.

Dämonisierung Israels

Neben der Übertragung antisemitischer Argumentationsmuster auf Israel stimmen die drei vorgestellten Definitionsversuche auch darin überein, dass Antisemitismus vorliegt, wenn Israel auf dämonisierende Art und Weise dargestellt wird.

Ein Beispiel dafür bot eine Karikatur, die im Juli 2013 in der *Süddeutschen Zeitung* abgedruckt wurde Neben einem Artikel mit dem Titel „Der Niedergang des liberalen Zionismus", einer Rezension zweier Bücher über Israel, fand sich eine Zeichnung des Künstlers Ernst Kahl, auf der ein grässlich aussehendes Wesen mit spitzen Ohren, Hörnern und Raffzähnen zu sehen war, das mit Messer und Gabel in den Klauen darauf wartet, sein Essen vorgesetzt zu bekommen. Darunter war zu

---

25 Auge um Auge. Der biblische Krieg. In: *Der Spiegel* 15 (2002).
26 Augstein, Jakob: Gesetz der Rache. http://www.spiegel.de/politik/ausland/jakob-augstein-ueber-israels-gaza-offensive-gesetz-der-rache-a-868015.html (22. 01. 2017).
27 Simon Wiesenthal Center: 2012 Top Ten Anti-Semitic/Anti-Israel Slurs.

lesen: „Deutschland serviert. Seit Jahrzehnten wird Israel, teils umsonst, mit Waffen versorgt. Israels Feinde halten das Land für einen gefräßigen Moloch."[28]

Deutschland serviert. Seit Jahrzehnten wird Israel, teils umsonst, mit Waffen versorgt. Israels Feinde halten das Land für einen gefräßigen Moloch. Peter Beinart beklagt, dass es dazu gekommen ist.   ZEICHNUNG: ERNST KAHL

Abb. 2.: „Deutschland serviert", *Süddeutsche Zeitung*, 2. Juli 2013.

Kahl, so muss betont werden, konnte nichts dafür, dass seine Zeichnung von der Redaktion der *SZ* in eine antisemitische Karikatur umfunktioniert wurde, die den „Moloch Israel" illustrieren sollte. Sie hatte ursprünglich weder mit Juden noch mit dem Staat Israel zu tun, sondern wurde für eine Zeitschrift namens *Der Feinschmecker* gezeichnet. Zusammen mit anderen Bildern habe sie zu einem Fundus gehört, aus dem sich die *SZ* bedient habe. Es war die *SZ*-Redaktion, die mit

---

28 Süddeutsche Zeitung. 02.07.2013.

ihrer Bildunterschrift das von Kahl porträtierte gefräßige Monster mit Israel in Verbindung brachte und den jüdischen Staat auf eindeutig dämonisierende Weise darstellte.[29]

Um eine Dämonisierung handelte es sich zweifellos auch, als der Außenpolitik-Chef von Österreichs größter Tageszeitung, Kurt Seinitz von der *Kronen Zeitung*, zu Beginn des Gaza-Krieges 2014 Israelis, die in sogenannten Siedlungen im Westjordanland wohnen, als „giftige(s) Natterngezücht"[30] bezeichnete. In den fünf Jahren, in denen *Mena Watch* systematisch österreichische Medien auswertet, hat Seinitz keine andere Gruppe jemals auf derart herabsetzende und menschenverachtende Weise charakterisiert. Mit Kritik konfrontiert, schrieb Seinitz an das *Jüdische Medienforum* in Wien: „giftschlangen, die einen 15jährigen palästinenser bei lebendigem leib verbrennen, sollten lieber den mund halten."[31] Nachdem eine Gruppe Israelis in Jerusalem einen grausamen Mord begangen hatte, der in Israel großes Entsetzen zur Folge hatte, machte Seinitz also österreichische Juden für diesen Mord verantwortlich und bezeichnete Mitglieder der österreichischen jüdischen Gemeinde als „Giftschlangen", die gefälligst den Mund halten sollten. Der Dämonisierung Israels, die er in seinem *Krone*-Artikel betrieb, folgte im Email-Verkehr offener Antisemitismus.

NS-Gleichsetzungen und der Apartheid-Vorwurf

Eine vor dem Hintergrund der langen Geschichte der antisemitischen Verfolgung sowie des systematischen Massenmordes an den europäischen Juden besonders perfide Form der Dämonisierung des jüdischen Staates stellt die Gleichsetzung israelischer Politik mit der des Nationalsozialismus bzw. der jüdischen Opfer von damals mit heutigen Palästinensern dar.

In ihrer direktesten Form ist diese Form der Dämonisierung mittels Gleichsetzung in einer Karikatur von Petar Pismestrovic zu sehen, die die steirische *Kleine Zeitung* unter dem Titel „Einst und jetzt" veröffentlichte. Auf der linken Seite ist vor dem Hintergrund einer Ruinenlandschaft ein grimmig blickender Soldat mit Hakenkreuz-Armbinde zu sehen, der einem kleinen, eingeschüchterten, einen Davidstern tragenden Jungen gegenübersteht. Demgegenüber zeigt die rechte Seite der Karikatur wiederum Ruinen, vor denen ein nicht minder grimmig

---

29 Vgl. Wuliger, Michael: Gefräßiges Monster Israel. Wie die Süddeutsche Zeitung antisemitischen Spin produziert. 03.07.2013. http://www.juedische-allgemeine.de/article/view/id/16410 (22.01.2017).
30 Seinitz, Kurt: Jüdischer Extremismus ist auch nicht neu. In: *Kronen Zeitung*. 09.06.2014.
31 E-Mail von Kurt Seinitz. 09.07.2014 [Rechtschreibung i. Orig.].

dreinschauender Soldat mit einer Davidstern-Binde am Arm einen kleinen, mit einem Palästinensertuch bekleideten Jungen konfrontiert. Die Botschaft ist unmissverständlich: Was einst die Nazis den Juden angetan hatten, werde nun von Israelis an Palästinensern begangen.

Abb. 3: „Einst und jetzt", *Kleine Zeitung*, 19. Mai 2004.

Nach Kritik, die u. a. vom Präsidenten der Israelitischen Kultusgemeinde Graz an dieser „Verunglimpfung des Staates Israel"[32] vorgebracht wurde, bezeichnete der Chefredakteur des Blattes die Gleichsetzung des NS-Regimes mit Israel zwar als „unzulässigen Vergleich"[33], doch räumte die *Kleine Zeitung* in den folgenden Wochen auf ihren Leserbriefseiten „vermehrt israelkritischen und teils als antisemitisch einzustufenden Kommentaren"[34] breiten Raum ein.

Meinungsumfragen zufolge befindet sich Pismestrovic mit seinem Israel-NS-Vergleich wenn schon nicht in guter, so doch in zahlreicher Gesellschaft. In

---

32 Sonnenschein, Gerard: Protest gegen Verunglimpfung, Leserbrief. In: *Kleine Zeitung*. 20.05. 2014.
33 Zankel, Erwin: Der Chefredakteur antwortet. In: *Kleine Zeitung*. 20.05.2014.
34 Hödl, Klaus u. Gerald Lamprecht: Zwischen Kontinuität und Transformation – Antisemitismus im gegenwärtigen medialen Diskurs in Österreich. In: Antisemitismus, Antizionismus, Israelkritik. Hrsg. von Minerva Institut für deutsche Geschichte. Göttingen 2005, S. 156.

Deutschland stimmten 2008 40 Prozent der Behauptung zu: „Was der Staat Israel heute mit den Palästinensern macht, ist im Prinzip nichts anderes als das, was die Nazis im Dritten Reich mit den Juden gemacht haben." Und über 57 Prozent befürworteten 2010 die Aussage: „Israel führt einen Vernichtungskrieg gegen die Palästinenser."[35]

Bei Jakob Augstein rief der Gazastreifen ebenfalls bestimmte historische Assoziationen hervor: „Die Katastrophe geschieht. Gaza ist ein Ort aus der Endzeit des Menschlichen. 1,7 Millionen Menschen hausen da zusammengepfercht auf 360 Quadratkilometern. Gaza ist ein Gefängnis. Ein Lager."[36] Nicht nur verwendete Augstein für die Beschreibung der Situation im Gazastreifen genau den Begriff, der auf Hebräisch die Bezeichnung für den Massenmord an den europäischen Juden ausmacht – die Katastrophe, Shoah –, das Signalwort „Lager" weckte zusätzlich unweigerlich die Erinnerung an die nationalsozialistischen Konzentrations- und Vernichtungslager.[37]

Eine weitere Variante der Dämonisierung Israels wird vor allem von den Agitatoren der *Boykott, Desinvestition und Sanktionen*-Bewegung (BDS) propagiert, findet aber zunehmend Eingang in den Mainstream-Diskurs. Israel, so der Vorwurf, sei ein auf rassistischer Unterdrückung beruhendes Land, ein Apartheidstaat wie ehedem Südafrika. Diese Assoziation weckte beispielsweise die Journalistin Gudrun Harrer, die mehrfach von einem zukünftigen palästinensischen Staat als einer Ansammlung von ‚Bantustans' sprach, und damit den Begriff verwendete, der in der Apartheid-Ideologie die von Schwarzen bewohnten Homelands bezeichnete.[38]

Sowohl die Gleichsetzung Israels mit dem Nationalsozialismus als auch der Apartheid-Vorwurf sind nicht nur deshalb antisemitisch, weil sie Israel auf dämonisierende Art und Weise darstellen, sondern auch, weil sie den jüdischen Staat de-legitimieren. Wenn Israel wirklich so monströs agieren würde, wie einst die Nazis, und so systematisch rassistisch strukturiert wäre, wie einst das südafrikanische Apartheidregime, dann wäre es kein legitimer Staat, sondern ein verbrecherisches System, das beseitigt gehörte. Damit wird die Existenzberech-

---

35 Bericht des unabhängigen Expertenkreises Antisemitismus. Antisemitismus in Deutschland – Erscheinungsformen, Bedingungen, Präventionsansätze. 10.11.2011. http://dipbt.bundestag.de/dip21/btd/17/077/1707700.pdf. S. 53 (22.01.2017).
36 Augstein, Gesetz der Rache.
37 Vgl. Betzler/Glittenberg, Antisemitismus im deutschen Mediendiskurs, S. 107 f.
38 Vgl.: Harrer, Gudrun: Das Fenster schließt sich. Israels Strafmaßnahmen. In: *Der Standard*. 03.12.2012; Dies.: Das Fenster schließt sich. Wenn die Nahostverhandlungen diesmal scheitern, dann wohl endgültig. In: *Der Standard*. 03.04.2014.

tigung Israels bestritten, was nach allen drei hier diskutierten Definitionen als antisemitisch zu bewerten ist.

Das vierte D: De-Realisierung

Doch wie entstehen solche dämonisierenden und de-legitimierenden Diffamierungen, in denen Behauptungen über Israel in die Welt gesetzt werden, die kaum Berührungspunkte mit der Realität haben? Um diese Frage zu beantworten, kann es sich als nützlich erweisen, den drei Ds aus Sharanskys Definitionsversuch noch ein viertes D hinzuzufügen: Zur Dämonisierung Israels, zur Verwendung doppelter Standards und zur De-Legitimierung des jüdischen Staates tritt dann noch die De-Realisierung.

De-Realisierung liegt Schwarz-Friesel und Reinharz zufolge vor, wenn ein „mentales Deutungsschema zu einem spezifisch außersprachlichen Sachverhalt, beim Anti-Israelismus zu einem Land, dazu führt, dass dieser Sachverhalt verzerrt, eingeengt oder komplett falsch wahrgenommen und bewertet wird. Das Kriterium der Falschheit oder Verzerrung ergibt sich aus der Inkongruenz zwischen subjektiver Betrachterperspektive und objektiver bzw. intersubjektiver Sachlage."[39]

Diese verzerrten Referenzialisierungen führen dazu, dass Sachverhalte nicht adäquat, sondern eben in de-realisierter Form dargestellt werden. Bei der De-Realisierung handelt es sich somit um „Realitäts(wahrnehmungs)störungen".[40] Die De-Realisierung ist den drei von Sharansky angeführten Ds in gewissem Sinne vorgelagert. Diese ergeben sich „als unmittelbare Folge der de-realisierten Einstellung und bauen zu einem großen Teil aufeinander auf bzw. stützen sich gegenseitig in der pseudo-rationalen ‚Argumentation'."[41]

Die Sprache bildet nicht einfach nur die Realität ab, sondern erzeugt und verfestigt Bilder, die mit dieser Realität nicht unbedingt etwas zu tun haben müssen. De-Realisierende Äußerungen „konstituieren aufgrund ihres semantischen Gehalts eigene, subjektive Realitäten."[42]

Durch ständige Wiederholungen de-realisierender Behauptungen gewinnen diese subjektiven Realitäten allerdings den Anschein von Objektivität: Ein Bild von Israel, den Palästinensern und dem palästinensisch-israelischen Konflikt

---

39 Schwarz-Friesel/Reinharz, Die Sprache der Judenfeindschaft, S.209, FN 24.
40 Schwarz-Friesel/Reinharz, Die Sprache der Judenfeindschaft, S. 209, FN 24.
41 Schwarz-Friesel/Reinharz, Die Sprache der Judenfeindschaft, S. 210.
42 Schwarz-Friesel/Reinharz, Die Sprache der Judenfeindschaft, S. 210.

setzt sich fest, das wesentliche Bestandteile der Realität ausblendet, nicht wahrnimmt, hochgradig verzerrt oder völlig verdreht präsentiert.

Das international wohl bekannteste Beispiel für eine solche komplette Umkehrung bot die renommierte *New York Times* am 29. September 2000, also in der Anfangsphase der gewalttätigen Zusammenstöße, die in die sogenannte zweite Intifada mündeten. Im Vordergrund eines Fotos ist ein aus Kopfwunden blutender Mann zu sehen, im Hintergrund befindet sich ein Uniformierter mit Helm, der drohend einen Holzknüppel schwang. Das Foto, das vom Jerusalemer Büro der *Associated Press* in alle Welt verbreitet wurde, wurde in der *New York Times* mit der Bildunterschrift veröffentlicht: „Ein israelischer Polizist und ein Palästinenser am Tempelberg".

Abb. 4: „Ein israelischer Polizist und ein Palästinenser am Tempelberg", *New York Times*, 29. September 2000.

Bei genauerem Hinsehen tauchten freilich erste Zweifel auf: Hinter dem israelischen Polizisten sind die Zeichen einer Tankstelle zu erkennen – das Bild konnte daher nicht am Tempelberg aufgenommen worden sein. Wie Nachforschungen ergaben, war die falsche Ortsangabe nicht der einzige Fehler in der Bildunterschrift. Denn bei dem verletzten Mann handelte es sich nicht um einen Palästinenser, sondern um Tuvia Grossman, einen damals zwanzigjährigen Juden aus Chicago. Er war mit einem Taxi unterwegs, als das Fahrzeug in einem arabischen Viertel der Stadt plötzlich von Palästinensern umzingelt wurde. Steine flogen, Fensterscheiben zersprangen, Grossman wurde aus dem Auto gezerrt, geschlagen, getreten, angestochen und Steine wurden auf seinen Kopf geschlagen. Mit letzter Kraft konnte er sich aufrappeln und zu einer Tankstelle davonlaufen, wo sich eine Gruppe israelischer Polizisten befand, denen es unter Einsatz ihrer Knüppel gelang, die gewalttätigen Angreifer in die Flucht zu schlagen – und Grossman damit aller Wahrscheinlichkeit nach das Leben zu retten.[43]

Die falsche Darstellung der Geschehnisse durch die *New York Times* war ein besonders zugespitztes Beispiel für eine de-realisierende Berichterstattung, in der Israel als Aggressor ins Licht gesetzt wird, selbst wenn damit die Realität gänzlich auf den Kopf gestellt wird. In aller Regel funktioniert dies jedoch auf subtileren Wegen, die allerdings denselben verzerrenden Effekt erzielen.

Das Ausblenden anti-israelischer Gewalt

Häufig ist zu beobachten, dass anti-israelische Gewalt in der medialen Berichterstattung ignoriert wird. Über besonders spektakuläre oder blutige Terroranschläge wie das Synagogenattentat in Jerusalem am 18. November 2014 oder den Anschlag mit einem zur Waffe umfunktionierten LKW am 8. Januar 2017 wird zwar berichtet, aber die bisweilen alltäglichen Angriffe palästinensischer Terroristen werden in deutschsprachigen Medien oftmals ausgeblendet.

Nehmen wir als Beispiel die österreichische Tageszeitung *Kurier*. Am 18. Juni 2012 drangen palästinensische Terroristen vom Sinai aus nach Israel ein und griffen mit Sprengsätzen, Panzerfäusten und Schusswaffen zwei zivile Baufahrzeuge an; ein Bauarbeiter (ein arabischer Israeli) wurde dabei getötet.[44] In den Tagen darauf wurden hunderte Raketen und sonstige Geschosse vom Gazastreifen aus nach Israel abgefeuert.

---

43 Simmons, Shraga: David & Goliath. The explosive inside story of media bias in the Israeli-Palestinian conflict. New York/Jerusalem 2012, S. 11 ff.
44 South border clash leaves civilian, terrorists dead. 18.06.2012. http://www.ynetnews.com/articles/0,7340,L-4243734,00.html (22.01.2017).

Fast eine Woche lang war darüber im *Kurier* nichts zu lesen. Erst als Israel sich zur Wehr setzte und Positionen der Hamas im Gazastreifen angriff, erwachte das Blatt aus seinem Tiefschlaf: „Nahost. Neue Angriffe auf Gaza"[45] lautete der Titel einer ersten Kurzmeldung, in der der seit Tagen andauernde Raketenhagel auf Israel noch immer mit keinem Wort erwähnt wurde. Als dann schließlich doch auch über die hunderten palästinensischen Raketenangriffe berichtet wurde, geschah dies unter der Überschrift: „Israel droht Hamas nach Verkündigung der Waffenruhe".[46] Indem die palästinensische Gewalt ausgeblendet wurde, erschien Israel als Aggressor, der den Gaza-Streifen bombardierte und den Palästinensern drohte.

Dasselbe Muster wiederholte sich zu Beginn des Krieges zwischen der Hamas und Israel im Sommer 2014.[47] Am 12. Juni entführten Hamas-Terroristen im Westjordanland drei israelische Jugendliche. Die israelische Armee startete eine groß angelegte Suchaktion, in deren Zuge etliche Hamas-Kader festgenommen wurden. Das staatliche österreichische Fernsehen (ORF) meldete daraufhin: „Um Hebron suchen 3000 israelische Soldaten nach drei vermissten Siedlern und stellen fast 800.000 Menschen unter Hausarrest."[48] Kaum etwas war daran richtig: In Hebron leben rund 200.000 Menschen und es gab keinen „Hausarrest". Darüber hinaus lebte nur einer der verschleppten Israelis im Westjordanland, was den *ORF* (und andere Medien) aber nicht davon abhielt, von drei „Siedlern" zu sprechen.[49] Durch die Verwendung dieses mit fast ausschließlich negativen Konnotationen belegten Begriffs („illegale Siedlungen", „Besatzung palästinensischer Gebiete" etc.) war nicht etwa von drei unschuldigen israelischen Jugendlichen die Rede, die vermutlich von Terroristen verschleppt und ermordet worden waren, sondern eben von „Siedlern"; eine Gruppe, die in dem von westlichen Politikern und Medien geprägten Diskurs einen besonders schlechten Ruf genießt.

Am 30. Juni wurden die vermissten Israelis ermordet aufgefunden. Zwei Tage später wurde ein 16-jähriger Palästinenser in Jerusalem von einer Gruppe jüdi-

---

45 *Kurier.* 24.06.2012.
46 *Kurier.* 25.06.2012.
47 Grundlage der folgenden Ausführungen zum Gaza-Krieg 2014 ist die systematische Auswertung österreichischer Medien, die von *Mena Watch* geleistet wird. Sie beinhaltet sechs österreichische Tageszeitungen (*Die Presse, Der Standard, Salzburger Nachrichten, Kurier, Kleine Zeitung, Kronen Zeitung*) und die wichtigsten Radio- sowie Fernsehnachrichtensendungen des staatlichen *ORF* (*Ö1-Morgen-, Mittags-* und *Abendjournal, ZiB 13, ZiB, ZiB 2, ZiB 24*).
48 *ZiB 24.* 24.06.2014.
49 Plosker, Simon: Three young Jewish Settlers. 25.06.2014. http://blogs.timesofisrael.com/three-young-jewish-settlers/ (22.01.2017).

scher Israelis ermordet. Im *ORF* war zu hören: „Und dann ging's los: Israelische Luftangriffe werden mit Raketen der Hamas beantwortet. Israel mobilisiert darauf 1.500 Reservisten, auf die Gewalt folgt die Gegengewalt."[50] Demnach habe also Israel angegriffen, während die Hamas darauf mit Raketen „geantwortet" habe.

Tatsächlich war schon die Suche nach den drei entführten Israelis von einem stetig intensiver werdenden Raketenbeschuss Israels aus dem von der Hamas kontrollierten Gazastreifen begleitet worden. Die Bilanz der Tage bis zum Auffinden der Leichen der Jugendlichen sah so aus: 24. Juni: drei Raketen auf Israel. 25. Juni: vier Raketen auf Israel. 27. Juni: sechs Raketen auf Israel. 28. Juni: sechs Raketen auf Israel – eine schlug in eine Fabrik in Sderot ein und verletzte mehrere Arbeiter; die Fabrik brannte nieder. 29. Juni: vier Raketen auf Israel. 30. Juni: 12 Raketen auf Israel. Alles in allem wurden laut dem israelischen *Intelligence and Terrorism Information Center* im Juni 2014 52 Raketen aus dem Gazastreifen auf Israel abgefeuert.[51] Um diesen Raketenhagel zu unterbinden startete die israelische Armee am 8. Juli die Operation *Protective Edge*.

In der Darstellung der zitierten Medien wurde die reale Entwicklung umgedreht. Zuerst wurde der Raketenbeschuss Israels wochenlang ignoriert, um sodann Israel als Aggressor darzustellen. In den Worten des *ORF*: „Nach den israelischen Angriffen auf Stellungen der Hamas im Gazastreifen antwortet heute die Hamas erneut mit Gegenangriffen auf israelische Ortschaften."[52] Und wie üblich durften auch dieses Mal einschlägige Formulierungen nicht fehlen: „Auge um Auge, Zahn um Zahn" hieß es im *ORF*[53], Israel fliege „Racheangriffe"[54], war in der *Kronen Zeitung* zu lesen, *Die Presse* sprach vom „archaische(n) Zyklus von Rache und Vergeltung".[55]

Typisch war die Berichterstattung am 15. Juli: Auf ägyptische Initiative hin stellte Israel seine Militäreinsätze ein. Die Hamas lehnte eine Feuerpause jedoch ab und schoss unvermindert Raketen Richtung Israel ab. Nach stundenlangem Beschuss nahm auch die israelische Armee den Kampf wieder auf.

Die Schlagzeilen auf den Internetseiten der von *Mena Watch* ausgewerteten Medien boten ein ganz anderes Bild der Ereignisse. „Israel bombardiert wieder

---

50 *ZiB 24.* 07.07.2014.
51 The Meir Shamit Intelligence and Terrorism Information Center: News of Terrorism and the Israeli-Palestinian Conflict (June 25 – July 1, 2014). http://www.terrorism-info.org.il/en/article/20663 (22.01.2017).
52 *ZiB.* 07.07.2014.
53 *ZiB 24.* 09.07.2014.
54 *Kronen Zeitung.* 30.06.2014.
55 *Die Presse.* 10.07.2014.

Ziele im Gazastreifen"⁵⁶, hieß es bei der *Kronen Zeitung*, die im ersten Absatz des Textes erwähnte, dass die Hamas eine Waffenruhe abgelehnt hatte – in anderen Medien wurde dieses relevante Detail beiseitegelassen. Andere Überschriften lauteten: „Erneut israelischer Luftangriff auf Gazastreifen", „Neuer israelischer Luftangriff auf den Gazastreifen", „Die Waffenruhe ist beendet. Israel greift wieder an" und „Vorerst keine Waffenruhe: Israel fliegt wieder Luftangriffe".⁵⁷ In den *ORF*-Hauptnachrichten war zu hören: „Zwischen der Hamas und Israel gibt es nicht nur keine Waffenruhe, es droht jetzt auch eine Ausweitung der gewaltsamen Auseinandersetzung, denn Israels Ministerpräsident kündigt eine Ausweitung der militärischen Operation an".⁵⁸ Mit keinem Wort wurde erwähnt, dass die Hamas sich nie an die Waffenruhe gehalten hatte.⁵⁹

Das Ausblenden palästinensischer Gewalt in der Berichterstattung lässt sich auch an den 54 Fotos demonstrieren, die die Tageszeitung *Kurier* im Zeitraum vom 9. Juli bis zum 3. September 2014 in den insgesamt 134 Beiträgen zur Berichterstattung über den Gaza-Krieg abdruckte. Auf 12 Bildern waren israelische Soldaten oder militärische Gerätschaften zu sehen, auf 20 Fotos palästinensische Zivilisten sowie auf weiteren sieben Bildern Zerstörungen im Gaza-Streifen. Was so gut wie nicht vorkam, waren dagegen Hamas-Kämpfer und palästinensische Raketen: In 50 Tagen Krieg gab es ein einziges Foto, auf dem laut Bildunterschrift Hamas-Kämpfer zu sehen waren – allerdings nicht bei Kampfhandlungen, sondern auf einem Motorrad sitzend und mit der Bildunterschrift versehen: „Weiter zum Kampf entschlossen: Hamas-Kämpfer in Gaza".⁶⁰ Und obwohl während des Krieges über 4000 Raketen vom Gazastreifen aus auf Israel abgefeuert wurden, gab es im *Kurier* kein einziges Foto von einer dieser Raketen. Am nächsten kam noch ein winziges Bild, auf dem eine Rauchwolke zu sehen war und unter dem zu lesen war: „Israels Abwehr fängt eine Rakete der Hamas ab".⁶¹

Indem die palästinensische Seite praktisch nicht als kriegführende Partei dargestellt und visualisiert wurde, bekamen die *Kurier*-Leser auch nicht zu Gesicht, was Israel stets als Grund für die zivilen Opfer im Gazastreifen anführt: dass

---

56 http://www.krone.at/welt/israel-bombardiert-wieder-ziele-im-gazastreifen-waffenruhe-beendet-story-411960 (22.01.2017).
57 Zit. nach: Markl, Florian: Der ewige Aggressor Israel. 15.07.2014. http://www.mena-watch.com/der-ewige-aggressor-israel/ (22.01.2017).
58 *ZiB*. 15.07.2014.
59 Gruber, Alexander: Israel hat die Kampfhandlungen unterbrochen? Für den ORF ein unwichtiges Detail. 16.07.2014. http://www.mena-watch.com/israel-hat-die-kampfhandlungen-unterbrochen-fuer-den-orf-ein-unwichtiges-detail/ (22.01.2017).
60 *Kurier*. 29.07.2014.
61 *Kurier*. 09.07.2014.

die Hamas ihre Angriffe aus dichtbevölkerten Wohnvierteln heraus unternahm und damit die Zivilbevölkerung zu lebenden Schutzschilden für ihren Krieg gegen Israel machte. Da weder Kämpfer noch Angriffe zu sehen waren, wurden auch diese Kriegsverbrechen nicht abgebildet.

Die Ausblendung palästinensischer Gewalt, die im *Kurier* vor allem über die Bildauswahl erreicht wird, findet im *Standard* durch die Überschriften statt. Beispiele aus den 184 *Standard*-Artikeln während des Krieges 2014 lauteten: „Israel plant Gaza-Vorstoß", „Israel will Hamas tödlich treffen", „Angriffe Israels massiver als im Gaza-Krieg 2012", „Erster Bodenvorstoß Israels in den Gazastreifen", „Israel droht mit Intensivierung der Angriffe", „Israel will Raketen und Tunnel der Hamas zerstören".[62] In all diesen Titeln wurde Israel als aggressive Macht dargestellt.

Überschriften, in denen die Palästinenser oder die Hamas als Akteure genannt wurden, sind dagegen nur vereinzelt zu finden. Typisch waren Titelzeilen wie: „Gewaltspirale in Israel dreht sich weiter", „Im Teufelskreis der Gewalt", „Nahost: Keine Waffenruhe"[63] und ähnliche Formulierungen, in denen kein handelndes Subjekt vorkam. Palästinenser wurden in den Überschriften nicht mit aggressiven Akten in Verbindung gebracht und nicht als agierende, sondern wenn überhaupt, dann als reagierende Partei erwähnt. Dies ist gerade deshalb problematisch, weil Überschriften die Wahrnehmung und Erinnerung der Leser prägen.

Zum selben Ergebnis kam der Sprachwissenschaftler Anatol Stefanowitsch, der die Schlagzeilen deutscher Medien in einem Zeitraum von sechs Tagen rund um den Beginn des Gaza-Krieges im Juli 2014 untersuchte und eine „systematische Asymmetrie in der Darstellung der Akteure" feststellte, in der Israel überproportional oft als „treibender, kriegerisch Handelnder" dargestellt wurde.[64]

Die Ausblendung palästinensischer Gewalt und die damit einhergehende verzerrte Darstellung Israels wurde in einem ausführlichen Artikel in der österreichischen Tageszeitung *Die Presse* auf die Spitze getrieben, in dem es um das Scheitern des israelisch-palästinensischen Friedensprozesses ging. Darin kam ein palästinensischer Funktionär zu Wort, der Israel die Schuld für das Scheitern des sogenannten Oslo-Prozesses gab. Palästinensischer Terror wurde dagegen mit buchstäblich keinem einzigen Wort erwähnt, so als habe es die unzähligen

---

62 *Der Standard*. 09.07.2014, 10.07.2014, 11.07.2014, 14.07.2014, 17.07.2014, 19.07.2014.
63 *Der Standard*. 12.07.2014, 15.07.2014, 16.07.2014.
64 Zit. nach: Hafner, Georg M. u. Esther Schapira: Israel ist an allem schuld. Warum der Judenstaat so gehasst wird. Köln 2015, S. 108.

(Selbstmord-)Attentate und den Terrorkrieg seit Anfang der 2000er Jahre, der über 1000 Israelis das Leben kostete, nie gegeben.[65]

Selbst wenn palästinensische Gewalt nicht ausgeblendet wird, wird diese oft heruntergespielt und die von ihr ausgehende Bedrohung Israels verharmlost. Statt von Raketen, die mit der Absicht abgefeuert werden, möglichst viele Israelis zu töten, ist dann beispielsweise von „selbstgebastelten Geschoßen" die Rede, die, so wird suggeriert, eigentlich keine Gefahr darstellen. In einem Zeitungskommentar während der kurzen militärischen Auseinandersetzungen zwischen Israel und der Hamas im November 2012 hörte sich diese Art der Verharmlosung so an: „Völlig unbestritten ist, dass die Israelis seit Monaten von den Rotzbuben-Terroristen der Hamas provoziert werden. Diese Mini-Bin-Ladens schießen Schrott-Raketen auf Tel Aviv und andere Orte".[66]

Das Ausblenden palästinensischer Gewalt sowie die Verharmlosung der Gefährdung Israels gehen oftmals mit de-kontextualisierten und emotionalisierenden Darstellungen palästinensischen Leidens einher. Die israelischen Opfer des Konfliktes erfahren dagegen nur selten eine gleichermaßen emphatische Darstellung. Während des Gaza-Krieges 2014 etwa zeigten die die Berichterstattung illustrierenden Bilder in den von *Mena Watch* untersuchten Printmedien vielfach verzweifelt wirkende Palästinenser vor Häuserruinen im Gazastreifen. Israel war in der Bildersprache im Gegensatz dazu vor allem in Form von Panzern und anderen militärischen Gerätschaften präsent. Dem palästinensischen Leid wurde martialisch anmutende israelische Militärmacht gegenübergestellt, womit das verzerrende Bild von Israel als dem Aggressor zusätzlich untermauert wurde.

So de-realisiert ist der Blick auf den israelisch-palästinensischen Konflikt, dass in der Tageszeitung *Die Presse* ein Gastkommentator erscheinen konnte, in dem Israel zuerst vorgeworfen wurde, „halb Gaza in Schutt und Asche" gelegt zu haben, um dann zu fragen, welche Gründe, außer „purem Blutrausch" sowie der „Lust an der Gewalt und Rachedurst" es für den „Bombenregen auf Zivilisten" geben könne. Das Vorgehen des israelischen Militärs, das in Wirklichkeit zahlreiche Vorkehrungen traf, um möglichst wenige zivile Opfer zu verursachen, wurde vom Autor in eine Reihe mit der Bombardierung Coventrys durch die deutsche Luftwaffe im Zweiten Weltkrieg und dem amerikanischen Atombombenangriff auf Hiroshima gestellt – alles angeblich Beispiele für „strategisches Bombardement", das darauf ausgerichtet sei, „den Willen eines Volkes durch die Zerstörung seiner ‚lebensnotwendigen Zentren' zu brechen."[67]

---

65 Vgl.: Knaul, Susanne: Der gescheiterte Friede von Oslo. In: *Die Presse*. 13.09.2013.
66 Fellner, Wolfgang: Israel muss den Palästinenser-Staat zulassen. In: *Österreich*. 21.11.2012.
67 Buruma, Ian: Warum der Bombenregen auf Zivilisten? In: *Die Presse*. 08.08.2014.

Und selbst diese groteske Verzerrung kann noch übertroffen werden. *Focus Online* versah einen Artikel mit der Überschrift: „Syrien reagiert nicht auf Israels Giftgasangriff"[68] – eine israelische Attacke mit Giftgas auf Syrien hat es freilich nie gegeben. Dass eine solch abstruse Falschmeldung veröffentlicht werden konnte, hatte für den verantwortlichen Chefredakteur nichts mit Israel oder Antisemitismus zu tun, sondern sei, wie er dem Presserat gegenüber erklärte, bloß eine journalistische Panne gewesen.[69]

Würde es sich bei den vielen de-realisierenden Berichten über Israel und den israelisch-palästinensischen Konflikt wirklich um Pannen handeln, so müssten die Fehler inhaltlich breit gestreut sein. Doch genau das ist nicht der Fall: Auffällig an den vermeintlichen Pannen ist, dass sie stets in dieselbe Richtung weisen. In unserer mehrjährigen Arbeit systematischer Medienauswertung bei *Mena Watch* sind wir auf keinen einzigen Fall gestoßen, in dem die Sachlage umgekehrt und die Rollen zwischen Israelis und Palästinensern andersherum verteilt gewesen wäre. Die Ausblendungen, Verzerrungen und glatten Falschmeldungen folgen stets demselben Muster: Hier der Aggressor Israel, da dessen arabische Opfer.

Und sie zeigen Wirkung, wie ein Experiment vor Augen führt, das in mehreren Universitätsseminaren in Berlin und Jena durchgeführt wurde. Den Studenten wurden Texte über Deutschland, Frankreich, Australien und Israel vorgelegt, die mit an die jeweiligen Länder angepassten de-realisierenden Behauptungen nur so gespickt waren. War von Deutschland die Rede, vermochten nur fünf Prozent der Studenten die Texte nicht als falsch, grotesk oder verrückt zu erkennen. Handelte es sich bei dem in Frage stehenden Land dagegen um Israel, „sahen über 60 Prozent nichts Auffälliges an den anti-israelischen Texten."[70]

Fazit

Die de-realisierende Darstellung Israels bzw. des palästinensisch-israelischen Konflikts bildet die Grundlage für die Dämonisierung und De-Legitimierung Israels. Die Realität wird in so hochgradig verzerrter Form ins Bild gesetzt, dass kaum mehr rationale Begründungen und Motive für israelisches Handeln – etwa

---

68 Syrien reagiert nicht auf Israels Giftgasangriff. *Focus Online*. 05.05.2013. Die Überschrift wurde geändert, nachdem im Internet eine Protestwelle losgebrochen war. Ein Screenshot findet sich aber z. B. hier: Sahm, Ulrich W.: Journalismus vom feinsten, https://www.israelnetz.com/index.php?id=45270 (22.01.2017).
69 Vgl.: Hafner/Schapira, Israel ist an allem schuld, S. 112f.
70 Schwarz-Friesel u. Reinharz, Die Sprache der Judenfeindschaft, S. 197, FN 27.

bei der militärischen Selbstverteidigung oder der Terrorabwehr – ersichtlich werden. Das öffnet antisemitisch gefärbten ‚Erklärungen' Tür und Tor.

Wenn etwa der Raketenbeschuss Israels aus dem Gazastreifen nicht zur Kenntnis genommen wird, mutiert der israelische Versuch, diesen zu unterbinden, zur Aggression durch den jüdischen Staat. An die Stelle der Erläuterung der Gründe für israelisches Verhalten treten die Diffamierung und De-Legitimierung des jüdischen Staates. „Wenn es keine plausible und rechtfertigende Begründung für Gewaltanwendung gibt, so sind die naheliegendsten, darauf aufbauenden Implikaturen, dass die israelischen Streitkräfte Gewalt anwenden, weil sie es so gewöhnt sind, weil sie exzessive Militärschläge auch ohne Grund für sinnvoll halten und/oder weil sie (von Natur aus) gern gewalttätig sind."[71]

Dann werden Titelseiten produziert wie jenes des Magazins *stern* während des Libanon-Krieges 2006: Den Hintergrund bildeten eine wehende israelische Flagge, ein feuernder Panzer, ein Foto Jerusalems und ein Schwarzweißbild marschierender uniformierter Frauen. Im Zentrum des Covers war ein mit Uniform und Gebetsschal bekleideter Soldat zu sehen, der offenbar gerade betete. Vor alledem prangte die Überschrift: „Israel. Was das Land so aggressiv macht. Die Geschichte des Judenstaates".[72]

Literaturverzeichnis

Angriffe Israels massiver als im Gaza-Krieg 2012. In: *Der Standard*. 11. 07. 2014.
Arbeitskreis Goldhagen (Hrsg.): Goldhagen und Österreich. Ganz gewöhnliche ÖsterreicherInnen und ein Holocaust-Buch. Wien 1998.
Auge um Auge. Der biblische Krieg. In: *Der Spiegel* 15 (2002).
Augstein, Jakob: Gesetz der Rache. http://www.spiegel.de/politik/ausland/jakob-augstein-ueber-israels-gaza-offensive-gesetz-der-rache-a-868015.html (22. 01. 2017).
Bericht des unabhängigen Expertenkreises Antisemitismus. Antisemitismus in Deutschland – Erscheinungsformen, Bedingungen, Präventionsansätze. 10. 11. 2011. http://dipbt.bundestag.de/dip21/btd/17/077/1707700.pdf (22. 01. 2017).
Betzler, Lukas u. Manuel Glittenberg: Antisemitismus im deutschen Mediendiskurs. Eine Analyse des Falls Jakob Augstein. Baden-Baden 2015.
Bollag, David: Antijüdisches Klischee. http://www.hagalil.com/judentum/rabbiner/bollag.htm (22. 01. 2017).
Brumlik Micha [u. a.]: Umkämpftes Vergessen. Walser-Debatte, Holocaust-Mahnmal und neuere deutsche Geschichtspolitik. Berlin 2000.
Buruma, Ian: Warum der Bombenregen auf Zivilisten? In: *Die Presse*. 08. 08. 2014.
Der Friede liegt fern, die Visionäre haben ausgeträumt. *Die Presse*. 10. 07. 2014.

---

71 Schwarz-Friesel u. Reinharz, Die Sprache der Judenfeindschaft, S. 221.
72 *stern* Nr. 32. 03. 08. 2006.

Der Gaza-Krieg und Bundespräsident Fischers Unverhältnismäßigkeit. In: Wochenbericht, 18.8. bis 24.8.2014. http://www.mena-watch.com/wochenbericht-18-8-bis-24-8-2014/#WB-25Aug14-2 (22.01.2017).
E-Mail von Kurt Seinitz. 09.07.2014.
Erster Bodenvorstoß Israels in den Gazastreifen. In: *Der Standard*. 14.07.2014
Eskalation der Gewalt in Nahost. In: *ZiB 24*. 09.07.2014.
EUMC Arbeitsdefinition Antisemitismus. http://www.antisem.eu/eumc-arbeitsdefinition-antisemitismus/ (22.01.2017).
Fellner, Wolfgang: Israel muss den Palästinenser-Staat zulassen. In: *Österreich*. 21.11.2012.
Geldflüsse der Hamas drohen zu versiegen. In: *Kurier*. 29.07.2014.
Gewalteskalation im Nahen Osten. In: *ZiB 24*. 07.07.2014.
Gewaltspirale in Israel dreht sich weiter. In: *Der Standard*. 12.07.2014.
Goldhagen, Daniel Jonah: Hitlers willige Vollstrecker. Ganz gewöhnliche Deutsche und der Holocaust. Berlin 1996.
Grass, Günter: Was gesagt werden muss. In: *Süddeutsche Zeitung*. 04.04.2012.
Gruber, Alexander: Israel hat die Kampfhandlungen unterbrochen? Für den ORF ein unwichtiges Detail. 16.07.2014. http://www.mena-watch.com/israel-hat-die-kampfhandlungen-unterbrochen-fuer-den-orf-ein-unwichtiges-detail/ (22.01.2017).
Hafner, Georg M. u. Esther Schapira: Israel ist an allem schuld. Warum der Judenstaat so gehasst wird. Köln 2015.
Hamas-Raketen und die „kraftvolle" Reaktion Israels. In: *Kurier*. 09.07.2014.
Harrer, Gudrun: Das Fenster schließt sich. Israels Strafmaßnahmen. In: *Der Standard*. 03.12.2012.
Harrer, Gudrun: Das Fenster schließt sich. Wenn die Nahostverhandlungen diesmal scheitern, dann wohl endgültig. In: *Der Standard*. 03.04.2014.
Heil, Johannes u. Rainer Erb: Geschichtswissenschaft und Öffentlichkeit. Der Streit um Daniel J. Goldhagen. Frankfurt am Main 1998.
Hödl, Klaus u. Gerald Lamprecht: Zwischen Kontinuität und Transformation – Antisemitismus im gegenwärtigen medialen Diskurs in Österreich. In: Antisemitismus, Antizionismus, Israelkritik. Hrsg. von Minerva Institut für deutsche Geschichte. Göttingen 2005. S. 140–159.
Im Teufelskreis der Gewalt. In: *Der Standard*. 15.07.2014.
International Holocaust Remembrance Alliance: Working Definition of Antisemitism. https://www.holocaustremembrance.com/sites/default/files/press_release_document_antisemitism.pdf (22.01.2017).
Israel bombardiert wieder Ziele im Gazastreifen. http://www.krone.at/welt/israel-bombardiert-wieder-ziele-im-gazastreifen-waffenruhe-beendet-story-411960 (22.01.2017).
Israel droht Hamas nach Verkündigung der Waffenruhe. In: *Kurier*. 25.07.2012.
Israel droht mit Intensivierung der Angriffe. In: *Der Standard*. 17.07.2014
Israel plant Gaza-Vorstoß. In: *Der Standard*. 09.07.2014
Israel will Hamas tödlich treffen. In: *Der Standard*. 10.07.2014
Israel will Raketen und Tunnel der Hamas zerstören. In: *Der Standard*. 19.07.2014.
Israel. Was das Land so aggressiv macht. Die Geschichte des Judenstaates. In: *stern* Nr. 32. 03.08.2006.
Israel: Suche nach Jugendlichen. In: *ZiB 24*. 24.06.2014.
Knaul, Susanne: Der gescheiterte Friede von Oslo. *Die Presse*. 13.09.2013.

Küntzel, Matthias [u. a.]: Goldhagen und die deutsche Linke oder Die Gegenwart des Holocaust. Berlin 1997.

Küntzel, Matthias: Die Jakob Augstein-Debatte: eine verpasste Chance. In: Gebildeter Antisemitismus. Eine Herausforderung für Politik und Zivilgesellschaft. Hrsg. von Monika Schwarz-Friesel. Baden-Baden 2015. S. 53–92.

Markl, Florian: Der ewige Aggressor Israel. 15.07.2014. http://www.mena-watch.com/der-ewige-aggressor-israel/ (22.01.2017).

Muzikant, Ariel: Fischers Israelkritik. In: *Der Standard*. 01.09.2014.

Nahost: Keine Waffenruhe. In: *Der Standard*. 16.07.2014.

Nahost: Neue Angriffe auf Gaza. In: *Kurier*. 24.06.2012.

Nahostkonflikt: Waffenruhe gescheitert. In: *ZiB*. 15.07.2014.

Naumann, Michael (Hrsg.): „Es muss doch in diesem Land wieder möglich sein …". Der neue Antisemitismus-Streit. München 2002.

Plosker, Simon: „Three young Jewish Settlers". 25.06.2014. http://blogs.timesofisrael.com/three-young-jewish-settlers/ (22.01.2017).

Pollmann, Viktoria: „Auge um Auge, Zahn um Zahn". Vom Missbrauch eines Zitats. In: Tribüne. Zeitschrift zum Verständnis des Judentums. 170 (2004). S. 28. http://www.juedisches-recht.de/hom_tribune.php (22.01.2017).

Putins Verhalten „ist misstrauensbildend". In: *Der Standard*. 09.09.2014.

Rabinovici, Doron, Ulrich Speck u. Natan Sznaider (Hrsg.): Neuer Antisemitismus? Eine globale Debatte. Frankfurt am Main 2004.

Racheangriffe auf Gaza. In: *Kronen Zeitung*. 30.06.2014.

Rensmann, Lars: Demokratie und Judenbild. Antisemitismus in der politischen Kultur der Bundesrepublik Deutschland. Wiesbaden 2004.

Rensmann, Lars: Kritische Theorie über den Antisemitismus. Studien zu Struktur, Erklärungspotenzial und Aktualität. Hamburg 1998.

Rensmann, Lars: Zion als Chiffre. Modernisierter Antisemitismus in aktuellen Diskursen der deutschen politischen Öffentlichkeit. In: Gebildeter Antisemitismus. Eine Herausforderung für Politik und Zivilgesellschaft. Hrsg. von Monika Schwarz-Friesel. Baden-Baden 2015. S. 93–115.

Sahm, Ulrich W.: Journalismus vom feinsten, https://www.israelnetz.com/index.php?id=45270 (22.01.2017).

Schirrmacher, Frank (Hrsg.): Die Walser-Bubis-Debatte. Eine Dokumentation. Frankfurt am Main 1999.

Schwarz-Friesel, Monika u. Jehuda Reinharz: Die Sprache der Judenfeindschaft im 21. Jahrhundert. Berlin, Boston 2013.

Seinitz, Kurt: Jüdischer Extremismus ist auch nicht neu. In: *Kronen Zeitung*. 09.07.2014.

Sharansky, Natan: 3D Test of Anti-Semitism: Demonization, Double Standards, Delegitimization. In: Jewish Political Studies Review 16 (2003). S. 3f.

Simmons, Shraga: David & Goliath. The explosive inside story of media bias in the Israeli-Palestinian conflict. New York, Jerusalem 2012.

Simon Wiesenthal Center: 2012 Top Ten Anti-Semitic/Anti-Israel Slurs. http://www.wiesenthal.com/atf/cf/%7B54d385e6-f1b9-4e9f-8e94-890c3e6dd277%7D/TT_2012_2.PDF (22.01.2017).

Simon Wiesenthal Center: 2013 Top Ten Anti-Semitic/Anti-Israel Slurs. http://www.wiesenthal. com/atf/cf/%7B54d385e6-f1b9-4e9f-8e94-890c3e6dd277%7D/TOP-TEN-2013.PDF (22.01.2017).

Sonnenschein, Gerard: Protest gegen Verunglimpfung, Leserbrief. In: *Kleine Zeitung*. 20.05.2014.

South border clash leaves civilian, terrorists dead. 18.06.2012. http://www.ynetnews.com/articles/0,7340,L-4243734,00.html (22.01.2017).

Süddeutsche Zeitung. 02.07.2013.

Syrien reagiert nicht auf Israels Giftgasangriff. *Focus Online*. 05.05.2013.

The Meir Shamit Intelligence and Terrorism Information Center: News of Terrorism and the Israeli-Palestinian Conflict (June 25 – July 1, 2014). http://www.terrorism-info.org.il/en/article/20663 (22.01.2017).

Walker, Peter: UK adopts antisemitism definition to combat hate crime against Jews. 12.12.2016. https://www.theguardian.com/society/2016/dec/12/antisemitism-definition-government-combat-hate-crime-jews-israel (22.01.2017).

Walser, Martin: Erfahrungen beim Verfassen einer Sonntagsrede. Friedenspreis des Deutschen Buchhandels 1998. Frankfurt am Main 1998.

Wieder Angriffe auf Gazastreifen. In: *ZiB*. 07.07.2014.

Wuliger, Michael: Gefräßiges Monster Israel. Wie die Süddeutsche Zeitung antisemitischen Spin produziert. In: *Jüdische Allgemeine*. 03.07.2013. http://www.juedische-allgemeine.de/article/view/id/16410 (22.01.2017).

Zankel, Erwin: Der Chefredakteur antwortet. In: *Kleine Zeitung*. 20.05.2014.

Franziska Krah
Zur ‚Ästhetik' des Antisemitismus
Mediale Judenbilder im 21. Jahrhundert

Zur Geschichte des Antisemitismus gehören nicht nur Ausschreitungen und Pogrome, Parteiprogramme und Rassenforschung, literarische oder filmische Zeugnisse, sondern auch zahlreiche Illustrationen, die das antisemitische Judenbild – eine von der Realität losgelöste Konstruktionsleistung der Judenfeinde – auf visueller Ebene unterstützten. Da Bildern grundsätzlich eine starke Wirkung zugeschrieben wird und sie seit Langem zur Diffamierung des Feindes und der eigenen Überhöhung verwendet werden, überrascht dies kaum. Bilder bleiben im Gedächtnis, Johannes Valentin Schwarz ist sogar überzeugt: „Eine einzige Zeitungskarikatur hat [...] oft eine vergleichbare wenn nicht sogar größere Wirkung als ein ganzer Leitartikel. Vor dieser bewußten wie unbewußten Wirkungsmächtigkeit visueller Mittel hat auch die moderne Antisemitismusforschung wiederholt gewarnt".[1] Ähnlich argumentiert Joël Kotek: „In a world defined above all by images, the cartoon has become one of the most popular and most effective means of communication."[2] Aus der Entwicklung judenfeindlicher bzw. antisemitischer Illustrationen ist eine eigene Bildersprache mit hohem Wiedererkennungswert hervorgegangen. Das Wissen um diese Bilder ist, Gerald Lamprecht folgend, ins kulturelle Gedächtnis der Gesellschaft fest eingeschrieben und bis heute verankert. Lamprecht weist zudem auf folgendes hin: „Bei all diesen Bildern und den damit verbundenen antisemitischen Inhalten und Anschauungen handelte und handelt es sich also um kein Geheimwissen oder ein Wissen, das von der jetzigen Gesellschaft nicht mehr abgerufen werden könnte."[3] Genau das wird aber häufig bestritten, wenn in den Medien eine Karikatur erscheint, die vom Simon Wiesenthal Center oder anderen Organisationen als antisemitisch kritisiert wird.

Der folgende Beitrag beschäftigt sich mit ausgewählten Beispielen antisemitischer Karikaturen, die in der deutschen gedruckten Presse des 21. Jahrhun-

---

[1] Schwarz, Johannes Valentin: Antisemitische Karikaturen und Cartoons. Fremdbilder – Selbstbilder. 2005. www.politik-lernen.at/dl/msLpJKJKoLnNoJqx4KJK/504_karikaturen.pdf (17.05.2016).
[2] Kotek, Joël: Cartoons and Extremism. Israel and the Jews in Arab and Western Media. Edgware/Portland 2009, S. XIX.
[3] Lamprecht, Gerald: Was ist daran nicht antisemitisch? o. D. www.erinnern.at/bundeslaender/vorarlberg/bibliothek/dokumente/warum-ist-die-karikatur-auf-der-hc-strache-facebookseite-antisemitisch/Was%20ist%20daran%20nicht%20antisemitisch.pdf (17.05.2016).

https://doi.org/10.1515/9783110537093-014

derts erschienen sind. Bewusst wurden dabei keine Beispiele antisemitischer Karikaturen der radikalen Rechten oder Linken gewählt, die unbestritten antisemitisch sind. Stattdessen steht der Antisemitismus der Mitte – anlässlich dessen es so häufig Definitionsdebatten gibt – im Zentrum. Die ausgewählten Beispiele aus der *Süddeutschen Zeitung* und deren *Magazin*, dem *Stern*, der *Badischen* und *Stuttgarter Zeitung* werden unter ikonologischen Gesichtspunkten und hinsichtlich ihrer antisemitischen Bildstrategie untersucht. Dabei folge ich der in der Karikaturenforschung verbreiteten Annahme, dass es in der Karikatur nichts Zufälliges gibt: „Willkür und Albernheit herrschen nur scheinbar in ihr. [...] Jeder Strich, jede Form ist klar auf ein bestimmtes Ziel ausgerichtet."[4] In diesem Kontext hinterfrage ich zudem, inwiefern bestimmte Motive tradiert sind, ob sie Aktualisierungen erfahren haben, oder ob es sich um eine neue Darstellungsweise handelt. Vorangestellt ist daher ein Überblick der historischen Entwicklung judenfeindlicher Karikaturen. Aussagen der Zeichner darüber, inwiefern ihre Karikaturen antisemitisch intendiert sind, spielen bei der Analyse eine untergeordnete Rolle, da mit Lamprecht davon ausgegangen wird, dass bewusst oder unbewusst Darstellungen aufgegriffen werden, die im kulturellen Gedächtnis verankert sind.[5]

Karikaturen: Zwischen Humor und Verachtung

Der Duden bezeichnet die Karikatur als eine „Zeichnung o. ä., die durch satirische Hervorhebung bestimmter charakteristischer Züge eine Person, eine Sache oder ein Geschehen der Lächerlichkeit preisgibt". Das Wort selbst leitet sich vom italienischen *caricare* ab, das so viel wie überladen oder übertrieben komisch darstellen bedeutet. Der heutige Begriff ist recht ungenau und umfasst die physiognomische Porträtkarikatur, das unverbindliche Scherzbild in der Sonntagsbeilage, den angelsächsischen intellektuellen Bildwitz (*cartoon*) und gezeichneten Leitartikel (*editorial cartoon*).[6] Strittig ist, ob die ersten Karikaturen in der Antike, im Mittelalter oder erst in der Neuzeit entstanden sind. So wird die ausführlich komponierte Bildsatire mittelalterlicher Schand- und Schmähbilder von einigen als Karikatur verstanden. Andere bezeichnen die Karikatur als neuzeitliches Phänomen, da erst hier versucht wurde, auf humorvolle Weise mit

---

4 Plum, Angelika: Die Karikatur im Spannungsfeld von Kunstgeschichte und Politikwissenschaft. Eine ikonologische Untersuchung zu Feindbildern in Karikaturen. Aachen 1998, S. 38.
5 Lamprecht, Was ist daran nicht antisemitisch?
6 Langemeyer, Gerhard [u. a.] (Hrsg.): Mittel und Motive der Karikatur in fünf Jahrhunderten. Bild als Waffe. München 1984, S. 7.

wenigen Strichen komplexe Sachverhalte deutlich zu machen. Die dabei behandelten Themen sind häufig hochaktuell und bringen gesellschaftliche wie politische Probleme pointiert zur Sprache.[7]

Ebenso wie der Entstehungszeitraum umstritten ist, geht auch die grundsätzliche Einschätzung des Mediums weit auseinander. In der Studie *Die Juden in der Karikatur* (1921) schreibt einer der ersten deutschsprachigen Karikaturenforscher folgendes über den Erfolg der Karikatur: „Das Lachen und das Weinen ist gleichermaßen untrennbar vom menschlichen Leben, vom Leben des Einzelnen wie von dem der Gesamtheit, – darum ist die Karikatur die Begleiterin der Menschheit auf all ihren Wegen; sie ist nichts anderes als ein gesteigerter bildhafter Ausdruck für beides."[8] Eduard Fuchs rekurriert damit auf die Vorstellung der Karikatur als bildliche Form der Satire. Sie dient aber nicht nur dem allgemeinen Amüsement, sondern ist Fuchs zufolge in der Lage, durch das Mittel der Über- und Untertreibung die Wahrheit zu enthüllen. Ähnlich hebt Angelika Plum etliche Jahre später diesen Aspekt hervor: „Durch ihr Vermögen, komplexe Sachverhalte ,auf den Punkt' zu bringen, kann die Karikatur Tatbestände augenfällig darstellen und sie in prägnanter Weise dem Betrachter nahebringen. Sie kann politische Hintergründe ,klar' machen und damit Aufklärungsarbeit leisten."[9] Im besten Falle ist die Karikatur also ein Mittel zur humorvollen Gesellschaftskritik.

Eine völlig entgegengesetzte Sichtweise äußert Micha Brumlik. Die Karikatur verurteilt er als menschenfeindliches Medium, da sie „nicht nur der Herrschaftskritik, sondern auch der Verächtlichmachung der Unangepaßten, ja der Herrschaftskritiker selbst dient."[10] Tatsächlich diente sie seit ihren Anfängen stets auch reaktionärer politischer Propaganda und appellierte unter Zuhilfenahme psychologischer Mittel lediglich an Emotionen statt an den Verstand, womit sie einer verkürzten irrationalen Sicht der komplexen Wirklichkeit Vorschub leistete. Schon Fuchs kritisierte diesen Aspekt.[11] Ebenso ist die Karikatur auch Plum zufolge keinesfalls grundsätzlich kritisch, aufklärerisch und unbestechlich. Im Gegenteil könne sie durchaus auch verschleiern und verdecken. Schon allein aufgrund ihrer Zuspitzung befindet sie sich häufig am Grat zur Verunglimpfung und Häme. Schließlich ist mit der Karikatur stets ein ,zu viel' und ,zu wenig' verbunden, das heißt, bestimmte charakteristische Merkmale einer Person oder eines

---

7 Langemeyer [u. a.], Mittel, S. 8.
8 Fuchs, Eduard: Die Juden in der Karikatur. Ein Beitrag zur Kulturgeschichte. München 1921, S. 1.
9 Plum, Karikatur, S. 7.
10 Brumlik, Micha: Innerlich beschnittene Juden. Zu Eduard Fuchs' „Die Juden in der Karikatur". Hamburg 2012, S. 9.
11 Plum, Karikatur, S. 22.

Sachverhalts werden herausgestellt, andere Komponenten dagegen bewusst weggelassen. Somit wirken die Dargestellten überzeichnet und verzerrt.[12] Dies kann zwar dazu dienen, kritikwürdige Sachverhalte herauszustellen, fördert aber unter Umständen auch die Stereotypisierung. Der Schritt von der in der Karikatur üblichen Typisierung zur Stereotypisierung ist recht klein, argumentiert Plum und bezieht sich dabei auf Haimo L. Handl. Stereotypie in der Typisierung sei demnach gegeben, wenn eine Visualisierung für einen bestimmten Typ nicht als Einzelfall, sondern regelmäßig zur Typisierung einer Gruppe bzw. eines Gruppenangehörigen eingesetzt wird.[13] Durch eine verzerrte Darstellung der Abgebildeten und die Verwendung von Symbolen oder Verallgemeinerungen kann die Karikatur also geradezu gegenaufklärerischen propagandistischen Zwecken dienen – zum Beispiel dem antisemitischen Wahn.

Bei antisemitischen Karikaturen lässt sich denn auch eine veränderte Zielsetzung feststellen: Sie will nicht humorvoll, keine Stichelei, keine Belustigung etwaiger jüdischer Bräuche und Glaubensgrundsätze sein, sondern Verachtung hervorrufen. Dieses Spezifikum stellt Thomas Gräfe in seiner Untersuchung antisemitischer Karikaturen um 1900 heraus:

> Nicht die Erzeugung von Heiterkeit war das letzte Ziel dieses Satiretyps, vielmehr zielte er darauf ab, ein Gefühl der Verachtung gegenüber den als unbedingte Bedrohung dargestellten Juden zu erzeugen. Daher kam der Verzerrung der Realität eine andere Funktion zu als in Karikaturen allgemein üblich. Wirklichkeit sollte nicht zu humoristischen Zwecken verfremdet, sondern enthüllt werden.[14]

Die Besonderheit antisemitischer Karikaturen besteht allerdings weniger darin, ein verzerrtes Bild von Juden zu zeigen, als vielmehr darin, dass die Darstellung mit den wirklichen Menschen und ihrer Lebensrealität keineswegs übereinstimmt. Gräfe ist zuzustimmen, wenn er die antisemitische Intention in einer Enthüllung der vermeintlichen Wirklichkeit sieht, damit unterscheidet sie sich jedoch nicht unbedingt von anderen Karikaturen. Ein entsprechender Anspruch, verknüpft mit einer Gesellschaftskritik, lässt sich schließlich auch bei etlichen anderen Karikaturen feststellen. Schon Fuchs merkte an, dass die hetzerische, antisemitische Karikatur – im Gegensatz zu sonstigen Karikaturen – nicht die Wirklichkeit pointiert bzw. überzeichnet darstellt, sondern vielmehr den *Schein*

---

12 Die Debatte darum, ob Karikaturen der Aufklärung oder Gegenaufklärung dienen, skizziert Plum, Karikatur, S. 7–21.
13 Plum, Karikatur, S. 78.
14 Gräfe, Thomas: Antisemitismus in Gesellschaft und Karikatur des Kaiserreichs. Glöß' Politische Bilderbogen 1892–1901. Norderstedt 2005, S. 49.

für die Wirklichkeit nimmt und diesen pointiert.[15] Damit zeigt die antisemitische Karikatur, so Fuchs, was ihr „in den Kram paßt".[16] Vermutlich glaubt der Zeichner zwar selbst daran, dass er die Wirklichkeit – freilich überzeichnet – enthüllt, tatsächlich handelt es sich aber um Verleumdungen, Wahnideen, Projektionen. Deutlich wird dabei die Verachtung des Zeichners, der Fuchs jeglichen Humor abspricht. Der einzige Humor, der ihm zufolge antisemitischen Karikaturen inhärent ist, ist das Lachen über die anderen als Vorbote von deren Vernichtung. Damit sind sie letztlich nicht mehr als „direkte Kampfmittel und Kampfansagen", die den Antisemitismus auf der Bildebene unterstützen.[17] Durch sie werden stereotype Vorstellungen von Juden auf die Bildebene übertragen und an die Betrachter weitergegeben. Antisemitische Karikaturen stehen damit stets im Zusammenhang mit den entsprechenden zeitgenössischen Ausprägungen des antisemitischen Weltbildes.

Zur Abgrenzung gegenüber anderen Karikaturen mit beleidigendem Charakter ist schließlich noch eine weitere Besonderheit herauszustellen: das Element der Entmenschlichung. Charakteristisch für die antisemitische Karikatur ist, dass sie ‚den Juden' in Gegensatz zu den Menschen stellt, ihn aus der Menschheit ausschließt, eine „Opposition Jude – Mensch" entwirft, wie Till Gathmann es formuliert. Damit sind sie nicht menschenverachtend, sondern vielmehr entmenschlichend – im Unterschied zu den islamkritischen Karikaturen, die in der französischen Satirezeitschrift *Charlie Hebdo* erschienen sind. Denn indem Mohammed als Mensch gezeigt wird, zielen sie schlicht auf eine „Vermenschlichung des Heiligen".[18] Gathmann erläutert dies so: „Vermenschlichung heißt hier die antiautoritäre Aggression gegen den Respekt vor der religiösen Sphäre: die Pfaffen, Imame, Rabbis sind Menschen wie du und ich, zuweilen niederträchtig, verlogen und permanent in Widersprüche verstrickt."[19] Freilich handelt es sich dabei um Schmähzeichnungen, die sich eindeutig gegen islamische Glaubensgebote richten und gänzlich respektlos sind, denn: „Ihr Witz weigert sich, das Unvernünftige der Religion anzuerkennen und markiert es als psychisches Bedürfnis des Gläubigen."[20] Im Gegensatz zu antisemitischen Karikaturen sind sie damit aufklärerisch im besten Sinne, bilanziert Gathmann.[21]

---

15 Fuchs, Juden, S. 155, 164.
16 Fuchs, Juden, S. 164.
17 Fuchs, Juden, S. 238.
18 Gathmann, Till: Antisemitisches Wahnbild und antiislamische Karikatur. In: sans phrase. Heft 6 (2015). S. 20.
19 Gathmann, Wahnbild, S. 23.
20 Gathmann, Wahnbild, S. 24.

Zur Entwicklungsgeschichte judenfeindlicher Karikaturen

Wendet man sich der historischen Entwicklung judenfeindlicher Darstellungen in Europa zu, ist zunächst eine Unterscheidung zwischen vormoderner Judenfeindschaft und modernem Antisemitismus vorzunehmen, denn mit der Transformation der Judenfeindschaft im Zuge der Aufklärung veränderte sich auch die Darstellungsweise. Judenfeindschaft wurde zu einer Weltanschauung, die sich nicht nur gegen die Emanzipation der jüdischen Bevölkerung, sondern zugleich gegen moderne Phänomene wie den Kapitalismus und Liberalismus, die Demokratie und Frauenbewegung richtet. Verknüpft mit politischen Forderungen entwickelte sie sich zur politischen Bewegung. Religiöse Motive verloren an Bedeutung und rassistische Elemente fanden Eingang in judenfeindliche Begründungszusammenhänge. Juden wurden als das Böse identifiziert, und die ihnen angedichtete Absicht, die Welt zu beherrschen, mit Untergangsszenarien der nichtjüdischen Bevölkerung verknüpft. Das Element der psychischen Entlastung, der Projektion verbotener und verdrängter Begehren findet sich dagegen in beiden Formen. Überdies gibt es in antisemitischen Karikaturen ikonographische Elemente aus der vormodernen Judenfeindschaft, ebenso wie sich in der antisemitischen Ideologie vormoderne Elemente finden.

Wie bei Fuchs sollen hier – um der judenfeindlichen Bildentwicklung Rechnung zu tragen – Darstellungen einbezogen werden, die keine Karikaturen im klassischen Sinne sind. Gemeint ist die plastische Satire, d. h. Reliefs an und in Kirchen oder Rathäusern, an Dachgesimsen, Brückenköpfen und -pfeilern.[22] Hierbei handelt es sich in erster Linie um die ‚Judensau'. Das erste derartige Relief, dem viele folgen sollten, stammt vermutlich aus dem 13. Jahrhundert und befindet sich im Brandenburger Dom.[23] Dargestellt ist dabei in der Regel eine Sau, die von einem Juden – erkennbar am spitzen ‚Judenhut' oder ‚Judenring', den zu tragen zeitweise Vorschrift war – gemolken wird und an deren Zitzen Juden saugen. Auf einigen nehmen die abgebildeten Juden sogar deren Urin oder Kot auf oder ma-

---

21 Gathmann erklärt an dieser Stelle, dass es auch einige antiislamische Zeichnungen jenseits einer Religionskritik gibt, die „Schmähzeichnungen rassistischer Tradition" sind. Diese knüpfen häufig an projektive, rassistisch-antisemitische Bildtraditionen an und zeigen ‚den Araber' mit auffälliger gebogener Nase, vorgeschobener Unterlippe etc. Gathmann, Wahnbild, S. 20.
22 Fuchs, Juden, S. 112–114.
23 Siehe hierzu Shachar, Isaiah: The Judensau: A medieval anti-Jewish Motif and its History. London 1974.

chen sich anderweitig am Anus des Tiers zu schaffen.[24] Im Hochmittelalter war die Verknüpfung von Juden und Schweinen ein häufiges Bildmotiv christlicher Judenfeinde. Vermutlich sollten Juden durch die Assoziation mit den Tieren verhöhnt werden, die doch im Judentum als unrein gelten. Denkbar ist außerdem, dass sie damit als Heuchler dargestellt werden sollten: offiziell seien sie zwar koscher und lehnten Schweinefleisch ab, um sich inoffiziell die Milch und Exkremente des Tiers zuzuführen. Das Saugen an Schweinezitzen könne, so Fuchs, auch für ‚jüdische Gier' stehen.[25] Ferner kann aus psychoanalytischer Perspektive der projektive Charakter der Abbildungen analysiert und auf anale und sodomitische Phantasien verwiesen werden.

Ab dem 15. Jahrhundert erscheint die ‚Judensau' als Printmotiv. Hintergrund ist die aus der Gutenberg-Revolution folgende Verbreitung graphischer Darstellungen wie Holzschnitte und Kupfer- und Foliokupferstiche. Judenfeindliche Bilder erschienen fortan vornehmlich als Einblattdrucke und die Zeichner derartiger Typenkarikaturen, seinerzeit Briefmaler genannt, richteten sich mit ihren ‚An Alle' betitelten Flugblättern an die breite christliche Bevölkerung.[26] Neben dem ‚Judensau'-Motiv bezogen sich spätmittelalterliche und frühneuzeitliche Drucke auf phantastische judenfeindliche Verleumdungen. Die populärsten waren zweifellos die Behauptung des Ritualmords, des Hostienfrevels und der Brunnenvergiftung. Über die im 12. Jahrhundert aufkommende Behauptung, Juden würden die christliche Bevölkerung vergiften, indem sie etwa deren Brunnen verunreinigten, existieren nur wenige Bildmotive. Ein Beispiel zur Verknüpfung von Hostienfrevel und Brunnenvergiftung findet sich in einer Bildergeschichte aus einem Gebetbuch von 1776 (Abb. 1).

Dargestellt sind Juden, die gestohlene Hostien mit einem Dornenzweig, Nadeln und Hämmern bearbeiten, bis diese zu bluten beginnen und ein kleines, an Jesus erinnerndes Kind herausschwebt. Anschließend werfen sie die Hostien in einen Brunnen und vergiften dadurch dessen Wasser, wodurch viele Christen sterben.

Eine ganze Reihe bildlicher Darstellungen finden sich über die Ritualmordlüge. Seit dem 12. Jahrhundert wurden mit der Behauptung, Juden würden christliche Kinder oder Jungfrauen martern und ihr Blut zu rituellen Zwecken verwenden, Pogrome und Vertreibungen gerechtfertigt. Wie das Beispiel Johann Wolfgang Goethe zeigt, prägte diese Geschichte das Judenbild vieler Menschen von Kindheit an. In seiner Autobiographie schreibt dieser: „Es dauerte lange bis

---

24 Beispiele liefert Fuchs, Juden, S. 8f., 31, 65, 114–130.
25 Fuchs, Juden, S. 63.
26 Fuchs, Juden, S. 135.

Abb. 1: Unbekannt, „Die heilige Hostien werden in einen Bronnen geworfen daß wasser vergifte, es sterben vil Christen". In: Bilderreihe aus einem Gebetbuch, Holzschnitt, 1776, Deggendorf.

ich allein mich hineinwagte [in die Judengasse]. Dabei schwebten die alten Mährchen von Grausamkeit der Juden gegen die Christenkinder, die wir in Gottfrieds Chronik gräßlich abgebildet gesehen, düster vor dem jugendlichen Gemüth."[27] Jene Chronik von 1619 war in der Frühen Neuzeit weit verbreitet. Von den über 300 Abbildungen behandelt nur eine den ‚Ritualmord' und zeigt den Fall des Simon von Trient, der 1475 tot aufgefunden wurde (Abb. 2).

Abgebildet ist ein an ein Kreuz gefesseltes Kleinkind, um das sich eine Gruppe von Juden schart, erkenntlich an der Kopfbedeckung und der mit hebräischen Schriftzeichen verzierten Kleidung. Zwei von ihnen stechen mit Messern in den Leib des Kindes und sammeln das Blut in Schüsseln auf.[28] Mit der Darstellung als Kindermörder wurde die vorgebliche Grausamkeit von Juden herausgestellt, schließlich stehen Kinder für Unschuld und Wehrlosigkeit.

Im 15. Jahrhundert erhält das Teufelssymbol Einzug in die judenfeindliche Darstellung, nachdem eine Verbindung der Juden mit dem Teufel bereits durch das Neue Testament gegeben ist. Ikonographische Elemente sind dabei nicht nur die Teufelsfigur selbst, sondern auch der Ziegenbock und weitere behornte Figuren. Derartige Bilder unterstützten den frühneuzeitlichen Glauben, dass Juden einen Pakt mit dem Teufel geschlossen hätten und ihnen Hörner wüchsen.[29] Das

---

27 Zitiert nach Rohrbacher, Stefan u. Schmidt, Michael: Judenbilder. Kulturgeschichte antijüdischer Mythen und antisemitischer Vorturteile. Reinbek 1991, S. 15.
28 Ein ähnliches Bild ist in der Schedelschen *Weltchronik* von 1493 abgedruckt.
29 Rohrbacher/Schmidt, Judenbilder, S. 17f., 163.

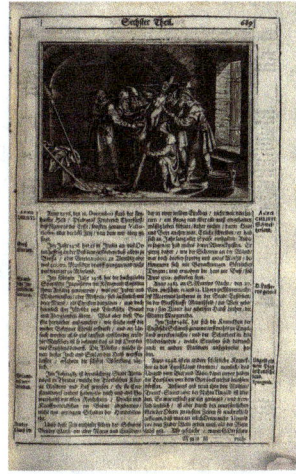

Abb. 2: Matthäus Merian, „Die Juden martern Simon". In: Johann Ludwig Gottfried, Historische Chronica, S. 689, Kupferstich, 1619, Frankfurt am Main.

ist insofern naheliegend, als der Teufel in der damaligen Gesellschaft, so Petra Schöner, hinter jedem ‚unchristlichen' Gedanken und Ereignis vermutet wurde.[30] Bei den frühneuzeitlichen Bildern von behornten jüdischen Figuren findet sich ein Aspekt, der besonders für spätere antisemitische Karikaturen zentral werden soll: die Entmenschlichung. Zwar werden extreme Entstellungen der Körper und Gesichter erst später populär, kulminierend in der völkisch-rassistischen Gleichsetzung von Juden mit Ungeziefer, „das, schleichend, reptilisch, mit Pestilenz und Greuel behaftet, nach Ausrottung verlangte."[31] Doch wurde bereits in der Frühen Neuzeit durch das Aussehen der Figuren der den Juden zugeschriebene dämonische Charakter auf der Bildebene umgesetzt. Häufig wurden sie mit bösartigem, finsterem oder verschlagenem Blick, verzerrtem, gerötetem Gesicht und hervorquellenden Augen gezeichnet.[32]

---

30 Schöner, Petra: Judenbilder im deutschen Einblattdruck der Renaissance. Ein Beitrag zur Imagologie (=Saecvla Spiritalia Bd. 42). Baden-Baden 2002. S. 249–258. Siehe auch Mittlmeier, Christine: Publizistik im Dienste antijüdischer Polemik. Spätmittelalterliche und frühneuzeitliche Flugschriften und Flugblätter zu Hostienschändungen. Frankfurt a. M. 2000, S. 122–128.
31 Wassermann, Henry: „Wenn ick betracht Ihr Nasen...". Stereotype Darstellungen von Juden, Judentum und Israel in der neuzeitlichen Karikatur. In: Ginzel, Günther B. (Hrsg.): Antisemitismus. Erscheinungsformen der Judenfeindschaft gestern und heute. Bielefeld 1991. S. 418–437, hier: S. 431.
32 Dittmar, Peter: Die Darstellung der Juden in der populären Kunst zur Zeit der Emanzipation. München [u. a.] 1992, S. 286. Ein frühes Beispiel aus dem Jahr 1233 zeigen Gold, Helmut u. Heuberger, Georg (Hrsg.): Abgestempelt. Judenfeindliche Postkarten. Auf der Grundlage der Sammlung Wolfgang Haney. Frankfurt a. M. 1999, S. 44–46.

Berücksichtigt werden muss dabei, dass es zur allgemeinen Bildstrategie – auch jenseits von judenfeindlichen Darstellungen – gehörte, den Charakter einer abgebildeten Person durch das Aussehen zu bestimmen, gewissermaßen nach außen zu transportieren. Dabei steht Schönheit für Tugend und Hässlichkeit für Verwerfung und Bösartigkeit. So galt auch die Warze als Kennzeichen eines schlechten Charakters und wurde – ebenso wie das Element des Buckels – spätestens seit dem 17. Jahrhundert zum ‚jüdischen' Merkmal.[33] Am populärsten wird indes die auffällig gebogene Nase, die seit dem 15. Jahrhundert beinahe sämtliche Gesichter in judenfeindlichen Darstellungen schmückt. Auch hier muss allerdings eingewandt werden, dass sie kein spezifisch judenfeindliches Symbol war, sondern allgemein für das Böse und Verschlagene stand.[34] Welche Dimensionen die Verknüpfung von Judenbildern mit jener Nasenform annehmen konnte, zeigt die Rassenforschung des 19. und 20. Jahrhunderts. War die gebogene Nase zunächst ein allgemein diffamierendes Symbol, wirkte die Verbreitung judenfeindlicher Karikaturen dahingehend zurück, dass sie schließlich als wirklichkeitsgetreu galt.

Ein weiteres stilistisches Mittel wurde die Farbgebung der Bilder, wobei Licht als Metapher für Wahrheit und Dunkelheit für das Dämonische und Verschwörerische steht. Dieses Mittel wurde auch auf die Darstellung jüdischer Körper, Haar- und Augenfarbe verwandt.[35] Als körperliches Element trat die Zeichnung krummer Beine und Plattfüße hinzu, die in judenfeindlichen Bildern für Schwäche, Verweichlichung, Feigheit stehen.[36] Und schließlich treten krause Locken und betonte, volle Lippen hinzu, die als Metapher für Gier und sexuelle Ausschweifung stehen. Jüdische Frauenfiguren, die insgesamt ein selteneres Motiv sind, weisen dabei häufig eine Ähnlichkeit zu den männlichen Figuren auf und haben dunkle, krauses Haar, volle Lippen sowie eine auffällige Nase.[37] Zusammenfassend lässt sich sagen, dass bereits die spätmittelalterlichen und frühneuzeitlichen Judendarstellungen stark ‚orientalisierend' wirken und Juden offenbar als fremdartig stilisiert werden sollten – und das, noch bevor Rassentheorien aufkamen.[38] Damit unterstützte die Darstellung des vorgeblich jüdischen Körpers die gezeigten Handlungen des Ritualmords, des Vergiftens und des Teufelsbundes, die für sich genommen bereits bedrohlich und unheimlich wirkten.

---

33 Gold/Heuberger, Abgestempelt, S. 71.
34 Wassermann, „Wenn ick betracht Ihr Nasen...", S. 424.
35 Dittmar, Darstellung, S. 286.
36 Wassermann, „Wenn ick betracht Ihr Nasen...", S. 424.
37 Zahlreiche Beispiele hierfür liefert Fuchs: Juden. Das Motiv der ‚schönen Jüdin' taucht dagegen kaum auf.
38 Rohrbacher/Schmidt, Judenbilder, S. 242.

Eine derartige physiognomische Diffamierung wird in den Karikaturen des ausgehenden 19. Jahrhunderte auf die Spitze getrieben. Gleichzeitig steigt ihre Zahl rasant an, was auf zwei Gründe zurückzuführen ist. Durch die Vielzahl antisemitischer Vereinigungen, die im Deutschen Kaiserreich entstanden sind, nahm die Menge an Publikationen enorm zu. Die begleitenden Illustrationen dienten dabei als Propagandamittel und zur Unterstreichung der Forderung nach Entrechtung der jüdischen Bevölkerung. Bedeutender ist hier aber noch der technische Wandel. Noch zu Beginn des 19. Jahrhunderts war der Bilderbogen mit seinen einfach gestalteten Einblattdrucken das einzige bildliche Medium, das breitere Bevölkerungsschichten erreichte.[39] Das voll entwickelte Lithographieverfahren ermöglichte das Zeitungswesen und mit ihm wurde die politische Karikatur in Kombination von Text und Bild zum ständigen Begleiter der Tagespolitik.[40] Explizit antisemitische Karikaturen erschienen in einer Vielzahl und in hoher Auflage im 1862 gegründeten Wiener Satireblatt *Kikeriki*. Neben der Zeitung und dem Magazin tauchten antisemitische Karikaturen auch auf Ansichtskarten, Klebemarken und Plakaten auf – und dienen heute als bedeutende Zeugnisse antisemitischer Alltagskultur.[41]

Darüber hinaus ergeben sich zeitgleich einige ikonographische Veränderungen, hervorgerufen durch den Übergang von vormoderner Judenfeindschaft zum modernem Antisemitismus. Während die christliche Legitimation an Bedeutung verliert, werden nationalistische, rassistische und ökonomische Elemente im Zuge der veränderten Verhältnisse zentral. Durch das im Kapitalismus nicht eingelöste bürgerliche Gleichheitsversprechen transformiert sich der Judenhass zu einer Weltanschauung, mit der die Ungleichheit *scheinbar* erklärt wird; nämlich durch die Verknüpfung des Juden mit der Zirkulationssphäre des Geldes, die Unterscheidung in schaffendes und raffendes Kapital und die Identifikation von letzterem mit den Juden. Diese gelten fortan nicht mehr als unheimliche Ungläubige, die letztlich von Gott bestraft oder bekehrt werden, sondern als reiche, raffende Macht, die im Untergrund das Schicksal der Menschheit bestimmt. So entstehen erstmals Darstellungen der Juden als Kraken, Schlangen oder Spinnen, die die Welt umspannen. Bedeutend für die Darstellungen ab den 1870er Jahren ist auch das Motiv der ‚jüdischen Geldmacht'.[42] Das vormoderne Bild des ärmlichen, zu-

---

39 Näheres über den Bilderbogen schreibt Dittmar, Darstellung, S. 169–186.
40 Gräfe, Antisemitismus, S. 6f.
41 Enzenbach, Isabel u. Haney, Wolfgang (Hrsg.): Alltagskultur des Antisemitismus im Kleinformat. Vignetten der Sammlung Wolfgang Haney ab 1880. Berlin 2012, S. 7. Beispiele judenfeindlicher Postkarten zeigen Gold/Heuberger, Abgestempelt.
42 Schleicher, Regina: Antisemitismus in der Karikatur. Zur Bildpublizistik in der französischen Dritten Republik und im deutschen Kaiserreich (1871–1914). Frankfurt a. M. 2009, S. 33.

weilen aufdringlichen jüdischen Kleinhändlers, Hausierers oder Wucherers wandelte sich zum anzugtragenden, fetten, eitlen Bankier und Börsianer, der das Wirtschaftsleben kontrolliert.[43] Dabei wurde die Aufforderung zum politischen Handeln, zur nötigen ‚Selbstverteidigung', zum ‚Kampf ums Dasein' stets mittransportiert. Hierfür wurden gleichfalls auch mittelalterliche Motive reaktiviert und umformuliert.[44] Zunächst ist die Dämonisierung und Darstellung der Juden als Teufel zu nennen. Auf diesem findet sich der Macht-Aspekt bereits in Ansätzen, wobei der Teufel in mittelalterlichen Darstellungen zwar Gegenspieler Gottes, aber stets unterlegen ist. In modernen antisemitischen Darstellungen werden dämonisierende Bildelemente übernommen, wobei freilich die Teufelsfigur weniger als religiöses Symbol dient, denn als eines der dunklen Macht. Ab dem 18. Jahrhundert entsteht mit dem Vampir schließlich eine teufelsähnliche Figur, die gleichfalls für Gier (nach Blut) steht, weshalb es kaum verwundert, dass sie Eingang in die antisemitische Ikonographie findet.[45] Ähnlich wird die ‚Judensau' als Symbol in die antisemitische Bilddarstellung des 19. Jahrhunderts übernommen, teils abgewandelt, indem Juden selbst als Schweine abgebildet wurden.[46]

Beim völkischen Antisemitismus lässt sich beobachten, dass er zwar mit neuen Motiven wie dem Vampir oder der Krake arbeitete und insgesamt seinen Fokus auf die physiognomische Diffamierung legte, dabei aber auch auf mittelalterliche Motive zurückgriff. Beispielsweise arbeitete *Der Stürmer* mit beinahe sämtlichen judenfeindlichen Bildern, derer er habhaft werden konnte. Eine Besonderheit war ihm dabei der pornographische Charakter. Was die Funktion derartiger Karikaturen angeht, so sind sie hier bildliches Beiwerk der entsprechenden antisemitischen Weltanschauung. So, wie Juden in *Der Stürmer* geschaffen wurden, charakterisierten sie die nationalsozialistischen Ideologen auch verbal und literarisch. Demnach waren sie keineswegs eine Überzeichnung des antisemitischen Judenbildes, sondern die entsprechend getreue Illustration antisemitischen Wahns.

---

[43] Gräfe, Antisemitismus, S. 48. Bilder von Bankiers bzw. Börsianern zeigen Gold/Heuberger, Abgestempelt, S. 166–173.
[44] Gold/Heuberger, Abgestempelt, S. 44.
[45] Überdies erinnert jenes Motiv an die Ritualmordlüge, deren Hintergrund jedoch ein anderer war. Die Darstellung des mordenden Vampirs bezog sich auf die in der ‚Rasse' liegende ‚jüdische Bestialität' und war nicht mit Vorstellungen eines vermeintlich jüdischen Ritus' verknüpft. Fuchs, Juden, S. 131.
[46] Gold/Heuberger, Abgestempelt, S. 55; Rohrbacher/Schmidt, Judenbilder, S. 28 f.

Wandel des Judenbildes nach 1945

1945 erfolgte durch Auschwitz, den millionenfachen Judenmord, ein Paradigmenwechsel, durch den der Antisemitismus abrupt seinen ‚Glanz' verlor. Mangelnde Aufarbeitung und Verdrängung ließen indes neue Formen wie die Holocaust-Leugnung und Schuldabwehr entstehen und insgesamt herrscht seither eine starke Latenz des Antisemitismus vor. Dies wirkte sich zweifellos auch auf die Ikonographie aus. Wie im historischen Überblick deutlich wird, gab es im Zuge der Entwicklung der Judenfeindschaft immer schon Wandlungen auf bildlicher Ebene. Ebenso wie sie sich unter unterschiedlichen sozialen, ökonomischen und politischen Bedingungen transformierten, wandelte sich auch die bildliche Darstellung und ihre Bedeutung. Dennoch lassen sich bestimmte Bildelemente durchgängig wiederfinden. Da der Antisemitismus nach 1945 in Europa an den Rand gedrängt und entsprechende Propaganda strafbar wurde, ist es nur folgerichtig, dass die Bilder nicht mehr so explizit sind, wie es im völkischen Antisemitismus gängig war – vorausgesetzt sie berufen sich nicht explizit auf diese, wie es bei Karikaturen der rechtsextremen Szene der Fall ist.[47] Daher ist es bei den folgenden Beispielen aus der SZ sowie deren *Magazin*, dem *Stern*, der *Badischen* und *Stuttgarter Zeitung* zuweilen schwieriger sie als antisemitisch zu identifizieren.

Eine Karikatur mit eindeutig antisemitischem Gehalt erschien am 21. Februar 2014 in der *Süddeutschen Zeitung* (SZ). Recht zeitnah rief sie eine Vielzahl an empörten Reaktionen hervor und das Simon-Wiesenthal-Center urteilte: „Ohne Zweifel riecht diese Karikatur nach Antisemitismus."[48]

Abgebildet ist eine Krake mit einem menschenähnlichen Gesicht, das heraussticht durch eine auffällig große gebogene Nase, volle Lippen, ausgeprägte Augenlider, eine Warze und lockiges Haar (Abb. 3). Auf der hutähnlichen Kopfbedeckung ist das Facebook-Symbol zu erkennen. Die Krake umfasst – oder kontrolliert – mit ihren unzähligen Tentakeln eine Vielzahl an Computern, in einer ihrer Tentakeln hält sie das WhatsApp-Symbol. Kritisiert wurde besonders das Symbol der Krake, das ebenso wie die auffällige Nase und Lippen aus antisemitischen Karikaturen der NS-Zeit bekannt ist. Allein aufgrund der Verwendung

---

47 Explizit sind sie allein deshalb, da sie die ‚Juden' durch Davidsterne o. ä. erkenntlich machen. Ihre Karikaturen beziehen sich deutlich auf NS-Karikaturen. Gold/Heuberger, Abgestempelt, S. 291–296.
48 Weinthal, Benjamin: German Cartoon of Facebook CEO Zuckerberg sparks Antisemitism row. 24.02.2014. www.jpost.com/International/German-cartoon-of-Facebook-CEO-Zuckerberg-sparks-anti-Semitism-row-342412 (11.02.2017).

des Krakenmotivs die Karikatur als antisemitisch deuten zu wollen, wäre aber Gathmann zufolge positivistisch:

> Strenggenommen aber ist die Verwendung einer Krake in einer Darstellung keine hinreichende Begründung. [...] Für den antisemitischen Charakter ist die Form der Phantasie, nicht das Objekt, durch welches sie erscheint, von Relevanz. Die Kritik des Antisemitismus kann nur an ersterer sich entfalten. Erstellt sie stattdessen Listen von inkriminierten Objekten, macht sie sich dumm und steht dem eigenen Anspruch im Weg. Auf diese Weise Bildtraditionen bestimmen zu wollen macht keinen Sinn.[49]

Dass das Krakenmotiv nicht per se antisemitisch ist, sondern in kritisch-emanzipatorischer Absicht genutzt werden kann, beweist eine aus Frankreich stammende Karikatur aus dem Jahr 1935.

Abb. 3: Burkhard Mohr, „Krake Facebook", *Süddeutsche Zeitung*, 21.02.2014.

Abb. 4: Unbekannt, „Krake Hitler", 1935, Frankreich. In: David A. Altshuler / Lucy S. Dawidowicz, Hitlers War Against the Jews. A Young Reader's Version of the War Against the Jews 1933–1945, West Orange 1987, S. 70.

Sie zeigt eine Krake, die mit ihren Tentakeln die Welt umgreift, das Gesicht des Tiers ist Adolf Hitler nachempfunden (Abb. 4). Die Krake als Symbol einer übermächtigen Kreatur, die ihre Tentakel gierig nach jeder Richtung ausstreckt,

---

49 Gathmann, Wahnbild, S. 10 f.

ist in diesem Zusammenhang durchaus passend gewählt, war doch die Rhetorik Hitlers bereits von Eroberungsplänen geprägt. Der Karikaturist zeigte sich durch die Darstellung hellsichtig.[50]

Wie verhält es sich indes mit der ‚Krake Facebook'? Hintergrund ist hier der erfolgte Kauf des Unternehmens WhatsApp durch Facebook, den dessen jüdischer Gründer Mark Zuckerberg damit erklärte, dass es ihm behilflich sei, sich weltweit zu vernetzen. Für den Karikaturisten lag hier das Krakensymbol offenbar nahe. Ironisch kommentiert es Alan Posener: „Die Krake hält alle unsere Computer in ihren Tentakeln. Es gibt vor ihr kein Entkommen. So suggeriert es eine Karikatur von Burkhard Mohr in der ‚Süddeutschen'. Worum geht es? Um die NSA? Um Google? Um chinesische Hacker? Nein. Um den Kauf von Whatsapp durch Facebook; also von einem hippen Medium zum Austausch von Texten und Bildern durch ein in die Jahre gekommenes soziales Netzwerk."[51] Die Idee, Menschen miteinander zu vernetzen – und zugegeben, ihre Daten zu sammeln – erscheint hier als bösartiger Gewaltakt eines gierigen jüdischen Machtmenschen. Patrick Gensing erblickt darin ein antimodernes Motiv: „Antisemitismus als anti-modernes Sturmgeschütz. Diese Wirksamkeit zeigt sich auch im Fall Facebook, das als moderne, ortlose Bedrohung daherkommt – personifiziert durch einen hakennasigen Unternehmer, zufälligerweise jüdisch, der mit seinen Krakenarmen die gesamte Kommunikation weltweit kontrolliert. Schlimme neue Welt."[52]

Besonders abwegig erscheint die Darstellung des ‚hakennasigen' Unternehmers, wenn man sie mit der Hitler-Krake vergleicht. Ist Hitlers Gesicht lediglich durch ein wohliges Lächeln leicht verzerrt – genussvoll schließt er die Augen, während er mit seinen Tentakeln nach der Welt greift – schaut die Zuckerberg-Krake äußerst gierig und verschlagen drein. Zudem grinst sie den Betrachter dreist an, wodurch die bedrohliche Wirkung verstärkt wird. Auch kann dabei kaum noch von einer „überspitzte[n] Zeichnung Mark Zuckerbergs"[53] gesprochen werden, wie der Zeichner es intendiert habe, entspricht die Darstellung doch mitnichten den Gesichtszügen Zuckerbergs. Henry Wassermann kommentiert zu einer derartigen Vorgehensweise:

> Die stereotyp-graphische Weise, Juden abzubilden, gründete sich auf vermeintliche physiognomische Züge, die bis zur Unkenntlichkeit verzerrt und pervertiert wurden, doch mit

---

50 Überdies ist es durchaus denkbar, dass damit auch eine Satire auf antisemitische Karikaturen mit dem Krakenmotiv impliziert ist (Motiv der Umkehrung).
51 Posener, Alan: Wenn der wütende Spießer den Diskurs bestimmt. In: *Die Welt*. 25.02.2014.
52 Gensing, Patrick: SZ macht Facebook zu Jewbook. 25.02.2014. publikative.org/2014/02/25/sz-macht-facebook-zu-jewbook/ (24.03.2017).
53 Mohr, Burkhard: Stellungnahme des Zeichners. *Süddeutsche Zeitung*. 25.02.2014.

etwas künstlerischem Geschick auf Porträts beliebiger Juden angewandt werden konnten, denn die Grundmerkmale waren viel eher moralische Qualitäten als äußere Ähnlichkeiten. [...] Die Verbindung von ‚jüdischen' Zügen und ‚jüdischer' Erscheinung wurde in der öffentlichen Meinung derart untrennbar, daß nicht nur Antisemiten von dieser Verbindung überzeugt waren, sondern oftmals Juden selbst.[54]

Das Gesicht des realen Mark Zuckerberg zeichnet sich weder durch eine besonders große oder gebogene Nase, noch durch einen riesigen Mund oder Warzen aus. Jedoch sind all das, wie bereits im historischen Teil angesprochen, Symbole für Gier, Verschlagenheit, Unehrlichkeit und/oder Macht, und daher nicht zufällig jahrhundertelang in judenfeindlicher Absicht verwendet worden. Wenn es also keine Überzeichnung ist, da hierfür jegliche Grundlage fehlt, entspricht dies offenbar allein dem Blick des Zeichners. Zu einer solchen Transformation heißt es bei Plum:

> Karikatur ist eben nicht ein unschuldiges Spiel der Transformation von Formen, sondern dank der zeichnerischen Fähigkeit des Künstlers verwandelt sich das Bild vom Karikierten. Er ist in dem Bild des Künstlers interpretiert, und in Form dieser Interpretation ist Kritik und Aggression eingeschlossen. Das Opfer transformiert sich tatsächlich in den Augen der Betrachter, die den Karikierten nun so sehen, wie der Karikaturist ihn vorführen will.[55]

Liest man die Beschreibung ‚jüdischer Erkennungsmerkmale' eines in der Zeit des Nationalsozialismus erschienenen Buches von 1938, die Gensing im Zusammenhang in seiner Kritik zitiert, könnte man meinen, der Karikaturist sei hiervon inspiriert worden. Darin heißt es nämlich: „Man erkennt die Juden auch an ihren Lippen. Seine Lippen sind meistens wulstig. Oft hängt die Unterlippe etwas herab. [...] Und an den Augen erkennt man den Juden auch. Seine Augenlider sind meistens dicker und fleischiger als die unseren. Der Blick des Juden ist lauernd und stechend. Man sieht ihm schon an, dass er ein falscher verlogener Mensch ist."[56] Dem Karikaturisten Mohr zufolge sind derartige Parallelen jedoch zufällig und er spricht von einem „Missverständnis".[57] Gensing hält dagegen: „Die Botschaft der SZ-Karikatur kommt an, weil diese Codes und Bilder eben nicht missverständlich sind, so wie es zur Verteidigung solcher Darstellungen gerne angeführt wird, sondern zur kulturellen Ausstattung gehören."[58] Ebenso wie Gensing zeigt sich Rainer Erb unabhängig von diesem Bildbeispiel überzeugt, dass ‚Ju-

---

54 Wassermann, „Wenn ick betracht Ihr Nasen...", S. 430.
55 Plum, Karikatur, S. 41.
56 Zitiert nach Gensing, Facebook.
57 Mohr, Stellungnahme.
58 Gensing, Facebook.

densteretype' im ‚europäischen Bildgedächtnis' verankert sind, und er vermutet, „daß sich dem Künstler bei der Gestaltung von Judenfiguren, auch ohne antijüdische Intention, diese Stilmerkmale aufdrängen."[59] Das bedeutet, derartige Stereotype können ganz unbewusst verwendet werden, haben aber eindeutige Bezüge zum Antisemitismus.[60] Wichtiger als die bewusste Intention des Karikaturisten ist demnach, welche Assoziationen beim Betrachten geweckt werden.

Der Finanzmarkt und die Unterwelt

Nicht in jedem Fall gibt es ein derartiges mediales Echo wie auf die Facebook-Karikatur. Die beiden Karikaturen, die im Folgenden näher betrachtet werden, sind medial bislang kaum bis gar nicht problematisiert worden. Auf das vom spanischen Comiczeichner Paco Roca gestaltete Titelblatt des SZ Magazins vom 21. März 2014 reagierte beispielsweise nur das Online-Magazin Ruhrbarone mit einem knappen ironischen Kommentar.[61]

Abb. 5: Paco Roca, Ohne Titel, Titelblatt *Süddeutsche Magazin*, 21.03.2014.

Das Thema der Karikatur ist der Kapitalismus (Abb. 5). Das legt der begleitende Text nahe, der den Heftschwerpunkt vorstellt, demzufolge es sich mit dem von Spitzenpolitikern erklärten Ende der Finanzkrise beschäftige und der vom *Magazin* aufgestellten These, dass „ein Blick ins Innere des Bankensystems zeigt:

---

59 Gold/Heuberger, Abgestempelt, S. 291.
60 Posener spitzt dies auf das Beispiel der Facebook-Karikatur zu und meint, daß „‚es' aus Burkhard Mohrs Feder quasi automatisch fließt, wenn er sich mal fragt, wie man sich Mark Zuckerberg vorzustellen habe." Posener, Spießer.
61 Niewendick, Martin: Es tut uns leid! Mal wieder. 20.03.2014. www.ruhrbarone.de/sz-karikatur-es-tut-uns-leid-mal-wieder/75900 (24.03.2017).

Die nächste Krise kommt."[62] Zu sehen ist ein zweigeteiltes Bild. Der obere Teil zeigt den Londoner Finanzhandelsplatz und eine Menschentraube, bestehend aus Regierungschefs und Journalisten, die sich über ihren vermeintlichen Sieg über die Krise freuen. Die Krise ist hier allerdings nur ein in Fesseln gelegter Finger, der dazugehörige Rest befindet sich im unteren Teil des Bildes, der ‚Unterwelt'. Hier hockt ‚das Monster', das gerissen dreinschaut ob des Tricks, mit einem Finger die ‚naiven' Politiker zu täuschen. Das Monster, so scheint es, stellt das ‚Innere des Bankensystems' dar, personifiziert durch eine riesige teufelsähnliche Gestalt – rote Haut, reißende Zähne, gieriger und verschlagener Blick –, gekleidet in Hemd und Krawatte. Am Boden jener Unterwelt liegen kreuz und quer kleine Häuser, vermutlich die Beute des Monsters.

Beim zweiten Bild handelt es sich um die erste bildliche Darstellung des Finanzmarkts, wie im Magazin *Stern* am 8. Dezember 2011 fälschlicherweise behauptet wird (Abb. 6).

Abb. 6: Greser & Lenz (= Achim Greser / Heribert Lenz), „Der Finanzmarkt", *Stern* Magazin Heft 50, 8.12.2011.

Zu sehen ist hier ebenfalls eine überdimensionale hässliche Figur in Hemd und Krawatte, in der Hand hält sie einen kleinen Koffer. In bedrohlicher Größe – trotz des ausgeprägten Buckels – steht sie einem Einfamilienhaus gegenüber, an dessen Tür ein im Vergleich zur Figur winzig wirkender Mann ins Haus hineinruft: „Helga, es ist der Finanzmarkt, brauchen wir einen Kredit zu sensationellen Konditionen?". Währenddessen nähert sich der personifizierte Finanzmarkt mit seinen riesigen Krallen bedrohlich dem Mann und Haus, nachdem er bereits dessen Gartentor zerstört hat. Unterstützend wirkt dabei seine Mimik und Gestik: Der Blick ist gierig, die Augäpfel quellen heraus, die auffälligen Brauen unter-

---

62 Titelseite Süddeutsche Zeitung Magazin, 21.03.2014.

stützen die beängstigende Wirkung, aus der hervorstehenden riesigen Unterlippe läuft der Speichel.

Beide Karikaturen wirken durch ihre Bildsprache extrem bedrohlich. Den riesigen hässlichen, bösen und gierigen Monstern stehen jeweils winzige Figuren gegenüber, die den betrügerischen Tricks der Monster offenbar schutzlos ausgeliefert sind, schlimmer noch: sie bemerken es nicht einmal, wie sie betrogen werden, für sie *scheint* die Welt in Ordnung. In *Wirklichkeit*, so vermitteln es die Karikaturen, ist sie aber in größter Gefahr. Bedeutend für die bedrohliche Wirkung ist auch die offensichtliche Bildaufteilung in zwei Pole: das Böse, das die Welt beherrscht, und das Gute, das naiv und unwissend ist. Durch die Farbgebung, genauer: die Kontrastierung zwischen Hell und Dunkel, wird diese Wirkung noch verstärkt. Die Bilder sollen Angst erzeugen: Angst vor dem Sieg des Bösen, dem Betrug und dem Verlust des schönen Heims, der bürgerlichen Idylle, der Existenz. Und wer trägt die Schuld daran? Das Bankensystem und der Finanzmarkt, personifiziert durch den Bankier mit seinen betrügerischen Krediten.

Es ist offensichtlich, dass sich in der Vorstellung von den Kapitalisten auf der einen und deren Opfern auf der anderen Seite mindestens um eine missglückte, weil personalisierte Kapitalismuskritik handelt. Die Karikatur des SZ *Magazins* hat überdies einen verschwörungsideologischen Charakter, indem sie eine Art geheime und bedrohliche ‚Unterwelt' herbeiphantasiert. Eine vergleichbare Bildkomposition mit entsprechender Wirkung findet sich im *Kikeriki*, die unter dem Titel „Das unterirdische Rußland" vor mehr als einhundert Jahren erschienen ist (Abb. 7).

Abb. 7: Unbekannt, „Das unterirdische Russland", o. J., Wien (Kikeriki). In: Eduard Fuchs: Die Juden in der Karikatur. Ein Beitrag zur Kulturgeschichte, München 1921, Abb. 202.

Die kleine Figur der *Stern*-Karikatur erinnert an den ‚einfachen Mann', der sich durch ehrliche Arbeit sein Eigenheim verdient hat, das er nun zu verlieren droht durch den raffenden, gierigen Bankier. Um zu erklären, inwiefern das mit

Antisemitismus zusammenhängt, kann Fuchs' Anmerkung weiterhelfen, dass die Karikatur stets mit dem Bekannten und Verständlichen des Menschen arbeite.[63] Es ist also kein Zufall, dass der Finanzmarkt und das Bankensystem in dieser Weise dargestellt werden, und es lassen sich noch einige ähnliche Darstellungen finden. So zeigte die Facebookseite der Schweizer Jungsozialisten (Juso) 2016 für kurze Zeit eine Karikatur anlässlich einer ‚Spekulationsstopp-Initiative' (Abb. 8).

Abb. 8: Pigr, „Spekulationsstopp-Initiative". In Watson vom 23.01.2016. Online unter: https://www.watson.ch/Schweiz/Rassismus/502882700-Juso-wirbt-mit-antisemitischer-Karikatur-%E2%80%93-entschuldigt-sich-f%C3%BCr-%C2%ABbedauernswerten-Fehler%C2%BB.

Darauf abgebildet ist die ‚internationale Finanzlobby', die sich mit gierigem, weit geöffneten Maul vom Wirtschaftsminister Johann Schneider-Ammann füttern lässt, während ein kleiner Junge neben ihm leer ausgeht. Die ‚Finanzlobby' ist bucklig, trägt Anzug und Zylinder, hat eine riesige Nase, hervorstehende Augen, reißende Zähne und Koteletten bzw. ‚Schläfenlocken'. Wenige Jahre zuvor geriet FPÖ-Chef Heinz-Christian Strache in die Kritik, weil er auf Facebook eine Karikatur geteilt hat, die drei Personen am Tisch zeigte: ‚Die Banken', ‚Die Regierung' und ‚Das Volk' (Abb. 9).

Abb. 9: Unbekannt, „Die Banken, Die Regierung, Das Volk" (Veränderte Karikatur), 2012, o. O. In: *Der Standard* vom 19.08.2012. Online unter http://derstandard.at/1345164507078/Streit-um-antisemitisches-Bild-auf-Strache-Seite.

---

63 Fuchs, Juden, S. 96.

Ähnlich wie bei der Juso-Bildkomposition wird die Personifizierung der Banken von der Regierung mit den besten Speisen und Getränken bedient, während ‚Das Volk' leer ausgeht. Dargestellt ist ‚Die Banken'-Figur mit dickem schweißüberströmten Gesicht, großer, gebogener und warzenbehafteter Nase und schwarzem Frack. Das Besondere an dieser Darstellung ist die Verzierung der Kleidung der Bankiers-Figur mit Davidsternen, die sie entsprechend der antisemitischen Symbolik eindeutig als Juden ausweisen. Aber selbst in diesem Fall wurde der Antisemitismus – zumindest von Strache selbst – bestritten.[64]

Die Gegenüberstellung von bösen Banken bzw. dem Finanzmarkt und dem guten, unschuldigen Volk hat lange Tradition in Deutschland und ist im Zuge der Herausbildung des Antisemitismus und der dafür charakteristischen Gegenüberstellung von gierigen, gerissenen Juden und bedrohten Christen bzw. ‚Ariern' entstanden. Juden wurden zunehmend mit dem Finanzmarkt und Bankenwesen identifiziert und so finden sich Ende des 19. Jahrhunderts etliche entsprechende Darstellungen von gierigen ‚Börseanern' in Frack und mit Zylinder, die für Zeitgenossen eindeutig als Juden erkennbar waren (Abb. 10).

Abb. 10: Unbekannt, „Ein typischer Börseaner", 1895, Wien (Kikeriki vom 21.03.1895).

1924 erscheint auf einem NSDAP-Plakat ‚Der Drahtzieher', eine mit Davidstern verzierter überdimensionierten Figur in Frack, mit Schlips und Hut bekleidet,

---

64 O. A.: Streit um antisemitisches Bild auf Strache-Seite In: *Der Standard*. 19.08.2012.

deren Aussehen an die der Bankiers erinnert, und die mit seinen hunderten Draht-Fingern das Volk kontrolliert (Abb. 11).

Abb. 11: Manfred Engelhardt, [NSDAP-Plakat zur Reichstagswahl], 1924, Berlin.

Erst durch diese Beispiele wird deutlich, dass die heutigen Karikaturisten sich in ihrer Darstellung des Finanzmarkts und der Bankiers an eine lange Bildtradition anlehnen.

Israelische Monster und Giftmischer

Zuletzt soll auf einen relativ neuen und verbreiteten Trend in der antisemitischen Karikatur eingegangen werden. Hierbei steht der israelische Staat im Mittelpunkt, oft verkörpert durch den jeweiligen Ministerpräsidenten oder durch Figuren in erkennbar israelischer Uniform. Dadurch, dass in diesem Kontext auch Symbole der jüdischen Orthodoxie verwendet werden, wird der Unterschied zwischen Israel bzw. israelischer Regierung und jüdischer Bevölkerung häufig verwischt.[65] Entsprechende Karikaturen finden sich vornehmlich im arabisch-islamischen Raum, sowie im Iran, wo seit 2006 regelmäßig antisemitische (Holocaust-) Karikaturenwettbewerbe ausgerichtet werden.[66] Daneben sind dort auch holocaustleugnende Motive, Karikaturen von Ritualmorden, Vergiftungen, Darstellungen als Teufel, Vampire und sonstige entmenschlichte Kreaturen populär. Sogar das ‚Judensau'-Motiv hat Einzug in die arabisch-islamische Ikonographie gefunden,

---

65 Schwarz, Karikaturen.
66 Gehlen, Martin: Hardliner profilieren sich mit antisemitischen Karikaturen. In: Cicero. 28.04.2016.

wenngleich die beleidigende Wirkung vermutlich eher mit der durch den islamischen Glauben gegebenen Abneigung gegen das Schwein als unreines Tier zusammenhängt. Besonders beliebt ist die Gleichsetzung Israels mit dem nationalsozialistischen Deutschland – und das nicht nur in arabischen Karikaturen, sondern beispielsweise auch bei Carlos Latuff, einem brasilianischen antiimperialistischen Karikaturisten, dessen Bilder mit Nahostbezug bereits mehrfach als antisemitisch kritisiert wurden. Ein bekanntes Beispiel hierfür ist Latuffs „Gaza Flotilla" (Abb. 12).[67]

Abb. 12: Carlos Latuff, „Gaza Flotilla", 2010, o.O..

In Deutschland hat die israelfeindliche Karikatur nach dem Krieg 1967 Auftrieb erfahren. Besonders durch den militärischen Erfolg sind daraus neue Judenbilder hervorgegangen.[68] Im 18. Jahrhundert wurden jüdische Soldaten in der Regel als feige und unmännlich dargestellt, die debattierten anstatt zu kämpfen. Bis ins 20. Jahrhundert hinein war dies ein beliebtes Motiv in österreichischen, deutschen und französischen Darstellungen.[69] In Fuchs' Karikaturensammlung findet sich eine entsprechende Darstellung aus dem Jahr 1830, die eine derartige herabwürdigende Darstellung kampfunfähiger jüdischer Soldaten illustriert (Abb. 13).

Sah man Juden lange Zeit als schwächliche, wehruntaugliche Figuren, werden sie inzwischen als kriegerisch und brutal gezeigt.[70] Das Bild der Juden bezüglich ihrer militärischen Stärke hat sich aber nicht nur in Karikaturen umgekehrt, vielmehr zeigen die Karikaturen den Wandel in der gesellschaftlichen Wahrneh-

---

[67] Die Karikatur war bei einer Protestveranstaltung der Linkspartei in Siegen zu sehen. Arabische Karikaturen beleuchtet Kotek, Cartoons.
[68] Wassermann, „Wenn ick betracht Ihr Nasen...", S. 433.
[69] Fuchs, Juden, S. 153–156.
[70] Gold/Heuberger, Abgestempelt, S. 222–226.

Abb. 13: J. Voltz, „Jakobs Kriegstaten", um 1830, o. O.. In: Fuchs, Juden, Abb. 103.

mung. Florian Markl weist in seinem Beitrag in diesem Band auf die Umfragen hin, die belegen, dass Israel von vielen Europäern als Gefahr für den Weltfrieden und als alleiniger Verursacher des Nahost-Konflikts gesehen wird. Diese Sichtweise spiegelt sich auch in Karikaturen wieder.

Beispielsweise erschien am 5. August 2013 auf der Titelseite der *Stuttgarter Zeitung* die Karikatur „Tauben vergiften" vom Karikaturisten Luff alias Rolf Henn, auf die sich auch Markl bezieht.[71] Eine ähnliche Darstellung wurde nur wenige Wochen später in der *Badischen Zeitung* gedruckt (Abb. 14).

Abb. 14: Horst Haitzinger, „Taubengift und Schneckenkorn", *Badische Zeitung*, 9.11.2013.

Letztere stammt vom Karikaturisten Horst Haitzinger. In beiden Bildern ist der israelische Ministerpräsident Benjamin Netanyahu zu sehen, wie er das Symbol für den Weltfrieden vergiftet. Einmal versucht er es, indem er das Gift ‚Siedlungsbau' auf ein Brotkrumen tröpfelt, um es an die Taube ‚Nahostfriede' zu verfüttern, ein andermal versucht er es mit Taubengift und Schneckenkorn, da

---

71 Siehe den Beitrag von Markl im selben Band.

hier das Friedenssymbol als eine Mischung aus Schnecke und Taube gezeichnet ist. Vermutlich wollte der Zeichner damit das langsame Tempo betonen, in dem der Friedensprozess – in diesem Fall anlässlich der Genfer Iran-Atom-Lösung – voranschreitet. Verantwortlich für den ausbleibenden Frieden ist demnach Israel. Da weder der seit Jahren Israel bedrohende und aktiv durch Waffenlieferungen die palästinensischen Terroristen unterstützende Iran noch die Raketenangriffe und Terroranschläge ausübenden Palästinenser abgebildet werden, diese überhaupt nicht als Akteure gezeigt werden, steht Israel als alleiniger Aggressor im Bild. Hier ist auch der Erscheinungszeitpunkt der Stuttgarter Karikatur zu erwähnen, die nur wenige Tage nach der Wiederaufnahme von Friedensgesprächen – trotz fortlaufender Angriffe von palästinensischer Seite – gedruckt wurde. Das Vergiften von unschuldigen, wehrlosen Tieren suggeriert, dass Israel ganz gezielt versucht, den Frieden im Nahen Osten zu sabotieren, und das durch unlautere Mittel. Bemerkenswert ist dabei, dass Israel durch den Akt der Vergiftung weniger als starker Gegner denn als feige dargestellt wird. Wie bereits im Anschluss an den Abdruck jener Karikaturen vom Simon Wiesenthal Center kritisiert wurde, erinnert die Darstellung des Vergiftens an die Lüge der ‚Brunnenvergiftung'. Im Unterschied zu dieser vergiftet Netanyahu aber in keiner der beiden Karikaturen die nichtjüdische Bevölkerung, sondern das Symbol des Friedens.

Die mittelalterliche Geschichte der Brunnenvergiftung taucht indes an anderer Stelle auf. So behauptete der Präsident der Palästinensischen Autonomiebehörde Mahmud Abbas am 23. Juni 2016 vor dem Europäischen Parlament in Strasbourg, Rabbiner hätten angekündigt, das Trinkwasser der palästinensischen Bevölkerung zu vergiften. Ungehindert ließ er die Lüge der Brunnenvergiftung wiederaufleben, indem er sagte: „Bestimmte Rabbis in Israel haben ihre Regierung klar, sehr klar dazu aufgefordert, dass unser Wasser vergiftet werden sollte, um Palästinenser zu töten."[72] Auch die Ritualmordlüge wurde in abgewandelter Form in Europa wiederaufgelebt. So druckte die *Sunday Times* am 27. Januar 2013 eine Karikatur, auf der Netanyahu – mit bösem Block und riesiger roter Nase – eine Mauer aus palästinensischem Blut baut (Abb. 15).[73]

Ein ähnlich bösartiges Bild von Israel wird durch eine Karikatur vermittelt, die am 2. Juli 2013 in der SZ zu sehen war (Abb. bei Markl). Zunächst soll darauf hingewiesen werden, dass die Zeichnung von Ernst Kahl gänzlich unabhängig von der Israel-Thematik entstanden ist, und erst die Komposition von Bild und Text hier bestimmte Assoziationen weckt. Das Bild, auf dem ein Monster zu sehen ist,

---

[72] Zitiert nach: Schwarz-Friesel, Monika: Wenn Antisemitismus normal wird. In: *Jüdische Allgemeine*. 07.07.2016.
[73] Siehe hierzu die Kritik von Collins, Liat: My Word: No offense, but.... In: *The Jerusalem Post*. 31.01.2013.

Abb. 15: Gerald Scarfe; „Will cementing Peace continue?", *Sunday Times*, 27.01.2013.

das gierig das Besteck in seinen Krallen hält, und auf dem man den Rücken einer Schürze-tragenden Dame erkennt, die ein Tablett mit Frühstücksutensilien in der Hand hält, trägt die Bildunterschrift: „Deutschland serviert. Seit Jahrzehnten wird Israel, teils umsonst, mit Waffen versorgt." Hierdurch wird klar vermittelt: Deutschland ist die servierende Dame, Israel das Monster. Neben der typischen Monsterdarstellung entfaltet das Bild aber noch eine andere Wirkung. Während Israel durch den Akt der Vergiftung feige und hinterhältig wirkt, wird hier auf die Vorstellung jüdischer Gier rekurriert. Unweigerlich ist man erinnert an die im Zusammenhang mit dem Schuldabwehr-Antisemitismus stehende Behauptung, Juden würden ihre Verfolgungsgeschichte geschickt ausnutzen, um Deutschland zu erpressen. Im Bild wird denn auch die Beziehung von Deutschland und der jüdischen Bevölkerung gänzlich umgewendet. Könnte man angesichts der Judenverfolgung und -vernichtung meinen, Deutschland müsse als Monster dargestellt werden, ist hier vielmehr das Gegenteil der Fall: Deutschland erscheint in Form einer dienenden Frau mit menschlichen Zügen, Israel als gefräßiges Monster mit Raffzähnen, spitzen Ohren und Hörnern. Besonders im Kontrast zur Frauenfigur erscheint Israel gänzlich entmenschlicht. Nicht unerwartet folgte daher die Kritik des stellvertretenden Direktors vom Simon Wiesenthal Center, Abraham Cooper:

> Let us be clear – like every other democracy, Israel is never above reproach or criticism. However, the depiction of the Jewish state as a ravenous monster deploys a classic tool of dehumanization/animalization. [...] Further, the characterization of the Jewish State as a

ravenous Moloch – an idol to whom children were sacrificed – is a blatant anti-Semitic canard. The attempt to mention a Jewish critic of Israel is a failed fig leaf that neither justifies nor covers up the hate masquerading as political commentary [...].[74]

Cooper stellt hier pointiert den Unterschied zwischen einer Kritik an der israelischen Politik und den die Juden entmenschlichenden Antisemitismus heraus.

Fazit

Anhand der Geschichte von judenfeindlichen Karikaturen werden die jeweiligen zeitgenössischen Formen der Judenfeindschaft ersichtlich, denn obwohl sich verschiedene Elemente erhalten haben, lässt sich doch eine Verschiebung der Motive und Intention beobachten. So wird zunächst der Aspekt der physiognomischen Diffamierung und schließlich auch die Bedrohung und Gefahr, die durch die Bildkomposition und die genutzten Elemente vermittelt wird, im Laufe der Geschichte immer bedeutender. Das eigentliche Ziel einer politischen Karikatur, nämlich die Entlarvung gesellschaftlicher Probleme, wird nicht verfolgt, stattdessen wird die Realität verschleiert. Gegenwärtig zeigt sich das besonders in den Darstellungen zur Krise und zum Finanzmarkt. Suggeriert wird dabei eine Unterwelt, von der die Menschen nichts wissen, und von der aus im Geheimen das Weltgeschehen beherrscht wird. Solche Bilder erzeugen Angst, und zwar vornehmlich durch die Gegenüberstellung von Gut und Böse, die sich so in der Realität nicht wiederfindet. Auch die spätestens mit dem militärischen Sieg von 1967 in Deutschland populär werdenden israelfeindlichen Karikaturen zeigen, dass es sich hier keineswegs um eine kritische Sicht auf den Nahost-Konflikt handelt, sondern die Komplexität des Konflikts verschleiert und die palästinensische Seite ausschließlich als Opfer porträtiert wird. Insgesamt lässt sich also bei den hier behandelten Darstellungen feststellen, dass stark an die Gefühle anstatt an den Verstand appelliert wird. Dadurch wirken die Darstellungen auch keineswegs komisch. Tatsächlich sind sie vielmehr geschmacklos und durch den zumeist entmenschlichenden Charakter wirken sie diffamierend und abstoßend.

---

74 Formuliert wird diese Kritik am 02.07.2013 auf den Seiten des Simon Wiesenthal Centers unter www.wiesenthal.com/site/apps/nlnet/content2.aspx?c=lsKWLbPJLnF&b=4441467&ct=13190317#.UdNkLBHwDMy (25.03.2017). Auf Initiative des American Jewish Committee rügte der Deutsche Presserat die Karikatur, da sie gegen den Pressekodex verstößt.

Literaturverzeichnis

Anonym: Streit um antisemitisches Bild auf Strache-Seite. In: Der Standard. 19.08.2012.
Brumlik, Micha: Innerlich beschnittene Juden. Zu Eduard Fuchs' „Die Juden in der Karikatur". Hamburg 2012.
Collins, Liat: My Word: No offense, but.... In: The Jerusalem Post. 31.01.2013.
Dittmar, Peter: Die Darstellung der Juden in der populären Kunst zur Zeit der Emanzipation. München [u. a.] 1992.
Enzenbach, Isabel u. Haney, Wolfgang (Hrsg.): Alltagskultur des Antisemitismus im Kleinformat. Vignetten der Sammlung Wolfgang Haney ab 1880. Berlin 2012.
Fuchs, Eduard: Die Juden in der Karikatur. Ein Beitrag zur Kulturgeschichte. München 1921.
Gathmann, Till: Antisemitisches Wahnbild und antiislamische Karikatur. In: sans phrase. Heft 6 (2015).
Gehlen, Martin: Hardliner profilieren sich mit antisemitischen Karikaturen. In: Cicero. 28.04.2016.
Gensing, Patrick: SZ macht Facebook zu Jewbook. 25.02.2014. publikative.org/2014/02/25/sz-macht-facebook-zu-jewbook/ (24.03.2017).
Gold, Helmut u. Heuberger, Georg (Hrsg.): Abgestempelt. Judenfeindliche Postkarten. Auf der Grundlage der Sammlung Wolfgang Haney. Frankfurt a. M. 1999.
Gräfe, Thomas: Antisemitismus in Gesellschaft und Karikatur des Kaiserreichs. Glöß' Politische Bilderbogen 1892–1901. Norderstedt 2005.
Kotek, Joël: Cartoons and Extremism. Israel and the Jews in Arab and Western Media. Edgware/Portland 2009.
Lamprecht, Gerald: Was ist daran nicht antisemitisch? o. D. www.erinnern.at/bundeslaender/vorarlberg/bibliothek/dokumente/warum-ist-die-karikatur-auf-der-hc-strache-facebookseite-antisemitisch/Was%20ist%20daran%20nicht%20antisemitisch.pdf (17.05.2016).
Langemeyer, Gerhard [u. a.] (Hrsg.): Mittel und Motive der Karikatur in fünf Jahrhunderten. Bild als Waffe. München 1984.
Mittlmeier, Christine: Publizistik im Dienste antijüdischer Polemik. Spätmittelalterliche und frühneuzeitliche Flugschriften und Flugblätter zu Hostienschändungen. Frankfurt a. M. 2000.
Mohr, Burkhard: Stellungnahme des Zeichners. In: Süddeutsche Zeitung. 25.02.2014.
Niewendick, Martin: Es tut uns leid! Mal wieder. 20.03.2014. www.ruhrbarone.de/sz-karikatur-es-tut-uns-leid-mal-wieder/75900 (24.03.2017).
Plum, Angelika: Die Karikatur im Spannungsfeld von Kunstgeschichte und Politikwissenschaft. Eine ikonologische Untersuchung zu Feindbildern in Karikaturen. Aachen 1998.
Posener, Alan: Wenn der wütende Spießer den Diskurs bestimmt. In: Die Welt. 25.02.2014.
Rohrbacher, Stefan u. Michael Schmidt: Judenbilder. Kulturgeschichte antijüdischer Mythen und antisemitischer Vorurteile. Reinbek 1991.
Schleicher, Regina: Antisemitismus in der Karikatur. Zur Bildpublizistik in der französischen Dritten Republik und im deutschen Kaiserreich (1871–1914). Frankfurt a. M. 2009.
Schöner, Petra: Judenbilder im deutschen Einblattdruck der Renaissance. Ein Beitrag zur Imagologie (=Saecvla Spiritalia Bd. 42). Baden-Baden 2002.

Schwarz, Johannes Valentin: Antisemitische Karikaturen und Cartoons. Fremdbilder –
 Selbstbilder. 2005. www.politik-lernen.at/dl/msLpJKJKoLnNoJqx4KJK/504_karikaturen.pdf
 (17.05.2016).
Schwarz-Friesel, Monika: Wenn Antisemitismus normal wird. In: Jüdische Allgemeine.
 07.07.2016.
Shachar, Isaiah: The Judensau: A medieval anti-Jewish Motif and its History. London 1974.
Wassermann, Henry: „Wenn ick betracht Ihr Nasen…". Stereotype Darstellungen von Juden,
 Judentum und Israel in der neuzeitlichen Karikatur. In: Ginzel, Günther B. (Hrsg.):
 Antisemitismus. Erscheinungsformen der Judenfeindschaft gestern und heute. Bielefeld
 1991. S. 418–437.
Weinthal, Benjamin: German Cartoon of Facebook CEO Zuckerberg sparks Antisemitism row.
 24.02.2014. www.jpost.com/International/German-cartoon-of-Facebook-CEO-Zuckerberg-
 sparks-anti-Semitism-row-342412 (11.02.2017).

Dana Ionescu
Über das Motiv des „rechtsbrechenden Juden" in der deutschen Kontroverse um kulturell-religiöse Vorhautbeschneidungen 2012

Vorbemerkung

Die letzte große Kontroverse um kulturell-religiöse Vorhautbeschneidungen bei Säuglingen/Jungen begann am 26. Juni 2012, nachdem ein Urteil des Kölner Landgerichts vom 7. Mai 2012 öffentlich geworden war.[1] Das Landgericht hatte entschieden, dass die religiöse Vorhautbeschneidung eine strafbare Körperverletzung sei. Angeklagt war ein niedergelassener Allgemeinmediziner aus Köln, der am 4. November 2010 die „fachlich einwandfrei[e]"[2] Vorhautbeschneidung bei einem vierjährigen *muslimischen* Jungen durchgeführt hatte, „ohne dass für die Operation eine medizinische Indikation vorlag."[3] Mit anderen Worten: Er hatte die Vorhaut des Jungen auf Wunsch seiner *muslimischen* Eltern unter Betäubung beschnitten. Nach der Vorhautbeschneidung kam es zu Nachblutungen, weswegen die Mutter ihren vierjährigen Sohn in die Kölner Uni-Klinik brachte. Dort schaltete das ärztliche Personal die Polizei ein, welche wiederum den Vorfall an die Staatsanwaltschaft Köln weiterleitete, die schließlich Anklage gegen den Arzt wegen gefährlicher Körperverletzung erhob.[4]

Ich danke Sarah Frenking für ihre kritischen Kommentare zu diesem Text.

1 Der Artikel „Religiöse Beschneidung wird strafbar. Landgericht Köln verurteilt Eingriff als Körperverletzung" von Matthias Ruch erschien in der Financial Times Deutschland.
2 Landgericht Köln: Im Namen des Volkes. Urteil v. 07.05.2012, Az. 151 Ns 169/11. Köln 2012. S. 1–4, hier S. 4.
3 Landgericht Köln, Urteil, S. 3. Vgl. Landgericht Köln: Pressemitteilung zu „Urteile des Amtsgerichts und des Landgerichts Köln zur Strafbarkeit von Beschneidungen nicht einwilligungsfähiger Jungen aus rein religiösen Gründen" v. 26.06.2012, Köln 2012.
4 Für eine detaillierte Beschreibung des Falles siehe: Musharbash, Yassin: Beschneidung. Die Operation war einwandfrei. In: Zeit online v. 20.07.2012. http://www.zeit.de/2012/29/Beschneidung/komplettansicht (01.03.2017); Müller-Neuhof, Jost: Religiöse Beschneidung. Chronik einer beispiellosen Debatte. In: *Der Tagesspiegel* v. 28.08.2012. https://www.tagesspiegel.de/politik/religioese-beschneidung-chronik-einer-beispiellosen-debatte/7018904.html (01.03.2017).

In der öffentlichen Kontroverse waren sich Befürworter/Befürworterinnen wie Gegner/Gegnerinnen einer kulturell-religiösen Vorhautbeschneidung[5] in einem Punkt einig: Bei der religiösen Praktik wird das Grundrecht des Säuglings/Jungen mit den Grundrechten seiner Eltern abgewogen und vermittelt. In Tageszeitungen wurde vor allem die Frage diskutiert, welches Recht schwerer wiege oder höher stehe, so als gebe es eine eindeutige Hierarchie zwischen den Grundrechten: „das Grundrecht eines Kindes auf körperliche Unversehrtheit oder die Freiheit der Religionsausübung der Eltern und ihr Sorgerecht"[6] Die Antworten fielen unterschiedlich aus, wenngleich Beschneidungsgegner/gegnerinnen ausnahmslos zugunsten des Rechts der Säuglinge/Jungen entschieden.[7] Sie argumentierten, wenn man die Rechte falsch abwäge und zugunsten der Grundrechte der Eltern entscheide, sei dies ein Rechtsverstoß gegenüber dem Grundrecht des Säuglings/Jungen. Die Vorhautbeschneidung sei *nicht* mit dem Grundrecht auf körperliche Unversehrtheit (Artikel 2, Absatz II des Grundgesetzes) vereinbar und hebele dieses aus.[8] In der Perspektive der Beschneidungsgegner/gegnerinnen wahrten *jüdische* und *muslimische* Eltern das Recht ihrer Söhne nicht. Sie hätten zudem kein Recht, die Vorhautbeschneidung bei ihren Söhnen zu veranlassen (weder durch die Religionsausübungsfreiheit aus Artikel 4, Absatz I und II des Grund-

---

[5] Wenn im Folgenden von Vorhautbeschneidungen die Rede ist, sind kulturell-religiös begründete gemeint, die für Juden/Jüdinnen und Muslime/Muslimas von Bedeutung sind.
[6] Musharbash, Beschneidung.
[7] Politiker/Politikerinnen und Journalisten/Journalistinnen, die die Vorhautbeschneidung befürworten oder ihr neutral gegenüberstehen, argumentieren, die Abwägung zwischen gleichrangigen und gleichwertigen Grundrechten sei ein herausforderungsvolles Unterfangen, das einer differenzierten Betrachtung bedürfe. Sie greifen auf das Motiv der Rechtekollision zurück, fordern aber kein Verbot einer Vorhautbeschneidung, da sie davon ausgehen, dass Eltern ihren Söhnen mit der Vorhautbeschneidung nicht schaden. Siehe hierzu: Künast, Renate/Beck, Volker: Das ist keine Straftat. In: *Frankfurter Rundschau* v. 09.07.2012. http://www.fr-online.de/kultur/beschneidungs-debatte-das-ist-keine-straftat,1472786,16572948.html (01.03.2017). Vgl. Greven, Ludwig: Unter dem Deckmantel des Säkularismus. In: Zeit.de v. 27.07.2012. https://www.zeit.de/politik/deutschland/2012-07/Beschneidungsdebatte-Minderheiten (01.03.2017).
[8] Medizinisch begründete Vorhautbeschneidungen werden in den Artikeln nicht kritisiert. Sie werden nicht weiter behandelt, da Gegner/Gegnerinnen einer Vorhautbeschneidung in ihnen keine zu kritisierende und „unmenschliche" Praxis sehen. Eine Ausnahme sind Männer, die angeben, allein aus medizinischen Gründen beschnitten worden zu sein und in ihrem Erleben traumatisiert sind. Vgl. Bergner, Clemens: Ent-hüllt! Die Beschneidung von Jungen – nur ein kleiner Schnitt? Betroffene packen aus über Verlust, Schmerzen, Scham. Hamburg 2015, S. 15 ff., 33 ff., 75 ff.

gesetzes, noch über das elterliche Sorgerecht aus Artikel 6, Absatz II des Grundgesetzes).⁹

Fassen wir die Äußerungen von Beschneidungsgegnern/gegnerinnen allgemeiner, lassen sie sich zu dem Leitbild und der Argumentationsfigur respektive dem Motiv zusammenfügen, die Vorhautbeschneidung stehe im Widerspruch zu deutschem Gesetz und internationalem Recht. Das Motiv basiert auf der Annahme, *Juden* und *Muslime* als religiöse Gruppen rechtfertigten ihre religiösen Praktiken, die im Widerspruch zu säkularem Recht und Rationalität stünden. Der Germanist und Historiker Alfred Bodenheimer betont, dass in Deutschland durch das Kölner Urteil eine Diskurswende stattgefunden habe, die darin bestehe, Juden/Jüdinnen zu einer Minderheit „fern der jüdisch-christlichen Leitkultur" zu erklären.¹⁰ Zwar sei in den vergangenen Jahrzehnten vielfach eine „Israelkritik" artikuliert worden, die *jüdische* Religion hingegen sei kein Angriffspunkt gewesen.¹¹ Der Philosoph Heiner Bielefeldt spricht in diesem Zusammenhang von einem „aggressiv-kulturkämpferische[n]" und einem „ätzend-verächtliche[n] Ton" vieler Beiträge und einem Willen zur Grenzüberschreitung gegenüber *Juden* und *Muslimen*.¹²

Das Motiv, die Vorhautbeschneidung widerspräche deutschen Gesetzen und internationalem Recht, fand sich in Artikeln der *Zeit*, der *tageszeitung*, der *Süddeutschen Zeitung* und der *Frankfurter Allgemeinen Zeitung*. Diese Artikel stehen im folgenden Beitrag im Fokus der Analyse. Zentral sind die rhetorischen Zuspitzungen und Vereinfachungen, die eine simple und eindimensionale Antwort auf komplexe und umstrittene juristische Fragestellungen geben und einen komplexen verfassungsrechtlichen Diskurs verkürzend und vereinfachend darstellen. In diesem Sinne betont auch der Verfassungsrechtler Hans Michael Heinig, dass es „in der Beschneidungsfrage nicht um ‚irgendwie' miteinander kollidierende Grundrechte" gehe, sondern um eine verfassungsdogmatisch angemessene Zuordnung von Freiheitsrechten der Individuen und der staatlichen Schutzpflicht nach den Regeln der Verhältnismäßigkeit, Rationalität und Vorhersehbarkeit.¹³ Insbesondere in den Kommentarspalten zu den Artikeln und auf

---

9 Das Kölner Urteil wurde international wahrgenommen und von jüdischen Organisationen wie der Anti-Defamation League oder dem Euro-Asian Jewish Congress kritisiert.
10 Bodenheimer, Alfred: Haut ab! Die Juden in der Beschneidungsdebatte. Göttingen 2012, S. 17.
11 Vgl. Bodenheimer, Haut ab!, S. 16.
12 Bielefeldt, Heiner: Der Kampf um die Beschneidung. Das Kölner Urteil und die Religionsfreiheit. In: Blätter für deutsche und internationale Politik. 9 (2012). S. 63–71, hier S. 63 und 65.
13 Heinig, Hans Michael: Warum das Gesetz zur Beschneidung eine vernünftige Lösung ist. In: Verfassungsblog.de v. 12.12.2012. http://verfassungsblog.de/warum-der-gesetzentwurf-zur-beschneidung-eine-vernunftige-losung-ist/ (01.03.2017). Der Verfassungsrechtler Michael Germann

Internetseiten wie „Zwangsbeschneidung.de" versahen die Schreibenden die Argumentationen, die Vorhautbeschneidungen als unrecht und ungesetzlich kritisierten und ablehnten, mit Schmähungen und Drohungen gegen *jüdische Deutsche*. So heißt es auf der von Steffen Wasmund betriebenen Internetseite „Zwangsbeschneidung"etwa, „Juden [beseitigen] das Recht auf körperliche Unversehrtheit"[14] und „[d]er Jude [...] muss in diesem Zusammenhang *nicht nur als irgendein Täter, sondern als Verbrecher*, als Verbrecher gegen die Menschlichkeit wahrgenommen" und bestraft werden.[15]

Wie zu zeigen sein wird, schufen Journalisten/Journalistinnen mit dem Motiv des rechtsbrechenden *Juden* diskursive Bedingungen, die antisemitische Lesarten ermöglichen und an die antisemitische Ressentiments anschlussfähig sind. Das bedeutet, an scheinbar säkulare Argumentationsweisen (die sich gegen eine religiöse Praktik richten) schlossen sich antisemitische Ressentiments an, in denen das *Judentum* in seiner Existenz angeprangert wurde.[16] Die Artikel der Journalisten/Journalistinnen in Tageszeitungen sowie die sich anschließenden Online-Kommentare von Lesern/Leserinnen geben Aufschluss über Denkstrukturen, Einstellungen und Gefühle. Sie können als Ausdruck eines größeren gesellschaftlichen Zusammenhanges analysiert und verstanden werden.[17]

---

argumentiert, die Straflosigkeit der Vorhautbeschneidung stehe nicht im Konflikt mit dem Rechtsstaat und der Staat könne die Freiheitsbeschränkung eines Beschneidungsverbotes nicht rechtfertigen. Vgl. Germann, Michael: Die grundrechtliche Freiheit zur religiös motivierten Beschneidung. In: Beschneidung: Das Zeichen des Bundes in der Kritik. Zur Debatte um das Kölner Urteil. Hrsg. von Johannes Heil u. Stephan J. Kramer. Berlin 2012. S. 83–97, hier S. 83f.

14 Jüdische Presse und Stimmen zur Beschneidung und andere menschenrechtlich relevante Fundstellen mit Bezug zur jüdischen Religion. In: Zwangsbeschneidung.de 2012. http://www.zwangsbeschneidung.de/juedische-presse.html (01.03.2017). Siehe auch: Pressemeldungen zur Beschneidung ohne speziellere Zuordnung 2015. In: Zwangsbeschneidung.de 2015. http://www.zwangsbeschneidung.de/presse-2015.html (01.03.2017).

15 Pressemeldungen zur Beschneidung ohne speziellere Zuordnung 2014. In: Zwangsbeschneidung.de 2014. http://www.zwangsbeschneidung.de/presse-2014.html (01.03.2017), Herv. D.I.; Vgl. Pressemeldungen zur Beschneidung ohne speziellere Zuordnung 2013. In: Zwangsbeschneidung.de 2013. http://www.zwangsbeschneidung.de/presse-2013.html (01.03.2017).

16 Vgl. Bodenheimer, Haut ab!, S. 12ff.

17 Vgl. Schwarz-Friesel, Monika/Reinharz, Jehuda: Die Sprache der Judenfeindschaft im 21. Jahrhundert. Berlin 2013, S. 4; vgl. Salzborn, Samuel: Antisemitismus als negative Leitidee der Moderne. Sozialwissenschaftliche Theorien im Vergleich. Frankfurt am Main 2010, S. 13ff.; vgl. Salzborn, Samuel/Brosig, Burkhard: Latenter Antisemitismus. In: Psychoanalyse. Texte zur Sozialforschung 2 (2007). S. 157–178, hier S. 159ff. Zum Vorgehen der Analyse sei bemerkt, dass Prämissen und Argumentationsgänge der Artikel befragt und hinterfragt werden, um dadurch die Deutung zu plausibilisieren, die Artikel förderten eine antisemitische Rhetorik, die auf historisch gewachsenen antisemitischen Stereotypen fußt.

Das Grundrecht des Sohnes wird „missachtet" und „negiert"

In dem Gastkommentar „Das richtige Urteil!" in *Zeit online* stellt der Strafrechtler Rolf Dietrich Herzberg die Rechte „des Kindes" gegen die Rechte der Eltern. Er argumentiert, es gebe keine Garantie, dass die Entscheidung der Eltern für eine Vorhautbeschneidung dem Interesse des Sohnes entspreche. Durch die Vorhautbeschneidung, die er als „Vorhautamputation" bezeichnet, werde das Grundrecht des Sohnes auf körperliche Unversehrtheit *relativiert* und *missachtet*, weswegen der deutsche Staat die Vorhautbeschneidung als gegen das Wohl des Sohnes gerichtete Körperverletzung einstufen müsse.[18] Gegen die Argumentation Herzbergs ist kritisch einzuwenden, dass die Rechte des Sohnes durch die Eltern verwirklicht werden und dass „Eltern ihre Kinder bei der Wahrnehmung ihrer Rechte aktiv anleiten".[19] Es gibt kein Grundrecht auf den Schutz vor religiöser Prägung, wie etwa Heiner Bielefeldt betont, da sich die negative Religionsfreiheit besonders gegen den Staat und nicht gegen die religiösen Eltern richtet.[20] Und auch Beschnittene können sich auf ihre negative Religionsfreiheit berufen und sich als Heranwachsende vom *Judentum* und dem *Islam* abwenden.

Wichtig ist Herzberg und den anderen Gegnern/Gegnerinnen der Vorhautbeschneidung, „dass *man* Grundrechte respektiere und Gesetzen gehorche".[21] Mit dieser Formulierung verdeutlicht Herzberg eine zentrale Annahme: den Befürwortenden der Vorhautbeschneidung ginge es nicht oder zumindest weniger als Beschneidungsgegnern/gegnerinnen um Grundrechte und Gesetze. Dabei bleiben die von ihm benannten Befürwortenden – mit Ausnahme des Philosophen und Katholiken Rafael Seligmann – als Subjekte weitgehend schemenhaft, da er nicht explizit Juden/Jüdinnen und Muslime/Muslimas als Befürwortende benennt.

---

18 Herzberg, Rolf Dietrich: Das richtige Urteil! Beschneidung? Die Betroffenen müssen selbst entscheiden. In: *Zeit online* v. 12.07.2012. http://www.zeit.de/2012/29/Beschneidungsdebatte/komplettansicht (01.03.2017). Siehe hierzu auch die Argumentation des Strafrechtlers Holm Putzke, der seit 2008 Artikel in Fachzeitschriften publiziert, in denen er dafür plädiert, die kulturell-religiöse Vorhautbeschneidung als strafbare Körperverletzung zu bewerten (vgl. Putzke, Holm: Die strafrechtliche Relevanz der Beschneidung von Knaben. In: Strafrecht zwischen System und Telos. Festschrift für Rolf Dietrich Herzberg zum siebzigsten Geburtstag am 14. Februar 2008. Hrsg. von Ders. [u.a.]. Tübingen 2008. S. 669–709; vgl. Putzke, Holm: Rechtliche Grenzen der Zirkumzision bei Minderjährigen. Zur Frage der Strafbarkeit des Operateurs nach § 223 des Strafgesetzbuches. In: Medizinrecht 26 (2008). S. 268–272.)
19 Bielefeldt, Der Kampf, S. 68. Siehe hierzu auch: Germann, Die grundrechtliche Freiheit, S. 89.
20 Vgl. Bielefeldt, Der Kampf, S. 68.
21 Herzberg, Urteil, Herv. D.I.

Dennoch konstruiert Herzberg aber *jüdische* und *muslimische* Eltern, die ihre Söhne beschneiden, implizit als eine Gruppe, die das Grundrecht weniger oder nicht „respektiere" und auch Gesetzen weniger oder nicht „gehorche". Deutlich resümiert Herzberg am Ende des Gastkommentares, das Grundgesetz lege „verbindlich für *uns alle*, die wir in Deutschland leben" das Recht auf körperliche Unversehrtheit fest.[22]

Unter der körperlichen Unversehrtheit im Sinne des Artikels 2, Absatz II des Grundgesetzes wird die biologisch-physiologische und die psychische Gesundheit verstanden.[23] Als Eingriffe in das Grundrecht gelten „Menschenversuche, Zwangskastration, Zwangssterilisation und medizinische Zwangsbehandlung [...], körperliche Strafen und Züchtigungen" sowie ein „Impfzwang".[24] Die Vorhautbeschneidung, die Herzberg wie selbstverständlich als Eingriff in das Grundrecht nennt, fällt gerade nicht unbestreitbar darunter. Zur Entstehungsgeschichte des Grundrechts auf Leben und körperliche Unversehrtheit ist anzumerken, dass es eine Reaktion auf die nationalsozialistischen Verbrechen darstellt und „keine Vorläufer in der deutschen Verfassungsgeschichte" hat. Es ist wesentlich als Abwehrrecht gegen den Staat konzeptualisiert, wobei das Bundesverfassungsgericht aus ihm auch eine Pflicht zum Schutz des Lebens ableitet.[25]

Ähnlich wie Herzberg argumentiert die Redakteurin Heide Oestreich in ihrem Artikel „Männer kennen keinen Schmerz" in der *taz*. Auch sie konstruiert im Ergebnis eine religiöse Gruppe, die das Recht der Söhne nicht wahre. Sie betont, dass nicht nur unterschiedliche Grundrechte gegeneinanderstehen, sondern „religiöse Minderheiten in Deutschland" (sie meint *Juden* und *Muslime* gleichermaßen) mit der Vorhautbeschneidung sogar „ein fundamentales Menschenrecht [negieren]".[26]

---

22 Herzberg, Urteil, Herv. D.I. In Online-Kommentaren, die sich an Herzbergs Artikel in *Zeit online* anschließen, wiederholen Leserinnen/Leser zustimmend, dass *Juden* und *Muslime* rechtswidrig handeln.
23 Vgl. Pieroth, Bodo/Schlink, Bernhard [u. a.]: Grundrechte. Staatsrecht II. 31. Auflage. Heidelberg 2015, S. 106.
24 Pieroth/Schlink, Grundrechte, S. 107.
25 Pieroth/Schlink, Grundrechte, S. 105.
26 Oestreich, Heide: Männer kennen keinen Schmerz. In: tageszeitung v. 23.07.2012. http://www.taz.de/!508837 6/ (01.03.2017). Auch in Online-Kommentaren zu Oestreich begrüßen Lesende, dass „[e]ndlich [...] der Schutz von Kindern vor grausame religiöse Traditionen gestellt [wird]" (Sack, Werner: betr.: „Männer kennen keinen Schmerz", Kommentar v. 28.07.2012). Bereits in der strikten Gegenüberstellung von Recht (Schutz von Kindern) und Tradition klingt die Vorstellung an, die Vorhautbeschneidung sei mit Recht nicht vereinbar.

Desgleichen argumentiert der Redakteur und Autor Markus C. Schulte von Drach in dem Artikel „Fragwürdige Beschneidung der Religionsfreiheit" in der *SZ*. In Deutschland und in der Europäischen Union herrsche das Grundrecht respektive Menschenrecht der körperlichen Unversehrtheit. Der sich direkt anschließende Satz „[d]ie meisten Menschen in diesem Land werden kaum widersprechen"[27] verweist darauf, wer dem Verfasser zufolge diesem nationalen und europäischen Konsens entgegensteht: es sind die *jüdischen* (und *muslimischen*)[28] Eltern, die ihre Söhne beschneiden lassen. Er benennt sie jedoch nicht explizit, sondern überlässt diese Folgerung – wie auch Herzberg – den Lesenden selbst. Weiter fordert er, „für Kinder" müsse „dieses Grundrecht uneingeschränkt gelten".[29]

Schulte von Drach argumentiert, dass in Deutschland nicht nur das Recht auf körperliche Unversehrtheit, sondern auch die Religionsfreiheit gelte. Das bedeute, „Menschen können ihrem Glauben anhängen und religiöse Rituale ausführen, ohne Sanktionen befürchten zu müssen."[30] Der sich anschließende Nebensatz „[z]umindest, solange sie dabei nicht *gegen Gesetze verstoßen*" ist wiederum suggestiv, da er impliziert, dass *jüdische* (und *muslimische*) Eltern, die ihre Söhne beschneiden lassen, einen Gesetzesverstoß begehen.[31] Zwar bestimmt Schulte von Drach die Religionszugehörigkeit der Eltern auch an dieser Stelle nicht näher, sondern überlässt die Schlussfolgerung den Lesenden. Dass er aber *jüdische* (und *muslimische*) Eltern meint, wird nicht nur anhand der Artikelüberschrift verdeutlicht, sondern auch an der Formulierung, „Eltern [zwingen] ihr Kind zu einem schmerzhaften Gottes-Opfer, bevor es sich dagegen wehren kann". Auch die Gegenüberstellung der Bedürfnisse und Interessen von Eltern und Söhnen bestärkt diese Lesart des Textes. Auf der einen Seite steht also, Schulte von Drach zufolge, das Bedürfnis des Sohnes, unverletzt zu bleiben, auf der anderen Seite das Interesse der *jüdischen* (und *muslimischen*) Eltern, beschneiden zu lassen.

Teil seiner Argumentation ist auch eine kontrastierende Beschreibung der Taufe oder einer hierzulande praktizierten religiösen Erziehung an Schulen. Diese christlichen Praktiken weist Schulte von Drach im Vergleich zur Vorhautbeschneidung als unproblematisch, weil harmlos, aus. Sie hinterließen keine

---

[27] Schulte von Drach, Markus C.: Fragwürdige Beschneidung der Religionsfreiheit. In: Süddeutsche.de v. 28.06. 2012. http://www.sueddeutsche.de/panorama/umstrittenes-koelner-urteil-pro-fragwuerdige-beschneidung-der-religionsfreiheit-1.1394792 (01.03.2017).
[28] *Muslimischen* steht in Klammern, weil Schulte von Drach zum Ende seines Artikels implizit nur noch auf *Juden* abhebt.
[29] Schulte von Drach, Fragwürdige.
[30] Schulte von Drach, Fragwürdige.
[31] Schulte von Drach, Fragwürdige, Herv. D.I.

„frühkindliche[n] Traumata" und keine körperliche Veränderung.[32] Die Vorhautbeschneidung konzeptualisiert Schulte von Drach im Gegensatz dazu als religiöse Verletzung, die nicht gerechtfertigt sei.[33] Mit der Formulierung, die Vorhautbeschneidung sei „4000 Jahre alt" und stamme „aus einer Gesellschaft, die mit unserer nicht zu vergleichen ist" und „in der zu leben sich wohl die wenigsten von uns wünschen", verdeutlicht Schulte von Drach, dass er besonders *jüdische* Eltern im Blick hat, wenn er eine Vorhautbeschneidung als inhuman, unzivilisiert und rückständig verurteilt. Durch die Formulierung „mit *unserer* nicht zu vergleichen" und „die wenigsten von *uns*" markiert er *Juden*, die ihre Säuglinge beschneiden lassen, als eine Gruppe, die kein Teil des von ihm skizzierten Kollektivs sein kann. Insbesondere dieser Artikel zeigt, wie eine scheinbar säkulare Argumentation – die sich gegen *jüdische* und *muslimische* Eltern gleichermaßen richtet – eine antisemitische Lesart ermöglicht und anbietet.

Dieses Motiv findet sich in der Kontroverse darüber hinausgehend auch in einer etwas anderen Variation, etwa wenn nicht nur behauptet wird, dass die Rechte des Sohnes „missachtet" und „negiert" werden, sondern, dass sich religiöse Eltern im Gegensatz zu ihren Söhnen gar nicht auf ein Grundrecht berufen könnten. Exemplarisch hierfür ist der Artikel „Das Wohl des Kindes" des Journalisten und Autors Jürgen Kaube in der *FAZ*. Er argumentiert, es gebe kein kollektives Recht auf religiöse Selbstbestimmung, wie es etwa der Präsident des Zentralrats der Juden in Deutschland oder die Islamische Gemeinschaft Millî Görüş[34] behaupten – sondern nur Individualrechte, die vor Gericht verhandelt werden könnten. Kaube führt aus, dass dazu die körperliche Unversehrtheit, „das Recht auf Religionsfreiheit der einzelnen Person" sowie das Recht der Eltern, „für

---

[32] Schulte von Drach, Fragwürdige.

[33] Schulte von Drach, Fragwürdige. In diesem Zusammenhang sei darauf hingewiesen, dass Beschneidungsgegner/gegnerinnen die Vorhautbeschneidung zu einer traumatisierenden und den Körper schädigenden Praxis erheben müssen, da ihnen ansonsten die Rechtfertigung fehlt, den Staat anzurufen und ein Verbot zu fordern. Aus diesem Grund ist auch der Topos der *Kindeswohlgefährdung* relevant.

[34] Die deutsche Millî Görüş-Bewegung formierte sich in den 1970er Jahren und verfolgte eine anti-säkulare, islamistische und antiwestliche Programmatik. Ihre Anhänger/Anhängerinnen sind, dem Politikwissenschaftler Lino Klevesath zufolge, dem türkisch-muslimischen Milieu zuzurechnen. Die Organisation habe sich seit den 2000er Jahren reformiert und könne mittlerweile „nicht mehr zum Lager des radikalen Islam gezählt werden", was jedoch kontrovers diskutiert wird (Klevesath, Lino: „Radikaler Islam" als Teil der deutschen Gesellschaft? In: Demokratie-Dialog. 1 (2017). S. 40–45, hier S. 43. http://www.demokratie-goettingen.de/content/uploads/demokratie-dialog/Demokratie-Dialog-1-17-High-Quality.pdf (01.01.2018). Als Anlaufstelle hat sie eine große Relevanz für Muslime/Muslimas.

ihre Kinder" bestimmte und nicht alle Entscheidungen zu treffen, gehören.[35] Im weiteren Verlauf des Artikels versucht sich Kaube der Frage anzunähern, worin medizinisch und religiös betrachtet das Wohl des Kindes liegt. Er stellt fest, dass die Zugehörigkeit zum *Judentum* und *Islam* nicht von der Vorhautbeschneidung abhinge und fragt daher, was dagegen spreche, „dass die Religion nachgibt, wenn ein hohes Rechtsgut dadurch geschützt würde".[36] In seiner Sichtweise handeln die religiösen Eltern, die ihre Söhne beschneiden lassen, widergesetzlich. Er stellt es so dar, als fehle den Eltern das Grundrecht, die Vorhautbeschneidung ihrer Söhne zu veranlassen und als stütze sich ihre Entscheidung ausschließlich auf die „Gepflogenheiten einer Religionsgemeinschaft", auf „Tradition" und „Bräuche".[37] Kaubes strikte Gegenüberstellung von Recht und Tradition verweist auf die Vorstellung, die Vorhautbeschneidung sei mit dem Recht nicht vereinbar. Bestärkt wird dies, weil Kaube *jüdische* und *muslimische* Eltern als ‚Kollektiv *ohne Recht*' und nicht als ‚Einzelpersonen *mit Recht*' denkt.

Auch der Redakteur und Philosoph Thomas Gutschker argumentiert in seinem in der *FAZ* erschienenen Artikel „Kinderschutz" in diese Richtung – wobei er besonders auf *Juden* abhebt, wie der Verweis auf die Europäische Rabbinerkonferenz und auf *jüdisches* Leben zeigen. Er argumentiert, der Staat müsse zuerst „das Recht jedes Einzelnen" vor „religiöse[n] Anliegen oder archaische[n] Traditionen" schützen.[38] Indem Gutschker die kulturell-religiöse Handlung der Vorhautbeschneidung zu einer bloßen Tradition herabsetzt, die nicht auf dem Recht der Religionsfreiheit basieren könne, entnimmt er sie ebenfalls dem Bereich des Rechts.

Der Redakteur Georg Paul Hefty erweitert das Motiv, die Vorhautbeschneidung widerspräche Gesetz und Recht, dahingehend, dass er expandierende Begriffe für den Grundrechtskonflikt und die Rechtskollision verwendet. In seinem Artikel „Strafbare Beschneidung" erläutert Hefty, wie wichtig die rechtsstaatliche Einschränkung des Elternrechtes sei. Denn „[e]ine Kultur oder eine Religion, die eine regelmäßige Körperverletzung von Minderjährigen, insbesondere von zur persönlichen Abwehr Unfähigen im Programm" habe, stehe im „Dauerkonflikt

---

35 Kaube, Jürgen: Das Wohl des Kindes. In: *FAZ* v. 28.06.2012. http://www.faz.net/aktuell/feuilleton/debatten/urteil-zur-beschneidung-das-wohl-des-kindes-11801160.html (01.03.2017).
36 Kaube, Wohl.
37 Kaube, Wohl.
38 Gutschker, Thomas: Kinderschutz. In: FAZ.net v. 15.07.2012. http://www.faz.net/aktuell/politik/urteil-zu-beschneidungen-kinderschutz-11820503.html (01.03.2017).

mit wesentlichen Zielen der Verfassung".[39] Zwar schreibt Hefty nicht explizit, dass es sich bei der Kultur und Religion, den Glaubensgemeinschaften oder auch den jeweiligen Religionen (die er zusammenfasst) um *jüdische* und *muslimische* handelt, die sich im „Dauerkonflikt" befänden, sondern er verbleibt unbestimmt.[40] Dennoch ist offensichtlich, dass er mit diesen Formulierungen nicht nur die Vorhautbeschneidung, sondern gleich die gesamte *jüdische* und *muslimische* Religion meint. Beide gerieten nicht nur mit einem Grundrecht (der körperlichen Unversehrtheit) in einen zeitlich unbegrenzten Konflikt, sondern geradewegs mit „wesentlichen Zielen der *Verfassung*".[41] Die Verfassung umfasst im Gegensatz zu einem einzelnen Grundrecht und Menschenrecht die Gesamtheit der Grundsätze und die festgelegte Grundordnung der (deutschen) Gesellschaft.

Der Vorwurf, sich über das Recht zu erheben

In einer abgewandelten Sprechweise findet sich das Motiv, die Vorhautbeschneidung stehe im Widerspruch zu deutschem Gesetz und internationalem Recht, auch im offenen Brief des Arztes und Psychoanalytikers Matthias Franz, den die *FAZ* am 21. Juli 2012 veröffentlichte. Er erschien in der Onlineausgabe unter dem Titel „Religionsfreiheit kann kein Freibrief für Gewalt sein" und wurde von mehr als 740 Personen, darunter Ärzten/Ärztinnen, Juristen/Juristinnen und Psychologen/Psychologinnen unterschrieben. Er kann als Akt der politischen Partizipation bewertet werden[42], da Franz und die Unterschreibenden ihrem Anspruch zufolge den Gesetzgebungsprozess zu Vorhautbeschneidungen zu beeinflussen versuchen. Der Brief ist explizit an die Bundesregierung und die Abgeordneten des Bundestages adressiert und implizit an die deutsche Öffentlichkeit gerichtet, die ebenfalls dazu aufgefordert wird, sich zu Vorhautbeschneidungen zu positionieren und sie abzulehnen. Er war Bestandteil einer Kampagne, die primär das Ziel hatte, politische Mehrheiten zu schaffen, weswe-

---

39 Hefty, Georg Paul: Strafbare Beschneidung, in: FAZ. net v. 28.06.2012. http://www.faz.net/ak tuell/politik/inland/nach-dem-koelner-urteil-strafbare-beschneidung-11802626.html (01.03. 2017).
40 Hefty, Strafbare.
41 Hefty, Strafbare, Herv. D.I. In einem Kommentar auf Heftys Artikel schreibt ein Leser, *Juden* und *Muslime* erkennen „unser" Gesetz und Recht nicht an und hielten sich nicht daran.
42 Vgl. Decker, Frank/Lewandowsky, Marcel [u.a.]: Demokratie ohne Wähler? Neue Herausforderungen der politischen Partizipation, Bonn 2013, hier S. 85 f; vgl. Hadjar, Andreas/Becker, Rolf: Unkonventionelle politische Partizipation im Zeitverlauf. Hat die Bildungsexpansion zu einer politischen Mobilisierung beigetragen? In: Kölner Zeitschrift für Soziologie und Sozialpsychologie. 3 (2007). S. 410–439, hier S. 413 ff.

gen eine intellektuelle und rhetorische Komplexitätsreduktion stattfand. In dem offenen Brief heißt es:

> Kernpunkt ist die Abwägung der Grundrechte auf Religionsfreiheit von Erwachsenen mit dem Recht des Kindes auf körperliche Unversehrtheit [...] sowie die Achtung seiner Würde. In diesem Zusammenhang kann die Religionsfreiheit *kein Freibrief* zur Anwendung von (sexueller) Gewalt gegenüber nicht einwilligungsfähigen Jungen sein.[43]

Besonders die Formulierung „Religionsfreiheit kann [...] kein Freibrief" sein, ist irritierend. Etymologisch bezeichnete ein „Freibrief" eine Freilassungsurkunde oder Berechtigungsurkunde.[44] Im übertragenen Sinne bedeutet die Formulierung, dass sich jemand nicht mit der Erlaubnis ausstatten dürfe, „nach Willkür zu handeln".[45] Franz und seine Mitunterzeichnenden unterstellen, dass die Religionsfreiheit von bestimmten Personen oder einer Gruppe in einer instrumentellen Weise als „Freibrief" gebraucht werde, um sich einen rechtsfreien Raum zu eröffnen und um staatliches Recht zu umgehen. Auch wenn im offenen Brief die Personen, die den Freibrief nutzen, nicht näher bestimmt sind, legt Franz nahe, dass es besonders *jüdische* Eltern sind, die an Vorhautbeschneidungen festhalten. Dies wird dadurch deutlich, dass er besonders *Juden* kritisiert, die mit „assoziativem Verweis auf den Holocaust" dafür einträten, dass Vorhautbeschneidungen nicht verboten werden.[46] Der Vorwurf verweist auf eine Sprechweise, die der Analyse des Soziologen Klaus Holz zufolge im „Antisemitismus nach Auschwitz" zentral geworden ist. Holz führt aus, dass *Juden* so dargestellt werden, als wollten sie einen illegitimen Nutzen aus der Shoah ziehen und „jede Kritik" an sich un-

---

43 Franz, Matthias: Offener Brief zur Beschneidung. „Religionsfreiheit kann kein Freibrief für Gewalt sein". In: FAZ.net v. 21.07.2012. http://www.faz.net/aktuell/politik/inland/offener-brief-zur-beschneidung-religionsfreiheit-kann-kein-freibrief-fuer-gewalt-sein-11827590.html (01.03.2017), Herv. D.I.
44 Vgl. Pierer, Heinrich August: Pierer's Universal-Lexikon der Vergangenheit und Gegenwart oder Neuestes encyclopädisches Wörterbuch der Wissenschaften, Künste und Gewerbe. Band 6. Europa – Gascogne. Altenburg 1858, S. 669; vgl. Brockhaus Bilder-Conversations-Lexikon: Freibrief. In: Bilder-Conversations-Lexikon für das deutsche Volk: ein Handbuch zur Verbreitung gemeinnütziger Kenntnisse u. zur Unterhaltung. Band 2. F – L. Leipzig 1838, S. 104; vgl. Deutsches Rechtswörterbuch: Freibrief. In: Online-Wörterbuch der Heidelberger Akademie der Wissenschaften (ohne Jahr). http://drw-www.adw.uni-heidelberg.de/drw-cgi/zeige?db=drw&index=lemmata&term=Freibrief&darstellung=%DC (01.03.2017); vgl. Meyers Großes Konversations-Lexikon: Freibrief, in: Meyers Großes Konversations-Lexikon: ein Nachschlagewerk des allgemeinen Wissens. Band 7. Franzensbad bis Glashaus. Leipzig 1907, S. 55.
45 Seebold, Elmar: Kluge. Etymologisches Wörterbuch der deutschen Sprache, Berlin 1999, S. 284.
46 Franz, Offener Brief.

terdrücken.⁴⁷ In dem Vorwurf, immer wieder an die Shoah zu erinnern, „obwohl ein Schlußstrich unter die Vergangenheit längst angemessen sei", werden sie zu Profiteuren. Nichtjüdische Deutsche hingegen seien Opfer einer fortdauernden Thematisierung der Shoah, die, Holz zufolge, zu einem „jederzeit einsetzbare[n] Einschüchterungsmittel" und zur „Moralkeule" wird.⁴⁸ Auch der Politikwissenschaftler Lars Rensmann betont, dass die antisemitische Konstruktion der *jüdischen* Unversöhnlichkeit und Rachsucht „mit Hilfe des Umstands rationalisiert [wird], daß es jüdische Menschen gibt, die bis zur Gegenwart nicht willens sind, Auschwitz einfach zu vergeben".⁴⁹ Mit seiner Kritik also gesteht Franz *Juden*, die mit dem Verweis auf die Vernichtung der europäischen Juden/Jüdinnen das Verbot von Vorhautbeschneidungen kritisieren, kein legitimes Interesse zu und suggeriert, sie hätten sich selbst als Dialogpartner disqualifiziert. Bemerkenswert ist, dass Franz nicht darlegt, welche konkreten Stellungnahmen von Juden/Jüdinnen er mit seiner Kritik eigentlich meint; so ist auch unklar, ob Juden/Jüdinnen überhaupt vom Holocaust sprachen, oder ob Franz diese Bezugnahme selbst herstellte.⁵⁰

Mit dem Moment der Willkür, das mit der Metapher des Freibriefes verbunden ist, suggeriert Franz, dass *Juden* ‚eigenmächtig', ‚außergesetzlich' und ‚außer der Reihe' handelten.⁵¹ Die Praxis der Vorhautbeschneidung konzeptualisiert Franz im offenen Brief als Gewalt und abweichendes Verhalten. Zugespitzt formuliert legt der offene Brief nahe, *Juden*, die ihre Söhne beschneiden lassen, hielten sich mit ihrer Religion weder an rechtsstaatliche Normen in Form des Grundgesetzes noch an international geteilte Werte. Überdies entwirft er die Vorhautbeschneidung als Akt der „sexuellen Gewalt". Dies ist in höchstem Maße fragwürdig. Denn

---

47 Holz, Klaus: Die Gegenwart des Antisemitismus. Islamistische, demokratische und antizionistische Judenfeindschaft. Hamburg 2005, S. 66.
48 Holz, Gegenwart, S. 66 f., siehe hierzu auch Salzborn, Antisemitismus, S. 199 ff.
49 Rensmann, Lars: Kritische Theorie über den Antisemitismus. Studien zu Struktur, Erklärungspotential und Aktualität, Berlin/Hamburg 1998, S. 259, Schreibweise i. Orig.
50 Dieter Graumann etwa, der damalige Präsident des Zentralrates der Juden in Deutschland, spricht im Interview in den Tagesthemen vom 27. Juni 2012 nicht vom Holocaust, sondern sagt lediglich, dass „dieses Urteil zu Ende gedacht [...] doch bedeuten [würde], dass jüdisches Leben in Deutschland faktisch unmöglich gemacht wird" (Graumann, Dieter: Interview von Tom Buhrow mit Dieter Graumann zum Kölner Urteil gegen rituelle Beschneidungen. In: ARD-Tagesthemen v. 27.06.2012. http://www.tagesschau.de/multimedia/sendung/tt4012.html (01.03.2017). Minute 17:22 ff.
51 In seinem Artikel „Ritual, Trauma, Kindeswohl" in der *FAZ* nennt Franz *Judentum* und *Islam* an drei Textstellen in einem Atemzug, wobei er an zwei Textstellen explizit auf Vorhautbeschneidungen im *Judentum* abhebt. An diesen Stellen geht es um Sigmund Freud, der, obwohl er Jude war, seinen Söhnen die Vorhautbeschneidung „ersparte", und darum, dass die Vorhautbeschneidung im *Judentum* ein Residuum des Sohnesopfers sei.

um eine Handlung als sexuelle Gewalt klassifizieren zu können, muss die Intention des Täters die sexuelle Befriedigung sein.[52] Indem Franz also die Vorhautbeschneidung als „sexuelle Gewalt" beschreibt, unterstellt er, die Vorhautbeschneidung verschaffe dem *jüdischen* Beschneider, den er durch ein perverses Verlangen charakterisiert, eine sexuelle Befriedigung. An dieser Stelle greift die Sprechweise auf antisemitische Ressentiments des ausgehenden 19. Jahrhunderts zurück, die *Juden* eine abnormale (triebhafte und unbeherrschte) Sexualität zuschrieben.[53]

Historische Einordnung und rechtswissenschaftliche Kritik

Gegenwärtige Stereotype des *Juden* sind durchzogen von antisemitischen Bildern und Diskursen, die ideengeschichtlich betrachtet mehrere Jahrtausende zurückreichen.[54] Mit dieser Perspektive lässt sich das Motiv, die Vorhautbeschneidung widerspräche Gesetz und Recht, sowie der damit verbundene antisemitische Sinngehalt einordnen. Wobei die Analyse der diskutierten Artikel zeigt, dass nicht alle Akteure/Akteurinnen ausschließlich *Juden* mit einem Verhalten in Verbindung bringen, das nicht auf Grundrechten basiere. Schulte von Drach, Gutschker und Franz beziehen sich implizit besonders auf *Juden* und *jüdische* Eltern, Herzberg, Oestreich, Kaube und Hefty gleichermaßen auf *Juden* und *Muslime*. Dies ist hervorzuheben, ging es im Fall vor dem Kölner Landgericht doch um die Vorhautbeschneidung eines Jungen mit *muslimischem* Familienhintergrund.

Zum einen ist das Problem an den diskutierten Artikeln der überwiegend männlichen Beschneidungsgegner, dass sie *Juden* (und *Muslime*), die ihre Söhne beschneiden, als Gruppe konstruieren, die mit der Vorhautbeschneidung etwas Widerrechtliches und Unangebrachtes tut. Doch geht der Vorwurf der Beschneidungsgegner/gegnerinnen grundsätzlich fehl. Denn auf der rechtlichen Ebene war eine Vorhautbeschneidung bei Jungen vor dem Urteil des Kölner Landge-

---

52 Vgl. Bundesministerium für Familie, Senioren, Frauen und Jugend: Aktionsplan der Bundesregierung zum Schutz von Kindern und Jugendlichen vor sexueller Gewalt und Ausbeutung 2011. In: http://www.bmfsfj.de/RedaktionBMFSFJ/Abteilung5/Pdf-Anlagen/aktionsplan-2011,property=pdf,bereich=bmfsfj,sprache=de,rwb=true.pdf (01.03.2017), S. 11.
53 Vgl. Braun, Christina von: Antisemitische Stereotype und Sexualphantasien. In: Die Macht der Bilder. Antisemitische Vorurteile und Mythen. Hrsg. vom Jüdischen Museum der Stadt Wien. Wien 1995, S. 180 ff.
54 Vgl. Nirenberg, David: Anti-Judaismus. Eine andere Geschichte des westlichen Denkens. München 2015, S. 21.

richtes nicht gesetzlich festgeschrieben. In der deutschen Rechtspraxis vor dem Urteil war weitgehend unbestritten, „dass es Eltern zustehe, eine religiöse, aber auch anders motivierte Beschneidung ihres minderjährigen Sohnes" einzuleiten.[55] Seit Dezember 2012, als der Bundestag den Paragrafen 1631d BGB verabschiedete, der Vorhautbeschneidungen grundsätzlich erlaubt, ist sie sogar explizit keine Straftat mehr. Das bedeutet, *jüdische* und *muslimische* Eltern handelten und handeln legal, wenn sie eine Vorhautbeschneidung an ihren Söhnen vornehmen lassen. Lediglich zwischen dem Urteil des Kölner Landgerichtes vom Mai 2012 und dem Gesetz vom Dezember 2012 herrschte eine rechtliche Unklarheit.

Dieser Sachverhalt beeinflusste Beschneidungsgegner/gegnerinnen in ihrer Argumentation jedoch nicht. Sie äußerten vehement, die Vorhautbeschneidung widerspräche Gesetzen und konzeptualisierten *Juden* als religiöse Gruppe, die einem Grundrecht widerspricht und sogar das Recht infrage stellt. Aus diesem Grund entwerfen die diskutierten Artikel mit dem Fokus auf die Vorhautbeschneidung *Juden* als Gegenbild zum ‚eigenen Kollektiv'. Beschneidungsgegner/gegnerinnen grenzen *jüdische* Eltern als Gruppe beziehungsweise als religiöse Minderheit semantisch aus der christlichen Mehrheitsgesellschaft sowie aus der Gemeinschaft der sorgenden und empathischen Eltern aus.[56] Dies ist charakteristisch für den modernen Antisemitismus, wie auch der Historiker Wolfgang Benz betont. Er unterstreicht, dass kulturelle und religiöse *jüdische* Praktiken und Traditionen dazu dienten, „Juden zu Fremden, zu Feinden und Schuldigen zu stempeln".[57] Diesen Befund ergänzend weisen die Linguistin Monika Schwarz-Friesel und der Historiker Jehuda Reinharz darauf hin, dass durch antisemitische Sprachgebrauchsmuster eine eigene Realität gebildet wird, die *Juden* konzeptionell zum Gegenbild macht.[58] Es sei „die jüdische Existenz an sich, die als Provokation, als Ärgernis, als Übel in der Welt empfunden" werde.[59]

---

55 Haustein, Jens: Erziehungsrecht versus Unversehrtheit. Politische und rechtliche Voraussetzungen der ‚Beschneidungsdebatte'. In: Säkulare Selbstbestimmung versus religiöse Fremdbestimmung? Zur Kritik an der öffentlichen Debatte um das Beschneidungsritual. Hrsg. von Michael Wermke. Leipzig 2014. S. 13–26, hier S. 13.
56 Zur Problematisierung des Begriffes Mehrheitsgesellschaft siehe Öktem, Kerem: Signale aus der Mehrheitsgesellschaft. Auswirkungen der Beschneidungsdebatte und staatlicher Überwachung islamischer Organisationen auf Identitätsbildung und Integration in Deutschland. Oxford 2013, S. 1.
57 Benz, Wolfgang: Die Protokolle der Weisen von Zion. Die Legende von der jüdischen Weltverschwörung. München 2007, S. 20. Siehe hierzu auch: Volkov, Shulamit: Antisemitismus und Antifeminismus. Soziale Normen oder kultureller Code. In: Dies.: Das jüdische Projekt der Moderne: zehn Essays. München 2001. S. 62–81, hier S. 78.
58 Vgl. Schwarz-Friesel/Reinharz, Sprache, S. 57.

Darüber hinausgehend weist die Stigmatisierung des *rechtsbrechenden Juden* eine Nähe zum rassistisch-antisemitischen Stereotyp auf, das spätestens seit dem 19. Jahrhundert existierte: das des kriminell und verbrecherisch ‚veranlagten' *Juden*. Insbesondere zu Beginn des 20. Jahrhunderts hielt es Einzug in wissenschaftliche Statistiken, aber auch in Handbücher für Juristen und Verwaltungsbeamte und floss in die Kriminalistik ein.[60] Der Jurist Erich Wulffen schrieb 1921 von einer „spezifischen Kriminalität" der *Juden* und davon, dass sie in den Bereichen Industrie und Handel krimineller seien als Christen.[61] Mit dem antisemitischen Ressentiment gegenüber *rechtsbrechenden Juden* wurden *Juden* als Gefahr für die Gesellschaft dargestellt. Juden/Jüdinnen sahen sich derart mit dem Vorwurf konfrontiert, dass einige jüdische Organisationen versuchten, das Stereotyp zu widerlegen. Das „Comite zur Abwehr antisemitischer Angriffe" in Berlin gab 1896 eine Schrift heraus, in der es anhand von amtlichen Quellen einem breiten Publikum aufzeigen wollte, dass Juden/Jüdinnen im „Verhältniss zur Gesammtbevölkerung" im Deutschen Reich – und in Österreich, soweit ermittelbar – nicht durchschnittlich krimineller seien als Christen und auch nicht häufiger zu Gefängnis oder zu Geldstrafen verurteilt würden.[62]

Obwohl das Ressentiment historisch sehr wirkmächtig war, spielt es in gegenwärtigen Forschungen zu Antisemitismus kaum eine Rolle. Eine Ausnahme ist die quantitativ-empirische Studie des Erziehungswissenschaftlers Wassilis Kassis und der Germanistin Charlotte Schallié aus dem Jahr 2013. Sie zeigt, dass auch derzeit Teile der deutschen Bevölkerung diesem Stereotyp zustimmen, wenngleich es nicht mehr um eine kriminelle „Veranlagung", sondern um „kriminelle Tendenzen" geht. Sie erhoben die Zustimmung unter 1.800 Studierenden der Universitäten Osnabrück und Victoria (Kanada) zu der Aussage „Jewish Canadians/Jewish Germans tend to show stronger criminal tendencies than other Ca-

---

59 Schwarz-Friesel/Reinharz, Sprache, S. 57.
60 Vgl. Lipphardt, Veronika: Biologie der Juden. Jüdische Wissenschaftler über „Rasse" und Vererbung 1900–1935. Göttingen 2008, S. 128.
61 Wulffen, Erich: Der Sexualverbrecher. Ein Handbuch für Juristen, Verwaltungsbeamte und Ärzte. Achte Auflage. Berlin 1921, S. 301. Siehe hierzu auch die Schrift von Rudolf Wassermann aus dem Jahr 1907, in welcher er bereits existierende Statistiken zur Kriminalität der Juden diskutierte. Im Vorwort schrieb er, dass er auch durch den Wunsch geleitet sei, „die teilweise immer noch vorhandenen Legendenbildungen [...] zu zerstreuen" (Wassermann, Rudolf: Beruf, Konfession und Verbrechen. Eine Studie über die Kriminalität der Juden in Vergangenheit und Gegenwart. München 1907).
62 Comite zur Abwehr antisemitischer Angriffe: Die Kriminalität der Juden in Deutschland. Berlin 1896, S. VIII, Schreibweise i. Orig.

nadians/Germans".⁶³ Die Aussage rechnen Kassis/Schallié dem traditionellen Antisemitismus zu:

> Consequently, we could argue that, in total, almost four out of 10 participants (38.9%) identified, or partially identified, with some of the antisemitic opinions listed in the questionnaire. If we take into consideration that the statements listed in our survey are highly inflammatory (e. g., ‚Jewish Canadians/Jewish Germans tend to show stronger criminal tendencies than did other Canadians/Germans'), the relatively weak resistance expressed against these statements by every fourth respondent can be viewed as alarming.⁶⁴

Zwar sind die „kriminellen Tendenzen", die die Studierenden *Juden* unterstellen, nicht näher spezifiziert. Die Zustimmung unter Studierenden zu der Aussage zeigt aber, dass ein solches antisemitisches Ressentiment gesellschaftlich nach wie vor vorhanden ist. Und dies sogar in einer Gruppe, der bekannt ist, dass antisemitische Aussagen (weitgehend) als gesellschaftlich unerwünscht gelten. Auch Monika Schwarz-Friesel weist darauf hin, dass sich „vermehrt die konzeptuellen Verschmelzungsstereotype Juden/Israelis = Täter und Israel als Verbrecherstaat = Juden sind Verbrecher" finden.⁶⁵

Zum anderen ist an den diskutierten Artikeln – wie oben angedeutet – die Form der Fragestellung (welches Recht wiegt schwerer?) problematisch. Denn sie stellt einen komplexen verfassungsrechtlichen Diskurs verkürzt und vereinfachend dar. Die Staats- und Verfassungsrechtler Bodo Pieroth und Bernhard Schlink et al. schreiben zur Kollision von Grundrechten, dass diese zunächst nichts anderes seien, als „Konflikte zwischen Menschen, die sich bei wildwüchsigem Freiheitsgebrauch ergeben."⁶⁶ Im Sinne der „praktischen Konkordanz" seien die einzelnen Grundrechtspositionen der in Konfliktfällen Beteiligten miteinander zu vermitteln und auszugleichen.⁶⁷ An diesen Aspekt anschließend argumentiert die Theologin Miriam Rose, dass es in derartigen Diskussionen „niemals auf eine Alternative [...] Grundrechte versus Religionsfreiheit oder Religionsfreiheit versus Grundrechte" zulaufen dürfe, sondern alle Grundrechte aufeinander zu beziehen seien. Kein Grundrecht könne ein anderes „prinzipiell

---

63 Kassis, Wassilis/Schallié, Charlotte: The Dark Side of the Academy: Antisemitism in Canadian and German Students. In: Journal for the Study of Antisemitism. 1 (2013). S. 63–91, hier S. 78.
64 Kassis/Schallié, Dark Side, S. 78.
65 Schwarz-Friesel, Monika: „Ich habe gar nichts gegen Juden!". Der „legitime" Antisemitismus der Mitte. In: Aktueller Antisemitismus – ein Phänomen der Mitte. Hrsg. von Monika Schwarz-Friesel, Evyatar Friesel u. Jehuda Reinharz. Berlin/New York 2010. S. 27–50, hier S. 39.
66 Pieroth/Schlink, Grundrechte, S. 80.
67 Vgl. Pieroth/Schlink, Grundrechte, S. 81.

außer Kraft setzen".[68] Genau diese Aufhebung forderten jedoch zahlreiche Beschneidungsgegner/gegnerinnen, da sie argumentierten, die religiöse Handlung der Vorhautbeschneidung dürfe nicht unter die Religionsausübungsfreiheit oder das Sorgerecht der Eltern fallen. Der Verfassungsrechtler Kyrill-A. Schwarz weist überdies darauf hin, der weltanschaulich neutrale Staat habe sich ein „Definitionsverbot [...] für den Inhalt und die Ausübung des Glaubens" auferlegt.[69] Dem Staat sei folglich nicht gestattet, „verbindlich festzulegen, welche Aussagen einer Religion bindend sind und welche Handlungspflichten daraus folgen"; er dürfe sich also nicht in religiöse Praktiken einmischen.[70] Weiter argumentiert Schwarz, dass dem Bundesverfassungsgericht zufolge die Grundrechtsträger der Religionsfreiheit selbstbestimmt festhalten dürfen, was von zentraler Bedeutung für ihr Selbstverständnis sei, solange keine Schädigungsabsicht der Eltern vorliege.[71] Der Strafrechtler Bijan Fateh-Moghadam geht einen Schritt weiter, wenn er argumentiert, das Sorgerecht der Eltern reiche allein aus, um eine Vorhautbeschneidung der Söhne zu veranlassen. Er argumentiert, der Staat dürfe das Recht der Eltern auf Erziehung nur beim „Missbrauch des Sorgerechts" einschränken, eine Vorhautbeschneidung falle nicht darunter.[72] Zudem stünden sich die Grundrechtspositionen der Eltern und Söhne „nicht feindlich gegenüber", sondern die Söhne seien „auf die Ausübung ihrer Grundrechte durch ihre Eltern angewiesen".[73] Dass die Vorhautbeschneidung in „akademischen und politischen Gegenreaktionen" überhaupt mit der Religionsfreiheit in Zusammenhang gebracht werde, kritisiert er, da dies eine „Kulturalisierung der Problemstellung" darstelle.[74]

---

68 Rose, Miriam: Die Ambiguität der Religionsfreiheit. Überlegungen anlässlich der Debatte zum Beschneidungsurteil. In: Säkulare Selbstbestimmung versus religiöse Fremdbestimmung? Zur Kritik an der öffentlichen Debatte um das Beschneidungsritual. Hrsg. Michael Wermke. Leipzig 2014. S. 83–99, hier S. 91.
69 Schwarz, Kyrill A.: Verfassungsrechtliche Aspekte der religiösen Beschneidung. In: Juristen-Zeitung 23 (2008). S. 1125–1129, hier S. 1127.
70 Schwarz, Verfassungsrechtliche, S. 1127.
71 Schwarz, Verfassungsrechtliche, S. 1128.
72 Fateh-Moghadam, Bijan: Strafrecht und Religion im liberalen Rechtsstaat. Juristische Argumente gegen die Kriminalisierung der Beschneidung. In: Beschneidung: Das Zeichen des Bundes in der Kritik. Zur Debatte um das Kölner Urteil. Hrsg. von Johannes Heil u. Stephan J. Kramer. Berlin 2012. S. 146–159, hier S. 151.
73 Fateh-Moghadam, Strafrecht, S. 150.
74 Fateh-Moghadam, Strafrecht, S. 147. Zwar diskutierten Juristen/Juristinnen seine Argumentation, insgesamt aber hielten sie den Bezug auf das Grundrecht der Religionsfreiheit für zentral. Vgl. Beulke, Werner und Dießner, Annika: „(...) ein kleiner Schnitt für einen Menschen, aber ein großes Thema für die Menschheit". In: Zeitschrift für Internationale Strafrechtsdogmatik 7 (2012). S. 338–346, hier S. 344.

Fazit

Im Zuge der Kontroverse um Vorhautbeschneidungen entwarfen zahlreiche Beschneidungsgegner/gegnerinnen ein *jüdisches* Gegenbild, das nicht nur eine Gegnerschaft zur spezifischen Praxis der Vorhautbeschneidung beinhaltet, sondern die *jüdische* Religion und *Juden* stigmatisiert, ablehnt und abwertet. Insbesondere in Online-Kommentaren auf Internetseiten wie „Zwangsbeschneidung.de" zeigt sich ein Wiedererstarken mittelalterlicher und frühneuzeitlicher antisemitischer Erklärungsmuster, wie dem des Ritualmordes oder des Verbrechertums, in denen die *jüdische* Religion eine wichtige Bezugs- und Begründungskategorie war.[75] Am Beispiel der Kontroverse zeigt sich, dass Religion und religiöse Praktiken auch im gegenwärtigen Antisemitismus eine wichtige Kategorie in der gesellschaftlichen In- und Exklusion ist.[76] Fast unabwendbar eröffnet sich für Beschneidungsgegner/gegnerinnen durch die Ablehnung der *jüdischen* Vorhautbeschneidung ein von ihnen entworfenes Narrativ, sie selbst seien – im Gegensatz zu *Juden* – Verteidiger/Verteidigerinnen der Grund- und Menschenrechte. In der Kontroverse hatte die nichtjüdische Mehrheit der deutschen Gesellschaft entsprechend die Möglichkeit, sich ihrer humanistischen post-Shoah-Identität zu vergewissern. Das vordergründig gegen die Vorhautbeschneidung gerichtete Erklärungsmuster, das *Juden* beschuldigt, mit dem Recht in Konflikt zu geraten und einen Rechtsbruch zu begehen, verstärkt ein antisemitisches Motiv, das sich gegenwärtig besonders im Zusammenhang mit dem Nahostkonflikt findet. Die Zuschreibung, *Juden/Israelis* verletzten die Menschenrechte der Palästinenser/Palästinenserinnen oder brächen Völkerrecht, ist – wie der Politikwis-

---

75 Zwar geht es in diesen Online-Kommentaren nicht mehr, wie in mittelalterlichen antisemitischen Ritualmordbeschuldigungen, um die Fiktion, dass sich *Juden* an christlichen Jungen vergingen und diese töteten, um ihr Blut zu verzehren (vgl. Braun, Christina von: „Blut und Blutschande". In: Antisemitismus: Vorurteile und Mythen. Hrsg. von Julius H. Schoeps u. Joachim Schlör. Frankfurt am Main 1997. S. 80–95, hier S. 80). Die Argumentation läuft aber darauf hinaus, der *jüdische* Säugling werde durch die Vorhautbeschneidung von seinen *jüdischen* Eltern verletzt beziehungsweise sie vergingen sich am unschuldigen *jüdischen* Säugling (vgl. Gilman, Sander L.: Der „jüdische Körper". In: Antisemitismus: Vorurteile und Mythen. Hrsg. von Julius H. Schoeps u. Joachim Schlör. Frankfurt am Main 1997. S. 167–179, hier S. 169f.; vgl. Schwarz-Friesel/Reinharz, Sprache, S. 126).
76 Vgl. Kaletsch, Christa: „Religion: Diskurse – Reflexionen – Bildungsansätze". Bericht zur 6. Tagung der Reihe „Blickwinkel. Antisemitismuskritisches Forum für Bildung und Wissenschaft" in Kassel 2015. http://www.stiftung-evz.de/fileadmin/user_upload/EVZ_Uploads/Handlungsfelder/Auseinandersetzung_mit_der_Geschichte_01/Dossier_Antisemitismus/Blickwinkel/x20150928_Tagungsbericht_Blickwinkel_Kassel_2015.pdf (01.03.2017).

senschaftler Samuel Salzborn argumentiert – in diesem Kontext sehr präsent.[77] In der Beschneidungskontroverse wurde diese Zuschreibung nun auf die Ausübung kulturell-religiöser Praktiken bezogen, womit sich das Spektrum der Diskursfelder erweiterte. Das Motiv *des Rechtsbruches* und *der Rechtsbeseitigung* stellt im Kontext der Vorhautbeschneidung demnach ein hinzugefügtes, vermeintlich legitimes semantisches Angebot für Antisemiten/Antisemitinnen dar.

Unabhängig von den deutlich antisemitischen Texten besteht das eigentliche Problem in der Kontroverse aus den reichhaltig geäußerten Anspielungen etwa von Herzberg, Oestreich, Schulte von Drach, Kaube, Hefty und Franz. Gemeinsam ist ihnen, dass sie ihren Lesern/Leserinnen nahelegen, die Vorhautbeschneidung sei ein widerrechtliches Verhalten von *Juden* (und *Muslimen*), für das es keine rechtliche und gesetzliche Rechtfertigung geben könne. Damit schufen sie diskursive Bedingungen, die auf antisemitische Lesarten anspielten, sie ermöglichten und ihnen zu wenig bis gar nichts entgegensetzten.[78]

Literaturverzeichnis

Benz, Wolfgang: Die Protokolle der Weisen von Zion. Die Legende von der jüdischen Weltverschwörung. München 2007.
Beulke, Werner/Dießner, Annika: „(…) ein kleiner Schnitt für einen Menschen, aber ein großes Thema für die Menschheit". Warum das Urteil des LG Köln zur religiös motivierten Beschneidung von Knaben nicht überzeugt. In: Zeitschrift für Internationale Strafrechtsdogmatik 7 (2012). S. 338–346.
Bielefeldt, Heiner: Der Kampf um die Beschneidung. Das Kölner Urteil und die Religionsfreiheit. In: Blätter für deutsche und internationale Politik. 9 (2012). S. 63–71.
Blumenberg, Yigal/Hegener, Wolfgang (Hrsg.): Die „unheimliche" Beschneidung. Aufklärung und die Wiederkehr des Verdrängten. Frankfurt am Main 2013.
Bodenheimer, Alfred: Haut ab! Die Juden in der Beschneidungsdebatte. Göttingen 2012.

---

[77] Vgl. Salzborn, Samuel: Israelkritik oder Antisemitismus? Kriterien für eine Unterscheidung. In: Kirche und Israel. Neukirchener theologische Zeitschrift 1 (2013). S. 5–16, hier S. 11.
[78] Vgl. hierzu auch: Blumenberg, Yigal/Hegener, Wolfgang (Hrsg): Die „unheimliche" Beschneidung. Aufklärung und die Wiederkehr des Verdrängten. Frankfurt am Main 2013; vgl. Bodenheimer, Haut ab!; vgl. Bodenheimer, Alfred: Verletzung von Körper und Würde. Beobachtungen einer Begriffskontingenz. In: Die „unheimliche" Beschneidung. Aufklärung und die Wiederkehr des Verdrängten. Hrsg. von Yigal Blumenberg u. Wolfgang Hegener. Frankfurt am Main 2013. S. 135–146; vgl. Çetin, Zülfukar/Voß, Heinz-Jürgen/Wolter, Salih Alexander: Interventionen gegen die deutsche „Beschneidungsdebatte". Münster 2012; vgl. Wetzel, Juliane: Judenfeindliche Stereotypisierungen: Das Beschneidungsurteil im öffentlichen Diskurs. In: Beschneidung: Das Zeichen des Bundes in der Kritik. Zur Debatte um das Kölner Urteil. Hrsg. von Johannes Heil u. Stephan J. Kramer. Berlin 2012. S. 264–275.

Bodenheimer, Alfred: Verletzung von Körper und Würde. Beobachtungen einer Begriffskontingenz. In: Die „unheimliche" Beschneidung. Aufklärung und die Wiederkehr des Verdrängten. Hrsg. von Yigal Blumenberg u. Wolfgang Hegener. Frankfurt am Main 2013. S. 135–146.

Braun, Christina von: Antisemitische Stereotype und Sexualphantasien. In: Die Macht der Bilder: antisemitische Vorurteile und Mythen. Hrsg. vom Jüdischen Museum Wien. Wien 1995. S. 180–191.

Braun, Christina von: „Blut und Blutschande". In: Antisemitismus: Vorurteile und Mythen. Hrsg. von Julius H. Schoeps u. Joachim Schlör. Frankfurt am Main 1997. S. 80–95.

Bundesministerium für Familie, Senioren, Frauen und Jugend: Aktionsplan der Bundesregierung zum Schutz von Kindern und Jugendlichen vor sexueller Gewalt und Ausbeutung 2011. In: http://www.bmfsfj.de/RedaktionBMFSFJ/Abteilung5/Pdf-Anlagen/aktionsplan 2011, property=pdf,bereich=bmfsfj,sprache=de,rwb=true.pdf (01.03.2017)

Çetin, Zülfukar/Voß, Heinz-Jürgen/Wolter, Salih Alexander: Interventionen gegen die deutsche „Beschneidungsdebatte". Münster 2012.

Decker, Frank/Lewandowsky, Marcel/Solar, Marcel: Demokratie ohne Wähler? Neue Herausforderungen der politischen Partizipation, Bonn 2013.

Fateh-Moghadam, Bijan: Strafrecht und Religion im liberalen Rechtsstaat. Juristische Argumente gegen die Kriminalisierung der Beschneidung. In: Beschneidung: Das Zeichen des Bundes in der Kritik. Zur Debatte um das Kölner Urteil. Hrsg. von Johannes Heil u. Stephan J. Kramer. Berlin 2012. S. 146–159.

Germann, Michael: Die grundrechtliche Freiheit zur religiös motivierten Beschneidung, in: Beschneidung: Das Zeichen des Bundes in der Kritik. Zur Debatte um das Kölner Urteil. Hrsg. von Johannes Heil u. Stephan J. Kramer. Berlin 2012. S. 83–97.

Gilman, Sander L.: Der „jüdische Körper". In: Antisemitismus: Vorurteile und Mythen. Hrsg. von Julius H. Schoeps u. Joachim Schlör. Frankfurt am Main 1997. S. 167–179.

Hadjar, Andreas/Becker, Rolf: Unkonventionelle politische Partizipation im Zeitverlauf. Hat die Bildungsexpansion zu einer politischen Mobilisierung beigetragen? In: Kölner Zeitschrift für Soziologie und Sozialpsychologie. 3 (2007). S. 410–439.

Haustein, Jens: Erziehungsrecht versus Unversehrtheit. Politische und rechtliche Voraussetzungen der ‚Beschneidungsdebatte'. In: Säkulare Selbstbestimmung versus religiöse Fremdbestimmung? Zur Kritik an der öffentlichen Debatte um das Beschneidungsritual. Hrsg. von Michael Wermke. Leipzig 2014. S. 13–26.

Heinig, Hans Michael: Warum das Gesetz zur Beschneidung eine vernünftige Lösung ist. In: Verfassungsblog.de v. 12.12.2012. http://verfassungsblog.de/warum-der-gesetzentwurf-zur-beschneidung-eine-vernunftige-losung-ist/ (01.03.2017).

Holz, Klaus: Die Gegenwart des Antisemitismus. Islamistische, demokratische und antizionistische Judenfeindschaft, Hamburg 2005.

Kaletsch, Christa: „Religion: Diskurse – Reflexionen – Bildungsansätze". Bericht zur 6. Tagung der Reihe „Blickwinkel. Antisemitismuskritisches Forum für Bildung und Wissen-schaft" in Kassel 2015. http://www.stiftung-evz.de/fileadmin/user_upload/EVZ_Uploads/Handlungsfelder/Auseinandersetzung_mit_der_Geschichte_01/Dossier_Antisemitismus/Blickwinkel/x20150928_Tagungsbericht_Blickwinkel_Kassel_2015.pdf (01.03.2017).

Kassis, Wassilis/Schallié, Charlotte: The Dark Side of the Academy: Antisemitism in Canadian and German Students. In: Journal for the Study of Antisemitism. 1 (2013). S. 63–91.

Klevesath, Lino: „Radikaler Islam" als Teil der deutschen Gesellschaft? In: Demokratie-Dialog. 1 (2017). S. 40–45. http://www.demokratie-goettingen.de/content/uploads/demokratie-dialog/Demokratie-Dialog-1-17-High-Quality.pdf (01.01.2018).

Lipphardt, Veronika: Biologie der Juden. Jüdische Wissenschaftler über „Rasse" und Vererbung 1900–1935. Göttingen 2008.

Musharbash, Yassin: Beschneidung. Die Operation war einwandfrei. In: Zeit online v. 20.07.2012. http://www.zeit.de/2012/29/Beschneidung/komplettansicht (01.03.2017).

Müller-Neuhof, Jost: Religiöse Beschneidung. Chronik einer beispiellosen Debatte. In: Der Tagesspiegel v. 28.08.2012. http://www.tagesspiegel.de/politik/religioese-beschneidung-chronik-einer-beispiellosen-debatte/7018904.html (01.03.2017).

Nirenberg, David: Anti-Judaismus. Eine andere Geschichte des westlichen Denkens. München 2015.

Öktem, Kerem: Signale aus der Mehrheitsgesellschaft. Auswirkungen der Beschneidungsdebatte und staatlicher Überwachung islamischer Organisationen auf Identitätsbildung und Integration in Deutschland. Oxford 2013.

Pieroth, Bodo/Schlink, Bernhard/Kingreen, Thorsten/Poscher, Ralf: Grundrechte. Staatsrecht II. 31. Auflage. Heidelberg 2015.

Rensmann, Lars: Kritische Theorie über den Antisemitismus. Studien zu Struktur, Erklärungspotential und Aktualität, Berlin/Hamburg 1998.

Rose, Miriam: Die Ambiguität der Religionsfreiheit. Überlegungen anlässlich der Debatte zum Beschneidungsurteil. In: Säkulare Selbstbestimmung versus religiöse Fremdbestimm-ung? Zur Kritik an der öffentlichen Debatte um das Beschneidungsritual. Hrsg. Michael Wermke. Leipzig 2014. S. 83–99.

Salzborn, Samuel/Brosig, Burkhard: Latenter Antisemitismus. In: Psychoanalyse. Texte zur Sozialforschung 2 (2007). S. 157–178.

Salzborn, Samuel: Antisemitismus als negative Leitidee der Moderne. Sozialwissenschaft-liche Theorien im Vergleich. Frankfurt am Main 2010.

Salzborn, Samuel: Israelkritik oder Antisemitismus? Kriterien für eine Unterscheidung. In: Kirche und Israel. Neukirchener theologische Zeitschrift 1 (2013). S. 5–16.

Schwarz, Kyrill A.: Verfassungsrechtliche Aspekte der religiösen Beschneidung. In: Juristen Zeitung 23 (2008). S. 1125–1129.

Schwarz-Friesel, Monika/Reinharz, Jehuda: Die Sprache der Judenfeindschaft im 21. Jahrhundert. Berlin 2013.

Schwarz-Friesel, Monika: „Ich habe gar nichts gegen Juden!". Der „legitime" Antisemitismus der Mitte. In: Aktueller Antisemitismus – ein Phänomen der Mitte. Hrsg. von Monika Schwarz-Friesel, Evyatar Friesel u. Jehuda Reinharz. Berlin/New York 2010. S. 27–50.

Volkov, Shulamit: Antisemitismus und Antifeminismus. Soziale Normen oder kultureller Code. In: Dies.: Das jüdische Projekt der Moderne: zehn Essays. München 2001. S. 62–81.

Wetzel, Juliane: Judenfeindliche Stereotypisierungen: Das Beschneidungsurteil im öffentli-chen Diskurs. In: Beschneidung: Das Zeichen des Bundes in der Kritik. Zur Debatte um das Kölner Urteil. Hrsg. von Johannes Heil u. Stephan J. Kramer. Berlin 2012. S. 264–275.

Quellen

Bergner, Clemens: Ent-hüllt! Die Beschneidung von Jungen – nur ein kleiner Schnitt? Betroffene packen aus über Verlust, Schmerzen, Scham. Hamburg 2015.

Brockhaus Bilder-Conversations-Lexikon: Freibrief. In: Bilder-Conversations-Lexikon für das deutsche Volk: ein Handbuch zur Verbreitung gemeinnütziger Kenntnisse u. zur Unterhaltung. Band 2. F – L. Leipzig 1838.

Comite zur Abwehr antisemitischer Angriffe: Die Kriminalität der Juden in Deutschland. Berlin 1896.

Deutsches Rechtswörterbuch: Freibrief. In: Online-Wörterbuch der Heidelberger Akademie der Wissenschaften (ohne Jahr). http://drw-www.adw.uni-heidelberg.de/drw-cgi/zeige?db=drw&inde x=lemmata&term=Freibrief&darstellung=%DC (01.03.2017).

Franz, Matthias: Offener Brief zur Beschneidung. „Religionsfreiheit kann kein Freibrief für Gewalt sein". In: FAZ.net v. 21.07.2012. http://www.faz.net/aktuell/politik/inland/offener-brief-zur-beschneidung-religionsfreiheit-kann-kein-freibrief-fuer-gewalt-sein-1 1827590.html (01.03.2017).

Graumann, Dieter: Interview von Tom Buhrow mit Dieter Graumann zum Kölner Urteil gegen rituelle Beschneidungen. In: ARD-Tagesthemen v. 27.06.2012. http://www.tagesschau.de/multimedia/sendung/tt4012.html. (01.03.2017). Minute 17:22 ff.

Greven, Ludwig: Unter dem Deckmantel des Säkularismus. In: Zeit.de v. 27.07.2012. http://www.zeit.de/politik/deutschland/2012-07/Beschneidungsdebatte-Minderheiten/komplettansicht (01.03.2017).

Gutschker, Thomas: Kinderschutz. In: FAZ.net v. 15.07.2012. http://www.faz.net/aktuell/politik/urteil-zu-beschneidungen-kinderschutz-11820503.html (01.03.2017).

Hefty, Georg Paul: Strafbare Beschneidung, in: FAZ.net v. 28.06.2012. http://www.faz.net/aktuell/politik/inland/nach-dem-koelner-urteil-strafbare-beschneidung-11802626.html (01.03.2017).

Herzberg, Rolf Dietrich: Das richtige Urteil! Beschneidung? Die Betroffenen müssen selbst entscheiden. In: Zeit online v. 12.07.2012. http://www.zeit.de/2012/29/Beschneidungsdebatte/ komplettansicht (01.03.2017).

Kaube, Jürgen: Das Wohl des Kindes. In: FAZ.net v. 28.06.2012. http://www.faz.net/aktuell/feuilleton/debatten/urteil-zur-beschneidung-das-wohl-des-kindes-11801160.html (01.03.2017).

Künast, Renate/ Beck, Volker: Das ist keine Straftat. In: Frankfurter Rundschau v. 09.07.2012. http://www.fr-online.de/kultur/beschneidungs-debatte-das-ist-keine-straftat,1472786,16572948.html (01.03.2017).

Landgericht Köln: Im Namen des Volkes. Urteil v. 07.05.2012, Az. 151 Ns 169/11. Köln 2012. S. 1–4.

Meyers Großes Konversations-Lexikon: Freibrief. In: Meyers Großes Konversations-Lexikon: ein Nachschlagewerk des allgemeinen Wissens. Band 7. Franzensbad bis Glashaus. Leipzig 1907.

Oestreich, Heide: Männer kennen keinen Schmerz. In: tageszeitung v. 23.07.2012. http://www.taz.de/!508837 6/ (01.03.2017).

Pierer, Heinrich August: Pierer's Universal-Lexikon der Vergangenheit und Gegenwart oder Neuestes encyclopädisches Wörterbuch der Wissenschaften, Künste und Gewerbe. Band 6. Europa – Gascogne. Altenburg 1858.

Putzke, Holm: Die strafrechtliche Relevanz der Beschneidung von Knaben. In: Strafrecht zwischen System und Telos. Festschrift für Rolf Dietrich Herzberg zum siebzigsten Geburtstag am 14. Februar 2008. Hrsg. von Ders. [u. a.]. Tübingen 2008. S. 669–709.

Putzke, Holm: Rechtliche Grenzen der Zirkumzision bei Minderjährigen. Zur Frage der Strafbarkeit des Operateurs nach § 223 des Strafgesetzbuches. In: Medizinrecht 26 (2008). S. 268–272.

Sack, Werner: betr.: „Männer kennen keinen Schmerz", Kommentar v. 28.07.2012 zu Oestreich 2012. In: taz.de.

Schulte von Drach, Markus C.: Fragwürdige Beschneidung der Religionsfreiheit. In: Süddeutsche.de v. 28.06.2012. http://www.sueddeutsche.de/panorama/umstrittenes-koelner-urteil-pro-fragwuerdige-beschneidung-der-religionsfreiheit-1.1394792 (01.03.2017).

Seebold, Elmar: Kluge. Etymologisches Wörterbuch der deutschen Sprache. Berlin 1999.

Jüdische Presse und Stimmen zur Beschneidung und andere menschenrechtlich relevante Fundstellen mit Bezug zur jüdischen Religion. In: Zwangsbeschneidung.de 2012. http://www.zwangsbeschneidung.de/juedische-presse.html (01.03.2017).

Pressemeldungen zur Beschneidung ohne speziellere Zuordnung 2013. In: Zwangsbeschneidung.de 2013. http://www.zwangsbeschneidung.de/presse-2013.html (01.03.2017).

Pressemeldungen zur Beschneidung ohne speziellere Zuordnung 2014. In: Zwangsbeschneidung.de 2014. http://www.zwangsbeschneidung.de/presse-2014.html (01.03.2017).

Pressemeldungen zur Beschneidung ohne speziellere Zuordnung 2015. In: Zwangsbeschneidung.de 2015. http://www.zwangsbeschneidung.de/presse-2015.html (01.03.2017).

Wassermann, Rudolf: Beruf, Konfession und Verbrechen. Eine Studie über die Kriminalität der Juden in Vergangenheit und Gegenwart. München 1907.

Wulffen, Erich: Der Sexualverbrecher. Ein Handbuch für Juristen, Verwaltungsbeamte und Ärzte. Achte Auflage. Berlin 1921.

Antisemitismus in politischen Bewegungen

R. Amy Elman/Marc Grimm
Zum aktuellen Stand der Maßnahmen der Europäischen Union gegen Antisemitismus

Angesichts der islamistischen Anschläge der letzten Jahre könnte man meinen, es müsse der Europäischen Union mit größerer Dringlichkeit als je zuvor darum gehen, sich entschlossen dem Antisemitismus entgegenzustellen. Die Ernennung einer mit der Bekämpfung dieser uralten Malaise betrauten Koordinatorin durch die Europäische Kommission deutet in der Tat in diese Richtung. Bedenkt man die begrenzte bisherige Reaktion der EU[1] und die Vielzahl anderer Herausforderungen, denen sie sich gegenübersieht, erscheint diese Eingangsannahme jedoch fraglich. Doch, so verworren und schwach die EU einer skeptischen Öffentlichkeit auch erscheinen mag, finden sich ihre Mitgliedsstaaten gleichwohl in einer Situation, in der sie einzeln wenig ausrichten können. Der furchtbare Angriff auf das Bataclan in Paris im November 2015 bietet hierfür ein gutes Beispiel. Er wurde in Belgien organisiert, wo mehrere der Angreifer lebten, und vom Islamischen Staat (IS) in Syrien geplant. Zudem wurden mindestens zwei der Terroristen auf den Schlachtfeldern Syriens ausgebildet, bevor sie über Griechenland nach Europa zurückkehrten. Dass diesen EU-Bürgern diese List gelang, indem sie sich als Flüchtlinge ausgaben, ist besonders erschreckend.

Den anhaltenden Bemühungen um die Wiederherstellung nationaler Souveränität, etwa durch den ‚Brexit' oder einen möglichen ‚Grexit' zum Trotz sind die Mitgliedsstaaten angesichts der durchlässigen Grenzen Belgiens, Griechenlands und anderer EU-Staaten so eng miteinander verknüpft, dass eine transnationale Herangehensweise an die Bekämpfung des Antisemitismus viel eher Erfolg verspricht als eine einzelstaatliche. Die im Dezember 2015 erfolgte Ernennung einer dezidiert mit der Koordinierung europäischer Bestrebungen im Kampf gegen den Antisemitismus betrauten Beamtin (Katharina von Schnurbein) durch die EU-Kommission lässt sich zumindest zum Teil mit dieser Einsicht erklären. Frank-

---

Bei dem Beitrag handelt es sich um eine Übersetzung von R. Amy Elman & Marc Grimm: Augmenting the European Union's Response to Antisemitism, in: Israel Journal of Foreign Affairs, Vol. 10, Nr. 3 (2016), 457–469, © World Jewish Congress. Abdruck mit freundlicher Genehmigung von Taylor & Francis Ltd, www.tandfonline.com im Namen des World Jewish Congress. Übertragen aus dem Englischen von Lars Fischer.

1 Elman, Amy R.: The European Union, Antisemitism and the Politics of Denial. Lincoln 2014.

reichs Ansuchen um größere Unterstützung bei der Abwehr des muslimischen Terrorismus folgte ebenfalls dieser Logik.

Transnationale Reaktionen überforderter Staaten

Nach den Angriffen in Paris und Saint-Denis vom November 2015 betrat der französische Präsident Neuland, indem er die übrigen 27 Mitgliedsstaaten der EU um deren Zustimmung zu Luftangriffen gegen den Islamischen Staat in Syrien und im Irak bat. Diese Zustimmung erfolgte auch prompt (und einstimmig). Präsident Hollande berief sich dabei auf die Klausel im Lissaboner Vertrag, die die Frage des gemeinsamen Beistands im Verteidigungsfall regelt (Artikel 42.7). „Im Falle eines bewaffneten Angriffs auf das Hoheitsgebiet eines Mitgliedstaats", heißt es darin, „schulden die anderen Mitgliedstaaten ihm *alle in ihrer Macht stehende* Hilfe und Unterstützung".[2] Dabei lässt die Maßgabe, dass der Beitrag eines jeden Staates mit dessen eigener Sicherheits- und Verteidigungspolitik im Einklang stehen muss, den Mitgliedstaaten erheblichen Manövrierraum. So können neutrale Staaten (wie Österreich oder Schweden) dieser Pflicht durch den verstärkten Austausch von Geheimdienstinformationen nachkommen, während andere (wie Italien und Spanien) trotz geringer Neigung, sich an Militäreinsätzen direkt zu beteiligen, logistische und militärische Beihilfe geloben.

Hollande berief sich also nicht auf die ‚Solidaritätsklausel' im Lissaboner Vertrag, der zufolge „die *Union und ihre Mitgliedstaaten*[...] gemeinsam im Geiste der Solidarität" handeln, „wenn ein Mitgliedstaat von einem Terroranschlag ... betroffen ist".[3] Er vermied es auch, sich allzu sehr auf die Institutionen an der Spitze der EU zu verlassen, und verhandelte in erster Linie auf bilateraler Ebene mit seinen europäischen Partnern. Paragraph 3 der Solidaritätsklausel (Artikel 222) hätte Hollande dazu verpflichtet, „einen Beschluss [...], den der Rat aufgrund eines gemeinsamen Vorschlags der Kommission und des Hohen Vertreters der Union für Außen- und Sicherheitspolitik erlässt", zu erwirken.[4] Zudem hätte er mittels eines überaus umständlichen und zeitaufwendigen Verfahrens

---

[2] Europäisches Parlament, Informationsbüro in Deutschland: Bestimmungen über die Gemeinsame Sicherheits- und Verteidigungs-Politik. http://www.europarl.europa.eu/brussels/web site/media/Basis/Vertragsartikel/Pdf/Art_42bis46_EUV.pdf. S. 3 (07.03.2017). Hervorh. durch die AutorInnen.
[3] Europäisches Parlament, Informationsbüro in Deutschland: Solidaritätsklausel. http://www.europarl.europa.eu/brussels/website/media/Basis/Vertragsartikel/Pdf/Art_222_AEUV.pdf. S. 1 (7.3.2017). Hervorh. durch die AutorInnen.
[4] Europäisches Parlament, Solidaritätsklausel.

das EU-Parlament über seine Bitte informieren müssen. Dass er sich auf die Gemeinsame Sicherheits- und Verteidigungspolitik (GSVP) der EU berief, brachte Frankreichs Bemühen zum Ausdruck, einerseits seinen militärischen Verpflichtungen außerhalb Europas gerecht zu werden, zugleich aber auch innerhalb Europas für größere Wachsamkeit einzutreten, um so zur Sicherheit vor Ort beizutragen.

Die Herausforderungen im Bereich der inneren Sicherheit, mit denen Frankreich sich als das Land mit der größten jüdischen Bevölkerung in Europa konfrontiert sieht, mögen besonders gravierend erscheinen, doch sind sie alles andere als einzigartig. Immerhin fand der erste Angriff des Islamischen Staats in Europa in Belgien statt, bei dem im Jüdischen Museum in Brüssel vier Menschen getötet wurden. Kurz nach den Angriffen vom November 2015 in Paris und Saint-Denis mussten zudem weite Teile der EU-Hauptstadt für mehrere Tage gesperrt werden, nachdem der belgische Premierminister bekanntgab, er befürchte Angriffe wie jene in Paris auch in Brüssel. Während die Behörden dort nach den Tätern der Novemberangriffe fahndeten, war die Furcht in allen Mitgliedsstaaten zu spüren. In ihren Hauptstädten herrscht seitdem Nervosität.

Europol, die Strafverfolgungsbehörde der EU, geht davon aus, dass die Situation sich noch verschlimmern wird. In ihrem Bericht für Januar 2016 warnte die Agentur, dass „schwere Angriffe eine neue Phase in der Strategie [des Islamischen Staats] in der EU darstellen könnten".[5] Diese Möglichkeit wurde mit den Sprengstoffanschlägen in Brüssel im März 2016 zur Realität. Dieser Angriff wurde von dem gleichen Netzwerk ausgeführt, das auch für den Terror wenige Monate zuvor in Paris und Saint-Denis verantwortlich war. Die Entstehung dieses Netzwerks in unregierbaren Freiräumen innerhalb einzelner EU-Staaten und seine Nutzung des gelockerten Grenzregimes unterstreichen, wie fragil sowohl die staatliche Souveränität als auch der Supranationalismus in der EU sind.

Es ist noch zu früh, um die Konsequenzen der französischen Entscheidung, die EU in ihren Kampf gegen den Terrorismus einzubeziehen, oder der Ernennung der Koordinatorin für den Kampf gegen den Antisemitismus durch die Kommission zu beurteilen. Auf jeden Fall dürfte es aber hilfreich sein, sich (so wie Hollande es getan hat) statt auf die vermeintliche Paralyse auf das Potenzial der EU zu konzentrieren. In diesem Beitrag beschäftigen wir uns nicht so sehr mit den ‚harten', militärischen Machtmitteln von Staaten, sondern mit jenen ‚weichen' Mitteln, die, erfolgreich angewandt, die Kritiker Europas und die Öffentlichkeit

---

[5] Europol: Changes in the modus operandi of Islamic State Terrorist Attacks. https://www.euro pol.europa.eu/publications-documents/changes-in-modus-operandi-of-islamic-state-terrorist-at tacks. S. 7 (07.03.2017).

insgesamt vielleicht davon überzeugen können, dass eine vertiefte Zusammenarbeit der EU-Institutionen und Mitgliedsstaaten von einigem Nutzen sein könnte. Eine erfolgreiche Bekämpfung des Antisemitismus könnte das Ansehen sowohl der EU als auch ihrer Mitgliedsstaaten erhöhen und könnte sie zur Bewältigung anderer scheinbar unlösbarer Probleme ermutigen.

Europas Juden werden zurzeit aus mehreren Richtungen unter Beschuss genommen – von rassistischen Rechtsradikalen, von vorgeblich ‚anti-rassistischen' säkularistischen Linken und von Islamisten, die ihre Vernichtungsabsichten unverhohlen zum Ausdruck bringen. So stellen sie eine bevorzugte Zielscheibe für Europas Unzufriedene dar. Als sei dies noch nicht schlimm genug, haben auch anti-antisemitische Argumente dazu beigetragen, die Situation der Juden in Europa unhaltbar zu machen. Man denke beispielsweise an jene, die sich auf die gegenwärtige Flüchtlingskrise beziehen.[6] Viele wohlmeinende Europäer, die sich von den europäischen Verbrechen der Vergangenheit distanzieren wollen, haben auf der raschen Aufnahme von Flüchtlingen bestanden. Allein deren Anzahl und schnelle Abfertigung haben aber zwangsläufig zu einem Zustrom von Terroristen und ihren Sympathisanten geführt. So wurde das ausgeprägte Mitgefühl vieler Juden angesichts der Not der meisten Flüchtlinge durch die Sorge getrübt, dass diese aus Ländern kommen, in denen der Antisemitismus Staatsdoktrin ist. Doch geht für Juden auch von Europas Fremdenfeinden Gefahr aus. Deren anti-antisemitische Bekenntnisse stellen den Versuch dar, die gesellschaftliche Exklusion zu verschleiern, die sie tatsächlich propagieren. Derartige Positionen führten den Innenminister Deutschlands – des Landes, das Europa dazu bewegte, seine Tore für Flüchtlinge aus dem Nahen Osten zu öffnen – dazu, darauf zu bestehen, Deutschland sei „ein Land, das den Juden und dem Staat Israel in ganz besonderer Weise verbunden ist" und „in dem nie wieder Juden in Angst vor Verfolgung leben sollen".[7]

Während Deutschland uns daran erinnert, dass „die klassische liberale Antwort auf die neuerliche Bedrohung [der Juden] darin besteht, dass der deutsche Staat eine absolute Verpflichtung hat, alle seine Bürgerinnen und Bürger zu schützen",[8] werden sich andere, ohnehin schon überforderte Staaten mit diesem Kurs vermutlich schwerer tun. Da das vereinte Europa hinsichtlich des wirt-

---

6 James, Harold: There are good reasons why Europe's Jews are so worried. 11.02.2016. http://www.dailymail.co.uk/wires/reuters/article-3443074/There-good-reasons-Europes-Jews-worried.html (07.03.2017).
7 De Maizière, Thomas: Was sich nicht ändern wird. Deutschland wird jüdisches Leben weiter schützen und fördern. Eine Wortmeldung des Bundesinnenministers. In: *Jüdische Allgemeine*, 05.11.2015. http://www.juedische-allgemeine.de/article/view/id/23802 (07.03.2017).
8 James, Good reasons.

schaftlichen Wiederaufbaus mehrerer Mitgliedsstaaten eine unverzichtbare Rolle gespielt und deren Bürgern so ein Maß an Wohlstand und Sicherheit geboten hat, mag es sich bei der Abwehr des transnational wiedererstarkenden tödlichen Antisemitismus besser durchsetzen können. Indem sie die Ressourcen bündelt und sich rhetorisch auf die Befürworter des Antisemitismus einschießt, kann die EU sich ohne jedes Risiko für die Mitgliedsstaaten profilieren. Der französische Fall hat deutlich gemacht, dass die Mitgliedsstaaten ihre Souveränität bei dieser Herangehensweise weder preisgeben noch borniert einfordern müssen. Gerade nach der Brexit-Entscheidung ist es von entscheidender Bedeutung, dass die Vertreter der EU dies bestätigen, wollen sie andere vom Verlassen des Pakts abbringen.

Im Folgenden beschäftigen wir uns mit den Möglichkeiten, die der EU – und insbesondere Katharina von Schnurbein – bei ihrem Bemühen, Europa in dieser Frage voranzubringen, zur Verfügung stehen, bislang aber unzureichend genutzt werden. Von der Bestellung einer mit der Bekämpfung des Antisemitismus betrauten Koordinatorin erhoffte sich die Europäische Kommission, dass die Bestrebungen, dem Antisemitismus (und anti-muslimischen Ressentiments) entgegenzutreten, auch „einen Beitrag zu anderen relevanten Politikfeldern […] wie der Bekämpfung der Radikalisierung und des gewaltsamen Extremismus leisten wird".[9] Dieses Bestreben bietet der neuen Direktorin zwar einen beispiellosen Freiraum, doch darf man dabei die anti-antisemitische Rhetorik der EU und ihrer Mitgliedsstaaten, die dieser Bestellung voranging, nicht außer Acht lassen. Daher setzen wir uns zunächst mit den dem Antisemitismus gewidmeten Berichten der Agentur der Europäischen Union für Grundrechte (FRA) und ihrer Vorgängerin, der Europäischen Stelle zur Beobachtung von Rassismus und Fremdenfeindlichkeit (EUMC) auseinander, sowie jenen von Europol, der EU-Agentur, die mit der Terrorabwehr betraut ist. In der Zusammenschau zeigen diese Dokumente, wie die Rhetorik der EU-Institutionen zur Sicherheit der europäischen Juden beitragen, ihr aber auch abträglich sein kann. Wenn sie den Unterschied zwischen diesen beiden Möglichkeiten nicht ausmachen können, sind die Erfolgsaussichten von Schnurbeins und ihrer Kolleginnen und Kollegen gering.

---

9 EU-Kommission: EU Commission appoints Coordinators on combating antisemitism and anti-Muslim hatred, 1. Dezember 2015. http://ec.europa.eu/justice/newsroom/fundamental-rights/news/151201_en.htm (07.03.2017).

Die Rhetorik der EU

Die Verurteilung des Antisemitismus allein schafft zwar noch keine Abhilfe, doch stellt eine starke rhetorische Zurückweisung einen wichtigen und oft vernachlässigten ersten Schritt dar. Unterbleibt er, können die Konsequenzen für Juden verheerend sein. Dies war eine der Schlüsselerkenntnisse, die sich aus einer 2012 von der EU durchgeführten Online-Befragung von 5847 selbstidentifizierten Juden ergab, die nach ihren Wahrnehmungen des Antisemitismus und Erfahrungen mit ihm befragt wurden. So bemerkte einer der Befragten aus Ungarn: „Die Verantwortung der Politiker ist immens – wenn sie Antisemitismus tolerieren, nimmt er zu, und zwar insbesondere immer dann, wenn ein Sündenbock gesucht wird".[10]

Wie duldsam Europas Politikerinnen und Politiker sich Antisemiten gegenüber gezeigt haben, ist eine Interpretationsfrage.[11] Auf jeden Fall hat sich in der Art, in der die EU-Eliten sich die jüngeren Angriffe europäischer Muslime auf europäische Juden erklären, eine spürbare und beunruhigende Veränderung vollzogen. Wir diskutieren diese Entwicklung mit Blick auf die Berichte der EU zum Antisemitismus und ihre Analysen jener Angriffe, die sie als terroristisch eingestuft hat.

Der erste von der EUMC erstellte Antisemitismusbericht der EU von 2004 führte insofern zu Kontroversen, als er den hohen Anteil von Muslimen unter jenen herunterspielte, die führend an antisemitischen Aktionen beteiligt waren. Immerhin verzichtete der Bericht aber darauf zu behaupten, Juden hätten die antisemitischen Aktivisten provoziert. Tatsächlich identifizierte der Bericht diese Schuldzuweisung an die Opfer als „antisemitisch", so in seiner Verurteilung der Behauptung einer schwedischen Zeitung, die Feindseligkeit gegenüber Juden unter arabischen Muslimen sei eine „verständliche" und „angemessene" Reaktion auf die „Besetzung palästinensischen Territoriums und anhaltende israelische Gewalt gegen Araber".[12] Im selben Jahr verurteilte auch die Organisation für

---

10 Agentur der Europäischen Union für Grundrechte (FRA): Diskriminierung und Hasskriminalität gegenüber Juden in den EU-Mitgliedstaaten: Erfahrungen und Wahrnehmungen im Zusammenhang mit Antisemitismus. http://fra.europa.eu/en/publication/2013/discrimination-and-ha te-crime-against-jews-eu-member-states-experiences-and. S. 22 (07.03.2017).
11 Hierzu siehe beispielsweise Katz, Ethan B. und Mandel, Maud S.: Strange Journey: A Response to Shmuel Trigano und Trigano, Shmuel: The View from Paris: A Rejoinder to Ethan Katz and Maud Mandel. In: Jewish Review of Books no. 22 (2015). https://jewishreviewofbooks.com/artic les/1717/strange-journey-a-response-to-shmuel-trigano/ und https://jewishreviewofbooks.com/ar ticles/1720/the-view-from-paris-a-rejoinder-to-ethan-katz-and-maud-mandel/ (07.03.2017).
12 Europäische Stelle zur Beobachtung von Rassismus und Fremdenfeindlichkeit: Manifestations of Antisemitism in the EU 2002–2003: Based on information by the National Focal Points of

Sicherheit und Zusammenarbeit in Europa (OSZE) in ihrer Berliner Erklärung derartige Rationalisierungen. Dieses von allen Mitgliedsstaaten der OSZE unterschriebene Dokument erklärt „unmissverständlich, dass internationale Entwicklungen oder politische Fragen, darunter auch jene in Israel oder andernorts im Nahen Osten, niemals eine Rechtfertigung für Antisemitismus sind".[13]

Fünf Jahre später ignorierte der Folgebericht der Agentur der Europäischen Union für Grundrechte (FRA) die Berliner Erklärung und schien sich stattdessen ebenjener Logik der Schuldzuweisung an die Opfer zu verschreiben, die ihre Vorgängerin, die EUMA zurückgewiesen hatte. In dem Bericht von 2009, der sich mit den Jahren 2001 bis 2008 befasste, wurden zur Erklärung der Stärke des Antisemitismus in den muslimischen Gemeinschaften in Europa zwar Forschungsergebnisse zitiert, denen zufolge der Hass auf Juden womöglich unabhängig von nationalen Konflikten existiere.[14] Doch dann wurde gefolgert, es sei „vernünftigerweise anzunehmen, dass der Antisemitismus in muslimischen Gemeinschaften in Europe in direktem Zusammenhang zum israelisch-palästinensischen Konflikt steht".[15] Eine direkte Korrelation wurde jedoch nicht nachgewiesen.

Mit wachsender Häufigkeit ordnete die FRA in den folgenden Jahren die Gewalt gegen Europas Juden dem Ärger über die israelische Regierungspolitik zu. Als Beleg führte die Agentur ihren eigenen Bericht von 2009 an und beharrte auf der kausalen Verbindung, die in jenem Bericht angeblich nachgewiesen worden sei.[16] So begründete die FRA die Zunahme an gemeldeten antisemitischen Vorfällen in Europa 2014 etwa mit der israelischen Operation *Protective Edge* im Gazastreifen, und bestärkte so den vermeintlichen Zusammenhang.[17]

Während Angriffe auf Juden in der EU ständig zunahmen, wurde die Gewalt gegen Juden in den Berichten von Europol zum Terrorismus nicht explizit als Form

---

the EUMC–RAXEN Information Network. http://fra.europa.eu/sites/default/files/fra_uploads/184-AS-Main-report.pdf. S. 191 (07.03.2017).
13 OSZE-Antisemitismus-Konferenz: Berliner Erklärung. Beschluss der OSZE-Antisemitismus-Konferenz vom 29. April 2004 (Wortlaut). In: Blätter für deutsche und internationale Politik (Juni 2004). https://www.blaetter.de/archiv/jahrgaenge/2004/juni/berliner-erklaerung (07.03.2017).
14 Agentur der Europäischen Union für Grundrechte (FRA): Antisemitism: Summary overview of the situation in the European Union 2001–2008. http://fra.europa.eu/en/publication/2011/antisemitism-summary-overview-situation-european-union-2001–2008-updated-version S. 24 (07.03.2017).
15 FRA, Antisemitism 2001–2008.
16 Agentur der Europäischen Union für Grundrechte (FRA): Antisemitism: Overview of the data available in the European Union 2004–2014. http://fra.europa.eu/en/publication/2015/antisemitism-overview-data-available-european-union-2004–2014 S. 68 (07.03.2017).
17 FRA, Antisemitism 2004–2014.

des Terrorismus diskutiert und bei jenen Vorfällen, die doch Berücksichtigung fanden, wurde die Schlüsselrolle des Antisemitismus ignoriert. Im Zeitraum von 2007 bis 2010 wurde der Antisemitismus nur einmal (2010) im Zusammenhang mit den Aktivitäten von Rechtsextremisten in der Tschechischen Republik im Vorjahr erwähnt.[18] Im Europolbericht für 2013, der die Terrorakte des Vorjahres erfasste, wurde der Granatenangriff auf einen koscheren Supermarkt in Frankreich als gegen Juden gerichtet eingestuft. Die vom EU-Bürger Mohamed Merah ausgeführten Angriffe in Frankreich weigerte sich Europol aber, als Terrorakte anzuerkennen.[19] Merah hatte nicht nur bei einem Angriff drei französische Soldaten getötet, sondern auch einen Rabbi und drei kleine Kinder vor einer jüdischen Schule ermordet. Auch als ein vermutlich der Hisbollah zuzurechnender Selbstmordattentäter 2012 in Bulgarien fünf israelische Touristen und deren Busfahrer ermordete, war die Reaktion wiederum verhalten und Europol vermied „definitive" Schlussfolgerungen.[20] Es mag wohl sein, dass diese mangelnde Bereitschaft zur klaren Einordnung die Agentur erst recht daran hindert, den roten Faden des Judenhasses in diesen Fällen zu sehen.

Als sich Europol 2015 endlich mit der Eskalation des antisemitischen Terrors auseinandersetzte, schrieb sie ihn dem „palästinensisch-israelischen Konflikt" zu, „der Anfang Juli 2014 begann".[21] Diese Folgerung entsprach der Position der FRA, war aber angesichts des Angriffs auf das Jüdische Museum in Brüssel im Mai 2014 wenig überzeugend. Ohne den offensichtlichen antisemitischen Charakter dieses – von einem europäischen Syrienrückkehrer ausgeführten – ersten Angriffs des Islamischen Staats in der EU zu berücksichtigen, stellte die Chronologie von Europol den palästinensisch-israelischen Konflikt in den Mittelpunkt. Diese weit verbreitete Gewichtsetzung wäre kaum bemerkenswert, hätte Europol nicht 2009 bemerkt, dass „Geschehnisse in Gebieten wie dem Nahen Osten, Pakistan und Afghanistan von Propagandisten des globalen Dschihad ausgenutzt werden, um den eindimensionalen Narrativ eines globalen Kriegs gegen den Islam zu pro-

---

18 Europol: TE-SAT 2010: EU Terrorism Situation & Trend Report. https://www.europol.europa.eu/activities-services/main-reports/te-sat-2010-eu-terrorism-situation-trend-report. S. 38 (07.03.2017).
19 Europol: TE-SAT 2013: EU Terrorism Situation & Trend Report. https://www.europol.europa.eu/activities-services/main-reports/te-sat-2013-eu-terrorism-situation-and-trend-report. S. 17 (07.03.2017).
20 Europol, TE-SAT 2013, S. 9.
21 Europol: TE-SAT 2015: EU Terrorism Situation & Trend Report. https://www.europol.europa.eu/activities-services/main-reports/european-union-terrorism-situation-and-trend-report-2015. S. 36 (07.03.2017).

pagieren".²² Demnach ist der Konflikt im Nahen Osten für Terroristen in der Regel nur ein Vorwand, es sei denn, der Terror richtet sich gegen jüdische Ziele. Wären die FRA oder Europol der Berliner Erklärung gefolgt, die dem Antisemitismus jede Rechtfertigung abspricht, wären sie besser imstande gewesen, sich gegen die Ausreden abzugrenzen, welche die Eskalation des Terrors gegen Juden begleiteten.

Europols Schwanken hinsichtlich der Frage, wie der Zusammenhang zwischen Judenhass und den Konflikten im Nahen Osten zu fassen ist, verweist auf ein grundlegenderes Problem – eine offenkundige Bereitschaft, die ideologische Motivation des islamistischen Terrors zu ignorieren. Deutlich wurde dies, als Europol die Angriffe vom November 2015 in Paris explizit mit dem Terrorangriff in Mumbai von 2008 – als einem prototypischen Fall eines Angriffs auf weiche Ziele – in Verbindung brachte: „Zu den gewählten Zielen in Paris und Mumbai gehörten Restaurants und Cafés und Unterhaltungseinrichtungen," erklärte Europol, „wodurch eine hohe Wirkkraft erzielt wurde, was die Anzahl der Todesfälle und das Maß der Aufmerksamkeit angeht".²³ Die Auswahl der Ziele, so Europol, sei pragmatisch gewesen: sie seien leicht anzugreifen gewesen und es habe nur ein Mindestrisiko bestanden, dass es zur Gegenwehr kommen könnte. Dadurch sei es zu einer hohen Zahl von Todesfällen gekommen, was dem Anschlag wiederum ein hohes Maß an Aufmerksamkeit beschert habe. Europol zufolge nötige diese „neue Phase" der Strategie des Islamischen Staats durch ihre *„absichtliche Willkür* bei der Auswahl der Ziele [...] die Mitgliedsstaaten, ‚das Unerwartete zu erwarten'".²⁴ Doch in Wirklichkeit waren diese Angriffe in ihrer Zielsetzung weder rein pragmatisch noch willkürlich. Es ging den Terroristen nicht ‚nur' um eine möglichst hohe Zahl von Toten. Sie suchten sich Orte des Vergnügens und der Zerstreuung, die ihres Erachtens den dekadenten und unislamischen Lebensstil des Westens symbolisieren.

Zudem haben Dschihadisten immer wieder Orte mit jüdischen Bezügen ausgesucht. Die Angreifer von 2008 in Mumbai griffen zunächst ein jüdisches Gemeindezentrum an, bevor sie sich den Hotels zuwandten. Mohamed Merah griff eine jüdische Schule an. Mehdi Memmouche wählte 2014 das Jüdische Museum in Brüssel als Anschlagsziel. Im folgenden Jahr tötete Amedy Choulibaly am Tag

---

22 Europol: TE-SAT 2009: EU Terrorism Situation & Trend Report. https://www.europol.europa.eu/activities-services/main-reports/te-sat-2009-eu-terrorism-situation-trend-report. S. 20 (07.03.2017).
23 Europol: TE-SAT 2016: EU Terrorism Situation & Trend Report. https://www.europol.europa.eu/activities-services/main-reports/european-union-terrorism-situation-and-trend-report-te-sat-2016. S. 4 (07.03.2017).
24 Europol: TE-SAT 2016, S. 7. Hervorh. durch die AutorInnen.

nach dem Angriff auf *Charlie Hebdo* vier Juden in einem koscheren Supermarkt. Die Ziele der Angriffe in Paris im November 2015 wurden gleichsam wegen ihrer jüdischen Bezüge ausgewählt. Das Bataclan hatte vierzig Jahre lang jüdische Eigentümer. Nach jahrelangen Morddrohungen von Islamisten und pro-palästinensischen Aktivisten in Reaktion auf die israelfreundliche Programmgestaltung, verkauften die vormaligen Besitzer es nur zwei Monate vor dem Massaker.

Auch bei den Sprengstoffanschlägen in Brüssel im März 2016 fand die Zielauswahl nach gleichem Muster statt. Mohamed Abrini, der die beiden Selbstmordattentäter zum Brüsseler Flughafen begleitete, sagte vor einem belgischen Gericht aus, der ursprüngliche Plan habe darin bestanden, die Sprengsätze in den „Abflugbereichen für Flüge nach Tel Aviv, in die USA oder nach Russland" zu zünden.[25] Bürger der USA und Russlands wurden wegen des Engagements ihrer Länder gegen den Islamischen Staat ins Visier genommen, doch das Anvisieren israelischer Bürger kann schwerlich mit der israelischen Politik gegenüber dem Islamischen Staat erklärt werden. Mit Sicherheit stellt der Antisemitismus nicht die einzige Motivation dar, die die islamistischen Angriffe speist, doch die Behauptung, er sei nebensächlich, sieht darüber hinweg, dass islamistische Terroristen häufig Juden und jüdische Einrichtungen ins Visier nehmen.

Entgegen der Behauptung von Europol erfolgt die Wahl der Ziele also bewusst und entspringt einer islamistischen Ideologie, der zufolge Muslime von einem blasphemischem ‚Westen' unterdrückt werden. Da viele dieser Terroristen selbst in Europa geboren und aufgewachsen sind, sind sie mit ihren Mitbürgern und deren Lebensstil in der EU durchaus vertraut und wissen genau, wogegen sie sich richten, wenn sie sich dem Islamischen Staat anschließen. Dabei kommt den Juden als Verkörperung des Schrecklichsten aller Übel im dschihadistischen Schema allerdings eine besondere Rolle zu. So bedarf die Terrorisierung von Israelis, Juden in der Diaspora und Orten, die mit dem jüdischen Leben verbunden sind, keiner weiteren Erklärung und weder Merah, Nemmouche noch Coulibaly fühlten sich bemüßigt überhaupt noch zu erklären, warum sie Juden umbrachten.

Vor dem Hintergrund eines öffentlichen Diskurses, der davon ausgeht, der Antisemitismus und der antisemitische Terror seien auf den israelisch-palästinensischen Konflikt zurückzuführen, scheinen die Morde der Islamisten unmittelbar verständlich (in beiderlei Wortsinn). Wenn der Terror gegen Juden als eine Konsequenz der israelischen Behandlung der Palästinenser gesehen wird, dann

---

25 Brussels suspect: Check-in area for Tel Aviv flight was targeted. In: *Times of Israel*, 14.05.2016. http://www.timesofisrael.com/brussels-suspect-check-in-area-for-tel-aviv-flight-was-targeted/ (07.03.2017).

unterscheidet sich die Behandlung der Juden durch Islamisten angeblich nicht von dieser und ist daher kaum anstößig.

Will man den islamischen Terrorismus und den Antisemitismus bekämpfen, so muss man aktiv die Fehlerhaftigkeit dieser Logik entlarven und sie als eine Form der Schuldzuweisung an die Opfer ablehnen. Wie Angel Rabasa und Cheryl Benard deutlich gemacht haben, werden der islamische Extremismus und Terrorismus auch dadurch gestärkt, dass sie in Europa auf Verständnis stoßen, was nicht zuletzt dem Einsatz islamischer Organisationen geschuldet ist.[26] Hierbei bezogen sie sich beispielsweise auf die vormalige Bereitschaft der Britischen Regierung, mit Islamisten im *Muslim Council of Britain* (MCB) zusammenzuarbeiten, die sich Gesetzesvorhaben gegen Zwangsehen und sogenannte ‚Ehrenverbrechen' gegen Frauen entgegenstellten. Dass die Regierung sich inzwischen weigert, das Programm des MCB zu unterstützen, liegt daran, dass sie mit Organisationen, die universelle Menschenrechte nicht akzeptieren, nicht zusammenarbeiten will.[27] Ähnlich sollte sich auch die EU positionieren.

Zwar können die FRA und Europol ihren Kurs noch ändern, doch hat ihre Glaubwürdigkeit Schaden genommen. Als die mit Terrorabwehr betraute Behörde ist Europol zudem durch die Angriffe in Brüssel im März 2016 weiter in Verruf geraten. Das Beispiel der Frauenrechte mag in diesem Zusammenhang instruktiv sein. Der Europäischen Gemeinschaft stehen wichtige Ressourcen zur Verfügung und EU-weite ‚Null-Toleranz'-Kampagnen, ähnlich den von Feministinnen inspirierten Kampagnen gegen Gewalt gegen Frauen, könnten den Terror vielleicht delegitimieren. Die wiederholte Verurteilung des Antisemitismus durch den Europarat, die OSZE und die EU-Kommission in Form von politischen Empfehlungen,[28] Erklärungen auf hoher Ebene[29] und Kolloquia[30] würden hoffentlich eine

---

26 Rabasa, Angel und Benard, Cheryl: Eurojihad: Patterns of Islamist Radicalization and Terrorism in Europe. New York 2015, S. 55.
27 Rabasa/Benard, Eurojihad, S. 180 f.
28 European Commission against Racism and Intolerance (ECRI): General Policy Recommendation No. 9: The fight against antisemitism. http://www.coe.int/t/dghl/monitoring/ecri/activities/GPR/EN/Recommendation_N9/Recommendation_9_en.asp (07.03.2017). Siehe auch ECRI: General Policy Recommendation No. 15 on combating hate speech. https://www.coe.int/t/dghl/monitoring/ecri/activities/GPR/EN/Recommendation_N15/REC-15–2016–015-ENG.pdf (07.03.2017).
29 Organisation für Sicherheit und Zusammenarbeit in Europe (OSZE): Erklärung über verstärkte Bemühungen zur Bekämpfung des Antisemitismus. MC.DOC/8/14. http://www.osce.org/de/mc/149661?download=true (07.03.2017).
30 Konferenz der INGOs beim Europarat: Recommendation CONF/PLE(2014)REC2: Combating anti-Semitism in Europe. https://rm.coe.int/CoERMPublicCommonSearchServices/DisplayDCTMContent?documentId=09000016802f0446 (07.03.2017). Siehe auch EU-Kommision: Annual Col-

ähnliche Wirkung haben. So wichtig diese Faktoren auch sind, so wird der langfristige Erfolg der EU im Kampf gegen den Antisemitismus allerdings in erheblichem Maße von dem Vermögen und der Bereitschaft der Mitgliedsstaaten abhängen, diese Empfehlungen zu implementieren und den Erfolg ihrer Umsetzung zu überwachen.

Gesetzgebung in den Mitgliedsstaaten

Bei Fehlen einer starken Führung in der EU werden sich die Bedingungen in den Mitgliedsstaaten weiter verschlechtern – hierauf deutet die Antipathie gegen Israel hin, die in mehreren Mitgliedsstaaten als Rechtfertigung für den Terror gegen Juden fungiert. Man denke beispielsweise an den Präzedenzfall, den der ehemalige schwedische Justizminister Göran Lambertz 2006 schuf, als er urteilte, die Vernichtungsdrohungen gegen Schwedens Juden, die aus einer Moschee in Stockholm zu hören waren, seien „statthaft" und stellten keine rassische Verhetzung dar, weil solche „Schlachtrufe und Beschimpfungen ein alltäglicher Bestandteil der Rhetorik im Kontext des [Nahost-]Konflikts sind".[31] Vier Jahre später diente der Hass auf Israel in Großbritannien erfolgreich als Verteidigungsstrategie, als eine Jury fünf des Vandalismus angeklagte Beschuldigte freisprach, nachdem sie eine Waffenfabrik angriffen, weil diese mit der israelischen Armee Geschäfte machte. „Erstaunlicherweise", so schrieb der mittlerweile verstorbene Robert Wistrich, „hat der Richter [...] der Jury mitgeteilt, der Gazastreifen sei die Hölle auf Erden (wofür allein Israel verantwortlich sei), womit er die gesetzeswidrigen Handlungen der Beschuldigten schon fast ermächtigte".[32]

Im Februar 2015 suspendierte ein österreichischer Staatsanwalt Ermittlungen gegen einen Mann, der auf Facebook ein Bild Hitlers hochgeladen und daruntergeschrieben hatte: „Ich könnte alle Juden töten. Aber ich habe einige am Leben gelassen, um euch zu zeigen, wieso ich sie getötet habe".[33] Das Verbot der

---

loquium on Fundamental Rights. Tolerance and respect: preventing and combating antisemitic and anti-Muslim hatred in Europe, 1–2 October 2015. http://ec.europa.eu/justice/events/colloquium-fundamental-rights-2015/index_en.htm (07.03.2017).
31 Justitiekanslerns beslut, Decision Beslut 2006–01–02; Dnr 6335–05–33, Stockholm (eignene Übersetzung der AutorInnen).
32 Wistrich, Robert S.: From Ambivalence to Betrayal: The Left, the Jews, and Israel. Lincoln 2012, S. 538.
33 Famler, Erich: Friseur hetzte gegen Israel. Justiz stellt Verfahren ein. In: nachrichten.at, 10.02. 2015. www.nachrichten.at/oberoesterreich/wels/Friseur-hetzte-gegen-Israel-Justiz-stellt-Verfahren-ein;art67,1643504 (07.03.2017).

Holocaustleugnung in Österreich erstreckt sich auf jeden, der „den nationalsozialistischen Völkermord oder andere nationalsozialistische Verbrechen gegen die Menschlichkeit leugnet, gröblich verharmlost, gutheißt oder zu rechtfertigen sucht".[34] Doch die Staatsanwaltschaft bestand darauf, ein Verstoß hiergegen liege nicht vor, da „die Aussagen des Verdächtigen [...] keine Verherrlichung von Hitler" dargestellt hätten, „sondern vielmehr eine Unmutsäußerung gegenüber Israel".[35] Im selben Monat folgerte auch ein deutsches Gericht, dass ein Brandanschlag auf eine Synagoge 2014 in Wuppertal nicht durch Antisemitismus motiviert gewesen sei, sondern durch das Bedürfnis, Aufmerksamkeit auf den Konflikt im Gazastreifen zu lenken.[36] Dieses Urteil wurde im Januar 2017 vom Oberlandesgericht Düsseldorf bestätigt.[37]

Allerdings zeigten sich nicht alle österreichischen und deutschen Behörden so naiv. So nahmen die österreichischen Behörden den oben erwähnten Facebook-Fall nach Protesten wieder auf und tadelten das Vorgehen der Staatsanwaltschaft.[38] Einen Monat vor dem erwähnten deutschen Gerichtsurteil, im Januar 2015, verurteilte das Amtsgericht Essen einen Mann wegen Volksverhetzung, weil er auf einer Demonstration in Essen „Tod und Hass den Zionisten" gerufen hatte. Seine Verteidigung beruhte auf zwei Argumenten: erstens gebe es keine ethnische Minderheit der Zionisten in Deutschland, zweitens habe er nichts gegen Juden. Das Amtsgericht Essen folgte dieser Argumentation nicht. Es erklärte: „Die Bezeichnung ‚Zionist'" stelle „im Sprachgebrauch des Antisemitismus ein Codewort für Juden dar".[39]

Die einander widersprechenden Schlussfolgerungen und unterschiedliche Rechtspflege in den Mitgliedsstaaten machen eine transnationale Regelung er-

---

34 Bundesgesetzblatt für die Republik Österreich. Jahrgang 1992. Ausgegeben am 19. März 1992. 57. Stück. 148: Bundesverfassungsgesetz: Verbotsgesetz-Novelle 1992. https://www.ris.bka.gv.at/Dokumente/BgblPdf/1992_148_0/1992_148_0.pdf (07.03.2017).
35 Famler, Friseur hetzte gegen Israel.
36 Goldberg, Jeffrey: Is It Time for the Jews to Leave Europe? In: The Atlantic (April 2015). https://www.theatlantic.com/magazine/archive/2015/04/is-it-time-for-the-jews-to-leave-europe/386279/ (07.03.2017).
37 Laurin, Stefan: Wuppertal und die Brandstifter. Für die Justiz in Nordrhein-Westfalen ist der Anschlag auf eine Synagoge ein Akt der Kritik an Israel. In: *Jüdische Allgemeine*, 12.01.2017. http://www.juedische-allgemeine.de/article/view/id/27477 (07.03.2017).
38 Famler, Erik: Judenhetzer muss nun doch mit Strafe rechnen. In: nachrichten.at, 13.03.2015. www.nachrichten.at/oberoesterreich/wels/Judenhetzer-muss-nun-doch-mit-Strafe-rechnen;art67,1689997 (07.03.2017).
39 Amtsgericht Essen, Urteil vom 30. Januar 2015, Az. 57 Cs-29 Js 579/14 – 631/14. http://openjur.de/u/762150.html. S. 4 (07.03.2017). Wir danken Aleksandra Gliszczyńska-Grabias für ihren Hinweis auf diesen und den in der vorherigen Fußnote zitierten Fall.

forderlich, die nur von Führungspersönlichkeiten und Institutionen durchgesetzt werden kann, die Ursache und Wirkung nicht vertauschen und im Antisemitismus nicht die Konsequenz eines angeblichen anderen Unrechts, sondern ein eigenes unzweifelhaftes Unrecht sehen. Der EU-Gerichtshof wird eine solche führende Rolle wohl kaum spielen können, da seine Hauptaufgabe darin besteht, die Handlungen der EU – und nicht so sehr interstaatliche Urteile – auf ihre Rechtmäßigkeit zu prüfen. Wenn die Mitgliedsstaaten die genannten Urteile nicht zur Klärung an den EU-Gerichtshof verweisen, oder die EU-Kommission es bittet, darüber zu urteilen, ob die Mitgliedsstaaten ihren Verpflichtungen gemäß den rechtlichen Vorgaben der EU nachkommen, wird sich der Kampf gegen den Antisemitismus auf diesem Weg kaum befördern lassen.

Seit Jahren hat die EU-Kommission durchblicken lassen, die für die Bekämpfung des Antisemitismus erforderliche Kompetenz liege nicht bei der EU, sondern beim Europarat mit seiner Menschenrechtskonvention. Das Gericht des Europarats, der Europäische Gerichtshof für Menschenrechte, steht insofern besser da, als alle Mitgliedsstaaten als Unterzeichner der Konvention durch seine Urteile gebunden sind.[40] Zudem prägen seine Präzedenzfälle und Gutachten auch die Entscheidungen des Europäischen Gerichtshofs. Ebenso bedeutsam ist es, dass auch Einzelpersonen dem Europäischen Gerichtshof für Menschenrechte Beschwerden direkt vortragen können. So können europäische Juden jene Kanäle umgehen, die ihnen entweder feindselig gegenüberstehen (beispielsweise die Gerichte in bestimmten Mitgliedsstaaten) oder als Einzelpersonen verschlossen bleiben.

Fazit

Angesichts des gleichzeitigen Wiedererstarkens des tödlichen Antisemitismus und des Terrorismus in ganz Europa scheinen sich die Machtkämpfe zwischen Staaten und supranationalen und intergouvernementalen Formen der Herr-

---

[40] In diesem Zusammenhang verdient die richtungsgebende Entscheidung des Europäische Gerichtshofs für Menschenrechte von 2009 Beachtung, in der der Boykott israelischer Waren für illegal erklärt wurde. Damit bestätigte der Gerichtshof ein französisches Urteil gegen den Bürgermeister von Seclin, Jean-Claude Fernand Willem, der zu einem Boykott israelischer Produkte aufgerufen hatte. Willem „war nicht wegen seiner politischen Überzeugungen verurteilt worden, sondern weil er zur Begehung einer diskriminierenden und daher strafbaren Tat aufgerufen hatte". Siehe Willem v France, App. No 10883/05, ECtHR Judgment of 16 July 2009. http://infotorgj uridik.se/premium/incoming/article152771.ece/BINARY/Chamber+judgment+Willem+v_+Fran ce.pdf?fromType=reportage (07.03.2017).

schaftsausübung, die einst so entscheidend zu sein schienen – dem Brexit zum Trotz – abgeschwächt zu haben. Mehr als je zuvor stellt die Zusammenarbeit dieser verschiedenen Ebenen eine Voraussetzung für die Sicherheit dar. Dies erklärt vermutlich auch, warum der britische Europoldirektor seinen Posten bis auf weiteres behalten wird. Vor Jahren behauptete John D. Occhipinti, der Fortschritt bei der Terrorabwehr der EU sei krisengetrieben.[41] Angesichts des Brexit, der französischen Berufung auf die gegenseitige Assistenzklausel und der Ernennung einer neuen Koordinatorin für die Bekämpfung des Antisemitismus durch die EU-Kommission kann man ironischerweise nur hoffen, dass dies weiterhin wahr ist.

Turbulente Zeiten bedürfen des ruhigen Nachdenkens. Es kristallisieren sich dabei zwei Folgerungen heraus. Die erste bezieht sich auf die Ebenen und Strukturen der Herrschaftsausübung, die zweite auf die Rhetorik.

1. Das Wiedererstarken eines tödlichen Antisemitismus gefährdet alle Mitgliedsstaaten. Diese Einsicht widerspricht der intergouvernementalen Annahme, dass das Recht der legitimen Gewaltanwendung dennoch bei den Mitgliedsstaaten liege. Da die Grenzen zwischen den Staatsgebieten so durchlässig sind, verlangt die Terrorabwehr nach transnationaler Koordination. Die Ereignisse nach den Angriffen in Paris und Brüssel habe dies mehr als klar gemacht. Aufrufe, sich aus der EU zurückzuziehen oder die EU aufzulösen, verstärken nur die Instabilität, die die Mitgliedsstaaten und supranationalen Institutionen noch anfälliger für den Terror macht. Der hier hervorgehobene supranationale Kontext schließt auch andere transnationale Agenturen wie die OSZE und den Europarat ein. Die OSZE bietet der EU mit der Berliner Erklärung eine kraftvolle rhetorische Verurteilung des Antisemitismus, während der Europäische Gerichtshof für Menschenrechte des Europarats einen zusätzlichen Ort bietet, an dem Juden und ihre Unterstützer verstörende Präzedenzfälle aus den Mitgliedstaaten anfechten können.

2. Die Berichte der EU zu Antisemitismus und Terrorismus schwanken zwischen einer besorgniserregenden Engstirnigkeit (man denke an die Unfähigkeit von Europol, die zentrale Rolle des Antisemitismus für den Terrorismus zu erfassen) auf der einen Seite, und einer unbekümmerten Wiederholung weit verbreiteter Klischees über den Nahen Osten auf der anderen. Dieses Problem innerhalb der EU-Institutionen kann vielleicht am ehesten durch intensivere und substanziellere Kommunikation gelöst werden.

Die Ernennung von Schnurbeins durch die EU-Kommission bietet der EU eine einzigartige Gelegenheit. Die Kommission könnte nicht nur zu den jüdischen

---

41 Occhipinti, John D.: A Secure Europe? Internal Security Policies. In: The European Union: How Does It Work? Hrsg. von Elizabeth Bomberg [u. a.]. Oxford 2008, S. 149.

Gemeinden in Europa, sondern auch mit allen entscheidenden Akteuren in Europa produktive Beziehungen aufbauen, um dem Antisemitismus Einhalt zu gebieten, indem es den besorgniserregenden Diskurs verändert, aus dem er sich speist. ‚Hate speech' muss in der Tat bekämpft werden,[42] doch dürfen darüber die subtileren Formen des Antisemitismus nicht vernachlässigt werden. Unsere Untersuchung der EU-Rhetorik legt im Gegenteil nahe, dass jene Akteure, die eine wesentliche Rolle in der Bekämpfung des Antisemitismus spielen (etwa die FRA und Europol), genauer unter die Lupe genommen werden müssen. Dass Ausreden für die Hassdelikte zum Teil von angesehenen Angehörigen der Eliten in den Mitgliedsstaaten (wie dem schwedischen Justizminister) oder von Menschen in Ländern (wie Deutschland) kommen, von denen man wirklich Besseres hätte erwarten dürfen, ist besorgniserregend. Daher stellt die Konzentration auf unverhohlene Manifestationen des Antisemitismus zu Lasten seiner subtileren Formen eine Gefahr dar, die die neu ernannte EU-Koordinatorin für die Bekämpfung des Antisemitismus nicht abtun darf.

Literaturverzeichnis

Agentur der Europäischen Union für Grundrechte: Diskriminierung und Hasskriminalität gegenüber Juden in den EU-Mitgliedstaaten: Erfahrungen und Wahrnehmungen im Zusammenhang mit Antisemitismus.
http://fra.europa.eu/en/publication/2013/discrimination-and-hate-crime-against-jews-eu-member-states-experiences-and (07.03.2017).

Agentur der Europäischen Union für Grundrechte: Antisemitism: Summary overview of the situation in the European Union 2001–2008.
http://fra.europa.eu/en/publication/2011/antisemitism-summary-overview-situation-european-union-2001–2008-updated-version (07.03.2017).

Agentur der Europäischen Union für Grundrechte FRA: Antisemitism: Overview of the data available in the European Union 2004–2014.
http://fra.europa.eu/en/publication/2015/antisemitism-overview-data-available-european-union-2004–2014 (07.03.2017).

Brussels suspect: Check-in area for Tel Aviv flight was targeted. In: Times of Israel, 14.04.2016.
http://www.timesofisrael.com/brussels-suspect-check-in-area-for-tel-aviv-flight-was-targeted/ (07.03.2017).

Bundesgesetzblatt für die Republik Österreich. Jahrgang 1992. Ausgegeben am 19. März 1992. 57. Stück. 148: Bundesverfassungsgesetz: Verbotsgesetz-Novelle 1992.

---

42 Siehe Schnurbein, Katharina von: Combating Antisemitism in the European Union. In: Israel Journal of Foreign Affairs 10 (2016). S. 283–287.

De Maizière, Thomas: Was sich nicht ändern wird. Deutschland wird jüdisches Leben weiter schützen und fördern. Eine Wortmeldung des Bundesinnenministers. In: Jüdische Allgemeine, 05.11.2015.
http://www.juedische-allgemeine.de/article/view/id/23802 (07.03.2017).
Elman, Amy R.: The European Union, Antisemitism and the Politics of Denial. Lincoln 2014.
EU-Kommision: Annual Colloquium on Fundamental Rights. Tolerance and respect: preventing and combating antisemitic and anti-Muslim hatred in Europe, 1–2 October 2015.
http://ec.europa.eu/justice/events/colloquium-fundamental-rights-2015/index_en.htm (07.03.2017).
EU-Kommission: EU Commission appoints Coordinators on combating antisemitism and anti-Muslim hatred, 01.12.2015.
http://ec.europa.eu/justice/newsroom/fundamental-rights/news/151201_en.htm (07.03.2017).
Europäisches Parlament, Informationsbüro in Deutschland: Bestimmungen über die Gemeinsame Sicherheits- und Verteidigungs-Politik.
http://www.europarl.europa.eu/brussels/website/media/Basis/Vertragsartikel/Pdf/Art_42bis46_EUV.pdf (07.03.2017).
Europäisches Parlament, Informationsbüro in Deutschland: Solidaritätsklausel. http://www.europarl.europa.eu/brussels/website/media/Basis/Vertragsartikel/Pdf/Art_222_AEUV.pdf (07.03.2017).
Europäische Stelle zur Beobachtung von Rassismus und Fremdenfeindlichkeit: Manifestations of Antisemitism in the EU 2002–2003: Based on information by the National Focal Points of the EUMC–RAXEN Information Network.
http://fra.europa.eu/sites/default/files/fra_uploads/184-AS-Main-report.pdf. S. 191 (07.03.2017).
European Commission against Racism and Intolerance: General Policy Recommendation No. 9: The fight against antisemitism. http://www.coe.int/t/dghl/monitoring/ecri/activities/GPR/EN/Recommendation_N9/Recommendation_9_en.asp (07.03.2017).
European Commission against Racism and Intolerance: General Policy Recommendation No. 15 on combating hate speech. http://www.coe.int/t/dghl/monitoring/ecri/activities/GPR/EN/Recommendation_N15/default_en.asp (07.03.2017).
Europol: TE-SAT 2009: EU Terrorism Situation & Trend Report.
https://www.europol.europa.eu/activities-services/main-reports/te-sat-2009-eu-terrorism-situation-trend-report (07.03.2017).
Europol: TE-SAT 2010: EU Terrorism Situation & Trend Report.
https://www.europol.europa.eu/activities-services/main-reports/te-sat-2010-eu-terrorism-situation-trend-report (07.03.2017).
Europol: TE-SAT 2010: EU Terrorism Situation & Trend Report.
https://www.europol.europa.eu/activities-services/main-reports/te-sat-2013-eu-terrorism-situation-and-trend-report (07.03.2017).
Europol: TE-SAT 2015: EU Terrorism Situation & Trend Report.
https://www.europol.europa.eu/activities-services/main-reports/european-union-terrorism-situation-and-trend-report-2015 (07.03.2017).
Europol: Changes in the modus operandi of Islamic State Terrorist Attacks.
https://www.europol.europa.eu/publications-documents/changes-in-modus-operandi-of-islamic-state-terrorist-attacks (07.03.2017).

Europol: TE-SAT 2016: EU Terrorism Situation & Trend Report.
https://www.europol.europa.eu/activities-services/main-reports/european-union-terrorism-situation-and-trend-report-te-sat-2016 (07.03.2017).

Famler, Erich: Friseur hetzte gegen Israel. Justiz stellt Verfahren ein. In: nachrichten.at, 10.02.2015.
www.nachrichten.at/oberoesterreich/wels/Friseur-hetzte-gegen-Israel-Justiz-stellt-Verfahren-ein;art67,1643504 (07.03.2017).

Famler, Erik: Judenhetzer muss nun doch mit Strafe rechnen. In: nachrichten.at, 13.03.2015.
www.nachrichten.at/oberoesterreich/wels/Judenhetzer-muss-nun-doch-mit-Strafe-rechnen;art67,1689997 (07.03.2017).

Goldberg, Jeffrey: Is It Time for the Jews to Leave Europe? In: The Atlantic (April 2015).
https://www.theatlantic.com/magazine/archive/2015/04/is-it-time-for-the-jews-to-leave-europe/386279/ (07.03.2017).

James, Harold: There are good reasons why Europe's Jews are so worried. In: The Daily Mail Online, 11.02.2016.
http://www.dailymail.co.uk/wires/reuters/article-3443074/There-good-reasons-Europes-Jews-worried.html (07.03.2017).

Katz, Ethan B. und Mandel, Maud S.: Strange Journey: A Response to Shmuel Trigano. In: Jewish Review of Books no. 22 (2015).
https://jewishreviewofbooks.com/articles/1717/strange-journey-a-response-to-shmuel-trigano/ (07.03.2017).

Konferenz der INGOs beim Europarat: Recommendation CONF/PLE(2014)REC2: Combating anti-Semitism in Europe.
https://rm.coe.int/CoERMPublicCommonSearchServices/DisplayDCTMContent?documentId=09000016802f0446 (07.03.2017).

Laurin, Stefan: Wuppertal und die Brandstifter. Für die Justiz in Nordrhein-Westfalen ist der Anschlag auf eine Synagoge ein Akt der Kritik an Israel. In: Jüdische Allgemeine. 12.01.2017. http://www.juedische-allgemeine.de/article/view/id/27477 (07.03.2017).

Occhipinti, John D.: A Secure Europe? Internal Security Policies. In: The European Union: How Does It Work? Hrsg. von Elizabeth Bomberg [u.a.]. Oxford 2008.

Organisation für Sicherheit und Zusammenarbeit in Europe (OSZE): Erklärung über verstärkte Bemühungen zur Bekämpfung des Antisemitismus. MC.DOC/8/14.
http://www.osce.org/de/mc/149661?download=true (07.03.2017).

OSZE-Antisemitismus-Konferenz: Berliner Erklärung. Beschluss der OSZE-Antisemitismus-Konferenz vom 29. April 2004 (Wortlaut). In: Blätter für deutsche und internationale Politik (Juni 2004). https://www.blaetter.de/archiv/jahrgaenge/2004/juni/berliner-erklaerung (07.03.2017).

Rabasa, Angel und Benard, Cheryl: Eurojihad: Patterns of Islamist Radicalization and Terrorism in Europe. New York 2015.

Schnurbein, Katharina von: Combating Antisemitism in the European Union. In: Israel Journal of Foreign Affairs 10 (2016), S. 283–287.

Trigano, Shmuel: The View from Paris: A Rejoinder to Ethan Katz and Maud Mandel. In: Jewish Review of Books no. 22 (2015).
https://jewishreviewofbooks.com/articles/1720/the-view-from-paris-a-rejoinder-to-ethan-katz-and-maud-mandel/ (07.03.2017).

Wistrich, Robert S.: From Ambivalence to Betrayal: The Left, the Jews, and Israel. Lincoln 2012.

Laura Luise Hammel

„...und sie ziehen seit über hundert Jahren die Fäden auf diesem Planeten"

Antisemitische Verschwörungstheorien in gegenwärtigen Protestbewegungen: Das Beispiel der Mahnwachen für den Frieden

Einleitung

Im Frühjahr 2014 entstand im deutschsprachigen Raum eine neue Protestbewegung, die sogenannten *Mahnwachen für den Frieden*[1]. Innerhalb weniger Wochen gründeten sich in zahlreichen Städten regionale Ableger, um fortan jeden Montag im Rahmen von innerstädtischen Kundgebungen für Frieden zu demonstrieren, welchen die Aktivist_innen der Mahnwachen aufgrund der Zuspitzung des Ukraine-Konflikts in dieser Zeit in Gefahr sahen. Neben einer generellen Feindschaft gegenüber politischen und gesellschaftlichen Eliten, etablierten Medien und Wissenschaft, sowie einer von den Aktivist_innen forcierten Querfrontstrategie, also dem Bestreben sowohl für rechte, als auch linke politische Kräfte an-

---

Der vorliegende Aufsatz liefert eine Zusammenfassung der zentralen Ergebnisse einer teilnehmenden Beobachtung im Umfeld der Mahnwachen für den Frieden im Rhein-Main-Gebiet (Mainz, Wiesbaden, Frankfurt am Main) im Frühjahr und Sommer 2014 sowie von drei diskursanalytischen Untersuchungen des verschwörungstheoretischen Sagbarkeitsfeldes der Protestbewegung zu den Diskursen um die Entstehung der ‚Federal Reserve Bank', deren ‚Einfluss auf das Weltgeschehen' und ihren ‚Hintermännern'. Die Untersuchungen entstanden im Rahmen der Magisterarbeit der Autorin, Hammel, Laura Luise: Antisemitische und antiamerikanische Verschwörungstheorien. Eine Diskursanalyse zum Umfeld der Mahnwachen für den Frieden. Hausarbeit zur Erlangung des akademischen Grades einer Magistra Artium (M. A.). Mainz 2015.

[1] Eine einheitliche Bezeichnung für die Protestbewegung hat sich nicht durchgesetzt, die Bewegung selbst wird häufig als ‚Friedensbewegung 2014', ‚neue Friedensbewegung' oder ‚Friedensbewegung 2.0' bezeichnet und ihre wöchentlichen Treffen heißen in der Regel ‚Mahnwachen für den Frieden' oder schlicht ‚Mahnwache', oftmals auch ‚Montagsdemos' bzw. ‚Montagsdemonstrationen', ‚Montagsdemonstrationen 2014' oder ‚Montagsmahnwachen'. Zuletzt wurde von Seiten der Aktivist_innen im Winter 2014/2015 versucht die Bezeichnung „Friedenswinter" zu etablieren. Im vorliegenden Beitrag werden von der Autorin aus Gründen der Übersichtlichkeit die Bezeichnungen ‚Mahnwachen für den Frieden' für die Protestbewegung selbst sowie ‚Mahnwache' für deren Treffen verwendet.

https://doi.org/10.1515/9783110537093-017

schlussfähig zu sein, war für Beobachter_innen der neuen Protestbewegung vor allem deren Offenheit für Verschwörungstheorien mit oftmals antisemitischem Inhalt besonders auffallend.

Der vorliegende Beitrag hat vor diesem Hintergrund das Ziel das verschwörungsideologische Erzählrepertoire der Mahnwachen für den Frieden zum Themenkomplex ‚Federal Reserve Bank' im Hinblick auf dessen Anschlussfähigkeit für antisemitische und ferner auch antiamerikanische Ressentiments hin zu untersuchen. Die Beschäftigung mit der amerikanischen Zentralbank, der Federal Reserve Bank, und deren Einfluss auf das Weltgeschehen stellte ein zentrales und immer wiederkehrendes Thema auf den Mahnwachen für den Frieden dar, weshalb es exemplarisch für die vorliegende diskursanalytische Untersuchung ausgewählt wurde. So wurde die Federal Reserve Bank von den Aktivist_innen bereits im ursprünglichen Aufruf zur ersten Mahnwache am 17. März 2014 als zentrale Akteurin im Konflikt in der Ukraine identifiziert.[2]

Ich bediene mich in meiner Untersuchung der Methodik der Kritischen Diskursanalyse, die von dem Duisburger Sprachwissenschaftler Siegfried Jäger in den 1980er und 1990er Jahren in Anlehnung an die Diskurstheorie Michel Foucaults entwickelt wurde.[3] Mithilfe der Kritischen Diskursanalyse ist es möglich, antisemitische Argumentationsmuster und Bilder in Verschwörungstheorien zu identifizieren und die antisemitisch motivierten Mechanismen, wie beispielsweise Versuche der Schuldabwehr durch Täter-Opfer-Umkehr, Geschichtsrevisionismus oder die Umwegkommunikation antisemitischer Inhalte über den Antiamerikanismus oder den Antizionismus, sichtbar zu machen.

Die Entstehung einer neuen Protestbewegung

Die Mahnwachen für den Frieden wurden im März 2014 von einer kleinen Gruppe von Aktivist_innen um den Berliner Initiator der Protestbewegung, Lars Mährholz, gegründet. Mährholz, der vorgab vor Gründung der Protestbewegung nicht politisch aktiv gewesen zu sein, blieb in den folgenden Monaten Hauptorganisator der Mahnwachen und repräsentierte die Bewegung nach außen.[4]

---

2 Der Aufruftext lautete: „Wir! Sind das Volk. Aufruf zum friedlichen Widerstand. Für Frieden in Europa und der Welt! Für Frieden mit Russland & gegen die Todespolitik der Federal Reserve Bank! Schluss mit Lügen! Für eine ehrliche Presse! Demokratie jetzt!".
3 Jäger, Siegfried: Kritische Diskursanalyse: eine Einführung. Duisburg 1993.
4 Tatsächlich war Mährholz in seiner Jugend Mitglied in der CDU und später in der FDP, wie er in einem späteren Interview mit RT Deutsch eingestand. Zudem war Mährholz von 2001 bis 2007 Beisitzer in dem im rechtsnationalen Milieu beheimateten Verbandes Junger Journalisten (VJJ) um

Durch den Kontakt über soziale Netzwerke, vornehmlich über Facebook, fanden sich in den darauffolgenden Wochen in vielen Städten in Deutschland, Österreich und der deutschsprachigen Schweiz weitere regionale Protestgruppen zusammen. Die Teilnehmerzahlen variierten dabei von einigen Dutzend Anwesenden bis etwa 1.500 Menschen am Ostermontag 2014, knapp 3.000 Menschen bei der „1. bundesweiten Mahnwache für den Frieden" am 19. Juli 2014 und ca. 2.000 Menschen bei der Aktion „Friedenswinter" am 13. Dezember 2014 (alle in Berlin).[5] In der Hochphase der Protestbewegung existierten insgesamt 154 regionale Mahnwachen von denen sich heute noch einige vereinzelte Gruppen regelmäßig zu Kundgebungen zusammenfinden.[6]

Auch wenn die Mahnwachen für den Frieden seit Ende des Jahres 2014 nicht mehr an ihre Publikumserfolge der Anfangsmonate anknüpfen konnten und die Bewegung für viele Beobachter gemeinhin als beendet gilt, so besteht doch auch heute noch eine überschaubare bundesweit gut vernetzte Kernanhängerschaft. Immer wieder werden von Seiten der Organisator_innen Versuche unternommen die Bewegung wieder aufleben zu lassen, wie zuletzt bei der „3jährige[n] 158. Mahnwache für den ersten Weltfrieden"[7] anlässlich des 3. Jahrestages der Gründung der Protestbewegung am 20. März 2017 in Berlin.[8]

Torsten Witt. o. V.: Lars Mährholz im RT Deutsch-Interview: 1,5 Jahre „Mahnwachen für den Frieden". https://deutsch.rt.com/30113/meinung/lars-maehrholz-im-rt-deutsch-interview-rueck-und-ausblick-nach-15-jahren-mahnwachen-fuer-den-frieden/ (19.04.2017); Lauer, Stefan: Montagsdemo-Initiator Lars Mährholz verschweigt seine rechte Vergangenheit. https://www.vice.com/de/article/montagsdemo-initiator-lars-maehrholz-verschweigt-seine-rechte-vergangenheit-kenfm-juergen-elsaesser (19.04.2017); Thurm, Frida: Die ganz eigene Welt der Montagsdemonstranten. https://www.zeit.de/gesellschaft/2014-04/montagsdemo-mahnwache-frieden-berlin (29.01.2017); Kensche, Christine: Frieden und so – Was die neuen Montagsdemonstranten wollen. http://www.morgenpost.de/berlin-aktuell/article127895626/Frieden-und-so-Was-die-neuen-Montagsdemonstranten-wollen.html (21.03.2017).

5 Thurm, Welt, o. S.; Ehrich, Issio: Die große Friedensdemo floppt. Wer bin ich – und wenn ja, wie viele? http://www.n-tv.de/politik/Wer-bin-ich-und-wenn-ja-wie-viele-article13243441.html (29.01.2017); Niewendick, Martin: Verschwörungstheoretiker, Linke und Neonazis gegen Gauck. http://www.tagesspiegel.de/berlin/demo-friedenswinter-in-berlin-verschwoerungstheoretiker-linke-und-neonazis-gegen-gauck/11116944.html (29.01.2017).

6 So sind beispielsweise die Mahnwachen in Berlin (Brandenburger Tor), Halle an der Saale und Kempten im Allgäu heute noch aktiv (Stand Januar 2017). Mahnwachen & Montagsdemos Termine + Österreich & Schweiz https://www.facebook.com/events/652763618105279 (24.12.2016).

7 Die Orthografie wurde hier wie in allen folgenden wörtlichen Zitaten aus dem Original übernommen.

8 Leber, Sebastian: In der Welt der Verschwörungstheoretiker. http://www.tagesspiegel.de/themen/reportage/mahnwachen-in-berlin-in-der-welt-der-verschwoerungstheoretiker/19544708.html (21.03.2017).

Politische Einordnungen der Mahnwachen für den Frieden als Protestbewegung

Anders als viele andere bundesdeutsche Protestphänomene des letzten Jahrzehntes wurden die *Mahnwachen für den Frieden* in der gesellschaftlichen Auseinandersetzung und in der Medienberichterstattung von Beginn an mehrheitlich negativ bewertet.[9] Bekannt wurde die Protestbewegung einer breiteren Öffentlichkeit durch ein Interview der Frankfurter Publizistin Jutta Ditfurth in der Sendung *3Sat Kulturzeit* vom 16. April 2014.[10] Drei zentrale Kritikpunkte wurden von Ditfurth in diesem Interview gegenüber den Mahnwachen für den Frieden formuliert:

1. Die Mahnwachen für den Frieden seien eine neurechte Bewegung, die sich nur vordergründig Themen des linken politischen Spektrums annehme, sich antisemitischer und antizionistischer Argumentationen bediene und offen für Verschwörungstheorien sei.
2. Zudem dulde die Bewegung Vertreterinnen und Vertreter rechtsextremer und rechtspopulistischer Parteien und Organisationen auf ihren Mahnwachen und distanziere sich etwa nicht von NPD oder AfD, die ihre Anhängerschaft zur Teilnahme an den Mahnwachen aufriefen.[11]
3. Die Protestbewegung betreibe überdies eine sogenannte ‚Querfrontstrategie', also den Versuch eine Zusammenarbeit linker und rechter politischer Kräfte zu etablieren, wie etwa die Kooperation der Mahnwachen mit dem Querfrontmedium *Compact – Magazin für Souveränität* beweise.

Ferner bezeichnete Ditfurth in diesem Interview den Chefredakteur des Compact-Magazins und prominenten Redner auf den Mahnwachen, Jürgen Elsässer, als einen „glühenden Antisemiten". Seit Mai 2014 befinden sich Elsässer und Ditfurth nun im Rechtsstreit um die Zulässigkeit dieser Aussage. Andere Autor_innen folgten in ihrer Berichterstattung größtenteils der von Ditfurth formulierten Kritik und charakterisierten die Mahnwachen und ihre Teilnehmer_innen als „Aluhü-

---

9 Ullrich, Peter: Links, rechts oder einfach nur bekloppt? Die neuen Montagsdemos fordern die Friedensbewegung, die Linke und unser Verständnis politischer Konflikte heraus. In: analyse & kritik (ak) 44/594 (2014). S. 11.
10 Die neurechten Montagsdemos. Gespräch mit Jutta Ditfurth. http://www.3sat.de/mediathek/?mode=play&obj=43135 (21.03.2017).
11 Zur Teilnahme einiger prominenter NPD-Kader an den Mahnwachen in Frankfurt am Main, München oder Berlin: Hammel, Verschwörungstheorien, S. 39 f.

te", „Verschwörungstheoretiker" und „braune Esoteriker"[12], „Russland-Freunde aus der rechten Ecke"[13] oder als einen „Jahrmarkt des Bizarren"[14]. Parteiorganisationen und Verbände, wie beispielsweise der Parteivorstand der Partei *Die Linke*, deren Jugendorganisation *Linksjugend Solid*, die globalisierungskritische Nichtregierungsorganisation *Attac* oder der *Koordinationskreis der bundesweiten Montagsdemonstrationen* distanzierten sich kurze Zeit nach der Gründung der neuen Protestbewegung von den Mahnwachen für den Frieden und rieten ihren Mitgliedern von einer Beteiligung an den Mahnwachen ab.[15]

Die Mahnwachen für den Frieden in der Protest- und Antisemitismusforschung

Die Frage nach der politischen Verortung der Mahnwachen für den Frieden und deren Offenheit für antisemitische Verschwörungstheorien bestimmte neben der medialen auch die wissenschaftliche Beschäftigung mit der neuen Protestbewegung.

Einen wertvollen Einblick in die politischen Einstellungen der Protestierenden eröffnet die Studie *Occupy Frieden* von Priska Daphi, Dieter Rucht, Wolfgang Stuppert, Simon Teune und Peter Ullrich für das Zentrum Technik und Gesellschaft an der Technischen Universität Berlin.[16] Für ihre Studie führten Daphi et al. eine Online-Befragung unter Teilnehmer_innen der Berliner Mahnwache im Mai 2014 durch. Hierzu verteilten sie 953 Handzettel unter den knapp 1000 Teilnehmer_innen, welche einen Zugangscode zu einer Onlinebefragung enthielten. In ihrer Analyse konnten sie schließlich auf 306 Datensätze zurückgreifen (Ausschöpfungsquote: 32%).

---

12 Niewendick, Martin: Unter Aluhüten. In: *Jungle World*. 19 (2014a). S. 10–11.
13 Stöcker, Christian: Facebook-Spam: Russland-Freunde aus der rechten Ecke: http://www.spiegel.de/netzwelt/netzpolitik/facebook-spam-bei-deutschen-medien-unter-namen-anonymous-a-964869.html (23.03.2017).
14 Ullrich, Montagsdemos, S. 11.
15 Hammel, Verschwörungstheorien, S. 10f.; Daphi, Priska, Dieter Rucht, Wolfgang Stuppert, Simon Teune und Peter Ullrich: Montagsmahnwachen für den Frieden. Antisemitisch? Pazifistisch? Orientierungslos? In: Forschungsjournal Soziale Bewegungen 27 (2014a). S.24.
16 Daphi, Priska, Dieter Rucht, Wolfgang Stuppert, Simon Teune und Peter Ullrich: Occupy Frieden. Eine Befragung der Teilnehmer/innen der „Montagsmahnwachen für den Frieden". https://depositonce.tu-berlin.de/bitstream/11303/5260/3/occupy-frieden.pdf (04.03.2017). Die Ergebnisse der Studie wurden außerdem in komprimierter Form als Aufsatz veröffentlicht, Daphi et al., Montagsmahnwachen.

In Bezug auf das soziodemographische Profil der Protestbewegung kommen Daphi et al. zu dem Ergebnis, dass bei den Mahnwachen für den Frieden vor allem Männer demonstrieren (70 %). Außerdem ist der Anteil der 25–39jährigen mit 50 % mehr als doppelt so hoch wie in der Gesamtgesellschaft (20 %). Der Bildungsgrad der Befragten ist relativ hoch, hier unterscheiden sich die Mahnwachen allerdings nicht von anderen Protestphänomenen der letzten Jahrzehnte.[17]

Die Befragung ergab außerdem, dass die Mobilisierung für die Mahnwachen nahezu ausschließlich über die sozialen Netzwerke stattfand, vor allem über Facebook und Youtube. Etablierte politische Organisationen spielten für die Mobilisierung praktisch keine Rolle. Hierin ähneln die Mahnwachen für den Frieden den *Occupy*-Protesten der Jahre 2011 und 2012.[18]

Gefragt nach den politischen Zielen der Mahnwachen, wird das Thema ‚Frieden' am häufigsten als wichtigstes Thema des Protestes genannt (87 %). Dieses Ergebnis deckt sich auch mit der Beobachtung auf den Mahnwachen selbst, bei denen ‚Frieden' in den einzelnen Redebeiträgen immer wieder angeführt wurde. ‚Frieden' bleibt auf den Mahnwachen aber in der Regel ein unkommentiertes Stichwort, beispielsweise in dem Motto ‚Frieden, Freiheit, Gerechtigkeit', das aber nicht weiter konkretisiert wird.[19] Gleich dahinter rangiert das Thema ‚Medien' (52 %). Die Befragten positionieren sich sehr kritisch gegenüber den etablierten Massenmedien, denen beispielsweise im Ukraine-Konflikt, aber auch in ihrer Berichterstattung zu den Mahnwachen selbst, eine gezielte Manipulation vorgeworfen wird. Die Mahnwachen sind für die Aktivist_innen daher auch ein wichtiges Sprachrohr, ein „[...] Ort und Medium der Aufklärung [...] über sonst im Verborgenen bleibende Dinge."[20] Darüber hinaus wurde auf den Mahnwachen einer Vielzahl kleiner und großer Themen ein Raum geboten, beispielsweise aus dem Bereich der Zins- und Geldkritik, Globalisierungskritik, Umweltpolitik, Esoterik und persönlichen Lebensgestaltung.[21]

Bemerkenswert sind die Ergebnisse der Studie zur politischen Selbstverortung der Protestierenden. Zwar attestieren Daphi et al. dem Protest der Mahnwachen „eine starke linke Prägung"[22], die Aktivist_innen zeichnen sich allerdings auch durch eine ausgesprochen deutliche Ablehnung der politischen Kategorien ‚rechts' und ‚links' aus. Diese gelten in der Bewegung der Mahnwachen als überholt, da sie zu einer unnötigen Spaltung der Gesellschaft beitragen würden.

---

17 Daphi et al., Montagsmahnwachen, S. 25.
18 Daphi et al., Montagsmahnwachen, S. 25 f.
19 Daphi et al., Frieden, S. 14.
20 Daphi et al., Frieden, S. 14.
21 Daphi et al., Montagsmahnwachen, S. 26.
22 Daphi et al., Montagsmahnwachen, S. 26.

Folgerichtig wollen sich 39% der Befragten nicht auf der Links-Rechts-Skala einordnen, 2% bezeichnen sich selbst als rechts, 22% als Teil der politischen Mitte und 38% als links. Etwa zwei Drittel der Befragten vertritt die Meinung die Unterscheidung in links und rechts sei überholt.[23] Daphi et al. deuten dies als „[...] starken antipolitischen Wunsch nach einer Gesellschaft ohne Widersprüche und Konflikte."[24]

Die Ergebnisse meiner teilnehmenden Beobachtung und meiner Interviews mit Aktivist_innen der Mahnwachen im Rhein-Main-Gebiet unterstützen diese Einschätzung. Gefragt nach den zentralen Motiven für ihr Engagement nennen viele Aktivist_innen immer wieder den Aspekt in einer großen Gemeinschaft etwas für Frieden zu tun als besonders ausschlaggebend und sind der Ansicht, der Umbruch in eine gerechtere und friedlichere Gesellschaft werde sich zwangsläufig dann einstellen, wenn sich möglichst viele Menschen der Bewegung angeschlossen haben. Kritik an den Mahnwachen wird von vielen Teilnehmer_innen als Versuch der Spaltung der Bewegung begriffen, damit diese nicht zu einer Massenbewegung anwachsen könne und sich so zu keiner Bedrohung für die Mächtigen in der Politik entwickeln könne. Hierin liegt aus Sicht der Aktivist_innen auch die größte Gefahr für die Bewegung.

Der medial häufig gegenüber den Mahnwachen erhobene Vorwurf ‚neurechts', ‚rechts', oder ‚rechtsextrem' zu sein kann auf Basis der Befragung nicht eindeutig bestätigt werden. Die Umfrageergebnisse zur politischen Selbstverortung der Teilnehmer_innen und ihrem Wahlverhalten deuten darauf hin, dass die Mahnwachen als Bewegung „in weiten Teilen [...] klar links orientiert"[25] sind.

Die Demokratie selbst genießt in ihrer Theorie eine sehr hohe Zustimmung bei den Befragten (96,9%). Mit der demokratischen Realität in der Bundesrepublik sind diese aber deutlich unzufrieden, sie misstrauen praktisch allen etablierten politischen und gesellschaftlichen Institutionen. Die Protestierenden fühlen sich politisch nicht repräsentiert und sind vom politischen System der Bundesrepublik stark entfremdet.[26] Vor allem die hohen Zustimmungswerte zu der Frage „Wir sollten einen Führer haben, der Deutschland mit starker Hand regiert." (Zustimmung: 34%) deuten auf eine hohe Verbreitung linker wie rechter autoritärer Einstellungen unter den Befragten hin.[27] Letztendlich ergibt sich aus der Studie von Daphi et al. ein sehr ambivalentes Bild der Mahnwachen.[28]

---

23 Daphi et al., Montagsmahnwachen, S. 26.
24 Daphi et al., Montagsmahnwachen, S. 26.
25 Daphi et al., Montagsmahnwachen, S. 22.
26 Daphi et al., Montagsmahnwachen, S. 27; S. 29.
27 Daphi et al., Montagsmahnwachen, S. 27f.
28 Daphi et al., Montagsmahnwachen, S. 29f.

Zu einem ähnlichen Ergebnis kommt Peter Ullrich in seinem Aufsatz „Postdemokratische Empörung".[29] Ullrich begreift die Mahnwachen für den Frieden als Bewegung [...] abseits etablierter politischer Klassifikationsmuster [...]"[30], als Vertreterin eines neuen Typs von Protestbewegungen, die er als „postdemokratische Empörungsbewegung" beschreibt. Nach Ullrich entwickelt sich im Zustand der Postdemokratie[31] ein neuer Bewegungstypus, „[...] der von immenser politischer Entfremdung und spezifisch Web 2.0-geprägten Subjektivitäten gekennzeichnet [ist]."[32] In den Mahnwachen für den Frieden sieht Ullrich einen „dreifache[n] Ausdruck postdemokratischer Verhältnisse"[33]: Sie sind eine spontane und implizite Reaktion auf die postdemokratischen Verhältnisse, gleichzeitig aber auch eine explizite Kritik an diesen und verkörpern in ihrer Art des Protests die postdemokratische Subjektivität und eine damit verbundene politische Praxis.[34]

---

29 Ullrich, Peter: Postdemokratische Empörung. Ein Versuch über Demokratie, soziale Bewegungen und gegenwärtige Protestforschung. In: Pegida als Spiegel und Projektionsfläche. Wechselwirkungen und Abgrenzungen zwischen Pegida, Politik, Medien, Zivilgesellschaft und Sozialwissenschaften. Hrsg. von Tino Heim. Wiesbaden 2017, S. 217.
30 Ullrich, Empörung, S. 233.
31 Die politikwissenschaftliche Debatte um die Zukunft und die mögliche Krise der Demokratie westlicher Prägung wird in den letzten Jahrzehnten maßgeblich vom Konzept der „Postdemokratie" mitbestimmt, dass sich mit dem sinkenden Interesse der Bürger liberaler Demokratien an den politischen Institutionen und Akteuren, dem damit verbundenen Legitimitätsverlust dieser Institutionen und Akteure und dem steigenden Einflussvon Eliten und Interessengruppen, befasst. Der britische Politikwissenschaftler und Soziologe, Colin Crouch, hat sich diesem Krisenzustand westlicher etablierter Demokratien, den er als „Postdemokratie" beschreibt, folgendermaßen genähert: Die Demokratie befindet sich zum jetzigen Zeitpunkt zwar auf einem globalen Höhepunkt, da aktuell mehr Staaten formal demokratischen Kriterien genügen denn je. Die etablierten westlichen Demokratien befinden sich aber gleichzeitig in einer Krise, da hier ein kontinuierliches sinkendes Interesse an der Demokratie und ihren Institutionen festzustellen ist, was sich in einem Rückgang der Partizipation der Bürger an den demokratischen Willensbildungsprozessen und einem Legitimitätsverlust der politischen Vertreter, äußert. Dadurch, dass in der Postdemokratie „ zwar nach wie vor Wahlen abgehalten werden, Wahlkämpfe (aber) zu einem reinen Spektakel verkommen, bei denen die Mehrheit der Bürger eine passive, schweigende, ja sogar apathische Rolle spielt, (während) im Schatten dieser politischen Inszenierung die reale Politik hinter verschlossenen Türen gemacht (wird)" (Crouch, Colin: Postdemokratie. Frankfurt a. M.: Suhrkamp 2008, S. 10.), entsteht nach Crouch ein Zustand, indem die Demokratie fast ausschließlich von privilegierten Eliten und Lobbyisten der Wirtschaft kontrolliert wird und der Einfluss der bildungsfernen und einkommensschwachen Schichten stetig abnimmt. Dies geht nach Crouch wiederum mit einem Rückgang des Interesses an der Demokratie einher und bringe eine gesteigerte Politikverdrossenheit dieser sozialen Gruppen mit sich. Crouch, Postdemokratie, S. 7 ff.
32 Ullrich, Empörung, S. 217.
33 Ullrich, Empörung, S. 217.
34 Ullrich, Empörung, S. 236.

Während Daphi et al. und Ullrich in ihren Beiträgen vor allem eine politische Einordnung der Mahnwachen für den Frieden in der bundesdeutschen Bewegungslandschaft vornehmen, öffnen Stefan Munnes, Nora Lege und Corinna Harsch in ihrer Weltanschauungsanalyse der Reden der ersten „bundesweiten Mahnwache für den Frieden"[35] den Blick für die Frage, inwiefern antisemitische Erklärungsmuster in den Mahnwachen gefunden werden können. Aus Sicht der Autor_innen deute die Themenvielfalt auf den Mahnwachen darauf hin, dass die Protestierenden ein Weltbild teilen, „[...] das sich als antimodernde Welterklärung in einer Form des Antisemitismus äußert."[36] Munnes et al. kommen in ihrer Analyse der Reden auf der „1. bundesweiten Mahnwache für den Frieden" zu dem Ergebnis, dass die Redner_innen zwar nicht durch eine geschlossene antisemitische Ideologie geeint werden, die alle ideologischen und thematischen Differenzen überbrücken könnte. Antisemitismus auf den Mahnwachen für den Frieden äußere sich stattdessen vor allem latent und in sprachlichen Andeutungen.[37] In den Reden könne aber trotz allem eine „[...] weitgehende Übereinstimmung in grundlegenden, antisemitisch konnotierten Weltanschauungsmustern [...]"[38] festgestellt werden, die den Teilnehmer_innen mit all ihren thematischen und ideologischen Differenzen „[...] die Integration in eine gemeinsame Bewegung [ermöglicht]."[39]

Alle wissenschaftlichen Auseinandersetzungen mit den Mahnwachen für den Frieden attestieren der Bewegung eine starke Offenheit für verschwörungstheoretische Weltdeutungen, für die in vielen Fällen antisemitische Ressentiments das ideologische Fundament bilden. Im Folgenden rückt die Analyse der für die Diskursgemeinschaft der Mahnwachen[40] prägendsten Verschwörungstheorie in

---

35 Ganztägige Mahnwache am Sonntag, den 19.07.2014 mit ca. 3.000 Teilnehmer_innen in Berlin. Ehrich, Friedensdemo, o. S.
36 Munnes, Stefan, Nora Lege und Corinna Harsch: Zum Antisemitismus in der neuen Friedensbewegung. Eine Weltanschauungsanalyse der ersten bundesweiten „Mahnwachen für den Frieden". In: Jahrbuch für Antisemitismusforschung 25. Hrsg. von Stefanie Schüler-Springorum. Berlin 2016. S. 217–240.
37 Munnes et al., Antisemitismus, S. 238.
38 Munnes et al., Antisemitismus, S. 239.
39 Munnes et al., Antisemitismus, S. 239.
40 Ich begreife die Bewegung der Mahnwachen für den Frieden als Diskursgemeinschaft. Die Teilnehmer_innen der Mahnwachen stellen eine Diskursgemeinschaft dar und ihre Treffen, die Mahnwachen, liefern somit den diskursiven Raum für die Mitglieder der Diskursgemeinschaft, in welchem die Themen, Ziele und ideologischen Positionen der Protestbewegung entstehen. Die Diskursgemeinschaft der Mahnwachen beeinflusst, welche Meinungen und Positionen sich innerhalb der Protestbewegung durchsetzen und von den Diskursteilnehmer_innen als verbindlich anerkannt werden. Jäger, Siegfried (Hrsg.): Lexikon kritische Diskursanalyse. Eine Werkzeugkiste. Münster 2010, S. 40.

den Blick, die Verschwörungstheorie von der ‚Federal Reserve Bank und deren Einfluss auf das Weltgeschehen'.[41]

Diskursanalyse im Umfeld der Mahnwachen für den Frieden: Die Federal Reserve Bank und deren Einfluss auf das Weltgeschehen[42]

Meine Untersuchung kommt zu dem Ergebnis, dass es sich bei dem innerhalb der Bewegung prävalenten Narrativ vom globalen Einfluss der Federal Reserve Bank um eine Spielart der Verschwörungstheorie von der ‚Jüdischen Weltverschwörung' handelt.

Um zu prüfen, wie sich Antisemitismus auf der Ebene einer Protestbewegung über den Umweg von Verschwörungstheorien äußert, habe ich exemplarisch die Bewegung der Mahnwachen für den Frieden und ihre Sicht auf die Federal Reserve Bank für eine diskursanalytische Untersuchung im Rahmen meiner Magisterarbeit ausgewählt, aus welcher ich in diesem Aufsatz einen Ausschnitt präsentiere.

In die Diskursanalyse sind neben den von mir im Sommer 2014 geführten Interviews mit Aktivist_innen der Mahnwachen für den Frieden in Frankfurt am Main, Wiesbaden und Mainz außerdem Videomitschnitte von Reden auf den oben genannten Mahnwachen eingeflossen. Zusätzlich zu den Interviews und den Videomitschnitten wurden Beiträge von sogenannten ‚Alternativmedien', Sachbüchern, Film- und Internetquellen mit in die Diskursanalyse einbezogen, welche innerhalb der Diskursgemeinschaft der Protestbewegung eine hohe Popularität und Glaubwürdigkeit genießen. Es handelt sich hierbei unter anderem um den Dokumentarfilm *Zeitgeist: The Movie* des amerikanischen Regisseurs Peter Joseph aus dem Jahr 2007. Der Film erfreut sich großer Beliebtheit in verschwörungstheoretischen Netzmedien und wird auf den Mahnwachen für den Frieden immer wieder als Schlüsselmedium zum Verständnis der Federal Reserve Bank genannt. Außerdem stützt sich die Diskursanalyse auf eine Auswahl von Sachbüchern, die über den *Kopp-Verlag*, einem auf verschwörungstheoretische und esoterische Li-

---

[41] Auch wenn auf den Mahnwachen für den Frieden eine Vielzahl von Verschwörungstheorien zur Sprache kamen, so betrachte ich die Verschwörungstheorien um die Federal Reserve Bank als prägendste Verschwörungstheorie der Bewegung, da diese in Verbindung mit der Eskalation der Ukraine-Krise den Gründungsimpuls für die Protestbewegung darstellte.

[42] Für eine detaillierte Darstellung der ausgewählten Quellen: Hammel, Verschwörungstheorien, S. 79 ff.

teratur spezialisierten Sachbuchverlag, verlegt und/oder vertrieben werden. Die im Kopp-Verlag publizierten oder über ihn vertriebenen Bücher genießen ein hohes Ansehen innerhalb der Bewegung der Mahnwachen für den Frieden und werden auf diesen häufig als Literaturempfehlung genannt. Für die vorliegende Diskursanalyse wurden die im Kopp-Verlag erschienenen Bücher *Federal Reserve Bank: 100 Jahre Lügen* von Michael Grandt (2014), *Die Kreatur von Jekyll Island* von G. Edward Griffin (2006), sowie die nicht im Kopp-Verlag erschienenen, aber über den Onlineshop des Verlages vertriebenen Bücher *Die Rothschilds. Eine Familie beherrscht die Welt* von Tilman Knechtel (2012), *Was sie nicht wissen sollen!* von Michael Morris (2011), sowie *Die Jahrhundertlüge, die nur Insider kennen* von Heiko Schrang (2012) ausgewertet. Heiko Schrang hat außerdem eine direkte Verbindung zu den Aktivist_innen der Mahnwachen für den Frieden, da er in der Vergangenheit häufig als prominenter Redner bei größeren Mahnwachen auftrat. Zuletzt greift die Diskursanalyse auf Beiträge des Nachrichtenportals *KenFM* zurück, das von dem Journalisten Ken Jebsen betrieben wird, der ebenfalls ein prominenter Redner auf den Mahnwachen ist. Auf KenFM veröffentlicht Jebsen Reportagen (KenFM über, KenFM am Set, KenFM zeigt) und Interviews (KenFM im Gespräch) zu Themen mit großem Bezug zu den Kernthemen der Mahnwachen für den Frieden und so auch zum Thema Federal Reserve Bank. KenFM stellte ferner eines der wichtigsten Organe zur Mobilisierung für die Mahnwachen für den Frieden dar und berichtet außerdem häufig über die Protestbewegung.

Der Diskurs um den ‚Einfluss der Federal Reserve Bank auf das Weltgeschehen' nimmt innerhalb der Diskursgemeinschaft der Mahnwachen für den Frieden eine zentrale Stellung ein. Immer wieder wird auf den Mahnwachen selbst oder auch in Schriftstücken der neuen Protestbewegung eine Auflösung des Federal Reserve Systems gefordert, um die Einflussnahme der Federal Reserve Bank auf das Weltgeschehen zu beenden.

Die Frage nach der Macht der Federal Reserve Bank war für die neue Protestbewegung von Beginn an ein zentrales Thema und bildete sogar einen der Hauptgründe, aus welchem der Initiator der Mahnwachen, Lars Mährholz, die Bewegung im Frühjahr 2014 ins Leben rief. So heißt es in dem Aufruf zur ersten Mahnwache am 17. März 2014 in einem Forderungskatalog der jungen Protestbewegung neben allgemein gehaltenen Forderungen nach Frieden, Pressefreiheit und Demokratie, die Bewegung stände „für Frieden mit Russland & gegen die Todespolitik der Federal Reserve Bank!".[43] Gefragt nach den Zielen der neuen Protestbewegung und seiner Sicht auf die aktuelle weltpolitischen Situation

---

43 Montagsdemo Hamburg: Wir! sind das Volk. Aufruf zum friedlichen Widerstand. http://blog.zeit.de/stoerungsmelder/files/2014/04/1977267_567236566717981_136613637_n.jpg (24.12.2016).

schilderte Mährholz in einem Interview mit dem staatlichen russischen Nachrichtensender *Stimme Russlands Berlin* am 7. April 2014 am Rande der Berliner Mahnwache seine Sicht auf den Konflikt in der Ukraine folgendermaßen:

> Die Krise in der Ukraine ist zum Beispiel momentan eine brandgefährliche Situation. Aber man muss halt auch zurückgehen, man muss halt die Geschichte zurückgehen und sehen, woran liegt das alles, woran liegen alle Kriege in der Geschichte in den letzten hundert Jahren. Und was ist die Ursache von allem. Und wenn man das halt alles ein bisschen auseinander klabüstert (sic!) und guckt genau hin, dann erkennt man im Endeffekt, dass die Federal Reserve, die amerikanische Notenbank; das ist eine Privatbank, dass die seit über hundert Jahren die Fäden auf diesem Planeten zieht. Die amerikanische Regierung, die hat schon lange nix mehr zu sagen.[44]

Der Diskursstrang ‚Der Einfluss der Federal Reserve Bank auf das Weltgeschehen' lässt sich anhand der ausgewählten Diskursfragmente folgendermaßen nachzeichnen:[45]

Der Film *Zeitgeist: The Movie* des Regisseurs Peter Joseph aus dem Jahr 2007, der sich besonders ausführlich der Frage nach der Einflussnahme der Federal Reserve Bank auf die Kriege des 20. und 21. Jahrhunderts widmet, beantwortet die Frage danach, warum die Federal Reserve Bank ein Motiv haben sollte in das Weltgeschehen einzugreifen und sogar Kriege zu verursachen, folgendermaßen:

> It is important to understand that one of the most lucrative things that can happen for the bankers is war. For it forces the country to borrow even more money at interest. Not to mention the profits generated through the financing of military productions.[46]

Ken Jebsen ergänzt in dem Video *KenFM über: Scheindemokratie:*

> Die FED ist so staatlich, wie die Mafia gemeinnützig ist. Beide Organisationen stehen über dem Gesetz, nur dass die FED sich nicht mit Bandenkriegen zufrieden gibt. Die FED finan-

---

[44] The Voice of Russia Berlin: Interview Lars Märholz. http://www.youtube.com/watch?v=v-9_ntPQ_5U (27.12.2016). (Ab Minute 00:28).
[45] Ein Text, Textteil oder eine Rede zu einem bestimmten Narrativ wie etwa dem ‚Einfluss der Federal Reserve Bank auf das Weltgeschehen' stellt in der Terminologie der Kritischen Diskursanalyse ein ‚Diskursfragment' dar. Eine gewisse Menge solcher Diskursfragmente zu einem bestimmten Thema fügen sich zu einem ‚Diskursstrang' zusammen. Ein Diskurs wird schließlich auf verschiedenen ‚Diskursebenen' geführt, beispielsweise auf den Diskursebenen Politik, Medien, Alltag oder Wissenschaft.
[46] Joseph, Peter: Zeitgeist: The Movie. 2007. (Ab Minute 1:30:54).

ziert internationale Konflikte, Weltkriege. Im Anschluss kann sich jeder über Umwege bei der FED einen Kredit holen, um das Zerstörte wieder aufzubauen.[47]

Im Sinne dieser Logik finden Kriege in regelmäßigen Abständen also im ureigenen Interesse der Federal Reserve Bank statt, da diese an der Finanzierung eines Krieges und dem anschließenden Wiederaufbau der zerstörten Regionen verdiene. Innerhalb der untersuchten Diskursfragmente wird im Einklang mit den oben exemplarisch aufgeführten Zitaten immer wieder darauf verwiesen, die Federal Reserve Bank hätte den Ausbruch der großen Kriege des 20. und 21. Jahrhunderts zum Zwecke ihrer Gewinnmaximierung selbst verursacht. Als besonders prägnante Beispiele werden in der Regel der Erste und der Zweite Weltkrieg sowie der Vietnamkrieg und der Irakkrieg genannt. Die Federal Reserve Bank und ihre Verbündeten in Politik und Militär hätten in allen diesen Kriegen für den Kriegseintritt der USA gesorgt, in dem sie jeweils ein Ereignis verursacht hätten, welches die öffentliche Meinung innerhalb der Vereinigten Staaten, deren Bevölkerung bis dahin in allen Fällen mehrheitlich gegen einen Kriegseintritt der USA gewesen sein soll, ins Gegenteil verkehrte. Beispielsweise wären die Bombardierung der RMS Lusitania durch deutsche U-Boote (1915), der Angriff auf Pearl Harbor durch Japan (1941), der Tonkin-Zwischenfall (1964), sowie die Terroranschläge des 11. September (2001) von den Hintermännern der Federal Reserve Bank und ihren Verbündeten in der Politik inszeniert worden, um einen amerikanischen Kriegseintritt in den Ersten und Zweiten Weltkrieg, den Vietnamkrieg und den Irakkrieg zu rechtfertigen.[48]

Besonders die Frage nach einer Einflussnahme der Federal Reserve Banker im Deutschland der Zwischenkriegszeit und während der Zeit des Zweiten Weltkriegs liegt im Fokus der Diskursgemeinschaft der Mahnwachen für den Frieden und soll daher hier etwas genauer behandelt werden.

Nach Ende des Ersten Weltkriegs – so die gängige Darstellung – sei Deutschland nicht dazu in der Lage gewesen, die von den alliierten Siegermächten geforderten Reparationszahlungen zu leisten. Zu diesem Zeitpunkt hätten amerikanische Banken erstmals in hohem Maß Kredite an Deutschland vergeben, damit dieses die Reparationsforderungen weiter bedienen konnte. Mit dem Dawes- und dem Young-Plan habe die USA in den zwanziger Jahren versucht, einen wirtschaftlichen Aufschwung im Europa der Zwischenkriegszeit herbeizuführen und auch den amerikanischen Kapitalmarkt für Deutschland wieder ge-

---

47 Jebsen, Ken: KenFM über: Schein-Demokratie. https://www.youtube.com/watch?v=KjaxVl HOhTU (26.03.2017). (Ab Minute 12:36).
48 Joseph, Zeitgeist. (Ab Minute 1:32:00).

öffnet.⁴⁹ Auf dieser Grundlage sei von den „Wall Street-Banken"⁵⁰ massiv in die deutsche Industrie investiert worden.

Exemplarisch wird an dieser Stelle immer wieder auf die Geschichte der I.G. Farben verwiesen, einem der wichtigsten Rüstungsunternehmen in der Zeit der beiden Weltkriege. Diese sei von den Wall Street-Bankern aufgebaut worden. Max Warburg, dessen Bruder Paul M. Warburg am Jekyll-Island Treffen des Jahres 1910 teilgenommen hatte, war Mitglied des Aufsichtsrates der I.G. Farben und außerdem „die einzige deutsche Person im Vorstand der I.G. Farben, die nach dem Krieg nicht als Kriegsverbrecher angeklagt wurde"⁵¹, wie Tilman Knechtel, der Autor der verschwörungstheoretischen und antisemitischen Schrift *Die Rothschilds. Eine Familie beherrscht die Welt.*⁵² in diesem Zusammenhang bemerkt. Die Information, Max Warburg sei als Mitglied des I.G. Farben Aufsichtsrates nicht im I.G. Farben-Prozess des Jahres 1947 angeklagt worden, ist historisch korrekt. Knechtel unterschlägt allerdings in seiner Darstellung, dass Warburg dem Aufsichtsrat nur in der Zeit zwischen 1926 und 1935 angehörte. Er wurde wie alle weiteren Aufsichtsratsmitglieder der Zwischenkriegszeit in dem Prozess daher nicht angeklagt.

Rockefeller Standard Oil, ein der Familie Rockefeller gehörendes Unternehmen, soll zudem erst durch seine Lieferung von Rohpetroleum an die I.G. Farben dafür gesorgt haben, dass Deutschland überhaupt einen Krieg beginnen konnte.⁵³ Die Rockefeller-Group habe seit den 1920er Jahren die Aktienmehrheit an den I.G. Farben besessen. Ein Redner der 27. Mainzer Mahnwache am 17. November 2014 summiert in seiner Rede zur Macht der Federal Reserve Bank abschließend: Die I.G. Farben habe „[…] die NSDAP finanziert, die NSDAP hat den Hitler groß gemacht und Deutschland in diese Katastrophe geführt."⁵⁴ Knechtel führt im Kapitel *Die Rothschilds bauen die Nazis auf* weitere Beispiele für eine Beteiligung der Wall Street-Banken an den bedeutendsten deutschen Konzernen am Vorabend des Zweiten Weltkrieges auf.⁵⁵

Zur Frage, ob die Wall Street-Banker einen Einfluss auf den Aufstieg des Nationalsozialismus gehabt haben, kommen Tilman Knechtel und sinngemäß

---

49 Knechtel, Tilman: Die Rothschilds. Eine Familie beherrscht die Welt. Bierstein-Lichenroth: Fischer 2012, S. 138 ff.
50 Knechtel, Rothschilds, S. 140.
51 Knechtel, Rothschilds, S. 140.
52 Knechtel, Rothschilds.
53 Ein Redner der Mainzer Mahnwache berichtet über die Lieferung von Rohöl durch Rockefeller Standard Oil an die I.G. Farben. DieWeltveresserer: 27. Mahnwache Mainz 17.11.2014 Offener gemeinsamer Dialog für den Frieden Teil 2. https://www.youtube.com/watch?v=JhZP65avafs (28.01. 2015). (Ab Minute 28:52).
54 DieWeltveresserer, Dialog. (Ab Minute 24:19).
55 Knechtel, Rothschilds, S. 140 ff.

auch der Redner der 27. Mainzer Mahnwache am Ende ihrer Ausführungen übereinkommend zu dem Schluss: Die I.G. Farben wurde „[...] schon damals aus Amerika finanziert. Kann man also sagen der deutsche Kriegsapparat wurde aus Übersee damals schon finanziert."[56] Ein zweiter Redner der Mahnwache ergänzt: „[...] wer quasi Hitler damals finanzierte, und es waren wie gesagt zum Großteil amerikanische Wall Street-Banker, die die Nazis und Nazi-Wahlkämpfe damals schon finanziert hatten."[57] Bei Knechtel heißt es: „[...] Hitler bekam – lange vor seiner Machtergreifung von den Rothschild-Agenten innerhalb weniger Jahre 32 Mio. Dollar [...] zugeschossen. [...] Die Wallstreet-Banker [muss man] als die mit weitem Abstand größte Kraft hinter dem Aufstieg eines Adolf Hitlers sehen [...]."[58]

Für die Mainzer Mahnwachen für den Frieden stellt die Frage nach dem ‚Einfluss der Federal Reserve Bank auf das Weltgeschehen' ein Schwerpunktthema dar. Die Aktivist_innen befassten sich an mehreren Montagen mit dieser Thematik. So konstatierte ein Redner der 22. Mainzer Mahnwache für den Frieden vom 13. Oktober 2014 in einer Rede am offenen Mikrofon zum Einfluss der Federal Reserve Bank abschließend: „Es zieht sich bitte von vorne bis hinten ein roter Faden durch und immer wieder kommt man zum Geld hin und muss sich wirklich mal fragen, wer profitiert davon. Und es ist leider immer wieder das Monopol der FED und einzelnen, ja, ein paar wenigen, oder vielen Privatbanken, ich weiß net, wie sollte man's ausdrücken. Es hat sich bis heute nichts verändert."[59]

Auch auf der 27. Mainzer Mahnwache für den Frieden am 17. November 2014 war der Einfluss der Federal Reserve Bank auf den Zweiten Weltkrieg erneut Thema einer Rede am offenen Mikrofon. Auf die Frage, worum es dem Redner mit seiner Beschäftigung mit dem Einfluss der Federal Reserve Bank auf die deutsche Wirtschaft am Vorabend des Zweiten Weltkrieges ginge, äußerte dieser sich folgendermaßen: „Das ist ganz schön krass, da spricht niemand drüber. Es geht jetzt nicht drum irgendjemand von einer Schuld rein zu waschen, aber es geht uns drum mal den Dreck ein bisschen gleichmäßiger zu verteilen und mal laut zu sagen, wer denn da dahinter stand!"[60]

---

56 DieWeltveresserer, Dialog. (Ab Minute 25:32).
57 DieWeltveresserer, Dialog. (Ab Minute 26:10).
58 Knechtel, Rothschilds, S. 146.
59 DieWeltveresserer, 22. Mahnwache Mainz 13.10.2014 Offener gemeinsamer Dialog für den Frieden Teil 3. https://www.youtube.com/watch?v=e0pTS2BdHPU (23.01.2015) (Ab Minute 29:19).
60 DieWeltveresserer, Dialog. (Ab Minute 26:28).

Antisemitische Zuschreibungen im Diskurs um die Federal Reserve Bank

Die Beispiele haben darlegen können, dass der Diskurs um den ‚Einfluss der Federal Reserve Bank auf das Weltgeschehen' eine Vielzahl verschwörungstheoretischer Deutungen mit antisemitischen und auch antiamerikanischen Zuschreibungen enthält, die bei diesem Thema mehrheitlich dem Repertoire des sekundären Antisemitismus und des Antiamerikanismus entstammen. Es soll an dieser Stelle allerdings darauf hingewiesen werden, dass die Vorstellung einer jüdischen Weltverschwörung für den modernen Antisemitismus im Allgemeinen ein bestimmendes Motiv ist. Während der NS-Diktatur diente die eingebildete Gefahr einer ‚jüdisch-bolschewistischen Weltverschwörung' als zentrale Basis für die Vernichtungspolitik gegenüber den europäischen Juden.

Es kann deutlich eine Umwegkommunikation des Antisemitismus im Sinne des Theorems der Kommunikationslatenz nach Bergmann und Erb[61] über den Antiamerikanismus und den sekundären Antisemitismus nachgewiesen werden. Bereits im Anfangsstadium der jungen Protestbewegung tritt in dem eingangs aufgeführten Interviewzitat von Lars Mährholz das entscheidende Motiv für deren Beschäftigung mit der Federal Reserve Bank zutage: Es scheint vielen Aktivist_innen der Mahnwachen für den Frieden um eine Neubewertung der Geschichte des 20. und 21. Jahrhunderts und eine Aufklärung über den ihrer Ansicht nach ‚wahren' Geschichtsverlauf zu gehen. Wäre die Federal Reserve Bank tatsächlich verantwortlich für alle Kriege der letzten hundert Jahre würde dies auch eine Entlastung der Deutschen von der Schuld an den beiden Weltkriegen bedeuten.

Aber nicht nur die Frage nach der Kriegsschuld müsste nach dieser Lesart der historischen Ereignisse neu und zugunsten der Deutschen bewertet werden, sondern auch die Frage, wer die Schuld an der Ermordung der europäischen Juden während der Zeit des Nationalsozialismus trägt. Wie die Analyse der Quellen zeigte, basiert das verschwörungstheoretische Sagbarkeitsfeld innerhalb der Diskursgemeinschaft der Mahnwachen auf der Ansicht, ohne die finanziellen Kredite durch amerikanische Banken an die Nationalsozialisten und das Engagement dieser Banken in den bedeutendsten deutschen Konzernen dieser Zeit, wäre es im Deutschland der dreißiger Jahre nie zu einem derartigen Aufstieg des

---

61 Bergmann, Werner und Rainer Erb: Kommunikationslatenz, Moral und öffentliche Meinung. Theoretische Überlegungen zum Antisemitismus in der Bundesrepublik Deutschland. In: Kölner Zeitschrift für Soziologie und Sozialpsychologie 38 (1986). S. 223–246.

Nationalsozialismus gekommen. Die Hauptakteure der Banken werden in den Quellen zwar nie direkt als Juden identifiziert, durch die Nennung jüdisch klingender Namen (Rothschild, Warburg, Rockefeller) soll aber bei der Leser_in oder Zuschauer_in diese Assoziation geweckt werden.

Die Motive der Schuld- und Erinnerungsabwehr, die hinter dieser speziellen Lesart der Geschichte des Nationalsozialismus stehen, bilden die entscheidende Grundlage für das Phänomen des sekundären Antisemitismus, welcher im Deutschland der Nachkriegszeit als Antisemitismus ‚wegen Auschwitz' entstanden ist und in der Gegenwart neben dem israelbezogenen Antisemitismus die dominanteste Variante des Antisemitismus in Deutschland darstellt.[62] So benennt beispielsweise der oben zitierte Redner der 27. Mainzer Mahnwachen für den Frieden am 17. November 2014 das Motiv der Schuldabwehr nahezu direkt, wenn er davon spricht, worum es den Mahnwachen aus seiner Sicht bei der Beschäftigung mit dem Einfluss der Federal Reserve Bank im Zweiten Weltkrieg eigentlich gehe: „Es geht jetzt nicht drum irgendjemand von einer Schuld rein zu waschen, aber es geht uns drum mal den Dreck ein bisschen gleichmäßiger zu verteilen und mal laut zu sagen, wer denn da dahinter stand!"[63]

Vor allem die Täter-Opfer-Umkehr und die Relativierung und Aufrechnung der deutschen Schuld am Kriegsausbruch und an der Vernichtung der europäischen Juden lassen sich als Topoi des verschwörungstheoretischen Sagbarkeitsfeldes zum Diskurs um den Einfluss der Federal Reserve Bank eindeutig nachweisen. Eine Umkehr der Täter und Opfer in Bezug auf die Geschichte des Zweiten Weltkrieges und der nationalsozialistischen Verbrechen sowie die damit verbundene Relativierung der Schuld der deutschen Täter_innen lassen sich innerhalb des Sagbarkeitsfeldes der Diskursgemeinschaft der Mahnwachen für den Frieden primär dann feststellen, wenn die Schuld am Ausbruch des Zweiten Weltkrieges und an der nationalsozialistischen Vernichtung in den Konzentrationslagern nicht bei den Deutschen und ihren Verbündeten gesehen wird, sondern bei den Bankern der amerikanischen Notenbank, der Federal Reserve Bank. Durch die Andeutungen in den untersuchten Quellen auf die Religionszugehörigkeit der Banker und den wiederholenden Hinweis darauf, die Entscheidungsträger der Federal Reserve Bank würden im Auftrag der Rothschilds handeln, wird

---

62 Broder, Henryk M.: Der ewige Antisemit. Über Sinn und Funktion eines beständigen Gefühls. Frankfurt a. M. 1988, S. 11; Bergmann, Werner: Sekundärer Antisemitismus. In: Handbuch des Antisemitismus. Judenfeindschaft in Geschichte und Gegenwart. Hrsg. von Wolfgang Benz. Berlin 2011, S. 300.
63 DieWeltveresserer, 25. Mahnwache Mainz 3.11.2014 Offener gemeinsamer Dialog für den Frieden Teil 4. https://www.youtube.com/watch?v=wFOiABwPLk4 (01.02.2015) (ab Minute 26:28).

den anderen Teilnehmer_inen des Diskurses suggeriert, bei den Täter_innen würde es sich um Juden handeln.⁶⁴ Die jüdischen Opfer des Nationalsozialismus werden in dieser Sichtweise zu Täter_innen gemacht, die die Verbrechen durch ihre Bankenpolitik entweder bewusst gefördert (Ausbruch des Krieges) oder nicht verhindert haben, obwohl es in ihrer Macht gestanden hätte (nationalsozialistische Vernichtungspolitik). Im Umkehrschluss werden die deutschen Täter_innen zu Opfern eines Komplotts, der von den (jüdischen) Bankern der amerikanischen Notenbank eingefädelt wurde, wodurch die deutsche Schuld am Zweiten Weltkrieg und den Verbrechen des Nationalsozialismus in einem vermeintlich anderen Licht erscheint und relativiert wird.⁶⁵

Ausblick

Die Mahnwachen für den Frieden haben in den Frühlings- und Sommermonaten des Jahres 2014 für eine kurze Zeit bundesweit Menschen auf die Straße mobilisieren können. Dies gelang ihnen mit einem für Ausstehende kaum nachvollziehbaren Themenmix aus plakativen Forderungen nach ‚Frieden‘, ‚Freiheit‘ und ‚Gerechtigkeit‘, einem spontanen und dezidiert apolitisch inszenierten Happening-Charakter ihrer Treffen⁶⁶, der sich auszeichnete durch ein Faible für Esoterik, Verschwörungstheorien und einer Offenheit für antisemitische Welterklärungen.

Mit ihren besorgniserregenden Einstellungen zum politischen System in der Bundesrepublik und seinen demokratischen und gesellschaftlichen Institutionen und der immensen politischen Entfremdung ihrer Aktivist_innen lieferten die Mahnwachen einen Vorgeschmack auf Bewegungen, die kurze Zeit später folgen sollten: die Dresdner *PEGIDA*⁶⁷-Demonstrationen ab Oktober 2014 und kleinere Protestphänomene wie *PEGADA* bzw. *EnDgAmE*⁶⁸ oder die *Wir sind Deutschland*-Demonstrationen in Plauen.

---

64 Knechtel, Rothschilds, S. 28. Nach Juliane Wetzel gilt die Nennung des Namens „Rothschild" als Hinweis auf ein jüdisch dominiertes Finanzwesen schlechthin. Wetzel, Juliane: Verschwörungstheorien. In: Handbuch des Antisemitismus. Judenfeindschaft in Geschichte und Gegenwart. Hrsg. von Wolfgang Benz. Berlin 2011, S. 336.
65 Knechtel, Rothschilds, S. 148, S. 165 f.; Joseph, Zeitgeist. (Ab Minute 1:30:54).
66 Für eine detaillierte Schilderung des Ablaufs einer typischen Mahnwache: Hammel, Verschwörungstheorien, S. 21 ff.
67 „Patriotische Europäer gegen die Islamisierung des Abendlandes" (PEGIDA).
68 „Patriotische Europäer gegen die Amerikanisierung des Abendlandes" (PEGADA), später umbenannt in „Engagierte Demokraten gegen die Amerikanisierung Europas" (EnDgAmE).

Sie alle eint die ausgeprägte Akzeptanz verschwörungsideologischer Weltdeutungsmuster, die im Zusammenspiel mit der politischen Entfremdung der Aktivist_innen, ihrem ausgeprägten Hass gegenüber politischen, gesellschaftlichen und wirtschaftlichen Eliten, sowie dem Gefühl weder politisch gehört noch vertreten zu werden, einen fruchtbaren Boden für populistische Vereinnahmung bieten.

In dieser ideologischen Schnittmenge mag auch begründet liegen, warum den Mahnwachen für den Frieden die Integration von auf den ersten Blick heterogenen und widersprüchlichen Themen und Personengruppen so leicht gelingt. Deren verbindendes Element ist ein manichäisches Weltbild, also die Vorstellung von einem endzeitlichen Kampf des Guten gegen das Böse. Dieser Manichäismus findet sich bei den Mahnwachen für den Frieden in der verschwörungstheoretischen Vorstellung einer ‚Neuen Weltordnung', die eine Weiterentwicklung der Verschwörungstheorie von der Federal Reserve Bank darstellt und viele antisemitische Stereotype enthält.[69] Rückgriffe auf ein manichäisches Weltbild sind sowohl in Verschwörungstheorien[70], im Populismus[71], als auch im Antisemitismus[72] ein zentrales Ideologieelement. Das manichäische Weltbild erfüllt für die Bewegung der Mahnwachen für den Frieden die entscheidende Scharnierfunktion zur Integration ihrer heterogenen Anhängerschaft und deren politischer Schwerpunkte und Ziele.

Literaturverzeichnis

Bergmann, Werner: Sekundärer Antisemitismus. In: Handbuch des Antisemitismus.
    Judenfeindschaft in Geschichte und Gegenwart. Band 3. Begriffe, Theorien, Ideologien.
    Hrsg. von Wolfgang Benz. Berlin 2011. S. 300–302.
Bergmann, Werner und Rainer Erb: Kommunikationslatenz, Moral und öffentliche Meinung.
    Theoretische Überlegungen zum Antisemitismus in der Bundesrepublik Deutschland. In:
    Kölner Zeitschrift für Soziologie und Sozialpsychologie 38 (1986). S. 223–246.
Broder, Henryk M.: Der ewige Antisemit. Über Sinn und Funktion eines beständigen Gefühls.
    Frankfurt am Main 1988.

---

69 Für eine detaillierte diskursanalytische Untersuchung des Diskurses um die „Neue Weltordnung" innerhalb der Diskursgemeinschaft der Mahnwachen: Hammel, Verschwörungstheorien, S. 112f.
70 Groh, Dieter: Verschwörungstheorien revisited. In: Verschwörungstheorien. Anthropologische Konstanten – historische Varianten. Hrsg. von Ute Caumanns. Osnabrück 2001, S. 190.
71 Mudde, Cas: The Populist Zeitgeist. In: Government and Opposition 4 (2004). S. 543.
72 Haury, Thomas: Antisemitismus von links. Kommunistische Ideologie, Nationalismus und Antizionismus in der frühen DDR. Freiburg 2002, S. 109f.

Crouch, Colin: Postdemokratie. Frankfurt am Main 2008.
Daphi, Priska, Dieter Rucht, Wolfgang Stuppert, Simon Teune und Peter Ullrich: Montagsmahnwachen für den Frieden. Antisemitisch? Pazifistisch? Orientierungslos? In: Forschungsjournal Soziale Bewegungen 27 (2014a). S. 24–31.
Daphi, Priska, Dieter Rucht, Wolfgang Stuppert, Simon Teune und Peter Ullrich: Occupy Frieden. Eine Befragung von Teilnehmer/innen der „Montagsmahnwachen für den Frieden". (2014b) https://protestinstitut.files.wordpress.com/2014/06/occupy-frieden_befragung-montagsmahnwachen_protestinstitut-eu1.pdf (04.03.2017).
Die neurechten Montagsdemos. Gespräch mit Jutta Ditfurth. http://www.3sat.de/mediathek/?mode=play&obj=43135 (21.03.2017).
DieWeltveresserer: 22. Mahnwache Mainz 13.10.2014 Offener gemeinsamer Dialog für den Frieden Teil 3. (2014a) https://www.youtube.com/watch?v=e0pTS2BdHPU (23.01.2015).
DieWeltveresserer: 25. Mahnwache Mainz 3.11.2014 Offener gemeinsamer Dialog für den Frieden Teil 4. (2014b) https://www.youtube.com/watch?v=wFOiABwPLk4 (01.02.2015).
DieWeltveresserer: 27. Mahnwache Mainz 17.11.2014 Offener gemeinsamer Dialog für den Frieden Teil 2. (2014c) https://www.youtube.com/watch?v=JhZP65avafs (28.01.2015).
Ehrich, Issio: Die große Friedensdemo floppt. Wer bin ich – und wenn ja, wie viele? http://www.n-tv.de/politik/Wer-bin-ich-und-wenn-ja-wie-viele-article13243441.html (29.01.2017).
Groh, Dieter: Verschwörungstheorien revisited. In: Verschwörungstheorien. Anthropologische Konstanten – historische Varianten. Hrsg. von Ute Caumanns. Osnabrück 2001. S. 187–196.
Hammel, Laura Luise: Antisemitische und antiamerikanische Verschwörungstheorien. Eine Diskursanalyse im Umfeld der „Mahnwachen für den Frieden" im Frühjahr 2014. Hausarbeit zur Erlangung des akademischen Grades einer Magistra Artium (M.A.). Mainz 2015. https://www.academia.edu/13098275/Antisemitische_und_antiamerikanische_Verschw%C3%B6rungstheorien._Eine_Diskursanalyse_im_Umfeld_der_Mahnwachen_f%C3%BCr_den_Frieden (25.12.2016).
Haury, Thomas: Antisemitismus von links. Kommunistische Ideologie, Nationalismus und Antizionismus in der frühen DDR. Freiburg 2001.
Jäger, Siegfried: Kritische Diskursanalyse. Eine Einführung. Duisburg 1993.
Jäger, Siegfried (Hrsg.): Lexikon kritische Diskursanalyse. Eine Werkzeugkiste. Münster 2010.
Jebsen, Ken: KenFM über: Schein-Demokratie. https://www.youtube.com/watch?v=KjaxVlHOhTU (26.03.2017).
Joseph, Peter: Zeitgeist: The Movie. USA 2007. 116 Minuten.
Kensche, Christine: Frieden und so – Was die neuen Montagsdemonstranten wollen. http://www.morgenpost.de/berlin-aktuell/article127895626/Frieden-und-so-Was-die-neuen-Montagsdemonstranten-wollen.html (21.03.2017).
Knechtel, Tilman: Die Rothschilds. Eine Familie beherrscht die Welt. Birstein-Lichenroth 2012.
Lauer, Stefan: Montagsdemo-Initiator Lars Mährholz verschweigt seine rechte Vergangenheit. https://www.vice.com/de/article/montagsdemo-initiator-lars-maehrholz-verschweigt-seine-rechte-vergangenheit-kenfm-juergen-elsaesser (19.04.2017).
Leber, Sebastian: In der Welt der Verschwörungstheoretiker. http://www.tagesspiegel.de/themen/reportage/mahnwachen-in-berlin-in-der-welt-der-verschwoerungstheoretiker/19544708.html (21.03.2017).

Mahnwachen & Montagsdemos Termine + Österreich & Schweiz. https://www.facebook.com/events/652763618105279 (29.01.2017).

Montagsdemo Hamburg. Wir! sind das Volk. Aufruf zum friedlichen Widerstand. http://blog.zeit.de/stoerungsmelder/files/2014/04/1977267_567236566717981_136613637_n.jpg (24.12.2016).

Mudde, Cas: The Populist Zeitgeist. In: Government and Opposition 4 (2004). S. 541–563.

Munnes, Stefan, Nora Lege und Corinna Harsch: Zum Antisemitismus in der neuen Friedensbewegung. Eine Weltanschauungsanalyse der ersten bundesweiten „Mahnwachen für den Frieden". In: Jahrbuch für Antisemitismusforschung 25. Hrsg. von Stefanie Schüler-Springorum. Berlin 2016. S. 217–240.

Niewendick, Martin: Unter Aluhüten. In: Jungle World 19 (2014a). S. 10–11.

Niewendick, Martin: Verschwörungstheoretiker, Linke und Neonazis gegen Gauck. (2014b) http://www.tagesspiegel.de/berlin/demo-friedenswinter-in-berlin-verschwoerungstheoretiker-linke-und-neonazis-gegen-gauck/11116944.html (29.01.2017).

Stöcker, Christian: Facebook-Spam: Russland-Freunde aus der rechten Ecke. http://www.spiegel.de/netzwelt/netzpolitik/facebook-spam-bei-deutschen-medien-unter-namen-anonymous-a-964869.html (23.03.2016).

o. V.: Lars Mährholz im RT Deutsch-Interview: 1,5 Jahre „Mahnwachen für den Frieden". https://deutsch.rt.com/30113/meinung/lars-maehrholz-im-rt-deutsch-interview-rueck-und-ausblick-nach-15-jahren-mahnwachen-fuer-den-frieden/ (19.04.2017).

The Voice of Russia Berlin: Interview Lars Mährholz. http://www.youtube.com/watch?v=v-9_ntPQ_5U (27.12.2016).

Thurm, Frida: Die ganz eigene Welt der Montagsdemonstranten. http://www.zeit.de/gesellschaft/2014-04/montagsdemo-mahnwache-frieden-berlin (29.01.2017).

Ullrich, Peter: Links, rechts oder einfach nur bekloppt? Die neuen Montagsdemos fordern die Friedensbewegung, die Linke und unser Verständnis politischer Konflikte heraus. In: analyse & kritik (ak) 44/594 (2014). S. 11–12.

Ullrich, Peter: Postdemokratische Empörung. Ein Versuch über Demokratie, soziale Bewegungen und gegenwärtige Protestforschung. In: Pegida als Spiegel und Projektionsfläche. Wechselwirkungen und Abgrenzungen zwischen Pegida, Politik, Medien, Zivilgesellschaft und Sozialwissenschaften. Hrsg. von Tino Heim. Wiesbaden 2017. S. 217–251.

Wetzel, Juliane: Verschwörungstheorien. In: Handbuch des Antisemitismus. Judenfeindschaft in Geschichte und Gegenwart. Band 3. Begriffe, Theorien, Ideologien. Hrsg. von Wolfgang Benz. Berlin 2011. S. 334–337.

Zbyněk Tarant
Vladimir Putin's 'War on Fascism' and the Russian Links to Far-Right and Antisemitic Parties in Europe

Introduction

It might almost sound like paradise on earth – Jews being invited to come to Russia by President Vladimir Putin,[1] who, at one of the meetings of the European Jewish Congress in the Kremlin, organized by the Russian oligarch Moshe Vyacheslav Kantor, depicted his country as a safe haven when contrasted with the declining West.[2] This was endorsed by the local leader of the *Chabad* movement, Berel Lazar, who agreed and said that "Putin is rebuilding the Soviet empire, this time without antisemitism [...] For the Jews, it is a miracle".[3]

However, this ostensibly anti-Fascist and anti-antisemitic Russian ethos is somewhat tainted by the fact that the Putin's regime has the tendency to view the world through conspiracist lens that leaves the door open for antisemitism. Moreover, the regime receives a strong vocal support from far-right fascist and antisemitic parties, to which, arguably, it provides certain financial, organizational and to some extent even ideological support. The following chapter attempts to tackle some of these paradoxes within the narrow limits of an academic paper by providing an overview of recent personal and financial contacts as well as ideological and geopolitical affinity between the Russian authorities and European far-right parties. A brief overview of the levels of antisemitism in Russia and Ukraine is included in order to provide context.

Russia and Ukraine – Antisemitism as a Weapon

The general level of antisemitism in Russia is reported to be lower than the Eastern European average, The *Anti-Defamation League* (ADL), for instance, reports

---

[1] Pfeffer, Anshel: How Putin's man made his way to the top of European Jewry. *Ha-Aretz*, 2 February 2016.
[2] Putin offers Russian refuge to European Jews facing anti-Semitism. Russia Today, 20 January 2016.
[3] Back in the USSR? *Times of Israel*, 30 April 2014.

that about 23 percent of Russians may harbor antisemitic stereotypes, which is a significant drop from the 30 percent recorded in 2014 and far below the Eastern European average.[4] The Secretary-General of the pro-Kremlin *Euroasian Jewish Congress* (EJC) in Moscow, Mikhail Chlenov, has two explanations for the decline: "First, the president in Russia is not an anti-Semite [...] Second, xenophobes have switched their attention from Jews to other ethnic groups".[5]

There appear to have only been a few dozen officially reported antisemitic incidents in Russia in recent years, most of which were verbal assaults or vandalism, although isolated cases of violence did occur. In 2014, the *Russian Jewish Congress* (RJC) pointed out several cases of explicit antisemitic manifestations at the level of regional politics and the national media. However, while the report insisted that current levels of antisemitism in the country still remain fairly low, it also noted a significant increase in antisemitism in Russia during the first months of 2014 and warned against the "return of antisemitism to the mainstream".[6]

In its detailed sociological survey of 2016, the *Russian Jewish Congress*, in cooperation with the *Levada Center*, confirmed the ADL and EJC findings regarding the dramatic improvement in attitudes towards Jews, as well as the generally low rates of antisemitic convictions within society. Antisemitism is seen as latent or passive. It is no longer seen as a grass-roots phenomenon in Russia. However, the survey also issued a warning that antisemitism is "nurtured by the increasingly intense nationalistic propaganda in the state-owned media and by the official traditionalist rhetoric".[7] In the survey's conclusions, the RJC regarded this media focused antisemitism as a side-effect of what it called a "post-imperial syndrome", in which the frustration of losing superpower status mixes with attempts to refocus the "growing dissatisfaction of society towards inner and outer enemies".[8] As if to support these conclusions, the prestigious Levada Center, which prepared this report, was blacklisted by the Russian authorities as being a "Foreign Agent".[9]

Antisemitic conspiracy theories are publicly presented in the Russian mainstream media, including television, which is the most influential media outlet in

---

4 The ADL Global 100: An Index of Antisemitism 2014. http://global100.adl.org/.
5 Chulkovskaya, Yekaterina: Experts say anti-Semitism is in decline in Russia, but are they right? *Russia Beyond the Headlines*, 11 November 2016.
6 Proyavlenyi antisemitizma v Rossyi z Yanvara po Aprel 2014 goda, *Russian Jewish Congress*.
7 Study report 'Anti-Semitism in today's Russia'. *Russian Jewish Congress*.
8 Study report 'Anti-Semitism in today's Russia'. *Russian Jewish Congress*.
9 Leading Independent Pollster Blacklisted as 'Foreign Agent', *The Moscow Times*, 5 August 2016.

the country. Recent example from private channels would include the REN-TV documentary, which blamed the Jews for the sinking of the Titanic, Chernobyl disaster and 9/11 attacks.[10] Antisemitism does appear on the state-run channels as well – the most notorious example would be *Rossyia 24*, where antisemites, such as the ultranationalist Alexander Prokhanov, are invited for interviews.[11] And while there is occasional *ex post* criticism of these expressions, this criticism seems less convincing in a society, where all media are under increased government control. The more censorship and limits on free speech the state applies, the more responsibility it also has to take for such extremist and antisemitic manifestations in the media it controls. That is the paradox of censorship. If antisemitic expressions continue to appear, while journalists get killed and TV stations closed down over anti-regime criticism, then it casts serious doubt over sincerity of Vladimir Putin's 'anti-Fascist' proclamations.[12] Especially, as Putin occasionally uses the conspiracist patterns of speech himself, like when he accused the German *Süddeutsche Zeitung* of performing agenda of the American investment bank Goldman Sachs. He made this remark in response to the 2016 Panama papers case, using an allusion to an alleged conspiracy of 'American financial oligarchy'. Putin later apologized for these remarks.[13]

The conspiracist mindset was particularly apparent in the propaganda warfare that surrounded the war in Eastern Ukraine. Both sides in the conflict have occasionally resorted to anti-Jewish violence, be it to attack Jews directly, or to use a false-flag antisemitic incident in order to blame the other party. Alleged antisemitic incidents were used by the Russian Federation as one of the pretexts for the takeover of the Crimea.[14] The same pattern of false-flag antisemitic incidents continued during the incursion into Eastern Ukraine. Some of these incidents involved fake news items, such as *Russia Today's* piece on Jews who were allegedly preparing for evacuation from Odessa.[15] Other incidents really did take place; however, the perpetrators' motives and allegiances are unknown.[16] It is

---

10 Russian TV blames Jews for sinking of Titanic, Chernobyl and 9/11, *The Coordination Forum for Countering Antisemitism*,12 August 2016.
11 See for example: Russian TV Anchor Implies Jews Brought Holocaust On Themselves, *Radio-FreeEurope*, 24 March 2014.
12 For the takeover of Russian TV market by the state, see: Supjeva, Laura: Russian Television under Putin. *Global Politics – Časopis pro politiku a mezinárodní vztahy*.
13 Kremlin says sorry to Goldman Sachs, German paper over Panama Papers slip-up. *Reuters*, 15 April 2016.
14 Kondrachuk, Masha and Stephen Ennis: Jews reject Russia claims of Ukraine anti-Semitism. *BBC*, 12 November 2014.
15 Buses and armed guards. Odessa Jews ready for mass evacuation, *Russia Today*, 5 May 2014.
16 Ukrainian synagogue firebombed. *Jewish Telegraphic Agency*, 20 April 2014.

not known, for example, who was actually responsible for the provocative leaflets calling on the Donetsk Jews to register and pay a "Jewish tax".[17] Unfortunately, as Abraham Foxman, the chief of the *Anti-Defamation League* commented in his piece: "Even fake hate can fuel instability".[18]

The use of antisemitism in propaganda warfare has placed the *Anti-Defamation League* in a new, previously unknown position, in which it is forced to deny allegations of antisemitism. In response to the repeated allegations about the Ukrainian government being a "fascist and antisemitic junta", Foxman wrote: "[I]t is pure demagoguery and an effort to rationalize criminal behavior on the part of Russia to invoke the anti-Semitism ogre into the struggle in Ukraine. In fact, it is fair to say that there was more anti-Semitism manifest in the worldwide Occupy Wall Street movement than we have seen so far in the revolution taking place in Ukraine."[19]

In its 2015 report the ADL indicated that 32 percent of the Ukrainian population might be harboring antisemitic stereotyped views, a drop from 38 percent in the previous year.[20] The local Jewish communities stated that although they did experience everyday expressions of antisemitism, this was not at the state level – definitely not enough to justify the unilateral armed actions of a foreign power. As the historian Timothy Snyder pointed out, the most dangerous time for Ukrainian Jews is when there is a collapse of the state and foreign incursion: "[T]he Jews in Ukraine [today] have no reason for anyone to invade the country, regardless of who that might be, because it's a breakdown in the state which is the most dangerous thing for them,".[21]

The Russian-Ukrainian war is already taking its Jewish toll. According to the Jewish Agency, more than 5,500 Ukrainian Jews made *aliyah* to Israel in 2014.[22] In 2015, an additional 7,000 Jews, "a staggering 11 percent of the Ukrainian Jewish population",[23] migrated to the Jewish state.[24] This made Ukraine the second

---

17 Sokol, Sam: Jews Cast Doubt on Origin of Anti-Semitic Flyers in Donetsk. *Jerusalem post*, 18 April 2014.
18 Foxman, Abraham B.: Anti-Semitism card overplayed in Ukraine. *USA Today*, 17 April 2014.
19 Foxman, Abraham B.: Russia plays the antisemitism card. Anti-Defamation League, 14 March 2014.
20 Press Release – New ADL Poll Finds Dramatic Decline in Anti-Semitic Attitudes in France; Significant Drops in Germany and Belgium. Anti-Defamation *League*, 30 June 2015.
21 Snyder, Timothy: Putin's Anti-Semitic Claims 'Ridiculous'. Ukraine Jewish Leader. *NBC News*, 15 March 2014.
22 Aliyah Hits Ten-Year High. Approximately 26,500 New Immigrants Arrived in Israel in 2014. *Jewish Agency*, 2 January 2015.
23 Aslan-Levy, Eylon: Aliyah Numbers Rise, but the Majority Coming From Just Three Countries. *Tabletmag*, 22 April 2016.

largest source of Jewish *aliyah*, closely following the widely discussed issue of France. The third largest source, however, has been Russia, from which about 12,000 people migrated to Israel in 2014 and 2015. "The depreciation of the Russian ruble and the erosion of civil liberties under the government of Vladimir Putin" are quoted as being the main reasons for this new wave of Russian Jewish migration to Israel according to Nathan Sharansky.[25] And while the immigration levels from Ukraine and France plummeted in 2016, the wave of Russian *aliyah* continued unabated and reached a 10-year high, surpassing France as the main source of Jewish *aliyah* to Israel in 2016. As the *Jewish Agency* has observed, the typical *olim* from this new wave of Russian migration to Israel are members of the liberal intelligentsia from Moscow and St. Petersburg, who feel that their lifestyle may be in danger under Putin.[26]

Ideological Links

The first contacts between the Russian and the European-far-right can be traced back to the days of the Soviet Union in the 1980s and 1990s. Interested in the works of neo-Fascist and New Right thinkers in Europe, the later ideologue of Eurasianism, Alexander Dugin, made contact with New Right parties in Italy, France, Spain and in other countries in order to study the thought of Julius Evola and Alan de Benoist.[27] After his return to Russia, Dugin first experimented with so-called National Bolshevism – a third way ideology that sought to unite elements of Bolshevism and Fascism. After his break with National Bolshevism, he re-discovered the idea of Euroasianism.

Eurasianism is often referred to as the 'fourth political theory' after communism, fascism and liberalism. It is a complex conglomerate of ideas drawn from communism, fascism, radical environmentalism and religious traditionalism. The basic idea is that Russia belongs neither to Europe (i.e.: the West), neither to Asia (i.e.: the Orient) and that it is a distinct entity, a continent of its own, whose inhabitants are chosen to preserve the traditional values against conspiracies of demonic alien powers – the wicked Atlantics. In his most influential pam-

---

24 30,000 Immigrants Arrived in Israel in 2015. *Jewish Agency*.
25 France is Israel's largest source of aliyah for the 2nd straight year. *Jewish Telegraphic Agency*, 22 December 2015.
26 Aliyah from Russia hits ten-year high but has 13 per cent drop overall. *European Jewish Congress*, 2 January 2017.
27 Laruelle, Marlene: *Eurasianism and the European Far Right: Reshaping the Europe–Russia Relationship*. Lexington Books 2015.

phlet *The Great War of Continents*,²⁸ Dugin plays out the vision of an alleged Atlantian conspiracy – an esoteric meta-conspiracy theory further linked to anti-American and judeo-masonic conspiracy theories – that can be stopped only by means of counter-conspiracy of the consolidated Eurasia. Conspiracy of the alien Atlantics justifies any means on the side of the Eurasians, who are required to expand and secure their living space in order to survive the imminent planetary-wide conflict, allegedly prepared by the Atlantics. In practice, this theory calls for 'unification' of Russia with its surrounding European territories by whatever means necessary. Explicit references to the German concepts of *Lebensraum* and *Blut und Boden* are made in this context with calls to Eurasians to stick to Eurasian soil and not to repeat the mistake of the Nazis, who allegedly put "blood over soil".²⁹

The roots of the Eurasian ideology can be traced back to the Russian expat communities of the 1920s. Possibly the most important of these early Euroasianists was Nikolaevitsch Savitskii, a Russian expat and member of the famous Prague Linguistic Circle during the 1920s and 1930s.³⁰ However, Dugin managed to combine the already existing idea with new inspirations from the European New Right and Russian conspiracist esotericism. His radical version of Eurasianism is often referred to as neo-Eurasianism. He then set out to popularize it, ensuring that it even caught the attention of those in the higher circles of Russian politics.

At the same time, the Russian administration itself came up with its own combination of cultural conservatism, patriotism and post-Soviet nostalgia that draws certain inspiration from Euroasianism, yet it is more cautious in relation to Jewish issues. With Putin's popularity reaching record levels, the regime may be seeing the more radical far-right as a possible competitor, especially after some of the Russian far-right parties participated in the anti-Putin protests of 2011 and 2012, which led to a series of government crackdowns against the domestic far-right in Russia. And while members of Russian far-right parties participated as 'volunteers' in Eastern Ukraine, opposition commentators suggest that Putin might have actually used the Russian far-right thugs as cannon fodder in Eastern Ukraine in order to safely remove them once he had usurped their

---

28 Dugin, Alexander: *Velká válka kontinentů*. Adam Benjamin Bartoš: Prague 2016.
29 Dugin, *Velká válka kontinentů*, p. 11.
30 Tydlitátová, Věra: *Židé v Putinově stínu. Antisemitismus v české promoskevské propagandě*. University of West Bohemia: Pilsen 2017, p. 187. For more about the role of the Prague Circle in the Euroasian ideology, see Bassin, Mark, Sergey Glebov and Marlene Laruelle: *Between Europe and Asia: The Origins, Theories, and Legacies of Russian Eurasianism*. University of Pittsburgh Press 2015.

ideas.³¹ However, these battle-hardened far-right fanatics may well become a potential security risk for Russia itself in a fashion similar to the jihadists returning from Syria.³²

In 2013, when tension in Ukraine was already growing, Putin's aspiration to become "the leader of global conservatism" by seeking contacts with European 'conservative' parties was already being publicly discussed by the Russian media.³³ During the previous ten years, the cultural conservatism of the Putin regime had been developing ways in which it could combine the views of both the far-right and the neo-Stalinist far-left within its approach to Soviet nostalgia. János Ladányi and Iván Szelényi have referred to the resulting ideology as "post-communist neo-conservatism"³⁴, a pun on American neo-Conservatism. Whatever the name of the old-new ideology, it is able to overcome the anti-Communism of the far-right without abandoning Soviet heritage. Antisemitic conspiracy theories can play a role in this process as they allow the blame for the Soviet terror to be put on the Jews as an alien, outside force. The greatness of the Soviet Union can thus be seen again as a source of Russian national pride, especially when the Jews (the 'judeobolsheviks') can be blamed for most of its crimes.

When observing Russian influence over the European far-right parties, we cannot draw a simple line between the degree of Russian influence and the degree of antisemitism. Russia seems to be in the position of tolerating or ignoring antisemitic manifestations pragmatically, while using anti-Globalist and anti-Western conspiracist thought to inject its own ideas. Some of the movements that are currently considered to be heavily under Russian influence, such as the Front National or Jobbik, have been engaged in the process of changing their formal attitudes towards the Jews, perhaps in order to achieve greater legitimacy by officially denouncing antisemitism and posing themselves as protectors of Jews against the threat of Muslim immigration. Some have even attempted to reach out to the Jews, offering their support to Israel and dealing with antisemitism in their ranks. The *Swedish Democrats* have expelled one of their members over antisemitic remarks³⁵ and have attempted to participate in the Jerusalem

---

31 Piontkovskyi, Andrei: Voennaya Doktrina "Ruskogo Mira". *Kasparov.ru*, 26 October 2014.
32 Barvoets, Jereamy: Unity Day: The Decline of Russia's Far-Right. *Leksika*, 12 November 2015.
33 Ekspert: Vladimir Putin stal liderom mirovogo konservatizma. RBK, 10 December 2013.
34 The Russian Connection – The spread of pro-Russian policies on the European far right, *Political Capital Institute*, 14 March 2014.
35 Far-right Swedish party fires MP over anti-Semitism. *The Times of Israel*.

Leaders Summit in Israel.[36] *Jobbik*, the same far-right party that had been calling for registration of Hungarian Jews,[37] has recently made several pro-Israeli proclamations and has attempted to approach Hungarian Jewry with the offering of Chanuka blessings, drawing sharp criticism from both the Jewish community and the far-right.[38] Marine Le Pen of the Front National has expelled her own father and the party's founder, Jean Marie Le Pen, following antisemitic remarks[39] and has made some pro-Israeli statements, usually to attack Muslims.[40] Le Pen's remarks, however, leave a reason to worry as the French Jews could easily become the collateral victims of her nativist policies, even if those policies are not primarily motivated by antisemitism. Example of such a dangerous nativist policy would be the proposed ban on dual citizenship with non-EU countries – this all in a situation, when dual French-Israeli citizenship is a common 'insurance policy' among the French Jews.[41]

Other parties have simply attempted to avoid Jewish issues altogether, such as in the case of the neo-Nazi *Workers' Party* in the Czech Republic, which has significantly changed its rhetoric since the government crackdown against the party in 2009. Its leadership is extremely cautious and avoids any reference to the Jews, seeking to target Romanies and Muslims instead. However, some of the regional leaders are more outspoken. On the other hand, there are openly far right pro-Russian parties, such as the Peoples' Party of Our Slovakia (Ľudová strana Naše Slovensko), whose leader and Governor of the Bánská Bystrica Region displayed a Russian flag at the Regional Council building when welcoming the Russian, pro-Putin *Nightwolves* motorcycle club.[42] Additional examples would include the Golden Dawn in Greece, as well as the fiercely antisemitic party, National Democracy, in the Czech Republic, both of which have strong ties to Russia (see below).

---

36 Keinon, Herb: Israeli officials won't meet reps of far-right Swedish Party. *The Jerusalem Post*, 21 December 2016.
37 Dunai, Marton: Outrage at "Jewish list" call in Hungary parliament. *Reuters*, 27 November 2012.
38 Dunai, Marton: Hungary's Jobbik gets double rebuff for Hannukah greetings to Jews. *Reuters*, 30 December 2016.
39 French National Front expels founder Jean-Marie Le Pen *BBC News*. 20 August 2015.
40 Lipshitz, Cnaan: France's National Front gaining among Jews with tough stance on Arab anti-Semitism. *Jewish Telegraphic Agency*, 23 September 2014.
41 Chazan, David: French Jews 'will have to give up dual Israeli citizenship' if Marine Le Pen wins presidential election. *The Telegraph*, 10 February 2017.
42 Lacková, Ľudmila: Kotleba sa zase predviedol: Na Úrad BBSK zavesil ruskú vlajku, je to ťah na voličov? *Pluska* 5, May 2016.

It has almost become natural to expect an anti-EU and anti-Globalist movement to side with Russia. To some extent, this might be another example of the success of Russian propaganda, which has managed to present Russia as an answer in response to anti-Western and Eurosceptic sentiments. Such propaganda has managed to persuade the public that the system of geopolitical blocks that existed during the Soviet era, with its focus on 'legitimate' domains of interest, is the only way to go in today's artificially uncertain reality and that the only response to disappointment with the EU is allegiance with Russia. Yet, there are very few far-right forces that are both anti-EU or anti-Western and anti-Russian at the same time. When the Budapest-based think-tank, *Political Capital Institute*, analyzed the rhetoric of 24 European far-right parties, it discovered that 15 of them were pro-Russian, 6 appeared to be neutral or undecided and only 3 were anti-Russian. These three were in countries bordering Russia, namely Finland, Latvia and Poland.[43] There are some additional parties that escaped the Political Capital analysis. At least three new but small far-right parties have been established in the Czech Republic since 2014, all of them pro-Russian.[44] A very specific example would be, of course, the Ukrainian far-right, such as the *Svoboda* (Freedom) and *Pravy Sektor* (Right Sector). These parties, with fascist and antisemitic histories, promote the nationalist ethos and independence of Ukraine from both the West and Russia. The Ukrainian far-right, however, is losing the support, both within Ukraine and abroad. Most of the Western far-right parties even accuse it of being a part of a Zionist conspiracy, funded by "Judeo-Bandera money"[45] (sic). An example of such a conspiracy theory can be provided from the Polish far-right website *Wolna Polska*.[46]

The inner dynamics of the movement in relation to far-right attitudes to Russia has also been evident. It took some time for the Czech neo-Nazis, for instance, to reach a joint position as it required them to abandon their personal ties with the Ukrainian far-right activists. Antisemitic conspiracy theories were raised on both sides of the debate during 2014.[47] As for Hungary, the Jobbik

---

43 The Russian Connection – The spread of pro-Russian policies on the European far right, *Political Capital Institute*, 14 March 2014.
44 These would include: Národní Demokracie (National Democracy), Strana přímé demokracie (Direct Democracy Party), Alternativa pro Česko (Alternative for Czechia).
45 'Bandera' is a reference to the WWII Ukrainian nationalist politician Stephan Bandera. Today's Russian propaganda portrays the post-Maydan regime to Banderites. The term 'Judeo-Bandera' money is meant as an allusion to a conspiracy theory according to which the Ukrainian Fascism is backed by the Jews.
46 Ukraina – Żydo-banderowskie krwawe pieniądze. *Wolna Polska*, 14 March 2016.
47 For more on the internal far-right discussion on Russia, see Tarant, Zbyněk: From Donyetsk to Tel Aviv: Anti-Zionism as a Propaganda Tool among the Czech Antisemitic Movements vis-á-

party has acquired a strong and openly pro-Russian stance, yet according to one survey, this position may be placing the party into conflict with its own electorate as the majority of the party's supporters would side with America should a conflict between the two powers arise.[48] Even the supporters of the ruling Fidesz party in Hungary are divided equally regarding the issue of Russia and America.[49]

The French *Front National* was initially anti-Communist, a stance which inhibited cooperation with post-Soviet Russia, and it also supported EU integration to a certain extent in the 1980s and 1990s.[50] The Dutch Freedom Party was critical of the EU from the very beginning, yet it based its ideology on the 'protection of the West' and supported the American War on Terror. Their anti-Muslim rhetoric has often been closely connected to ostensible support for Israel. After all, the Dutch Freedom Party was one of the European New Right parties to be criticized by the neo-Nazi "Old Right" during the late 2000s. In 2009, the German NPD-linked magazine, *Das Volk in Bewegung*, attacked the so-called 'Israel Connection', by which it meant the New Right movements and parties such as *Vlaams Belang* in Belgium, the *British National Party* (BNP) in Britain, *Partij Voor De Vrijheid* (PVV) in the Netherlands, and *Freiheitliche Partei Österreichs* (FPÖ) in Austria. The main criticism was that these parties were discussing Israel and sometimes America as counterweights to the alleged Islamic threat and were thus possibly being used as Israeli tools in order to hijack the radical right for Zionist purposes.[51] Some of these conflicts and quarrels dissipated only after the eastward shift was completed, with the result that we can today observe the Old Right shaking hands with the New Right.

---

vis the War in Ukraine – Talk given at the International Scholars Conference: "Anti-Zionism, Antisemitism, and the Dynamics of Delegitimization," April 2–6, 2016. *YouTube – channel ISCA Indiana University.*

48 Magyari, Péter: A magyarok többsége Amerikát választaná és nem Oroszországot, *444.hu*, 7 January 2015.

49 The main results of the original Hungarian survey are quoted in English by: Juhász, Attila, Győri Lóránt, Péter Krekó and András Dezső: 'I am EuraslAn' – The Kremlin connections of the Hungarian far-right. *Political Capital & Social Development Institute*, March 2015.

50 Poliyakova, Alina: Putinism and the European Far Right. *Institute of Modern Russia*, 19 January 2016.

51 Das Volk in Bewegung 1 (2009).

Financial Links

Russia's funding of the European far-right parties has started to attract the attention of the Western security services in recent years, especially in connection with their lobbying against anti-Russian sanctions or "Brexit". However, the issue is more long-standing, especially in Eastern Europe and the Baltics. Secret Intelligence agencies, NGOs and think-tanks in Eastern European countries have been warning against growing Russian interference in domestic affairs by means of either far-right or internationalist activism since at least 2009.[52] As early as 2008, the Czech *Security Information Service* openly identified Russia's return to the practice of taking so-called "active measures", which meant their engagement in direct interference in domestic political affairs.[53]

There are currently several cases of suspected funding of the far-right parties by Russia. Monetary transfers from Russia by means of cheap gold sales were suspected in the case of *Alternative for Germany*.[54] The US intelligence forces opened an investigation into the Russian funding of groups and parties such as *Jobbik* in Hungary, the *Golden Dawn* in Greece, the *Northern League* in Italy and the *Front National* in France.[55] The Czech Security Information Service talks openly about Russian secret services "creating or promoting inter-societal and inter-political tensions in the Czech Republic (foundation of puppet organizations, covert and open support of populist or extremist subjects)".[56] The funding of the *Front National*'s election campaign was widely discussed in Europe. When all the major European banks declined to provide loans for the party's political campaign, Marine Le Pen started looking for other sources of funding and approached the controversial *First Czech-Russian Bank* (FCRB). This financial institution, originally established in the 1990s to promote Czech investment in Russia, was considered to be a tool of Russian financial leverage in the region at the time,[57] as well as providing a connection to tax havens for Russian oligarchs.[58]

---

52 Russia's Far-Right Friends. Risk and Forecast, 3 December 2009.
53 Annual Report of the Security Information Service for 2008. Czech Security Information Service.
54 Baker, Peter and Steven Erlanger: Russia Uses Money and Ideology to Fight Western Sanctions. *The New York Times,* 7 June 2015.
55 Foster, Peter: Russia accused of clandestine funding of European parties as US conducts major review of Vladimir Putin's strategy. *The Telegraph,* 16 January 2016.
56 Annual Report of the Security Information Service for 2015. Security Information Service (BIS).
57 Kundra, Onřej: Marine Le Penová si půjčila u První česko-ruské banky. *Respekt,* 24 November 2014.

The case had an unexpected aftermath, with the FCRB going bankrupt in December 2016. The circumstances of the bankruptcy are under investigation by both the Czech and Russian police, due to the suspicion of financial fraud on the part of the bank's higher management.[59] The collapse of the controversial bank has caused serious problems for the Le Pen campaign, which was suddenly cut off from its main source of funding.[60] Le Pen was forced to turn to her father, Jean-Marie Le Pen, for a financial loan, even though she had previously expelled him from the party following his antisemitic remarks.[61]

In a highly controversial move in March 2017, Ukrainian nationalist hackers have stolen and leaked the personal files of a Belorussian national Alexander Usovski. According to these documents, veracity of which was later confirmed by Usovski himself,[62] this pro-Kremlin activist used money donated by the Russian oligarchs via his Slovak-based NGO *Východoeurópska kultúrna iniciatíva* (East-European Cultural Initiative) to sponsor neo-Stalinist and far-right events in the V4 countries (Poland, Czech Republic, Slovakia, Hungary). Usovski allegedly cooperated with Konstantin Zatulin of Putin's *United Russia* party. The purpose of Usovski's NGO was to "promote the ideas of the Russian world". Details of financial costs were revealed, including 75 000 Euro for launching of a "discussion club" and 42 000 Euro for monthly expenses of the NGO itself. In one of the materials, Usovski calculates the costs of a joint rally with *Jobbik* in Hungary to 2500 Euro. In Poland, Usovski provided funds to the Polish nationalist movement *Obóz Wielkiej Polski* (Camp of Great Poland). The same correspondence reveals that the funds from the Russian pro-Government oligarchs and companies have dried out in late 2014 after Vladislav Surkov took over the agenda of Donbas, replaced majority of the Russian field commanders in Eastern Ukraine and cut off all persons linked to the Russian oligarch Konstantin Malofyev, including Usovski himself.[63] Not only that this case provides a concrete evidence for the Russian funding of some of the European far-right parties, it also documents how the funding actually works – that it takes place over indirect unofficial

---

58 Břešťan, Robert: Ruské banky v Česku. Tranzit pro daňové ráje? *Hlídacípes.org*, 12 September 2015.
59 Le Pen Struggling to Fund French Race as Russian Bank Fails. *Bloomberg*, 22 December 2016.
60 Bednárová, Lucie: Le Penové chybí miliony. Pád česko-ruské banky ji odstřihl od půjček a možná nezaplatí kampaň. *E15.cz*, 22 December 2016.
61 Hacot, Valérie: Marine Le Pen aura bien les sous de papa. *Le Parisien*, 31 December 2016.
62 Usovski, Alexander: Ya demiug i seryi kardinal Kremla. A vy dumali? *Livejournal – Alexander Usovski's personnal blog*, 24 February 2017.
63 Kremlin is behind anti-Ukrainian protests in Poland: analysis of the hacked correspondence. *Informnapalm*, 7 March 2017.

channels that are easy to deny or shut off at any time. Finally, it also documents, how the pro-Kremlin "trolls" can easily become victims of the internal power struggle within Kremlin itself.

Personal Llinks

There are several dozen explicit cases in which far-right parties, including anti-semitic ones, have made direct contact with Russian officials.[64] Such cases include the personal visit of the leader of *Ataka*, the Bulgarian far-right party, to Moscow to celebrate Putin's birthday, or a Hungarian party representative of *Jobbik* speaking at Moscow University at an event organized by Kremlin-connected right-wing Russian nationalists. But even more cases are piling up, such as the meeting of the Russian oligarch, Konstantin Malofeev, with the *FPÖ*, the *National Front* and *Ataka*. According to the Swiss newspaper Tages-Anzeiger, which uncovered the secret meeting, the Euroasianist ideologue, Alexander Dugin, was also present.[65]

The most notorious case has to be the "Election monitoring missions". Following the uprising in Eastern Ukraine in November 2014, delegations of European far-right parties set out to the Donetsk region to act as "monitors" in the elections held in the self-proclaimed "Donetsk People's Republic". Despite the ostensible anti-Fascist ethos behind the Russian incursion in the Ukraine, the list of the mission's participants could be read as a "who's who" of the European fascist and neo-Nazi scenes. Among the monitors, we find Johannes Hübner and Johann Gudenus of the *FPÖ* (Austria) and Johann Stadler of the right-wing populist *BZÖ* (Austria). The list also includes Aymeric Chauprade of the *Front National* (France), Frank Creyelman and Jan Penris of the *Vlaams Belang* (Belgium), as well as the former neo-Nazi activist Luc Michel, currently a member of the Parti Communautaire National-Européen (Belgium). Central and Eastern European representatives included *Jobbik's* leader, Béla Kovács (Hungary), Mateusz Piskorski of the *Zmiana* party (Poland)[66] and two members of *Ataka* (Bulgaria). It also included several neo-Stalinist radicals, such as the *Die Linke* representatives from Germany (Hikmat al-Sabty, Torsten Koplin, Piotr Luczak or Monika Merk) and Erkki Johan Bäckman from Finland. Some of the monitors were former Communists, who had switched allegiance to the right-wing, such as the Czech Senator

---

64 Polyakova, Alina: Putinism and the European Far Right. *Institute of Modern Russia*, 19 January 2016.
65 Odehnal, Bernhard: Gipfeltreffen mit Putins fünfter Kolonne, *Tages-Anzeiger*, 3. June 2014.
66 Polish politician working for the money to Russia. Molodyi Bukovynets, 26 May 2016.

Ladislav Doubrava (Communist, later the *North Bohemian Party*) and Ladislav Zemánek (*Communist Youth*, later *National Democracy*). Doubrava was already infamous for his allusions to the *Protocols of the Elders of Zion* in one of his Senate speeches.[67] His companion, Ladislav Zemánek, openly admitted via his social media profile that the journey had been organized and paid for by the Russian side.[68] All the participants of the "observation mission" were blacklisted by the Ukrainian government.[69] At least two of the participants, the Polish MP, Mateusz Piskorski[70] and the Hungarian *Jobbik* member, MEP Béla Kovács,[71] were later arrested for abusing their MEP mandates and spying against the EU and their home countries.[72]

In recent years, we have witnessed an unprecedented degree of international cooperation between various nationalist movements, with Russia playing a significant role as a mediator of such cooperation. Possibly the largest gathering of far-right leaders in the post-WWII era took place on 22 March 2015, when about 400 representatives of neo-Nazi and other far-right parties came together in St. Petersburg. Representatives from Belgium (*Euro-Rus*), Bulgaria (*Ataka*), Denmark (*The Danes*), Italy (*New Force*), Spain (*National Democracy*), Sweden (*Party of the Swedes*), UK (*British National Party*) and others came to the former Leningrad in order to discuss pan-European cooperation. The conference was organized by the Russian far-right party, *Rodina* (Fatherland).[73] It was one of the largest international meetings of far-right parties in the post cold-war history, even though two large parties – *Jobbik* and *Front National* refused to participate, perhaps to avoid being linked to neo-Nazi participants attending the event. This particular meeting was not officially coordinated by the Russian authorities; however, several members of the organizing *Rodina* party were Russian MPs (its founder, Dmitri Rogozin, is a Russian Deputy Prime Minister). However,

---

67 Senátor pobouřil kolegy citací z antisemitských Protokolů sionských mudrců. *Novinky.cz*, 7 October 2011.
68 Ladislav Zemánek's post on his Facebook, 4 November 2014: "The action was organized by Russia, and it was obvious who paid for it, [...] I recognize the recent elections in the Donetsk region [...] I can state with a clear conscience that I did not notice any mistakes during these elections, they were held in a very friendly atmosphere and with great enthusiasm."
69 MVS Vstanovilo osobi 'sposterihatschiv' na tak zvanich 'viborach DNR', hotuyutsya sankcii (spisok). *Natsionalna Politsia Ukraini*, 3 November 2014.
70 Polish politician working for the money to Russia. Molodyi Bukovynets, 26 May 2016.
71 Juhász, Attila/Győri, Lóránt/Krekó, Péter/ Dezső, András: 'I am EuraslaN' The Kremlin connections of the Hungarian far-right. *Political Capital & Social Development Institute*, March 2015.
72 Court verdicts in relation to these two cases were not available at the moment of writing this article.
73 Nielsen, Nikolaj: European neo-Nazis hold meeting in Russia. *EUobserver*, 23 March 2015.

the fact that the same Russian authorities that have been willing to mobilize large police forces to stop a small group of feminist or anti-regime protesters are willing to tolerate a pan-European gathering of far-right and neo-Nazi parties, underlines the relationship between Russia and the European far-right. As the Czech anarchist magazine, A2, reported, the Russian police did eventually arrive at the scene – to remove a group of anti-Fascists who had staged a protest in front of the conference venue.[74]

In December 2015, the so-called *World Conservative-National Movement* (WNCM) was established, perhaps to mimic the Soviet Communist International, only this time with far-right parties, including neo-Nazis.[75] The event, organized by the Russian party *Rodina* and the *Russian Imperial Movement*, was likely a continuation of the March 2015 meeting. According to the Russian anti-racist think-tank *Sova Center*, 71 parties and individuals were invited, including the Golden Dawn (Greece), *Jobbik* (Hungary), *Falanga* (Poland), *Slovak National Party* (Slovakia), *Identity Generation*, *National Democracy* and *Workers' Party* (all from the Czech Republic), *Nordic Resistance* (Sweden), *New Force* (Italy), *The Danish Party* (Denmark) etc. Invited individuals included the foremost far-right and antisemitic leaders, such as David Duke (USA), Jared Taylor (USA), Sam Dixon (USA), Udo Voigt (Germany), Lempros Fountulis (Greece), Georgios Epitidios (Greece), Tomislav Sunić (Croatia) among others.[76] Jean-Marie Le Pen was appointed as the leader of the movement. In January 2016, the influential Czech pro-Russian fake news site *Aeronet* praised the foundation of the movement as the true "nationalist International".[77]

Conclusion

The affinity between far-right parties and Russia is certainly the result of a longer process, influenced by both the inner dynamics of the far-right scene itself and the policy changes on part of the Russian administration. In recent years, we have witnessed dozens of meetings, events, joint rallies, observation missions, as well as financial and personal links, that have raised uncomfortable questions

---

74 Tomek, Miroslav: "Fascist shit" v Petrohradě. *A2larm*, 30. March 2015.
75 Výroční zpráva o extremismu na území České republiky v roce 2015. *Czech Ministry of Interior*.
76 Participants, who are invited to participation in "Worldwide National Conservative Movement". *Sova Center*.
77 Nacionalistická internacionála založena! V čele Jean-Marie Le Pen a ve vedení národní demokraté. *Aeronet*, 5 January 2016.

about the true nature of Russian 'anti-Fascism'. The situation has prompted the intelligence services of NATO countries to openly warn against Russian attempts to re-establish the Comintern (i.e. the Communist international), only with far-right, anti-Semitic and Neo-Nazi parties in the place of Communists. However, Russia's relationship with far-right parties and movements in the West seems to predominantly representing a "marriage of convenience", i.e. something that could be abandoned once the Russian regime finds more influential partners in its national-conservative struggle against the Western liberalism. The Russian administration has no special interest in the Vlemish or Polish nationalism, yet it plays the 21st century version of the 'divide and conquer' tactics, for which the far-right provides a strong leverage thanks to its destabilizing and polarizing actions within the Western societies. While most of the activities might not be organized by the Russian Government directly, there are Government officials involved, such as the Deputy Prime Minister Dmitri Rogozin or the Konstantin Zatulin, first deputy chairman of the committee of the State Duma for the CIS and relations with Russian nationals abroad. There is also the fact that Russia allows the European far-right political events to take place in Moscow, while domestic pro-democracy movements and political activists are being persecuted or even assassinated. If anything, this paradox points to what the true priorities of the Russian administration might be.

Antisemitism is currently not a systematic political program for Russia. It does however survive in a latent form in the conspiracist thought of the Putin's regime, and it is also seen as an effective propaganda weapon vis-á-vis Ukraine and the West. It is often tolerated as necessary in order to establish and maintain contacts with the foreign far-right, nationalist, conspiracist and separatist movements or invoked in order to blame political enemies. This brings new challenges, as in the world of 'post-truth' and 'alternative facts' it is very easy to fall victim to somebody else's propaganda warfare. In the past, Jews had to be vigilant in relation to their enemies. Today, Jewish leaders are strongly advised to be equally careful about those who claim to be their friends.

Sources

30,000 Immigrants Arrived in Israel in 2015. *Jewish Agency*, accessed on February 5, 2017. http://www.jewishagency.org/reports-israel/30000-immigrants-arrived-israel-2015.

Aliyah from Russia hits ten-year high but has 13 per cent drop overall. *European Jewish Congress* 2, January 2017, accessed on February 5, 2017. http://www.eurojewcong.org/russian-federation/16028-aliyah-from-russia-hits-ten-year-high-but-has-13-per-cent-drop-overall.html.

Aliyah Hits Ten-Year High: Approximately 26,500 New Immigrants Arrived in Israel in 2014. *Jewish Agency*, 2 January 2015, accessed on February 5, 2017. http://www.jewishagency.org/blog/1/article/31301.

Annual Report of the Security Information Service for 2008. *Czech Security Information Service*, accessed on February 5, 2017. https://www.bis.cz/vyrocni-zpravaEN2645.html?ArticleID=29.

Aslan-Levy, Eylon: Aliyah Numbers Rise, but the Majority Coming from Just Three Countries. *Tabletmag*, 22 April 2016, accessed on February 5, 2017. http://www.tabletmag.com/scroll/196250/aliyah-numbers-rise-but-majority-coming-from-just-three-countries.

Back in the USSR? *Times of Israel*, 30 April 2014, accessed on February 5, 2017. http://www.timesofisrael.com/back-in-the-ussr/.

Baker, Peter/Erlanger, Steven: Russia Uses Money and Ideology to Fight Western Sanctions. *The New York Times*, 7 June 2015, accessed on February 5, 2017. https://www.nytimes.com/2015/06/08/world/europe/russia-fights-wests-ukraine-sanctions-with-aid-and-ideology.html?_r=0.

Barvoets, Jeremy: Unity Day: The Decline of Russia's Far-Right. *Leksika*, 12 November 2015, accessed on February 5, 2017. http://www.leksika.org/tacticalanalysis/2015/11/12/unity-day-the-decline-of-russias-far-right.

Bassin, Mark/Glebov, Sergey/Laruelle, Marlene: Between Europe and Asia: The Origins, Theories, and Legacies of Russian Eurasianism. University of Pittsburgh Press 2015.

Bednárová, Lucie: Le Penové chybí miliony. Pád česko-ruské banky ji odstřihl od půjček a možná nezaplatí kampaň. *E15.cz*, 22 December 2016, accessed on February 5, 2017. http://zpravy.e15.cz/zahranicni/politika/le-penove-chybi-miliony-pad-cesko-ruske-banky-ji-odstrihl-od-pujcek-a-mozna-nezaplati-kampan-1326992.

Břešťan, Robert: Ruské banky v Česku. Tranzit pro daňové ráje? *Hlídacípes.org* 12.9.2015, accessed on February 5, 2017. http://hlidacipes.org/ruske-banky-v-cesku-tranzit-pro-danove-raje/.

Buses and armed guards: Odessa Jews ready for mass evacuation, *Russia Today*, 5 May 2014, accessed on February 5, 2017. https://www.rt.com/news/156792-odessa-jews-evacuation-plans/.

Chazan, David: French Jews 'will have to give up dual Israeli citizenship' if Marine Le Pen wins presidential election. *The Telegraph*, 10 February 2017, accessed on February 5, 2017. http://www.telegraph.co.uk/news/2017/02/10/french-jews-will-have-give-dual-israeli-citizenship-marine-le/.

Chulkovskaya, Yekaterina: Experts say anti-Semitism is in decline in Russia, but are they right? *Russia Beyond the Headlines*, 11 November 2016, accessed on February 5, 2017. http://rbth.com/politics_and_society/2016/11/11/experts-say-anti-semitism-is-in-decline-in-russia-but-are-they-right_646871.

Connolly, Kate: After the US, far right says 2017 will be the year Europe wakes up, *The Guardian*, 21 January 2017, accessed on February 5, 2017. https://www.theguardian.com/world/2017/jan/21/koblenz-far-right-european-political-leaders-meeting-brexit-donald-trump.

Die Israel Connection: *Das Volk in Bewegung* 1/2009.

Dugin, Alexander: *Velká válka kontinentů*. Prague 2016.

Dunai, Marton: Hungary's Jobbik gets double rebuff for Hannukah greetings to Jews. *Reuters*, 30 December 2016, accessed on February 5, 2017. http://www.reuters.com/article/uk-hungary-jobbik-hannukah-idUSKBN14 J1 A9.

Dunai, Marton: Outrage at "Jewish list" call in Hungary parliament. *Reuters*, 27 November 2012, accessed on February 5, 2017. http://www.reuters.com/article/us-hungary-anti semitism-idUSBRE8AQ1BN20121127.

Ekspert: Vladimir Putin stal liderom mirovogo konservatisma. *RBK*, 10 December 2013, accessed on February 5, 2017. http://www.rbc.ru/politics/10/12/2013/5704145f9a794761c0ce4b19.

Far-right Swedish party fires MP over anti-Semitism. *The Times of Israel*, 5 December 2016, accessed on February 5, 2017. http://www.timesofisrael.com/far-right-swedish-party-fires-mp-over-anti-semitism/.

Foster, Peter: Russia accused of clandestine funding of European parties as US conducts major review of Vladimir Putin's strategy. *The Telegraph*, 16 January 2016, accessed on February 5, 2017. http://www.telegraph.co.uk/news/worldnews/europe/russia/12103602/America-to-investigate-Russian-meddling-in-EU.html.

Foxman, Abraham B.: Anti-Semitism card overplayed in Ukraine. *USA Today*, 17 April 2014, accessed on February 5, 2017. http://www.usatoday.com/story/opinion/2014/04/17/jewish-registration-ukraine-russia-column/7848821/.

Foxman, Abraham B. Russia plays the antisemitism card. *Anti-Defamation League*, 14 March 2014, accessed on February 5, 2017. http://www.adl.org/press-center/c/russia-plays-the-anti-semitism-card.html.

France is Israel's largest source of aliyah for the 2nd straight year. *Jewish Telegraphic Agency*, 22 December 2015, accessed on February 5, 2017. http://www.jta.org/2015/12/22/news-opinion/israel-middle-east/france-is-israels-largest-source-of-aliyah-for-2nd-straight-year.

French National Front expels founder Jean-Marie Le Pen, *BBC News*, 20 August 2015, accessed on February 5, 2017. http://www.bbc.com/news/world-europe-34009901.

Global 100. *Anti-Defamation league*, accessed on February 5, 2017. http://global100.adl.org/#country/russia/2015.

Hacot, Valérie: Marine Le Pen aura bien les sous de papa. *Le Parisien*, 31 December 2016, accessed on February 5, 2017. http://www.leparisien.fr/politique/marine-le-pen-aura-bien-les-sous-de-papa-31-12-2016-6510198.php.

Juhász, Attila/ Győri, Lóránt/Krekó, Péter/Dezső, András: 'I am Euraslan' – The Kremlin connections of the Hungarian far-right. *Political Capital & Social Development Institute*, March 2015, accessed on February 5, 2017. http://www.politicalcapital.hu/wp-content/uploads/PC_SDI_Boll_study_IamEurasian.pdf.

Keinon, Herb: Israeli officials won't meet reps of far-right Swedish Party. *The Jerusalem Post*, 21 December 2016, accessed on February 5, 2017, http://www.jpost.com/Israel-News/Politics-And-Diplomacy/Government-officials-wont-meet-reps-of-far-Right-Swedish-party-476100.

Kondrachuk, Masha/Ennis, Stephen: Jews reject Russia claims of Ukraine anti-Semitism. *BBC*, 12 November 2014, accessed on February 5, 2017. http://www.bbc.com/news/world-europe-29991777.

Kremlin is behind anti-Ukrainian protests in Poland: analysis of the hacked correspondence. *Informnapalm*, 7 March 2017. Accessed on March 15, 2017, https://informnapalm.org/en/kremlin-behind-anti-ukrainian-protests-poland-analysis-hacked-correspondence/.

Kremlin says sorry to Goldman Sachs, German paper over Panama Papers slip-up. *Reuters*, 15 April 2016, accessed on March 15, 2016. http://www.reuters.com/article/us-russia-putin-panamapapers-idUSKCN0XC110.

Kundra, Onřej. Marine Le Penová si půjčila u První česko-ruské banky. *Respekt*, 24 November 2014, accessed on February 5, 2017. https://www.respekt.cz/fokus/marine-le-penova-si-pujcila-u-prvni-cesko-ruske-banky.

Lacková, Ľudmila: Kotleba sa zase predviedol: Na Úrad BBSK zavesil ruskú vlajku, je to ťah na voličov? *Pluska*, 5 May 2016, accessed on February 5, 2017. http://www.pluska.sk/plus-7-dni/domov/kotleba-zase-predviedol-urad-bbsk-zavesil-rusku-vlajku.html.

Laruelle, Marlene: *Eurasianism and the European Far Right: Reshaping the Europe–Russia Relationship*. Lexington Books 2015.

Le Pen Struggling to Fund French Race as Russian Bank Fails. *Bloomberg*, 22 December 2016, accessed on February 5, 2017. https://www.bloomberg.com/politics/articles/2016-12-22/le-pen-struggling-to-fund-french-race-after-russian-backer-fails.

Leading Independent Pollster Blacklisted as 'Foreign Agent', *The Moscow Times* 5 August 2016, accessed on February 5, 2017. https://themoscowtimes.com/news/levada-center-blacklisted-55217.

Lipshitz, Cnaan: France's National Front gaining among Jews with tough stance on Arab anti-Semitism. *Jewish Telegraphic Agency*, 23 September 2014, accessed on February 5, 2017. http://www.jta.org/2014/09/23/news-opinion/world/frances-national-front-gaining-among-jews-with-tough-stance-on-arab-anti-semitism-1.

Magyari, Péter: A magyarok többsége Amerikát választaná és nem Oroszországot, *444.hu*, 7 January 2015, accessed on February 5, 2017. http://444.hu/2015/01/07/a-magyarok-tobbsege-amerikat-valasztana-es-nem-oroszorszagot/.

MVS Vstanovilo osobi 'sposterihatschiv' na tak zvanich 'viborach DNR', hotuyutsya sankcii (spisok) *Natsionalna Politsia Ukraini*, 3 November 2014, accessed on February 5, 2017. http://www.npu.gov.ua/uk/publish/article/1210405.

Nacionalistická internacionála založena! V čele Jean-Marie Le Pen a ve vedení národní demokraté. *Aeronet*, 5 January 2016, accessed on February 5, 2017. http://aeronet.cz/news/nacionalisticka-internacionala-zalozena-v-cele-jean-marie-le-pen-a-ve-vedeni-narodni-demokrate/.

Nielsen, Nikolaj: European neo-Nazis hold meeting in Russia, *EUobserver*, 23 March 2015, accessed on February 5, 2017. https://euobserver.com/political/128108.

Odehnal, Bernhard: Gipfeltreffen mit Putins fünfter Kolonne, *Tagesanzeiger*, 3 June 2014, accessed on February 5, 2017. http://www.tagesanzeiger.ch/ausland/europa/Gipfeltreffen-mit-Putins-fuenfter-Kolonne/story/30542701.

Participants, who are invited to participation in "Worldwide National Conservative Movement". *Sova Center*, accessed on February 5, 2017. https://www.sova-center.ru/files/xeno/parties.pdf.

Pfeffer, Anshel: How Putin's man made his way to the top of European Jewry. *Ha-Aretz*, 2 February 2016, accessed on February 5, 2017. http://www.haaretz.com/jewish/features/1.699655.

Piontkovskyi, Andrei: Voennaya Doktrina "Ruskogo Mira". *Kasparov.ru* 26.10.2014, accessed on February 5, 2017. http://www.kasparov.ru/material.php?id=544C06FC3943D.

Polish politician working for the money to Russia. *Molodyi Bukovynets*, 26 May 2016, accessed on February 5, 2017. http://en.molbuk.ua/world/110752-polskyy-polityk-za-groshi-pracyuvav-na-rosiyu.html.

Polyakova, Alina: Putinism and the European Far Right. *Institute of Modern Russia*, 19 January 2016, accessed on February 5, 2017. http://imrussia.org/en/analysis/world/2500-putin ism-and-the-european-far-right#_ftnref11.

Press Release – New ADL Poll Finds Dramatic Decline in Anti-Semitic Attitudes in France; Significant Drops in Germany and Belgium. *Anti-Defamation League*, 30 June 2015, accessed on February 5, 2017. http://www.adl.org/press-center/press-releases/anti-semi tism-international/new-adl-poll-anti-semitic-attitudes-19-countries.html.

Proyavlenyi antisemitizma v Rossyi z Yanvara po Aprel 2014 goda, *Russian Jewish Congress*, accessed on February 5, 2017. http://help.rjc.ru/site.aspx?SECTIONID=85646&IID=2580752.

Putin offers Russian refuge to European Jews facing anti-Semitism. *Russia Today*, 20 January 2016, accessed on February 5, 2017. https://www.rt.com/politics/329517-putin-offers-rus sia-refuge-to/.

Russia's Far-Right Friends. *Risk and Forecast*, 3 December 2009, accessed on February 5, 2017. http://www.riskandforecast.com/post/in-depth-analysis/russia-s-far-right-friends_349.html#labjegyzet1vissza.

Russian TV Anchor Implies Jews Brought Holocaust On Themselves, *RadioFreeEurope*, 24 March 2014, accessed on March 15, 2016. http://www.rferl.org/a/russian-tv-anchor-ac cuses-jews-of-bringing-holocaust-on-themselves-/25307640.html.

Russian TV blames Jews for sinking of Titanic, Chernobyl and 9/11, *The Coordination Forum for Countering Antisemitism*. 12 August 2016, accessed on March 15, 2016. http://anti semitism.org.il/article/107920/russian-tv-blames-jews-sinking-titanic-chernobyl-and-911.

Senátor pobouřil kolegy citací z antisemitských Protokolů sionských mudrců. *Novinky.cz*, 7 October 2011, accessed on February 5, 2017. https://www.novinky.cz/domaci/246800-senator-pobouril-kolegy-citaci-z-antisemitskych-protokolu-sionskych-mudrcu.html.

Snyder, Timothy: Putin's Anti-Semitic Claims 'Ridiculous': Ukraine Jewish Leader. *NBC News*, 15 March 2014, accessed on February 5, 2017. http://www.nbcnews.com/storyline/uk raine-crisis/putins-anti-semitic-claims-ridiculous-ukraine-jewish-leader-n52866.

Sokol, Sam: Jews Cast Doubt on Origin of Anti-Semitic Flyers in Donetsk. *Jerusalem Post*, 18 April 2014, accessed on February 5, 2017. http://www.jpost.com/Jewish-World/Jewish-News/Jews-cast-doubt-on-origin-of-anti-Semitic-flyers-in-Donetsk-349848.

Study report 'Anti-Semitism in today's Russia'. Russian Jewish Congress, accessed on February 5, 2017. https://gallery.mailchimp.com/19ae4a24c6127732d059baebf/files/Anti_Semitism_study.pdf?utm_source=Testing+List&utm_campaign=f745f8c4f6-EMAIL_CAM PAIGN_2016_11_03&utm_medium=email&utm_term=0_a75f384e1f-f745f8c4f6-.

Supjeva, Laura: Russian Television under Putin. *Global Politics – Časopis pro politiku a mezinárodní vztahy*, accessed on March 15, 2016. http://www.globalpolitics.cz/clanky/russian-television-under-putin.

Tarant, Zbyněk: From Donyetsk to Tel Aviv: Anti-Zionism as a Propaganda Tool among the Czech Antisemitic Movements vis-á-vis the War in Ukraine – Talk given at the International Scholars Conference: "Anti-Zionism, Antisemitism, and the Dynamics of

Delegitimization," April 2–6, 2016. *YouTube – channel ISCA Indiana University*, accessed on February 5, 2017. https://www.youtube.com/watch?v=TEn-3b8DZ0k.

The Russian Connection – The spread of pro-Russian policies on the European far right, *Political Capital Institute*, 14 March 2014, accessed February 5, 2017. http://www.ris kandforecast.com/useruploads/files/pc_flash_report_russian_connection.pdf.

Tomek, Miroslav: "Fascist shit" v Petrohradě. *A2larm* 30.3.2015, accessed on February 5, 2017. http://a2larm.cz/2015/03/fascist-shit-v-petrohrade/.

Tydlitátová, Věra: Židé v Putinově stínu. Antisemitismus v české promoskevské propagandě. University of West Bohemia: Pilsen 2017.

Ukraina – Żydo-banderowskie krwawe pieniądze *Wolna Polska*, 14 March 2016, accessed on February 5, 2017. http://wolna-polska.pl/wiadomosci/ukraina-krwawe-pieniadze-zydo-ban derowcy-organizuja-wycieczki-do-strefy-ato-za-1700-hrywien-2016–03.

Ukrainian synagogue firebombed. *Jewish Telegraphic Agency*, 20 April 2014, accessed on February 5, 2017. http://www.jta.org/2014/04/20/news-opinion/world/southeastern-uk rainian-synagogue-reportedly-firebombed.

Usovski., Alexander: Ya demiug i seryi kardinal Kremla. A vy dumali? *Livejournal – Alexander Usovski's personnal blog*, 24 February 2017, accessed on March 15, 2017. http://usovski. livejournal.com/594586.html.

Výroční zpráva o extremismu na území České republiky v roce 2015. *Czech Ministry of Interior*, accessed on February 5, 2017. http://www.mvcr.cz/clanek/vyrocni-zprava-o-ex tremismu-na-uzemi-ceske-republiky-v-roce-2015.aspx.

Simon Gansinger
Antizionistische Identität

Der Kampf gegen Israel an US-amerikanischen Campus

Einleitung

Während eines längeren Studienaufenthalts an der University of Chicago nahm ich im April 2016 an einem öffentlichen Treffen des College Council teil, in dem die Anliegen von *undergraduates* vertreten werden. Das Interesse der Studierenden war groß, der Saal überfüllt. Die Palästina-Flaggen, die sich einige der Anwesenden um die Schultern geworfen oder ins Gesicht gemalt hatten, ließen den Verlauf der kommenden Stunde bereits erahnen. Unmittelbar vor Beginn der Sitzung verschaffte sich eine Studentin Gehör: Sie bitte um eine Schweigeminute, um der Opfer rassistisch motivierter Tötungen durch die Chicagoer Polizei (CPD) zu gedenken. Es stellte sich umgehend Stille ein, nicht wenige senkten den Kopf. Die sonstigen Differenzen unter den Studierenden schienen mir für kurze Zeit in der Trauer versöhnt.

Doch ich irrte. Die Stille wurde von derselben Studentin gebrochen, die sie eingemahnt hatte. „Wir sollten aber nicht überrascht sein von den rassistischen Morden der CPD", brüllte sie ins Publikum. Denn *racial profiling* hätte die amerikanische Polizei von der israelischen Armee gelernt. Das zielgenaue Morden schwarzer AmerikanerInnen brächte ihr die israelische Polizei bei. Und aus dem Export seiner Apartheidmethoden schlüge Israel saftigen Profit. Eine erkleckliche Zahl der Anwesenden brach in frenetischen Beifall aus. Zu widersprechen wagte niemand. Nicht etwa, wie mir nachher israelsolidarische KollegInnen erläuterten, weil sie von der Hetzrede überwältigt wurden – sondern weil sie sich an so etwas schon gewöhnt hatten.[1]

Dank an Johanna Jaspersen für wertvolle Kommentare und Korrekturen.

1 Die Verleumdung, Israel sei für die Praxis der amerikanischen Polizei verantwortlich, ist unter pro-palästinensischen Studierenden durchaus verbreitet, siehe Rosenberg, Yair: New York University's Students for Justice in Palestine Blames Police Shootings of Blacks on Israel. 08.07.2016. http://www.tabletmag.com/scroll/207450/new-york-universitys-students-for-justice-in-palestine-blames-police-shootings-of-blacks-on-israel (29.05.2017). Zum antisemitischen Gehalt dieser auch bei *Black Lives Matter*-AktivistInnen verbreiteten Invektive hat sich Alan Dershowitz geäußert, siehe Dershowitz, Alan M.: Whom do bigots blame for police shootings in America? Israel, of

Die Sitzung endete mit der Verabschiedung einer Resolution im Sinne der *Boycott, Divestment and Sanctions*-Bewegung (BDS) durch das College Council, in der die Universität dazu aufgefordert wird, alle Anteile an Firmen zu verkaufen, die „an Menschenrechtsverletzungen in Palästina beteiligt sind und von diesen profitieren".[2]

Die Begebenheit ist beispielhaft für die Situation an vielen Colleges und Universitäten in den USA. Dort hat sich der Campus inzwischen, bemerkt der Historiker Stephen Norwood, zum „Hauptschauplatz für die Propagierung von virulentem, mit Antisemitismus angereichertem Antizionismus"[3] entwickelt. Diese Tendenz hat in den letzten Jahren zunehmend die Aufmerksamkeit von AkademikerInnen und NGOs auf sich gezogen, die sich der Erforschung und Bekämpfung von Antisemitismus verschrieben haben. Während etliche AutorInnen[4] zur Erkenntnis kommen, dass Antisemitismus im akademischen Milieu auf dem Vormarsch ist, wird diese Entwicklung jedoch kaum im Rahmen einer Theorie des Antisemitismus reflektiert. Dieser Aufsatz soll einen Beitrag zur Behebung dieses Mangels leisten.

Er beginnt mit einem Überblick über den aktuellen Stand empirischer Forschung zum Antisemitismus an US-Campus. Linke Gruppen haben entscheidenden Anteil an der Rehabilitierung des akademischen Antisemitismus. Der Grund hierfür ist jedoch nicht, dass linke Ideologien Antisemitismus *bedingen*. Zentral ist stattdessen der Abbau der Widerstände gegen den Antisemitismus, den maßgeblich die Linke an amerikanischen Campus zu verantworten hat. Die Schwächung der Kräfte gegen den Antisemitismus hat eine individuelle und eine soziale Dimension: Sie betrifft sowohl die Abwehr des Ressentiments im Subjekt

---

course! 14.07.2016. http://www.jpost.com/Opinion/Whom-do-bigots-blame-for-police-shootings-in-America-Israel-of-course-460450 (29.05.2017).

2 UofC Divest: Resolution to divest university funds from apartheid. https://uofcdivest.com/resolution/ (29.05.2017); eigene Übersetzung. Die Zeitung der Studierenden der University of Chicago hat darüber berichtet, siehe Thorp, Adam: College Council Passes Resolution Recommending Divestment. 15.04.2016. https://www.chicagomaroon.com/2016/04/15/college-council-passes-resolution-recommending-divestment/ (29.05.2017).

3 Norwood, Stephen H.: Antisemitism and the American Far Left. New York 2013, S. 236; eigene Übersetzung.

4 Ohne Anspruch auf Vollständigkeit: Nelson, Cary u. Gabriel Noah Brahm (Hrsg.): The Case against Academic Boycotts of Israel. New York 2014; Cravatts, Richard L.: Genocidal Liberalism: The University's Jihad Against Israel & Jews. Sherman Oaks 2012; Pollack, Eunice G. (Hrsg.): Antisemitism on the Campus: Past and Present. Boston 2011; Norwood, Stephen H.: Antisemitism in the Contemporary American University. Parallels with the Nazi Era. Analysis of Current Trends in Antisemitism. Jerusalem 2011; Gerstenfeld, Manfred (Hrsg.): Academics against Israel and the Jews. 2. Aufl. Jerusalem 2008.

als auch die Opposition gegen das Ressentiment in der Öffentlichkeit. Die innere wie äußere Aufklärung und Bekämpfung des antijüdischen Reflexes, so lautet die These, scheitert am Erfolg der Ticketmentalität. Durch die Reflexion auf den Begriff des Tickets, den Max Horkheimer und Theodor W. Adorno in der *Dialektik der Aufklärung* eingeführt haben, soll die Etablierung antizionistischer Identitäten auf US-Campus erklärt werden. Ticketdenken und Antisemitismus sind nicht bloß im akademischen Milieu verschränkt – doch hier stellt sich dieser Zusammenhang in aller Klarheit dar.[5]

Antisemitismus an amerikanischen Hochschulen

Antisemitismus ist auf amerikanischen Campus kein neues Phänomen. In der ersten Hälfte des 20. Jahrhunderts führten zahlreiche Universitäten, darunter so prestigeträchtige Institutionen wie Harvard und Yale, Numerus clausus-Verfahren ein, um die Zahl jüdischer BewerberInnen zu reduzieren. Despektierliche Kommentare über jüdische KommilitonInnen gehörten zum guten Ton. Antisemitische, in den 1930ern schließlich nationalsozialistische Propaganda fand ein interessiertes Publikum.[6] Jacob Zeitlin, der an der Columbia University Englisch studierte, warnte 1922 seine jüngeren jüdischen Kollegen vor den Schwierigkeiten, die „sie mit einiger Sicherheit zu erwarten habe[n] auf der Suche nach akademischer Anstellung, vor den vielen Türen, die sie fest verschlossen finden, und vor den Hindernissen, die sie zu überspringen haben werde[n]".[7]

Zweifellos haben sich die Zeiten gewandelt. 1992 konnte Kenneth Stern vom *American Jewish Committee* feststellen, dass im akademischen Bereich „institu-

---

[5] Das empirische Material ist auf die USA beschränkt, die Situation an kanadischen und britischen Universitäten unterscheidet sich jedoch nicht wesentlich. Auch wenn ausführliche vergleichende Studien fehlen, scheint Antisemitismus an britischen Universitäten ein ähnliches Ausmaß wie an U.S.-amerikanischen Campus angenommen zu haben. Unterschiede gibt es jedoch hinsichtlich der institutionellen Verankerung der AntisemitInnen: Im Vereinigten Königreich sind jüdische Studierende antisemitischen Belästigungen und Übergriffen häufiger in studentischen Clubs und Gesellschaften ausgesetzt, und viel häufiger vonseiten studentischer Vertretungen. Siehe Kosman, Barry A. u. Ariela Keysar: National Demographic Survey of American Jewish College Students 2014. (Louis D. Brandeis Center/Trinity College). Report (2015). S. 9.
[6] Beispielhaft für die einschlägige Literatur sei auf folgende Werke verwiesen: Karabel, Jerome: The Chosen: the Hidden History of Admission and Exclusion at Harvard, Yale, and Princeton. Boston 2005; Oren, Dan A.: Joining the Club: A History of Jews and Yale. New Haven 2001; Norwood, Antisemitism; Dinnerstein, Leonard: Antisemitism in America. New York 1994.
[7] Zit. in Klingenstein, Susanne: Jews in the American Academy, 1900–1940: the Dynamics of Intellectual Assimilation. New Haven 1991, S. 112; eigene Übersetzung.

tionalisierte Diskriminierung fast verschwunden ist".[8] Dennoch war Stern besorgt. In den Jahren vor dem Erscheinen seines Artikels sei „Fanatismus zum Alltag auf College-Campus" geworden.[9] Neben rassistischen Übergriffen würden auch Angriffe auf Jüdinnen und Juden zunehmen.

An dieser Tendenz hat sich in den letzten zwei Jahrzehnten wenig geändert. Obwohl sich Antisemitismus in den USA im Allgemeinen auf einem historischen Tief befindet,[10] haben die Universitäten an dieser Entwicklung nicht teil. So berichtete die *Anti-Defamation League* etwa, dass 2015 auf 60 College-Campus neunzig einschlägig antisemitische Vorfälle gemeldet wurden, 50 Prozent mehr als im Jahr davor.[11] Eine umfassende Studie der kalifornischen *AMCHA Initiative*, die antisemitische Vorfälle an den amerikanischen Hochschulen mit dem größten Anteil an jüdischen Studierenden dokumentiert, kommt zum Ergebnis, dass Antisemitismus im akademischen Umfeld nicht bloß ein Randphänomen darstellt. Auf 70 Prozent der untersuchten Campus wurde im Jahr 2015 zumindest ein antisemitischer Vorfall dokumentiert.[12] 2016 stieg die Zahl antisemitischer Vorfälle weiter an. Während antizionistische Motive weiterhin eine große Rolle spielen,

---

8 Stern, Kenneth S.: Battling Bigotry on Campus. In: *USA Today*, März 1992. S. 59; eigene Übersetzung.
9 Stern, Battling Bigotry, S. 59; eigene Übersetzung.
10 Anti-Defamation League: ADL Audit: Anti-Semitic Assaults Rise Dramatically Across the Country in 2015. 22.06.2016. http://www.adl.org/press-center/press-releases/anti-semitism-usa/2015-audit-anti-semitic-incidents.html (29.05.2017). Es ist anzumerken, dass der Bericht der ADL vor dem Herbst 2016 veröffentlicht wurde, der den Beginn einer Phase markierte, in der antisemitische *hate crimes*, mutmaßlich in Verbindung mit der Kandidatur und dem Wahlsieg von Donald Trump, zuzunehmen schienen. Umfassende Statistiken oder Studien waren beim Abschluss dieses Artikels noch nicht verfügbar. Der aktuellste Bericht der ADL bestätigt jedoch die Vermutung, dass antisemitische Vorfälle seit 2016 und insbesondere seit November jenes Jahres häufiger geworden sind, siehe Anti-Defamation League: U.S. Anti-Semitic Incidents Spike 86 Percent So Far in 2017 After Surging Last Year, ADL Finds. 24.04.2017. https://www.adl.org/news/press-releases/us-anti-semitic-incidents-spike-86-percent-so-far-in-2017 (29.05.2017).
11 ADL, Audit 2015.
12 AMCHA Initiative: Report on Antisemitic Activity in 2015 at U.S. Colleges and Universities With the Largest Jewish Undergraduate Populations. Report (2016), S. 6. Die verschiedenen Zahlen der AMCHA-Studie und des Audit der ADL sind methodologisch erklärbar: Die ADL vertraut auf Informationen von „Opfern, Exekutivorganen und lokalen Gruppen", während AMCHA auf „eingereichte Meldungen, Medienberichte, soziale Medien und Online-Aufnahmen" zurückgreift und somit eine breitere Quellenbasis hat. In ihren Konklusionen stimmen beide Studien weitestgehend überein. Gegen den AMCHA-Report ist jedoch einzuwenden, dass der Einfluss gewisser Faktoren – etwa der Zahl der Studierenden an einem Campus oder der Proportion von jüdischen und nicht-jüdischen Studierenden – auf die abhängigen Variablen nicht überprüft wurde.

sticht ins Auge, dass klassischer Antisemitismus ein weitaus größeres Problem als noch 2015 darstellt.[13]

Das Bild nimmt weiter Konturen an, zieht man die persönlichen Einschätzungen der Betroffenen in Betracht. Eine 2014 vom *Louis D. Brandeis Center for Human Rights Under Law* und dem Trinity College durchgeführte Umfrage unter mehr als 1.000 jüdischen amerikanischen Studierenden ergab, dass 54 Prozent im vorhergehenden Jahr entweder selbst mit Antisemitismus konfrontiert waren oder ZeugInnen antisemitischer Vorfälle wurden.[14] Innerhalb des Samples gibt es durchaus interessante Differenzen: Studierende an öffentlichen Hochschulen geben eher an, Antisemitismus ausgesetzt zu sein, als Studierende an privaten Institutionen; Studentinnen weisen eine höhere Betroffenheitsrate auf als Studenten, und orthodoxe Jüdinnen und Juden eine geringere als Angehörige von konservativen oder Reform-Synagogen.[15]

Weitere Studien geben Aufschluss darüber, dass trotz der Verbreitung von Antisemitismus unter amerikanischen Studierenden körperliche Übergriffe relativ selten sind.[16] Stattdessen verschafft sich der Judenhass in Worten Ausdruck. Bei einem Survey von mehr als 3.000 studentischen TeilnehmerInnen des *Birthright*-Programms für amerikanische Jüdinnen und Juden wurde ermittelt, dass 32 Prozent von ihnen in den letzten zwölf Monaten antisemitisch beschimpft, beleidigt oder belästigt wurden.[17] Auf die Frage, ob ihnen gegenüber vordefinierte antisemitische Klischees geäußert worden waren, stellte sich heraus, dass drei Viertel der Studierenden von entsprechenden Erlebnissen berichten konnten. Kenneth Marcus, Gründer des *Louis D. Brandeis Center*, kommt ebenso zum Schluss, dass „jüdische Studierende zögern, Geschehnisse am Campus als antisemitisch zu

---

[13] AMCHA Initiative: Antisemitism: At the Epicenter of Campus Intolerance Antisemitic Activity in 2016 at U.S. Colleges and Universities With the Largest Jewish Undergraduate Populations. Report (2017). Die ADL berichtet, dass sich 2016 20 Prozent mehr antisemitische Vorfälle an College Campus ereignet haben, siehe ADL, U.S. Anti-Semitic Incidents 2017.
[14] Kosman/Keysar, Survey 2014, S. 3.
[15] Kosman/Keysar, Survey 2014, S. 5.
[16] Daraus erklärt sich wohl auch die Einschätzung der ADL, dass „der überwiegende Großteil der jüdischen Studierenden berichtet, sich am Campus sicher zu fühlen", siehe ADL: Audit 2015; eigene Übersetzung.
[17] Saxe, Leonard, Theodor Sasson, Graham Wright u. Shahar Hecht: Antisemitism and the College Campus: Perceptions and Realities. (Cohen Center for Modern Jewish Studies, Brandeis University). Report (2015), S. 12. Bei dieser Zahl ist zu bedenken, dass nicht alle Befragten – sondern 75 Prozent – der Meinung waren, dass die Leugnung von Israels Existenzrecht wahrscheinlich oder sicher antisemitisch sei.

bezeichnen, wenn sie nicht spezifisch nach ihnen gefragt werden".[18] Dennoch gaben bei einer 2016 durchgeführten Umfrage der Brandeis University unter jüdischen Studierenden an 50 ausgewählten Hochschulen 15 Prozent der Befragten an, dass auf ihrem Campus ein „feindseliges Klima" gegenüber Jüdinnen und Juden herrsche. An manchen Universitäten, etwa der UCLA und der CUNY-Brooklyn, sind mehr als 40 Prozent der jüdischen Studierenden dieser Ansicht.[19]

Nichtsdestotrotz wird Antisemitismus von nicht-jüdischen Studierenden kaum registriert: Während, je nach Fragestellung, zwischen einem Drittel und drei Viertel der jüdischen Studierenden von antisemitischen Vorfällen berichten, geben weniger als zehn Prozent der nicht-jüdischen Studierenden an, Antisemitismus in ihrem Umfeld wahrgenommen zu haben.[20] Nicht zuletzt die College-Linke ist gegenüber dem Phänomen weitestgehend blind. Stellvertretend für viele liberale jüdische AktivistInnen prangert Benjamin Gladstone in einem *New York Times*-Artikel die kultivierte Ignoranz seiner KommilitonInnen an: „Meine aktivistischen KollegInnen lassen den Antisemitismus, den Studierende wie ich regelmäßig am Campus erfahren, gerne unter den Tisch fallen. Sie nehmen die Hakenkreuze nicht ernst, die ich in WC-Räume geritzt, auf Wände geschmiert oder auf Tafeln gemalt sehe. Sie hören es nicht, wenn mich Studierende beschuldigen, Jesus getötet zu haben. Sie bemerken nicht, wenn ProfessorInnen antisemitische Figuren wie Ägyptens Gamal Abdel Nasser oder die Führungsriege der Hisbollah glorifizieren, wie es meine ProfessorInnen getan haben."[21] Und womöglich stimmen sie ihren ProfessorInnen im letzten Punkt sogar zu: Gehört denn die Hisbollah nicht, wie Judith Butler bemerkte, „zur globalen Linken"?[22] An der „auffälligsten Erscheinungsform des zeitgenössischen Antisemitismus"[23] am Campus, dem Antizionismus, stören sich oftmals nur die unmittelbar Leidtragenden.

---

18 Marcus, Kenneth L.: Introduction: Special Issue on Campus Antisemitism. In: Journal for the Study of Antisemitism 3(2) (2011). S. 322; eigene Übersetzung.
19 Saxe, Leonard, Graham Wright, Shahar Graham/Hecht, Michelle Shain, Theodore Sasson u. Fern Chertok: Hotspots of Antisemitism and Anti-Israel Sentiment on US Campuses. (Cohen Center for Modern Jewish Studies, Brandeis University). Report (2016), S. 15–16; eigene Übersetzung.
20 Marcus, Introduction, S. 321.
21 Gladstone, Benjamin: Anti-Semitism at My University. In: *New York Times*, 02.10.2016, S. SR2; eigene Übersetzung.
22 Nelson, Cary: The Problem with Judith Butler: The Political Philosophy of BDS and the Movement to Delegitimate Israel. In: The Case Against Academic Boycotts of Israel. Hrsg. von Cary Nelson u. Gabriel Noah Brahm. New York 2014, S. 177; eigene Übersetzung.
23 AMCHA, Report 2015, S. 19; eigene Übersetzung.

Antizionismus ist an amerikanischen Universitäten keine Marginalie mehr. Tammi Rossman-Benjamin führt an, dass mehr als 1.000 AkademikerInnen an über 300 Hochschulen in den USA den Boykott von Israel unterstützen. Bemerkenswert zahlreich in dieser Gruppe ist die Literaturwissenschaft vertreten: Sie stellt 21 Prozent der BoykotteurInnen, zehn Prozent gehen auf das Konto der Ethnic Studies, gefolgt von Geschichte, Gender Studies und Anthropologie. Viele stehen offen zu ihrer antizionistischen Haltung: Das Zentrum für Middle Eastern Studies an der UCLA erwähnt auf seiner Website stolz, dass sich einige seiner Mitglieder gegen Israel engagieren.[24]

In der Studie der Brandeis University von 2015 gaben 27 Prozent der Befragten an, dass sie die anti-israelische Haltung ihrer KommilitonInnen für ein ziemlich oder sehr großes Problem halten; neun Prozent fällen dieses Urteil über ihre ProfessorInnen. Dabei besteht eine Verbindung zwischen der anti-israelischen Stimmung am Campus und persönlichen Angriffen: 24 Prozent wurden im vergangenen Jahr zumindest manchmal für Israels Politik verantwortlich gemacht, weil sie Jüdinnen oder Juden sind – ein Teil von ihnen, obwohl sie sich kaum oder gar nicht mit Israel verbunden fühlten. Grundsätzlich scheint sich jedoch die Verbundenheit mit Israel negativ auf das persönliche Wohlbefinden am Campus auszuwirken: Je stärker es jemand mit Israel hält, desto feindseliger empfindet diese Person die Stimmung am Campus. Mehr noch: Jene Studierende, die einen starken Bezug zu Israel haben, werden öfter antisemitisch belästigt als andere.[25] Die Folgestudie der Brandeis University stellte jedoch fest, dass nur eine Minderheit der jüdischen Studierenden Antisemitismus zu den drängendsten Problemen am Campus zählt.[26] Antisemitismus, bemerken die StudienleiterInnen, scheint für viele jüdische Studierende zwar zum Alltag zu gehören, ohne jedoch das Campus-Leben zu bestimmen.[27]

Viele AutorInnen zeigen sich darin einig, dass Kalifornien zum „Epizentrum des Neuen Antisemitismus in Amerika"[28] geworden ist. Die empirischen Studien

---

24 Rossman-Benjamin, Tammi: Interrogating the Academic Boycotters of Israel on American Campuses. In: The Case Against Academic Boycotts of Israel. Hrsg. von Cary Nelson u. Gabriel Noah Brahm. New York 2014.
25 Saxe et al., Antisemitism, S. 8–9.
26 Saxe et al., Hotspots, S. 31.
27 Saxe et al., Hotspots, S. 35.
28 Marcus, Kenneth L.: Fighting Back Against Campus Anti-Semitism. 28.03.2011. http://spme.org/spme-research/analysis/kenneth-l-marcus-fighting-back-against-campus-anti-semitism/9617/ (29.05.2017); eigene Übersetzung. Siehe auch Cravatts, Richard L.: Antisemitism and the Campus Left. In: Journal for the Study of Antisemitism 3(2) (2011), S. 432. Britische WissenschafterInnen wiederum halten Großbritannien für „das Zentrum des systematischen Angriffs auf Israels Recht, weiterhin zu existieren", siehe Klaff, Lesley: Antisemitism on Campus: A New Look

unterstützen diese Ansicht. Jüdische Studierende in Kalifornien halten den Israelhass am Campus tendenziell für stärker als Studierende in anderen Teilen der USA.[29] In dem von AMCHA erstellten Report finden sich nicht weniger als sieben kalifornische Institutionen unter den zehn Campus mit der höchsten Anzahl an antisemitischen Vorfällen im Jahr 2015.[30] Und im Ranking der Zeitschrift *Algemeiner Journal* werden immerhin noch sieben Universitäten aus dem Golden State unter den 20 „für jüdische Studierende schlechtesten Colleges" in den USA gelistet.[31] Robert Corrigan, der ehemalige Präsident der San Francisco State University (SFSU), bedauerte bereits Ende der 1990er, dass seine Universität als „der antisemitischste Campus im Land" galt.[32]

Doch antizionistische und antisemitische Zustände sind keine Eigenheit von Hochschulen an der Westküste. Zahlreiche ProfessorInnen der Harvard University attackierten 2003 Präsident Lawrence Summers, weil dieser die Redlichkeit von anti-israelischen Divestment-Initiativen in Zweifel gezogen hatte.[33] Die New Yorker Columbia University hat den schmachvollen ersten Platz im *Algemeiner*-Ranking inne.[34] Und auch im Großraum Chicago ist BDS verstärkt aktiv und feiert Erfolge in Studentenparlamenten.[35] Die *Israel on Campus Coalition* hält Chicago gar für den neuen „Mittelpunkt anti-israelischer Aktivitäten".[36]

---

at Legal Interventions. In: Journal for the Study of Antisemitism 2(2) (2010), S. 303; eigene Übersetzung.

29 Saxe et al., Antisemitism, S. 15.

30 AMCHA, Report 2015, S. 7.

31 The Algemeiner-Editors: The 40 Worst Colleges for Jewish Students, 2016. 22.12.2016. https://www.algemeiner.com/the-40-worst-colleges-for-jewish-students-2016/ (29.05.2017); eigene Übersetzung. Das Ranking im *Algemeiner* leidet an einem schwerwiegenden Gebrechen: Die Heuristik und die berücksichtigten Faktoren wurden nicht transparent gemacht. Der wissenschaftliche Wert der Liste ist zumindest bis zur Veröffentlichung der Methoden fragwürdig und als bloß plausible Einschätzung der Situation an den Colleges zu verstehen. Siehe auch Adkins, Laura E.: Are These Colleges ‚The Worst' for Jews? 23.12.2016. http://forward.com/opinion/358107/are-these-colleges-the-worst-for-jews/ (29.05.2017).

32 Rossman-Benjamin, Tammi: Identity Politics, the Pursuit of Social Justice, and the Rise of Campus Antisemitism: A Case Study. In: Resurgent Antisemitism: A Global Perspective. Hrsg. von Alvin H. Rosenfeld. Bloomington 2013, S. 495; eigene Übersetzung.

33 Alexander, Edward: Antisemitism-Denial: the Berkeley School. In: Antisemitism on the Campus: Past and Present. Hrsg. von Eunice G. Pollack. Boston 2011, S. 38–44.

34 The Algemeiner-Editors, Worst Colleges 2016.

35 Brackman, Harold: Anti-Semitism on Campus: A Clear-and-Present Danger. (Simon Wiesenthal Center). Report (2015). S. 9–11.

36 Israel on Campus Coalition: 2015–2016 Campus Trends Report. Report (2016). S. 8; eigene Übersetzung.

Besonders in den letzten Jahren gewannen Divestment-Kampagnen an Popularität unter anti-israelischen Campus-AktivistInnen.[37] Sie haben zum Ziel, die Universität dazu zu bewegen, geschäftliche Verbindungen mit Firmen zu kappen, die Israel bei der „Unterdrückung des palästinensischen Volkes"[38] unterstützen. Die erste große Divestment-Initiative gab es 2002 an der UC Berkeley,[39] inzwischen haben etliche Studentenparlamente und Graduiertenverbände entsprechende Beschlüsse gefasst.[40] Einen merkbaren Einfluss auf die Anlagepolitik der Universitäten hatte BDS freilich nicht: Noch gibt es keine einzige amerikanische Universität, die sich auf ihre Forderungen eingelassen hat.[41] Derweil intensiviert sich das anti-israelische Engagement auch abseits von Resolutionen in akademischen Verbänden und Gremien: AMCHA berichtet etwa, dass sich die Zahl der öffentlichen Aufrufe am Campus zur Vernichtung Israels im ersten Halbjahr von 2016 verdreifacht hat im Vergleich zum selben Zeitraum des Vorjahres.[42]

Die Tatsache, dass heute die Feindschaft gegen Israel an Campus virulenter ist als noch vor einigen Jahren, hat dementsprechend wenig mit Israel oder mit der Präsenz von pro-israelischen Gruppen zu tun.[43] Um dem Grund für diese Situation näher zu kommen, wird im Folgenden der politische Kontext ausgeleuchtet, in dem der Antisemitismus auf amerikanischen Universitäten und Colleges wächst und gedeiht.

---

37 Lasson, Kenneth: In an Academic Voice: Antisemitism and Academy Bias. In: Journal for the Study of Antisemitism 3(2) (2011). S. 380 – 382.
38 So begründet es etwa die Initiative *UofC Divest* an der University of Chicago, deren Kampagne im Frühling 2016 gestartet ist und von der in der Einleitung die Rede ist. Siehe https://uofcdivest.com/ (29.05.2017); eigene Übersetzung.
39 Brackman, Anti-Semitism, S. 12.
40 Auch unter professionellen akademischen Verbänden gibt es teils starke Sympathien für BDS. Eines der bekanntesten Beispiele ist die *American Studies Association*, deren Mitglieder 2013 für den Boykott israelischer Institutionen stimmten. Siehe Musher, Sharon Ann: The Closing of the American Studies Association's Mind. In: The Case Against Academic Boycotts of Israel. Hrsg. von Cary Nelson and Gabriel Noah Brahm. New York 2014.
41 Jacobson, William A.: List of Universities rejecting academic boycott of Israel (Update – 250!). 15.02.2016. http://spme.org/boycotts-divestments-sanctions-bds/list-of-universities-rejecting-academic-boycott-of-israel-update-250/20743/ (29.05.2017).
42 AMCHA, Report First Half 2016, S. 10.
43 Die erhöhte Sichtbarkeit von israelsolidarischen Gruppen am Campus ist aller Wahrscheinlichkeit nach eine Funktion der stärker gewordenen anti-israelischen Bewegung.

Die Campus-Linke gegen den jüdischen Staat

In der amerikanischen Linken sticht die „Zentralität des Nahostkonflikts"[44] ins Auge. Die organisatorische Zersplitterung und die inhaltlichen Differenzen stehen im Kontrast zur umfassenden Einigkeit, die das politische Spektrum links der Demokratischen Partei in puncto Israel auszeichnet: Der Antizionismus ist hegemonial.

Der akademische Betrieb ist hier keine Ausnahme.[45] Israelsolidarische oder antisemitismuskritische Positionen werden für gewöhnlich nur von jüdischen, konservativen und rechten Gruppen bezogen.[46] Während im vorangegangenen Abschnitt das Ausmaß der antisemitischen Zustände am Campus behandelt wurde, soll im Folgenden ein kurzer Abriss genügen, um den Typus der maßgeblichen AkteurInnen, die mehrheitlich ein progressives Selbstverständnis pflegen, darzustellen.[47]

Mit der Konsolidierung der *New Left* in den 1960er Jahren verbanden sich in der außerparlamentarischen Linken antisemitische Klischees mit der fundamentalen Opposition zu Israel. Jene linken Gruppen, die nicht in diesen Chorus einstimmten, beteiligten sich in aller Regel an der „Trivialisierung des Antisemitismus, den sie für ein Nicht-Thema hielten".[48] Im Unterschied zur *Old Left*, die es, zumindest dem eigenen Anspruch nach, noch mit universalistischen Idealen hielt, gewannen in der *New Left* Bewusstseins- und Identitätskategorien gegenüber ökonomisch ausgerichteten Klassenanalysen an Bedeutung. Als politisches Motiv einte der Antiimperialismus die disparate Bewegung, die sich zudem als internationalistisch und antirassistisch verstand.[49] In der gleichen Phase, konkret nach der Niederlage der arabischen Staaten im Sechstagekrieg, begann sich die anti-israelische Allianz zwischen der radikalen Linken und politisch aktiven

---

44 Arnold, Sina: Das unsichtbare Vorurteil. Antisemitismusdiskurse in der US-amerikanischen Linken nach 9/11. Hamburg 2016, S. 280.
45 Ähnliches gilt übrigens auch für Großbritannien, wo „antizionistische Kampagnen von linken Gruppen vorangetrieben werden" (Klaff, Antisemitism, S. 304; eigene Übersetzung).
46 Es überrascht deswegen nicht allzu sehr, dass in der Studie der Brandeis University konservative jüdische Studierende die feindliche Stimmung gegenüber Jüdinnen und Juden am Campus für ein größeres Problem halten als ihre moderaten oder liberalen KommilitonInnen. Während 22 Prozent der konservativen Studierenden der betreffenden Aussage zustimmen, sind es im Schnitt nur 13 Prozent (Saxe et al., Antisemitism, S. 11).
47 Für materialreiche Untersuchungen des Verhältnisses der US-Linken zum Antisemitismus sei auf die Monographie von Stephen Norwood und insbesondere auf die 2016 erschienene Studie von Sina Arnold verwiesen, siehe Norwood, Antisemitism; Arnold, Vorurteil.
48 Norwood, Antisemitism, S. 6; eigene Übersetzung.
49 Arnold, Vorurteil, S. 110–115.

arabischen Studierenden an amerikanischen Universitäten und Colleges zu formieren. Ihr agitatorischer Erfolg hielt sich zunächst jedoch in Grenzen: „Obwohl die Linke in den späten 1960ern ihre stärkste Basis an den Universitäten hatte, fand ihre Sicht auf den arabisch-israelischen Konflikt kaum Unterstützung im Campus-Mainstream".[50] Auch abseits des akademischen Betriebs wussten sich institutionell etablierte Liberale und Linke noch weitestgehend einig in ihrer Unterstützung für Israel.[51]

Nach 1970 zerfiel die *New Left* sang- und klanglos. Die überlebenden Organisationen – etwa die *Socialist Workers Party* (SWP), die *International Socialist Organization* und die *Workers World Party* – blieben ihren antizionistischen Positionen treu und unterstützten daher die BDS-Kampagne ab deren Entstehung in den 2000er Jahren. Einzig die SWP distanzierte sich vom Boykott des jüdischen Staates, da sie in ihm ein „gefährliches Zugeständnis an den Antisemitismus"[52] sah. Besonders deutlich wurde die Ignoranz gegenüber innerlinkem Antisemitismus oder gar die Kollaboration mit AntisemitInnen bei der UN-Konferenz in Durban 2001, als die Teilnehmenden sich im Geiste des Antirassismus darauf einigten, Israel zum staatgewordenen Bösen zu erklären. Die anwesenden VertreterInnen linker Gruppen störten sich weder an antisemitischen Tiraden der RednerInnen noch an Ausgaben der *Protokolle der Weisen von Zion*, die feilgeboten wurden.[53]

Der antizionistische Konsens in der amerikanischen Linken besteht also mindestens seit einem halben Jahrhundert. Doch erst in den letzten Jahren konnte er die Grenzen einer relativ hermetischen und seit den 1970ern tendenziell schrumpfenden Szene sprengen. Am Ende seiner historischen Studie über Antisemitismus innerhalb der linken Bewegung kommt Norwood zum Ergebnis, dass die antizionistische Propaganda „die Bewegung überlebt hat, in der sie ihren Ursprung hat".[54] Während die ProtagonisInnen der *New Left* scheiterten, konnte ihre Ideologie im akademischen Betrieb Wurzeln schlagen.

Sina Arnold, von der die umfassendste Studie zu Antisemitismus in der amerikanischen Gegenwartslinken stammt, stellt fest, dass linke AktivistInnen

---

50 Norwood, Antisemitism, S. 207; eigene Übersetzung.
51 Norwood, Antisemitism, S. 232f.
52 Zit. in Norwood, Antisemitism, S. 220; eigene Übersetzung. Ansonsten sind Auseinandersetzungen mit Antisemitismus in der heutigen Linken rar. Arnold hat einige dokumentiert, siehe Arnold, Vorurteil, S. 169.
53 Rickman, Gregg: The Irony of It All: Antisemitism, Anti-Zionism, and Intimidation on South African University Campuses. In: Antisemitism on the Campus. Hrsg. von Eunice G. Pollack. Boston 2011, S. 280. Siehe auch Norwood, Antisemitism, S. 223–225.
54 Norwood, Antisemitism, S. 240; eigene Übersetzung.

die Reproduktion von klassisch-antisemitischen Stereotypen vermeiden. Das Bewusstsein über die moralische Verwerflichkeit antisemitischer Positionen ist, wie überhaupt in der amerikanischen Gesellschaft, auch in der Linken stark ausgeprägt.[55] Antisemitismus wird dennoch nicht als dringliches Thema wahrgenommen. Stattdessen, schreibt Arnold über ihre in der Linken aktiven InterviewpartnerInnen, habe sich ein Mechanismus durchgesetzt, den David Hirsh als *Livingstone Formulation* bezeichnet hat: Manifestationen von Antisemitismus werden nicht ernstgenommen und Antisemitismusvorwürfe als Versuche abgetan, Israelkritik zu diffamieren.[56]

Beispielhaft für die relevanten antizionistischen Gruppen an Campus seien hier *Students for Justice in Palestine* (SJP) erwähnt, „ein zentraler Akteur der propalästinensischen Bewegung",[57] den manche für die „Vorhut dieser anti-israelischen, anti-jüdischen Stoßtruppen am Campus" halten.[58] SJP unterhält mehr als hundert Ableger in den USA und ist für Boykott- und Divestment-Kampagnen an dutzenden Campus verantwortlich. Die Gruppe wird maßgeblich von der Organisation *American Muslims for Palestine* finanziert, deren Führungsriege zum Teil aus Unterstützern der Hamas besteht.[59] Es überrascht demnach wenig, dass jüdische Studierende an Hochschulen, an denen SJP aktiv sind, die Stimmung am Campus gegenüber Jüdinnen und Juden für tendenziell feindseliger befinden als Studierende an Hochschulen, an denen diese nicht präsent sind.[60] Dies deckt sich mit den Ergebnissen von AMCHA, denen zufolge die Präsenz antizionistischer Studierendengruppen zu den stärksten Prädiktoren von antisemitischer Aktivität gehört. Zudem stellt AMCHA einen höchst signifikanten Zusammenhang zwi-

---

55 Arnold, Vorurteil, S. 411–413. Nach 1945 verloren antisemitische Einstellungen in den USA rapide an sozialer Akzeptanz, siehe Dinnerstein, Anti-Semitism, S. 150–152.
56 Arnold, Vorurteil, S. 419 f. Als Ken Livingstone 2005 Bürgermeister von London war, verteidigte sich dieser in einem *Guardian*-Artikel gegen den Vorwurf, seine kurz vorher bekannt gewordenen wüsten Ausfälle gegen einen jüdischen Journalisten hätten etwas mit Antisemitismus zu tun. Er schrieb: „Viel zu lange ist der Antisemitismusvorwurf gegen jeden benutzt worden, der den Tätigkeiten der israelischen Regierung kritisch gegenübersteht, wie ich es stets tat." https://www.theguardian.com/politics/2006/mar/01/society.london (29.05.2017); eigene Übersetzung. Livingstones Manöver ist ein idealtypisches Beispiel für den Umgang mit Antisemitismus in der israelkritischen Linken. Seine Labour-Parteimitgliedschaft wurde 2015 ruhend gestellt, nachdem er Hitler als Unterstützer des Zionismus bezeichnet hatte. Zur Livingstone Formulation siehe Hirsh, David: Accusations of malicious intent in debates about the Palestine-Israel conflict and about antisemitism. In: Transversal 1 (2010).
57 Arnold, Vorurteil, S. 158.
58 Brackman, Anti-Semitism, S. 1; eigene Übersetzung.
59 Stephens, Bret: The Anti-Israel Money Trail. 27.04.2016. http://www.wsj.com/articles/the-anti-israel-money-trail-1461624250 (29.05.2017).
60 Saxe et al., Hotspots, S. 25.

schen der Präsenz von BDS an Campus und Übergriffen auf Jüdinnen und Juden fest. Die Unterstützung für BDS vonseiten der Studierenden und der ProfessorInnen, die hohe Frequenz derartiger Veranstaltungen und der Erfolg von BDS-Resolutionen in universitären Körperschaften auf einem beliebigen Campus sind demnach Prädiktoren für antijüdische Feindseligkeiten.[61]

Allianzen von Campus-Linken und Hamas-Sympathisanten sorgen im progressiven akademischen Milieu jedoch für keinen Skandal. Auch hierin zeigt sich ein wesentlicher Unterschied zwischen der *Old Left* und den ErbInnen der *New Left:* Islamistische Gruppen werden inzwischen von vielen für progressive Kräfte gehalten, Burkas als Kulturgut verteidigt und die apokalyptischen Visionen der iranischen Ayatollahs als praktizierter Antiimperialismus gefeiert.[62] Der Einfluss der antisemitischen *Nation of Islam* auf die Campus-Linke ist hinlänglich dokumentiert.[63] Robert S. Wistrich spricht gar von einer „marxistisch-islamistischen Achse",[64] die in den akademischen Betrieb hineinreicht.

Die gängige Conclusio lautet deswegen: Der Aufstieg des Antizionismus, des „ehrbaren Antisemitismus",[65] im akademischen Umfeld muss wohl an der linken Ideologie liegen – aus ihr purzeln die Ressentiments auf den Campus wie aus Frau Holles Kissen der Schnee auf die Erde. Warum diese Ableitung ins Leere geht, wird im nächsten Abschnitt erläutert.

Erklärungsansätze in der Diskussion

Die Erklärung des Campus-Antisemitismus aus der Ideologie der Campus-Linken folgt in der Regel einem von drei Mustern: Antisemitismus ist linker Theorie *per se*

---

61 AMCHA, Report 2015, S. 11–12. In die Kategorie „antisemitische Übergriffe" fallen körperliche Angriffe, Diskriminierung, die Zerstörung von Eigentum, genozidale Wunschphantasien, Verletzung der Versammlungs- und Redefreiheit, verbaler Missbrauch, Drohungen, Belästigungen und Diffamierungen „auf Basis des Jüdischseins der Betroffenen oder ihrer mutmaßlichen Position zu Israel", siehe AMCHA, Report 2015, S. 20.
62 Norwood, Antisemitism, S. 227–231.
63 Maizels, Linda: On Whiteness and the Jews. In: Journal for the Study of Antisemitism 3(2) (2011).
64 Wistrich, Robert S.: From Ambivalence to Betrayal: the Left, the Jews, and Israel. Studies in Antisemitism. Lincoln 2012, S. 563–592; eigene Übersetzung. Arnold findet es hingegen übertrieben, von einer systematischen Kollaboration der amerikanischen Linken mit Islamisten zu sprechen. Die Akzeptanz radikaler islamistischer Gruppen sei kein „flächendeckendes Phänomen", siehe Arnold, Vorurteil, S. 162.
65 Améry, Jean: Der ehrbare Antisemitismus. 25.07.1969. http://www.zeit.de/1969/30/der-ehrbare-antisemitismus (29.05.2017).

inhärent; Antisemitismus ist ein Effekt neuerer linker Motive, etwa des Antirassismus;[66] oder antisemitische Diskurse werden durch gewisse linke Positionen ermöglicht, während die Linke selbst nicht antisemitisch ist.

Die Ableitung von Antisemitismus aus der linken Theoriegeschichte muss in ihrer Pauschalität zurückgewiesen werden. Zwar behaupten einige AutorInnen, bereits bei Karl Marx sei der antisemitische Charakter linken Denkens und Handelns angelegt. Doch nur selten geht die Beschäftigung über die lexikalische Ebene hinaus.[67] In seinem Essay über Marx' „radikale Kritik des Antisemitismus" klärt Robert Fine häufige Missverständnisse bei der Lektüre von ‚Zur Judenfrage' und betont: „Die Kritik des Antisemitismus war absolut zentral für sein [Marx'; Anm. S.G.] Verständnis und Definition des Sozialismus."[68] Für jene, die linken Antisemitismus aus dem Werk von Marx destillieren wollen, muss rätselhaft bleiben, wieso gerade orthodoxe MarxistInnen der *Old Left* vehement gegen Antisemitismus gekämpft haben in Zeiten, als das anti-jüdische Ressentiment in den USA noch gesellschaftsfähig war.[69] Auch der außergewöhnliche Erfolg von BDS an amerikanischen Campus – im Vergleich etwa zu mitteleuropäischen Universitäten – kann kaum auf die hier wie dort wenig präsente marxistische Linke reduziert werden.

Wie verhält es sich aber mit dem zweiten Erklärungsansatz, dass die gegenwärtige Situation am Campus ein Effekt aktuellerer Entwicklungen in der linken akademischen Bewegung ist? Die Etablierung von Antirassismus und Antiimperialismus im akademischen Betrieb wird häufig als der maßgebliche Faktor für die verbreitete Akzeptanz des antizionistischen Antisemitismus angeführt. Rossman-Benjamin sieht etwa einen Zusammenhang zwischen Studienprogrammen, die ein progressives Selbstverständnis haben, und „politischen Animositäten im Großen und Antisemitismus im Besonderen".[70] Zudem sei es für jene, „die die

---

66 Der Widerstand gegen Rassismus ist freilich schon lange Bestandteil linker Theorie und Praxis. Unter dem Label ‚Antirassismus' firmiert jedoch ein jüngeres Programm, dem der Politikwissenschaftler Adolph Reed bescheinigt, „den Fokus von den gesellschaftlichen Strukturen, die rassische Ungleichheit herstellen und reproduzieren, hin zu einem letztlich individuellen und unhistorischen Bereich von ‚Vorurteil' oder ‚Intoleranz' zu verschieben." Reed, Jr., Adolph: The Limits of Anti-Racism. In: Left Business Observer 121 (2009). www.leftbusinessobserver.com/Anti racism.html (29.05.2017); eigene Übersetzung.
67 Beispielsweise Lasson, Academic Voice, S. 352; Norwood, Antisemitism, S. 12; genauer dargestellt in Wistrich, Ambivalence, S. 83.
68 Fine, Robert: Karl Marx and the Radical Critique of Anti-Semitism. Mai 2016. https://engageon line.wordpress.com/2015/11/04/karl-marx-and-the-radical-critique-of-anti-semitism-robert-fine-engage-journal-issue-2-may-2006/ (29.05.2017); eigene Übersetzung.
69 Siehe Norwood, Antisemitism, S. 84–115.
70 Rossman-Benjamin, Identity Politics, S. 512; eigene Übersetzung.

Welt in Unterdrücker und Unterdrückte aufteilen, [...] nur mehr ein kleiner ideologischer Sprung, den palästinensisch-israelischen Konflikt in den gleichen binären Begriffen zu verstehen".[71] Und Richard Cravatts erklärt die Feindschaft gegenüber Israel aus der linken Gewissheit, dass „die Unterwerfung der wehrlosen Völker die Ursache ihres gewaltsamen Widerstands ist".[72]

Damit im Zusammenhang stehe ein antirassistischer Diskurs, in dem Jüdinnen und Juden schon lange nicht mehr als unterdrückte Minderheit, sondern als weiß und insofern als privilegiert gelten.[73] Für viele Linke blieb „*racial identity* – schwarz wie weiß – die einzig signifikante Trennkategorie in der Zeit nach dem Ersten Weltkrieg."[74] Deswegen halten manche das „Thema ‚Weißsein' [für den] Schlüssel zum Verständnis des gegenwärtigen Antisemitismus".[75]

Einige AutorInnen sehen zudem in der Verbindung sozial- und geisteswissenschaftlicher Disziplinen mit politischem Aktivismus einen Grund für die zunehmende Popularität antizionistischer Positionen am Campus. Linke AkademikerInnen wie Noam Chomsky, Edward Said oder Judith Butler – letztere ist die wohl bekannteste Fürsprecherin von BDS – haben den Kampf gegen Israel mit wissenschaftlicher Dignität ausgestattet.[76] Die Verwischung der Grenze zwischen wertfreier Objektivität und politischem Engagement, so die Vermutung von

---

71 Rossman-Benjamin, Interrogating, S. 223; eigene Übersetzung. Illustrativ ist der Artikel einer Aktivistin der *International Socialist Organization* gegen die *Socialist Workers Party* nach deren Ablehnung von BDS: „Anstatt mit Halbwahrheiten und Lügen andere Sozialisten und pro-palästinensische Aktivisten in den Dreck zu ziehen (wo wir doch endlich so richtig Schwung bekommen!), sollen sie die echten Fragen aufgreifen, mit denen die Bewegung konfrontiert ist. Und dann sollen sie sich entscheiden, auf welcher Seite sie stehen: auf jener des Unterdrückers oder auf jener der Unterdrückten?". Siehe D'Amelio, Lichi: A slander on our movement. 08.04.2009. https://socialistworker.org/2009/04/08/slander-on-our-movement (29.05.2017); eigene Übersetzung.
72 Cravatts, Antisemitism, S. 412; eigene Übersetzung.
73 Zur Frage, wie Jüdinnen und Juden im Laufe des 20. Jahrhunderts ihren Status im sozialen System von *race* veränderten, siehe Goldstein, Eric L.: The Price of Whiteness: Jews, Race, and American Identity. Princeton 2006; Brodkin, Karen: How Jews Became White Folks and What That Says about Race in America. New Brunswick 1998. Eine Debatte, die die *American Historical Association* während der 1990er in Atem hielt, stand genau in diesem Zeichen: Haben Juden, *die ja Weiße sind*, den Sklavenhandel kontrolliert? Siehe Maizels, Whiteness, S. 465.
74 Norwood, Antisemitism, S. 21; eigene Übersetzung.
75 Hirsh, David: Defining antisemitism down. Winter 2013. http://fathomjournal.org/defining-antisemitism-down/ (29.05.2017); eigene Übersetzung.
76 Noam Chomsky stattete 2006 der Hisbollah einen Solidaritätsbesuch im Libanon ab (Lasson, Academic Voice, S. 388 f.). Richard Cravatts sieht in Edward Said den Hauptverantwortlichen für den Niedergang der Middle Eastern Studies (Cravatts, Antisemitism, S. 418–420.). Und Cary Nelson argumentiert, dass Butlers politische Vision für den Nahen Osten die „ethnische Säuberung der jüdischen Bevölkerung" beinhaltet (Nelson, Judith Butler, S. 194; eigene Übersetzung).

Rossmann-Benjamin, hat den „politischen Hass gegen als ‚Unterdrücker' identifizierte Gruppen angefacht".[77]

Mit der Wertfreiheit der Wissenschaft war es freilich auch schon früher nicht weit her. Saids *Orientalismus* geht nicht darin fehl, die Verquickung von politischem Interesse und Geschichtsschreibung herauszustreichen, sondern in seiner Verwerfung westlicher Wissensproduktion als solcher. Figuren wie Chomsky und Butler sind zweifelsohne entscheidend an der Legitimation des akademischen Antizionismus beteiligt – doch eine Legitimation ist noch keine Ursache: Sie können kaum der Grund für ihre eigene Popularität sein. Das Bündnis der Campus-Linken mit den lokalen Ablegern des palästinensischen Befreiungskampfes ist unschwer als Katalysator antizionistischer Aktivitäten zu identifizieren. Für sich genommen erklärt es aber relativ wenig: Die Annahme anti-israelischer Positionen durch weite Teile der akademischen Szene ist nicht der bloßen Präsenz arabisch-nationalistischer Gruppen am Campus geschuldet.

Im zweiten Erklärungsmuster wird übersehen, dass die Korrelation von Antisemitismus und bestimmten linken Motiven noch keinen Aufschluss über ihr inneres Verhältnis zueinander gibt. Eine simplifizierende Sicht auf die Weltpolitik steht im Einklang mit der Antipathie gegen Israel – doch wie die ‚Zentralität des Nahostkonflikts' zustande kommt, bleibt unbegründet. Und mit der Verklärung nationaler Befreiungsbewegungen des Trikont gehen für gewöhnlich kulturrelativistische Positionen einher – doch die besondere Begeisterung für die Intifada ist damit noch nicht erklärt. Um in Israel den Inbegriff von Rassismus und Imperialismus zu erkennen, muss noch etwas hinzutreten. Im gleichen Sinne ist Antisemitismus notwendig manichäisch, während im Manichäismus logisch noch nicht der Antisemitismus enthalten ist.[78]

Einen dritten Zugang bietet Sina Arnold an. Sie fragt nach den „Ermöglichungsbedingungen des Antisemitismus",[79] also nach den politischen, sozialen und ideologischen Rahmen und Strukturen, innerhalb derer antisemitische Diskurse geführt werden können. Typisch für die Gegenwartslinke sei, wie auch

---

77 Rossman-Benjamin, Identity Politics, S. 509; eigene Übersetzung.
78 Hier scheint sich ein Widerspruch zu Sartre aufzutun, wenn dieser schreibt, dass „der Antisemitismus ursprünglich ein Manichäismus [ist]. Er erklärt den Lauf der Welt durch den Kampf des Guten mit dem Bösen. [...] Der Leser hat verstanden, daß der Antisemit den Manichäismus nicht als erklärendes Hilfsmittel verwendet, sondern daß das ursprüngliche Bekenntnis zum Manichäismus den Antisemitismus bedingt und erklärt." Sartre, Jean-Paul: Betrachtungen zur Judenfrage. In ders.: Drei Essays. Frankfurt 1985, S. 127. Die Spannung besteht jedoch nur an der Oberfläche: Auch Sartre ist sich darüber im Klaren, dass „der Antisemit den Juden schafft" (Sartre, Judenfrage, S. 186) und dass es demnach einer Entscheidung des Antisemiten bedarf, um den Manichäismus inhaltlich zu bestimmen.
79 Arnold, Vorurteil, S. 47.

schon für die *New Left*, nicht der virulente Antisemitismus selbst, sondern dass er toleriert oder ausgeblendet werde. „Israelkritik oder antirassistische Positionen sind nur selten codierte Varianten, um Antisemitismus auszudrücken", meint Arnold. „Stattdessen handelt es sich bei ihnen um eigenständige Positionen, die mögliche ‚Einfallstore' für genuin antisemitische Positionen liefern."[80] Antirassismus und Antiimperialismus können „in eine antisemitische Weltsicht münden",[81] müssen es aber eben nicht – vielmehr machen sie Antisemitismus innerhalb der linken Szene möglich. Wer den Konflikt zwischen Israel und Palästina im Rahmen von Imperialismus und Rassismus interpretiert, äußere unwillkürlich Ansichten, die in einen antisemitischen Diskurs integrierbar sind, obwohl es sich in aller Regel um „mit antisemitismusfreier Intention artikulierte[e] Aussagen"[82] handle. Die linken „Deutungsmuster" legen schlichtweg „bestimmte Inhalte nahe".[83] In Arnolds Modell besteht also eine genetische Hierarchie: Zuerst ist die Linke antirassistisch und antiimperialistisch, dann analysiert sie auf dieser Basis den Nahostkonflikt, wodurch sie schließlich zu „monoperspektivischen und manichäischen Sichtweisen"[84] kommt, die potentiell antisemitisch sind.

Dagegen ist einzuwenden, dass die genannten Ideologien nur dann Ermöglichungsbedingungen für Antisemitismus sein können, wenn feststeht, dass den Subjekten der Drang nach antisemitischer Betätigung fehlt. Ist dies nicht der Fall, dreht sich das Verhältnis um: Dann legt der Antisemitismus nahe, dass Israel ein imperialistischer, rassistischer Aggressorstaat ist. Wer AntisemitIn ist, rationalisiert also den Kampf gegen den jüdischen Staat auf jene Art, die ihr oder ihm zupasskommt – womit sich dieser Kampf *post festum*, also nach der Konstitution des jüdischen Hassobjekts, als antirassistische und antiimperialistische Praxis ausweisen kann. Für Arnold ist jedoch ausgemacht, dass die anti-israelische Fixierung ihren Grund „weniger in antisemitischen Denkweisen als in spezifisch linken Rahmungen des Konflikts und Projektionen auf diesen"[85] hat. Notwendig ergibt sich dieser Schluss aus ihrem Material nicht.[86] Ein anderes Verständnis

---

80 Arnold, Sina: From Occupation to Occupy: Antisemitism and the Contemporary Left in the United States. In: Deciphering the New Antisemitism. Hrsg. von Alvin H. Rosenfeld. Bloomington 2015, S. 394; eigene Übersetzung.
81 Arnold, Occupation, S. 394; eigene Übersetzung.
82 Arnold, Vorurteil, S. 417.
83 Arnold, Vorurteil, S. 422.
84 Arnold, Vorurteil, S. 413
85 Arnold, Vorurteil, S. 288.
86 Bei der Besprechung der Interviews weist Arnold wiederholt auf die fehlende Notwendigkeit antisemitischer Intentionen hin: Antizionistische Positionen „resultieren teilweise in Verbalantisemitismus, sind jedoch nicht notwendig durch antisemitische Einstellungen motiviert" (Arnold, Vorurteil, S. 283). Aus der fehlenden Notwendigkeit wird jedoch schließlich aufs Gegenteil

drängt sich dagegen auf, wenn Arnold auf Shulamit Volkovs Konzept des „subkulturellen Codes"[87] Bezug nimmt. Volkov warnte davor, Antizionismus bloß als möglichen Code und nicht als eine antisemitische Form *sui generis* zu bestimmen. Sie schreibt:

> Today, [...] opposition to Israel can hardly be regarded as a code for some other evil. In addition to a more open anti-Semitism among xenophobic groups on the right, the subculture of the left, even of the center-left, can no longer consider its position towards Israel a side-issue, ripe to serve as a cultural code. [...] We may be approaching the stage in which we really are the target of their [Volkov spricht hier von der Linken; Anm. S.G.] resentment, fear and hatred.[88]

Zur Rekapitulation: Die linke Theorie allein taugt nicht zur Erklärung für das Erstarken des Antisemitismus auf amerikanischen Campus; seine Herleitung aus antirassistischen Positionen kann den Fokus auf Israel nicht hinreichend erklären; und im Konzept der Ermöglichungsbedingungen erscheint Antisemitismus als ideologischer Unfall, nicht als motivierender Faktor von Antizionismus. In Abgrenzung zu diesen Positionen will ich im Folgenden eine alternative Erklärung anbieten. Diese folgt der These, dass die Inauguration der Identität als zentrale Kategorie für linke Politik die Konsolidierung des antisemitischen Sozialcharakters vorantreibt und antizionistische Positionen gegen Kritik immunisiert.

Das harte Ticket

„If struggling against Zionism isn't at the core of defining yourself as a progressive, then you're not. You cannot be progressive if you're not fighting fascism and Nazism. It's a package. You can't be selective in this."[89] So klärte Michael Shehadeh, der Betreiber des Programms *Radio Intifada*, sein Publikum, Studierende an der SFSU, über die Selbstverständlichkeiten der akademischen Linken

---

geschlossen: „Dieser Antizionismus zeigt sich in den Interviews allerdings nicht durch Antisemitismus *motiviert.*" (Arnold, Vorurteil, S. 442) Es handle sich bei Antirassismus und Antizionismus nicht um „codierte Formen, um Antisemitismus zu kommunizieren und zu legitimieren" (Arnold, Vorurteil, S. 443). Auffällig ist hier die strikte Trennung beider Ressentiments, die nur aufrechtzuerhalten ist, wenn Antizionismus keine Form von Antisemitismus darstellt.

87 Arnold, Vorurteil, S. 285.
88 Volkov, Shulamit: Readjusting Cultural Codes: Reflections on Anti-Semitism and Anti-Zionism. In: Journal of Israeli History 25(1) (2005), S. 60.
89 Eskenazi, Joe: Vitriolic anti-Israel gathering held at the SFSU. 21.07.2006. http://www.jweekly.com/article/full/29842/vitriolic-anti-israel-gathering-held-at-sfsu (29.05.2017).

auf. ‚Es ist ein Paket': Die Entscheidung, zu den Progressiven zu gehören, schließt die Feinderklärung gegen den jüdischen Staat mit ein. In einem Abschnitt, den Theodor W. Adorno und Max Horkheimer 1947 der *Dialektik der Aufklärung* hinzugefügt haben,[90] nennen sie diesen Zerfall der Mündigkeit ‚Ticketmentalität'. Inzwischen, schreiben sie, seien „die ideologischen Kernpunkte auf wenigen Listen kodifiziert. Für eine von ihnen muß man en bloc optieren, wenn nicht die eigene Gesinnung einem selbst als so vergeblich erscheinen soll wie die Splitterstimmen am Wahltag gegenüber den statistischen Mammutziffern."[91] Der Erfolg des Antizionismus am Campus, so lautet die These, die im Folgenden ausgeführt wird, rührt von einem gesteigerten Bedürfnis nach dem linken Ticket her.

Zwei Fragen sind hier zu klären. Zum einen jene nach dem logischen Ursprung: Warum ist der Antizionismus für das linke Ticket zentral? Zum anderen die nach der Wirkung: Wieso steht das antizionistische linke Ticket am Campus so hoch im Kurs? Für die Bestimmung der besonderen Situation an amerikanischen Universitäten ist letztere Frage entscheidend. Die Beschäftigung mit den ideologieimmanenten Komponenten ist dennoch unerlässlich.

Dabei ist zuerst festzustellen, dass die *Abwesenheit* des antisemitischen Postens auf einem Ticket viel eher erklärungsbedürftig wäre als seine Präsenz; schließlich ist das „Potenzial zur antisemitischen Reaktion auf die ambivalenten Zerrissenheiten der Moderne [...] überall gleichermaßen evident"[92] und somit überall aktivierbar. Insofern die Bedingungen für Antisemitismus mit dem Kapitalverhältnis global durchgesetzt wurden, ist dieser zum fundamentalen – kulturell zwar variierten, aber nicht kulturell abhängigen – Ressentiment geworden. Diese Einsicht nährt den Satz von Horkheimer und Adorno, dass „nicht erst das antisemitische Ticket [...] antisemitisch [ist], sondern die Ticketmentalität überhaupt".[93]

Dennoch kann sich der Ausdruck des Antisemitismus verändern. Für die Transformation des Antisemitismus sind zwei Aspekte ausschlaggebend: einerseits die Verfasstheit des Subjekts, in dem sich das antisemitische Bedürfnis regt; andererseits der Charakter des Objekts, auf das sich das Ressentiment wendet.[94]

---

90 Rensmann, Lars: Kritische Theorie über den Antisemitismus. Berlin 1998, S. 173.
91 Horkheimer, Max u. Theodor W. Adorno: Dialektik der Aufklärung. Gesammelte Schriften [Adorno] Bd. 3. Hrsg. von Rolf Tiedemann. Frankfurt 2003, S. 226.
92 Salzborn, Samuel: Antisemitismus als negative Leitidee der Moderne. Frankfurt 2010, S. 324.
93 Horkheimer/Adorno, Dialektik, S. 233.
94 Diese Unterscheidung weist nicht von ungefähr Ähnlichkeiten zu Sigmund Freuds Differenzierung von Triebzielen und Triebobjekten auf. Das Ziel eines Triebs ist schlichtweg die Befriedigung, nach der jener verlangt. Am Objekt des Triebs soll diese Befriedigung erreicht werden. „Es ist das variabelste am Triebe", schreibt Freud, „nicht ursprünglich mit ihm verknüpft, sondern

Während also der subjektive Aspekt darauf verweist, weshalb der Hass auf das Jüdische als Option erscheint, umfasst der objektive Aspekt, welche Bedeutung das jüdische Objekt für die AntisemitInnen trägt. Zwei Fragen bestimmen das Interesse: Warum und wie hasst der Antisemit? Und was und wen hasst er?

Es soll nicht der Eindruck entstehen, dass die beiden Fragen unabhängig voneinander zu klären wären. Das Ressentiment schränkt die möglichen Objekte ein; und die Welt, der die Objekte entstammen, nimmt Einfluss auf die Konstitution des antisemitischen Bedürfnisses – insofern hängen sie zusammen. Die begriffliche Trennung ist dennoch gerechtfertigt. Sie bewahrt davor, den Grund des Antisemitismus vom Objekt der AntisemitInnen her zu denken. In diesem Sinne besteht ein Vorrang des antisemitischen Subjekts vor dem Objekt in der Ideologiekritik: Der Hass ist nicht erklärbar aus dem, was gehasst wird.[95]

Gleichzeitig erfinden die AntisemitInnen ihr Ressentiment nicht ex nihilo. Die Erscheinungsform des Antisemitismus ist „von objektiven gesellschaftlichen und politischen Faktoren abhängig, von sozialen Interessen wie politisch-kulturellen Bedingungen".[96] Das gilt insbesondere für die Konstruktion des Objekts: Worin sich das verhasste Jüdische manifestiert, ist für die Hassenden sekundär. Manche Objekte sind zäher – etwa die Vorstellung vom ‚Finanzjuden' –, manche Objekte beweisen größere historische Flexibilität – etwa der ‚jüdische Kommunist'. Im antizionistischen Antisemitismus ist nicht mehr (oder nicht nur) die ‚Ostküste' der Sitz der Weltverschwörung, sondern Jerusalem. Die Integration des jüdischen Staates in die antisemitische Ideologie erfüllt dabei nicht bloß die Funktion, die soziale Sanktionierung des klassischen Antisemitismus zu umgehen – sie stabilisiert auch die antisemitische Stereotypie in der politischen Sphäre. Als ‚Jude

---

ihm nur infolge seiner Eignung zur Ermöglichung der Befriedigung zugeordnet." Triebe und Triebschicksale. Gesammelte Werke Bd. 10. London 1991. S. 215. Objekte wechseln jedoch nicht wild den Platz, sondern können durch Fixierung stabilisiert werden.

95 Die Umkehrung von Adornos erkenntniskritischem „Vorrang des Objekts" ist *cum grano salis* zu verstehen: Natürlich bildet sich auch das antisemitische Subjekt an der objektiven Wirklichkeit. Dies ändert jedoch nichts am Faktum, „daß der Antisemitismus nicht so sehr von der Natur des Objekts wie von den psychischen Bedürfnissen und Trieben des Subjekts abhängt", siehe Adorno, Theodor W.: Studien zum autoritären Charakter. Frankfurt 1980, S. 110. Die zitierte Ausgabe enthält ausgewählte Kapitel aus der Studie *The Authoritarian Personality*, die Adorno und KollegInnen 1950 veröffentlicht haben. Für einen Überblick zur Bedeutung der Psychoanalyse für die Kritische Theorie des Antisemitismus siehe Grimm, Marc: ‚Erwünschte Vorzüge im Existenzkampf des Individuums': Die sozialpsychologischen Elemente der Kritischen Theorie des Antisemitismus. In: Handbuch Kritische Theorie. 1: Krisen- und Verfallsmomente der Gegenwartsgesellschaft. Hrsg. von Uwe H. Bittlingmayer, Alex Demirović u. Tatjana Freytag. 09.12.2016. https://link.springer.com/referenceworkentry/10.1007/978-3-658-12707-7_74–1 (29.05.2017).
96 Rensmann, Kritische Theorie, S. 263.

unter den Staaten'[97] wird Israel zur Verkörperung einer „Idee, die außerhalb der Geschichte steht",[98] zum konkreten Abstrakten: Israel figuriert als Staat, an dem die bösen Elemente der politischen Ordnung *in toto* bekämpft werden können.

Die Transformation des antisemitischen Objekts in einen staatlichen Souverän harmoniert mit dem *political turn* der *New Left* in den 1960er Jahren. Die postmarxistische Linke stellt die Momente jenseits der ökonomischen Verhältnisse ins Zentrum des Interesses: Gesellschaft erscheint nun als ein Ensemble von diskursiven Praktiken, sozialen Körpern und fixierten Identitäten. Israel als staatliche Verkörperung der Gewalt ist die adäquate Artikulation des ‚Juden' in dieser neuen ideologischen Grammatik. Maßgeblichen Teilen der reformierten Linken wurde Israel „zur Chiffre für alles Böse".[99]

Arnold stellt der amerikanischen Linken das Urteil aus, dass der „Antisemitismus [...] keine identitätsstiftende Funktion ein[nimmt]".[100] Wenige Seiten später schreibt sie jedoch, „dass Antizionismus in der Linken eher die selbstverständliche Zugehörigkeit zu einem bestimmten Milieu [...] stärker denn eine judenfeindliche Einstellung ausdrückt."[101] In der strammen Haltung gegen Israel gewinnt die Linke also ihre Integrität: „Das Gegenprinzip ist [...] notwendigerweise ‚der Zionismus' [...]. Der Nahostkonflikt wird somit zum weltpolitischen Dreh- und Angelpunkt für die linke Identitätsfindung."[102] Die eingangs zitierten Worte des *Radio Intifada*-Sprechers hallen hier wider. Das progressive Engagement gegen Israel wird getragen vom ‚zionistischen Gegenprinzip'. Darin ist nichts anderes als das antisemitische Grundmotiv des ‚säkularisierten Antichristen' zu erkennen: Der Jude steht für das negative Prinzip, durch das das antisemitische Kollektiv zusammengehalten werden soll.

Der gegenwärtige Erfolg des linken Tickets, in das der Antizionismus eingestanzt ist, erklärt sich jedoch nicht aus seiner bloßen Verfügbarkeit – nicht bloß aus Veränderungen, die den objektiven Aspekt des Antisemitismus betreffen. Stattdessen ist zu vermuten, dass das akademische Milieu selbst die Ticketmentalität fördert. Wer ein Ticket zieht, konstatieren die Autoren der *Dialektik der Aufklärung*, entledigt sich der „schmerzhaften inneren Dialektik von Gewissen,

---

[97] Der Ausdruck wird gewöhnlich dem französischen Historiker Léon Poliakov zugeschrieben. Eine entsprechende Quelle konnte nicht gefunden werden.
[98] Johnson, Alan: Intellectual Incitement: the Anti-Zionist Ideology and the Anti-Zionist Subject. In: The Case Against Academic Boycotts of Israel, hrsg. von Cary Nelson and Gabriel Noah Brahm. Chicago 2015, S. 261; eigene Übersetzung.
[99] Arnold, Vorurteil, S. 121.
[100] Arnold, Vorurteil, S. 412.
[101] Arnold, Vorurteil, S. 437.
[102] Arnold, Vorurteil, S. 435.

Selbsterhaltung und Trieben"[103] zugunsten bereits vorhandener Lösungen. Der individuelle Konflikt mit sich selbst wird sistiert durch Teilhabe am Kollektiv: Indem man einer von vielen wird, stellt man den Gedanken ruhig. Diejenigen, die das Ticket verinnerlichen, müssen nicht mehr mühsam darüber brüten, *was sie denken*, weil sie wissen, *was sie sind*: „subjektlos[e] Exponenten ihrer Standorte".[104] Der Nutzen des Tickets besteht genau darin: dass man die nagenden Zweifel an sich und der Welt gegen eindeutige Identitäten eintauschen kann.

Die zentrale Bedeutung von *identity politics* am amerikanischen Campus ist bekannt.[105] Der Begriff selbst hat seinen Ursprung in der Bürgerrechtsbewegung. Damals wie heute ist den VerteidigerInnen von *identity politics*, von der Politisierung distinkter Identitäten, darin zuzustimmen, dass die Verletzungen, Demütigungen und Gewalterfahrungen, die Angehörigen diskriminierter Gruppen widerfahren, hässliche und zu bekämpfende Tatsachen sind. Dennoch ist die Grenze schnell überschritten, wo die Sorge um Individuen in den Schutz von Identitäten umschlägt: dort nämlich, wo *race*, *gender*, *ethnicity*, etc. nicht als *faits sociaux* anerkannt, sondern als Gerüst des Individuums zelebriert werden. Die „brutale Identifikation mit dem Prädikat",[106] die Definition der eigenen Person über kollektiv verfügbare Identitäten, galt Adorno und Horkheimer als das Ende des reflexiven Urteils und als Siegesmal des Tickets. Dies gilt für sogenannte privilegierte Identitäten wie für marginalisierte.[107]

Je härter das Ticket, umso sicherer fühlen sich die Einzelnen vor jenen Regungen in ihnen selbst, die nicht in der gewählten Identität aufgehen. Hart ist ein Ticket dann, wenn in ihm alle relevanten Felder für das Welt- und Selbstverständnis ausgefüllt sind und deren Gültigkeit im Kollektiv durchgesetzt ist. Wer

---

103 Horkheimer/Adorno, Dialektik, S. 229.
104 Horkheimer/Adorno, Dialektik, S. 227.
105 Die Debatte über Zweck und Rechtfertigung von *identity politics* im akademischen Kontext reicht mindestens zwanzig Jahre zurück. Siehe Bérubé, Michael u. Cary Nelson: Identity Politics and Campus Communities: An Exchange. In: Higher Education under Fire. Politics, Economics, and the Crisis of Humanities. Hrsg. von Michael Bérubé und Cary Nelson. New York 1995.
106 Horkheimer/Adorno, Dialektik, S. 227.
107 Beispielsweise neigen weiße Studierende in *fraternities* und *sororities* zu verstärkter Selbstrassifizierung und -viktimifizierung und verhalten sich damit analog zu schwarzen, asiatischen und lateinamerikanischen Studierenden, deren rassifizierte Identität durch Mitgliedschaften in ethnischen Organisationen am Campus tendenziell verstärkt und konsolidiert wird (vgl. Sidanius, Jim, David O. Sears, Colette Van Laar u. Shana Levin: The Diversity Challenge: Social Identity and Intergroup Relations on the College Campus. New York 2008, S. 247–249). Die AutorInnen kommen zum Schluss, dass „ethnisch ausgerichtete Organisationen einen Ort darstellen, wo der Prozess der ethnischen Balkanisierung stattfindet" (Sidanius et al., Diversity Challenge, S. 310; eigene Übersetzung). Der liberale Konsens am Campus wirkt identitärer Distinktion nicht entgegen, er verschärft sie vielmehr.

aufs harte Ticket setzt, erntet gleichzeitig Gewissheit und Gefolgschaft – in der Linken verbrämt als *identity* und *solidarity*. Die explizite Anerkennung dieser beiden Eckpfeiler der Ticketmentalität mag zur Attraktivität des linken Tickets beitragen. Jedenfalls besticht es durch seine Festigkeit: nicht nur in der Weltanschauung, sondern auch darin, welche Rolle in der Welt es seinen AbonnentInnen anbietet. „Festigkeit" der Persönlichkeit und „eine scharfe *ingroup–outgroup*-Dichotomie"[108] im Denken sind wesentliche Merkmale der autoritären Persönlichkeit und somit zentral für den subjektiven Aspekt des Antisemitismus. Bereits den AutorInnen der *Studien zum autoritären Charakter* war der empirische Zusammenhang zwischen Ticketmentalität und Antisemitismus offenbar: „Die vorurteilsvollen Personen neigen dazu, jeden Vorwurf gegen die Juden zu übernehmen, wenn sie ihn nicht von sich aus vorzubringen brauchen, sondern ihn als allgemein anerkannte Tatsache vorfinden."[109]

Es ist wohlgemerkt nicht der Antisemitismus selbst, der aus der Identitätssehnsucht stammt. Aber unter dem Banner der Identität werden die Hindernisse aus dem Weg geräumt, die das antisemitische Ressentiment bremsen könnten. Wer auf der Suche nach Identität nach dem linken Ticket greift, hat sich bereits für ein *set of beliefs* entschieden. Insofern eine Kritik des Tickets – und somit eine Kritik des antizionistischen Antisemitismus – der Infragestellung der eigenen Identität gleichkommt, wird sie zum Sakrileg: „Antisemitische Ressentiments werden von Personen toleriert, die sich normalerweise gegen Vorurteile und Diskriminierung wenden. [...] Bemerkenswert ist die Abwehr, sich mit Antisemitismus im Allgemeinen und mit Antisemitismus in der Linken im Besonderen auseinanderzusetzen."[110] Wer nur mehr in Klischees und Stereotypien denkt, hat dem zeitgemäßen Antisemitismus nichts entgegenzusetzen; und wer das betreffende Ticket zieht, verschmilzt mit ihm.

---

108 Frenkel-Brunswik, Else: Comprehensive scores and summary of interview results. In Adorno, Theodor W., Else Frenkel-Brunswik, Daniel J. Levinson u. R. Nevitt Sanford: The Authoritarian Personality. Studies in Prejudice. Hrsg. von Max Horkheimer u. Samuel H. Flowerman. New York 1950, S. 479 f.; eigene Übersetzung. Es ist erwähnenswert, dass Adorno einen vermeintlich antiautoritären Typus ausmacht, dessen „Mangel an Vorurteilen [...] einem generellen, externen, ideologischen Muster" geschuldet ist und der die relevanten Eigenschaften der autoritären Persönlichkeit, vor allem das Vertrauen in „Klischees und Phrasen", teilt. Dieser Typus sei vor allem „unter jungen, ‚fortschrittlichen' Leuten, insbesondere Studierenden zu finden" (Adorno, Studien, S. 341).
109 Adorno, Studien, S. 107.
110 Arnold, Vorurteil, S. 174.

Schlussbemerkungen

Horkheimers und Adornos These zur Ticketmentalität beginnt mit der Feststellung: „Aber es gibt keine Antisemiten mehr."[111] Der Satz ist doppeldeutig. Zum einen ist mit dem nationalsozialistischen Regime auch der bekennende Judenhass weitestgehend aus Europa und Amerika entfernt worden. Zum anderen gibt es den Antisemitismus des frühen 20. Jahrhunderts tatsächlich kaum mehr. Theorien über ‚sekundären' oder ‚Neuen Antisemitismus' versuchen, die Transformationen, die der Antisemitismus seit 1945 durchgemacht hat, begrifflich einzuholen. Als eine solche Transformation, die den objektiven Aspekt des Antisemitismus betrifft, ist auch der Antizionismus zu verstehen. Der empirische Zusammenhang zwischen antijüdischen und anti-israelischen Aktionen am Campus belegt dies ebenso wie die Bestimmung Israels als ‚Gegenprinzip' in der amerikanischen Linken.

Das Ticketdenken, schreibt Detlev Claussen, ist „der spätkapitalistischen Gesellschaft überhaupt"[112] eigen. Wenngleich „zum Ticket […] nicht notwendig der Antisemitismus" gehört,[113] zeigt sich an amerikanischen Campus, dass der Antisemitismus an Stärke gewinnt, wenn er sich am Ticket jenen anbieten kann, die nach Identität verlangen. Da der Antizionismus das linke Ticket dominiert, hat die Campus-Linke die Rolle der Avantgarde für die Popularisierung der zeitgemäßen Variante des Antisemitismus im akademischen Milieu eingenommen. Diese Entwicklung ist entscheidend für die Analyse des subjektiven Aspekts des Antisemitismus an US-amerikanischen Campus.

Die Zusammenführung von Ticketmentalität und neuen antisemitischen Tendenzen beruht auf einer bislang unausgeführten Annahme: dass an amerikanischen Campus die Nachfrage nach rigiden Identitäten, nach dem ‚harten Ticket' tatsächlich gestiegen ist. Es ist keine triviale Annahme: Sie unterstellt eine signifikante Veränderung im vorherrschenden Sozialcharakter im Laufe der letzten Jahre und Jahrzehnte. Die reichlichen Belege, die sich hierfür geben ließen – von *helicopter parents* über *snowflakes* hin zu *oversensitivity* –, bleiben in der Regel anekdotenhaft.[114] Zu prüfen wäre demnach, ob die Bindung an das

---

111 Horkheimer/Adorno, Dialektik, S. 226.
112 Claussen, Detlev: Grenzen der Aufklärung. Die gesellschaftliche Genese des modernen Antisemitismus. Erweiterte Neuausgabe. Frankfurt 2005, S. 66.
113 Claussen, Grenzen, S. 66.
114 Für einen Überblick zum Thema siehe Keaveney, Stephanie: The ‚Snowflake' Generation: Real or Imagined? 19.12.2016. http://www.popecenter.org/2016/12/snowflake-generation-real-imagined/ (29.05.2017); Cole, Jonathan R.: The Chilling Effect of Fear at America's Colleges. 09.06.2016. http://www.theatlantic.com/education/archive/2016/06/the-chilling-effect-of-fear/486338/

antizionistische Ticket mit einer entsprechenden Transformation und Verbreitung des autoritären Charakters korrespondiert. Die Analyse der sozialen Bedingungen, die die Formierungen antizionistischer Identitäten im akademischen Milieu begünstigen, könnte einen wesentlichen Beitrag zur kritischen Soziologie des antijüdischen Ressentiments auf der Höhe der Zeit leisten.[115]

Einstweilen kann man sich nur in Achtsamkeit und Theorie üben und Antisemitismus, in welcher Form auch immer er auftritt, als solchen benennen und skandalisieren. Solange die Verhältnisse sich nicht ändern, gilt Adornos inzwischen fünfzig Jahre alte Empfehlung: „Es hilft nur emphatische Aufklärung, mit der ganzen Wahrheit, unter striktem Verzicht auf alles Reklameähnliche. [...] Den Antisemitismus kann nicht bekämpfen, wer zu Aufklärung zweideutig sich verhält."[116]

Literaturverzeichnis

Adkins, Laura E.: Are These Colleges ‚The Worst' for Jews? 23.12.2016. http://forward.com/opinion/358107/are-these-colleges-the-worst-for-jews/ (29.05.2017).
Adorno, Theodor W.: Studien zum autoritären Charakter. Frankfurt 1980.
Adorno, Theodor W.: Zur Bekämpfung des Antisemitismus heute. Gesammelte Schriften Bd. 20.1. Hrsg. von Rolf Tiedemann. Frankfurt 2003. S. 360–383.
Alexander, Edward: Antisemitism-Denial: the Berkeley School. In: Antisemitism on the Campus: Past and Present. Hrsg. von Eunice G. Pollack. Boston 2011. S. 38–52.
The Algemeiner-Editors: The 40 Worst Colleges for Jewish Students, 2016. 22.12.2016. https://www.algemeiner.com/the-40-worst-colleges-for-jewish-students-2016/ (29.05.2017).
AMCHA Initiative: Report on Antisemitic Activity in 2015 at U.S. Colleges and Universities With the Largest Jewish Undergraduate Populations. Report (2016).
AMCHA Initiative: Report on Antisemitic Activity During the First Half of 2016 At U.S. Colleges and Universities With the Largest Jewish Undergraduate Populations. Report (2016).
AMCHA Initiative: Antisemitism: At the Epicenter of Campus Intolerance Antisemitic Activity in 2016 at U.S. Colleges and Universities With the Largest Jewish Undergraduate Populations. Report (2017).

(29.05.2017); Singal, Jesse: The Myth of the Ever-More-Fragile College Student. 13.11.2015. http://nymag.com/scienceofus/2015/11/myth-of-the-fragile-college-student.html (29.05.2017); Lukianoff, Greg u. Jonathan Haidt: The Coddling of the American Mind. September 2015. http://www.theatlantic.com/magazine/archive/2015/09/the-coddling-of-the-american-mind/399356/ (29.05.2017).

115 Zur Methodologie einer solchen Soziologie des Antisemitismus siehe Hirsh, David: Hostility to Israel and Antisemitism: Toward a Sociological Approach. In: Journal for the Study of Antisemitism 5(1) (2013).
116 Adorno, Theodor W.: Zur Bekämpfung des Antisemitismus heute. Gesammelte Schriften Bd. 20.1. Hrsg. von Rolf Tiedemann. Frankfurt 2003. S. 367–369.

Améry, Jean: Der ehrbare Antisemitismus. 25.07.1969. http://www.zeit.de/1969/30/der-ehrbare-antisemitismus (29.05.2017).

Anti-Defamation League: ADL Audit: Anti-Semitic Assaults Rise Dramatically Across the Country in 2015. 22.06.2016. http://www.adl.org/press-center/press-releases/anti-semitism-usa/2015-audit-anti-semitic-incidents.html (29.05.2017).

Anti-Defamation League: U.S. Anti-Semitic Incidents Spike 86 Percent So Far in 2017 After Surging Last Year, ADL Finds. 24.04.2017. https://www.adl.org/news/press-releases/us-anti-semitic-incidents-spike-86-percent-so-far-in-2017 (29.05.2017).

Arnold, Sina: From Occupation to Occupy: Antisemitism and the Contemporary Left in the United States. In: Deciphering the New Antisemitism. Hrsg. von Alvin H. Rosenfeld. Bloomington 2015. S. 375–404.

Arnold, Sina: Das unsichtbare Vorurteil. Antisemitismusdiskurse in der US-amerikanischen Linken nach 9/11. Hamburg 2016.

Bérubé, Michael u. Cary Nelson (Hrsg.): Identity Politics and Campus Communities: An Exchange. In: Higher Education under Fire. Politics, Economics, and the Crisis of Humanities. Hrsg. von Michael Bérubé u. Cary Nelson. New York 1995.

Brackman, Harold: Anti-Semitism on Campus: A Clear-and-Present Danger. (Simon Wiesenthal Center). Report (2015).

Brodkin, Karen: How Jews Became White Folks and What That Says about Race in America. New Brunswick 1998.

Claussen, Detlev: Grenzen der Aufklärung. Die gesellschaftliche Genese des modernen Antisemitismus. Erweiterte Neuausgabe. Frankfurt 2005.

Cole, Jonathan R.: The Chilling Effect of Fear at America's Colleges. 09.06.2016. http://www.theatlantic.com/education/archive/2016/06/the-chilling-effect-of-fear/486338/ (29.05.2017).

Cravatts, Richard L.: Antisemitism and the Campus Left. In: Journal for the Study of Antisemitism 3(2) (2011). S. 407–442.

Cravatts, Richard L.: Genocidal Liberalism: The University's Jihad Against Israel & Jews. Sherman Oaks 2012.

D'Amelio, Lichi: A slander on our movement. 08.04.2009. https://socialistworker.org/2009/04/08/slander-on-our-movement (29.05.2017).

Dershowitz, Alan M.: Whom do bigots blame for police shootings in America? Israel, of course! 14.07.2016. http://www.jpost.com/Opinion/Whom-do-bigots-blame-for-police-shootings-in-America-Israel-of-course-460450 (29.05.2017).

Dinnerstein, Leonard: Antisemitism in America. New York 1994.

Eskenazi, Joe: Vitriolic anti-Israel gathering held at the SFSU. 21.07.2006. http://www.jweekly.com/article/full/29842/vitriolic-anti-israel-gathering-held-at-sfsu (29.05.2017).

Fine, Robert: Karl Marx and the Radical Critique of Anti-Semitism. Mai 2016. https://engageonline.wordpress.com/2015/11/04/karl-marx-and-the-radical-critique-of-anti-semitism-robert-fine-engage-journal-issue-2-may-2006/ (29.05.2017).

Frenkel-Brunswik, Else: Comprehensive scores and summary of interview results. In: The Authoritarian Personality. Studies in Prejudice. Hrsg. von Theodor W. Adorno, Else Frenkel-Brunswik, Daniel J. Levinson, u. R. Nevitt Sanford. New York 1950. S. 468–486.

Freud, Sigmund: Triebe und Triebschicksale. Gesammelte Werke Bd. 10. London 1991. S. 210–232.

Gerstenfeld, Manfred (Hrsg.): Academics against Israel and the Jews. 2. Aufl. Jerusalem 2008.

Gladstone, Benjamin: Anti-Semitism at My University. In: New York Times, 02.10.2016, S. SR2.
Goldstein, Eric L.: The Price of Whiteness: Jews, Race, and American Identity. Princeton 2006.
Grimm, Marc: ‚Erwünschte Vorzüge im Existenzkampf des Individuums': Die sozialpsychologischen Elemente der Kritischen Theorie des Antisemitismus. In: Handbuch Kritische Theorie 1: Krisen- und Verfallsmomente der Gegenwartsgesellschaft. Hrsg. von Uwe H. Bittlingmayer, Alex Demirović u. Tatjana Freytag. 09.12.2016. https://link.springer.com/referenceworkentry/10.1007/978-3-658-12707-7_74–1 (29.05.2017)
Hirsh, David: Accusations of malicious intent in debates about the Palestine-Israel conflict and about antisemitism. In: Transversal 1 (2010). S. 47–77.
Hirsh, David: Defining antisemitism down. Winter 2013. http://fathomjournal.org/defining-antisemitism-down/ (29.05.2017).
Hirsh, David: Hostility to Israel and Antisemitism: Toward a Sociological Approach. In: Journal for the Study of Antisemitism 5 (2013). S. 1401–1422.
Horkheimer, Max u. Theodor W. Adorno: Dialektik der Aufklärung. Gesammelte Schriften [Adorno] Bd. 3. Hrsg. von Rolf Tiedemann. Frankfurt 2003.
Israel on Campus Coalition: 2015–2016 Campus Trends Report. Report (2016).
Jacobson, William A.: List of Universities rejecting academic boycott of Israel (Update – 250!). 15.02.2016. http://spme.org/boycotts-divestments-sanctions-bds/list-of-universities-rejecting-academic-boycott-of-israel-update-250/20743/ (29.05.2017).
Johnson, Alan: Intellectual Incitement: the Anti-Zionist Ideology and the Anti-Zionist Subject. In: The Case Against Academic Boycotts of Israel, hrsg. von Cary Nelson u. Gabriel Noah Brahm. Chicago 2015. S. 259–281.
Karabel, Jerome: The Chosen: the Hidden History of Admission and Exclusion at Harvard, Yale, and Princeton. Boston 2005.
Keaveney, Stephanie: The ‚Snowflake' Generation: Real or Imagined? 19.12.2016. http://www.popecenter.org/2016/12/snowflake-generation-real-imagined/ (29.05.2017).
Klaff, Lesley: Antisemitism on Campus: A New Look at Legal Interventions. In: Journal for the Study of Antisemitism 2 (2010). S. 303–322.
Klingenstein, Susanne: Jews in the American Academy, 1900–1940: the Dynamics of Intellectual Assimilation. New Haven 1991.
Kosman, Barry A. u. Ariela Keysar: National Demographic Survey of American Jewish College Students 2014. (Louis D. Brandeis Center/Trinity College). Report (2015).
Lasson, Kenneth: In an Academic Voice: Antisemitism and Academy Bias. In: Journal for the Study of Antisemitism 3 (2011). S. 349–405.
Lukianoff, Greg u. Jonathan Haidt: The Coddling of the American Mind. September 2015. http://www.theatlantic.com/magazine/archive/2015/09/the-coddling-of-the-american-mind/399356/ (29.05.2017).
Maizels, Linda: On Whiteness and the Jews. In: Journal for the Study of Antisemitism 3 (2011). S. 463–488.
Marcus, Kenneth L.: Fighting Back Against Campus Anti-Semitism. 28.03.2011. http://spme.org/spme-research/analysis/kenneth-l-marcus-fighting-back-against-campus-anti-semitism/9617/ (29.05.2017).
Marcus, Kenneth L.: Introduction: Special Issue on Campus Antisemitism. In: Journal for the Study of Antisemitism 3 (2011). S. 321–324.

Musher, Sharon Ann: The Closing of the American Studies Association's Mind. In: The Case Against Academic Boycotts of Israel. Hrsg. von Cary Nelson u. Gabriel Noah Brahm. New York 2014. S. 105–118.

Nelson, Cary u. Gabriel Noah Brahm (Hrsg.): The Case against Academic Boycotts of Israel. New York 2014.

Nelson, Cary: The Problem with Judith Butler: The Political Philosophy of BDS and the Movement to Delegitimate Israel. In: The Case Against Academic Boycotts of Israel. Hrsg. von Cary Nelson u. Gabriel Noah Brahm. New York 2014. S. 164–197.

Norwood, Stephen H.: Antisemitism in the Contemporary American University. Parallels with the Nazi Era. Analysis of Current Trends in Antisemitism. Jerusalem: Vidal Sassoon International Center for the Study of Antisemitism 2011.

Norwood, Stephen H.: Antisemitism and the American Far Left. New York 2013.

Oren, Dan A.: Joining the Club: A History of Jews and Yale. New Haven 2001.

Pollack, Eunice G. (Hrsg.): Antisemitism on the Campus: Past and Present. Boston 2011.

Reed, Jr., Adolph: The Limits of Anti-Racism. In: Left Business Observer 121 (2009). www.leftbusinessobserver.com/Antiracism.html (29.05.2017).

Rensmann, Lars: Kritische Theorie über den Antisemitismus. Berlin 1998.

Rickman, Gregg: The Irony of It All: Antisemitism, Anti-Zionism, and Intimidation on South African University Campuses. In: Antisemitism on the Campus. Hrsg. von Eunice G. Pollack. Boston 2011. S. 277–291.

Rosenberg, Yair: New York University's Students for Justice in Palestine Blames Police Shootings of Blacks on Israel. 08.07.2016. http://www.tabletmag.com/scroll/207450/new-york-universitys-students-for-justice-in-palestine-blames-police-shootings-of-blacks-on-israel (29.05.2017).

Rossman-Benjamin, Tammi: Identity Politics, the Pursuit of Social Justice, and the Rise of Campus Antisemitism: A Case Study. In: Resurgent Antisemitism: A Global Perspective. Hrsg. von Alvin H. Rosenfeld. Bloomington 2013. S. 482–520.

Rossman-Benjamin, Tammi: Interrogating the Academic Boycotters of Israel on American Campuses. In: The Case Against Academic Boycotts of Israel. Hrsg. von Cary Nelson u. Gabriel Noah Brahm. New York 2014. S. 218–234.

Salzborn, Samuel: Antisemitismus als negative Leitidee der Moderne. Frankfurt 2010.

Sartre, Jean-Paul: Betrachtungen zur Judenfrage. In ders.: Drei Essays. Frankfurt 1985. S. 108–190.

Saxe, Leonard, Theodore Sasson, Graham Wright, u. Shahar Hecht: Antisemitism and the College Campus: Perceptions and Realities. (Cohen Center for Modern Jewish Studies, Brandeis University). Report (2015).

Saxe, Leonard, Graham Wright, Shahar Hecht, Michelle Shain, Theodore Sasson, u. Fern Chertok: Hotspots of Antisemitism and Anti-Israel Sentiment on US Campuses. (Cohen Center for Modern Jewish Studies, Brandeis University). Report (2016).

Sidanius, Jim, David O. Sears, Colette Van Laar u. Shana Levin: The Diversity Challenge: Social Identity and Intergroup Relations on the College Campus. New York 2008.

Singal, Jesse: The Myth of the Ever-More-Fragile College Student. 13.11.2015. http://nymag.com/scienceofus/2015/11/myth-of-the-fragile-college-student.html (29.05.2017).

Stephens, Bret: The Anti-Israel Money Trail. 27.04.2016. http://www.wsj.com/articles/the-anti-israel-money-trail-1461624250 (29.05.2017).

Stern, Kenneth S.: Battling Bigotry on Campus. In: USA Today, März 1992, S. 58–62.

Thorp, Adam: College Council Passes Resolution Recommending Divestment. 15.04.2016. https://www.chicagomaroon.com/2016/04/15/college-council-passes-resolution-recommending-divestment/ (29.05.2017).

UofC Divest: Resolution to divest university funds from apartheid. https://uofcdivest.com/resolution/ (29.05.2017).

Volkov, Shulamit: Readjusting Cultural Codes: Reflections on Anti-Semitism and Anti-Zionism. In: Journal of Israeli History 25 (2005). S. 51–62.

Wistrich, Robert S.: From Ambivalence to Betrayal: the Left, the Jews, and Israel. Studies in Antisemitism. Lincoln 2012.

Die Autorinnen und Autoren

Dr Navras Jaat Aafreedi is an Indo-Judaic Studies Scholar and Jewish-Muslim Relations activist employed as Assistant Professor in History at Presidency University, Kolkata, India.

Matthias J. Becker studierte an der FU Berlin Philosophie und Linguistik. Ab 2012 war er als wissenschaftlicher Mitarbeiter am FG Allgemeine Linguistik der TU Berlin tätig, analysierte Krisenmetaphern in deutschen Medien sowie implizit vermittelten Antisemitismus. In seiner im Juli 2017 eingereichten Dissertation setzt er sich mit israelbezogenem Antisemitismus und nationalen Selbstbildern innerhalb von Leserkommentaren der *Zeit* und des *Guardian* auseinander.

Dr. Ullrich Bauer, Professor für Sozialisationsforschung an der Fakultät für Erziehungswissenschaft und Leiter des Zentrums für Prävention und Intervention im Kindes- und Jugendalter (ZPI) an der Universität Bielefeld. Arbeitsschwerpunkte in Gesellschaftstheorien sowie der Bildungs-, Gesundheits- und Ungleichheitsforschung. Kontakt: ullrich.bauer@uni-bielefeld.de

R. Amy Elman is the William Weber Professor of Social Science and Professor of Political Science at Kalamazoo College. She is author of „The European Union, Antisemitism and the Politics of Denial" (University of Nebraska Press, 2015).

Simon Gansinger, BA, studiert Philosophie an der Universität Wien, wo er eine Masterarbeit zur Kritischen Theorie des Rechts im Nationalsozialismus schreibt. Ein Aufsatz über „Configurations of Antisemitism. The Anti-Zionist Campaign in Poland, 1968" erscheint in *Anti-Zionism and Antisemitism: The Dynamics of Delegitimization* (hrsg. von Alvin H. Rosenfeld).

Stephan Grigat, Dr. phil., Lehrbeauftragter an der Universität Wien, Research Fellow am Herzl Institute for the Study of Zionism and History der University of Haifa, Wissenschaftlicher Direktor der NGO „STOP THE BOMB – Bündnis für einen demokratischen und atomwaffenfreien Iran", 2017/18 Research & Teaching Fellow an der Hebrew University of Jerusalem, 2016/17 Gastprofessor für Israel Studien am Moses Mendelssohn Zentrum der Universität Potsdam, 2015/16 Gastprofessor für kritische Gesellschaftstheorie an der Justus Liebig-Universität Gießen, Autor u. a. von „Die Einsamkeit Israels. Zionismus, die israelische Linke und die iranische Bedrohung" (2014), Herausgeber u. a. von „AfD & FPÖ. Antisemitismus, völkischer Nationalismus und Geschlechterbilder" (2017).

Dr. Marc Grimm, Wissenschaftlicher Mitarbeiter am *Zentrum für Prävention und Intervention im Kindes- und Jugendalter* der Universität Bielefeld. Forschung zu Sozialisationsbedingungen in Zeiten gesellschaftlicher Krisen und Fragen der Gedenkstättenpädagogik, Antisemitismus und Rechtsextremismus. Zuletzt erschien „Rechtsextremismus – Zur Genese und Durchsetzung eines Konzepts" (Beltz Juventa, 2018).

Laura Luise Hammel (M. A.), studierte Politikwissenschaft, Mittlere u. Neuere Geschichte sowie Kulturanthropologie an der Johannes Gutenberg-Universität Mainz und der University of Glasgow. Seit 2016 ist sie Doktorandin am Institut für Politikwissenschaft an der Eberhard Karls

Universität Tübingen. In ihrem Dissertationsprojekt befasst sie sich mit dem Zusammenspiel zwischen Verschwörungstheorien, politischem Protest und Populismus.

Michael Höttemann hat Soziologie, Friedens- und Konfliktforschung sowie Amerikanistik in Marburg studiert und war von 2009–2013 als wissenschaftlicher Mitarbeiter am Zentrum für Konfliktforschung an der Philipps-Universität in Marburg tätig. Seit 2015 ist er als Vorstandsmitglied des Villigster Forschungsforums zu Nationalsozialismus, Rassismus und Antisemitismus e.V. aktiv. Als ehemaliger Stipendiat des evangelischen Studienwerks promoviert er seit 2013 zur Abwehr von Antisemitismuskritik.

Dana Ionescu, 2006–2012 Studium der Politikwissenschaft, Soziologie und des öffentlichen Rechts (Magistra) an der Justus-Liebig-Universität Gießen und der Universität Tel Aviv. 10/2012–06/2017 wissenschaftliche Mitarbeiterin und Doktorandin am Institut für Politikwissenschaft der Georg-August-Universität Göttingen. Seit 10/2017 wissenschaftliche Mitarbeiterin am Studienfach für Geschlechterforschung der Georg-August-Universität. Publikation 2018: Judenbilder in der deutschen Beschneidungskontroverse, Baden-Baden: Nomos (i.E.).

Dr. Günther Jikeli, Historiker, lehrt zur Zeit als Gastprofessor an der Indiana University in den USA. Er ist Permanent Fellow am Moses Mendelssohn Zentrum in Potsdam und am Institut Groupe Sociétés, Religions, Laïcités am Nationalen Zentrum für wissenschaftliche Forschung in Paris. Zu seinen Veröffentlichungen zählen „European Muslim Antisemitism. Why Young Urban Males Say They Don't Like Jews" (Indiana University Press 2015), „Raketen und Zwangsarbeit in Peenemünde – Die Verantwortung der Erinnerung" (Hg, Friedrich-Ebert-Stiftung 2014), „Umstrittene Geschichte. Ansichten zum Holocaust unter Muslimen im internationalen Vergleich" (Hg. mit Kim Robin Stoller und Joelle Allouche-Benayoun, Campus 2013) und „Antisemitismus und Diskriminierungswahrnehmungen junger Muslime in Europa" (Klartext 2012).

Dr. Bodo Kahmann, studierte Politikwissenschaft und Soziologie in Augsburg, Mainz und Warschau. Promotion und Lehrtätigkeit an der Sozialwissenschaftlichen Fakultät der Georg-August-Universität Göttingen. Seine Doktorarbeit über Antisemitismus und Großstadtfeindschaft in der völkischen Bewegung wurde durch ein Stipendium der Hans-Böckler-Stiftung gefördert. Seine Forschungsschwerpunkte bilden die Antisemitismus- und Stadtforschung, Rechtsextremismus und Geschichte der Sozialwissenschaft.

Dr. Franziska Krah studierte Geschichte, Gender Studies und Europäische Ethnologie an der Albert-Ludwigs-Universität Freiburg. 2015 schloss sie ihr Promotionsstudium der Geschichte an der Universität Potsdam ab. Ihre Doktorarbeit erschien 2016 unter dem Titel *„Ein Ungeheuer, das wenigstens theoretisch besiegt sein muß". Pioniere der Antisemitismusforschung in Deutschland* in der Wissenschaftlichen Reihe des *Fritz Bauer Instituts*. 2016/17 war sie wissenschaftliche Mitarbeiterin am Institut für Jüdische Studien und Religionswissenschaft an der Universität Potsdam sowie am *Zentrum Jüdische Studien Berlin-Brandenburg*. Seit April 2017 ist sie Postdoctoral Fellow am Leibniz-Institut für Europäische Geschichte in Mainz. Ihre Forschungsschwerpunkte liegen im Bereich der Ideengeschichte, Antisemitismusforschung und jüdischen Geschichte.

Dr. Matthias Küntzel ist Politikwissenschaftler und Historiker in Hamburg. Er veröffentlichte unter anderem „Djihad und Judenhass. Über den neuen antijüdischen Krieg" (Freiburg 2002),

„Islamischer Antisemitismus und deutsche Politik" (Berlin 2007) sowie „Deutschland, Iran und die Bombe" (Berlin 2012). Von 2004 bis 2015 war Küntzel externer associate researcher beim *Vidal Sassoon International Center for the Study of Antisemitism* (SICSA) an der Hebrew University in Jerusalem. Weitere Informationen auf www.matthiaskuentzel.de.

Florian Markl hat in Wien Politikwissenschaft, Geschichte und Philosophie studiert und als Archivar und Historiker beim Allgemeinen Entschädigungsfonds für Opfer des Nationalsozialismus in Wien gearbeitet. 2011 mitbegründete er die „Medienbeobachtungsstelle Naher Osten (MENA)", heute arbeitet er als wissenschaftlicher Leiter des daraus hervorgegangenen Thinktanks „Mena Watch".

Dina Porat. Head of the Kantor Center for the Study of Contemporary European Jewry in Tel Aviv University and Chief historian of Yad Vashem.

Alvin H. Rosenfeld, Professor of English and Jewish Studies at Indiana University, Bloomington, received his Ph.D. from Brown University in 1967 and has taught at Indiana University since 1968. He holds the Irving M. Glazer Chair in Jewish Studies and is Director of the university's Institute for the Study of Contemporary Antisemitism. He founded Indiana University's well-regarded Borns Jewish Studies Program and served as its director for 30 years. He has been honored with Indiana University Distinguished Service Award and also the Provost's Medal „in recognition of sustained academic excellence, vision, and leadership resulting in lasting and widespread impact."

Dr. des. Daniel Rickenbacher studierte Geschichte, Politik und Jüdische Studien in Zürich, Basel und Jerusalem. Seine Hauptforschungsgebiete sind Islamismus, Terrorismus und Antisemitismus. Von 2014 bis Januar 2018 war Daniel Rickenbacher als wissenschaftlicher Assistent an der Militärakademie an der ETH Zürich tätig. Im Dezember 2017 verteidigte er seine Dissertation an der Universität Zürich, die sich mit antizionistischen Netzwerken in den USA und Westeuropa beschäftigt. Zurzeit arbeitet Daniel Rickenbacher an der Vorbereitung eines Postdoc-Projekts über Terrorismus in Kanada.

Dr. Karin Stögner, lehrt an der Universität Wien und ist im Studienjahr 2017/18 Research Fellow an der Hebrew University in Jerusalem. 2016 war sie Gastprofessorin für kritische Gesellschaftstheorie an der Justus-Liebig-Universität Gießen. Autorin u. a. von „Antisemitismus und Sexismus. Historisch-gesellschaftliche Konstellationen" (Nomos 2014) Koautorin von „Sozialwissenschaftliche Denkweisen. Eine Einführung" (new academic press 2015 und 2016), Mitherausgeberin von Handbook of Prejudice (Cambria 2009).

Zbyněk Tarant, Ph.D. was born in 1982 in the former Czechoslovakia (today's Czech Republic). After graduating at the University of West Bohemia in the field of Cultural Anthropology of the Near East, he continued his studies at the same institution, where he got his Ph.D. in 2012. While his main main topic of research is the history of holocaust memory and its institutions in the State of Israel and the USA (the theme being the topic of his dissertation, defended in 2012), he became actively involved in the research of contemporary antisemitism since 2006. His specialty is monitoring of cyber-hate and analysis of emerging threats in the contemporary Central European antisemitism.

Personenregister

Achmadinedschad, Mahmud   213–215, 218
Adorno, Theodor W.   15, 66, 74, 76f., 105f., 227, 413, 429, 432, 434f.
Al-Husseini, Haj Amin   30, 161, 162, 180
Al-i-Ahmad, Jalal   170
Al-Qaradawi, Yusuf   119, 130, 163, 164
Al-Tayeb, Ahmed   129, 130
Arafat, Jassir   216, 274
Atatürk, Mustafa Kemal   164
Augstein, Jakob   6–8, 228, 268, 274, 278

Bernstein, Fritz   19f.
Bin Baz, Abdul Aziz   165f., 169
Bin Laden, Osama   167–169, 186
Bourdieu, Pierre   99f.
Bush, George W.   55, 174
Butler, Judith   51, 420, 429f.

Chomeini, Ruhollah Musawi   166, 188f., 199, 201f., 204, 208, 215–217

Dugin, Alexander   397f., 405
Duke, David   15, 212, 403

Elsässer, Jürgen   13, 370
Erdoğan, Recep Tayyip   4, 117f.

Fischer, Heinz   272f., 384
Flowerman, Samuel H.   21, 437
Foucault, Michel   70, 372
Fritsch, Theodor   2, 29f.
Fuchs, Eduard   295–299, 303, 305, 312, 315

Goebbels, Joseph   31, 254
Goldhagen, Daniel Johan   92, 95, 103, 267
Grass, Günter   8, 227, 230–234, 236–242, 268
Graumann, Dieter   231, 338
Günther, Hans F.K.   65

Herzl, Theodor   32, 37, 54
Himmler, Heinrich   91f., 94

Hitler, Adolf   31, 34, 54, 60f., 87f., 93–95, 98, 118, 153, 190, 206, 254, 267, 361, 380f.
Horkheimer, Max   15, 21, 66, 73f., 76f., 103, 105f., 413, 429, 432, 434

Judt, Tony   52

Khamenei, Ali   80, 200, 204–211, 215, 217f.
Khatami, Mohammed   206
Klemperer, Victor   97f., 153

Le Pen, Marine   400, 403f., 407

Marr, Wilhelm   27f.
Maududi, Said   163f., 166, 182, 184, 187
Mengele, Josef   92
Merah, Mohamed   114, 360–362
Merkel, Angela   9

Obama, Barack   58, 157, 174, 204, 218

Pinsker, Leon   32, 37
Postone, Moishe   11, 73, 106
Putin, Vladimir   14, 389, 391, 393–396, 400f., 404

Qutb, Sayyid   119, 150, 163–165, 173, 182f.

Rohani, Hassan   5, 200, 206–215, 217
Rosenberg, Alfred   30, 79, 415

Said, Edward   163f., 171, 429f.
Soros, George   14, 55
Strauss, Herbert A.   4, 137f., 142, 153

Tantawi, Mohammed Sayed   130
Trump, Donald   14f., 144, 418

Von Schnurbein, Katharina   349, 353, 363

Walser, Martin   267f.
Wilders, Geert   144

Wolf, Lucien   32 f., 54